QUESTÕES JURÍDICAS ATUAIS E PERSPECTIVAS FUTURAS SOBRE O ENSINO SUPERIOR PRIVADO NO BRASIL

QUESTÕES JURÍDICAS ATUAIS E PERSPECTIVAS FUTURAS SOBRE O ENSINO SUPERIOR PRIVADO NO BRASIL

Coordenadora
Maria Neuenschwander E. C. Goldberg

Adriana Astuto
Alexandre Santos de Aragão
Aluisio Gon alves de Castro Mendes
Andre Gondinho
Bruno Feigelson
Carlos Emmanuel Joppert Ragazzo
Carolina Bomfim
Claudio Luiz de Miranda
Claudio Oksenberg
Daniel Becker
Elisa Amorim Boaventura
Fabiano Machado da Rosa
Felipe Brandão André
Fernanda Medina Pantoja
Fernanda Rocha David
Filipe Fonteles Cabral
Flavio Galdino
Gabriela Lotufo Cintra Ferreira
Gabrielle Quelhas Mussauer
Geyson Bruno Giglio
Gustavo da Rocha Schmidt
Henrique Lago da Silveira
Humberto Dalla
Ilan Goldberg
Igor Nasser
João Marcelo da Costa e Silva Lima
João Paulo Bachur
Jorge Luis da Costa Silva
José Marinho
Jose Rand de S Costa
José Roberto de Castro Neves
Laura Schertel Mendes
Luana Pereira da Costa
Luciana Pietro Lorenzo
Luciano Saboia Rinaldi de Carvalho
Luiz Gustavo A. S. Bichara
Marcelo Ideses
Marcus de Oliveira Kaufmann
Maria Neuenschwander E. C. Goldberg
Mônica Tiemy Fujimoto
Natalie G Moreno
Paulo Tedesco
Pedro Teixeira de Siqueira Neto
Roberto Quiroga
Rodrigo Fux
Silvio Pessanha Neto
Simone Horta Andrade
Tayná Carneiro
Tulio Claudio Ideses
Victor Rocheleau Nunes Pires
Vinicius Ideses
Wallace Corbo

saraiva jur

saraiva EDUCAÇÃO | saraiva jur

Av. Paulista, 901, Edifício CYK, 4º andar
Bela Vista – São Paulo – SP – CEP 01310-100

SAC | sac.sets@saraivaeducacao.com.br

Diretoria executiva Flávia Alves Bravin
Diretoria editorial Ana Paula Santos Matos
Gerência de produção e projetos Fernando Penteado
Gerência editorial Thais Cassoli Reato Cézar

Novos projetos Aline Darcy Flôr de Souza
Dalila Costa de Oliveira

Edição Jeferson Costa da Silva (coord.)
Estevão Bula Gonçalves

Design e produção Daniele Debora de Souza (coord.)
Camilla Felix Cianelli Chaves
Deborah Mattos
Lais Soriano
Tiago Dela Rosa

Planejamento e projetos Cintia Aparecida dos Santos
Daniela Maria Chaves Carvalho
Emily Larissa Ferreira da Silva
Kelli Priscila Pinto

Diagramação NSM Soluções Gráficas
Revisão Magda Carlos
Capa Lais Soriano
Produção gráfica Marli Rampim
Sergio Luiz Pereira Lopes
Impressão e acabamento

DADOS INTERNACIONAIS DE CATALOGAÇÃO NA PUBLICAÇÃO (CIP)
VAGNER RODOLFO DA SILVA – CRB-8/9410

Q5 Questões jurídicas atuais e perspectivas futuras sobre o ensino superior privado no Brasil / coordenado por Maria Neuenschwander E. C. Goldberg. – São Paulo : SaraivaJur, 2023.

552 p.

ISBN: 978-65-5559-902-2 (Impresso)

1. Direito. 2. Questões jurídicas. 3. Ensino superior privado. I. Goldberg, Maria Neuenschwander E. C. II. Título.

2023-324 CDD 340
CDU 34

Índices para catálogo sistemático:

1. Direito 340
2. Direito 34

Data de fechamento da edição: 02-03-2023

Dúvidas? Acesse www.saraivaeducacao.com.br

CÓD. OBRA 714599 CL 607913 CAE 808700

*Shoot for the moon. Even if you miss
it you will be among the stars...
Norman Vincent Peale*

PREFÁCIO

Por Luis Felipe Salomão, Ministro do Superior Tribunal de Justiça

A Educação sempre foi assunto de grandes debates intelectuais.

Um dos pioneiros na discussão do tema foi Sócrates (469-399 a.C.), para quem os jovens deveriam ser ensinados a conhecer o mundo e a si mesmos.

Desde então, há séculos de reflexões acumuladas sobre o nobre ofício de educar. Conhecimento que atualmente influencia a forma de lecionar de qualquer professor do mundo, passando pelo pensamento do filósofo grego ou de outros grandes pensadores como Aristóteles, Rousseau, Durkheim, Vygotsky, Piaget, Montessori ou Freire, dentre outros.

Normalmente atribuída ao pensamento socrático, a frase "conhece a ti mesmo", porém, é na verdade a inscrição que se via na entrada do Oráculo de Delfos, local dedicado a Apolo - que na mitologia grega era o deus da luz e da verdade - onde buscava-se o conhecimento do presente e do futuro por intermédio de sacerdotisas. A recomendação continua válida até os dias de hoje, pois só mesmo a partir do profundo conhecimento sobre nós mesmos e o mundo que nos cerca somos capazes de evoluir individual e coletivamente.

Maria Goldberg aplicou a recomendação à risca, neste momento de grandes incertezas enfrentado por nosso país. Porém, ao invés de buscar a verdade por meio de vetustas pitonisas, cercou-se de grandes especialistas da Educação e do Direito para, a partir do exame da realidade feito por estes pensadores contemporâneos - calcada em reflexões sobre o passado recente e a análise de desafios presentes - apontar nesta obra os caminhos para a evolução da educação superior privada no futuro próximo.

Os autores convidados passeiam pelos grandes temas do setor, levando em consideração suas interseções com a legislação e com a nossa realidade socioeconômica. São discussões que abrangem, por exemplo, os desafios regulatórios das faculdades particulares; os desejáveis recortes de inclusão e diversidade; os dilemas enfrentados por instituições, docentes e alunos da migração para o ambiente virtual, agravada pela tragédia da pandemia; e os projetados impactos sobre o setor de uma eventual reforma tributária. Quanto maior for o conhecimento dessas questões e suas peculiaridades no Brasil, maior será a segurança para a consolidação dos projetos de educação privada já em curso e para a atração de novos investimentos neste segmento de importância vital e estratégica para o desenvolvimento do país.

De outra parte, alguns destes temas estão na ordem do dia para exame nos tribunais, sobretudo no Superior Tribunal de Justiça, que detém a missão de uniformizar o Direito Federal, de modo que os textos irão contribuir para o melhor entendimento sobre a matéria. É, pois uma obra abrangente e muito relevante para o debate de questões cruciais para o futuro de nosso país.

Boa leitura!

Brasília, maio de 2022.

APRESENTAÇÃO

Por Elisabeth Guedes

Anteceder Maria em qualquer cenário é atitude ousada e sem nenhuma garantia de sucesso. Ela é rápida, *multitask,* desempenha em vários campos de conhecimento e absorve a vida enquanto respira.

Quando a conheci, há cerca de 3 anos, ela recém ingressava no setor, vinda de outro mundo. E fiquei pensando que aquela pessoa tão jovem seria engolida pela máquina devoradora de tempos, de recursos e de sentimentos que é o aparato regulatório da educação superior do país. Tão ambicioso, tão burocrático e tão desconectado do futuro! Que nada! Maria compreendeu o que estava ao seu redor, voltou-se para dentro de tudo o que já havia visto e aprendido e rapidamente foi capaz de olhar com sua "visão de drone" que caminhos precisávamos percorrer para podermos manter nosso compromisso com o futuro desta enorme comunidade que integramos.

Sua compreensão de que nosso setor está partido em fragmentos e de que em nenhuma só fonte podemos refletir suas múltiplas dimensões, levou-a a superar o contraste entre as fases de nossa história trazendo uma miríade de profissionais de todas as áreas que pudessem satisfazer seu espírito ativo em jogar luzes e fazer perguntas corretas à realidade. Porque trabalhar com Maria é isto: focar no que é essencial, ter velocidade e sentir todo o carinho e afeição que ela tem pelo que faz.

Trabalhar dentro da Educação, promovendo-a, defendendo-a e acreditando nela é atividade nobre e que exige tenacidade, força e muita compassividade ao mesmo tempo. O país é enorme, as desigualdades imensas, nosso sistema público enfrenta enormes dificuldades e esta pandemia trouxe severas perdas de proficiência a estudantes de todos os níveis de ensino.

Daí este livro se revestir de maior importância do que apenas reunir mentes brilhantes desenvolvendo suas ideias. Estamos tratando aqui de reunir reflexões sobre nossas possibilidades de superação. Sobre a chance que teremos, dada nossa história, de escrever um trajeto que ajude nossas crianças e nossos jovens a fazerem parte do futuro que países com sistemas de educação mais maduros estão traçando para os seus neste momento e cujo prólogo é marcado pela inovação, pela tecnologia e a pela formação cidadã.

Maria deixa com esta sua obra, que traz tantos e tão importantes autores e temas, um legado que faz nos repensarmos. Que reflete seu espírito de liderança e que pode estar, de fato, nos ajudando a encontrar Nosso Verdadeiro Norte. Aquele em que a Educação triunfa sobre as adversidades, permite desenvolvimento social e faz da história de sua trajetória um caminho para cenários mais profícuos e futuros mais felizes.

SUMÁRIO

VISÃO DE DRONE

Maria Neuenschwander Escosteguy Carneiro Goldberg[1]

Livros devem ser escritos quando não há alternativa. Sobretudo em tempos como o que vivemos, onde a informação está disponível e ninguém se diferencia por reuni-la. Este livro, em especial, surgiu de uma necessidade individual de aprendizado e se tornou um projeto pessoal com o objetivo de compartilhar ideias que valham a pena ser compartilhadas e fornecer uma visão executiva dos grandes temas que aqueles que atuam no setor vivenciam.

1 Maria, o nome mais simples do mundo, com sobrenomes grandes e uma complexa mistura: Neuenschwander Escosteguy Carneiro Goldberg. Sou artista, ex-ainda nas horas vagas-bailarina, diretora jurídica e executiva interessada em gestão de departamentos jurídicos e curiosa por aprender com pessoas e novos temas. Mãe da Victoria, do David e do nosso gigante cão Rocky Balboa, casada com Ilan, um dos grandes advogados do Brasil. Atuei em escritórios de advocacia de grande e médio porte antes de fazer carreira como executiva jurídica corporativa em empresas no setor de infra-estrutura, O&G, *special situations* e educação. Já fiz duas pós-graduações em direito empresarial e gestão no IBMEC, mestrado em regulação e concorrência na UCAM/RJ, o programa de desenvolvimento de lideranças da Harvard Business School e atualmente estou aprendendo a ser conselheira de administração na Saint Paul Escola de Negócios/SP, enquanto atuo como executiva na YDUQS Participações, responsável pela diretoria jurídica, Compliance e Deputy Protection Officer.

Minha entrada no segmento de ensino superior privado ocorreu após atuar alguns anos no setor de Óleo & Gás. O efeito foi de renascimento, como sempre tento fazer quando um ciclo termina - por quaisquer motivos - em minha caminhada profissional e a grande beleza da vida envolve evoluir, olhar para dentro e para frente, exercício que, aliás, todos os que comigo trabalham são instados a fazer constantemente.

Ter passado por empresas do setor de Óleo & Gás que esfacelaram em meio à crise institucional dos últimos anos me fez uma profissional e um ser humano melhores e hoje vejo o quanto me preparou para o que viria mais à frente.

> "(...) Quando as coisas não se desenrolam conforme gostaríamos, torna-se muito tentadora a ideia de que, se tivéssemos procedido de maneira diferente, a história teria tido um final mais feliz. (...) Parecem existir dois sentimentos envolvidos em nossa inclinação para a culpa. O primeiro é nossa compulsiva necessidade de acreditar que o mundo faz sentido, que há uma causa para cada efeito e uma razão para tudo o que acontece. Isto nos leva a encontrar padrões e conexões tanto onde eles realmente existem (...) quanto onde eles existem apenas em nossas mentes. (...) O segundo elemento é a noção de que nós somos a causa do que acontece, especialmente das coisas ruins. Parece muito curta a distância entre a crença de que tudo tem uma causa e a crença de que todo desastre é culpa nossa[2].

Neste contexto de saída do setor de Óleo & Gás fiz o *Program for Leadership Development* na *Harvard Business School* onde o fio condutor de um dos módulos foi a obra de Bill George (Discover your True North) que trabalha com o conceito de *crucibles*:

> *"(...) Crucibles enable people to learn life is uncertain and they have limited control. This new reality empowers individuals to challenge old assumptions and understand they must demonstrate personal agency to deal with their world. (...) With sufficient resilience, leaders emerge from despair and become open to introspection that can catalyze major breakthrough in their development. (...)*
>
> *'The crucible is an essential element in the process of becoming a leader.' (...)*
>
> *Left unaddressed, they can leave you feeling like a victim or even become incapacitating. Unresolved anger, grief, or shame may cause you to deny your experiences, shut down your deepest feelings, avoid pain in confronting difficult issues, or experience difficulties in intimate relationships. (...)*
>
> 'LIFE IS WHAT HAPPENS WHEN YOU'RE EXPECTING SOMETHING ELSE.'"[3]

---

2 KUSHNER, Harold S. *Quando coisas ruins acontecem às pessoas boas*. Ed. Nobel, SP, 2002, pp. 95 e 96.

3 KUSHNER, Harold S. *Quando coisas ruins acontecem às pessoas boas*. Ed. Nobel, SP, 2002, pp. 57, 61.

E foi neste momento que a vida me mostrou uma nova possibilidade, ainda melhor. Um segmento com propósito transformador de pessoas, algo que sempre me encantou e com o qual me identifico.

Posso dizer que os meus primeiros 10 anos de carreira profissional no direito seguiram um padrão: trabalhei em escritórios de advocacia de renome antes de me reinventar como gestora de departamentos jurídicos. No meio acadêmico, fiz pós-graduação e mestrado, tendo, inclusive, publicado um livro (a minha dissertação) sob a orientação do meu saudoso padrinho de casamento Marcos Juruena Villela Souto. Quando Marcos faleceu, ficou difícil achar dentro de mim motivação para continuar produzindo no meio acadêmico. Até tudo isso acontecer, no entanto, não me recordo de me questionar sobre os rumos da minha carreira.

Só hoje, alguns anos depois e graças ao curso que fiz na *Harvard Business School*, pude ter certeza de que a história de vida de cada um influencia seu modo de liderar pessoas:

> *"The leaders we interviewed discovered their True North by understanding their life stories. Their stories cover the full spectrum of experiences, including the impact of parents, teachers, coaches and mentors; the support of their communities; and leadership in team sports, scouting, student government, and early employment. (...) These leaders found their passion to lead through the uniqueness of their life stories[4]."*
>
> *(...)*
>
> *"By understanding the formative experiences of their early lives, they have been able to REFRAME their understanding of their life stories and shape their leadership around fulfilling their passions and following their True North. (...)*
>
> *Or they lack the introspection to connect the dots between their life experiences and the goals they are pursuing now. Often this causes them to repeat the mistakes that led to earlier problems The difference with authentic leaders lies in the way they frame their stories. Their life stories provide the context for their lives, and through them, they find the passion to make an impact in the world. Novelist John Barth once said, 'The story of your life is not your life. It is your story.' In other words, it is how you understand yourself through your story that matters, not the facts of your life."[5]*

Olhando para trás, nos escritórios de advocacia onde trabalhei, era difícil ter um sócio ou chefe que me inspirasse para seguir seus passos. Tive, sim, um chefe com o qual consegui estabelecer uma boa conexão, o Alexandre Mellão. Prova disso foi que nem trabalhamos tanto tempo assim e ao longo dos anos sempre mantivemos uma troca saudável de

4 Ed. Wiley, 2015, p.20.

5 IDEM, pp. 24 e 25.

ideias. Mellão foi diretor jurídico da Estácio bem antes da minha chegada. Ele tinha a língua ferina, falava o que bem entendia, não tinha medo de dizer que não sabia, era como um *outsider* (fumava escondido no escritório contra as regras...). Eu adorava ele e ele me adorava. Talvez eu mesma seja uma *outsider* no meio jurídico, vai saber. Perdemos Mellão em 2020, em meio à pandemia. Fica aqui meu agradecimento a ele, onde quer que esteja, por todas as provocações que sempre me fez.

Pensando sobre isso, vejo o quanto estabelecer conexões é fundamental para tudo na vida. Quando tenho dificuldades de entregas no trabalho ou quando vejo meu time ou colegas na mesma situação, os questiono sobre como está sendo feita essa conexão. Vivemos um mundo de mobilizações e bastam conexões bem-feitas para gerar exponencialidade.

De uma certa maneira, quando penso sobre uma das mudanças que me propus ao longo da vida (de escritórios de advocacia para empresas), o fiz com intuito de tentar harmonizar minhas vidas pessoal e profissional, imaginando que seria possível tais vidas - pessoal e profissional - se manterem separadas e harmônicas ao mesmo tempo. Hoje vejo que tudo é uma coisa só e me considero uma profissional mais integrada por ter essa visão.

Fiz também no passado um curso específico para gestores na Fundação Dom Cabral. Lembro-me como aproveitei aquele curso e me aproximei ainda mais daqueles com os quais mantenho laços de amizade até hoje. Lá, vivenciei como uma porta pode significar "retângulo concreto normalmente feito de madeira" para um gestor e apenas "passagem" para outro. Fiquei maravilhada com aqueles exercícios e vi como é possível - dentro do que cada um é - ser melhor a cada dia, aprender com o outro.

Está claro que ninguém irá nos dar respostas. Como disse Franca Sozzani[6]: "*It's not that I don't think about the past, but it's a waste of time. If you're stuck in the past, beholden to it, then your creativity is stuck there, too, because you don't give yourself a chance to evolve.*"

Olhando minha trajetória, dessa *outsider* tentando ver beleza nos movimentos da carreira, se vê claramente uma busca e, quando desisti de me enquadrar é que passei a realmente aproveitar as experiências que fui adquirindo e as reenquadrando para possibilitar que os gestores que comigo trabalham possam também se desenvolver e se tornar melhores profissionais. Aparecem seguidamente nos meus PDIs (meus chefes atuais vão saber...!) que tenho "*grit*": um traço positivo com base na perseverança em relação ao esforço combinado com a paixão por um objetivo ou estado final em longo prazo; não é relacionado a talento e deve ser

---

6 WILLIAMS, Nathan. The Eye. How the world's most influential creative directors develop their vision, p. 255

vivido como se numa maratona estivesse. Não me sai da cabeça a palestra TED que trazia uma proposta inovadora de substituir o *PowerPoint* por dança nas empresas (!). Eu juro que gostaria de implementar isso. Quem me conhece sabe que falo sério.

O que faço no setor educacional é transmitir histórias. Os advogados internos das minhas equipes devem ser contadores de histórias para os nossos clientes internos, tão necessários para nos ensinarem sobre a importância da captação de alunos no setor privado, os entraves da operação das instituições de ensino, os dilemas do Ministério da Educação como entidade reguladora do setor, os limites de sua atuação e o impacto gigante de leis inconstitucionais.

E o objetivo de contar histórias através do direito é influenciar decisões. Tenho clara percepção - e gostaria que o ensino superior privado no Brasil fosse capaz de formar profissionais com essa habilidade - da importância e do poder desse setor. Às vezes, sinto falta do palco, da época em que dançava, e já me questionei o porquê em algumas ocasiões não darem tanta luz ao trabalho, muitas vezes silencioso que o jurídico faz. Hoje, tenho consciência dessa atuação, tão poderosa, e tento passar isso aos meus liderados.

Todos os que atuam no setor devem ter a habilidade de, como numa dança constante, transitar da sacada na qual observam estrategicamente para o palco onde a dança de fato ocorre (os alunos nos *campi*, os professores em sala ou nos computadores, nossas salas de matrícula, a captação, a renovação, etc.).

Passados três anos da minha entrada profissional no setor, senti falta de deixar um legado, ousadia imensa! Procurei uma obra que pudesse nos permitir melhor transitar da "sacada para o palco", dar uma visão geral e ao mesmo tempo precisa do setor e ela não existia. Solicitei aos amigos e grandes advogados com os quais trabalho que pesquisassem em suas bibliotecas, livreiros, e nada... e assim tentei colocar no papel através dessa coletânea de artigos, agora sim, com aqueles que são os grandes protagonistas e especialistas dos temas da nossa vivência diária no setor. É um esforço ousado, mas consola estar entre as grandes estrelas especialistas.

Curioso que escrevo na virada do ano judaico e ouvi uma prédica muito interessante sobre processo educativo (e algo que acredito profundamente): o Talmud destaca 5 perguntas que revelam se ao longo da vida tentamos perceber as sutilezas de nós mesmos e se tentamos reescrever nossas histórias, denotando uma vida bem vivida antes da morte. Esse processo consiste em repassar nossas ações diversas vezes para dar nossa melhor resposta perante o que a vida está nos trazendo.

A primeira pergunta é se você foi honesto com as pessoas e negócios, ou seja, basicamente se fomos confiáveis. Confiança é algo que envolve a meu ver conexão e construção e, uma vez que se tem, um elo inquebrantável se forma. Costumo explicar a quem questiona minhas escolhas sobre com quais advogados trabalhar que se trata de uma questão de confiança (já que ser bom no que se faz é uma premissa e o mundo dos negócios hoje não nos permite ser apenas bons).

A segunda pergunta é se você marcou na agenda tempo fixo para estudar (no caso, a Torá, mas podemos extrapolar para quaisquer estudos que façam sentido individualmente). Isso significa que devemos sempre nos questionar acerca de nossas prioridades. Estudar é algo que agrega sempre, e, a meu ver, o único caminho possível para evolução. Por isso, vale priorizar.

A terceira pergunta é bem objetiva: se você teve filhos. Subjetivamente, sem levar em conta aqueles que não podem fisiologicamente produzir filhos e os que deliberadamente decidem não os ter, essa pergunta trata de transcendência e legado. O que vamos deixar para o mundo? Com essa coletânea, pretendo deixar algo que sintetize as grandes questões do setor, com os especialistas que operam a legislação e decidem os conflitos daí decorrentes, além de provocar reflexões sobre processo educativo, formação dos advogados do futuro e liderança de empresas.

A quarta pergunta é se você teve esperança na redenção, isto é, se você encara o futuro com esperança ou com medo e qual a sua escolha quando se depara com esse conflito.

Por último, se você foi capaz de aprender com as experiências, verdadeiramente ouvindo o que o outro tem a dizer ou assumiu que as bênçãos que tem já eram garantidas? E, com essas perguntas em mente, passei a refletir em como categorizar os artigos dessa coletânea.

Como todo ser humano, é intuitivo tentar situar os temas no tempo para buscar conexões entre eles e permitir construir um entendimento. Entendo o tempo como algo fluido e não estanque, onde percepções e experiências trazem insumos para influenciar o que ainda não foi vivido. Costumo fazer referência a uma das melhores obras sobre propósito que já li para entender diversos temas, dentre eles como nos portar diante da fluência do tempo (Em Busca de Sentido, de Viktor E. Frankl, pp. 94-96):

> *"No campo de concentração era assim: um breve período de tempo, por exemplo, um dia, preenchido por incertezas e violências a todo momento, parecia interminável; um período mais longo, entretanto – digamos uma semana –, preenchido com a monotonia diária, parecia transcorrer com rapidez incrível. E meus companheiros sempre me davam razão quando dizia: no campo de concentração, um dia demora mais que uma semana! Tão paradoxal era essa percepção estranha do tempo. (...) Um dos prisioneiros contou-me que, ao marchar*

numa longa coluna de reclusos recém-chegados, indo da estação ferroviária para o campo de concentração, teve o sentimento de estar andando 'atrás de seu próprio cadáver'. Tal a intensidade com que ele experimentou, naquela ocasião, sua absoluta falta de futuro, o qual o obrigou a encarar toda a sua vida exclusivamente sob a perspectiva do passado, como algo passado, como de um morto. (...) Para quem entrega os pontos como pessoa, por não mais conseguir apoiar-se num alvo futuro, a forma de vida interior no campo de concentração acaba desembocando numa forma de existência retrospectiva. [E]ssa tendência de voltar para o passado (...) se presta para a depreciação do presente, da realidade circundante, implica(ndo) certo perigo. Isso porque podem ser facilmente esquecidas as possibilidades de influência criativa sobre a realidade, as quais não deixam de existir também no campo de concentração. (...) A vida dessas pessoas acaba se desvanecendo, em vez de alçar-se a um ponto alto justamente sob as dificuldades extremas da reclusão, para o que, em princípio, haveria a chance. Naturalmente, são poucas as pessoas capazes disso; mas elas conseguiram, mesmo no fracasso exterior e mesmo na morte, alcançar uma grandeza humana que antes, em sua existência cotidiana, talvez jamais lhes tivesse sido concedida. Para os outros, entretanto, para nós, do tipo médio e frouxo, passava a valer a advertência de Bismarck: 'A vida é como estar no dentista: a gente pensa que o principal ainda vem, quando na realidade já passou'. Variando um pouco, poderíamos dizer que a maioria das pessoas no campo de concentração acreditava ter perdido as verdadeiras possibilidades de realização quando na realidade elas consistiam justamente naquilo que a pessoa fazia dessa vida no campo: vegetar como os milhares de prisioneiros ou, como poucos, vencer interiormente."

Assim, é que, sempre partindo de uma reflexão histórica, os autores transitaram em sua grande maioria por temas da atualidade, permeados pelos desafios dos próximos anos.

Reflexões históricas

O marco de criação do ambiente institucional do ensino superior privado no Brasil ocorreu com a edição do Decreto 7.247/1879 (Decreto Leôncio de Carvalho), mas ele manteve nas mãos da Coroa os monopólios acerca da definição do conteúdo do ensino e da acreditação da formação que as instituições de ensino ofertavam. Nesta ocasião, foi permitida a liberdade de iniciativa privada, mas estas atuavam como *longa manus* da Coroa. Com o passar do tempo e até a Proclamação da República, foi definida a forma como estes monopólios seriam exercidos no Poder Executivo, sendo nítida a crise econômica e as insuficiências do modelo centralizado adotado.

Neste ambiente, surgiu pela primeira vez a discussão sobre a qualidade da formação que as instituições de ensino estavam ofertando e esse tema a partir de então norteou todas as reformas, inclusive constitucionais, que ocorreram no setor.

Esta coletânea parte da premissa de que o futuro já chegou, com a velocidade acelerada por uma pandemia que ainda teima em nos trazer desafios. Em todas as reuniões e trabalhos que conduzo sempre acho fundamental ter primeiramente o que chamo de "visão de drone": ela situa e nivela informações mínimas e fundamentais para os necessários exercícios cotidianos a que nos propomos para superar os desafios do setor.

É por esta razão que reputo fundamental conhecer por especialistas os antecedentes históricos e os arranjos institucionais e constitucionais que emolduraram e vêm emoldurando a nossa atuação.

A Constituição Federal/88 rompeu com o paradigma até então vigente de que a educação superior era restrita à pesquisa, o desenvolvimento das ciências, letras e artes e o ensino à formação de profissionais de nível universitário, definindo os objetivos da educação (no art. 205) como o "pleno desenvolvimento da pessoa, seu preparo para o exercício da cidadania e sua qualificação para o trabalho".

Neste sentido, a iniciativa privada deve atuar, na prestação de ensino superior, com o fito de lucro, exercendo um serviço cujo exercício seria dever do Estado (art. 205, CF), constituindo-se em interesse primário do corpo social, mas que, apesar de imprescindível, o Estado não consegue desempenhá-lo de forma absoluta, podendo, assim, ser delegado a terceiros. Em sua forma de atuação, é constitucionalmente também assegurada às universidades a autonomia didático-científica e de gestão financeira e patrimonial, desde que cumpridas as normas gerais da educação nacional (arts. 207, "caput" e 209, inciso I, CF). Estava, assim, criado o instrumento de libertação do controle burocrático do então denominado Conselho Federal de Educação, chancelado na sequência pela Lei de Diretrizes e Bases da Educação Nacional, de 1996.

Atualidades

As mudanças na moldura jurídica institucional ocorridas no passado permitiram o crescimento da atuação da iniciativa privada no ensino superior, mas, por outro lado, demandam uma visão crítica dessa tensão histórica entre a necessidade de expansão e a manutenção da qualidade do ensino. Assim, é que na calibragem dessa tensão entra a regulação, pautada nos limites da Constituição Federal/88, da Lei de Diretrizes e Bases e legislação correlata.

"Regulação", em seu sentido econômico moderno e amplo, trata da mecânica estatal de ordenação das atividades econômicas em geral, incluindo o ensino superior privado. Os limites dessa regulação é que são questionáveis, sendo discutíveis os critérios de ingresso e permanência no mercado já que, a meu ver, a Constituição Federal/88 prevê que o ensino superior, quando privado, é uma atividade privada e sujeita à regulação estatal, como outros setores, retirando-o, no entanto, da incidência do art. 175 e o posicionando na esfera do art. 174 (regime de prestação privado, sem delegação).

Disso, é possível concluir que: (i) o acesso ao mercado deve ser livre a qualquer tempo, independentemente de restrições dissociadas do atendimento ao padrão de qualidade imposto pela legislação e (ii) a liberdade de ensinar e a pluralidade de concepções pedagógicas devem ser preservadas.

O financiamento público de estudantes matriculados em instituições privadas foi usado pelo Estado, no início dos anos 2000, como estratégia para ampliação do acesso ao ensino superior em âmbito federal, porém, como amplamente noticiado na imprensa, diversas foram as falhas de percurso nessa estratégia e as diferentes teorias das falhas de regulação contribuem para o entendimento delas.

Hoje vivemos um ambiente com diferentes modalidades de ensino, com desafios do ponto de vista não somente das instituições, mas também, dos docentes. Ocorreram, ainda, neste tempo presente, modificações significativas, como a Reforma Trabalhista, que vêm impactando esta relação instituição de ensino/professor.

A lógica do mercado acabou por mudar a percepção que a própria sociedade tinha do ensino superior, de auxiliar na formação de um sujeito integral enquanto ser social e não somente uma formação voltada para suprir as demandas de um mercado que está em constante mutação. E neste contexto, passamos a ter não somente alunos, mas clientes, zelosos por sua experiência de ensino, com melhor estrutura e qualidade e, consequentemente, que seja capaz de melhorar sua empregabilidade.

Embora seja mais comum que os poderes Legislativo e Executivo através de suas atribuições típicas exerçam poder de regulação na educação, inclusive no ensino superior, o Judiciário cada vez mais tem sido chamado a fazer sua intervenção reguladora, permitindo muitas vezes a compreensão de uma situação concreta envolvendo a educação.

E a prática demonstra que têm sido diversas essas situações, tais como discussões pertinentes à relação contratual que se estabelece entre as instituições de ensino e os alunos-clientes, aos financiamentos, seguro educacional, dentre outras.

Vimos, também, a função primordial que o Judiciário exerceu e vem exercendo – visto que escrevo durante um resto de pandemia que já dura mais de 2 anos – e está claro que as escolhas feitas e decisões tomadas hoje afetarão nossas sociedades em termos econômicos, políticos e culturais por anos a fio, conforme alerta Yuval Noah Harari, em Notas Sobre a Pandemia e breves lições para o mundo pós-coronavírus (pp. 95 e 96):

"Temos muitas escolhas a fazer. Não apenas entre isolacionismo nacionalista e solidariedade global. Outra questão importante é se as pessoas apoiarão a ascensão de ditadores, ou se farão questão de lidar com a emergência de modo democrático. Quando os governos gastarem bilhões para auxiliar empresas arruinadas vão salvar as grandes corporações ou os pequenos negócios de família? À medida que as pessoas passam a trabalhar em casa, comunicando-se online, isso resultará no colapso do trabalho formal ou veremos mais proteção aos direitos trabalhistas?

Todas essas são escolhas políticas. Precisamos estar cientes de que enfrentamos agora não apenas uma crise sanitária, mas também uma crise política. A mídia e os cidadãos não devem se deixar distrair completamente pela epidemia. (...) Os cidadãos devem pressionar os políticos a agir no espírito de solidariedade global, a cooperar com os outros países em vez de culpá-los, a distribuir fundos de maneira justa, a preservar os pesos e contrapesos da democracia – mesmo em meio a uma emergência.

A hora de fazer tudo isso é agora. Quem quer que seja eleito para o governo nos próximos anos não será capaz de reverter as decisões que tomamos agora. (...)"

Perspectivas futuras

Neste contexto, de tantas discussões e vetores possíveis, é que entramos no módulo futuro, que será diretamente influenciado pelas definições do presente. Me preocupa, nesta linha, que sejamos capazes de delimitar possibilidades; não se perder em tantas opções. Tal como assevera Austin Kleon:

"Criatividade é subtração. Escolha o que deixar de fora. Nessa era de abundância e sobrecarga de informação, aqueles que estarão à frente serão aqueles que souberem o que deixar de fora, para assim poderem se concentrar no que é realmente importante. Nada é mais paralisante do que a ideia de possibilidades ilimitadas. A ideia de que você pode fazer qualquer coisa é apavorante. A maneira de superar bloqueios criativos é simplesmente se impor algumas restrições. Parece contraditório, mas quando o assunto é trabalho criativo, limitação é liberdade. (...)"

O artista Saul Steinberg dizia:

"'Reagimos numa obra de arte à luta do artista contra suas próprias limitações.' Frequentemente, é o que o artista escolhe deixar de fora que torna a arte interessante. O que é mostrado versus o que não é. É o mesmo para pessoas: o que nos torna interessantes não é só o que experimentamos, mas também o que não experimentamos. O mesmo vale para quando você faz o seu trabalho: Precisa aceitar suas limitações e seguir adiante. (...)"

O que devemos deixar de fora no presente do ensino superior privado para que o futuro seja mais límpido, claro e o que realmente é importante para o desenvolvimento, para a efetiva manutenção da diversidade e inclusão bem como para a formação integral dos seres humanos?

Assisti certa vez a uma palestra TED chamada "*A choreographer's creative process in real time*", do Wayne McGregor. Nela aprendi e me reconfortei de que criatividade pode ser ensinada; ela é um ponto de partida para expressar a própria voz O processo coreográfico é um processo cognitivo distributivo (*physical thinking*), ou seja, ele é enriquecido com as parcerias de outras pessoas (não somente coreógrafo e bailarinos). Wayne ficou obcecado com o que ele chama de tecnologia do corpo, que é um meio de comunicação de ideias. Ele ensina que há algumas versões de *physical thinking*: os bailarinos tanto podem pegar a informação passada pelo coreógrafo e decodificá-la em seus próprios corpos ou os bailarinos fazem *snapshots* do que o coreógrafo traz, absorvem aspectos/partes dos movimentos (não se trata de cópia exata do que recebem). Eles resolvem com seus corpos os problemas que o coreógrafo traz. Outro método proporciona uma foto mental de algum tema e dá autonomia aos bailarinos (*task method*) para tomarem decisões de movimentos.

E diante desse conforto de que é possível ensinar criatividade, repensar parâmetros, reprogramar advogados, convencer juízes, influenciar decisões é que proponho esta coletânea de artigos, escritos pelas estrelas do setor.

Muito me alegro ao ver grandes advogados expandindo horizontes como escritores, se apropriando da história para repensar o que aprendemos na faculdade de direito, uma mudança de *mindset* que contribui para a expansão do pensamento crítico dos operadores do direito.

O PEDESTAL E O PROFESSOR DE DIREITO

José Roberto de Castro Neves[1]

Magister dixit, repetiam os antigos. A palavra do mestre era mais do que suficiente, era definitiva, inquestionável. Falando de seu pedestal - historicamente, os mestres proferiam suas palestras em cima de um tablado, para que, até mesmo o seu nível físico, fosse superior -, a mensagem era transmitida de cima para baixo. O professor, reverenciado como um ídolo, era um deus infalível. Depois da lição dele, nada mais se fazia necessário. Restava somente a submissão.

A realidade da sala de aula, numa faculdade de Direito no limiar do século XXI, é muito distinta dessa ideia clássica, que se acabou de expor. A contemporaneidade iconoclasta não perdoou os professores. Todos têm direito a dar sua opinião. Todos devem ser ouvidos. A autoridade, de quem quer que seja, não é uma dádiva, não se concede graciosamente. A autoridade se conquista.

Há tempos, assistir a uma aula de Direito era, para maioria, um privilégio. Havia um ritual que se iniciava com a entrada do docente em sala de aula. Os ensinamentos eram ouvidos em silêncio pela turma, sentada de forma ordenada. Em pouco tempo, essa liturgia se perdeu. Nos dias de hoje, muitos alunos simplesmente faltam às aulas. Outros, embora presentes fisicamente, acomodam-se esparramados em sua cadeira e logo se entregam aos celulares. Será culpa do professor? Ou são os tempos?

O professor não é recebido sem questionamentos. Mesmo professores experientes - no meu caso, costumo dar aulas para alunos que sequer

1 Doutor em Direito Civil pela Universidade do Estado do Rio de Janeiro (UERJ). Mestre em Direito pela Universidade de Cambridge, Inglaterra. Professor de Direito Civil da Pontifícia Universidade Católica (PUC-Rio) e da Fundação Getulio Vargas (FGV-Rio). Advogado.

eram nascidos quando comecei a lecionar na faculdade - são postos à prova. Títulos e cabelos brancos valem pouco. Na sala de aula, todos, a princípio, são iguais. Ou melhor, de início, no lugar da reverência, que antes distinguia essa relação, grassa a suspeita da capacidade do docente. "Quem é esse que se propõe a dar lições?", muitos ponderam intimamente. Pois é, o messias vale pouco se não fizer milagres.

Essa "desconfiança", sina dos tempos, impõe cuidados.

Em primeiro lugar, cabe ao professor, hoje, zelar por uma linguagem acessível. Atente-se: não uma linguagem tosca, vulgar, apinhada de gírias, mas uma forma de comunicação direta, sem firulas e floreios. Os termos técnicos, fundamentais à ciência jurídica, devem ser introduzidos com cuidado. A abrupta inserção dessa nomenclatura pode afastar o estudante - distanciando-o do professor.

A lição básica de quem ensina é se fazer entender. Apresentar um arsenal de latinórios, palavras técnicas e expressões científicas sem a adequada explicação do seu sentido e alcance costuma ter resultado desastroso.

Além disso, o professor deve servir de modelo, paradigma em diversos aspectos. Tome o exemplo da pontualidade - que nós, brasileiros, somos tão desleixados. Respeitar o horário significa respeitar a todos. O próprio aluno percebe esse sinal. O mesmo se pode dizer da assiduidade. Como se pode cobrar comprometimento dos alunos se o mestre não for modelar. Com razão, diz-se que o mais profícuo ensinamento se colhe do exemplo.

Outro aspecto que o aluno reconhece com facilidade é o grau de preparação do professor para a aula. Num ambiente de pessoas inteligentes, fica fácil verificar quando o palestrante não estudou de maneira adequada o tema antes de sua apresentação. O aluno, identificando essa falta de comprometimento, responde na mesma moeda.

Infelizmente, o mundo, hoje, anda muito intolerante. Embora tenhamos feito notáveis avanços no que se refere ao repúdio aos preconceitos, há também um enorme "patrulhamento" intelectual e tudo o que é dito fica suscetível a uma interpretação terrível.

Por conta desse fenômeno, são cada vez mais comuns os casos de professores que sofrem rejeições em decorrência de comentários feitos em sala de aula. Na maior parte das vezes, na minha avaliação, isso se dá por conta de um exagero do receptor, de uma interpretação equivocada da mensagem, por uma hipersensibilidade injustificada (ou, até mesmo, seletiva). Há uma intolerância, inclusive, com posições políticas, quando a sala de aula deveria ser um local aberto à exposição de ideias e opiniões.

Chistes comuns há pouco tempo hoje se tornaram ofensas. Uma brincadeira inocente, um comentário lateral, uma piscadela, pronto... "cancela-se" o professor (e, por vezes, o aluno também). Essa nova realidade, da mesma forma, determina uma conduta cuidadosa, com uma censura interna de tudo o que se imagina falar.

Ademais, hoje, as aulas, sem que se peça permissão, são gravadas, quando não filmadas. A exposição do docente torna-se completa. Se ele escorregar - no sentido literal da palavra -, sua imagem rapidamente correrá pelas redes sociais. É como naquela frase clássica dos filmes americanos quando se prende alguém: "tudo o que falar poderá ser usado contra você."

Eis outro ponto que distingue o docente atualmente: o professor deve ter uma visão holística do Direito e estar atento ao mundo ao seu redor. Ao mestre, não basta apenas dominar sua matéria, mas conhecer o fenômeno jurídico como um todo. Não se faz suficiente saber o tema da aula; o professor deve estar conectado com o que acontece ao seu redor, pois somente assim conseguirá estabelecer um relacionamento de empatia com os alunos, na maioria das vezes de uma geração diferente.

Por fim, o professor deve demonstrar, sem afetação ou exibicionismo, cultura. Os bons professores não se limitam a transmitir conhecimento, porém mudam positivamente a vida de seus alunos. Citar, em sala de aula, um livro, uma peça ou um filme abre janelas - e mostra que aquela velha história, de que o que não está nos autos não está no mundo, já se encontra ultrapassada. Há muito mais a aprender e saber do que nos livros de Direito.

O papel de quem ensina é, portanto, maior do que somente cuidar da sua matéria. Cabe ao docente educar, num sentido amplo: demonstrar, com sua conduta, responsabilidade, humildade e comprometimento com sua missão. Iluminar.

Os alunos, assim, olharão para o mestre com respeito. Uma reverência sincera, franca. O aluno que coloca o professor no pedestal.

A AUTONOMIA UNIVERSITÁRIA NO DIREITO BRASILEIRO E SUAS DIMENSÕES

Alexandre Santos de Aragão[1]

SUMÁRIO: I. Introdução; II. A Constituição Federal de 1988 e a educação; III. As dimensões da autonomia universitária; III.1. Autonomia didática; III.2. Autonomia científica; III.3. Autonomia administrativa; III.4. Autonomia financeira e patrimonial; IV. Conclusão.

I. Introdução

O Brasil, segundo Anísio Teixeira,[2] nunca procurou elaborar um modelo próprio de ensino superior, tendo sempre seguido modelos alienígenas, mormente o das Universidades de Lisboa e Coimbra.[3]

"Até a independência, a nossa universidade era a de Coimbra e esta vinha de suas origens medievais e refletia Bolonha e depois Paris, e com os jesuítas voltou a ser o claustro de formação do clero, deste modo estendendo-se no Brasil por todo longo período colonial.[4]

---

1 Professor Titular de Direito Administrativo da Universidade do Estado do Rio de Janeiro - UERJ. Doutor em Direito do Estado pela Universidade de São Paulo - USP. Mestre em Direito Público pela UERJ. Procurador do Estado do Rio de Janeiro. Árbitro. Advogado.

2 *In* "A Universidade de Ontem e de Hoje", Revista Brasileira de Estudos Pedagógicos, jul./set. 1964, pp. 27-47.

3 Sobre o assunto, para uma abordagem mais abrangente, v. ARAGÃO, Alexandre Santos de. *A Autonomia Universitária no Estado Contemporâneo e no Direito Positivo Brasileiro*. Rio de Janeiro: Lumen Juris, 2001, *passim*.

4 Em sentido diverso de Anísio Teixeira, louvando a influência lusitana na intelectualidade e no ensino superior brasileiro, Palhares Moreira Reis, *in* "A Universidade no Brasil e em Pernambuco: Antecedentes Históricos", Rev. Inf. Leg., 111/375-404.

Com a independência, viemos a ter as escolas profissionais de direito, de medicina e de artes militares e de engenharia. Com relação à formação humanística ficamos, segundo a lição francesa, com o ensino secundário.

Quando, já no século XX, depois da primeira guerra mundial viemos a pensar em universidade, esta continuou a ser uma federação de escolas profissionais. Em 1930, tivemos copiosa retórica sobre universidade, mas a estrutura não mudou. Continuamos a ter uma série de escolas profissionais frouxamente coordenadas por uma reitoria mais simbólica do que real. As escolas, à maneira napoleônica, eram escolas do governo, pelo governo mantidas e dirigidas. Sabíamos como Napoleão fizera o mesmo com a Universidade de Paris e esperávamos que, como em Paris, os professores, as congregações conseguissem ou mantivessem a sua independência. De origens mais remotas conservamos as ideias de independência da cátedra.

De qualquer modo, porém, mantivemos a universidade como um conjunto de escolas profissionais independentes entre si, lembrando, embora de longe, a universidade de Paris, com vestígios germânicos nas escolas de medicina a respeito de vagas ideias de pesquisa.

Com tamanha confusão e falta de originalidade, não é de se estranhar que a autonomia universitária no Brasil tenha demorado tanto tempo para ter um tratamento mais profundo e, sobretudo, mais sério.

A primeira tentativa de positivá-la ocorreu durante os trabalhos constituintes de 1823, no bojo da proposta de criação das Faculdades de Direito de São Paulo e de Olinda. Com a dissolução da Assembleia Constituinte por Dom Pedro I, o projeto sequer chegou a ser apreciado.

Só em 1931, já no início da Era Vargas, a autonomia universitária foi, por proposta de Francisco Campos, cautelosamente inserida no Direito brasileiro através do Decreto n. 19.851, de 11 de abril de 1931. A incipiente autonomia durou apenas até a edição do Decreto n. 22.579, de 27 de março de 1933, revogatório do primeiro, nunca tendo sido realmente implantada. Apesar de ter sido conferida de forma bem restrita, temia-se que, sem uma forte tutela estatal, a qualidade do ensino pioraria.

Foi apenas a partir de 1961, com a promulgação da Lei n. 4.024, de 20 de dezembro, considerada a nossa primeira lei geral de educação, sucedida pela Lei n. 5.540, de 28 de novembro de 1968, que voltamos a ter a autonomia universitária no Direito brasileiro.[5]

5 Para um aprofundamento da história da autonomia universitária no direito brasileiro, remetemos o leitor a Nina Ranieri, *in* "Autonomia Universitária", EDUSP, 1994, pp. 61-105, e Leslie M. J. da Silva Rama, *in* "Legislação do Ensino: Uma introdução ao seu

Note-se que apesar destas leis serem infraconstitucionais, eram gerais, aplicando-se, inclusive no que diz respeito à autonomia, também aos Estados e Municípios que possuíssem universidades.

O grande momento da autonomia universitária no Brasil, deu-se, porém, com o seu acolhimento pela Constituição de 1988, que, em seu artigo 207, dispôs:

Art. 207. As universidades gozam de autonomia didático-científica, administrativa, e de gestão financeira e patrimonial, e obedecerão ao princípio da indissociabilidade entre ensino, pesquisa e extensão.

Promulgada a Constituição de 1988, logo surgiram alguns juristas para, como é comum acontecer entre nós, interpretar o dispositivo a fim de reduzir-lhe o máximo possível a importância, procurando demonstrar que o art. 207 da Constituição causou pouca ou nenhuma mudança no ordenamento jurídico nacional.[6]

Mais uma vez se tentou no Brasil adotar a interpretação retrospectiva da Constituição, "pela qual se procura interpretar o texto novo de maneira que ele não inove nada",[7] quando, em razão do princípio da maior eficácia das normas constitucionais, dever-se-ia buscar justamente o contrário.[8]

---

estudo, EPU, São Paulo, 1987. Quanto aos aspectos políticos econômicos e sociais, inclusive urbanos - a urbanização sempre acompanhou de perto o desenvolvimento das universidades -, que se refletiram na história da educação no Brasil, ver a dissertação de mestrado apresentada por Zenith Rosa Silvino à Universidade Gama Filho em maio de 1995, "Autarquias. Autonomia das Universidades Federais de Regime Autárquica", *mimeo*, pp. 64 a 88.

6 "Sentimos a presença nítida de uma competição. De um lado, os administradores das universidades, pugnando por uma interpretação fortemente ampla do art. 207 da Constituição; no outro flanco, os órgãos centrais dos governos buscando interpretar o dispositivo da forma mais restrita possível" (Giuseppi da Costa, *in* "A Autonomia Universitária e seus Limites", Rev. Inf. Leg., 107/62).

7 Luís Roberto Barroso, *in* Interpretação constitucional - Direito Constitucional Intertemporal. Autonomia desportiva: Conteúdo e Limites. Conceito de Normas Gerais, *RDP*, 1997, p. 95. Traz ainda o autor a arguta crítica de José Carlos Barbosa Moreira: "Põe-se ênfase nas semelhanças, corre-se um véu sobre as diferenças e conclui-se que, à luz daquelas, e a despeito destas, a disciplina da matéria, afinal de contas, mudou pouco, se é que na verdade mudou. É um tipo de interpretação em que o olhar do intérprete se dirige antes ao passado que ao presente, e a imagem que ele capta é menos a representação da realidade que uma sombra fantasmagórica".

8 Konrad Hesse define o princípio da maior eficácia das normas constitucionais como o que impõe, na resolução de problemas jurídico-constitucionais, a preferência às interpretações que "proporcionem às normas da Constituição força de efeito ótima" (*in* "Elementos de Direito Constitucional da República Federal da Alemanha", Sergio Antonio Fabris Editor, 1998, trad. Luís Afonso Heck, p. 68).

Criticando tais distorções no processo hermenêutico constitucional, pronunciou-se Canotilho:

"A constituição segundo as leis é o mais importante caso de 'preenchimento de baixo para cima', derivado, em grande medida, do alargamento da noção de constituição material, com a consequência do lançamento da lei fundamental na 'empiria', na 'chama da ideologia', no 'extrajurídico'. Paralelamente, este processo de alargamento incontrolado de constituição material é uma **via perigosa de abertura para a subversão da pirâmide normativa** através do recurso frequente à complementação normativa infraconstitucional (...). Daí que corretamente se imponha o esgotamento das possibilidades de interpretação autónoma dos conceitos constitucionais antes de se passar para o auxílio legal."[9]

Os defensores da chamada interpretação retrospectiva do art. 207 da Constituição Federal sustentam que nada mudou na autonomia universitária com a sua constitucionalização. O conteúdo da autonomia teria permanecido o mesmo, só que com hierarquia de norma constitucional, invalidatória de qualquer norma infraconstitucional que a contrarie.

O precursor desta posição foi o então Consultor Geral da República, Saulo Ramos, que, em parecer publicado no DOU de 16 de dezembro de 1988, logo após o advento da vigente Constituição, afirmou: "Não há, porém, uma nova autonomia universitária (...). A palavra autonomia continua tendo o mesmo sentido e significado, quer escrita em lei ordinária, quer escrita no texto fundamental. O conteúdo intrínseco desse postulado não se alterou. Da constitucionalização desse princípio a única consequência que se pode extrair é, sem dúvida, a eficácia derrogatória e irrecusável da norma que o contempla, cuja supremacia se impõe à observância necessária do legislador ordinário".

Não há como negar a importância da eficácia derrogatória do art. 207 sobre a legislação infraconstitucional, mas, reduzi-la a isto seria aviltar a força normativa da Constituição.

As normas constitucionais que, como o art. 207, têm natureza principiológica, desempenham relevante papel interpretativo e integrativo de toda a ordem jurídica, inclusive das demais normas constitucionais.[10]

---

9 *In* "Constituição Dirigente e Vinculação do Legislador", Coimbra Editora, 1994, p. 410 (grifamos).

10 "Se aparentemente nada mudou, porque a constituição repete norma que já existia na legislação ordinária, na realidade, a inclusão da norma na própria Constituição teve considerável alcance, porque significa colocar o princípio na mesma hierarquia de outros princípios constitucionais, em relação aos quais deixa de estar subordinado para colocar-se no mesmo nível" (Maria Sylvia Zanella Di Pietro, *apud* RDA, 215/137). No mesmo sentido, Anna Cândida da Cunha Ferraz, *in* "A Autonomia Universitária na Constituição de 05.10.1988", RDA, 215/121, pp. 126 128.

Em se tratando de norma assecuratória de autonomia, que sempre abrange alguma parcela de poder normativo, a sua inclusão na Constituição implica em importante alteração na escala hierárquica das fontes do Direito, o que de forma alguma poderia ser obtido por meio de lei ordinária.[11]

Outro equívoco da posição retrospectiva da interpretação da autonomia universitária constitucional é considerá-la como um conceito único.

Ora, é certo que as autonomias não possuem um conceito ontológico, válido em si, mas que, ao contrário, só podem ser conceituadas diante de determinada disciplina jurídica objetiva. Desta forma, não existe "a autonomia universitária", mas "a autonomia universitária da Lei n. 4.024/61", a "autonomia universitária da Lei n. 5.540/68", a "autonomia universitária da Constituição de 1988", etc. Pode até ser que a disciplina jurídica dada à autonomia universitária por diplomas distintos seja a mesma. Todavia, esta conclusão, difícil de ser obtida em se tratando de normas de hierarquias diversas, não pode ser inferida *a priori* pela simples utilização da mesma e polissêmica palavra - "autonomia".[12]

O conceito da autonomia universitária constitucional só pode, portanto, ser extraído da própria Constituição Federal, única sede normativa de onde podem porvir as suas limitações. Naturalmente que estas limitações não serão apenas as extraídas do próprio art. 207, devendo-se, ao revés, considerar a Constituição em todo seu conjunto.

A única atuação que o legislador ordinário pode ter sobre a autonomia universitária constitucional é regulamentá-la. Naturalmente que, apesar de ter certa liberdade no exercício desta regulamentação, deverá se manter sempre nos lindes das ponderações plausíveis entre os princípios e valores constitucionais que eventualmente entrem em conflito com a autonomia universitária.[13]

---

11 Não nos estenderemos aqui na análise específica desta questão, que receberá tratamento pormenorizado mais adiante.

12 "Não basta examinar a literalidade das palavras: é essencial e indispensável um aprofundamento teórico que forneça alicerces seguros para uma correta e coerente tomada de posição, pois o valor de uma decisão decorre de sua fundamentação, e a precisão conceitual é o verdadeiro alicerce de uma boa decisão" (Adilson Abreu Dallari, *in* "Autonomia das Universidades Públicas", RTDP, 1/286).

13 "Em que pese ser o Brasil uma República Federativa, os contornos da autonomia - conteúdo, amplitude, limitações, ainda que alcancem entidades ou órgãos criados pelos entes federativos, por sua vez, autônomos -, estão delimitados pela própria Constituição Federal; não podem as leis federais, estaduais ou municipais, e nem mesmos as Constituições dos estados-membros da Federação Brasileira, suprimir, alterar ou restringir o conteúdo autonômico fixado pelo texto da Lei maior, seja para interpretá-lo, seja para lhe dar aplicação" (Anna Cândida da Cunha Ferraz, *in* "A Autonomia Universitária na Constituição de 05.10.1988", RDA, 215/118).

Conforme as lições de Almino do Couto e Silva citadas por Willis Santiago Guerra,[14] o princípio da autonomia universitária significou, "por um lado, que deixou de ser elástico, assumindo a relativa rigidez que lhe empresta a sede constitucional e, por outro, que a sua exata dimensão há de ser demarcada pela análise harmônica e sistemática da regra que o acolheu, comparada e combinada com as demais disposições constitucionais, integrante do conjunto em que está integrada. (...) As limitações e restrições a que está sujeito, e que lhe definem a extensão real, não são mais as da legislação ordinária, mas sim as consignadas na própria Constituição".

Cumpre, no entanto, advertir o leitor que é típico ao setor da doutrina que, *d. v.*, utiliza a referida interpretação retrospectiva, invocar a interpretação sistemática da Constituição, assim como o princípio da sua unidade, apenas para apequenar a autonomia universitária.

Não há dúvida de que, muitas vezes, a interpretação da autonomia universitária em conjunto com as outras normas constitucionais não só pode, como deve levar à delimitação do seu conceito em termos restritivos. Contudo, a unidade da Constituição e o princípio da otimização dos princípios em ponderação, pelo qual nenhum dos princípios em jogo pode, salvo em casos extremos, perder toda a sua eficácia, impõe que, numa relação de duas vias, o contrário também possa se verificar.[15]

Desta forma, o princípio da autonomia universitária não só é restringido pelos demais princípios constitucionais, como também, por sua vez, deve, no que disser respeito ao seu núcleo essencial, restringi-los.

Sendo assim, não podemos prescindir de uma análise do caráter global da Constituição de 1988, do tipo de Estado que instituiu e do tratamento que é dado à educação. É o que, a seguir, passamos a fazer.

II. A Constituição Federal de 1988 e a Educação

A Constituição de 1988, elaborada em momento de redemocratização do país, com inédita participação popular nos trabalhos constituintes,[16] é a socialmente mais avançada da história brasileira. Foi a que,

---

14 *In* "A Questão da Autonomia Universitária", Revista da Faculdade de Direito do Ceará - UFC, jan./dez 90/91, p. 112.

15 Como exemplo da postura ora criticada, podemos citar Adilson Abreu Dallari, *in* Autonomia das Universidades Públicas, *RTDP*, pp. 287, 288 e 293, que restringe a quase nada o poder normativo das universidades, principalmente das públicas.

16 Sobre a redemocratização e sua influência na elaboração da Constituição de 1988, podemos aludir à completa exposição de Oscar Vilhena Vieira, *in* "A Constituição e sua Reserva de Justiça", Ed. Malheiros, 1999, pp. 125/130, Flávia Piovesan, *in* ob. cit. pp. 52/56 e Paulo Ricardo Schier, *in* "Filtragem Constitucional - Construindo uma nova dogmática jurídica", Sergio Antonio Fabris Editor, 1999, pp. 91/100.

"com seus princípios e direitos econômicos e sociais, comportando um conjunto de disposições concernentes tanto aos direitos dos trabalhadores como à estrutura da economia e ao estatuto dos cidadãos",[17] mais estabeleceu, de forma objetiva e autoaplicável, direitos e garantias sociais.

"A Constituição de 1988 não se limitou, portanto, a dispor sobre o exercício dos poderes políticos e a garantir direitos, regulando também, de maneira dirigente, compromissória e programática, amplos setores da vida econômica e social da nação".[18]

Flávia Piovesan afirma que "a partir dela, os direitos humanos ganham relevo extraordinário, situando-se a Carta de 1988 como o documento mais abrangente e pormenorizado sobre os direitos humanos jamais adotado no Brasil (...), estando entre as Constituições mais avançadas do mundo no que diz respeito à matéria".[19] Destaca-se que a autora emprega o termo "direitos humanos" com o caráter de indivisibilidade que a doutrina e os tratados internacionais lhe atribuem, agregando, conjunta e inter-relacionadamente, os direitos individuais, sociais, econômicos e culturais, destacando-se entre estes os direitos à educação.

Paulo Bonavides[20] expõe de maneira insofismável o caráter social do Estado instituído pela Constituição de 1988:

> "Uma coisa é a Constituição do Estado Liberal, outra a Constituição do Estado social (...). Por esse aspecto muito avançou o Estado social na Constituição de 1988, com o mandado de injunção, o mandado de segurança coletivo e a inconstitucionalidade por omissão. **O Estado social brasileiro é, portanto, de terceira geração, em face desses aperfeiçoamentos: um Estado que não concede apenas direitos sociais básicos, mas os garante**".

Colocando o Estado social de Direito em termos conceituais, Diogo Freitas do Amaral,[21] o define como o "Estado que se sente na obrigação de derramar sobre os seus membros todos os benefícios do progresso, colocando-se a serviço da construção de uma sociedade mais justa, espe-

---

17 José Afonso da Silva, *in* "Aplicabilidade das Normas Constitucionais", Ed. Malheiros, 1998, 3ª ed., p. 136.

18 Oscar Vilhena Vieira, *in* "Jurisprudência Política, Supremo Tribunal Federal", Ed. RT, 1994, pp. 131 e 132.

19 *In* "Direitos Humanos e o Direito Constitucional Internacional", Max Limonad, 3ª ed., 1997, pp. 55 e 56.

20 *In* "Curso de Direito Constitucional", Ed. Malheiros, 8ª ed., 1999, pp. 336/8 (grifamos).

21 *In* "Curso de Direito Administrativo", Livraria Almedina, 2ª ed., 1998, pp. 83 e 84. Valioso também é o conceito dado por Caio Tácito, *in* "Temas de Direito Público", 1º Vol., Ed. RENOVAR, 1997, p. 381.

cialmente para os mais desfavorecidos", visando "promover o desenvolvimento econômico, o bem-estar, a justiça social", sem abrir mão do legado do Estado liberal, puramente de Direito, de "garantia dos particulares frente à Administração Pública".

O fato do artigo 1º da Constituição de 1988 ter se referido ao Estado brasileiro apenas como "Estado Democrático de Direito" em nada altera a asserção. Como é sabido, em Direito, o que menos importa é o nome, mas sim a substância, e esta, *in casu*, é dada pelos princípios, fundamentos, direitos e garantias sociais constitucionalmente assentadas. A singela interpretação conjunta do *caput* do art. 1º com os fundamentos estabelecidos nos seus incisos II (cidadania), III (dignidade da pessoa humana), IV (valores sociais do trabalho) e nos incisos I (solidarismo), III (redução das desigualdades sociais) e IV (bem-estar social) do art. 3º, já seria suficiente para caracterizar a República Federativa do Brasil como um Estado social.[22] Realmente, "pela narrativa global de nossa Constituição, pelos títulos e disposições referentes à ordem econômica e social, e pelo trato dos sistemas dos direitos fundamentais, se plasmou, no Brasil, a ideia de um 'Estado Democrático e Social de Direito'".[23]

Tais digressões seriam, inclusive, despiciendas, uma vez que, acertadamente, a doutrina predominante já "pressupõe na adjetivação 'democrático' do termo 'Estado' diferentes níveis de democraticidade: política, social, econômica, jurídica, étnica e cultural, entendendo que, a despeito dos enunciados literais, na ideia de estado Democrático estão incluídas as "suas evidentes dimensões sociais".[24]

O amplo tratamento dado aos direitos sociais da educação pela Constituição de 1988 não apenas confirma, como fortalece o caráter democrático e social do Estado brasileiro em benefício do cidadão,[25] vez que, "privá-lo de educação é tão grave quanto impedir o seu acesso a informações ou restringir-lhe a liberdade de expressão, pois fere igualmente a dignidade humana".[26]

A cidadania (art. 1º, II), a dignidade da pessoa humana (art. 1, III), o pluralismo político (art. 1º, V), a construção de uma sociedade livre e

---

22 Kildare Gonçalves Carvalho, *in* "Direito Constitucional Didático", Ed. Del Rey, 2ª ed., 1992, p. 66.

23 Carlos Ari Sundfeld, *apud* Ruy Samuel Espíndola, *in* "Conceito de Princípios Constitucionais", Ed. RT, 1999, p. 99.

24 Ruy Samuel Espíndola, *in* "Conceito de Princípios Constitucionais", Ed. RT, 1999, p. 100.

25 Tratando da importância e do conteúdo das por ele chamadas, "constituições educacionais", ver Jorge Miranda, *in* "Manual de Direito Constitucional", Tomo II, 3ª ed., Coimbra Editora, 1996, pp. 180 a 213.

26 Oscar Vilhena Vieira, *in* ob. cit., pp. 245/6.

solidária (art.3º, I), e erradicação da pobreza e da marginalização, assim como a redução das desigualdades sociais (art. 3º, III), são inimagináveis sem a educação dos membros da comunidade nacional. Do ponto de vista específico do ensino superior, ele também é imprescindível para que possa ser alcançada a soberania, o desenvolvimento e a independência nacional (arts. 1º, I; 3º, II; e 4º, I, respectivamente).

Consciente disto, o Constituinte dedicou os artigos 205 a 214 inteiramente à educação, fixando os seus princípios gerais (arts. 205, 206 e 214) e os direitos educacionais (arts. 205, 208 e 211).

Não se limitou a Constituição a estabelecer princípios e direitos educacionais. Nos termos da constatação acima transcrita de Paulo Bonavides, procurou também lhes garantir a efetividade através de uma clara distribuição das competências materiais na prestação dos serviços públicos de ensino (art. 211), da vinculação de parte dos orçamentos públicos às despesas com educação (art. 212), e da responsabilidade da autoridade culpada pelo não oferecimento regular de ensino fundamental (art. 208, I c/c §§ c/c, 2 e 3).[27]

Assegurou ainda a Constituição Federal a autonomia das universidades (art. 207, *caput*), prerrogativa *sine qua non* para que possam desempenhar com sucesso as suas elevadas funções sociais.

Em boa hora a Constituição positivou o princípio, vez que, principalmente diante da história das universidades, se estas não possuírem algum âmbito de atuação autônoma, podem até ser outra espécie de estabelecimento de ensino superior, mas não universidades.

Além dos fundamentos e objetivos fundamentais da República vistos acima, há uma série de outros princípios constitucionais de grande importância para a exata delimitação da autonomia universitária, constituindo relevantes elementos hermenêuticos na definição do seu conteúdo, ora para fortalecê-lo, ora para restringi-lo.

Destarte, podemos enumerar exemplificativamente os princípios da liberdade de aprendizado, de ensino, pesquisa e do saber em geral (art. 206, II), o pluralismo de ideias e de concepções pedagógicas (art. 206,

---

27 Quanto à questão da autoaplicabilidade dos direitos à educação, remetemos o leitor a obra de Luís Roberto Barroso, "O Direito Constitucional e a Efetividade de suas Normas", Ed. RENOVAR, 1990, *passim*, e aos trabalhos de Gustavo do Amaral Martins e Ricardo Lobo Torres, constantes da obra coletiva "Teoria dos Direitos Fundamentais", coordenada pelo último, Ed. RENOVAR, 1999. De nossa parte, apesar de não ser tema diretamente afeto ao nosso objeto, entendemos que, ao menos no que disser respeito ao ensino fundamental, que constitui o mínimo existencial educacional, não há como ser questionado o caráter de direito fundamental plenamente aplicável em todo o seu conteúdo.

III), a gratuidade do ensino público superior (art. 206, IV), a valorização dos profissionais de ensino (art. 206, V), a gestão democrática do ensino público (art. 206, VI), a indissociabilidade entre ensino, pesquisa e extensão (art. 207, *caput*, 2. parte), a garantia de padrão de qualidade (art. 206, VII), a melhoria da qualidade de ensino (art. 214, III), o acesso aos níveis mais elevados de ensino e pesquisa (art. 208, V), a formação para o trabalho (art. 214, IV) e a promoção humanística, científica e tecnológica do país (art. 214, V).

O que, sinteticamente, podemos afirmar em relação à eficácia do princípio da autonomia universitária, é que ela se manifesta de três maneiras: (1) como imposições, vinculando o legislador, de forma permanente, à sua realização; (2) como diretivas materiais, vinculando positivamente os órgãos concretizadores; (3) como limites negativos, justificando a possibilidade de censura em relação aos atos que o contrariam.[28]

Em outras palavras, a autonomia universitária vincula todos os órgãos que podem concretizá-la, não apenas os Poderes Executivo e Legislativo, como os próprios órgãos da universidade, que devem exercê-la apenas para os fins constitucionalmente estabelecidos.

No dizer de Nina Ranieri,[29] "mesmo a defesa das garantias institucionais não deve ser tomada pela defesa de privilégios, características do corporativismo moderno que preconiza a organização como grupos de interesses individuais, sem levar em conta o contexto social mais amplo onde atuam, o que deturparia a essência da universidade. A qualidade e a relevância do ensino e da pesquisa produzida na universidade configuram a essência do limite institucional da autonomia. Os parâmetros constitucionais, por sua vez, estabelecem os limites jurídicos."

III. As Dimensões da Autonomia Universitária

A autonomia universitária consagrada no art. 207 da Constituição Federal possui quatro distintas dimensões: autonomia didática, autonomia científica, autonomia administrativa e autonomia financeira e patrimonial.

Uma distinção, no entanto, deve ser feita: apenas a autonomia didático-científica é um fim constitucional em si mesmo.[30] As autonomias

28 J. J. Gomes Canotilho, *In* "Constituição Dirigente e Vinculação do Legislador", Coimbra Editora, 1994, p. 315.

29 Nina Ranieri, *in* ob. cit., p. 139.

30 "A autonomia não é um fim em si mesmo. É um meio para a Universidade realizar os seus fins de educação, crítica, ciência e cultura. Nunca é demais insistir" (Jorge Miranda, *in* ob. cit., p. 82).

administrativa, financeira e patrimonial, apesar de serem condição *sine qua non* da existência daquela, são a ela instrumentais.[31]

Observe-se, contudo, que o caráter instrumental das autonomias administrativa, financeira e patrimonial de forma alguma pode levar ao seu menosprezo. Se, por um lado, o aspecto substancial do art. 207 é realmente a autonomia didático-científica, o que constitui importante elemento informador das ponderações a serem feitas entre o princípio da autonomia universitária e as demais normas constitucionais; por outro, o fim material, sem os meios, cai no vazio e é desprovido de qualquer efetividade, razão pela qual, às vezes, os instrumentos são tão ou mais importantes que os objetivos aos quais servem.[32]

A autonomia universitária é unitária, não podendo ser partida em suas diversas manifestações para priorizar uma em detrimento das outras. Se malversada uma de suas dimensões, agredido estará todo o conteúdo do princípio. Neste sentido, já decidiu o Supremo Tribunal Federal que, pela lavra do Ministro Soares Muñoz, criticou os que, ao interpretar a autonomia universitária, levam a "uma verdadeira dicotomia de suas normas, no sentido de que só as duas primeiras, as autonomias didático-científica e disciplinar, serão respeitadas".[33]

Todas as dimensões da autonomia universitária têm sede constitucional e, portanto, devem ser respeitadas pelo Poder Legislativo e pelo Poder Executivo, devendo o Poder Judiciário recompô-las se necessário for.

A título ilustrativo, destacam-se as recentes decisões do Supremo Tribunal Federal que, mais de uma vez, assegurou a livre manifestação de pensamento e das ideias no âmbito das universidades federais e esta-

---

31 "Cotejada a finalidade social da universidade à finalidade instrumental da autonomia, conclui-se que somente em face do serviço específico que a universidade deve prestar à sociedade - ensino, pesquisa e extensão - pode ser exercida a autonomia que lhe foi outorgada. (...) a liberdade de ensino e pesquisa consiste em autonomia substancial, vinculada à essência da universidade; a liberdade administrativa e de gestão patrimonial, por sua vez, configura autonomia instrumental, da primeira derivada e a ela subordinada, mas essencial à sobrevivência daquela" (Nina Ranieri, *in* ob. cit., pp. 116/7).

32 O Constituinte, até mesmo pelo histórico de inobservância que suas normas tiveram ao longo do constitucionalismo brasileiro, não se preocupou apenas em assegurar direitos e valores substanciais, garantindo também os seus instrumentos. De fato, assegurar direitos sem garantir, concomitantemente, os respectivos instrumentos, faria com que aqueles fossem meras peças de retórica, sem nenhuma efetividade. Tal fato faz com que, na prática, os instrumentos sejam tão importantes quanto a substância. Assim, por exemplo, as eleições diretas e periódicas são instrumento do princípio democrático, o *habeas corpus* é instrumento do direito de liberdade e o Senado Federal é instrumento do princípio federativo. Ninguém ousaria defender o caráter menor daqueles institutos pelo fato de serem "meramente" instrumentais a outros princípios, estes sim substanciais.

33 *Apud* Miguel Reale, ob. cit., p. 49.

duais. A ADPF 548, julgada procedente de forma definitiva em 15.05.2020, foi ajuizada contra decisões de juízes eleitorais que determinaram a busca e a apreensão de panfletos e materiais de campanha eleitoral em universidades, bem como nas dependências das sedes de associações de docentes, proibindo também aulas com temática eleitoral e reuniões e assembleias de natureza política, impondo a interrupção de manifestações públicas de apreço ou reprovação a candidatos nas eleições gerais de 2018 em universidades públicas.

Os atos judiciais e administrativos atacados pelo Ministério Público Federal e considerados inconstitucionais pelos ministros do STF teriam como embasamento jurídico a legislação eleitoral, especificamente quando proíbe a veiculação de propaganda de qualquer natureza em prédios e outros bens públicos (artigo 37 da Lei n. 9.504/1997).

Asseverando que "A liberdade é o pressuposto necessário para o exercício de todos os direitos fundamentais", a Ministra Relatora Cármen Lúcia, destacou que os atos questionados "desatendem aos princípios assecuratórios da liberdade de manifestação do pensamento e desobedecem às garantias inerentes à autonomia universitária".[34] Também valendo-se do preceito discutido no presente trabalho, a então presidente do TSE, Ministra Rosa Weber, asseverou que a Justiça Eleitoral "não pode fechar os olhos" para os direitos, as liberdades e os princípios fundamentais assegurados na Constituição, "em particular a liberdade de aprender, ensinar, pesquisar e divulgar o pensamento, o pluralismo de ideias e a autonomia didático-científica e administrativa das universidades".

Assentada a importância da autonomia universitária, portanto, cumpre analisá-la em suas mais variadas dimensões.

III.1. Autonomia Didática

Etimologicamente, "didática" significa a técnica de ensino, os meios, mecanismos e objetivos empregados na transmissão e construção do saber.

Sendo esta a atividade-fim por excelência das universidades, seria inconcebível a autonomia universitária que não a privilegiasse. Também a autonomia didática é elemento da própria liberdade de manifestação do pensamento (art. 5º, IV), densificada na Constituição Educacional através da liberdade de aprender e ensinar (art. 206, II).

A autonomia didática confere à universidade a possibilidade de, mediante suas próprias normas, vedada qualquer intromissão externa, criar,

34 STF, ADPF 548, Rel. Min. Cármen Lúcia, julg. 31.10.2018.

modificar e extinguir cursos e os órgãos encarregados de ministrá-los[35] definir currículos; o número de vagas, os critérios de admissão e avaliação dos estudantes, etc.[36]

Todavia, por mais relevante que a autonomia didática seja, como toda a autonomia, é conceitualmente limitada.[37] O baixo nível de muitos estabelecimentos de ensino superior, que se proliferaram no Brasil, sobretudo na década de setenta, não só permite, como impõe uma atuação governamental preventiva, sanatória e, em último caso, repressiva.

Esta atuação estatal fundamenta-se em outros princípios constitucionais, delimitadores do próprio conceito de autonomia universitária, tais como o da "garantia do padrão de qualidade" (art. 206, VII, CF) e o da "melhoria da qualidade de ensino" (art. 214, III), instrumentalizados na Lei Maior pela "avaliação de qualidade pelo Poder Público" (art. 209, II).[38]

Densificando e ponderando os princípios constitucionais envolvidos, os arts. 9º, IX e 10, IV c/c art. 46 da Lei de Diretrizes e Bases da Educação estabelecem a prévia autorização e a avaliação periódica dos cursos de ensino superior, os quais, em caso de permanência da má qualidade poderão até ser descredenciados.[39] A razoabilidade destas normas é, ao nosso ver, evidenciada pelas várias oportunidades que oferece à instituição para a melhoria da qualidade do ensino e pelo caráter pro-

---

35 Aqui temos um exemplo típico do caráter unitário da autonomia universitária. Estaria sendo, de fato, negada a autonomia didática de, por exemplo, criar um curso de história, se fosse negada a autonomia administrativa da universidade criar a respectiva faculdade. No mais das vezes a autonomia didática só pode ser desenvolvida através de medidas administrativas que a viabilizem.

36 Nina Ranieri, *in* ob. cit., pp. 117/8.

37 "Tal como se apresenta hoje, a questão da autonomia recoloca de forma diferente os mesmos problemas que estão presentes desde o início das universidades e que permanecem na medida em que a instituição continua a se legitimar em função do saber que produz e transmite" (Eunice Ribeiro Durham, *in* Documento de Trabalho 09/89 do Núcleo de Pesquisas sobre o Ensino Superior da Universidade de São Paulo - USP - NUPES, p. 04).

38 Neste sentido, já decidiu o Superior Tribunal de Justiça - STJ, em decisão assim ementada: "I - A autonomia universitária (CF, art. 207) submete-se ao princípio constitucional 'qualidade de ensino' (art. 206, VII). II - Exame de qualidade concebido pela Lei n. 9.131/95, é um instrumento pelo qual o Estado cobra das entidades de ensino superior, a 'garantia de padrão de qualidade' (CF art. 207, VII) - garantia devida, tanto pelas universidades privadas quanto por aquelas mantidas pelo Estado" (MS n.º 4.798/DF, DJ de 25/02/1998, p. 00005).

39 Para aprofundamento do tema ver Clèmerson Merlin Clève, *in* "As restrições à criação de novos cursos superiores e a sua aplicação às universidades reconhecidas e, especialmente às universidades públicas estaduais; limites à atuação normativa da União em matéria de diretrizes e bases da educação nacional", Revista de Direito Administrativo Aplicado, Gênesis, 2/1.064-1.077, e Adda Pellegrini Grinover, *in* "A Autonomia Universitária e a Criação de Cursos na Área da Saúde", RF, 329/163.

gressivo e gradativo da aplicação das sanções de intervenção, suspensão da autonomia e descredenciamento (§ § 1º e 2º do art. 46 da Lei n. 9.394/96).[40]

"Tal como ocorre em relação à pesquisa, a autonomia didática implica a responsabilidade de oferecer ensino de alta qualidade, que permita a formação de profissionais competentes e de pesquisadores. É neste ponto que se torna legítima a interferência dos poderes públicos, como instância à qual cabe reconhecer e garantir que a autonomia está sendo exercida para cumprir essas finalidades. Mecanismos de avaliação de cursos, feitos por instituições idôneas e cujos resultados sejam tornados públicos, constituem a forma pela qual a sociedade e os poderes públicos podem ter essa garantia".[41]

Note-se que a divulgação das avaliações periódicas que vêm sendo realizadas pelo Ministério de Educação tem se demonstrado eficazes, menos pelos efeitos jurídicos punitivos que, até pela progressividade de eventuais sanções já tenham acarretado, e mais em razão do conhecimento pela opinião pública, e, naturalmente, pelos potenciais "estudantes-clientes", da qualidade de ensino das universidades.

A ação do Ministério tem, desta forma, consciente ou inconscientemente, atendido às diretrizes regulatórias traçadas por Gunther Teubner.[42] Entende o jurista que, no mundo contemporâneo, as regulações estatais com mais chances de tornarem-se efetivas são aquelas nas quais o Estado, respeitando o meio envolvente, busca, preferencialmente, soluções indutivas ou consensuais, nada impedindo, porém, que, em casos extremos, venha a atuar de maneira vertical, coercitiva ou interventiva.

III.2. Autonomia Científica

Também a autonomia científica, ou seja, a liberdade de pesquisar (art. 206, II), é expressão da liberdade de manifestação do pensamento

40 No mesmo sentido pronunciou-se a Advocacia Geral da União, *in* RDA, 208/351-363, fundamentando-se expressamente no atendimento pela legislação federal do princípio da proporcionalidade.

41 Eunice Ribeiro Durham, *in* Documento de Trabalho 09/89 cit., p. 07.

42 *In* "O Direito como Sistema Autopoiético", Fundação Calouste Gulbenkian, 1989, trad. José Engrácia Antunes, p. 127 e segs.). A ver, uma das passagens em que sintetiza o seu pensamento: "A unidade e identidade de um sistema derivam da característica fundamental de autorreferencialidade de suas operações e processos. Isso significa que só por referência a si próprios podem os sistemas continuar a organizar-se e reproduzir-se como tais, como sistemas distintos do respectivo meio envolvente. São as próprias operações sistêmicas que, numa dinâmica circular produzem os seus elementos, as suas estruturas e processos, os seus limites, e a sua unidade essencial" (ob. cit., pp. 31 e 32).

(art. 5º, IV, CF), já que este pressupõe a possibilidade de sua livre elaboração. Não haveria liberdade de pensamento se não fosse assegurada a liberdade de, mediante a busca das fontes disponíveis, perquirir o que se pensará.[43]

A pesquisa científica, a qual a Constituição Federal dá especial atenção, inclusive através da vinculação de verbas orçamentárias (art. 218, §§ 1º e 5º, CF), deve ser desenvolvida visando ao desenvolvimento e independência nacional (arts. 3º, II e 4º, I, ambos da CF), à promoção humanística, científica e tecnológica do país (art. 214, V, CF), ao público e o progresso da ciência, tecnologia e inovação (art. 218, § 1º, CF) e à solução dos problemas brasileiros, especialmente os concernentes ao desenvolvimento do sistema produtivo nacional e regional (art. 218, § 2º, CF).

Nos países desenvolvidos, e mesmo no Brasil, mas ainda incipientemente, a pesquisa científica tem se revelado importante objeto de parcerias das universidades com empresas privadas e com o Governo. A Constituição, ao prever no art. 218, § 4º - norma de eficácia limitada[44] que a lei deverá apoiar as empresas que investirem em pesquisa, abre uma importante possibilidade de incremento destas parcerias, que não poderão, todavia, perder de vista os princípios da pesquisa científica acima enumerados.[45]

III.3. Autonomia Administrativa

Como visto no Tópico VI, de nada serviria às universidades ter liberdade didática e científica sem ter os meios para realizá-la.[46] A falta de

---

43 A autonomia científica tem um aspecto coletivo, concernente à universidade como um todo, e um individual, relativo à liberdade de pesquisa dos seus estudantes e professores, aspectos esses que, eventualmente, podem entrechocar-se (Nina Ranieri, ob. cit., p. 121). Entendemos que a universidade do Estado plural (cf. Tópicos III.3 e VII.4), deverá ponderar estes dois aspectos para conciliar o máximo possível a subsistência de ambos.

44 Normas constitucionais que para terem toda a sua eficácia implementada demandam a atuação do legislador ou do administrador público (José Afonso da Silva *in* "Eficácia..." cit., *passim*.

45 Quanto aos riscos de eventuais antinomias entre interesses científicos e econômicos, com a secundarização dos fins mais nobres das universidades e a sua instrumentalização para objetivos puramente mercadológicos, ver Robert Paul Wolff, *in* "O Ideal da Universidade", UNESP, 1993, trad. Sônia Veasey Rodrigues *et alii.*, p. 56 e segs. e 144.

46 O Conselho de Estado Francês, já decidiu: "Il appartient aux organes compétents d'un établissement public, en vertu des pouvoirs genéréaux d'organisation des services qui sont placés sous leur autorité, de definir, dans le cadre des lois e règlements qui leur sont applicables, les attributions des ces services, ainsi leurs règles d'organisation (apud René Chapus, in "Droit Administratif Général)", Tome 1, 13ª éd., 1999, p. 330).

autonomia em relação a estes, tornaria aquela inócua, mera retórica destituída de efeitos práticos.

Para alcançar suas finalidades institucionais de ensino e pesquisa, as universidades, como quaisquer pessoas jurídicas, entes por essência abstratos, têm que ser dotadas de uma organização, entendida esta como o conjunto sistêmico de meios materiais e humanos escolhidos, predispostos e coordenados para a consecução de determinados fins.[47]

É na escolha e gestão destes meios, na forma em que serão dispostos e coordenados, que se manifesta a autonomia administrativa das universidades.[48]

"A autonomia administrativa, portanto, é instrumento, decorrência e condição da autonomia didático-científica, e pressuposto da autonomia de gestão financeira patrimonial."[49] Consiste no direito de elaborar normas próprias de organização interna, em matéria didático-científica e de administração de recursos humanos e materiais;[50] na prática dos atos concretos oriundos das normas da universitárias e extrauniversitárias, desde que, no caso destas, seja preservada a sua autonomia; e no direito de escolher os seus dirigentes.[51]

A autonomia administrativa não é, logicamente, ilimitada. As universidades públicas deverão se pautar pelos princípios e normas impostos pela Constituição Federal a toda a Administração Pública. Desta forma, só podem, por exemplo, prover cargos e contratar empregados mediante o prévio concurso público (art. 37, II) e devem se submeter ao teto constitucional (art. 37, XI). Se aplicam ainda às universidades públicas o princípio licitatório (art. 37, XXI), o controle pelo Tribunal de Contas (art. 70), etc.

A Lei de Diretrizes e Bases da Educação dispõe que as universidades têm autonomia para, em consonância com as normas gerais atinentes,

---

47 BOBBIO, Noberto, *in* "Dicionário de Política", trad. Carmen C. Varriale, Editora UNB, 1999., Volume 2, p. 852.

48 "Le droit de l'organisation est ainsi le droit relatif à la création des organes de la volonté étatique. En distinguant les organes étatiques créés par la Constitution elle-même et ceux reposant sur une délégation speciale, on parvient à retrouver la distinction entre la Constitution et l'administration dans le cadre du droit de l'organisation" (Ernst Forsthoff, in *Traité de Droit Administratif Allemand*", Bruylant, 1969, trad. Michel Fromont, p. 633).

49 Nina Ranieri, *in* ob. cit., p. 124.

50 Da autonomia administrativa, decorre a maior parte da autonomia normativa das universidades, que constitui um dos mais importantes aspectos da autonomia universitária, tanto do ponto de vista teórico, como prático.

51 Ibid.

elaborar seus estatutos (art. 53, V c/c Parágrafo Único do art. 56)[52], administrar e dispor dos seus rendimentos na forma prevista nas leis (art. 53, IX) e elaborar o regulamento de seu pessoal de acordo com as normas gerais (art. 54, II).

Entendemos que para serem interpretadas conforme a Constituição, as alusões a "normas gerais" feitas pela Lei de Diretrizes e Bases da Educação devem ser consideradas como concernentes à própria Lei de Diretrizes e Bases da Educação e às outras normas que o Poder Legislativo da União possa emitir com eficácia nacional, a exemplo do que se dá em matéria de licitações, contratos administrativos e em direito financeiro.

Devem ainda ser aplicadas às universidades as normas editadas pelo Poder Legislativo ou pelo Poder Executivo do Ente da Federação ao qual pertençam se visarem à homogeneização de determinados procedimentos instrumentais, tal como se daria pela imposição de regras comuns de verificação de acumulações indevidas, pela imposição de métodos uniformes de elaboração da folha de pagamento de pessoal,[53] ou pela adoção de sistema de informática unificado de controle de gastos.

Não lhes são aplicáveis: (a) as leis específicas decorrentes das normas gerais editadas pela União, e (b) as leis previstas pela Constituição que não possam ser impostas nacionalmente pela União em respeito à autonomia administrativa dos outros Entes da Federação (p. ex., as leis de contratação de pessoal temporário por prazo determinado - art. 37, IX).[54]

Estas matérias estão, ao nosso ver, reservadas pelo artigo 207 da Constituição Federal e pelos artigos 53 e 54 da Lei de Diretrizes e Bases da Educação ao poder normativo das universidades.

No que pertine ao regime jurídico dos servidores universitários, entendemos que, com o fim da obrigatoriedade do regime jurídico único,

---

52 Entendemos bastante questionável a manutenção da prática existente no passado de se submeter os Estatutos Universitários à aprovação do Chefe do Poder Executivo. Todavia, mesmo que isso venha a ocorrer, como afirma Celso Ribeiro Bastos, o Chefe do Poder Executivo "tem a função de aprovar as normas contidas no estatuto, desde que estejam em consonância com o ordenamento jurídico. O decreto não poderá alterar o conteúdo do estatuto, mas também não é obrigado a aprová-lo se encontrada alguma ilegalidade" (*in* Curso de Direito Administrativo, Ed. Saraiva, 1994, p. 476).

53 Neste sentido, decidiu o STF na ADIn MC 1.599-DF (Informativo STF n. 100).

54 Expressamente, afirma Mauricio Antonio Ribeiro Lopes, que as leis de contratação temporária não podem ser aplicadas às universidades, devendo a matéria ser regulada por normas internas delas próprias emanadas (*in* Comentários à Lei de Diretrizes e Bases da Educação, Ed. RT, 1999, p. 54). Neste mesmo sentido, tratando de caso similar, Maria Sylvia Zanella Di Pietro, *in* "Contratação de professores estrangeiros perante a Constituição Federal de 1988", RDP, n. 97/76.

operado pela Emenda Constitucional n. 19/98, a matéria foi devolvida à autonomia administrativo-normativa das universidades.[55] Com isto, as universidades poderão, por exemplo, observados os seus respectivos orçamentos, conceder aumentos aos seus servidores, estabelecer remunerações para os professores engajados em tarefas específicas, etc.[56]

É sempre bom lembrar que "a universidade não é uma repartição pública, mas uma instituição de ensino e pesquisa, que cumpre uma multiplicidade de outras funções culturais além de prestar inúmeros serviços à população, e o regime de trabalho, e a forma de recrutamento de pessoal não podem ser os mesmos quando se trata da burocracia da administração central".[57]

---

55 Mesmo durante a vigência da obrigatoriedade do regime jurídico único, a jurisprudência vinha reconhecendo às universidades a autonomia para estabelecer critérios internos de progressão funcional (STF - RTJ, 164/548 e RESP n.º 0005 461/RJ, DJ de 3/12/90) e o regime dos salários de seus servidores (TRF-RS-RO n.º 0417 031/89, DJ de 20/12/89) - *apud* Nina Ranieri, ob. cit., p. 127. Também Hely Lopes Meirelles, em parecer proferido já sob a vigência da Constituição de 1988, afirmou a inconstitucionalidade de medidas provisórias que pretendiam impor às universidades a dispensa de servidores. (*in* "Autarquia Educacional - Autonomia", Estudos e Pareceres de Direito Público, RT, vol. 11, 1991, p. 223).

56 Mauricio Antonio Ribeiro Lopes, assevera, ao nosso ver, procedentemente, que as universidades podem, autonomamente, conceder aumentos salariais diferenciados aos seus servidores (*in* ob. cit., p. 240), posição que foi acolhida pelo Superior Tribunal de Justiça - STJ em decisão constante da RSTJ, 47:49. Ressalva-se apenas que esta decisão tem a peculiaridade de tratar de aumento salarial decorrente de direito dos servidores - a URP - devida conforme diversos precedentes jurisprudenciais. Afirmando a autonomia das universidades em matéria de pessoal, ainda se pronunciaram Miguel Reale (*in* ob. cit., p. 48) e José Frederico Marques (*in* "Autonomia administrativa e Financeira conferida por Lei Federal às Universidades - significado", JUSTITIA, jan./mar-1985, p. 39). Segundo este último, "admitir que o Poder Executivo Estadual possa, ao seu alvedrio, fixar a remuneração dos servidores da Universidade de São Paulo, significa nada menos que negar a autonomia financeira desta última - o que já se verificou ser ilegítimo e inconstitucional. (...) A destinação das verbas remuneratórias do pessoal se coloca como um elemento nuclear e indissociável da autonomia administrativa e financeira, sem o que esta não poderá se realizar, nem tampouco cumprir a função de libertar as universidades de influências externas, em esfera de seu específico interesse. A gestão financeira autônoma, consagrada expressamente na lei e na constituição de São Paulo, implica, por definição, na *potestas* de alocar recursos segundo os critérios e as conveniências administrativas do ente universitário". Em sentido contrário, propugnando por um amplo poder de direção do Chefe do Poder Executivo sobre todas as entidades da Administração Indireta, inclusive as universidades, Giuseppi da Costa, que fundamenta sua opinião nos arts. 84, II, VI e XXV e 87 da Constituição Federal (*in* ob. cit., pp. 70 a 72). Já tratamos no Tópico III.4 da defasagem desta concepção centralizadora de Administração Pública (ver também o Tópico VII.4).

57 José Goldemberg e Eunice Durham, *in* "A Educação na Reforma da Constituição", organizada por Luís Felipe D'Ávila, "As Constituições Brasileiras - análise histórica e propostas de mudança", Brasiliense, 1993, p. 179.

Quanto à eleição dos dirigentes das universidades, o Supremo Tribunal Federal - STF[58] entende que devem observar apenas as normas federais que possuam caráter geral. Nada dispondo estas, mesmo que se trate de universidades de Estados-membros, nada poderá a lei estadual estabelecer, ficando a matéria, segundo a jurisprudência do STF, integralmente no âmbito normativo da própria universidade.

Note-se que é exatamente esta a atual situação normativa, vez que a vigente Lei de Diretrizes e Bases da Educação remete à escolha dos dirigentes universitários à decisão universitária autônoma, estabelecendo apenas que deverá se dar de acordo com as normas fixadas pelos seus órgãos colegiados, dos quais deverão participar os seguimentos da comunidade institucional, local e regional (art. 56, Parágrafo Único).

A matéria está, então, colocada exclusivamente sob o poder normativo das próprias universidades. Destarte, se as suas normas estabelecerem que seus dirigentes são investidos por mandato fixo, de forma alguma poderão ser exonerados pelo Chefe do Poder Executivo. A assertiva já é mesmo objeto da Súmula 47 do Supremo Tribunal Federal - STF, que dispõe: "Reitor de Universidade não é livremente demissível pelo Presidente da República durante o prazo de sua investidura".

III.4. Autonomia Financeira e Patrimonial

Destacando a importância da autonomia financeira e patrimonial das universidades, Tomas-Ramon Fernandez[59] afirma que elas deverão sempre ter plena liberdade na elaboração dos seus orçamentos. Devem ser elas as únicas a decidir no que vão empregar os recursos de que dispõem, de acordo com o seu plano de ação. A descentralização dos gastos deve ser considerada uma exigência mínima do princípio da autonomia.

No particular, o art. 207 da Constituição Federal garante às universidades autonomia de gestão financeira e patrimonial. A expressão "de gestão", não colocada em relação às outras dimensões da autonomia universitária, gera divergência doutrinária quanto à possibilidade de disposição patrimonial.

Alguns autores entendem que o conceito de "gestão" exclui qualquer ato de disposição. Nesta corrente doutrinária, Giuseppi da Costa[60] afirma que, "na verdade, no momento em o dispositivo confere autonomia administrativa didático-científica, mas no tocante ao patrimônio e finanças,

58 Decisão analisada no Tópico IV.5.

59 *In* ob. cit., p. 68.

60 *In* ob. cit., p. 132.

diz que ela se prende apenas à gestão, está já aí, suprimindo parte desta autonomia. É como se estivesse dando com uma mão e tirando com outra, pois não se concebe autonomia administrativa despida de poder de disposição sobre o patrimônio, como também não é concreta uma autonomia administrativa sem que acompanhada da financeira."

Com Mauricio Antonio Ribeiro Lopes[61], divergimos da opinião exposta até porque as razões elencadas por Giuseppi da Costa só reforçam a conclusão contrária à tese que defende. Com efeito, seria desprezar o princípio de hermenêutica constitucional da maior efetividade, interpretar o art. 207 da Constituição Federal de molde a desvesti-lo de importância prática.

Todavia, ao dispor do seu patrimônio, as universidades deverão, como visto no tópico anterior, observar as normas gerais aplicáveis à matéria, inclusive a Lei n. 8.666/93.

Entre as mais importantes consequências da autonomia universitária em matéria financeira está a elaboração do seu orçamento e o remanejamento de suas rubricas. É que, tratando-se de universidades públicas, elas dependem, em maior ou menor escala, do Estado para obter os recursos necessários às suas necessidades. Este é, com efeito, um aspecto que pode ameaçar a autonomia universitária.[62]

Devemos, no entanto, colocar as coisas no seu devido lugar: o Estado, ao criar uma universidade, não o faz para que esta ensine, pesquise e preste serviços sob o seu comando e sempre na dependência dos seus recursos; ao revés, ao fazê-lo, assume o regime jurídico autonômico das universidades e, ao repassar-lhes verbas não está fazendo nenhum favor, mas cumprindo as suas obrigações constitucionais com a educação.[63]

Quanto à elaboração do orçamento, grassou na doutrina grande discussão a respeito da possibilidade de ingerência do Poder Executivo, alguns defendendo que este poderia, antes de enviar o orçamento ao Poder legislativo, aprová-lo ou não.[64] Ao nosso sentir, o art. 54, IV da Lei n. 9.394/96 encerrou a discussão ao dispor que incumbe às universidades a elaboração dos seus orçamentos e planos plurianuais.

---

61 *In* ob. cit., p. 238. O autor define gestão financeira e patrimonial como "a capacidade genérica de elaborar, executar e reestruturar orçamentos; constituir patrimônio e dele dispor".

62 Silvio Spaventa, *in* ob. cit., pp. 160/1.

63 O artigo 55 da Lei de Diretrizes e Bases da Educação, densificando essa obrigação constitucional, dispõe que a União deve assegurar no orçamento recursos suficientes para que as universidades possam cumprir suas finalidades institucionais.

64 Para uma exposição das divergências então existentes, ver a jurisprudência constante da RDP, 35-36/250.

A Lei não faz qualquer referência à observância das normas gerais nacionais em matéria financeira (atualmente, a Lei n. 4.320/64), mas, como as universidades não podem ficar alheias ao ordenamento geral do Estado,[65] elas lhes devem ser aplicadas.

Deve ainda, por analogia, ser aplicada às universidades públicas a disciplina constitucional da elaboração dos orçamentos do Ministério Público e do Poder Judiciário (artes. 84, XXIII, 99, 127, § 3º, 165, § 5º, I e 166, § 6º). O grande mérito destas normas constitucionais é conciliar a autonomia constitucional de algumas instituições com a necessária unidade do orçamento, o que, todavia, não impede que o Poder Executivo faça algumas reduções para compatibilizá-los com o orçamento geral.[66]

No dizer de Ricardo Lobo Torres,[67] face ao princípio constitucional da unidade, o orçamento é uno embora possa aparecer em vários documentos separados, devendo apresentarem-se, em seu conjunto, de forma harmônica e integrada.

As universidades, visando ao atendimento do princípio da unidade orçamentária, devem apresentar ao Chefe do Poder Executivo apenas uma previsão global da previsão de suas receitas e despesas, fazendo *de per se*, posteriormente à aprovação do orçamento geral pelo Poder Legislativo, as necessárias especificações e distribuições entre seus órgãos internos.[68]

As universidades dispõem, desta forma, de autonomia para, observado o princípio da unidade orçamentária, elaborar o seu orçamento, alocar os recursos como melhor entender e estabelecer o valor das suas taxas (*lato sensu*), ressalvado o controle *a posteriori* pelo Tribunal de Contas (art. 70, CF).

Nesta senda, já decidiu o Supremo Tribunal Federal - STF[69] que a imposição da prévia aprovação do orçamento da universidade pelo Chefe do Poder Executivo é incompatível com a autonomia universitária, devendo o controle financeiro realizar-se apenas *a posteriori*, através da tomada de contas e das inspeções contábeis.

Também cabe destacar que "na questão financeira, o limite da autonomia se coloca, mais uma vez, e claramente, no direito que assiste à sociedade de exigir da instituição o desempenho eficiente de suas fun-

---

65 Caio Tácito, *apud* RDP cit., p. 255.

66 *In* RDP, 35-36/253 e 254.

67 *In* "Curso de Direito Financeiro e Tributário", Ed. Renovar, 1993, p. 140.

68 Esta diretriz de elaboração dos orçamentos consta do acima citado artigo de Miguel Reale, p. 50.

69 DJ de 04/05/79, p. 00452.

ções.[70] Eliminadas as formas tradicionais e ineficientes de controle do uso das verbas, através de constrangimentos burocráticos sobre o orçamento, é necessário o estabelecimento de instrumentos que promovam uma avaliação pública do uso dos recursos em função do desempenho adequado das finalidades da instituição: o ensino e a pesquisa. O que se faz necessário é a substituição de um controle externo sobre a destinação interna dos recursos por um sistema de avaliação de sua utilização em função do desempenho final da universidade em termos do ensino que ministra, da pesquisa que realiza e da extensão que promove".[71]

Tratando especificamente da necessária transparência da Administração universitária, Robert Paul Wolff afirma que "precisamos trazer o processo de decisão para o público, a fim de que possa estar sujeito a críticas, revisões e principalmente ao controle pela comunidade universitária. Em particular decisões orçamentárias que afetam as dotações e os gastos operacionais precisam ser trazidas para fora dos recessos escuros onde agora se escondem."[72]

IV. Conclusão

Positivada em nosso Direito Constitucional em 1988, a autonomia é elemento essencial para a excelência das universidades, que, por sua vez, são instituições imprescindíveis para qualquer projeto de desenvolvimento socioeconômico, principalmente nos países do Terceiro Mundo, que tão longo e difícil caminho têm a percorrer.

A autonomia universitária, porém, só será capaz de propiciar os benefícios sociais para os quais é assegurada se a própria universidade, no

70 Note-se que é a elaboração do seu orçamento um dos pontos mais ressaltados pela doutrina quanto à necessidade de a universidade ser plural, dando oportunidade para apresentação de propostas a todos os seguimentos universitários e à comunidade circundante. Ver, a esse respeito, Mauricio Antonio Ribeiro Lopes, *in* ob. cit., p. 239 e, especialmente, Eunice Ribeiro Durham, *in* "Os desafios da Autonomia Universitária", Documento de Trabalho n. 2/89, do Núcleo de Pesquisas sobre Ensino Superior da Universidade de São Paulo - NUPES.

71 Eunice Ribeiro Durham, *in* "A Autonomia Universitária - O Princípio Constitucional e suas Implicações", Documento de Trabalho 09/89 do Núcleo de Pesquisas sobre Ensino Superior da Universidade de São Paulo - USP - NUPES, p. 11.

72 *In* ob. cit., p. 177 - grifamos. Mais adiante prossegue o autor norte-americano: "Precisamos lutar toda vez que seja possível, para adotar procedimentos decisórios que encorajem o crescimento natural de uma comunidade universitária. Apesar da atual impossibilidade de instituir uma comunidade racional genuína baseada sobre um contrato social, como o equacionado acima, é, não obstante, perfeitamente possível selecionar formas de administração interna que reforcem em vez de impedir os laços comunitários" (pp. 177/8).

seu âmago, for plural e transparente diante dos diversos segmentos que a compõem e do meio social envolvente.

A autonomia das universidades e dos seus órgãos não pode se prestar a fazê-los retornar à autonomia do claustro acadêmico ou do corporativismo medievo. Não se trata de uma fórmula pronta, cambiando, ao revés, conforme os vários fluxos sociais que as cercam.

É a responsabilidade e o espírito público dos seus Titulares, na execução da fina calibragem entre as prerrogativas autônomas e os limites e exigências do Estado democrático de Direito, que determinarão a sua potencialização ou, mais uma vez, o seu atrofiamento.

DA ACADEMIA À JUDICATURA: A IMPORTÂNCIA DA ANÁLISE ECONÔMICA DO DIREITO NA CONTEMPORANEIDADE

Rodrigo Fux[1]

SUMÁRIO: I - Introdução; II - A Análise Econômica do Direito: Evolução, Conceitos e Potencialidades; III - As Contribuições da Análise Econômica do Direito para o Aperfeiçoamento do Direito Brasileiro; IV - A Relevância da Análise Econômica do Direito para a Formação dos Juristas do Presente e do Futuro.

I. Introdução

Não se poderia iniciar esse singelo artigo sem antes agradecer pelo honroso convite formulado pela Doutora Maria Goldberg. Sua trajetória profissional é marcada pela condução jurídica da expansão mais relevante do ensino privado já ocorrida no Brasil, o que torna essa obra especialmente oportuna. Há - não resta dúvida - um sem-número de desafios enfrentados que devem ser endereçados pela academia para que se alcance ensino jurídico moderno e adaptado à nova realidade do mercado.

Desde a fundação dos cursos jurídicos no Brasil, em 11 de agosto de 1827[2], pode-se afirmar que nunca foram tantos e tão complexos os desafios enfrentados pelos juristas na aplicação do Direito e, por via de consequência, nunca foram tão necessárias reformulações na formação dos

1 Doutorando e Mestre em Direito Processual pela Universidade do Estado do Rio de Janeiro - UERJ. Advogado. academia@fux.com.br.

2 BOVE, Luiz Antonio. Uma visão histórica do ensino jurídico no Brasil. *Revista do Curso de Direito*, São Paulo, v. 3, n. 3, 2006, p. 115-138.

juristas brasileiros, haja vista a busca pela construção de profissionais preparados para lidar com as novas tendências do Direito.

Os órgãos judicantes e os operadores do Direito têm a difícil tarefa de enfrentar os gargalos de eficiência do sistema jurisdicional. Trata-se de desafio antigo que compromete a prestação jurisdicional justa.

A busca pela eficiência do sistema jurisdicional sempre foi uma preocupação dos estudiosos e aplicadores do direito processual. Se, à época do *Projeto de Florença* de Mauro Cappelletti e Bryant Garth[3], o foco de luz voltava-se para o Acesso à Justiça, com o passar do tempo, as angústias dirigiram-se ao problema da efetividade da tutela jurisdicional e da ausência de realização do direito material subjacente.

Por meio da eficiência, buscam-se os objetivos traçados utilizando os recursos da melhor forma possível, minimizando o desperdício de tempo e dinheiro. Sob esse prisma, afigura-se necessário o constante diálogo do Direito com a Economia, o que deságua na relevância do ensino da Análise Econômica do Direito.

Para tanto, o presente trabalho investiga a evolução histórica da Análise Econômica do Direito - AED, dos principais conceitos dessa metodologia e das potencialidades que ostenta para o aprimoramento do ordenamento brasileiro. Na sequência, o artigo busca perquirir impacto da metodologia no Direito positivo e na jurisprudência dos tribunais pátrios. Por fim, serão dedicados comentários à relevância da Análise Econômica do Direito na formação dos juristas.

II. A Análise Econômica do Direito: Evolução, Conceitos e Potencialidades

No cenário de fuga do formalismo pernicioso, de imperiosa necessidade de entrega efetiva da prestação jurisdicional e de combate à rigidez do processo tradicional, surgiu o célebre "Movimento de Acesso à Justiça", por meio do qual os juristas Mauro Cappelletti e Bryant Garth desenvolveram o cognominado "Projeto de Florença". O sempre lembrado estudo tinha, como objetivo, justamente realizar uma profunda investigação sobre os problemas em torno da prestação jurisdicional em todo o mundo e suas possíveis soluções[4].

Como cediço, o Movimento dividiu-se em três etapas - as chamadas *Ondas Renovatórias do Acesso à Justiça*. A primeira tinha o propósito de

3 CAPPELLETTI, Mauro; GARTH, Bryant. *Acesso à Justiça*. Trad. de Ellen Gracie Northfleet. Porto Alegre: Sergio Antonio Fabris Editor, 2002.

4 CAPPELLETTI, Mauro; GARTH, Bryant. *Acesso à justiça*. Trad. Ellen Gracie Northfleet. Porto Alegre: Sergio Antonio Fabris Editor, 2002.

oferecer soluções a problemas em torno da assistência judiciária, cuidando dos obstáculos econômicos constantemente enfrentados pelas partes para obtenção da tutela jurisdicional. Debateram-se os custos do litígio e a possibilidade de assistência jurídica pelo Estado.

A segunda, atinente à tutela dos direitos coletivos, inspirou a criação de importantes institutos no Brasil, como a Ação Popular (Lei n. 4.717/1965), a Ação Civil Pública (Lei n. 7.347/1985) e o Mandado de Segurança Coletivo (artigo 5º, LXX, da Constituição Federal e artigos 21 e seguintes da Lei n. 12.016/2009).

A terceira onda renovatória buscava avançar mais profundamente nos desafios anteriores, empenhando-se para desenvolver uma verdadeira reorganização institucional do Poder Judiciário, incentivando novas formas de acesso à justiça[5].

A Análise Econômica do Direito[6] é escola de pensamento que possui uma relação de continuidade e contribui para as reflexões suscitadas, à época, pelo Movimento do Acesso à Justiça, permitindo o aprimoramento da prestação jurisdicional, seja repensando-se os instrumentos de tutela, seja endereçando os problemas institucionais dos órgãos judicantes.

Com fundamentos que remontam aos pensadores do iluminismo escocês, notadamente David Hume, Adam Ferguson e Adam Smith, todos da segunda metade do século XVIII, a AED é apresentada ao mundo meados da década de 1960, a partir de Ronald Coase, no artigo "*The Problem of Social Costs*"[7], que desenvolveu de maneira inovadora a temática de "custos de transação".

A partir de uma perspectiva liberal, Coase sustentava que a intervenção estatal não necessariamente geraria um resultado eficiente na resolução de conflitos, em razão do aumento exponencial dos denominados *custos de transação* inerentes à atuação pública, tais quais as despesas

---

5 Sobre os reflexos do movimento de acesso à justiça no Brasil, por todos, ver CARNEIRO, Paulo Cezar Pinheiro. *Acesso à justiça: juizados especiais cíveis e ação civil pública - uma nova sistematização da teoria geral do processo*. Rio de Janeiro: Forense, 1999.

6 Segundo Ivo Gico Jr., "a Análise Econômica do Direito nada mais é que a aplicação do instrumental analítico e empírico da economia, em especial da microeconomia e da economia do bem-estar social, para se tentar compreender, explicar e prever as implicações fáticas do ordenamento jurídico, bem como da lógica (racionalidade) do próprio ordenamento jurídico. Em outras palavras, a AED é a utilização da abordagem econômica para tentar compreender o direito no mundo e o mundo no direito" (GICO JR., Ivo. Metodologia e Epistemologia da Análise Econômica do Direito. Economic Analysis Of Law Review, v. 1, n. 1, 2010, p. 11. Disponível em https://revistas.unifacs.br/index.php/redu/article/view/2794. Acesso em 18.02.2022).

7 COASE, Ronald H. The Problem of Social Cost. Journal of Law and Economics, v. 3, 1960, p. 1-44.

para aplicação das leis e tributos, além da morosidade no acionamento do maquinário do Poder Judiciário.

Essa nova forma de pensamento, voltada à implementação de ferramentas econômicas à análise e solução de problemas típicos das relações sociais, colaborou para o surgimento da chamada Escola de Chicago, liderada por Richard Posner e Gary Stanley Becker que, em suma, buscavam estimular o papel da troca eficiente de mercado sem grandes entusiasmos com relação aos aspectos redistributivos e igualitários[8].

A obra de Posner[9] representou um marco no movimento de estudos da AED: adotando como premissa básica o sistema judicial enquanto promotor da evolução do Direito em direção à eficiência, Posner dedicou grande parte de seus estudos para desenvolver um critério de eficiência que superasse os conceitos clássicos utilizados pelos economistas, como os critérios de superioridade de Pareto[10] e de Kaldor-Hicks[11].

Posner buscou aplicar um método dedutivo de *Análise Econômica Positiva do Direito*[12] para explicar qualquer instituto jurídico por meio da

---

8 POSNER, Richard. *A economia da justiça*. Trad. de Evandro Ferreira e Silva, São Paulo: Martins Fontes, 2010, p. 34-35.

9 Em seu *curriculum vitae*, Posner conta com mais de 38 livros e 300 artigos publicados, além das 2.200 *opinions* disponibilizadas ao longo do exercício de sua carreira de Juiz Federal. Vide: Richard Posner, Curriculum Vitae, disponível em: http://www.law.uchicago.edu/files/cv/rposner-jan-2015.pdf, acesso em 18.02.2022.

10 O critério de superioridade de Pareto determina que uma forma de alocação de recursos é mais eficiente com relação às demais se puder melhorar a situação de pelo menos um indivíduo sem prejudicar a de ninguém.

11 O critério de Kaldor-Hicks considera eficiente uma nova alocação que maximize a riqueza, ainda que ela tenha prejudicado terceiros, desde que esse aumento seja suficiente para compensar as perdas individuais: "It is only as a result of this consequential change in the distribution of income that there can be any loss of satisfactions to certain individuals, and hence any need to compare the gains of some with the losses of others. But it is always possible for the Government to ensure that the previous income-distribution should be maintained intact: by compensating the 'landlords' for any loss of income and by providing the funds for such compensation by an extra tax on those whose incomes have been augmented. In this way, everybody is left as well off as before in his capacity as an income recipient; while everybody is better off than before in his capacity as a consumer. For there still remains the benefit of lower corn prices as a result of the repeal of the duty." (KALDOR, Nicholas. Welfare Propositions of Economics and Interpersonal Comparisons of Utility. *The Economic Journal*, v. 49, n. 195, set., 1939, p. 549-552).

12 Richard Posner propôs a divisão da AED em três diferentes aspectos: heurístico, descritivo e normativo. O primeiro preocupa-se com a identificação da racionalidade que permeia a existência de diferentes institutos jurídicos. O segundo aspecto é voltado à perspectiva consequencialista das normas jurídicas na sociedade, ou seja, investiga os efeitos decorrentes das normas legais em análise. O último aspecto busca determinar quais normas jurídicas são desejáveis, comparando sua eficiência a partir das conclusões

utilização das leis básicas de mercado e de formação de preços, demonstrando a existência de racionalidade econômica por detrás das decisões judiciais. Sob esse prisma, o autor propôs o sistema de análise de custos e benefícios como uma forma de estímulo ou desincentivo a determinadas condutas, de tal maneira que a função do Direito sob a perspectiva econômica seria realizar a modulação dos incentivos a partir da precificação dos custos de determinado comportamento, sempre visando a aumentar a quantidade social de riqueza nas relações sociais.

Nesse mesmo caminho, Gary Stanley Becker foi um grande entusiasta da aplicação de teorias e métodos empíricos da ciência econômica às normas e institutos jurídicos, bem como às relações sociais[13]. O economista estadunidense defendeu veementemente que a proposta de modelos de comportamento racional voltados à maximização de satisfações era aplicável a qualquer comportamento social, laureado por isso com o Prêmio Nobel de Economia em 1992.

Destaca-se, nesse ponto, o entendimento da reconhecida Escola de Chicago sobre o tema por meio de três características principais: (a) a visão de que o ser humano é racional, isto é, age sempre com vistas a maximizar sua satisfação; (b) esse padrão comportamental se dá mesmo em áreas não diretamente ligadas ao mercado, funcionando as regras legais de forma análoga aos preços, ou seja, como incentivos ou desestímulos a condutas; e (c) a absorção de critérios econômicos na aplicação do Direito poderia levar a cenários eficientes, conforme apontado pelo vanguardista Ronald Coase[14].

Rompendo com essa visão, surge Guido Calabresi, representante da parcela dissidente da investigação jus-econômica que buscava enfatizar a importância das preocupações distributivas nas trocas de mercado e relações sociais[15]. A partir de estudo voltado à análise econômica da responsabilidade civil[16], Calabresi enfatizou a limitação analítica do critério de eficiência e da presunção de zero custos de transações nas relações sociais, abordados anteriormente por Coase.

---

obtidas nos dois aspectos anteriores da análise (POSNER, Richard. Frontiers of Legal Theory. *Harvard University Press*, Cambridge, 2004, p. 4-5).

13 BECKER, Gary. The economic approach to human behavior. *The University of Chicago Press*, 1976, p. 57-68.

14 ARAÚJO, Thiago Cardoso. *Análise econômica do direito no Brasil: uma leitura à luz da teoria dos sistemas*. Rio de Janeiro: Lumen Juris, 2017, p. 69.

15 CALABRESI, Guido. The Pointless of Pareto: Carrying Coase Further. PARISI, Francesco; ROWLEY, Charles K. (Eds.). *The Origins of Law and Economics: Essays by the Founding Fathers*. Cheltenham, UK; Northamptom, MA: Edward Elgar, 2005, p. 168-198.

16 CALABRESI, Guido. *The Cost of Accidents: A Legal and Economic Analysis*. New Haven, CT: Yale University, 1970.

Guido Calabresi dedicou grande parte do seu trabalho para construir a ideia de justiça como um filtro para a eficiência[17], de modo a reconhecer que determinadas atividades poderiam ser proibidas por serem indesejadas ou consideradas injustas pela sociedade, independentemente de serem modelos extremamente eficientes economicamente.

A década de 1980 foi o divisor de águas para a formalização deste segmento do Direito como ciência e como objeto de profundas investigações acadêmicas nas mais renomadas faculdades dos Estados Unidos da América. Steven Shavell, Louis Kaplow, Lucien Bebchuk e Kathryn Spier, todos da Escola de Direito de Harvard, assumem distinta notoriedade.

Shavell e Kaplow[18], em absoluto pioneirismo, colaboraram para a evolução da AED sob o enfoque processual, especificamente na ordenação de técnicas e modelos - como, por exemplo, a ascensão da *teoria dos jogos*[19] - que apontam para os incentivos presentes no binômio acordo/propositura de ação, na ponderação sobre a interposição de recursos e nas (des)vantagens decorrentes do protagonismo do magistrado[20].

Nos dias atuais, Shavell é indiscutivelmente uma das maiores referências no tema ora em análise, tendo contribuído para o surgimento e a consolidação da Análise Econômica Comportamental do Direito (*Behavioral Law and Economics*), segmento que busca se apropriar das mais recentes descobertas nos diversos campos da neurociência e psicologia. A *Behavioral Law and Economics* leva em consideração as limitações da racionalidade humana (denominados na doutrina da AED de "vieses cog-

---

17 "A justiça deve funcionar como um veto ou uma limitação acerca do que pode ser feito para se atingir a redução de custos, um teste final que todo sistema legal de responsabilidade civil deve passar." (CALABRESI, 1970, *Op. Cit.* p. 220).

18 SHAVELL, Steven. The fundamental divergence between the private and the social motive to use the legal system. *Journal of Legal Studies*, Chicago University Press: v. XXVI, jun., 1997; SHAVELL, Steven. The Appeals Process and Adjudicator Incentives. *Journal of Legal Studies*, Chicago: Chicago University Press, v. 35, jan., 2006; KAPLOW, Louis. Private versus Social Costs in Bringing Suit. *The Journal of Legal Studies*, v, 15, n. 2, jun., 1986, p. 371-385.

19 "A teoria dos jogos (*games theory*) tal como todos os demais modelos econômicos se traduz em uma forma de simplificação da realidade social, com o intuito de mostrar as forças básicas de uma determinada interação social. A multiplicidade de tipos de jogos e os casos envolvidos ainda não encontraram uma adequada e suficiente demonstração de sua aplicação ao direito, o que não significa que não se trate de um campo propício para imensas inovações e soluções criativas." (SILVEIRA, Paulo Antônio Caliendo Velloso da. *Direito tributário e análise econômica do Direito: uma visão crítica*, 1ª Ed. Rio de Janeiro: Editora Elsevier, 2009).

20 WOLKART, Erik Navarro. *Análise econômica do processo civil: como a economia, o direito e a psicologia podem vencer a tragédia da justiça*. São Paulo: Editora Thomson Reuters Brasil, 2019, p. 109-111.

nitivos"), bem como os estudos acerca do modo dual de funcionamento do cérebro (*dual process brain*)[21], para promover a necessária adaptação de todos os modelos teóricos prescritos pela economia tradicional.

Se decantarmos os ensinamentos dos doutrinadores (clássicos e modernos) da AED, conseguimos extrair três grandes palavras de ordem: racionalidade, eficiência e equilíbrio. A primeira se consolida em razão da incessante análise de fenômenos coletivos a partir de escolhas individuais racionais. A segunda transparece a busca pela maximização dessas escolhas individuais, derivadas de incentivos e desincentivos, em prol do bem-estar social. A terceira, não menos importante, expressa justamente a união entre conceitos da Economia e do Direito em prol de uma estabilidade, que deriva dos incentivos sociais e do bem-estar social almejado.

A interdisciplinaridade entre Direito e Economia no Direito brasileiro, embora conhecida e de inegável importância, nunca recebeu a devida atenção dos intérpretes. A verdade é que historicamente a AED sofreu resistência no Brasil, seja pela falta de compreensão acerca dos seus conceitos, seja pela ideia equivocada de que apenas nos países da *common law* essa ciência poderia ser adotada, ou mesmo pela simplista concepção de que as decisões judiciais não deveriam ser submissas aos fatores econômicos.

As resistências vêm sendo superadas, e o Direito pátrio tem incorporado critérios de análise e institutos provenientes do estudo jus-econômico.

III. As Contribuições da Análise Econômica do Direito para o Aperfeiçoamento do Direito Brasileiro

Diante da superação da dicotomia absoluta entre os sistemas da *civil law* e da *common law*, iniciou-se a difusão das ideias provenientes da metodologia da AED no Brasil, culminando na forte influência que seu estudo exerceu na edição do Código de Processo Civil de 2015. A análise

21 "Por razões evolutivas, nosso cérebro desenvolveu-se com dois sistemas de funcionamento do pensamento que atuam de forma paralela e complementar: o sistema intuitivo, chamado de sistema ascendente, e o sistema reflexivo, denominado sistema descendente. O sistema ascendente é rápido, eficiente, automático, inconsciente e pouco preciso. Foi moldado para oferecer uma avaliação contínua dos problemas que um organismo deve resolver para sobreviver. Já o sistema descendente é reflexivo, meticuloso, detalhista e lento. Ele procura sempre a precisão, buscando o maior número de dados para fazer uma pergunta ou dar uma resposta. Cada um desses sistemas funciona a partir de específicas estruturas cerebrais, mas atuam de modo conjugado, de forma que mesmo o sistema descendente atua influenciado por informações rapidamente oferecidas pelo sistema ascendente." (OLLS, Christine; SUNSTEIN, Cass R; THALES, Richard. A Behavioral Approach to Law and Economics. *Stanford Law Review*, 1997-1998, p. 1471-1550).

cuidadosa do Diploma Processual Civil transparece a presença de diversos institutos que visam à promoção da eficiência.

A previsão do pagamento de honorários sucumbenciais em sede recursal (artigo 85, §§ 1° e 11[22] do CPC/2015), por exemplo, representa a tentativa do legislador de desestimular a interposição de recursos com baixa chance de êxito.

A "sucumbência recursal" deve ser interpretada como uma tentativa do legislador de desencorajar a interposição desmedida de recursos frívolos pelas partes vencidas, a fim de estabelecer critérios de maior razoabilidade aos apelos e valorizar, igualmente, a força normativa das decisões proferidas pelos órgãos jurisdicionais.

Sob a ótica da Análise Econômica do Direito, a ampliação dos riscos associados ao ato de recorrer implica no desestímulo à interposição de recursos que tenham baixa chance de êxito, pois os custos decorrentes de sua interposição serão maiores do que os benefícios que o litigante pode vir a obter[23].

Também são notáveis os relevantíssimos avanços nos métodos alternativos de resolução de controvérsias, os quais fornecem incentivos mais eficientes para a justa solução do conflito, como por exemplo, (a) maior estímulo ao compartilhamento de informações com vistas à redução da assimetria informacional e ao alinhamento das expectativas das partes; e (b) a redução dos custos de transação inerentes ao litígio, na medida em que o procedimento de composição se torna mais célere, previsível e circunscrito aos interesses das partes, eliminando diversos atos processuais onerosos, bem como o decurso corrosivo do tempo.

Para que a tentativa de conciliação ou mediação seja exitosa, o CPC/2015 consagrou interessantes previsões, como a exigência de capacitação mínima para o exercício da atividade de conciliador ou media-

---

22 CPC/2015: "Art. 85. A sentença condenará o vencido a pagar honorários ao advogado do vencedor. (...). § 11. O tribunal, ao julgar recurso, majorará os honorários fixados anteriormente levando em conta o trabalho adicional realizado em grau recursal, observando, conforme o caso, o disposto nos §§ 2º a 6º, sendo vedado ao tribunal, no cômputo geral da fixação de honorários devidos ao advogado do vencedor, ultrapassar os respectivos limites estabelecidos nos §§ 2º e 3º para a fase de conhecimento."

23 "It is evident that if the plaintiff's minimum acceptable amount is less than the defendant's maximum acceptable amount, a mutually beneficial settlement is possible - a settlement equal to any amount in between these two figures would be preferable to a trial for each party. Indeed, it can be shown that a mutually beneficial settlement exists as long as the plaintiff's estimate of the expected judgment does not exceed the defendant's estimate by more than the sum of the costs of trial". BONE, Robert G. Economics of Civil Procedure. *The Oxford Handbook of Law and Economics*: Public and Legal Institutions, Oxford: v. 3. 2017. p. 143.

dor[24]; a autorização da aplicação de técnicas negociais, com o objetivo de proporcionar ambiente favorável à autocomposição[25]; e a possibilidade de requerimento da antecipação de prova (como, *e.g.*, o interrogatório da outra parte, a inquirição de testemunha ou, ainda, a produção de prova pericial).

Há, ainda, a possibilidade de designar mais de uma sessão destinada à mediação e à conciliação[26], e, caso uma ou ambas as partes deixem de comparecer, sem justo motivo, será esse ato reputado como atentatório à dignidade da Justiça, dando azo à aplicação de multa de até 2% (dois por cento) do valor da causa ou da vantagem econômica almejada, a ser revertida para a União ou para o Estado (artigo 334, § 8º, do CPC/2015).

O artigo 166 do CPC/2015 aduz que as informações partilhadas no curso da mediação ou da conciliação são confidenciais. Seu compartilhamento - em ambiente restrito - se traduz em um ótimo incentivo para a redução da assimetria informacional, sendo capaz de ampliar as chances de se alcançar solução consensual sem que seja necessária a publicização de dados sensíveis[27].

A Produção Antecipada de Prova, prevista nos artigos 381/383 do Código de Processo Civil de 2015, é procedimento que, a um só tempo, consagra o direito autônomo à prova, busca reduzir as assimetrias informacionais, possibilita a autocomposição e preserva o acervo probatório quando diante de risco de perecimento.

Os dispositivos consubstanciam a nítida adoção, pelo Código de Processo Civil de 2015, de soluções jus-econômicas para obstáculos contemporâneos, na medida em que fornecem ao magistrado a prerrogativa de, na condução processual, remediar a assimetria informacional existente

---

24 CPC/2015: "Art. 167. Os conciliadores, os mediadores e as câmaras privadas de conciliação e mediação serão inscritos em cadastro nacional e em cadastro de tribunal de justiça ou de tribunal regional federal, que manterá registro de profissionais habilitados, com indicação de sua área profissional. § 1º Preenchendo o requisito da capacitação mínima, por meio de curso realizado por entidade credenciada, conforme parâmetro curricular definido pelo Conselho Nacional de Justiça em conjunto com o Ministério da Justiça, o conciliador ou o mediador, com o respectivo certificado, poderá requerer sua inscrição no cadastro nacional e no cadastro de tribunal de justiça ou de tribunal regional federal".

25 CPC/2015: "Art. 166. A conciliação e a mediação são informadas pelos princípios da independência, da imparcialidade, da autonomia da vontade, da confidencialidade, da oralidade, da informalidade e da decisão informada. (...) § 3º Admite-se a aplicação de técnicas negociais, com o objetivo de proporcionar ambiente favorável à autocomposição.

26 CPC/2015: "Art. 334, § 2º. Poderá haver mais de uma sessão destinada à conciliação e à mediação, não podendo exceder a 2 (dois) meses da data de realização da primeira sessão, desde que necessárias à composição das partes".

27 POSNER, Richard. *Op. cit.*, 1986. p. 773.

entre as partes bem como de redistribuir os custos da litigância à parte que não agir dentro dos parâmetros do Princípio da Cooperação (artigo 6º do CPC/2015).

Sob essa ótica, os institutos cardeais da AED convergem no sistema processual contemporâneo, que não só contempla multiplicidade de mecanismos para resolução de conflitos - cuja concepção é conhecida como *Justiça Multiportas*[28] - como também prega que o acesso ao direito se dá pela *adequada* composição de conflitos[29]. Os incentivos fornecidos, quando aplicados de forma consciente e responsável, podem vir a se tornar fatores determinantes para o aumento da taxa de acordos. Ao conhecê-los, o magistrado pode atuar de modo a colaborar com a maximização dos interesses das partes envolvidas no litígio bem como do Estado (artigo 6º do Código de Processo Civil de 2015).

O CPC/2015 também positivou a faculdade de as partes convencionarem adaptações procedimentais de acordo com os seus interesses (artigos 190 e 191). O Diploma Processual Civil de 2015 consagra, assim, tendência já verificada nos direitos francês (*contrat de procédure*), inglês e norte-americano (*case management system*)[30], de admitir negócios jurídicos processuais[31] que têm por objeto o próprio processo[32].

A possibilidade prevista no artigo 190 do CPC/2015 limita-se às causas que versarem sobre direitos disponíveis ou, nos precisos do dispositivo, que "admitam autocomposição"[33], e autoriza às partes convencio-

---

28 A justiça multiportas, ou, em inglês, *Multi-door Courthouse*, surgiu em 1976, a partir de estudo de Frank Sanders. Ver, para maior aprofundamento, SANDERS, Frank. *The Pound Conference: Perspectives on Justice in the Future*, St. Paul: West Pub., 1979.

29 DIDIER JR., Fredie; ZANETI JR., Hermes. Justiça multiportas e tutela constitucional adequada: autocomposição em direitos coletivos. *Revista da Procuradoria-Geral do Estado do Espírito Santo*, v. 15, 2017, p. 112.

30 "O *case management system* propugna o planejamento do processo pelo juiz, com a colaboração das partes e dos advogados, definindo as suas etapas para predeterminar o seu fim, mas não exclui a legalidade do procedimento, propondo apenas regras legais menos detalhadas, que abram espaço à flexibilização [...]" (GRECO, Leonardo. Garantias Fundamentais do Processo: o processo justo. *Estudos de Direito Processual*. Campos dos Goytacazes: Editora Faculdade de Direito de Campos, 2005, p. 291).

31 A categoria negócios jurídicos é marcada pela presença do elemento vontade (manifestada), o qual é dotado de poder para criar seus próprios efeitos.

32 NEVES, Daniel Amorim Assumpção. *Novo CPC - Código de Processo Civil, Lei 13.105/2015. Inovações, Alterações, Supressões Comentadas*. Rio de Janeiro: Forense, 2015, p. 169.

33 No Fórum Permanente de Processualistas Civis, foi sumulado entendimento de que qualquer parte, inclusive, a Fazenda Pública e o Ministério Público, em processos individuais ou coletivos, podem celebrar negócios jurídicos nesse sentido (Enunciados nos 253 e 256), bem como de que a indisponibilidade do direito material, por si só, não impede que o juiz homologue a convenção (Enunciados n. 135).

narem sobre o procedimento, inclusive, quanto a seus ônus, poderes, faculdades e deveres processuais, antes ou durante o processo.

O artigo 191 do CPC/2015, por sua vez, permite que as partes, em conjunto com o julgador, fixem calendário para a prática de atos processuais. Possibilita-se, assim, ganho de eficiência do procedimento, especialmente em razão da consequente dispensa de prática de atos cartorários, como a expedição de intimações.

O modelo cooperativo de jurisdição, explicitamente encampado no CPC/2015[34], não se restringe a aspectos processuais, mas é também estimulado na composição do próprio litígio subjacente[35], sendo forçoso reconhecer que, se as partes podem transigir sobre o objeto do processo, também podem fazê-lo em relação ao instrumento (*i.e.*, o procedimento).

Também são notáveis as evoluções no sistema das tutelas provisórias, previstas nos artigos 300/311 do CPC/2015, que permitem acelerar a prestação da tutela jurisdicional, constituindo, por isso, instrumentos destinados a neutralizar os males do decurso do tempo à efetividade dos provimentos jurisdicionais[36]. José Carlos Barbosa Moreira dividia as tutelas de urgência em dois grupos:

> Um formado por providências que se ordenam pura e simplesmente a imprimir maior rapidez ao processo, sem sacrifício da atividade cognitiva do juiz, a qual continua, tendencialmente pelo menos, plena e exauriente [medidas de natureza cautelar]; outro, por medidas que visam a apressar a prestação jurisdicional mediante cortes naquela atividade, ou, para falar de modo diverso, exonerando o órgão judicial de proceder ao exame completo da matéria litigiosa [medidas de natureza satisfativa][37].

O Código de Processo Civil de 2015 ainda veiculou a possibilidade de concessão de tutela da evidência, tal qual disciplinada no artigo 311[38].

---

34 CPC/2015: "Art. 6º Todos os sujeitos do processo devem cooperar entre si para que se obtenha, em tempo razoável, decisão de mérito justa e efetiva."

35 CPC/2015: Art. 3º. "§ 2º O Estado promoverá, sempre que possível, a solução consensual dos conflitos".

36 GRECO, Leonardo. Op. cit., p. 246.

37 MOREIRA, José Carlos Barbosa. Tutela de Urgência e Efetividade do Direito. *Revista do Tribunal Regional do Trabalho da 15ª Região*, Campinas, n. 23, 2003.

38 "Art. 311. A tutela da evidência será concedida, independentemente da demonstração de perigo de dano ou de risco ao resultado útil do processo, quando: I - ficar caracterizado o abuso do direito de defesa ou o manifesto propósito protelatório da parte; II - as alegações de fato puderem ser comprovadas apenas documentalmente e houver tese firmada em julgamento de casos repetitivos ou em súmula vinculante; III - se tratar de pedido reipersecutório fundado em prova documental adequada do contrato de depósito, caso em que será decretada a ordem de entrega do objeto custodiado, sob cominação de multa; IV - a petição inicial for instruída com prova documental suficiente dos fatos

A opção metodológica do legislador por disciplinar as aludidas modalidades de tutela por meio de um único Livro revela o seu compromisso com a efetividade[39], no combate à força corrosiva do tempo. Afinal, o fator tempo no processo prejudica mais a parte que tem razão do que aquela que não tem. O processo deve garantir, na medida do possível, a distribuição isonômica do tempo entre os litigantes[40].

Sob a ótica da AED, a concessão de decisão provisória atua como incentivo para que o réu se comporte de forma mais eficiente com vistas ao rápido encerramento do litígio[41]. Afinal, deve-se considerar que a concessão da tutela impõe ao demandado os custos decorrentes do tempo do processo, razão pela qual há desestímulo a práticas protelatórias.

Especificamente no caso da tutela de evidência[42], a necessidade de se fornecer esse incentivo é ainda maior, na medida em que os elementos disponíveis no processo já demonstram a alta probabilidade de sucesso da pretensão deduzida pelo demandante e/ou evidenciam o abuso do direito de defesa do réu[43].

No afã de construir sistema processual garantidor da duração razoável do processo e com vistas à uniformização da prestação jurisdicional[44], o CPC/2015 densificou os precedentes judiciais, incorporando me-

---

constitutivos do direito do autor, a que o réu não oponha prova capaz de gerar dúvida razoável. Parágrafo único. Nas hipóteses dos incisos II e III, o juiz poderá decidir liminarmente."

39 A racionalização das tutelas provisórias, sejam elas de urgência ou da evidência, cumpre o objetivo traçado pela comissão de juristas que elaborou o Anteprojeto do CPC/2015 de conferir maior coesão ao sistema processual, facilitando o trabalho dos operadores do direito em estimular o comportamento cooperativo entre as partes envolvidas no litígio.

40 FUX, Luiz. Processo e Constituição. FUX, Luiz (Coord.) *Processo Constitucional*. Rio de Janeiro: Forense, 2013, p. 24.

41 SCHUARTZ, Luis Fernando. Consequencialismo jurídico, Racionalidade Decisória e Malandragem. MACEDO JUNIOR, Ronaldo Porto; BARBIERI, Catarina (Orgs.). *Direito e Interpretação*: racionalidades e instituições, São Paulo: Saraiva, 2011, p. 382.

42 Por questão de isonomia na "distribuição do tempo" entre os litigantes, o CPC/2015 dispõe sobre a possibilidade de conceder uma tutela provisória de evidência (artigo 311, do CPC/2015) quando, diante do caso concreto, parcela da demanda puder ser concedida logo no início ou no curso do processo, independentemente da existência do perigo de dano ou de risco ao resultado útil da demanda (*i.e.*, tal espécie de tutela prescinde da comprovação do cognominado *periculum in mora*).

43 BODART, Bruno. *Tutela de evidência - A Análise Econômica do Direito Processual de Riscos*. Dissertação (Mestrado em Direito Processual) - Centro de Estudos e Pesquisas no Ensino do Direito, Universidade do Estado do Rio de Janeiro, Rio de Janeiro: UERJ, 2012, p. 75.

44 Enunciado 323 do Fórum Permanente de Processualistas Civis - FPPC: "A formação dos precedentes observará os princípios da legalidade, da segurança jurídica, da proteção da confiança e da isonomia".

canismos para que fossem respeitados por juízes e tribunais[45], como o incidente de resolução de demandas repetitivas (artigos 976/987) e o incidente de assunção de competência (artigo 947).

Os artigos 926 e 927 do CPC/2015 transparecem a intenção do legislador de estabelecer o dever de uniformização da jurisprudência, mantendo-a estável, íntegra e coerente. O objetivo é claro: racionalizar a prestação jurisdicional, gerar jurisprudência homogênea e obter dos órgãos do Poder Judiciário decisões previsíveis[46].

Nessa ordem de ideias, os precedentes assumem valor importantíssimo na doutrina da Análise Econômica do Direito, seja pelo vetor eficiência do sistema jurídico como um todo (notadamente a valorização das decisões judiciais e seus reflexos pedagógicos nos jurisdicionados, assim como a preservação dos princípios da isonomia e da segurança jurídica), seja pelo impacto que representa no mundo real (como por exemplo, no denominado *Risco-Brasil*).

Além de influenciar o desenvolvimento de institutos e a incorporação de novas figuras no CPC/2015, a AED também vem ganhando corpo nos Tribunais. Perante o Supremo Tribunal Federal, já é possível localizar exemplos emblemáticos de utilização da Análise Econômica do Direito nos denominados *hard cases*.

Já em 3 de outubro de 2012, na famosa Ação Penal 470 (conhecida como "Escândalo do Mensalão"), o Ministro Luiz Fux analisou o instituto da colaboração premiada sob a ótica da teoria dos jogos e da Análise Econômica do Direito, determinando que os efeitos favoráveis daquele instituto não se restringem aos resultados obtidos em uma determinada persecução penal.

Na ADI 5.956 (discussão sobre a Medida Provisória 832/2018, que estabeleceu a política de preços mínimos do transporte rodoviário de cargas), o Ministro Luiz Fux adotou perspectiva consequencialista em

45 "Precedente é qualquer julgamento que venha a ser utilizado como fundamento de um outro julgamento que venha a ser posteriormente proferido. Dessa forma, sempre que um órgão jurisdicional se valer de uma decisão previamente proferida para fundamentar sua decisão, empregando-a como base de tal julgamento, a decisão anteriormente prolatada será considerada um precedente. (...) Jurisprudência, por sua vez, é o resultado de um conjunto de decisões judiciais no mesmo sentido sobre uma mesma matéria proferidas pelos tribunais. É formada por precedentes, vinculantes e persuasivos, desde que venham sendo utilizados como razões do decidir em outros processos, e de meras decisões" (NEVES, Daniel Amorim Assumpção. *Op. cit.*, p. 1.297-1.298).

46 Vale destacar, no ponto, o teor do Enunciado 316 do Fórum Permanente de Processualistas Civis - FPPC, cujo teor é o seguinte: "A estabilidade da jurisprudência do Tribunal depende também da observância de seus próprios precedentes, inclusive por seus órgãos fracionários".

decisão de tutela provisória, reconhecendo que a imposição de sanções derivadas do aludido tabelamento de fretes tem gerado grave impacto na economia nacional, o que se revelava particularmente preocupante ante o cenário de crise econômica atravessado pelo país.

Por sua vez, na ADI 5.766 (discussão sobre dispositivos da Consolidação das Leis Trabalhistas, inseridos pela Lei n. 13.467/2017), o Ministro Luís Roberto Barroso reconheceu a possibilidade de importação Análise Econômica do Direito pelo ordenamento jurídico brasileiro a partir do emprego de conceitos da microeconomia e da adoção do consequencialismo[47].

O Superior Tribunal de Justiça tampouco ignora a utilização da AED na construção da *ratio decidendi* de seus precedentes. Convém destacar o elucidativo debate sobre a aplicabilidade da Análise Econômica do Direito e a possibilidade de importação crítica desta ciência pelo ordenamento jurídico brasileiro no voto elaborado pelo Ministro Luis Felipe Salomão, quando do julgamento do REsp 1.163.283/RS (discussão sobre a Aplicabilidade das disposições da Lei n. 10.931/2004 aos contratos de financiamento imobiliário do Sistema de Financiamento Habitacional, especificamente quanto aos requisitos da petição inicial da ação de revisão de cláusulas contratuais, constantes do artigo 50 da Lei n. 10.931/2004).

Em seu voto, o eminente Ministro reconheceu as consequências das avenças sob o prisma da Análise Econômica da Função Social dos Contratos, não apenas das implicações legais tão conhecidas pelos operadores do direito, mas das consequências de mercado, do impacto do cumprimento dos contratos e da confiabilidade das transações. Pontificou o Ministro: "*a análise econômica do direito não pretende, por óbvio, esclarecem seus estudiosos, submeter as normas jurídicas à economia, mesmo porque o Direito não existe para atender exclusivamente aos anseios econômicos. Por outro lado, visa à aproximação das normas jurídicas à realidade econômica, por meio do conhecimento de institutos econômicos e do funcionamento dos mercados*"[48-49].

---

47 O ministro citou vários dados sobre o volume de processos e gastos judiciais no Brasil em comparação com outros países, comprovando a excessiva carga suportada, entendendo que não há desproporcionalidade nas regras questionadas, uma vez que a limitação tem como objetivo restringir a judicialização das relações de trabalho.

48 STJ, REsp 1.163.283/RS, Relator Ministro Luis Felipe Salomão, 4ª T., j. em 07.04.2015.

49 Além do mencionado aresto, em profícuo voto subscrito pelo eminente Ministro Ricardo Villas Bôas Cueva, o STJ avaliou o uso de garantias fidejussórias em fase de cumprimento de sentença *vis-à-vis* a AED, *verbis*: "De fato, no cumprimento de sentença, a fiança bancária e o seguro garantia judicial são as opções mais eficientes sob o prisma da análise econômica do direito, visto que reduzem os efeitos prejudiciais da penhora ao desonerar os ativos de sociedades empresárias submetidas ao processo de execução, além

Como se vê, o uso do raciocínio econômico na legislação e na jurisprudência brasileiras não é importação de algo pronto e acabado, construído de acordo com as particularidades de outra sociedade. Muito pelo contrário, é o resultado de profunda busca pela transformação e aprimoramento do próprio ordenamento jurídico brasileiro, à luz da nossa realidade e dos nossos clamores por uma justiça eficiente, o que apenas é possível a partir do incansável estudo e do aprimoramento das circunstâncias fático-normativas.

IV. A Relevância da Análise Econômica do Direito para a Formação dos Juristas do Presente e do Futuro

Na clássica advertência de Norberto Bobbio, "a ciência jurídica não é uma ilha isolada, mas sim uma região entre outras dentro de um vasto continente"[50]. A perspectiva econômica sobre o direito é indiscutivelmente um dos vetores do futuro e, por conseguinte, a abordagem dessa metodologia nas graduações e pós-graduações em Direito é indispensável.

A Análise Econômica do Direito vem ganhando relevância nas decisões dos tribunais pátrios, e é natural que os cursos jurídicos acompanhem essa tendência, municiando os futuros operadores do Direito com instrumentos de análise que ultrapassam a dogmática jurídica, e desbordam para a economia.

Aliás, é inegável o apego a certos dogmas que remontam ao surgimento das faculdades de Direito no Brasil[51]. Santiago Dantas, ainda na década de 1950, ao discursar sobre as reformas que a Universidade deveria sofrer, já destacava a necessidade de incorporar à formação jurídica novos instrumentos que a vida social reclama:

> É certo que na perda do poder criador da sociedade a Universidade tem a confessar grandes culpas. Se há problemas novos sem solução técnica adequada; se há problemas antigos, anteriormente resolvidos, cujas soluções se tornaram obsoletas sem serem oportunamente substituídas; se aparecem novas técnicas, que nosso meio não aprendeu ou assimilou, em grande parte isso se deve ao alheamento e à burocratização estéril das nossas escolas, que passaram a ser meros centros de transmissão de conhecimento

de assegurar, com eficiência equiparada ao dinheiro, que o exequente receberá a soma pretendida quando obter êxito ao final da demanda." (STJ, REsp 1.691.748/PR, Relator Ministro Ricardo Villas Bôas Cueva, 3ª T., j. em 07.11.2017).

50 BOBBIO, Norberto. *Dalla Strutura alia Funzione*: Nuovi Studi di Teoria dei Diritto. Milão: Edizioni di Comunità, 1977, p. 56.

51 BOVE, Luiz Antonio. *Op. cit.*, p. 134-137.

tradicionais, desertando o debate dos problemas vivos, o exame das questões permanentes ou momentâneas de que depende a expansão, e mesmo a existência da comunidade. (...) Daí necessitarmos hoje, em todo o Ocidente, de uma revisão da Universidade para recuperação plena de seu papel elaborador dos novos instrumentos de cultura, que a vida social reclama. (...) Essa recuperação é também essencial e inadiável no campo da educação jurídica.[52]

A evolução do Direito passa pela inclusão de novos conteúdos aos currículos dos cursos, porquanto, conforme lecionam Everton Gonçalves e Mária da Silva, "sabendo-se que o aluno do Direito de hoje é o intérprete da lei de amanhã, seja como advogado, magistrado, professor ou qualquer outra profissão que venha a desempenhar, o papel do ensino jurídico nada mais é, portanto, do que o de prepará-lo para a realização desta árdua tarefa com responsabilidade e consciência, dotando-o de conhecimento científico e técnico suficiente à tomada de decisão racional, apta a combinar eficiência e justiça social"[53].

Felizmente, já é possível constatar o início dessa tendência no ensino superior jurídico brasileiro: em boa hora, a AED vem ganhando terreno nas discussões acadêmicas[54] e recebendo atenção especial pelos tribunais, que têm assumido a liderança no emprego de conceitos econômicos - notadamente da microeconomia - como instrumento para interpretação das normas e princípios, em inequívoca demonstração da preocupação com incentivos, análise de custo-benefício e consequências agregadas da aplicação direta das leis e das decisões.

Já tem sido possível verificar a crescente discussão acerca do tema na academia jurídica[55] em congressos pelo Brasil afora e até mesmo nas universidades, a exemplo do que ocorre no programa de pós-graduação *stricto sensu* em Direito da Universidade do Estado do Rio de Janeiro -

---

52 DANTAS. San Tiago. A educação jurídica e a crise brasileira. *Encontros da UnB*. Ensino Jurídico, Brasília, UnB, 1979.

53 GONÇALVES, Everton das Neves; SILVA, Márcia Luisa. A importância da disciplina de Análise Econômica do Direito para o desenvolvimento da interdisciplinaridade indispensável aos cursos de Direito no Brasil. *Revista de Direito, Economia e Desenvolvimento Sustentável*, Curitiba: v. 2, n. 2, p. 107 - 128, jul.-dez., 2016, p. 123.

54 Alguns marcos são indicadores da ascensão do movimento. Institucionalmente, em 2001 teve início a aproximação entre a Faculdade de Economia e Administração da USP - FEA e a Faculdade de Direito daquela universidade - Largo de São Francisco, que deram origem à criação, ainda em 2004, do Instituto de Direito e Economia do Rio Grande do Sul.

55 Com merecida notoriedade ao professor Luciano Benetti Timm. Merecem ser destacados, também, os congressos anuais da pela Associação Brasileira de Direito e Economia - ABDE.

UERJ, em disciplina específica sobre Análise Econômica do Direito Processual, lecionada pelo Professor Luiz Fux. Outras universidades de renome, como a Fundação Getulio Vargas - FGV e o IBMEC, também vêm dando especial atenção ao tema, fazendo constar essa disciplina em suas grades curriculares. Por sua vez, a Escola Nacional da Magistratura - ENM e Escola da Magistratura do Estado do Rio de Janeiro - EMERJ seguiram pelo mesmo caminho e vêm editando regulares cursos específicos sobre a AED para formação e aprimoramento dos magistrados[56], dos quais tivemos a oportunidade de participar.

Por fim, a Resolução 423/2021 do Conselho Nacional de Justiça - CNJ merece importante destaque, eis que determinou a inclusão da Análise Econômica do Direito e do consequencialismo ao conteúdo programático dos editais de provas para ingresso na magistratura de todo o país, chancelando o compromisso do Poder Judiciário com o desenvolvimento do estudo jurídico diante da influência de outras ciências.

V. Conclusão

Esse ensaio analisou os fundamentos teóricos da Análise Econômica do Direito, expondo, também, as razões pelas quais é recomendável a busca pela eficiência e pela análise pragmática de institutos jurídicos.

Também foram estudados institutos relevantes do Código de Processo Civil de 2015 com evidente inspiração na *Common Law* e na busca pela eficiência promovida pela Análise Econômica do Direito. Verificada a impossibilidade de o Poder Judiciário lidar com todas as demandas - muitas frívolas, outras repetitivas - que lhe são endereçadas todos os dias, ganham espaço instrumentos como a conciliação, a mediação, os precedentes obrigatórios, os recursos repetitivos, a Produção Antecipada de Prova etc.

A Análise Econômica do Direito pode influenciar positivamente a interpretação e aplicação de institutos jurídicos, seja quando decorrentes de conceitos econômicos (*e.g.*, regulação de setores econômicos), seja diante de princípios e/ou normas que exigem previsão das prováveis consequências.

Diante disso, conclui-se que os cursos jurídicos não podem prescindir da Análise Econômica do Direito em suas grades curriculares. A incorporação do estudo da AED é tendência já verificada no mercado jurídico e surge como consequência da impossibilidade de isolamento da

---

56 Disponível em: http://www.emerj.tjrj.jus.br/paginas/noticias_todas/aula-inaugural-do-curso_A-Analise-Economica-do-Direito-Processual_para-magistrados-e-proferida-pelo-ministro-Fux.html. Acesso em 22.02.2022.

interpretação e da análise de institutos jurídicos, que, ao revés, devem ser examinados à luz de referências econômicas e sociais.

VI. Referências bibliográficas

ARAÚJO, Thiago Cardoso. *Análise econômica do direito no Brasil: uma leitura à luz da teoria dos sistemas*. Rio de Janeiro: Lumen Juris, 2017.

BECKER, Gary. The economic approach to human behavior. *The University of Chicago Press*. Chicago and London: 1976.

BOBBIO, Norberto. *Dalla Struttura alla Funzione: Nuovi Studi di Teoria del Diritto*. Milão: Edizioni di Comunità, 1977.

BODART, Bruno. *Tutela de Evidência – A Análise Econômica do Direito Processual de Riscos*. Dissertação (Mestrado em Direito Processual) – Centro de Estudos e Pesquisas no Ensino do Direito, Universidade do Estado do Rio de Janeiro, Rio de Janeiro: UERJ, 2012.

BONE, Robert G. Economics of Civil Procedure. *The Oxford Handbook of Law and Economics*: Public and Legal Institutions, Oxford: v. 3. 2017.

BOVE, Luiz Antonio. Uma visão histórica do ensino jurídico no Brasil. *Revista do Curso de Direito*. São Paulo, v. 3, n. 3, 2006.

CALABRESI, Guido. *The Cost of Accidents: A Legal and Economic Analysis*. New Haven, CT: Yale University, 1970.

CALABRESI, Guido. The Pointless of Pareto: Carrying Coase Further. PARISI, Francesco; ROWLEY, Charles K. (Eds.). *The Origins of Law and Economics: Essays by the Founding Fathers*. Cheltenham, UK; Northamptom, MA: Edward Elgar, 2005.

CAPPELLETTI, Mauro; GARTH, Bryant. *Acesso à Justiça*. Trad. de Ellen Gracie Northfleet. Porto Alegre: Sergio Antonio Fabris Editor, 2002.

COASE, Ronald H. The Problem of Social Cost. *Journal of Law and Economics*, v. 3, 1960.

DANTAS. San Tiago. A educação jurídica e a crise brasileira. *Encontros da UnB*. Ensino Jurídico, Brasília, UnB, 1979.

DIDIER JR., Fredie; ZANETI JR., Hermes. Justiça multiportas e tutela constitucional adequada: autocomposição em direitos coletivos. *Revista da Procuradoria-Geral do Estado do Espírito Santo*, v. 15, 2017.

FERRARI, Isabela; *et al*. *Justiça Digital*. São Paulo: Thomson Reuters Brasil, 2020.

FUX, Luiz. Processo e Constituição. FUX, Luiz (Coord.) *Processo Constitucional*. Rio de Janeiro: Forense, 2013.

GICO JR., Ivo. Metodologia e Epistemologia da Análise Econômica do Direito. *Economic Analysis of Law Review*, v. 1, n. 1, 2010. Disponível em https://revistas.unifacs.br/index.php/redu/article/view/2794. Acesso em 18.02.2022.

GONÇALVES, Everton das Neves; SILVA, Márcia Luisa. A importância da disciplina de Análise Econômica do Direito para o desenvolvimento da interdisciplinaridade indispensável aos cursos de direito no Brasil. *Revista de Direito, Economia e Desenvolvimento Sustentável*, Curitiba: v. 2, n. 2, p. 107 - 128, jul.-dez., 2016.

GRECO, Leonardo. Garantias Fundamentais do Processo: o processo justo. *Estudos de Direito Processual*, Campos dos Goytacazes: Editora Faculdade de Direito de Campos, 2005.

KALDOR, Nicholas. Welfare Propositions of Economics and Interpersonal Comparisons of Utility. *The Economic Journal*, v. 49, n. 195, set., 1939.

KAPLOW, Louis. Private versus Social Costs in Bringing Suit. *The Journal of Legal Studies*, v. 15, n. 2, jun., 1986.

MOREIRA, José Carlos Barbosa. Tutela de Urgência e Efetividade do Direito. *Revista do Tribunal Regional do Trabalho da 15ª Região*, Campinas, n. 23, 2003.

NEVES, Daniel Amorim Assumpção. *Novo CPC – Código de Processo Civil, Lei 13.105/2015. Inovações, Alterações, Supressões Comentadas*. Rio de Janeiro: Forense, 2015.

OLLS, Christine; SUNSTEIN, Cass R; THALES, Richard. A Behavioral Approach to Law and Economics. *Stanford Law Review*, 1997-1998.

POSNER, Richard. *A economia da justiça*. Trad. de Evandro Ferreira e Silva, São Paulo: Martins Fontes, 2010.

POSNER, Richard. *Frontiers of Legal Theory*. Harvard University Press, Cambridge, 2004.

RICCI, Gian Franco. *La Reforma del Processo Civile: legge 18 giugno 2009*. Torino: G. Giappichelli, 2009.

SANDERS, Frank. *The Pound Conference: Perspectives on Justice in the Future*, St. Paul: West Pub., 1979.

SCHUARTZ, Luis Fernando. Consequencialismo jurídico, Racionalidade Decisória e Malandragem. MACEDO JUNIOR, Ronaldo Porto; BARBIERI, Catarina (Orgs.). *Direito e Interpretação: racionalidades e instituições*, São Paulo: Saraiva, 2011.

SHAVELL, Steven. The fundamental divergence between the private and the social motive to use the legal system. *Journal of Legal Studies*, Chicago University Press: v. XXVI, jun., 1997.

SHAVELL, Steven. *Foundations of Economic Analysis of Law*. Cambridge; London: Belknap, 2004, p. 39.

SHAVELL, Steven. The Appeals Process and Adjudicator Incentives. *Journal of Legal Studies*, Chicago: Chicago University Press, v. 35, jan., 2006.

SILVEIRA, Paulo Antônio Caliendo Velloso da. *Direito tributário e análise econômica do Direito: uma visão crítica.* 1ª Ed. Rio de Janeiro: Editora Elsevier, 2009.

WOLKART, Erik Navarro. *Análise econômica do processo civil: como a economia, o direito e a psicologia podem vencer a tragédia da justiça*. São Paulo: Editora Thomson Reuters Brasil, 2019.

A NÃO INCIDÊNCIA DO ISS SOBRE AS BOLSAS PROUNI

Luiz Gustavo A. S. Bichara[1]
Pedro Teixeira de Siqueira Neto[2]

SUMÁRIO: I - Introdução; II — A exigência do ISS em questão viola o disposto no art. 156, inciso III da Constituição, art. 7º da LC 116/2003; III - Da impossibilidade de se incluir o desconto incondicionado relativo às bolsas do Prouni na base de cálculo do ISS; IV — Da violação ao princípio federativo; V - Conclusão.

I. Introdução

Em um país que possui aproximadamente 8,7%[3] de sua população economicamente ativa analfabeta, os investimentos em educação, tanto públicos quanto privados, foram por muitas décadas direcionados majoritariamente à educação básica e fundamental, criando um "gargalo" para o acesso às Universidades do país, onde faltavam vagas, já que, das poucas disponíveis, a maioria era preenchida pela camada financeiramente mais abastada.

---

1 Doutor em Direito Civil pela Universidade do Estado do Rio de Janeiro (UERJ). Mestre em Direito pela Universidade de Cambridge, Inglaterra. Professor de Direito Civil da Pontifícia Universidade Católica (PUC-Rio) e da Fundação Getulio Vargas (FGV-Rio). Advogado.

2 Sócio da área tributária do Bichara Advogados. Mestrando em Direito Tributário Aplicado pela Fundação Getulio Vargas.

3 Os dados são divulgados pelo PNUD (http://www.pnud.org.br) e referem-se à pesquisa realizada no ano de 2012.

Essa escassez educacional referente ao ensino superior, como é sabido, trazia - e ainda traz - consequências nefastas para o país, destacando-se (i) o entrave ao pleno desenvolvimento econômico por falta de mão de obra técnica especializada; (ii) a manutenção da desigualdade social, criando um inconveniente círculo vicioso.

Com o objetivo claro e absolutamente louvável de alterar esse grave panorama, além de conferir maior concretude à universalização da educação superior no Brasil, em 2004, a União Federal editou a Medida Provisória n. 213, convertida na Lei Ordinária n. 11.096/05, instituindo o Programa Universidade para Todos - PROUNI, consignando o seguinte em sua "exposição de motivos":

> "6. O PROUNI, contudo, manteve intacto seu núcleo estrutural: continua tendo por ***objetivo a "concessão de bolsas de estudo integrais e bolsas de estudo parciais de cinquenta por cento (meia bolsa) para cursos de graduação e sequenciais de formação específica, em instituições privadas de ensino superior, com ou sem fins lucrativos"***, destinando-se tais bolsas "a estudante que tenha cursado o ensino médio completo em escola da rede pública ou em instituições privadas na condição de bolsista integral; a estudante portador de necessidades especiais, nos termos da lei; a professor da rede pública de ensino, para os cursos de licenciatura e pedagogia, destinados à formação do magistério da educação básica"; como consta de seu Artigo 1º e dos incisos do Artigo 2º, respectivamente.
>
> (...)
>
> 10. Nota-se, com isso, que ***o presente projeto de Medida Provisória visa dar à educação superior um status diferenciado, intenta elevá-la à categoria de bem essencial e que, destarte, não poderia se submeter ao regime tributário e fiscal indistintamente aplicável à atividade empresarial orientada pela mercadoria e pelo consumo. Ora, ninguém ignora que os tributos cobrados de instituições de ensino superior são repassados aos estudantes por meio da cobrança de mensalidades, conforme a racionalidade econômica empresarial***."

Ou seja, o PROUNI, como se vê da exposição de motivos da norma que o instituiu, foi construído sobre dois pilares: (i) investimentos privados no incremento do número de vagas nas Universidades privadas, com a destinação de bolsas de estudos, integrais ou não, que permitissem o ingresso de estudantes que, sem elas, dificilmente teriam acesso à educação superior; (ii) a isenção de IRPJ, CSLL, PIS e COFINS incidentes sobre o lucro/receita decorrente dos cursos de graduação e cursos sequenciais de formação específica.

A despeito desse nobre propósito, alguns municípios, recentemente, passaram a entender que as bolsas de estudo concedidas aos estudantes no âmbito do PROUNI deveriam compor a base do serviço de educação prestado pelas instituições de ensino superior, mitigando a engenharia tributária que suporta o programa. Assim, determinados Municípios estão pretendendo cobrar o Imposto Sobre Serviços - ISS sobre um "não valor", sobre uma "bolsa" que representa justamente o que o estudante não paga à instituição de ensino superior.

Exemplo desse entendimento dos fiscos municipais pode ser extraído da Solução de Consulta SF/DEJUG n. 30/2019[4], emitida pelo Diretor do Departamento de Tributação e Julgamento do Município de São Paulo, que considerou serem as bolsas do PROUNI um desconto condicionado, devendo, pois, a seu entender, compor a base de cálculo do ISS.

Esse comportamento do fisco municipal, em princípio, já mereceria críticas por atentar contra um dos mais relevantes programas sociais já criados para acesso à educação superior para o aluno de baixa renda, sendo certo que, como salientado na exposição dos motivos da MP que gerou o PROUNI e transcrita acima, qualquer mitigação à isenção fiscal representará maior valor das mensalidades.

Mas, para além do lado social, o entendimento manifestado pelos Municípios fere ainda importantes preceitos jurídicos, na medida em que: (i) se desvirtua a base de cálculo do ISS, prevista no art. 156, inciso III da Constituição Federal e o art. 7º da Lei Complementar 116/2003; (ii) não é possível classificar as bolsas do PROUNI como desconto condicionado; (iii) fere-se o pacto federativo, quando um ente (Município) pretende tributar o benefício fiscal concedido por outro (União Federal).

Vejamos cada uma dessas violações em detalhes.

II. A exigência do ISS em questão viola o disposto no art. 156, inciso III da Constituição, art. 7º da LC 116/2003

O inciso III do art. 156 da Constituição Federal[5] autoriza aos Municípios a instituição do ISS sobre a riqueza gerada através da prestação de serviços, a qual, indiscutivelmente, está diretamente e exclusivamente relacionada à contraprestação paga ao prestador pelo tomador.

Não obstante se tratar de uma conclusão lógica e, portanto, simples de ser alcançada, o art. 7º da Lei Complementar n. 116/2003, a qual regulamenta o ISS em âmbito nacional, é ainda mais claro ao estabelecer que "a base de cálculo do imposto é o preço do serviço".

---

4 https://www.prefeitura.sp.gov.br/cidade/upload/sc_30-2019_1580928227.pdf

5 Art. 156. Compete aos Municípios instituir impostos sobre:

(...)

III - serviços de qualquer natureza, não compreendidos no art. 155, II, definidos em lei complementar.

Por sua vez, para uma melhor compreensão acerca do que pode ser considerado preço passível de incidência de ISS, vale recorrer ao próprio conceito de serviço, que, de acordo com os ensinamentos de Aires F. Barreto, corresponde ao "esforço de pessoas desenvolvido em favor de outrem, com conteúdo econômico, sob regime de direito privado, em caráter negocial, tendente a produzir uma utilidade material ou imaterial."[6].

Outras duas definições de serviço são relevantes para a matéria aqui tratada: o defendido por Paulo de Barros Carvalho, segundo o qual "só será possível a incidência do ISS se houver um negócio jurídico mediante o qual uma das partes se obrigue a praticar determinada atividade, de natureza física ou intelectual, recebendo, em troca, remuneração"[7], e, sobretudo, o elaborado por Kiyoshi Harada, que assevera: "a incidência do ISS reclama efetiva prestação de serviço mediante paga, por pessoa jurídica ou pessoa física em nome próprio ou com autonomia"[8].

A partir desses conceitos, recorrendo-se novamente à lógica jurídica, resta claro que o preço para fins de incidência do ISS não pode ser nada além do que a contraprestação paga pelo tomador ao prestador do serviço. Ou seja, o preço em hipótese alguma se dissocia do negócio jurídico que a ensejou e <u>de suas partes</u>.

Consequentemente, considerando todas as premissas acima estabelecidas, no caso dos serviços de ensino o preço sobre o qual incidirá o ISS não pode ser outro senão o valor exigido através do carnê ou boleto emitido pela instituição de ensino, a prestadora, recebido e pago pelo aluno, o tomador.

Nesse sentido, analisando os conceitos relacionados à hipótese de incidência e base de cálculo do ISS, se percebe com facilidade o quão indevida é a postura adotada pelos fiscos municipais de considerar os registros contábeis referentes às bolsas concedidas como uma espécie de "preço do serviço" passível de tributação, tendo em vista que para esses valores registrados pelas instituições de ensino superior em sua contabilidade nunca existiu uma contrapartida financeira desembolsada pelos alunos bolsistas.

Também é errado alegar que a União Federal estaria efetuando o pagamento da mensalidade em favor dos alunos, isto porque o próprio Ministério da Educação ("MEC")[9] já se manifestou esclarecendo que no

---

6 BARRETO, Aires F. ISS na Constituição e na Lei. 3ª ed. São Paulo: Dialética, 2009. P. 64

7 CARVALHO, Paulo de Barros. "Não incidência do ISS sobre Atividades de Franquia (Franchising)". RET 56/65, jul-ago/07.

8 Harada, Kiyoshi. ISS doutrina e prática, 2. ed. São Paulo: Atlas, 2014. P. 59 e 61.

9 Disponível em: <http://portal.mec.gov.br/docman/abril-2018-pdf/87051-perguntas--e-respostas-27042018/file>

PROUNI **as mensalidades dos alunos bolsistas não são custeadas pela União Federal**, motivo pelo qual, aliás, os valores referentes às bolsas **não integram a receita bruta das instituições de ensino superior** ("IES").

Se para a União Federal a redução parcial dos tributos federais representa uma ferramenta capaz de viabilizar o acesso ao ensino superior a brasileiros que não teriam condições de arcar com seus estudos por meios próprios, para as instituições de ensino ela **representa uma compensação não equivalente aos valores que deixam de ser pagos a título de mensalidades.**

Diante disso, a se considerar as bolsas do PROUNI na base de cálculo do ISS, se estará a um só tempo desvirtuando base de cálculo do tributo, incluindo um "não valor" para compô-la, além de afrontar o próprio princípio do não confisco e a divisão constitucional de competências tributárias, já que se tributará um valor que não representa o signo presuntivo de riqueza elegido pelo legislador constitucional para figurar como competência dos Municípios através do ISS.

Esse é o primeiro motivo que impede a inclusão das bolsas concedidas no âmbito do PROUNI na base de cálculo do ISS.

III. Da impossibilidade de se incluir o desconto incondicionado relativo às bolsas do Prouni na base de cálculo do ISS

Além da impossibilidade de equiparar a redução dos tributos federais a preço do serviço, a incidência do ISS sobre os valores relativos às bolsas do PROUNI é indevida, haja vista que, a se enquadrarem como descontos, certamente que seriam incondicionais.

A fim de evidenciar em qual modalidade de desconto se aderem as bolsas no âmbito do PROUNI, cabe descrever alguns detalhes da dinâmica que resulta no seu oferecimento, conforme estipulado pela Lei n. 11.096/2005.[10]

A instituição de ensino privada que aderir ao PROUNI deve, na forma do art. 5º da Lei n. 11.096/2005, assinar um termo de adesão, bem como conceder determinado número de bolsas a seus alunos. Para esti-

10 "Art. 1º Fica instituído, sob a gestão do Ministério da Educação, o Programa Universidade para Todos - PROUNI, destinado à concessão de bolsas de estudo integrais e bolsas de estudo parciais de 50% (cinquenta por cento) ou de 25% (vinte e cinco por cento) para estudantes de cursos de graduação e sequenciais de formação específica, em instituições privadas de ensino superior, com ou sem fins lucrativos."

mular as instituições de ensino a concederem as mencionadas bolsas, a União Federal concede a seguinte subvenção:

> "Art. 8º A instituição que aderir ao Prouni ficará isenta dos seguintes impostos e contribuições no período de vigência do termo de adesão:
> I - Imposto de Renda das Pessoas Jurídicas;
> II - Contribuição Social sobre o Lucro Líquido, instituída pela Lei n. 7.689, de 15 de dezembro de 1988;
> III - Contribuição Social para Financiamento da Seguridade Social, instituída pela Lei Complementar n. 70, de 30 de dezembro de 1991; e
> IV - Contribuição para o Programa de Integração Social, instituída pela Lei Complementar n. 7, de 7 de setembro de 1970."

Ou seja, em síntese, para aderir ao PROUNI, a Instituição de Ensino (prestadora do serviço) deverá assinar termo de adesão e disponibilizar o número de vagas previsto em lei. Com isso, e sem qualquer outro requisito incerto e futuro, a Instituição fará jus à subvenção acima mencionada.

Em relação ao aluno (tomador do serviço), há requisitos que devem ser preenchidos para concorrer à bolsa do PROUNI, os quais, segundo o art. 2º, §2º, da Lei n. 11.096/2005[11], são definidos pelo MEC, nunca pela instituição de ensino.

Todos os requisitos definidos pelo MEC[12], necessários para a fruição do benefício social, dizem respeito a condições e características que precedem à concessão da bolsa, como, por exemplo, o aluno ter cursado o ensino médio completo em escola pública ou em escola privada com bolsa integral, e o resultado dele no ENEM.

Além disso, para renovar a bolsa do PROUNI, isto é, o requisito para levá-la ao ano letivo seguinte, o aluno precisa atingir o aproveitamento mínimo de 75% nas disciplinas cursadas.

Ou seja, para o aluno, o que há são requisitos para obtenção e manutenção (no ano letivo seguinte) da bolsa PROUNI, não havendo, porém, qualquer condição para a sua manutenção durante o ano letivo/exercício fiscal vigente.

Nesse sentido, na eventualidade de o aluno perder o desconto por não atingir o aproveitamento mínimo, os descontos já concedidos **não**

---

11 "Art. 2º A bolsa será destinada:
(...)
§ 2º A manutenção da bolsa de estudos pelo beneficiário, nas suas modalidades de atualização semestral, suspensão, transferência e encerramento, observará obrigatoriamente o prazo máximo para a conclusão do curso de graduação ou sequencial de formação específica e dependerá do cumprimento de requisitos de desempenho acadêmico e do disposto nas normas editadas pelo Ministério da Educação."

12 http://portal.mec.gov.br/prouni-sp-1364717183/como-funciona

serão objeto de cobrança, mas tão somente as mensalidades futuras, caso o aluno queira permanecer na instituição de ensino.

Assim, considerando que não há condição futura e incerta para fruição da mencionada bolsa de estudo durante cada ano letivo/exercício fiscal, percebe-se que a bolsa do PROUNI, pelas suas características acima discriminadas, se enquadra no conceito de desconto incondicionado.

Aliás, esse conceito de desconto incondicionado, como sendo aquele que não se sujeita a evento futuro e incerto, foi sedimentado pelo STJ, conforme se verifica do ERESP 508.057/SP, julgado pela 1ª Seção, entendimento, aliás, que ensejou a edição da sua Súmula n. 457:

> "TRIBUTÁRIO. EMBARGOS DE DIVERGÊNCIA. ICMS. BASE DE CÁLCULO. DESCONTO CONDICIONADO.
>
> 1. "Os valores concernentes aos descontos ditos promocionais, assim como os descontos para pagamento à vista, **ou de quaisquer outros descontos cuja efetivação não fique a depender de evento futuro e incerto, não integram a base de cálculo do ICMS, porque não fazem parte do valor da operação da qual decorre a saída da mercadoria**" (Hugo de Brito, Direito Tributário - II, São Paulo, Editora RT, 1994, p. 237).
>
> 2. O valor dos descontos incondicionais oferecidos nas operações mercantis deve ser excluído da base de cálculo do ICMS, ao passo que os descontos concedidos de maneira condicionada não geram a redução do tributo. Precedentes.
>
> 3. Na hipótese, o desconto efetuado pela embargante estava condicionado à utilização de financiamento oferecido por empresa do mesmo grupo, sem valia para quem efetuasse as compras utilizando-se de dinheiro, cartão de crédito ou cheque.
>
> 4. Embargos de divergência conhecidos e improvidos[13]." (grifou-se)

Esse conceito de desconto incondicionado pacificado pelo STJ em relação ao ICMS deve ser observado também para fins de incidência de ISS, como se observa do seguinte precedente:

> "RECURSO ESPECIAL. **TRIBUTÁRIO. ISS. VIOLAÇÃO DO ART. 146, III, DA CONSTITUIÇÃO FEDERAL.** COMPETÊNCIA DO STF. NULIDADE DA CDA. REEXAME DE PROVA. OFENSA AO ART. 113, § 2º, DO CTN. FALTA DE PREQUESTIONAMENTO. SÚMULA 211/STJ. CONTRARIEDADE AO ART. 9º DO DECRETO-LEI 406/68. **DESCONTOS CONCEDIDOS DE MODO INCONDICIONADO NÃO INTEGRAM A BASE DE CÁLCULO DO TRIBUTO. RECURSO ESPECIAL CONHECIDO E PARCIALMENTE PROVIDO**.

13 EREsp 508.057/SP, Rel. Ministro Castro Meira, Primeira Seção, julgado em 18/10/2004, DJ 16/11/2004, p. 181.

4. "Descontos no preço do serviço que forem feitos de forma incondicionada, sem qualquer condição, serão válidos. O preço do serviço será, portanto, o valor cobrado já com o desconto. Se não for comprovado que a dedução foi incondicionada, mas decorreu de uma certa condição, o fisco poderá cobrar a diferença do ISS." (MARTINS, Sérgio Pinto, "Manual do Imposto sobre Serviços", 7ª edição, São Paulo, Atlas, 2006, p. 82 e 83).

5. Recurso especial conhecido e parcialmente provido para reconhecer que os descontos incondicionados concedidos em nota fiscal não integram a base de cálculo do ISS."[14] (grifou-se)

Considerando o conceito de desconto incondicionado estabelecido pelo STJ e as características do PROUNI, os Tribunais Pátrios vêm rechaçando a inclusão dos valores relativos às bolsas na base de cálculo do imposto, como se infere dos seguintes exemplos:

"EMENTA - RECURSO DE APELAÇÃO - EMBARGOS À EXECUÇÃO FISCAL - **ISS LANÇADO SOBRE DESCONTO PROVENIENTE DE BOLSAS DE ESTUDOS PROUNI - DESCONTO CONCEDIDO INDEPENDENTE DE CONDIÇÃO NÃO COMPÕE O PREÇO DO SERVIÇO - POSSIBILIDADE DE DEDUÇÃO DA BASE DE CÁLCULO DO ISS**.

O desconto do PROUNI é enquadrado no conceito de descontos ou abatimentos concedidos independentemente de qualquer condição. Por isso, não compõem o efetivo preço do serviço e, por conseguinte, podem ser deduzidos da base de cálculo do ISS. Impossibilidade de lançar ISS sobre o desconto proveniente de bolsas de estudo do PROUNI. Recurso conhecido e provido."[15] (grifou-se)

* * *

"APELAÇÃO CÍVEL. AÇÃO DECLARATÓRIA DE INEXISTÊNCIA DE RELAÇÃO JURÍDICA. **ISS. BOLSAS DE ESTUDO CONCEDIDAS ATRAVÉS DO PROUNI. DESCONTOS NAS MENSALIDADES OFERTADOS NO MOMENTO DA CONTRATAÇÃO QUE NÃO SE CONDICIONAM A EVENTO FUTURO E INCERTO. VALORES QUE NÃO COMPÕEM O EFETIVO PREÇO DO SERVIÇO NEM SE INSEREM NA BASE DE CÁLCULO DO IMPOSTO**. RECURSO CONHECIDO E NÃO PROVIDO.

De acordo com o art. 84 e 87 do Código Tributário e de Rendas do Município do Salvador, Lei Municipal n. 7.186/2006, o ISS tem como fato gerador a prestação de serviços relacionados na lista que constitui o seu Anexo I, e sua base de cálculo é o preço cobrado. A análise da Lei 11.096/2005 indica

14 STJ, REsp. 1015165/BA, Relatora Ministra Denise Arruda, Primeira Turma, julgado em 17.11.2009, Data de Publicação: 09/12/2009

15 TJ-MS, AC: 08412821620168120001, Relator: Des. Vilson Bertelli, Data de Julgamento: 22/08/2018, 2ª Câmara Cível, Data de Publicação: 24/08/2018.

que o Governo Federal outorga incentivos fiscais às instituições de ensino que concederem bolsas de estudo integrais ou parciais a um percentual do seu quantitativo de alunos pagantes. A toda evidência, não há contraprestação direta da União no custeio das bolsas ofertadas. **No caso concreto, os descontos concedidos a título de bolsa de estudo não se inserem na base de cálculo do ISS por configurarem descontos incondicionais, ou seja, oferecidos no momento da prestação/contratação e com efeitos imediatos, não se condicionando a nenhum evento futuro à emissão das notas fiscais. Logo, à vista de que os descontos, no âmbito do Programa Universidade para Todos - PROUNI, não compõem o efetivo preço do serviço, por não constituírem receita à instituição de ensino, conclui-se que não integram a base de cálculo do ISS**. Diante da manutenção do comando sentencial e com arrimo no art. 85, § 11 do CPC, majora-se os honorários advocatícios de sucumbência em 2% (dois por cento)."[16] (grifou-se)

Dessa forma, considerando que o valor referente às bolsas do PROUNI se caracteriza como desconto incondicionado, não poderia este ser incluído na base de cálculo do ISS.

IV. Da violação ao princípio federativo

Por fim, mesmo na hipótese de se considerar que a redução dos tributos federais equivale à receita/preço do serviço, ainda assim o respectivo valor não seria passível de incidência do ISS, sob pena de incorrer em violação os princípios federativo e da imunidade recíproca (artigo 150, inciso VI, alínea "a", da CRFB/1988), na medida em que esvazia a finalidade pretendida da União Federal com a concessão desse benefício fiscal.

Como se sabe, o pacto federativo, previsto no art. 60, §4º, da Constituição Federal ("CF/88") é caracterizado pela autonomia dos entes da Federação que possuem um conjunto de competências e prerrogativas, como, por exemplo, a competência tributária para a instituição e cobrança de tributos.

Outrossim, também existem princípios constitucionais expressos cujo objetivo é manter/garantir o respeito ao pacto federativo. Dentre eles, merece especial destaque o princípio da imunidade recíproca, esculpido na alínea "a", do inciso VI, do art. 150 da Constituição Federal[17].

---

16 TJ-BA - APL: 05011955220178500001, Relator: José Edivaldo Rocha Rotondano, Quinta Câmara Cível, Data de Publicação: 28/05/2019.

17 Art. 150. Sem prejuízo de outras garantias asseguradas ao contribuinte, é vedado à União, aos Estados, ao Distrito Federal e aos Municípios:
(...)

Resta evidente, portanto, que partindo do ideal de Estado de Direito pretendido com o pacto federativo, a limitação imposta pela alínea "a", do inciso VI, do art. 150 da Constituição Federal tem o único propósito de impedir que o exercício da competência tributária de um ente interfira na execução das atribuições de outro, enfraquecendo assim o federalismo. É o que esclarece Ricardo Lobo Torres[18]. Veja-se:

> "O fundamento da imunidade recíproca é a liberdade, sendo-lhe estranhas as considerações de justiça ou utilidade. Os entes públicos não imunes por insuficiências mútuas, senão que gozam da proteção constitucional em homenagem aos direitos fundamentais dos cidadãos, que seriam feridos com o enfraquecimento do federalismo e da separação vertical dos poderes do Estado"

Logo, conclui-se que o intuito da Constituição Federal, por meio de todos os princípios ora abordados, é permitir que os entes exerçam livremente as competências que lhes foram atribuídas, sobretudo a tributária, em prol do bem-estar social. Liberdade de exercício que pode se dar através da concessão de benefício fiscal, como esclarece Alexandre Coutinho da Silveira[19]:

> "E observado, mais que a autonomia financeira dos entes públicos implica dotar-lhes do poder de decisão sobre os seus rumos fiscais-financeiros, há de se aceitar, também, que cada ente político tributariamente compete para instituir e arrecadar tributos **detém da mesma forma o poder de estabelecer desonerações que se adequem ao plano de ação específico daquele ente**. (...)" (grifou-se)

Diante do escopo do pacto federativo, da imunidade recíproca e da isenção concedida pela Lei n. 11.096/2005, que consiste em reduzir as desigualdades sociais, dando aos menos favorecidos a oportunidade de estudar em instituições de ensino privadas, cabe aplicar analogamente ao presente caso o entendimento sedimentado pela 1ª Seção do Superior Tribunal de Justiça no julgamento dos Embargos de Divergência — EREsp n. 1.517.492/PR, em 08.11.2017, **segundo o qual os valores referentes a crédito presumido de ICMS, espécie de benefício fiscal concedido por Estados, não podem, em quaisquer circunstân-**

VI - instituir impostos sobre:
a) patrimônio, renda ou serviços, uns dos outros;

18 TORRES, Ricardo Lobos. *Curso de Direito Financeiro e Tributário*, 20ª edição, pág. 365.

19 Coutinho da Silveira, Alexandre. Regime Jurídico dos Incentivos Fiscais, 2015, pág. 40.

cias, serem incluídos nas bases de cálculo do IRPJ e da CSLL, sob pena de violação ao pacto federativo. Eis a ementa:

> "TRIBUTÁRIO. EMBARGOS DE DIVERGÊNCIA EM RECURSO ESPECIAL. CÓDIGO DE PROCESSO CIVIL DE 2015. APLICABILIDADE. ICMS. CRÉDITOS PRESUMIDOS CONCEDIDOS A TÍTULO DE INCENTIVO FISCAL. INCLUSÃO NAS BASES DE CÁLCULO DO IMPOSTO SOBRE A RENDA DA PESSOA JURÍDICA - IRPJ E DA CONTRIBUIÇÃO SOCIAL SOBRE O LUCRO LÍQUIDO - CSLL. INVIABILIDADE. PRETENSÃO FUNDADA EM ATOS INFRALEGAIS. INTERFERÊNCIA DA UNIÃO NA POLÍTICA FISCAL ADOTADA POR ESTADO-MEMBRO. OFENSA AO PRINCÍPIO FEDERATIVO E À SEGURANÇA JURÍDICA. BASE DE CÁLCULO. OBSERVÂNCIA DOS ELEMENTOS QUE LHES SÃO PRÓPRIOS. RELEVÂNCIA DE ESTÍMULO FISCAL OUTORGADO POR ENTE DA FEDERAÇÃO. APLICAÇÃO DO PRINCÍPIO FEDERATIVO. ICMS NA BASE DE CÁLCULO DO PIS E DA COFINS. INCONSTITUCIONALIDADE ASSENTADA EM REPERCUSSÃO GERAL PELO SUPREMO TRIBUNAL FEDERAL (RE N. 574.706/PR). AXIOLOGIA DA RATIO DECIDENDI APLICÁVEL À ESPÉCIE. CRÉDITOS PRESUMIDOS. PRETENSÃO DE CARACTERIZAÇÃO COMO RENDA OU LUCRO. IMPOSSIBILIDADE.
>
> (...)
>
> V - **O modelo federativo por nós adotado abraça a concepção segundo a qual a distribuição das competências tributárias decorre dessa forma de organização estatal e por ela é condicionada**.
>
> (...)
>
> VIII - **A concessão de incentivo por ente federado, observados os requisitos legais, configura instrumento legítimo de política fiscal para materialização da autonomia consagrada pelo modelo federativo**.
>
> Embora represente renúncia a parcela da arrecadação, pretende-se, dessa forma, facilitar o atendimento a um plexo de interesses estratégicos para a unidade federativa, associados às prioridades e às necessidades locais coletivas.
>
> IX - **A tributação pela União de valores correspondentes a incentivo fiscal estimula competição indireta com o Estado-membro, em desapreço à cooperação e à igualdade, pedras de toque da Federação**.
>
> X - O juízo de validade quanto ao exercício da competência tributária há de ser implementado em comunhão com os objetivos da Federação, insculpidos no art. 3º da Constituição da República, dentre os quais se destaca a redução das desigualdades sociais e regionais (inciso III), finalidade da desoneração em tela, ao permitir o barateamento de itens alimentícios de primeira necessidade e dos seus ingredientes, reverenciando o princípio da dignidade da pessoa humana, fundamento maior da República Federativa brasileira (art. 1º, III, C.R.).
>
> XI - **Não está em xeque a competência da União para tributar a renda ou o lucro, mas, sim, a irradiação de efeitos indesejados do**

seu exercício sobre a autonomia da atividade tributante de pessoa política diversa, em desarmonia com valores éticos-constitucionais inerentes à organicidade do princípio federativo, e em atrito com o princípio da subsidiariedade, que reveste e protege a autonomia dos entes federados.

(...)

XIII - A base de cálculo do tributo haverá sempre de guardar pertinência com aquilo que pretende medir, não podendo conter aspectos estranhos, é dizer, absolutamente impertinentes à própria materialidade contida na hipótese de incidência.

XIV - Nos termos do art. 4º da Lei n. 11.945/09, a própria União reconheceu a importância da concessão de incentivo fiscal pelos Estados-membros e Municípios, prestigiando essa iniciativa precisamente com a isenção do IRPJ e da CSLL sobre as receitas decorrentes de valores em espécie pagos ou creditados por esses entes a título de ICMS e ISSQN, no âmbito de programas de outorga de crédito voltados ao estímulo à solicitação de documento fiscal na aquisição de mercadorias e serviços.

(...)."

Ou seja, analisando a matéria aqui discorrida através do prisma usado pelo STJ no julgamento do EREsp n. 1.517.492/PR, permitir a incidência do ISS sobre as bolsas relacionadas ao PROUNI, que pressupõem uma isenção de tributos federais, viola o pacto federativo e a imunidade recíproca, uma vez que implica na redução do benefício econômico concedido pela União Federal por deliberação equivocada dos Municípios.

V. Conclusão

Por tudo que aqui se expôs é que deve ser rechaçada a pretensão dos fiscos municipais em imporem a tributação pelo ISS sobre as bolsas concedidas no âmbito do PROUNI, seja porque afrontam uma política de Estado (veja-se, não se trata de política de Governo) de universalização à educação, seja porque fere todo o tipo de preceitos jurídicos-tributários previstos em nossa Constituição Federal, que preveem a harmonia da tributação e, por consequência, da nossa Federação.

O ENSINO SUPERIOR HÍBRIDO CABE NA REGULAÇÃO SETORIAL BRASILEIRA OU ALGO PRECISA MUDAR?

Henrique Lago da Silveira[1]

Resumo: Este artigo investiga os desafios da regulação setorial para permitir que as Instituições de Ensino Superior (IES) ofereçam ensino híbrido de forma estruturada no Brasil, com o propósito de entender se é necessária alguma alteração normativa. Para essa análise, avaliei o que se entende por ensino híbrido e de que forma esse se diferenciaria das tradicionais modalidades de ensino criadas pelo MEC e suas variações corriqueiramente utilizadas pelas IES em suas atividades. A partir disso, examinei se as regras em vigor e as iniciativas normativas em curso poderiam oferecer tratamento jurídico adequado às peculiaridades dessa nem tão nova figura. O diagnóstico é que, embora haja bases normativas a permitir o ensino híbrido, um aprimoramento da regulação seria importante para conferir maior segurança jurídica às IES em sua adoção, mitigando riscos operacionais, especialmente do ponto de vista regulatório e na proliferação de contencioso consumerista.

Palavras-chaves: ensino híbrido; ensino superior; IES; direito educacional; regulação; educação.

1. Introdução

Nos infinitos *webinars*, publicações e mesmo nas redes sociais, virou clichê tratar do ensino híbrido como necessidade, tendência ou mesmo

---

1 Doutor em Direito Econômico e Financeiro pela Universidade de São Paulo (USP). Mestre e Bacharel em Direito pela Universidade Federal de Santa Catarina (UFSC). Especialista em Direito Econômico pela Fundação Getulio Vargas (FGV). Advogado na área de Direito Público. E-mail: <lagosilveira.henrique@gmail.com>.

uma realidade que se impôs ao período pós-pandemia. E tudo isso, aparentemente, é mesmo verdade. Mas a pergunta que fica é se realmente se trata de algo novo, que surgiu a partir da Covid-19, a demandar um tratamento normativo especial para seu aparecimento.

Ora, há poucas dúvidas de que a situação excepcional ocasionada pelo isolamento social catalisou uma série de fenômenos sociais que nos tornaram mais dependentes da tecnologia do que nunca. De um lado, sobretudo nas grandes cidades, ganhamos tempo; de outro, em função de não haver alternativas, perdemos o preconceito com os efeitos de nossos mais comezinhos processos cotidianos serem intermediados por telas.

Mas não foi em função da pandemia que os aplicativos de entregas em domicílio surgiram, que videoconferências passaram a ser empregadas no universo laboral ou que se passou a usar ferramentas tecnológicas para viabilizar interações acadêmicas. Logo, parece que a mudança está menos na discussão sobre usar ou não tecnologia e centrada no quanto dela empregamos em nossas atividades.

No setor de ensino não foi diferente. O uso intensivo de tecnologia como recurso pedagógico principal para mediar os processos de ensino e aprendizagem de nível superior remonta à "Reforma Rivadávia Correa", de 1911. A partir da chamada "desoficialização do ensino"[2], tal medida permitiu o surgimento de uma série de iniciativas para ofertar educação, dentre as quais a aprendizagem por meio de cartas e recursos telegráficos[3], acompanhada de algumas interações presencias.

Em mais de um século, obviamente muita coisa mudou. Mas uma não: a ideia de mesclar atividades a distância com o modelo tradicional de educação presencial. O ponto é que a evolução dos processos tecnológicos e das técnicas pedagógicas criadas para acomodar os desafios de ministrar ensino quando professores e estudantes estão em tempos e locais diversos atraiu preocupações com a aprendizagem, sob o argumento de que seria necessário zelar pela qualidade.

Em um primeiro momento, isso provocou a construção de um arcabouço regulatório para ordenar o ensino a distância (EAD). Depois, entendendo que o EAD poderia colaborar no ensino tradicional, houve nor-

---

2 A permissa era a de que restringir a atuação profissional ao detentor do diploma deslocava o valor da habilidade prática (realidade) para o título (ficção). Logo, a reforma deixou as instituições livres para definir os conteúdos, substituiu os diplomas por certificados e eliminou os exames públicos da formação (ROCHA: 2012, p. 221).

3 ALMEIDA JÚNIOR, Antônio Ferreira. Enquanto se Espera pelas Diretrizes e Bases, *Revista de Direito da UFPR,* v.1, Curitiba, 1953. p. 77. Disponível em: <https://revistas.ufpt.br/direito/article/view/6167/4398>. Acesso em: 14.02.2022.

mas que permitem seu uso até certo limite. E, depois, vieram as regras que autorizam momentos presenciais em cursos EAD até determinado percentual da carga horária, sem descaracterizar a modalidade.

Desse breve histórico, se pode extrair duas constatações: (i) há normas para acomodar a inclusão de atividades remotas em cursos presenciais e vice-versa; e (ii) aparentemente, tais normas caminham na contramão da flexibilidade proposta pelo ensino híbrido. Resta, portanto, saber se é tempo de adaptar o direito para os desafios atuais ou não.

E é exatamente essa a investigação a que se propõe este breve artigo. Para tanto, trato das características do ensino híbrido e, depois, identifico se e de que forma ele se diferencia do ensino presencial e do EAD contemplados pela regulação. Na sequência, cotejo essa conformação com a proposta em curso para tratar do tema, sugerindo insuficiências. Ao fim, exponho minhas considerações finais.

2. Características do ensino híbrido

A literatura internacional (Horn; Staker, 2010) define o ensino híbrido como uma metodologia pedagógica flexível, ativa e inovadora, que envolve redesenhar os papéis de alunos e educadores nos processos de ensino, por meio de diferentes recursos de tecnologia.

Em reforço, o Banco Interamericano de Desenvolvimento (BID: 2020, p. 5) destaca que o ensino híbrido tem como diferencial proporcionar que o processo de aprendizagem seja centralizado no aluno. Isso por oportunizar experiências individualizadas, adaptáveis, em que o há conforto do estudante para buscar e receber a informação, ele interage em espaços de discussão diversos e aprofunda os estudos em seu ritmo.

Consigo, o ensino híbrido apresenta o desafio de criar condições para que os estudantes efetivamente se interessem por aprender; e, para tanto, têm características próprias que foram agrupadas pelo BID em quatro pilares, a saber: (i) desenvolvimento de novas pedagogias e investimento em capacitação do corpo docente, a fim de que se sintam confortáveis ao uso da tecnologia estimulem a autoaprendizagem dos alunos na sociedade da informação; (ii) equipamentos e conectividade; (iii) uso de diferentes plataformas, a permitir tanto a comunicação entre alunos e desses com os professores, quanto que ofereçam conteúdos para induzir a aprendizagem, admitam a avaliação do sistema e, também, que tais recursos criem espaços à interação e formação docente; e (iv) permitir acompanhar a evolução da aprendizagem pelo uso de dados.

Não cabe a este breve artigo discutir com profundidade cada um desses aspectos ou suas ramificações. Basta os conhecer para concluir que o conceito de ensino híbrido não é compatível com limitações sobre quando ou quanto utilizar de ferramentas presenciais ou EAD, uma vez que a liberdade na construção de uma proposta pedagógica adaptável a cada contexto é uma premissa dessa concepção.

Para o ensino híbrido, portanto, pode haver aulas remotas no *campus,* para proporcionar interações virtuais entre alunos longe do professor ou semanas de autoaprendizagem. Da mesma forma, é possível que haja atividades presenciais regulares fora da IES, para estimular a convivência de grupo de forma livre, com ou sem a presença de docentes.

A partir dessas breves considerações, acredito ser possível sugerir que o conceito de ensino híbrido pressupõe que não haja um único modelo a ser aplicado a diferentes cenários. Ao contrário: a premissa é que haja diferentes formas de ensinar, construídas pela experimentação e diuturnos processos de tentativa e erro das IES.

Nessa linha, o ensino híbrido assume as características de uma metodologia, que haveria de ser desenhada por cada IES no uso da liberdade de ensinar (art. 206 da CF)[4] e reforçada pela prerrogativa de autonomia didático-pedagógica (art. 207 da CF e arts. 12, I, e 53 da LDB)[5]. Mas pode ser que a experiência prática revele outros desafios.

3. A difícil convivência entre as modalidades de ensino superior e o ensino híbrido

Embora a LDB dedique um título inteiro para tratar dos "níveis e modalidades de educação e ensino", não o fez. Limitou-se a tratar da educação especial como modalidade (art. 58), mas sequer explicou o que seria uma modalidade e como ela se diferencia de um nível, por exemplo.

Na ausência de qualquer definição legal, o conceito perdido passou a ser utilizado pelo MEC para criar uma segregação entre o EAD e o ensino presencial, que se reflete no texto do Decreto n. 9.235/2017 e Decreto n. 9.057/2017. Dessa forma, atualmente, entende-se que seriam essas

4 "(...) por liberdade de ensinar com pluralidade de concepções pedagógicas se deve entender a prerrogativa das instituições, públicas ou privadas, de definirem o conteúdo do ensino que pretendem ministrar e o refletirem em seus projetos pedagógicos, não podendo ser censuradas ou tolhidas por escolherem transmitir visões de mundo que não sejam dominantes ou alinhadas a alguns posicionamentos". SILVEIRA, Henrique Lago da. *Regulação e Financiamento do Ensino Superior Privado: teoria e prática do sistema brasileiro na perspectiva do Direito Econômico.* Rio de Janeiro: Lumen Juris, 2020. p. 53.

5 Nas palavras do STF, por autonomia se entende "a discricionariedade de dispor ou propor (legislativamente) sobre sua estrutura e funcionamento administrativo, bem como sobre suas atividades pedagógicas". STF, ADI n. 3.792/DF, Rel. Min. Dias Toffoli, Plenário, DJe: 31.7.2017.

as únicas modalidades a que se referiu a LDB[6]; e, assim, no Brasil, ou o curso é EAD ou presencial. Não tem outro.

O EAD é previsto pelo art. 80 da LDB e passou por algumas regulamentações[7] até chegar na atual: o Decreto n. 9.057/2017. O curioso é que essa evolução normativa não criou um único curso 100% EAD no Brasil, dado que todos devem ter alguma atividade presencial[8].

Cursos EAD, portanto, devem prever como tutorias, avaliações, estágios e práticas presenciais, a teor do art. 4º do Decreto 9.057/2017 e art. 8º da Portaria Normativa MEC n. 11/2017. E podem, inclusive, se estender até o limite de 30% da carga horária total do curso, na forma do art. 100, § 3º, da Portaria Normativa MEC n. 23/2017 (PN 23). São híbridos, se o conceito for interpretado apenas nessa perspectiva.

E isso também ocorre no presencial, em que o art. 2º da Portaria MEC n. 2.117/2019 admite a *"oferta de carga horária na modalidade EAD (...) até o limite de 40% da carga horária total do curso"*. Além disso, o § 1º do mesmo dispositivo determina que a descrição de tais atividades e sua concatenação com as presenciais deve constar do Projeto Pedagógico do Curso (PPC). Também esses são híbridos, por um lado.

Disso se extrai que: (i) o atual arranjo institucional admite a oferta de apenas duas *modalidades*: EAD ou presencial; (ii) os cursos na *modalidade* presencial podem conter atividades EAD e vice-versa; (iii) a decisão de quais atividades serão feitas na *modalidade* presencial ou na EAD é de caráter metodológico (PPC); e (iv) há limites para a carga horária de uma *modalidade* que será mesclada a um curso de outra.

Como se percebe, os pontos (ii) e (iii) são convergentes com as características do ensino híbrido; que, contudo, se revela aparentemente incompatível com os elementos (i) e (iv).

Ora, se a premissa do ensino híbrido é que haja flexibilidade para definir as técnicas pedagógicas utilizadas na proposta, sem quaisquer limitações quantitativas, a distinção entre duas modalidades perde o sentido, ao menos quando a híbrida for a metodologia a privilegiar. Além disso, a adaptabilidade das soluções pedagógicas que o ensino híbrido

---

6 E não é. Tanto que o art. 80 da LDB é claro ao afirmar que "o Poder Público incentivará o desenvolvimento e a veiculação de programas de ensino a distância, em todos os níveis e modalidades de ensino, e de educação continuada". Se o EAD deve ser incentivado nas diferentes modalidades, parece óbvio que ele próprio não é uma delas.

7 Primeiro, pelo Decreto n. 2.494/1998, seguido do Decreto n. 5.622/2005.

8 A PN 11, no art. 8º, § 3º, prevê que a SERES pode autorizar cursos totalmente a distância, sem qualquer atividade presencial. Contudo, até onde se tem notícia a Secretaria de Regulação e Supervisão da Educação Superior (SERES) do MEC não processa nenhum requerimento de tal natureza alegando falta de regulamentação.

requer não comporta uma limitação *a priori* do máximo da carga horária que possa ser acomodada de forma remota ou presencial, quanto menos genérica e aplicável a quaisquer IES, cursos e contextos.

De um lado, seria possível argumentar que, na condição de metodologia, o ensino híbrido não estaria sujeito às normas que se aplicam às modalidades; e, por isso, os limites quantitativos ao uso do EAD não se aplicariam aos cursos que adotarem a metodologia híbrida. Isso criaria dificuldades interpretativas, porém, sobretudo a quem não tem conhecimento claro da distinção entre modalidade e metodologia.

Haveria, ainda, outros desafios às IES relativos à divulgação de seus cursos híbridos ao público. Se o fizerem como uma via alternativa ao presencial e ao EAD, correm o risco de serem notificadas a justificar a suposta "prática abusiva" ou "propaganda enganosa".

É o que já ocorre, por exemplo, quando as IES dão nomes distintos de "presencial" ou "EAD" às opções metodológicas frutos da mescla de carga horária entre modalidades que são expressamente admitidas pela legislação, adotando signos como *"cursos flex"*, *"cursos semipresenciais"* ou mesmo *"cursos híbridos"*.[9] Se divulgar a metodologia dentro das limitações normativas existentes e previstas claramente pelo MEC já é desafiador, por que investir recursos em um produto novo que sequer posso divulgar que estou oferecendo?

4. É preciso haver previsão normativa específica para o ensino superior híbrido?

É importante que haja. O motivo, porém, é menos associado à inexistência de fundamentos jurídicos a sustentar sua possibilidade no atual ambiente institucional do que pela necessidade prática de conferir segurança às IES para adotar o ensino híbrido, como já há de estar claro.

Ora, não parece haver dúvidas de que a liberdade de ensinar e a autonomia pedagógica oferecem proteções constitucionais para que as IES adotem metodologias de ensino híbridas, a despeito de eventuais limitações de atos normativos do MEC quanto ao tema - quanto menos quando sem amparo em previsão expressa de lei em sentido estrito.

Além disso, como não há expressa vedação legal ao ensino híbrido, o art. 2º e art. 3ª da Lei n. 13.874/2019 (Lei de Liberdade Econômica ou

9 Exemplo disso é o procedimento preparatório n. 1.34.001.008473/2019-20, em que o MPF/SP entende ser irregular o uso da nomenclatura "semipresencial" por não haver terceira modalidade de ensino. Nesses autos, houve notificações a diversas IES para eliminarem essa forma de divulgação, resultando, inclusive, na Ação Civil Pública n. 5009296-71.2020.4.03.6100, ainda em tramitação.

LLE) conferem amparo legal para justificar que seja adotado. Lembre-se, ainda, que a metodologia poderia ser interpretada como um novo modelo de negócios e, por isso, protegida também de atos normativos que pudessem impedir sua adoção pelo art. 4º, IV, da LLE.

Da mesma forma, não creio que as IES tenham limitações *a priori* para divulgar a metodologia dos cursos ao público em geral. Ao contrário. Se trata de um elemento essencial do serviço e um diferencial de mercado de IES face às concorrentes, de modo que, para além de sua divulgação não poder ser impedida à luz do art. 4º, VIII, da LLE, ela iria ao encontro dos propósitos do art. 6º, III, da Lei n. 8.078/1990 (CDC).

Ocorre que os custos operacionais atrelados a patrocinar defesas (constantes) para explicar a diferenças entre metodologia e modalidade em diferentes esferas tende a funcionar como um desincentivo para empregar a metodologia. Da mesma forma, há também o risco de o Judiciário vir a considerar a oferta de cursos em uma *modalidade* com metodologia híbrida e carga horária da outra *modalidade* superior àquela prevista na legislação como irregular, inviabilizando a oferta. Por fim, a sobreposição de normas também atrai riscos regulatórios, como o de as IES serem surpreendidas com medidas cautelares da SERES, cuja reversão é penosa; e que, enquanto vigentes, inviabilizam as atividades.

A partir dessa perspectiva, o CNE andou bem ao propor um texto de referência e ao sujeitar essa proposta à consulta pública em 16.11.2021, ainda que pelo exíguo prazo de 10 dias. Contudo, creio que a alternativa proposta pelo CNE comporta aprimoramentos.

4.1. A proposta do CNE

No texto de referência disponibilizado[10], o CNE é claro ao caracterizar a "aprendizagem híbrida" como "*metodologia flexível de ensino, mediada por tecnologias de informação e comunicação*" (art. 1º). Da mesma maneira, esclarece que ela "*não se confunde com a estrutura de cursos ofertados na modalidade Educação a Distância*" (art. 2º), determinando que os "*aspectos regulatórios ou avaliativos referentes especificamente à oferta de EAD*" (art. 3º) não devem ser considerados na construção dos projetos curriculares e pedagogias do ensino híbrido.

Do ponto de vista regulatório, tentou-se dar uma proteção voltada ao ensino superior, na linha do exposto acima: o art. 11 prevê, de maneira um tanto imprecisa, que quando a metodologia de ensino híbrido for

10 Disponível em: < http://portal.mec.gov.br/index.php?option=com_docman&view=download&alias=227271-texto-referencia-educacao-hibrida&category_slug=novembro-2021-pdf&Itemid=30192 >. Acesso em > 15.02.2022.

adotada e prevista nos "*documentos institucionais curriculares, as atividades de aprendizado, referentes às práticas não presenciais, podem ser desenvolvidas online, de maneira síncrona e assíncrona, sem serem confundidas com percentuais de atividades na modalidade EAD*".

Para além dessas previsões, no que toca o ensino superior, o texto de referência divulgado pelo CNE contém diretrizes sobre o uso de técnicas pedagógicas (art. 4º e art. 10), a preocupação com a formação de docentes para a educação híbrida (art. 6º) e como devem ser contabilizados os dias letivos (art. 12). Mas nada além disso.

Não se pode criticar a boa iniciativa do CNE em tomar a dianteira da fundamental discussão e colocar o assunto em pauta. Ao fazê-lo, executa muito bem seu papel de protagonismo no sistema de educação brasileiro. Ocorre que nem por isso as iniciativas devem ser livres de críticas ou de reflexões, sempre de maneira construtiva, é claro.

Convém ponderar que o CNE situou a metodologia híbrida como ínsita à modalidade presencial, ao deixar claro que ela não se confunde com o EAD. Perde-se, com isso, a oportunidade de tratar o ensino híbrido como algo distinto dos dois e que poderia ser utilizado em ambos, sobretudo porque o EAD brasileiro também tem momentos presenciais.

O CNE admite, como consequência, que a IES que adotar a metodologia híbrida não precisará possuir credenciamento para o EAD. E isso a despeito de ela ter que se valer de meios tecnológicos e diferentes plataformas para ensinar. Isso reforça a preocupação, já existente na Portaria MEC 2.117/2019, de que IES sem muita preparação pedagógica ou infraestrutura possam usar tecnologias da informação como ferramenta primária de aprendizagem. E esse ponto é ainda mais relevante aqui porque a proposta de norma sugere que os critérios do EAD não serão utilizados nem para fins regulatórios e nem avaliativos.

Em terceiro lugar, a proposta tenta conferir segurança às IES ao destacar que as atividades não presenciais de cursos que adotem a metodologia híbrida não estariam sujeitas aos limites regulatórios existentes. Assim, tacitamente afirma que a Portaria MEC 2.117/2019 não se aplicaria aos cursos com metodologia híbrida, sem dizer isso de maneira expressa ou explicar como compatibilizar essa não incidência com o fato de o curso híbrido adotar a modalidade presencial.

4.2. Alternativas de aprimoramento

A partir das reflexões anteriores, acredito que o primeiro passo para aprimorar a norma haveria de envolver o diálogo institucional com o MEC para que qualquer solução fosse conjunta em vez de unilateral. Idealmente, conviria que a iniciativa normativa do CNE viesse atrelada a modificações ao art. 100, § 3º, da PN 23 e, também, à Portaria MEC 2.117/2019, visando a extinguir a lógica de tratar o EAD e o ensino presencial como *modalidades* de ensino antagônicas entre si.

Ora, os fundamentos do ensino híbrido adotam como premissa a necessidade de superar conceitos fechados em prol da flexibilidade e adaptação de metodologias, a fim de proporcionar uma melhor aprendizagem aos alunos. A segregação em modalidades que apenas admitem o uso do presencial no EAD e do EAD no presencial até determinado limite representa o oposto dessa lógica.

Desse modo, pela coerência, a decisão que se coloca é entre (i) abraçar o conceito de ensino híbrido e, consequentemente, extinguir tais limitações quantitativas, que deixam de fazer sentido no novo contexto; ou (ii) manter as referidas lógicas e deixar de lado o conceito de ensino híbrido descrito neste texto, admitindo que, no Brasil, o hibridismo é limitado a determinados percentuais definidos pelo regulador. O CNE fez sua opção, mas faltou o próximo passo para a solução do problema.

Porém, sabe-se que nem sempre o diálogo institucional é viável. Nesse caso, certamente seria melhor seguir com a iniciativa normativa do CNE do que não adotar nenhuma e, então, conviria ao menos que a norma criasse um microssistema completo que, de um lado, tenha lógica intrínseca; e, de outro, dialogue com a estrutura jurídica em que se insere.

Para esse propósito, entende-se ser fundamental que haja uma distinção normativa clara do que são modalidade e metodologia de ensino, com os respectivos impactos. A modalidade há de estar relacionada ao trajeto percorrido do ponto de vista regulatório para a expedição do ato autorizativo, com implicações na avaliação; por outro lado, a metodologia há de ser a concatenação de recursos pedagógicos aplicados sobre a proposta original, a demandar, ou não, acomodações regulatórias e de avaliação para verificar o sucesso em sua adoção.

Essa base normativa tenderia a conferir maior segurança para afastar a incidência dos limitadores quantitativos da PN 23 e da Portaria MEC n. 2.117/2019 aos cursos híbridos, diferenciando, pela metodologia, uns dos outros. Nessa linha, seria a metodologia híbrida que atrairia impactos regulatórios e avaliativos, e não a modalidade.

E é por isso não parece haver sentido que a norma proposta pelo CNE inviabilize usar elementos do EAD no PPC para afastar a lógica dessa *modalidade* dos processos regulatórios e avaliativos do ensino híbrido. Ora é essencial que cursos com metodologias híbridas adotem componentes da avaliação do EAD, ainda que não da mesma maneira que ocorre em um curso EAD com outra metodologia.

Outra possibilidade seria que a norma a ser adotada não definisse nada disso e se limitasse a admitir cursos com metodologias híbridas em regime experimental (sandboxes[11]) para, a partir da prática, regular o tema com experiências empíricas. E vale mencionar que o art. 81 da LDB é expresso ao admitir essa alternativa, que já é utilizada para cursos técnicos experimentais conforme Resolução CNE/CP n. 1/2021.

5. Considerações finais

A análise detalhada das características do ensino híbrido permite concluir que se está diante de uma inovação de método de ensino. Por mais que essa forma de ensinar possua bases normativas vigentes para ser implantada por cursos EAD ou presenciais, ela envolve uma mudança tal nos processos de ensino e aprendizagem a demandar um regramento jurídico próprio que a trate com a diferença que merece.

Nesse contexto, é preciso parar com o vício institucional crônico brasileiro de viver de mitologias jurídicas[12]. Se estamos diante de algo distinto do que aí está, não há como querer construir uma regulação inteligente e responsiva a partir do recurso a conceitos anacrônicos ao objeto regulado. E é preciso coragem, então, para reconhecer que o passado das modalidades com processos regulatórios próprios e impactos avaliativos distintos é uma roupa que não serve mais.

Ora, a característica fundamental do direito é sua mutabilidade de acordo com a realidade em que se insere, quer no momento de aplicação da norma, quer de sua reformulação contínua em resposta a movimentos políticos, econômicos e sociais. Por isso, se o ensino mudou, é tempo de dar a ele as ferramentas jurídicas a ser adotado com segurança.

Isso significa afastar expressamente a incidência de normas que se mostram incompatíveis com suas características e pensar em novas, es-

---

11 O conceito de *sandbox* é inspirado na ideia de se permitir que crianças brinquem em um ambiente controlado (uma caixa de areia) para aprender. Ele pressupõe que o regulador, a partir de uma perspectiva experimentalista, autorize modelos de inovação criados pelo mercado regulado flexibilizando as regras vigentes, sem que a falha implique sanções. Com as *sandboxes*, cria-se um regime próximo de supervisão, muito mais focado em aprender como a solução opera na prática desenvolver novas tecnologias aplicadas e criar dados empíricos que inspirem a reforma da regulação. No Brasil, há uma série de iniciativas de *sandboxes* em diferentes setores, inclusive de educação, além de combustíveis, mercado de capitais, fundos de investimentos e instituições financeiras (Fintechs), que foram fomentadas a partir da edição da Lei 13.874/2019. Sobre o tema, ver: FEIGELSON, Bruno; LEITE, Luiza. *Sandbox: experimentalismo no direito exponencial.* São Paulo: RT, 2020.

12 O conceito é cunhado por Paolo Grossi, segundo o qual a repetição inadvertida de dogmas sobre o direito obscurecer sua natureza instrumental às sociedades, tornando algumas instituições jurídicas verdadeiros "artigos de fé", que são aplicados de maneira automática simplesmente por ser "senso comum" que eles existem tal qual são. GROSSI, Paolo. Mitologias jurídicas da modernidade. Florianópolis: Fundação Boiteux, 2004.

pecíficas, que melhor acomodem suas necessidades. Significa criar modelos de experimentação que aceitem o diferente para produzir algo novo e compatível com a realidade, em abordagens cooperativas.

O ponto a que se chega, portanto, é que um ensino híbrido de verdade necessita do apoio e do acompanhamento do regulador, além de avaliação específica para verificar seus sucessos e fracassos. Regular é, também, reconstruir o que não serve ao propósito.

6. Referências bibliográficas

BACICH, Lilian; TANZI NETO, Adolfo; TREVISANI, Fernando de Mello. *Ensino Híbrido: Personalização e Tecnologia na Educação*. Porto Alegre: 2015.

HORN, Michael; STAKER, Heather. *Blended: Using Disruptive Innovation to Improve Schools.* San Francisco: Jossey-Bass, 2010.

HODGES, Charles (et al.) The Difference Between Emergency Remote Teaching and Online Learning. *Educause Review*: 2020.

MEANS, Barbara; BAKIA, Marianne; MURPHY, Robert. *Learning Online: What Research Tells Us about Whether, When and How*. New York: Routledge, 2014.

MORAN, José. É importante não engessar o que ainda está em construção. *Entrevista ao SEMESP,* 24.08.2021. Disponível em: <https://www.semesp.org.br/noticias/ensino-hibrido-e-importante-nao-engessar-o-que-ainda-esta-em-construcao/>. Acesso em: 14.02.2022.

ROCHA, Marlos Bessa Mendes. A Lei Brasileira de Ensino Rivadávia Corrêa (1911): Paradoxo de um certo liberalismo. 2012, p. 223. *Educação em Revista*, Belo Horizonte, v. 28, n. 3, p. 219-239.

O INCIDENTE DE RESOLUÇÃO DE DEMANDAS REPETITIVAS E A IMPORTÂNCIA DE CRIAÇÃO DE PRECEDENTES NAS DEMANDAS QUE ENVOLVEM A PRESTAÇÃO DO ENSINO

Fernanda Medina Pantoja[1]
Victor Rocheleau Nunes Pires[2]

I. Os contratos de prestação de ensino e a massificação de demandas

A transmissão do conhecimento, através do processo de ensino-aprendizagem, estabeleceu-se, desde os primórdios da civilização, sob a forma coletiva. A pluralidade de pontos de vista enriquece o debate, e o conhecimento desenvolve-se a partir da profícua troca entre os destinatários do saber.

Mesmo quando se oportunizou, concorrentemente, a prestação do serviço educacional à iniciativa privada, o seu exercício estruturou-se sobre uma matriz orgânica e financeiramente complexa, impulsionada a partir da contribuição ininterrupta e proporcionalizada de pais e alunos. Esse modelo, adotado inclusive sob a perspectiva constitucional[3], subsiste até hoje.

---

1 Doutora e Mestra em Direito Processual pela Universidade do Estado do Rio de Janeiro (UERJ). Professora de Direito Processual da PUC-Rio. Visiting Researcher na Universidade de Cambridge e na Queen Mary University of London (Inglaterra). Pesquisadora do Projeto Civil Procedural Law and Justice, do Max Planck Institute (Luxemburgo). Advogada. Cofundadora da Processualistas.

2 Advogado. Bacharel em Direito pela PUC-Rio. Pós-graduando em Direito dos Contratos pela PUC-Rio.

3 Art. 209 da Constituição Federal: "O ensino é livre à iniciativa privada, atendidas as

Daí porque se pode afirmar que o empreendimento de promover o ensino alarga-se ao estrito escopo da prestação de serviços estipulada entre aluno e instituição de ensino, tornando a atividade multiparticipativa. Os deveres e direitos atribuídos às partes leva necessariamente em conta a existência de uma coletividade, em que consiste o corpo discente. A composição dos custos do ensino abarca elementos que ultrapassam o vínculo bilateral dos contratos individuais.

Essa matriz operacional coletiva e complexa, subjacente à prestação de serviços educacionais, tem duas repercussões bastante evidentes. Em primeiro lugar, determina que a relação seja marcada pelo fenômeno da massificação, uma vez que as demandas dos alunos costumam se repetir em grupos. E, em segundo lugar, exige que se lide com essas questões repetidas sob uma ótica global e macroscópica, para além da individual, de forma a garantir a manutenção eficiente da própria atividade.

Assim, por exemplo, demandas múltiplas que visam ao desconto de mensalidades, à abstenção de pagamento de taxas, à concessão de benefícios (sejam ou não financeiros) não devem jamais ser tratadas sob a exclusiva perspectiva do contrato firmado entre o aluno e a instituição de ensino, senão também sob a visão da estrutura operacional em que essa avença está inserida.

Justamente nesse cenário, diante da existência de discussões repetidas sobre as mesmas questões, exsurge a importância da fixação de teses pelos tribunais. Neste artigo, trazem-se reflexões sobre um dos mais importantes instrumentos voltados à criação de precedentes com efeitos vinculantes - o incidente de resolução de demandas repetitivas, (IRDR). Embora já usual na prática forense, o seu manejo ainda pode e deve ser recrudescido, para solucionar questões de direito repetitivas, controvertidas na jurisprudência, como as que pululam no contexto da prestação de ensino, possibilitando uma análise abrangente, aprofundada e mais atenta às feições peculiares dessa relação.

II. O sistema de precedentes e o IRDR

De todas as mudanças trazidas pelo Código de Processo Civil de 2015 ("CPC"), uma das mais impactantes decerto é o sistema de formação de teses e a sua vinculação aos casos futuros, que representa a culminância de uma tendência que já se avizinhava com as mudanças legislativas havidas nas últimas décadas, com a súmula vinculante, a repercussão geral e os recursos repetitivos.

---

seguintes condições:
I - cumprimento das normas gerais da educação nacional;
II - autorização e avaliação de qualidade pelo Poder Público."

O ineditismo da lei processual foi o de criar um verdadeiro sistema de precedentes, que contempla, além de várias possibilidades de abreviação do procedimento ante a existência de precedentes, uma norma geral no sentido de que a jurisprudência deve ser uniformizada e se manter estável, íntegra e coerente (art. 926 do CPC), a fixação de um rol de precedentes (art. 927 do CPC) e um conjunto de normas para garantir a sua adequada construção e aplicação.

É de se notar que a forma de produção de precedentes adotada no Brasil é bastante diferente do sistema forjado nos ordenamentos da *common Law*. Naqueles, o julgado é reconhecido como precedente por decisões posteriores: uma decisão é seguida de forma reiterada e, nesse processo histórico, torna-se um precedente, conquanto não tenha nascido com esse *status*. Já em nosso sistema, elege-se um caso concreto a partir do qual será formado o precedente, que se constitui a partir de uma única decisão[4]. Se por um lado essa decisão não contou com o necessário amadurecimento dos tribunais sobre o tema, por outro é alcançada através de instrumentos especificamente pensados para a formação de precedentes vinculantes (os recursos repetitivos, o incidente de resolução de demandas repetitivas, o incidente de assunção de competência), dispondo de normas que têm, por exemplo, o cuidado de reforçar o contraditório, a publicidade e a fundamentação adequada.

É de se destacar que nem todos os instrumentos de formação de precedentes vinculantes envolvem demandas repetitivas, pois alguns são admitidos para fixar tese jurídica sobre uma questão relevante, não necessariamente reincidente em grande quantidade de casos. Contudo, na realidade brasileira, em que grande parte das demandas tratam da mesma matéria e em que a tutela coletiva se revela ineficiente, essa feição dos precedentes, como forma de tratamento de processos massificados, afigura-se fundamental. O precedente vinculante otimiza a atividade do Judiciário, ao permitir que se aplique a mesma tese jurídica a todas as ações, em vez de proceder ao seu julgamento, com decisões anti-isonômicas e desperdício de tempo e de dinheiro. Em outras palavras, o sistema de respeito aos precedentes prestigia a uniformidade das decisões, a segurança jurídica e a eficiência da prestação jurisdicional.

Não se deve, porém, descurar da preocupação de que a construção e a aplicação desses julgados contem com a ampla participação dos interessados, bem como de que sejam efetivamente oportunizadas, aos jurisdicionados, as técnicas para garantir a distinção de seu caso (quando existentes peculiaridades fáticas que o diferenciam do paradigma) e para

4 "Em sentido próprio, precedente é a decisão judicial que fixou a tese jurídica (norma jurídica) que deverá ser seguida pelas demais decisões em casos idênticos." CRAMER, Ronaldo. *Precedentes judiciais – teoria e dinâmica*. Rio de Janeiro: Forense, 2016, p. 77.

provocar a possível superação do entendimento fixado (quando este não mais se mostra compatível com a realidade jurídica ou social).

Dentre os muitos instrumentos previstos pelo CPC, o incidente de resolução de demandas repetitivas, previsto no art. 976 e seguintes do CPC, mostra-se útil para elidir as contradições existentes nos julgamentos dos órgãos fracionários dos tribunais, atribuindo a um órgão de quórum qualificado, em um ambiente de contraditório mais amplo, a incumbência de fixar a tese jurídica com efeitos vinculativos.

O IRDR pode ser instaurado em qualquer processo de competência originária do Tribunal ou recurso e tem como objetivo a fixação de uma tese jurídica que poderá ser replicada em todas as demandas repetitivas que tratem da mesma questão de direito. Com isso, confere-se maior celeridade aos processos repetitivos e privilegia-se a prestação adequada da atividade jurisdicional, que poderá empregar maiores esforços para o julgamento de outras demandas não repetitivas[5].

De acordo com dados do Observatório Brasileiro de IRDRs, da Faculdade de Direito de Ribeirão Preto - Universidade de São Paulo, colhidos entre 18.03.2016 e 15.06.2018, foram submetidos ao juízo de admissibilidade 677 IRDRs. Destes, somente 30% foram admitidos (197). A maioria dos IRDRs suscitados nesse período tratava de matérias ligadas ao Direito Administrativo (253), seguida por matérias de Direito Processual (195), Direito Civil (134), Direito Tributário (115), Direito Previdenciário (39) e, por fim, Direito do Consumidor (37).

Os dados demonstram que o IRDR ainda é um instrumento subutilizado, ao se comparar a quantidade de demandas repetitivas existente, a quantidade de IRDRs propostos e a porcentagem de inadmitidos. Resta prejudicada, dessa forma, a sua alta potencialidade de contribuição para concretizar os mencionados princípios constitucionais da segurança jurídica, da eficiência da prestação jurisdicional e da isonomia[6].

5 "De um lado, o incidente de resolução de demandas repetitivas tem potencial de reduzir o tempo de tramitação dos processos em que há a questão comum, pela adoção da tese fixada, limitando a rediscussão do tema, que muitas vezes ocorre no seio de recursos protelatórios. Tais técnicas permitem que o órgão julgador se dedique de forma mais aprofundada para resolver concentradamente uma questão jurídica, o que possibilita um acréscimo qualitativo da decisão proferida acerca do tema. Evita que o judiciário analise incontáveis vezes a mesma questão.

De outro lado, a resolução concentrada das questões repetitivas possibilita o 'desafogamento' do Judiciário e permite que a máquina judiciária seja empregada para resolver outros conflitos. Nesta medida, também concretiza o direito à razoável duração do processo para todos os outros processos 'não repetitivos'." TEMER, Sofia. *Incidente de Resolução de Demandas Repetitivas*. Salvador: JusPodivm, 2016, p. 40/41.

6 "Os pilares do incidente - que justificam sua existência e, ao mesmo tempo, norteiam sua aplicação - são: a isonomia, que determina o tratamento e solução uniforme às

II.1. Requisitos de admissibilidade do IRDR

Os pressupostos exigidos pelo art. 976 do Código de Processo Civil para a instauração do IRDR são, *cumulativamente*, a *(i)* efetiva repetição de processos com controvérsia sobre a mesma questão unicamente de direito; e *(ii)* o risco de ofensa à isonomia e a à segurança jurídica.

Isso significa, em primeiro lugar, a existência de repetição de demandas, com decisões antagônicas[7], que representem risco de quebra da isonomia e ofensa à segurança jurídica; o que não exige necessariamente uma grande quantidade de demandas pendente de julgamento no Tribunal[8].

Apenas não se admite a propositura de um IRDR preventivo, para fixar tese jurídica a respeito de uma questão que ainda não tenha sido judicializada, ou sobre a qual não exista ainda divergência. É de notar, ainda, que, dentre os requisitos de observância obrigatória para a instauração de IRDR, a lei não enuncia a necessidade de prolação de sentenças ou de decisões de cognição exauriente a respeito da controvérsia de direito ensejadora do IRDR.

Não é cabível o IRDR para resolver questão de fato. No entanto, vale lembrar que a questão de direito, passível de ser objeto do incidente, não pode ser decidida senão à luz de seu contexto fático subjacente[9].

Por fim, prevê-se um requisito negativo de admissibilidade do IRDR, constante do art. 976, § 4º, do Código de Processo Civil, qual seja: a ine-

---

mesmas questões; a segurança jurídica, estampada na previsibilidade e uniformidade das decisões judiciais; e a celeridade, através da prestação jurisdicional em tempo razoável." TEMER, Sofia. *Incidente de Resolução de Demandas Repetitivas*. Salvador: JusPodivm, 2016, p. 39.

7 "(...) Vale dizer que, para caber o incidente, deve haver, de um lado, sentenças admitindo determinada solução, havendo por outro lado, sentenças rejeitando a mesma solução. É preciso, enfim, haver uma controvérsia já disseminada para que, então, seja cabível o IRDR. Exige-se, em outras palavras, como requisito para a instauração de tal incidente, a existência de prévia controvérsia sobre o assunto." DIDIER JR., Fredie; e CUNHA, Leonardo Carneiro da. *Curso de Direito Processual Civil*, v. 3, 15ª ed. Salvador: JusPodivm, 2018, p. 734.

8 Enunciado 87 do Fórum Permanente de Processualistas Civis: "*A instauração do incidente de resolução de demandas repetitivas não pressupõe a existência de grande quantidade de processos versando sobre a mesma questão, mas preponderantemente o risco de quebra da isonomia e de ofensa à segurança jurídica*".

9 "Não cabe IRDR para definição de questões de fato; apenas para questões de direito. Não cabe, por exemplo, o IRDR para definir se determinada construção foi vendida com vícios estruturais decorrentes de falha no projeto ou na execução da obra, mas cabe para dizer se, ocorrendo esse fato, há ou não responsabilidade civil do construtor pela reparação do dano daí decorrente." DIDIER JR., Fredie; e CUNHA, Leonardo Carneiro da. *Curso de Direito Processual Civil*, v. 3, 15ª ed. Salvador: JusPodivm, 2018, p. 733.

xistência de recurso repetitivo afetado para julgamento pelos Tribunais Superiores que trate da mesma questão de direito abordada no incidente.

II.2. Questão de mérito

Quanto mais aberto o texto normativo de que se origina a controvérsia, mais importante a descrição do fato-tipo ao qual a tese se aplica, especificando-se o seu âmbito de incidência.[10] Afinal, é impossível a fixação de uma tese jurídica descolada das circunstâncias da vida.[11]

Dentre os temas que, em sede de recursos repetitivos, já foram fixados pelo Superior Tribunal de Justiça - cuja instância especial sabidamente não se imiscui em matéria de fato -, a delimitação da moldura fática, a que se aplica a questão de direito, não representa um óbice à admissibilidade da técnica de gestão repetitiva. Nos Temas nº 439 e 834, por exemplo, discutiu-se sobre a existência ou não de danos morais e/ou materiais em virtude de determinados acidentes ambientais.[12]

Por vezes, a matéria de direito a ser julgada através do IRDR confunde-se com os fatos que a circundam[13], mas devido à sua relevância

---

10 "Em que pese o fato de que, no julgamento do incidente o Tribunal apenas considere o quadro fático que assenta determinada questão jurídica, sem se prestar a apreciar o caso concreto para julgar a questão de direito repetida, é evidente, no entanto, que a aplicação da tese firmada em sede desse incidente deve ser destinada a questões jurídicas assentadas a situações fáticas iguais ou, no limite, similares. Por esse motivo, a aplicação aos processos sobrestados, bem como às causas futuras, ocorre de forma individualizada, já que ela deve ser contextualizada no plano fático jurídico, razão pela qual é imprescindível que conste do acórdão que julgar o IRDR a clara identificação da causa de pedir." ALVIM, Eduardo Arruda. Direito processual civil, São Paulo: Saraiva Educação, 6. ed., 2019, p. 1083.

11 TEMER, Sofia. Incidente de Resolução de Demandas Repetitivas. Salvador: JusPodvm, 2016, p. 77.

12 Tema 439/STJ, Segunda Seção, Min. Rel. Sidnei Beneti, j. em 18.10.2010; e Tema 834/STJ, Segunda Seção, Min. Rel. Luis Felipe Salomão, j. em 26.03.2014. Outros exemplos: Tema 1045/STJ, Segunda Seção, Min. Rel. Moura Ribeiro, afetado em 21.02.2020; Tema 971/STJ, Segunda Seção, Min. Rel. Luis Felipe Salomão, j. em 22.05.2019; Tema 680/STJ, Segunda Seção, Min. Luis Felipe Salomão, j. em 26.03.2014; Tema 681/STJ, Segunda Seção, Min. Rel. Luis Felipe Salomão, j. em 26.03.2014; Tema 683/STJ, Segunda Seção, Min. Rel. Luis Felipe Salomão, j. em 26.03.2014; sendo estes últimos julgados em conjunto com o Tema 834/STJ.

13 "Relativamente a exigência de que a questão a ser debatida seja exclusivamente de direito, art. 976, I, segunda parte, do CPC, noto que as questões a serem analisadas são, todas, exclusivamente de direito, não tangenciando fatos. Enfim, por meio do presente incidente se irá, tão somente, estabelecer parâmetros sobre questões de relevante envergadura para o julgamento dos processos em seara exclusivamente de direito. Não se afirmará se há ou não prática de ato ilícito, se o dano se operou ou não ou se alguém tem ou não legitimidade ou, tampouco, o valor a ser solvido. Se estabelecerá, em tese, tendo

não pode se esquivar o Poder Judiciário de analisar a questão e fixar uma tese que ponha fim, ou ao menos reduza, a insegurança jurídica causada por inúmeras decisões conflitantes proferidas pelos juízos ordinários.

Veja-se, a título de exemplo, o IRDR n. 1.0273.16.000131-2/001, julgado pelo Tribunal de Justiça do Estado de Minas Gerais, que teve como objetivo analisar a seguinte questão: *"quem é o titular do direito de pleitear o fornecimento e/ou indenização por danos morais tendo como causa de pedir a suspensão do abastecimento público e na dúvida subjetiva acerca da qualidade da água geradas a partir do rompimento da barragem de Fundão em razão do rompimento da Barragem de Fundão e da consequente suspensão do serviço pelas concessionárias municipais de distribuição de água de Minas Gerais?"*. Foi, então, fixada a seguinte tese pelo TJMG, que definitivamente não deixou de tratar dos fatos atinentes à questão:

> Tese firmada: Para fins de comprovação da legitimidade ativa em ação que busca reparação devido à interrupção de fornecimento de água, a parte autora residente em localidades abastecidas pelo Rio Doce deverá apresentar conta de água, luz, telefone fixo ou móvel, cartão de crédito, correspondência bancária, TV por assinatura, correspondência de órgãos públicos, da administração direta ou indireta, federal, estadual ou municipal, dentre outros que comprovem a residência da parte autora, emitida em novembro e dezembro de 2015. Na falta dos documentos especificados, que deverá ser justificada e aceita pelo Magistrado, os residentes poderão excepcionalmente, comprovar a condição de atingidos por qualquer meio de prova admitido no processo. Os não residentes deverão apresentar documentos emitidos em observância às regras do ordenamento jurídico vigente, que os identifiquem - nome e/ou CPF - e que sejam atinentes a novembro/dezembro de 2015, demonstrando ter permanecido na localidade, no mínimo, por mais de 24 horas. Tese firmada: A dúvida subjetiva acerca da qualidade da água e sua aptidão para consumo e atividades diárias, por si só, não gera dano moral. Há caracterização de dano. (TJMG - IRDR - Cv 1.0273.16.000131-2/001, Relator(a): Des.(a) Amauri Pinto Ferreira, 2ª Seção Cível, julgamento em 04/12/2019, publicação da súmula em 10/12/2019).

Portanto, a existência de uma questão de direito não afasta a necessidade de compreensão da moldura fática subjacente; e, por sua vez, a

---

em vista o contexto jurídico posto em discussão, quem teria legitimidade ativa para vindicar a indenização, qual o meio idôneo para se comprovar essa legitimidade, se a dúvida subjetiva é, por si só, elemento capaz de caracterizar lesão imaterial, se há parâmetros para se aferir a indenização e qual o valor base para se fixar o dano moral. Todas essas questões são conjecturais, enfim, abstratas como toda e qualquer tese de direito deve ser, cabendo o Magistrado, diante de seus termos, aplicando-a ao caso em concreto, julgar consoante orientação determinada, acaso a hipótese sob sua apreciação se amoldar ao paradigma." (TJMG, IRDR 1.0105.16.000562-2/004, Seção Cível, rel. Des. Amauri Pinto Ferreira, DJe 13.09.2018 - grifou-se).

exigência de que se considere esse arcabouço não constitui um óbice à admissibilidade do IRDR.

II.3. Premência de fixação da tese: cabimento de tutela de urgência no IRDR

Conquanto não se tenha pretensão de exaurir, neste artigo, as muitas controvérsias relacionadas ao IRDR, há uma sobre a qual não se pode deixar de tratar, pois consiste em um dos mais relevantes efeitos da admissão do incidente: a suspensão de todos os processos que envolvam a mesma questão de direito em debate no IRDR.

O art. 313, inciso I, do CPC prevê que o processo originário será suspenso diante da admissão do incidente. Contudo, tão logo suscitado o IRDR, mesmo antes da suspensão automática do processo decorrente da lei, o colegiado competente deve abster-se de julgar o recurso ou processo originário, até que o órgão de quórum mais qualificado, competente para decidir o incidente, analise a sua admissibilidade. Ora, se a desistência ou abandono do processo de origem não impedem o exame de mérito do IRDR (art. 976, §1º), é porque existe um interesse público na definição da tese jurídica, que ultrapassa o próprio processo de origem, não se podendo permitir que a demora no exame da admissibilidade do incidente IRDR determine a sua perda de objeto, ante o julgamento do recurso ou processo de que adveio, e obrigue os interessados a suscitá-lo novamente no bojo de outros processos.

Além da suspensão do processo originário, a teor do art. 982, I do Código de Processo Civil, admitido o incidente, deve ser determinada a suspensão de todas as ações que versem sobre a mesma questão controvertida. A *ratio* da suspensão é bastante lógica: privilegiando-se a uniformidade e a coerência da jurisprudência, busca-se evitar que continuem a ser prolatadas decisões dissonantes, nos casos repetitivos.

Ressalte-se que não há qualquer limitação à possibilidade de concessão de tutela de urgência no IRDR, cujo fundamento repousa genericamente no art. 300 do Código de Processo Civil, desde que presentes o *fumus boni iuris* e o *periculum in mora*. Esse foi, inclusive, o entendimento adotado pela Seção Cível do Tribunal de Justiça de Minas Gerais, no IRDR n. 0417620-30.2017.8.13.0000,[14] em que se concedeu a tutela de urgência para fixar provisoriamente uma tese à questão controvertida, aplicando-a, *incontinenti*, às demandas repetitivas que tratassem do tema, até o julgamento final do incidente.

---

14 TJMG, IRDR n. 0417620.30.2017.8.13.0000, Rel. Des. Albergaria Costa, Seção Cível, DJe 06.12.2017.

Tema 33 IRDR - TJMG

Situação do tema: Sobrestado por tema do STJ.

Questão submetida a julgamento: Cabimento ou não de agravo de instrumento contra decisão interlocutória proferida em processo de recuperação judicial ou falência.

Anotações Nugep: Não foi determinada "a suspensão dos processos que versam sobre o tema deste incidente (art. 368-F, I do RITJMG), sob pena de dano inverso, e porque de acordo com o art. 982, I do CPC/2015, tal suspensão deve ocorrer "conforme o caso"".

Foi acolhido o pedido de tutela de urgência nos seguintes termos: "Fica obstado, no âmbito deste Tribunal, o não conhecimento de agravo de instrumento interposto em face de decisões proferidas no processo de recuperação judicial ou falimentar quando fundado no cabimento do referido recurso em face da possível taxatividade do art. 1.015, CPC até que o Tribunal aprecie o mérito do incidente".

A Relatora Desa. Albergaria Costa determinou a suspensão do Tema IRDR 33 até que sobrevenha a decisão final do Tema 988 pelo Superior Tribunal de Justiça e manteve a eficácia da tutela de urgência deferida pela 1ª Seção Cível no julgamento de admissibilidade deste Tema.

A doutrina especializada também defende a possibilidade de que, em sede de tutela de urgência, seja fixada uma interpretação provisória sobre a questão de direito controvertida, até que se estabeleça a tese definitiva, quando do julgamento final do IRDR.[15]

É possível, ademais, que, havendo excepcional urgência, ou seja, quando se verificar o risco de prejuízos irreversíveis com a demora em pautar-se o incidente, o relator, monocraticamente, admita-o e fixe uma tese provisória, que deverá ser posteriormente ratificada pelo órgão colegiado competente.[16]

---

15 "Parece possível, ainda, desenvolver uma alternativa, consistente na possibilidade de concessão pelo órgão colegiado, após a admissibilidade, de uma espécie de tutela provisória, conferindo uma "interpretação provisória da questão de direito processual", que valerá enquanto não resolvido definitivamente o incidente. Caso essa intepretação venha a confirmar-se ao final, não haverá nenhum problema - com a vantagem de os processos não haverem sido sobrestados; caso a interpretação não se confirme ao final, o órgão julgador, na decisão do incidente, fará a modulação dos efeitos da decisão, para preservar os atos praticados com base na "interpretação provisória" ou, caso se demonstre necessário, ocorrerá a repetição dos atos praticados, agora em conformidade com a nova tese." DIDIER JR., Fredie; TEMER, Sofia. *A decisão de organização do Incidente de Resolução de Demandas Repetitivas: importância, conteúdo e o papel do regimento interno do Tribunal.* In Revista de Processo, v. 258/2016. São Paulo: Editora Revista dos Tribunais, 2016, pp. 257-278.

16 A possibilidade foi objeto de publicação de uma das autoras deste artigo: PANTOJA, Fernanda Medina; TEMER, Sofia. *A excepcionalidade e a necessidade da tutela de urgência no IRDR.* Disponível em https://www.migalhas.com.br/

De acordo com o art. 932, II, do Código de Processo Civil, o relator tem o poder-dever de, preenchidos os requisitos legais, apreciar monocraticamente pedidos de tutela provisória nos recursos e processos de competência originária do Tribunal. Inclusive, os regimentos internos do Supremo Tribunal Federal[17] e do Superior Tribunal de Justiça[18] preveem expressamente a possibilidade de que o relator julgue monocraticamente pedidos de tutela provisória, submetendo tais decisões posteriormente ao controle do órgão colegiado competente para julgamento da demanda.

Nesse sentido, citando publicação de uma das autoras deste artigo[19], o Desembargador Jayme Ferreira, do Tribunal de Justiça do Amapá, decidiu por conceder monocraticamente a tutela de urgência no IRDR n. 0003649-80.2021.8.03.0000 para suspender todos os processos que tramitam no território nacional que envolvessem a temática "Apagão 2020", cuja decisão foi posteriormente referendada pelo Pleno do Tribunal:

> INCIDENTE DE RESOLUÇÃO DE DEMANDAS REPETITIVAS - IRDR - APAGÃO NO AMAPÁ - NECESSIDADE DE EXTENSÃO DOS EFEITOS DA SUSPENSÃO DEFERIDA NO CONFLITO DE COMPETÊNCIA DE N. 182013-AP (2021/0265302-5). TUTELA PROVISÓRIA DE URGÊNCIA PARA DETERMINAR A SUSPENSÃO DOS FEITOS QUE VERSEM SOBRE A MATÉRIA EM ÂMBITO ESTADUAL. CABIMENTO. SEGURANÇA JURÍDICA. 1) Constatando-se que a decisão proferida pelo Superior Tribunal de Justiça no Conflito de Competência n° 182013-AP versa sobre

---

depeso/334937/a-excepcionalidade--e-a-necessidade--da-tutela-de-urgencia-no-incidente--de-resolucao-de-demandas-repetitivas, acesso em 18.02.2022.

17 RISTF: "Art. 21. São atribuições do Relator: (...) iv - submeter ao Plenário ou à Turma, nos processos da competência respectiva, medidas cautelares necessárias à proteção de direito suscetível de grave dano de incerta reparação, ou ainda destinadas a garantir a eficácia da ulterior decisão da causa; (...) v - determinar, em caso de urgência, as medidas do inciso anterior, ad referendum do Plenário ou da Turma.

18 RISTJ: "Art. 34. São atribuições do relator: (...) v - submeter à Corte Especial, à Seção, à Turma, nos processos da competência respectiva, medidas cautelares ou tutelas provisórias necessárias à proteção de direito suscetível de grave dano de incerta reparação ou ainda destinadas a garantir a eficácia da ulterior decisão da causa; vi - determinar, em caso de urgência, as medidas ou tutelas do inciso anterior, ad referendum da Corte Especial, da Seção ou da Turma (...). Art. 288. Admitir-se-ão tutela de urgência ou tutela da evidência requeridas em caráter antecedente ou incidental na forma da lei processual; § 1º A petição inicial da ação que visa à prestação de tutela de urgência em caráter antecedente será apensada oportunamente ao processo a que se refere; § 2º O relator poderá apreciar a liminar e a própria tutela de urgência, ou submetê-las ao Órgão Julgador competente.

19 PANTOJA, Fernanda Medina; TEMER, Sofia. *A excepcionalidade e a necessidade da tutela de urgência no IRDR.* Disponível em https://www.migalhas.com.br/depeso/334937/a-excepcionalidade--e-a-necessidade--da-tutela-de-urgencia-no-incidente-de-resolucao-de-demandas-repetitivas, acesso em 18.02.2022.

a mesma matéria aduzida no Incidente de Resolução de Demandas Repetitivas - IRDR em trâmite na Justiça Estadual (Apagão 2020), é de rigor, em homenagem ao princípio da segurança jurídica, que no IRDR se estendam os efeitos da decisão do Tribunal Superior a todos os processos que tramitem em âmbito estadual, até decisão final. 2) Tutela provisória concedida. (TJAP, IRDR n. 0003649-80.2021.8.03.0000, Rel. Des. Jayme Ferreira, Pleno, DJe 22.09.2021)

Vê-se, portanto, que em alguns casos é necessária a concessão de tutela de urgência ao IRDR, não somente para o fim de determinar a suspensão dos processos, mas também para fixar uma tese provisória a ser aplicada a todas as demandas repetitivas que versem sobre a mesma questão de direito, caso preenchidos os seus requisitos legais; e, ainda, é possível que a tutela provisória seja concedida monocraticamente pelo relator, *ad referendum* pelo órgão colegiado competente, desde que verificada situação de excepcional urgência.

III. A pandemia da Covid-19, a enxurrada de ações judiciais para redução de mensalidades e a necessidade de fixação de tese com efeitos vinculantes

Um recente exemplo pode ilustrar a conveniência do emprego do IRDR no âmbito da relação de ensino. Por conta da pandemia da Covid-19, assistiu-se, a partir de abril de 2020, ao ajuizamento de numerosas demandas judiciais contra faculdades, universidades e escolas, movidas por alunos, grupos de alunos e entidades associativas e órgãos públicos, pugnando pela redução de mensalidades da mudança do ensino presencial para o ensino remoto.

De fato, um dos efeitos mais impactantes das medidas governamentais de isolamento para conter a pandemia consubstanciou-se na possibilidade de substituição das aulas presenciais por meios digitais.[20] Embora necessária para manter a qualidade da prestação dessa atividade fundamental, a modalidade de ensino síncrono por instrumentos de telecomunicação, adotada por escolas e universidades, acabou por provocar a nefasta judicialização de pedidos de descontos na mensalidade.

A discussão rapidamente chegou ao Supremo Tribunal Federal, com a propositura das Arguições de Descumprimento de Preceito Fundamen-

20 O Ministério da Educação - MEC aprovou, por meio da Portaria n. 343, de 17.03.2020 (posteriormente substituída pela Portaria n. 345, de 19.03.2020, e, depois, pela Portaria n. 544, de 12.05.2020, atualmente vigente), a substituição das aulas presenciais por aulas em meios digitais enquanto perdurasse a situação de pandemia de COVID-19 no Brasil.

tal n°s 713 e 706, em julho de 2020, as quais, no entanto, demorariam quase dois anos para serem julgadas. Somente no dia 18.11.2021 o Supremo viria a reconhecer, em julgamento final de mérito, a inconstitucionalidade das interpretações judiciais que determinavam às instituições de ensino a concessão de descontos lineares nas mensalidades pagas pela prestação de serviços educacionais.

Até a conclusão do julgamento, porém, estabeleceu-se um cenário de progressivo aumento no número de ações judiciais e de grande insegurança jurídica, em razão da profusão de decisões liminares em sentidos diversos.

As ações ajuizadas pelos alunos, invariavelmente, possuíam o mesmo fundamento: a existência de desequilíbrio econômico-financeiro no contrato, seja pela impossibilidade de prestar o ensino na forma avençada (isto é, com aulas teóricas e, principalmente, aulas práticas presenciais), seja pela suposta redução dos custos operacionais ínsitos ao desempenho da atividade de ensino, o que deveria refletir-se, segundo os alunos, no preço a ser pago. Observou-se grande variação entre os fundamentos que ensejavam a concessão - ou não - dos descontos pleiteados, o que repercutiu em um cenário de incerteza sobre o direito à redução, além dos respectivos percentuais.

Muitas decisões, inicialmente, acataram o pedido, concedendo tutelas de urgência[21] - conducentes à estabilidade, a partir de pronunciamentos definitivos -, determinando às instituições de ensino que, em virtude exclusivamente dos efeitos causados pela pandemia da Covid-19, concedessem descontos nas mensalidades. Justificava-se a revisão das bases negociais a partir da existência de alteração no eixo objetivo da avença, reconhecendo-se que *"por motivos imprevisíveis, o valor da prestação devida pela agravante é desproporcional aos serviços prestados."*[22] Nesses casos,

21 TJRJ, AI n. 0025443-50.2020.8.19.0000, Rel. Des. Marília de Castro Neves, 20ª CC, j. 29.04.2020; tjrj, ai n. 0040907-17.2020.8.19.0000, Rel. Des. Edson Aguiar de Vasconcelos, 17ª CC, j. 19.08.2020; TJRJ, AI n. 0038417-22.2020.8.19.0000, Rel. Des. Peterson Barroso Simão, 3ª CC, j. 23.06.2020; TJSP, AI n. 2178630-49.2020.8.26.0000, Rel. Des. Daise Fajardo Nogueira Jacot, 27ª Câmara de Direito Privado, j. 24.11.2020; tjSP, ai n. 2152496-82.2020.8.26.0000, Rel. Des. Tavares de Almeida, 27ª Câmara de Direito Privado, j. 30.07.2020

22 AI 2151388-18.2020.8.26.0000, 27ª Câmara de Direito Privado, Rel. Des. Ângela Lopes, j. em 20.08.2020.

"Assim, entendo que, com a redução da carga horária dos estudantes, bem como na operação das unidades educacionais, fatalmente haverá redução de despesas para a agravante e, em contrapartida, pagamento de serviço não prestado pelos estudantes, o que provoca um desequilíbrio no contrato originalmente celebrado."

TJRJ, AI n. 0025443-50.2020.8.19.0000, Rel. Des. Marília de Castro Neves, 20ª CC, j. 29.04.2020

presumia-se que a crise financeira e a adoção da modalidade de ensino síncrono desequilibrariam o contrato em desfavor do aluno.

Outras decisões, de forma mais cautelosa, afastavam o desequilíbrio contratual fundado exclusivamente nos efeitos da Covid-19 e na implantação das aulas virtuais: *"a assertiva de que com a implementação desse novo formato de ensino* [à distância] *houve um desequilíbrio contratual requer uma análise mais aprofundada"* e que, portanto, *"não há informações seguras e suficientes que permitam concluir pela possibilidade de a recorrida fornecer desconto substancial na mensalidade no importe de 50% (...)"*.[23] Segundo esse entendimento, seria preciso aprofundar a análise para verificar se houve alteração das bases do negócio, e se ela teria ocorrido de modo simetricamente prejudicial a ambas as partes.[24] Afinal, de modo geral, escolas e universidades podem também ser atingidas pela crise econômica ao padecer de diminuição em suas receitas por conta da ina-

---

"É verossímil a causa de pedir deduzida na ação principal no sentido de que a universidade não concedeu desconto nas mensalidades do curso superior, apesar de ministrar as aulas unicamente pela modalidade online em razão das medidas de prevenção da COVID-19.

É de conhecimento geral que as mensalidades dos cursos EAD são mais baixas e, em virtude da prestação parcial do serviço, o desconto é devido, sem prejuízo de eventual pagamento da diferença posteriormente, quando da análise mais aprofundada pelo julgador de origem"

tjSP, ai n. 2152496-82.2020.8.26.0000, Rel. Des. Tavares de Almeida, 27ª Câmara de Direito Privado, j. 30.07.2020

23 AI 2178014-74.2020.8.26.0000, 37ª Câmara de Direito Privado, Rel. Des. Sergio Gomes, j. em 19.08.2020.

"Em segundo lugar, a mensalidade não remunera apenas o custo fixo da instituição de ensino, sendo de se afastar a perspectiva segundo a qual a instituição que está gastando menos (com energia elétrica, água etc.) teria que receber menos por seu serviço.

É evidente que as instituições de ensino imputam no valor cobrado dos alunos seus gastos fixos; no entanto, do ponto de vista do equilíbrio contratual, a mensalidade cobrada é a contraprestação do serviço, isto é, remunera o valor que as partes compreendem representar o preço justo do ensino prestado pela instituição."

TJRJ, AI n. 0032658-77.2020.8.19.0000, Rel. Des. Celso Silva Filho, 23ª CC, j. 27.07.2020

"Importante ressaltar que os serviços continuam sendo prestados, ainda que as aulas sejam on-line, ministradas por meio de plataforma digital, pois o réu foi obrigado a se adequar à realidade atual, o que nos permite presumir que a estrutura principal do Colégio continua sendo mantida, incluindo-se o corpo docente e administrativo, a demandar alto custo operacional."

TJSP, AI n. 2147804-40.2020.8.26.0000, Rel. Des. Carlos Nunes, 31ª Câmara de Direito Privado, j. 14.07.2020

24 "Não haverá lugar para a revisão das bases do negócio se o ônus de que se queixa o consumidor não corresponder a um injustificável acréscimo de vantagens para o fornecedor. É inaceitável pretender-se melhorar a situação do consumidor à custa de prejuízo a ser transferido para o fornecedor." THEODORO JR., Humberto. *Direito do Consumidor*, 9ª ed. ref., rev. e atual. Rio de Janeiro: Forense, 2017, p. 271 - grifou-se.

dimplência dos alunos, da desaceleração no processo de ingresso de novos estudantes e da concessão de descontos voluntários ou negociados; e a própria escolha pela adequação da modalidade presencial de ensino aos mecanismos de tecnologias da informação impõe custos adicionais - por exemplo, para a aquisição, a operação e a manutenção de ferramentas tecnológicas, planos mais eficientes de *internet*, fornecimento de auxílio aos alunos que não tinham acesso às vias digitais, treinamento do corpo docente e contratação de profissionais técnicos.

A incerteza sobre o cabimento ou não de descontos, e a dissonância e a arbitrariedade nos percentuais concedidos aos alunos, mostravam-se claramente prejudiciais; tanto ao corpo discente quanto às instituições de ensino.

No caso dos alunos, essa divergência provocava, além de tratamento anti-isonômico de partes em idêntica situação hipotética, o risco de que o próprio serviço de ensino contratado fosse inviabilizado para o grupo, ante o grave desfalque na fonte de custeio estruturada para provê-lo. Por sua vez, as escolas e as universidades, que já sofriam os efeitos da inadimplência decorrente da crise, estavam sujeitas à imprevisibilidade na arrecadação dos valores necessários ao desempenho de sua atividade essencial e, em determinados casos, ao verdadeiro risco de quebra. [25]

Em vista do enorme contingente de demandas, submetidas à mesmíssima questão jurídica, a qual os órgãos fracionários conferiam soluções divergentes, a definição de uma tese para solucionar a controvérsia seria uma maneira eficiente de obter previsibilidade; de fornecer parâmetros seguros para as decisões judiciais; de evitar que os Tribunais analisassem incontáveis vezes a mesma questão; de desestimular o ajuizamento de novas ações; e de impedir o colapso das instituições de ensino, cujos negócios, alvejados por percentuais aleatórios de descontos, a partir de decisões de cognição perfunctória, tornavam-se insustentáveis.

Chegaram a ser suscitados dois incidentes, no Rio de Janeiro e em São Paulo, o primeiro proposto por uma instituição de ensino, e o segundo por um aluno, visando à fixação de uma tese que pacificasse os entendimentos dissonantes nos respectivos Tribunais de Justiça sobre a concessão de descontos nas mensalidades decorrentes de contratos de ensino em razão, unicamente, dos efeitos causados pela pandemia da Covid-19.

---

25 "Sindicato estima que cerca de 200 escolas particulares no estado decidiram encerrar atividades devido à pandemia da Covid-19" (https://g1.globo.com/pe/pernambuco/educacao/noticia/2020/11/09/sindicato-estima-que-cerca-de-200-escolas-particulares-no-estado-decidiram-encerrar-atividades-devido-a-pandemia-da-covid-19.ghtml, acesso em 18.02.2022).

O IRDR proposto perante o Tribunal de Justiça do Estado do Rio de Janeiro[26]. foi inadmitido pela Seção Cível daquele Tribunal, em um acirrado resultado de 12 (doze) contra 11 (onze) votos, em que restou vencido, com posicionamento bastante fundamentado, o relator Des. Luciano Rinaldi. O voto vencedor do colegiado, por sua vez, não chegou a examinar propriamente os requisitos de cabimento do IRDR, ingressando em verdadeira análise de mérito ao reputar possível a revisão dos negócios com fundamento exclusivo na pandemia.

Além disso, como se depreende do acórdão, afirmou-se que seria necessária a prolação de sentenças ou de decisões de cognição exauriente a respeito da controvérsia de direito ensejadora do IRDR, cuja conclusão também não se pode concordar. Como visto, o art. 976, inciso I, do Código de Processo Civil, menciona apenas a necessidade de haver efetiva repetição de processos, em curso perante o tribunal. Não bastasse a inexistência de previsão legal nesse sentido, não há nenhuma lógica em se exigir sentenças divergentes como requisito de admissibilidade do incidente, na medida em que o tempo necessário à prolação dessas decisões poderá levar ao ajuizamento de mais dezenas, centenas ou mesmo milhares de demandas, com liminares e/ou decisões interlocutórias controvertidas, causando uma situação caótica nos tribunais - que o IRDR justamente visa a elidir. Não por outra razão, diversos IRDRs admitidos no país já tiveram por objeto questões controvertidas a partir de decisões proferidas em agravos de instrumento.

O IRDR suscitado no Tribunal de Justiça do Estado de São Paulo[27] também foi inadmitido, por fundamento diverso, no sentido de que o incidente teria perdido o seu objeto, após o julgamento do recurso que lhe deu origem e o seu trânsito em julgado. Também nesse caso não se pode concordar com a solução que foi dada ao incidente: diante do interesse público envolvido na fixação da tese jurídica, a ser aplicada inclusive aos demais casos que abordavam a controvérsia, o órgão fracionário deveria ter aguardado a análise de admissibilidade pelo órgão de quórum mais qualificado, o qual, uma vez admitido o incidente, viria a ser o órgão competente para examinar o mérito.

Com essas decisões, os Tribunais do RJ e de SP perderam a oportunidade de criar jurisprudência favorável ao IRDR, condizente com as normas que o disciplinam e com os princípios que o norteiam; e de solucionar uma relevante questão de direito repetitiva e controvertida, rela-

26 TJRJ, IRDR n. 0060037-90.2020.8.19.0000, Rel. Des. Luciano Saboia Rinaldi de Carvalho, Seção Cível, DJe 24.09.2020.

27 TJSP, IRDR n. 2238044-75.2020.8.26.0000, Rel. Des. Pedro Kodama, Turma Especial Conjunta de Direito Privado 2 e 3, DJe 08.03.2021.

cionada às consequências da pandemia para os contratos de prestação de ensino.

VI. Conclusão

Como exposto, a relação existente entre instituições de ensino e seus alunos configura cenário propício para o surgimento de pretensões de natureza coletiva e repetitiva. Por isso, o IRDR revela-se importante instrumento a ser utilizado pelos Tribunais na criação de precedentes com efeitos vinculantes, contribuindo para a isonomia, a segurança jurídica e a eficiência da prestação jurisdicional.

Embora o IRDR não possa ser admitido para solucionar questões fáticas, muitas vezes a matéria de direito a ser julgada confunde-se com os fatos que a circundam, mas devido à sua relevância não pode se esquivar o Poder Judiciário de analisar a questão e fixar uma tese que ponha fim, ou ao menos reduza a insegurança causada por inúmeras decisões conflitantes proferidas pelos órgãos fracionários.

Deve-se considerar, ainda, que em alguns casos é necessária a concessão de tutela de urgência no IRDR, não apenas para suspender os processos que versem sobre a questão repetitiva, como também para fixar uma tese provisória a ser aplicada a todas as demandas que versem sobre a mesma questão de direito, a qual pode, inclusive, ser concedida monocraticamente pelo relator, *ad referendum* do órgão colegiado competente, se verificada situação de excepcional urgência.

Nada obstante, o IRDR ainda é subutilizado, considerando-se a relevante quantidade de demandas repetitivas em tramitação perante os Tribunais brasileiros, sobretudo ao se analisar a porcentagem dos incidentes admitidos.

Chamam a atenção, nesse sentido, as recentes decisões de inadmissão dos IRDRs suscitados no TJRJ e no TJSP para fixar uma tese jurídica que pudesse resolver as questões de direito colocadas nas numerosas demandas judiciais movidas por alunos contra instituições de ensino, pugnando pela redução de mensalidades em razão da mudança do ensino presencial para o ensino remoto, por força das medidas de isolamento impostas pela pandemia da Covid-19. Os fundamentos das referidas decisões demonstram que os requisitos de admissibilidade têm sido interpretados de forma bastante estrita, frequentemente descolada das normas que regulamentam o incidente, em desprestígio aos importantes princípios que o IRDR busca concretizar.

A CULTURA DA CONSENSUALIDADE E O ENSINO SUPERIOR

Humberto Dalla Bernardina de Pinho[1]
José Marinho Paulo Junior[2]

Resumo: O presente artigo perquire, com metodologia de revisão bibliográfica, o conceito evolutivo da educação superior e sua projeção ao futuro diante de fenômenos sociais que impactam sua própria ontologia, especialmente os métodos contemporâneos de resolução adequada de conflitos coletivos, em um ambiente transnacional virtualizado, em interseção entre a cultura, a transdisciplinaridade e o direito. O recorte de pesquisa não se dedica a examinar toda a grade curricular de cursos diversos, mas estabelecer a necessidade panorâmica de readequação da plêiade de disciplinas na faculdade de direito, o que justifica o estudo.

1. Introdução

O presente artigo perquire, com metodologia de revisão bibliográfica, o conceito evolutivo da educação superior e sua projeção ao futuro

1 Professor Titular de Direito Processual Civil (UERJ, Estácio e Ibmec). Martin-Flynn Global Law Professor (University of Connecticut School of Law). Promotor de Justiça no Estado do Rio de Janeiro. *E-mail:* <dalla@mprj.mp.br>.

2 Doutorando em Direito (UNESA). Mestre em Direito Processual (UERJ). Especialista em Mediação pelo Justice Institute of British Columbia (Canadá). Membro do Ministério Público do Estado do Rio de Janeiro. Ex-Membro do Ministério Público do Rio Grande do Sul. *E-mail:* <jmarinho@mprj.mp.br>.

diante de fenômenos sociais que impactam sua própria ontologia, especialmente os métodos contemporâneos de resolução adequada de conflitos coletivos, em um ambiente virtualizado, em interseção entre a cultura, a transdisciplinaridade[3], a consensualidade e o direito. O recorte de pesquisa não se dedica a examinar toda a grade curricular de cursos diversos, mas a estabelecer a necessidade panorâmica de readequação da plêiade de disciplinas na faculdade de direito, o que justifica o estudo.

2. O Ensino Superior, um conceito em constante evolução

Educação ou Ensino Superior, de acordo com a Lei de Diretrizes e Bases da Educação Nacional, é o nível posterior à educação básica e que tem por finalidade formar diplomados nas diferentes áreas do conhecimento em instituições credenciadas para este fim[4]. Tal definição, todavia, não permite compreender de plano toda a complexidade da construção deste conceito.

Em verdade, tal como a sociedade, a Educação (superior ou não) evoluiu significativamente ao longo da história, tal como lembra Monroe[5]. S, na Sociedade primitiva a educação se associava ao trabalho de sobrevivência, constituindo-se em uma "Educação Prática", na Sociedade antiga, especialmente na visão de gregos, era o instrumento que habilitava o homem a tirar proveito de sua liberdade e dela fazer uso. Já para os Romanos, a Educação tinha um sentido essencialmente prático e utilitário[6]. Na idade média, sob influência da religião cristã, torna-se eminentemente moral, "um treino disciplinar ou preparatório", nas palavras de

3 Ante a plurivocidade do vocábulo "transdisciplinariedade", alinha-se aqui à semântica por Gustin e Dias (2006): exige linguagem científica dialógica, consistindo em estudo de um elemento através de diversas disciplinas, com sobreposição dos saberes (na multidisciplinaridade, ao contrário, quedam apenas justapostas), com conhecimento integrado e interativo entre as disciplinas, com relações, em etapa qualitativamente superior à interdisciplinaridade, postas em sistema total, sem fronteiras claras entre si. (GUSTIN, Miracy Barbosa de Sousa. DIAS, Maria Tereza Fonseca. *(Re)pensando a Pesquisa Jurídica*: Teoria e Prática. Belo Horizonte/MG: Del Rey, 2006).

4 BRASIL. Lei 9394/96. Lei de Diretrizes e Bases da Educação Nacional. BRANDÃO, Carlos da Fonseca. *LDB passo a passo*. 3 ed. Campinas: Avercamp, 2006. Art. 1º, § 1º.

5 MONROE, Paul. *História da Educação*. 15 ed. Tradução de Idel Becker. São Paulo: Companhia Editora Nacional, 1983. p. 1. Título original: A Brief Course in the History of Education.

6 MACHADO JÚNIOR, Cesar Pereira da Silva. *O direito à educação na realidade brasileira*. São Paulo: LTR, 2003. São Paulo: LTR, 2003. p. 30. DIAZ, Alfonso Capitan. *Historia del pensamiento pedagógico en Europa*. Madrid, Dykinson, 1984. p. 117.

Cambi.[7] Do início do século XV ao início do século XVIII houve a construção do pensamento político e laico da educação. No nascimento do Renascimento, a Educação reduziu-se ao estudo puramente formal da língua e literatura, passando, em uma segunda fase, a ser parte integrante, essencial, da vida do homem e da Sociedade. Com Rousseau, a Educação passa por grande transformação, nasce daí a "educação nova" baseada no interesse. Não há como se negar que a lógica quando se fala em Educação hoje é a de atrelá-la a instrução escolar, direcionada a preparação para um mercado cada vez mais exigente e competitivo, consoante Demarchi[8].

Lima[9] anota que, no final do século XX, um novo paradigma é apresentado à educação: uma nova realidade, na qual a comunicação traz informações audiovisuais em maior escala do que as impressas, impõe a incorporação de novas disciplinas aos currículos escolares, com a finalidade de atender ao mercado de trabalho que estava cada vez mais se familiarizando com a informática em todas as áreas, com tendência de que as regras do mercado ditem o direcionamento da Educação, com a necessidade de regulação estatal para que sirva de instrumento à sustentabilidade, à paz, enfim, à formação plena do homem.

E para bem se refletir sobre o futuro da Educação Superior, é necessário identificar fenômenos que atualmente contextualizam sua compreensão.

---

7 CAMBI, Franco. *História da Pedagogia*. Tradução de Álvaro Lorencini. São Paulo: Unesp, 1999.p. 155. Título original: Storia della pedagogia. MONROE, Paul. História da Educação. 15 ed. Tradução de Idel Becker. São Paulo: Companhia Editora Nacional, 1983. p. 145. Título original: A Brief Course in the History of Education.

8 O autor divisa, pois, a educação como instrução daquela como formação: "Educação vislumbra-se a partir de duas realidades. Uma primeira a de se pensar a Educação como Formação, isto é, mais "romântica" pautada na visão em que se pensa no homem como um todo, nas suas relações com o outro, consigo mesmo e com o mundo, deste o seu nascimento até a sua morte. Onde o homem se educa a cada momento e é um processo contínuo e permanente. [...] Há uma segunda maneira de se entender educação, esta seria a formal, ou seja, aquela que implica atividades de ensino, e onde as atividades de ensino são apresentadas intencionalmente, com a perspectiva de produzir aprendizagem. Apresentam a característica da instrução." (DEMARCHI, Clovis. *Direito e Educação*: A regulação da Educação Superior no contexto transnacional. Tese de Doutorado submetida ao programa de Doutorado em Ciência Jurídica da Universidade do Vale do Itajaí - UNIVALI. Itajaí-SC, p. 303, 2012).

9 LIMA, Kátia. *Contra-reforma na educação superior*: de FHC a Lula. São Paulo: Xamã, 2007, p. 150).

3. Transnacionalidade, transdisciplinaridade, cultura e educação

A realidade da era globalizada[10] é tocada por conflitos sociais em grau de massa, autoevidenciando a complexidade estampada em sua estrutura[11]. A percepção dos indivíduos em sua totalidade mostra-se como a pedra de toque a justificar a correlação dos elementos complexidade, cultura e pós-modernidade, com vistas à interdisciplinaridade - matéria esta ventilada em diversos campos científicos, sem, entretanto, univocidade de conceituação e consenso a respeito da sua aplicação nas diversas esferas do conhecimento.

Como elemento uníssono está a busca pela mudança sistemática do ensino como forma de promover o reconhecimento da complexidade dos sujeitos, por meio da reformulação ou do aprimoramento do processo ensino-aprendizagem, adequando esses mecanismos à nova realidade globalizada e complexa.

Para identificar os sentidos da transdisciplinaridade e a importância de sua inserção na construção do conhecimento, é necessário ter a percepção de que o mundo globalizado apresenta muitos desafios que impõem o rompimento com modelos tradicionais para o ensino. Nesse sentido, parte das considerações sobre a Educação para o século XXI incorporadas na UNESCO geraram a edição de *Educação: um tesouro a descobrir*, cujas teses apontadas passaram a nortear a política educacional contemporânea marcada pelos quatro pilares: aprender a ser, aprender a fazer, aprender a viver juntos e aprender a conhecer, que constituem ações permanentes teriam o potencial de formar o educando como pessoa e cidadão[12].

A idealização do alcance da transdisciplinaridade tem ocupado boa parte da agenda do ensino contemporâneo, mas não como algo engran-

---

10 Como visto adiante, a transnacionalidade não é fenômeno distinto da globalização, mas nasce no seu contexto, consoante Clóvis Demarchi, para que, aliás, a globalização só poderia ser pensada a partir dos primórdios da era moderna nos séculos XV e XVI, com a revolução copernicana (*Direito e Educação*: A regulação da Educação Superior no contexto transnacional. Tese de Doutorado submetida ao programa de Doutorado em Ciência Jurídica da Universidade do Vale do Itajaí - UNIVALI. Itajaí-SC, p. 303, 2012, p. 74).

11 PINHO, Humberto Dalla Bernardina de. DUARTE, Marcia Michele Garcia. Interdisciplinaridade, Complexidade e Pós-Modernidade: Premissas Fundamentais para a Compreensão do Processo Civil Contemporâneo, *Revista Jurídica Luso-Brasileira* (RJLB, Ano 4 (2018), n. 4, p. 955-999.

12 FORTES, Clarissa Correa. *Interdisciplinaridade*: Origem, Conceito e Valor. Disponível em: http://www3.mg.senac.br/NR/rdonlyres/eh3tcog37oi43nz654g3dswloqyejkbfuxkjpbgehjepnlzyl4r3inoxahewtpql7drvx7t5hhxkic/Interdisciplinaridade.pdf. Acesso em 13/01/2013.

decedor em absoluto. Para os críticos[13], o modismo da inserção do modelo de mercado dessa terminologia está afetando cada vez mais os profissionais eficientes, e essa exigência seria maquiada pelo discurso oficial da academia em transformação.

Ao estudar o fenômeno da resiliência e da transdisciplinaridade, Ana Maria Varella[14] descreveu que a segunda é mais do que um sistema educacional. Para ela, cuida-se da aceitação de ambiguidades em ações e em reflexões, possibilitando o exercício de diferentes linguagens e diferentes atitudes, que permitem o reconhecimento, o agir, e a renovação interior. Para a estudiosa, a transdisciplinaridade ocupa-se da verdade do homem enquanto ser do mundo, oportunizando o aprender, a busca pelo potencial interno com liberdade, e viabilizando o autoconhecimento e o autodesenvolvimento.

De acordo com Moreira José[15], as práticas pedagógicas devem viabilizar ao aluno aquisições para além do saber escolarizado, nisso residindo as práticas estratégicas transgressoras que neguem as práticas positivistas, voltadas para a memorização e para a repetição, que não incitam a reflexão.

Veiga Neto[16] analisa a transdisciplinaridade como algo que pode coexistir e não se sobrepor à disciplinaridade. Conclui que consagra um processo de evolução do conhecimento, sem prejuízo de que ambas constituam um mesmo processo histórico educacional, sendo a transdisciplinaridade recebida como modo de se proporcionar o trabalho conjunto de várias disciplinas em direção ao mesmo objeto.

Retomando a seara do conhecimento científico, Wagner Silva[17] aponta que o fenômeno da hiperespecialização do saber inviabiliza a compreensão de objetos ou de questões de pesquisa ante o risco de simplificação dos fenômenos investigativos gerando fronteiras ou "bolhas" disciplinares como decorrência da organização dos departamentos no es-

---

13 ALVES, Railda F; BRASILEIRO, Maria do Carmo E.; BRITO, Suerde M. de O. Interdisciplinaridade: um conceito em construção. In *Episteme*. Porto Alegre, n. 19, jul./dez. 2004, p. 143

14 VARELLA, Ana Maria Ramos Sanchez. A Resiliência e a Interdisciplinaridade. In *R. Interdisciplinaridade.*, São Paulo, Volume 1, número 0, Outubro de 2010, pp. 40/2.

15 MOREIRA JOSÉ, Mariana Aranha. Interdisciplinaridade e Ensino: Dialogando sobre as questões da aprendizagem, in *R. Interdisciplinaridade*, São Paulo, Volume 1, número 0, Outubro de 2010, p. 57.

16 ALVES, Railda F; BRASILEIRO, Maria do Carmo E.; BRITO, Suerde M. de O. Interdisciplinaridade: um conceito em construção, in *Episteme*. Porto Alegre, n. 19, jul./dez. 2004, p. 145

17 SILVA, Wagner Rodrigues. Construção da Interdisciplinaridade no Espaço Complexo de Ensino e Pesquisa. In *Cadernos de Pesquisa*. v. 41 n.143 maio/ago, 2011, p. 588.

paço universitário. Para o autor, isso impede a circulação e o diálogo entre as disciplinas e opõe resistência às novas teorias provenientes do exterior, gerando estagnação dos movimentos interdisciplinares.

A especialização extrema representa um polo inversamente oposto ao da generalidade, embora sejam ambas vias distorcidas da realidade. A especialidade na ciência é positiva por se mostrar necessária ao aprofundamento do conhecimento, mas desde que isso não implique em reducionismos dos especialistas, reservando-se a necessidade de esses dialogarem com outros que o sejam em diferentes áreas do conhecimento.

Isso porque a transdisciplinaridade permite tanto a horizontalização quanto a verticalização do conhecimento, viabilizando a visão complexa e profunda, conferindo espaços para particularidade e complexidade, tal como se observa nas pesquisas em grupo, com pesquisadores de áreas e perspectivas diferentes, ensinam Alves, Brasileiro e Brito[18].

Gattás e Furegato[19] destacaram que esse crescente e rápido movimento foi promovido pela pulverização do conhecimento e pela divisão dos saberes, que geraram as especialidades e subespecialidades, num espaço em que especialistas têm dificuldade de visualizar como conjunto naquilo que observa (e se prende) limitadamente aos detalhes, restringindo as comunicações com outros espaços mentais e intelectuais. Ilustram as referidas autoras que isso gera sistemas feudais que controlam a iniciativa de ensino e investigação, e apontam que o ostracismo do conhecimento transdisciplinar se deu em razão de preconceitos pregados pelos positivistas, formando barreiras conceituais, metodológicas e ideológicas.

Alves, Brasileiro e Brito[20] sugerem como forma de eliminar a individualização a realização de pesquisas em grupos organizados ou equipes de trabalho. Para realizar a interdisciplinaridade, ensinam que se deve atentar para os empreendimentos humanos e históricos, buscando objeto comum aos vários conhecimentos e à prática, o que configura o "método da tarefa", ao passo em que fica a cargo do "método da reflexão interdisciplinar" a reflexão acerca dos saberes já constituídos.

---

18 ALVES, Railda F; BRASILEIRO, Maria do Carmo E.; BRITO, Suerde M. de O. Interdisciplinaridade: um conceito em construção. In *Episteme*. Porto Alegre, n. 19, jul./dez. 2004, p. 142.

19 GATTÁS, Maria Lúcia Borges; FUREGATO, Antônia Regina Ferreira. *Interdisciplinaridade*: uma contextualização. Disponível em http://www.scielo.br/scielo.php?script=sci_arttext&pid=S0103-21002006000300011&lng=pt&nrm=iso&tlng=pt. Acesso em 13/01/2016.

20 ALVES, Railda F; BRASILEIRO, Maria do Carmo E.; BRITO, Suerde M. de O. Interdisciplinaridade: um conceito em construção. In *Episteme*. Porto Alegre, n. 19, jul./dez. 2004, p. 142.

Nessa seara, surge a necessidade de se abordar a percepção da cultura e sua importância no espaço-tempo presente, bem como a sua participação no processo de construção do conhecimento científico e acadêmico diante da importância da cultura como elemento massificador de paradigmas.

Nesse contexto, merecem relevo os ensinamentos de Marco Jobim[21], para quem a cultura é diversa de "culturalismo". À primeira, o autor atribui a característica de algo inerente à determinada sociedade, aos traços culturais existentes, mesmo os rudimentares de algumas tribos indígenas, ou totalmente voltada para a alta tecnologia como a japonesa. Ainda para o autor, cultura é algo afirmável e não conceituável, na medida em que considera tão difícil de conceituar categoricamente quanto quando se pretende fazê-lo com as expressões, tempo, direito e justiça, por exemplo.

Para Jobim, o elemento cultura permite dois seguimentos de abordagem: um voltado ao que o ser humano agrega em seu subjetivo e outro, àquilo que a sociedade pode oferecer culturalmente pela sua historicidade acumulada. Diferentemente, revela-se o culturalismo, corrente de pensamento ou mesmo paradigma central e decisivo. A importância dessa distinção mostra-se clara para o renomado jurista Miguel Reale, para quem a concepção do conhecimento partiu da ação do homem como um ser cultural, envolto na história e na natureza.

Sob a ótica de Morin[22], o fenômeno da complexidade é o elemento marcador das dificuldades para a melhor explicação daquilo que gerou cortes entre as disciplinas e categorias cognitivas.

É com base nesse entendimento que o autor assegura ser a complexidade eivada de dificuldade e incerteza, mostrando-se embaraçoso chegar a uma resposta clara e objetiva. Para Morin, cuida-se de problemática geral do conhecimento científico que inviabiliza uma definição prévia, o que é agravado pela possibilidade de haver não só uma complexidade, mas complexidades diversas.

Dessa forma, é extremamente oportuna a identificação da estreita relação entre cultura e interdisciplinaridade, precisamente no que tange a questionamentos e novas orientações. Por isso, também cultura deve ser objeto de estudo da antropologia, o que se evidencia pela ausência de concepção precisa e rigorosa daquele instituto, centrado nas relações so-

---

21 JOBIM, Marco Félix. *Cultura, escolas e fases metodológicas do processo*. Porto Alegre: Livraria do Advogado, 2011, p. 23.

22 MORIN, Edgar. *Ciência com Consciência*. Tradução: Maria D. Alexandre e Maria Alice Sampaio Dória. 12ª ed. Rio de Janeiro: Bertrand Brasil, 2008, pp. 176/177.

ciais, ideias e valores, e, por isso, necessitando da ciência empírica e analítica dissociada da sociologia e da psicologia.

Cultural é termo ambíguo classificado pelos antigos como a "formação individual da pessoa humana"; posteriormente, foi considerado "conjunto de obras humanas" voltados para a formação coletiva e anônima de um grupo social tocado por modos de vida criados, adquiridos e transmitidos. No século XIX, cultura designava a sociedade mais progressista assim como as mais rústicas e primitivas, ou seja, o indicativo dos modos de vida de um grupo determinado sem referência ao sistema de valores, ensinam Assis e Kümpel[23].

Verifica-se ser extremamente oportuna a identificação da estreita relação entre cultura e interdisciplinaridade, precisamente no que tange aos questionamentos contemporâneos e novas orientações, importância que se revela não só para o Direito, mas para as diversas searas do conhecimento científico, haja vista serem os diversos campos do saber indissociáveis em sua essência, o que deve ser reconhecidamente estampado na formação acadêmica.

Para melhor embasar nossas hipóteses científicas, necessário faz-se acoplar o direito aos institutos anteriormente descritos, notadamente em razão dos múltiplos efeitos do contexto de cultura e interdisciplinaridade que se operam sobre o direito. Nessa perspectiva, Chase[24] ressalta a extrema importância da leitura relacional entre cultura e a sociedade para a execução de trabalho pragmático e para a reforma processual, ante a significância do tema no que tange aos efeitos da globalização e atividades das pessoas, sendo certo que os sistemas sociais são socialmente construídos por força da conduta humana e da cultura, inexistindo na natureza - o que é igualmente aplicável na reforma de grades curriculares das faculdades de Direito.

Para Chase[25], a cultura poderia ser definida segundo valores coletivos e não institucionais. É a cultura o marcador social que distingue um grupo humano de outro, do mesmo modo o faz em relação a uma coletividade humana que molda a personalidade do indivíduo em blocos de valores que constroem a cultura e influenciam, assim como explicam as instituições jurídicas e políticas.

---

23 ASSIS, Olney Queiroz; KÜMPEL, Vitor Frederico. *Manual de Antropologia Jurídica*. São Paulo: Saraiva, 2011, pp. 236/237.

24 CHASE, Oscar G. American 'Exceptionalism' and Comparative Procedure. In *American Journal of Comparative Law*. American Society of Comparative Law, 2002.

25 Op. Cit.

Geertz[26], por sua vez, buscou conceituar "cultura" e o parâmetro utilizado leva os indivíduos a crerem que a criação de uma cultura decorreria da instalação de um modelo de certas ideias, surgidas pelo ímpeto intelectual, hábeis a solucionar imediatamente os problemas e aclarar os pontos obscuros.

A ideia exclui tudo e se torna o experimento com derivações e generalizações. Ao se familiarizar com a nova ideia, o indivíduo passa a um patamar supremo até se chegar a um equilíbrio, relativizando a então popularidade excessiva, embora alguns insistam em enxergá-la como a "chave para o universo".

Bauman[27] leciona ser inevitável a ambiguidade quando se pretende conceituar cultura. As duas conceituações possíveis seriam (i) qualquer elemento socialmente herdado na vida do homem e (ii) um ideal de refinamento do indivíduo. No primeiro caso, tem-se a oposição ao estado da natureza e, no segundo, o contraste com a rudeza ou falha no processo educacional que geraria o refinamento.

No centro dessa questão, surge para o autor a controvérsia filosófica a respeito da natureza do significado, bem como os "significados preexistentes", residindo interdependência entre o nível contextual e o do significado, já que cada termo utilizável na comunicação reduz a incerteza anterior do universo percebido e introduz uma nova ordem num domínio primitivamente amórfico. Finaliza o doutrinador afirmando que o termo cultura foi incorporado a três universos de discurso distintos organizando um campo semântico diferente em cada um dos contextos, mantendo sua forma enquanto termo, mas denotando conceitos diferentes. O mesmo raciocínio é aplicável para designar conceitos distintos igualmente legítimos e relevantes.

Segue o autor[28] analisando que, no século XVIII, a ideia de cultura era utilizada como elemento a distingui-la de natureza, em que o primeiro se prestaria ao que os humanos poderiam fazer, conquanto que o segundo, ao que deviam obedecer. No século seguinte, foi neutralizada pelos fatos sociais, sujeitos à indomável obstinação da natureza. Já no século XX, iniciou-se o que denominou de "culturalização da natureza", justificada pela superação do modelo de que o humano seria inabalável e intransponível ofuscando a própria natureza. A neutralização da cultura foi parte do moderno desencantamento do mundo e, seguida da culturalização da natureza, o reencantamento pós-moderno do mundo.

---

26 GEERTZ, Clifford. *A Interpretação das Culturas*. Rio de Janeiro: LTC, 2008, pp. 3/4.

27 BAUMAN, Zygmunt. *Ensaios Sobre o Conceito de Cultura*. Tradução: Carlos Alberto Medeiros. Rio de Janeiro: Zahar, 2012, pp. 83/90.

28 Op. Cit, pp. 07/13.

Numa era em que certezas se esvaziaram e as incertezas ocupam o pensamento humano, frente a um frenético ritmo adotado como normal, Jobim[29] aponta como alicerces da pós-modernidade a Globalização e a Universalização, regada à noção de hiperconsumismo num mercado atrativo que favorece essa postura que infantiliza adultos, tornas crianças adultos precocemente e engole os cidadãos, frutos de uma cultura massificada e instantânea de comportamento industrializado.

Essa temática denota-se relevante no estudo da interdisciplinaridade, na medida em que se extrai desse cenário também a construção individualizada e especializada de pesquisa, seguida da mera reprodução do conhecimento. Ambos são pautados no modelo da era industrial e da formação acadêmica de docentes de algumas gerações, o que representa obstaculização à inserção da interdisciplinaridade frente ao modelo cultural introjetado até então por meio de códigos estabelecidos.

Enfim, o contemporâneo não seria necessariamente a superação daquilo que se intitula de pré-contemporâneo. O contemporâneo, na verdade, não é a ruptura total do paradigma precedente, mas, sim, a própria transição: não se supera completamente o cenário anterior, mas, pelo contrário, permite-se uma confluência de ideias e perspectivas: não se trata do novo da superação ou da sucessividade, mas do "novo da concomitância"[30].

Waters (1999, p. 120) afirma que o processo de Globalização permite, frente a esta contextualização, "um fluxo contínuo de ideias, informações, compromissos, valores, gostos, circulação de pessoas e símbolos"[31]. Por isso que é possível se questionar sobre a possibilidade de uma cultura global, visto que o campo cultural tem como princípio a diferença – exemplo disso é a religião, enquanto manifestação cultural presente em diversas formas e em todos os cantos do planeta. A globalização cultural tanto faz a diferenciação como faz a homogeneização. Como afirma Levitt (1991)[32], "o mundo é impelido e mantido junto pelos laços comuns que unem suas dissemelhanças". Aquilo que estava disponível somente para um determinado "local" pode ser agora disponibilizado para "qualquer local" ou para o "global".

---

29 JOBIM, Marco Félix. *Cultura, Escolas e Fases Metodológicas do Processo*. Porto Alegre: Livraria do Advogado Editora, 2011, p. 20

30 MARTINS, Rui Cunha. *O ponto cego do direito*. The brazilian lessons. 2.ed. Rio de Janeiro: Lumen Juris, 2011,

31 WATERS, Malcolm. *Globalização*. Tradução de Magnólia Costa e Ana Bela Rocha. Oeiras, Portugal: Celta, 1999. p. 120-121. Título Original: Globalization.

32 LEVITT, Theodore. *A imaginação de marketing*. 2 ed. Tradução de Auriphebo Berrance Simões. São Paulo: Atlas, 1991. p. 56-57. Título original: The marketing imagination

A ideia de globalização trouxe consigo a visão de globo. Neste contexto é que firma a Transnacionalidade, como reflexo do fenômeno da Globalização. O prefixo trans representa um nível de integração que vai além do internacional[33], onde as fronteiras desaparecem. Disto resulta que se entende por transnacionais os novos espaços públicos não vinculados a um território específico, que perpassam a ideia tradicional de Nação Jurídica"[34], em uma pluralidade que vai estabelecer uma "pauta axiológica comum" que viabilizaria um "novo pacto de civilização". Tal pauta axiológica comum "tenderia a abranger valores como, por exemplo: a questão vital ambiental, direitos humanos, paz mundial, regulação econômica e financeira, dentre outros, principalmente os de caráter difuso"[35].

Segundo Stelzer[36], a transnacionalização é um "fenômeno reflexivo da globalização", que se evidencia pela "desterritorialização e que articula ordenamento jurídico mundial à margem das soberanias dos Estados."

4. A ebulição da consensualidade

O estímulo à consensualidade[37], como evolução da ciência de resolução de conflitos, passou a ser um novo mote em nosso ordenamento, sendo a Lei Nacional de Mediação e o Novo Código de Processo Civil emblemáticos desta nova realidade por inúmeras outras iniciativas, em clara compreensão de que mesmo a indisponibilidade do interesse público não se confundiria com a disponibilidade de meios para atingi-lo, sendo imprópria a invocação do princípio da indisponibilidade do interesse público como óbice à sua utilização por entes públicos.[38]

---

33 FERNANDES, António José. *Relações Internacionais contemporâneas. Do mundo da Europa a Europa do mundo*. Itajaí: Univali, 1998. p. 120.

34 CRUZ, Paulo Márcio; BODNAR, Zenildo. A transnacionalidade e a emergência do Estado e do Direito Transnacionais. In.: CRUZ, Paulo Márcio; STELZER, Joana. *Direito e Transnacionalidade*. Curitiba: Juruá, 2009. p. 61.

35 Op. cit, 2009. p. 61, nota de rodapé 14.

36 STELZER, Joana. O fenômeno da Transnacionalização da dimensão jurídica. In.: CRUZ, Paulo Márcio; STELZER, Joana. *Direito e Transnacionalidade*. Curitiba: Juruá, 2009.

37 Na era da construção do consenso, é igualmente curial - e sem ser qualquer paradoxo - o estímulo ao dissenso, na acepção Halis (2019), isto é, "the initiative of a behavior that offers another view, another sense, or another way of feeling to existing behavior and reality, rather than merely implying a rebellious or transgressive behavior." (HALIS, Denis de Castro. Digitalization and Dissent in Legal Cultures: Chinese and Other Perspectives. *Naveiñ Reet: Nordic Journal of Law and Social Research (NNJLSR)* Nº. 9 2019, pp. 127-152, p. 129).

38 RODRIGUES, Marco Antonio dos Santos; ALVAREZ, Pedro de Moraes Perri. Arbitragem e a Fazenda Pública. *Revista Eletrônica de Direito Processual - REDP*, v. XIV, 2014.

Desde o visionário termo de compromisso pela Comissão de Valores Mobiliários (art. 11 §5º da Lei n. 6.385/76)[39], posteriormente remodelado pelo art. 14 da Lei n. 13.506/2017, o sistema normativo pátrio continha previsões esparsas e extravagantes sobre compromissos, tal como a do artigo 46, parágrafo 1º da Lei de Diretrizes e Bases da Educação Nacional (Lei n. 9394/10996). E tal tendência já vinha sendo seguida nas normas que regem as agências reguladoras, como, por exemplo, a agência nacional de energia elétrica - ANEEL (art. 3º, V, da Lei nº9.427, de 1996), agência nacional de telecomunicações - ANATEL (art. 19, XVII, da Lei n. 9.472, de 1996), agência nacional do petróleo - ANP (art. 20 da Lei n. 9.478, de 1997) e da agência nacional de saúde suplementar - ANS (art. 29 da Lei n. 9.656/1998 e art. 4º da Lei n. 9.961/2000)[40].

A consensualidade foi ampliada por meio do acordo de leniência (art. 86 da Lei n. 12.529/2011; art. 16 e 17 da Lei n. 12.846/2013), do compromisso de cessação (art. 85 da Lei n. 12.529/2011), dos acordos administrativos em processo de supervisão conduzidos pelo Banco Central do Brasil (art. 30 da Lei n. 13.506/2017), da mediação entre entidades fechadas de previdência complementar e entre estas e seus participantes, assistidos, patrocinadores ou instituidores, pela Superintendência Nacional de Previdência Complementar - PREVIC (ar. 2º, VIII, Lei n. 12.154/2009), o compromisso do art. 26 da Lei de Introdução às Norma do Direito Brasileiro, inserido pela Lei n.º 13.655/2018.

Em paralelo, diversos diplomas legais remetem à arbitragem para conflitos da Administração Pública. A título exemplificativo, afora evidentemente a Lei n. 9.307/96 (Lei Nacional de Arbitragem), tenham-se a Lei n. 9.472/97 (Lei Geral de Telecomunicações), art. 93, XV; Lei n. 9.478/97 (Lei de Petróleo), art. 43, X; Lei n. 11.079/04 (Lei das Parcerias Público-Privadas), art. 11, III; Lei n. 8.987/95 (Lei de Concessões), art. 23-A; Lei n. 10.848/04 (Lei sobre a Comercialização de Energia Elétrica), art. 4º, §§ 5º, 6º e 7º; Lei n. 4.418/02 (Estatuto do BNDES), art. 9º, I.

O Conselho Nacional de Justiça implantou o "Movimento pela Conciliação" em agosto de 2006, com o fito de alterar a cultura da litigiosidade e promover a busca de soluções para os conflitos mediante a construção de acordos, dando origem à Semana Nacional da Conciliação, evento

39 Poder-se-ia retroagir ainda mais no tempo. Bastaria lembrar do longevo instituto da desapropriação amigável previsto pelo Decreto-Lei n. 3.365, de 21 de junho de 1941, cujo artigo 10 previa expressamente que poderia efetivar-se mediante acordo.

40 Em completo levantamento dos antecedentes históricos do cabimento dos acordos envolvendo órgãos públicos, SOUZA. Luciana Moessa de Souza. A mediação de conflitos e a Administração Pública. *In*: HALE, Durval; PINHO, Humberto Dalla Bernardina de; CABRAL, Trícia Navarro Xavier (Org.). *O marco legal da mediação no Brasil*: comentários à Lei n. 13.140, de 26 de junho de 2015. São Paulo: Atlas, 2016.

anual que abrange todos os tribunais do país. Em 2010, com o crescimento das demandas internas sobre o tema, foi editada a Resolução CNJ n. 125, que dispôs sobre a Política Judiciária de Tratamento Adequado dos Conflitos de Interesse no Âmbito do Poder Judiciário. Também foi editada a Recomendação CNJ n. 50/2014, para estimular e apoiar os tribunais na adoção das técnicas consensuais de resolução de conflitos. Por fim, a Resolução CNJ n° 198/2014, que dispunha sobre o Planejamento e a Gestão Estratégica no âmbito do Poder Judiciário para o sexênio 2015-2020, ressaltava a importância da efetividade na prestação jurisdicional, apontando como cenário desejado: justiça mais acessível, desjudicialização, descongestionamento do Poder Judiciário. Mais recentemente, a Recomendação CNJ n. 71/2020 orientou os Tribunais de Justiça a instalarem Centros Judiciários de Solução de Conflitos e Cidadania (Cejuscs), voltados para a desjudicialização de demandas no meio empresarial[41-42].

A pandemia que assolou o mundo no início desta década fez chegar aos tribunais brasileiros milhares de ações a si relacionadas (figura 1), somando-se às outras milhares ordinariamente tratadas por nossas cortes.

Figura 1: Ações relativas à Covid-19 no âmbito do CNJ por classe

Classe	Quantidade
Procedimento do Juizado Especial Cível	56081
Auxílio Emergencial	10371
Habeas Corpus Criminal	9924
Agravo de instrumento	4780
Mandado de segurança	4148

Fonte: CNJ (2020)

E em tempos de enfrentamento à Covid-19, a Justiça Brasileira avançou em direção à resolução digital de conflitos[43], tornando realidade a *online dispute resolution* (ODR)[44]. A Portaria CNJ n° 61, de 31 de março de

41 Anote-se também a Resolução CNJ n. 271, de 11 de dezembro de 2018, que fixa parâmetros de remuneração a ser paga aos conciliadores e mediadores judiciais, nos termos do disposto no art. 169 do Código de Processo Civil - Lei n. 13.105/2015 - e no art. 13 da Lei de Mediação - Lei n. 13.140/2015.

42 No levantamento realizado pelo Conselho Nacional de Justiça, havia cerca de 80.000.000 (oitenta milhões) de processos tramitando na Justiça (CNJ. *Justiça em Números 2019/Conselho Nacional de Justiça*. Brasília: CNJ, 2019. p. 79).

43 Tribunal de Justiça do Estado do Paraná. *Nova Plataforma de mediação digital é apresentada pelo CNJ*. 2018. Disponível em: https://www.tjpr.jus.br/home/- /asset_publisher /9jZB/content/id/15002299. Acesso em: 9 abr. 2020.

44 Uma realidade embrionária, com implementação gradativa e que ainda necessita de

2020, tornou disponível plataforma emergencial de videoconferência para a realização de audiências sessões de julgamento e de conciliação[45].

Aliás, o Conselho Nacional de Justiça, diante do regime de isolamento social imposto pela OMS, em razão da pandemia da Covid-19, vedou, por meio das Resoluções CNJ n. 314 e 318 de 2020, o reestabelecimento do expediente presencial no âmbito do Poder Judiciário 31/05/2020, determinado o trabalho remoto de magistrados, servidores e colaboradores, buscando soluções de forma colaborativa com os demais órgãos do sistema de justiça para realização de todos os atos processuais.

Tal movimento conciliatório foi acompanhado por diversas unidades da Federação. No Rio de Janeiro, destacam-se, por exemplo, o Decreto Estadual n. 42.625/2018 (de Arbitragem na Administração Pública) e a Lei Estadual n.º 5427/2009 (sobre ajustes em procedimentos administrativos - com repercussão na atividade de velamento fundacional pelo *Parquet*).

E assim não se deu apenas na *terrae brasilis*. Diversos ordenamentos jurídicos alienígenas[46] também migraram de adversariais a dialógicos. Bem mais do que movimentos nacionais isolados, a comunidade internacional igualmente vem cunhando novos instrumentos de cunho resolutivo. Embora haja, de fato, desde 1980, as Regras de Conciliação da UNICITRAL, destaca-se a Convenção sobre Acordos de Liquidação Internacional Resultantes de Mediação das Nações Unidas, também conhecida como Convenção de Singapura sobre Mediação[47-48], do qual o

---

uma atuação mais concentrada do Poder Público para permitir uma ampla acessibilidade dos cidadãos à internet, carecendo, de igual forma, de um marco legal (SOUZA NETTO e FOGAÇA, 2020).

45 Aliás, a mediação digital (ou on-line, pela internet ou virtual) já fora previamente prevista pela Resolução CNJ n. 125/2010 e pela Lei n. 13.140/2015. Bem antes, em 2006, a Lei n. 11.419 previa o acesso à justiça no formato eletrônico, sendo corolário do Programa Nacional de Apoio à Inclusão Digital nas Comunidades (instituído pelo Decreto Federal n. 6.9991/2009).

46 PINHO, Humberto Dalla Bernardina de. PAUMGARTTEN, Michele Pedrosa. Os Efeitos Colaterais da Crescente Tendência à Judicialização da Mediação. *Revista Eletrônica de Direito Processual* - REDP. Volume XI (2013). Periódico da Pós-Graduação *Stricto Sensu* em Direito Processual da UERJ. Patrono: José Carlos Barbosa Moreira. Disponível em: www.redp.com.br. Acesso em: 22 set. 2021.

47 Disponível em https://uncitral.un.org/en/texts/mediation. Consulta em 25 ago. 2021.

48 O tratado busca facilitar o comércio internacional e promove a mediação como alternativa e método efetivo para resolver disputas comerciais, garantindo mecanismos eficazes para a aplicação de acordos internacionais de liquidação resultantes da mediação, sob fundamento de que soluções mediadas agilizam e barateiam litígios de comércio internacionais. O tratado busca facilitar o comércio internacional e promove a mediação como alternativa e método efetivo para resolver disputas comerciais, garantindo mecanismos

Brasil foi o 54º (quinquagésimo quarto) país signatário - o que o alça a um dos mais bem-sucedidos tratados multilaterais preparados pela Comissão das Nações Unidas para o Direito Comercial Internacional (UNCITRAL).

Para além do mundo real, o mundo virtual, tal como visto acima, é alcançado pelo movimento conciliatório, passando a integrá-lo como mais um ambiente de facilitação de acordos e construção de consenso. A Diretiva n. 11/2012 do Parlamento Europeu e do Conselho da União Europeia, na forma do Regulamento EU n. 524/2013 e do PE-COS n. 80/2021, em atenção ao crescimento exponencial do comércio eletrônico, dispuseram sobre a resolução de disputa virtual entre consumidores e comerciantes - o que teria sido fonte de inspiração à Lei n. 13.140/2015[49].

Há, pois, um movimento nacional, com capilaridade nos Estados da Federação, presente em ambientes físico e virtual, paralelo ao de outros países, do Ocidente e do Oriente, nos hemisférios Norte e Sul do planeta - um fenômeno genuinamente mundial, portanto - e, bem mais, em comunhão de esforços internacionais, nos quais a consensualidade é posta como pedra angular, revisitando-se posturas adversariais tradicionais.

Em termos metodológicos, ocorre vertiginosa revolução negocial[50] coletiva em um meio cada vez mais virtual e com necessidade de tratamento de "Big Data"[51] - onde não se permite às instituições o simplório "opt-out", em realidades impostas[52]. Migra-se do modelo único da au-

---

eficazes para a aplicação de acordos internacionais de liquidação resultantes da mediação, sob fundamento de que soluções mediadas agilizam e barateiam litígios de comércio internacionais.

49 SPENGLER, Fabiana Marion Spengler. PINHO, Humberto Dalla Bernardina de. A mediação digital de conflitos como Política judiciária de acesso à justiça no Brasil. Revista da Faculdade de Direito da UFMG. Belo Horizonte, n. 72, pp. 219-257, jan./jun. 2018, p. 219-257.

50 "Negociação" em sentido amplo; incluída, pois, a negociação assistida qualificada (a mediação), esposada aqui a concepção *lato sensu* de Ury e Fisher (1992). Neste sentido, no ordenamento norte-americano, o *Uniform Mediation Act*, que dispõe em seu item (1): *"Mediation means a process in which a mediator facilitates communication and negotiation between parties to assist them in reaching a voluntary agreement regarding their dispute"*.

51 Lyons (2012) aduz que, diante da complexidade que denomina "ciclo de engajamento" na mídia social, fica clarividente a necessidade de haver um sistema próprio, adequado, predisposto e igualmente complexo para tratamento da informação, constante, flutuante e contínua, que passa por tal meio digital. E tudo sem mencionar a constante ebulição de tecnologias, tais como o *Open Data*, que sonham em mudar o modo como cidadãos e governos interagem em relação a problemas que conjuntamente se prestam a enfrentar.

52 E não há, para o Direito e a Justiça, a opção estratégica de contrafluxo comportamental. Segundo Qualman (2013), se uma instituição resiste à mudança, pode rapidamente colocar-se em uma rota de declínio daqueles que falharam em entender o novo modelo

diência pública a novos meios dialógicos em massa, destacados dentre estes *Consensus Building Approach, Open Space Technology, World Café, Deliberative Polling, 21st Century City Hall Meeting,* além de processos circulares (com *Gacaca Courts*), narrativos, constelares e transformativos, em suas formas multitudinárias[53].

Sob tais luzes, ao se olhar para o cenário jurídico-processual, frente a demandas processuais coletivas *lato sensu*, não bastará ao operador do direito adotar adequado veículo de diálogo em massa. Haverá de ir além, devendo lançar mão, de igual forma, de instrumento de análise quantitativo-qualitativa da informação complexa, sem o quê estará diante da absurda alternativa de se perder tal inestimável dado ou de se quedar paralisado em assombro diante do que não consegue compreender. Colher dados em massa e extrair significado e sentido destes são tarefas que andam de mãos entrelaçadas[54]. A resolução de conflito reclama seu reconhecimento como ciência e não só como arte.

5. Novas Diretrizes Curriculares Nacionais do Curso de Graduação em Direito

A necessidade de reforma curricular do Curso de Graduação em Direito não é inusitada. Del Picchia (1960)[55], décadas atrás, já reclamava por uma sutil revolução na qual se amadureceriam as fórmulas embrionárias de um direito novo que repontava, espontâneo, de novos fatos sociais. A antiquada rigidez do Curso de Graduação em Direito impunha maior racionalização e a adoção de critério que modernizasse o escalonamento das disciplinas, advertindo o autor que "o fato do seu ensino radicar-se profundamente na tradição pode emprestar-lhe uma rigidez que inibe a visão das transformações que esse mesmo direito possa necessitar para exprimir melhor as necessidades do meio em que se desenvolve deve estar sempre presente".

---

de seu negócio, ainda que com uma menor fatia do mercado - ainda maior do que fatia alguma. (p. 158).

53 Vide PAULO JUNIOR (2015) para maior detalhamento de novos métodos de resolução de conflito em massa. Vide Haskell (2011) sobre *Gacaca Courts*, experiência única de Rwanda, onde se deu aplicação de processo circular restaurativo a incidentes com violência.

54 A avaliação de impacto regulatório (AIR) surge como um novo paradigma para o processo e o método de motivação e controle de escolhas com o uso de autoridade (RIBEIRO, 2019).

55 Del Picchia, M. (1960). A Faculdade de Direito e a reforma do ensino jurídico. Revista Da Faculdade De Direito, Universidade De São Paulo, 55, 410-412. Recuperado de https://www.revistas.usp.br/rfdusp/article/view/66361.

A cultura da consensualidade haveria de ser cultivada desde as carteiras escolares, com estudantes em idades tenras. Assim como não se constrói um edifício a partir de seu mais alto andar, deve-se começar a construção por sua fundação: os tempos escolares são um campo fértil a incutir no corpo discente o espírito conciliatório.

Neste sentido, programas exitosos como o SaferSaner Schools, largamente adotado nos Estados Unidos, não apenas se prestam a resolver conflitos entre alunos, mas também a tornar próxima de todos a vivência colaborativa. Noutras palavras, uma ideia abstrata passa a ser uma prática cotidiana e rotineira, servindo de alicerce cultural à edificação de uma grade curricular em ensino superior permeável à consensualidade.

De toda forma, no que pertine ao ensino superior, editou-se a Resolução N. 5, de 17 de dezembro de 2018[56], pela qual se instituíram novas Diretrizes Curriculares Nacionais do Curso de Graduação em Direito, com direções para mudanças qualitativas nos projetos de formação.

A elaboração de tal Resolução se deu com amplo debate junto aos órgãos de representação profissional, bem como de especialistas e representantes governamentais do campo da educação. Nesse sentido, em 2014, iniciaram-se, no âmbito da Câmara Consultiva Temática de Política Regulatória do Ensino Jurídica da Secretaria de Regulação e Supervisão da Educação Superior, os debates sobre uma possível alteração das Diretrizes Curriculares Nacionais da Educação Superior.

Já em 2015, por meio da Portaria CNE/CES n. 1, foi formada comissão para revisar a Resolução CNE/CES n. 9/2004, com reuniões até 2017 que contaram, inclusive, com convidados especialistas, tais como: Adriana Ancona de Faria (FGV), Alexandre Magno Dias Silvino, Alexandre Veronese (Abedi), Claudia Griboski (Inep), Daniela Helena Godoy (Sesu/MEC), Felipe Sarmento (OAB), Joaquim de Arruda Falcão Neto (FGV), José Barroso Filho (Conpedi), Gabriel Henrique Muller (Fened), José Barroso, Loussia Musse Felix (Capes), Luana Guimarães (Seres), Luciana Garcia (Seres), Martonio Barreto (Capes), Odim Brandão Ferreira (PGR), Otavio Luiz Rodrigues Junior (Abedi), Rogério Magnus Varela (OAB), Sérgio Guerra (FGV), Sueli Macedo Silveira (Inep) e Tarcizo Nascimento (OAB). Em 2017, realizou-se Seminário sobre as Diretrizes Curriculares Nacionais do Curso de Graduação em Direito, em Brasília, além de Audiências Públicas (como para debater as propostas para reformulação das atuais Diretrizes Curriculares Nacionais para o Curso de Graduação em Direito, CFOAB - CNEJ/GAC, e o Painel sobre Educação Jurídica: a proposta de novas DCNs, CONPEDI, ambas em Brasília).

56 Disponível em https://www.in.gov.br/materia/-/asset_publisher/Kujrw0TZC2Mb/content/id/55640393/ do1-2018-12-18-resolucao-n-5-de-17-de-dezembro-de-2018-55640113. Consulta em 22 nov. 2021.

Afastou-se, pois, de currículos enciclopédicos, que não representariam respostas corretas às demandas por conhecimento e competências dos egressos na área, especialmente num momento histórico em que o crescimento dos volumes de novos conhecimentos produzidos e de oportunidades para atuação profissional em novos campos ocorrem em velocidade cada vez maior.

Os currículos constituídos pela simples justaposição de uma miríade de temas considerados relevantes para a formação também não condiziriam com as práticas profissionais, quase sempre adstritas a um subconjunto limitado de campos de atividade.

Diante deste quadro, o processo de formação passou a se constituir de uma sólida base comum a todos os estudantes, reservando maior aprofundamento para alguns campos de atuação, que podem constituir uma ou mais ênfases oferecidas em função do contexto institucional ou seletivamente cursadas pelos interessados.

A reforma deu especial relevância à transdisciplinaridade da grade curricular, prevendo formação técnico-jurídica em que se incluam as formas consensuais de solução de conflitos.

Inobstante isto e atento à ebulição da consensualidade, o Ministério da Educação, por meio de sua Câmara de Educação Superior, editou recentemente nova Resolução n. 2, de 19 de abril de 2021[57], que alterou o art. 5º da Resolução CNE/CES n. 5/2018, passando a inserir as formas consensuais de solução de conflitos no currículo dos cursos de graduação em direito[58]. Em boa hora foi ampliada, aliás, esta previsão para além de "Mediação, Conciliação e Arbitragem", abarcando, assim, uma gama maior da prática colaborativa.

---

57 Resolução CNE/CES 2/2021. Diário Oficial da União, Brasília, 23 de abril de 2021, Seção 1, p. 116.

58 "Art. 1º O art. 5º da Resolução CNE/CES n. 5, de 17 de dezembro de 2018, que institui as Diretrizes Curriculares Nacionais do Curso de Graduação em Direito, passa a ter a seguinte redação: "Art. 5º O curso de graduação em Direito, priorizando a interdisciplinaridade e a articulação de saberes, deverá incluir no PPC, conteúdos e atividades que atendam às seguintes perspectivas formativas: [...] II - Formação técnico-jurídica, que abrange, além do enfoque dogmático, o conhecimento e a aplicação, observadas as peculiaridades dos diversos ramos do Direito, de qualquer natureza, estudados sistematicamente e contextualizados segundo a sua evolução e aplicação às mudanças sociais, econômicas, políticas e culturais do Brasil e suas relações internacionais, incluindo-se, necessariamente, dentre outros condizentes com o PPC, conteúdos essenciais referentes às áreas de Teoria do Direito, Direito Constitucional, Direito Administrativo, Direito Tributário, Direito Penal, Direito Civil, Direito Empresarial, Direito do Trabalho, Direito Internacional, Direito Processual; Direito Previdenciário, Direito Financeiro, Direito Digital e Formas Consensuais de Solução de Conflitos; e (NR)" - g.n.

6. Conclusões

As novas Diretrizes Curriculares Nacionais do Curso de Graduação em Direito representam um avanço na readequação do ensino superior brasileiro à realidade cultural transnacional que impacta a todos nós, exigindo saber transdisciplinar atento à ebulição da consensualidade em todo o mundo. Projetam-se graduados sensíveis e abertos ao diálogo, em abandono à formação adversarial que caracterizou as anteriores gerações de profissionais do Direito, dispondo doravante, em tese, de capacitação adequada para atuar colaborativamente.

7. Referências Bibliográficas

ALVES, Railda F; BRASILEIRO, Maria do Carmo E.; BRITO, Suerde M. de O. Interdisciplinaridade: um conceito em construção. *In* Episteme. Porto Alegre, n. 19, jul./dez. 2004.

ALVES, Railda F; BRASILEIRO, Maria do Carmo E.; BRITO, Suerde M. de O. Interdisciplinaridade: um conceito em construção. *In* Episteme. Porto Alegre, n. 19, jul./dez. 2004.

BAUMAN, Zygmunt. Ensaios Sobre o Conceito de Cultura. Tradução: Carlos Alberto Medeiros. Rio de Janeiro: Zahar, 2012.

CAMBI, Franco. História da Pedagogia. Tradução de Álvaro Lorencini. São Paulo: Unesp, 1999.

CHASE, Oscar G. American 'Exceptionalism' and Comparative Procedure. In American Journal of Comparative Law. American Society of Comparative Law, 2002.

CRUZ, Paulo Márcio; BODNAR, Zenildo. A transnacionalidade e a emergência do Estado e do Direito Transnacionais. *In*: CRUZ, Paulo Márcio; STELZER, Joana. Direito e Transnacionalidade. Curitiba: Juruá, 2009.

DEMARCHI, Clovis. Direito e Educação: A regulação da Educação Superior no contexto transnacional. Tese de Doutorado submetida ao programa de Doutorado em Ciência Jurídica da Universidade do Vale do Itajaí - UNIVALI. Itajaí-SC, p. 303, 2012.

FORTES, Clarissa Correa. Interdisciplinaridade: Origem, Conceito e Valor. Disponível em: http://www3.mg.senac.br/NR/rdonlyres/eh3tcog37oi43nz654g3dswloqyejkbfuxkjpbgehjepnlzyl4r3inoxahewtpql7drvx7t5hhxkic/Interdisciplinaridade.pdf. Acesso em 13/01/2013.

GATTÁS, Maria Lúcia Borges; FUREGATO, Antônia Regina Ferreira. Interdisciplinaridade: uma contextualização. Disponível em http://www.scielo.br/scielo.php?script=sci_arttext&pid=S0103-21002006000300011&lng=pt&nrm=iso&tlng=pt. Acesso em 13/01/2016.

GUSTIN, Miracy Barbosa de Sousa. DIAS, Maria Tereza Fonseca. (Re) pensando a Pesquisa Jurídica: Teoria e Prática. Belo Horizonte/MG: Del Rey, 2006.

JOBIM, Marco Félix. Cultura, Escolas e Fases Metodológicas do Processo. Porto Alegre: Livraria do Advogado Editora, 2011.

MACHADO JÚNIOR, César Pereira da Silva. O direito à educação na realidade brasileira. São Paulo: LTR, 2003. São Paulo: LTR, 2003.

MARTINS, Rui Cunha. O ponto cego do direito. The brazilian lessons. 2.ed. Rio de Janeiro: Lumen Juris, 2011,

MONROE, Paul. História da Educação. 15 ed. Tradução de Idel Becker. São Paulo: Companhia Editora Nacional, 1983.

MORIN, Edgar. Ciência com Consciência. Tradução: Maria D. Alexandre e Maria Alice Sampaio Dória. 12ª ed. Rio de Janeiro: Bertrand Brasil, 2008.

PINHO, Humberto Dalla Bernardina de. DUARTE, Marcia Michele Garcia. Interdisciplinaridade, Complexidade e Pós-Modernidade: Premissas Fundamentais para a Compreensão do Processo Civil Contemporâneo, Revista Jurídica Luso-Brasileira (RJLB, Ano 4 (2018), n. 4, p. 955-999.

PINHO, Humberto Dalla Bernardina de. PAUMGARTTEN, Michele Pedrosa. Os Efeitos Colaterais da Crescente Tendência à Judicialização da Mediação. *Revista Eletrônica de Direito Processual* - REDP. Volume XI (2013). Periódico da Pós-Graduação *Stricto Sensu* em Direito Processual da UERJ.

SOUZA. Luciana Moessa de Souza. A mediação de conflitos e a Administração Pública. *In*: HALE, Durval; PINHO, Humberto Dalla Bernardina de; CABRAL, Trícia Navarro Xavier (Org.). O marco legal da mediação no Brasil: comentários à Lei n. 13.140, de 26 de junho de 2015. São Paulo: Atlas, 2016.

SPENGLER, Fabiana Marion Spengler. PINHO, Humberto Dalla Bernardina de. A mediação digital de conflitos como Política judiciária de acesso à justiça no Brasil. Revista da Faculdade de Direito da UFMG. Belo Horizonte, n. 72, pp. 219-257, jan./jun. 2018, p. 219-257.

STELZER, Joana. O fenômeno da Transnacionalização da dimensão jurídica. *In*: CRUZ, Paulo Márcio; STELZER, Joana. Direito e Transnacionalidade Curitiba: Juruá, 2009.

O PAPEL DO ENSINO JURÍDICO PRIVADO NA FORMAÇÃO DE UMA NOVA CULTURA DE SOLUÇÃO DE LITÍGIOS NO BRASIL

Gustavo da Rocha Schmidt[1]

Sumário: 1. Introdução. 2. Um retrato simplificado do ensino jurídico privado no Brasil. 3. Estratégias e metodologias de ensino. 3.1. Considerações gerais. 3.2. A grade curricular. 3.3. Metodologia de ensino. 4. Conclusões. 5. Bibliografia.

1. Introdução

"O educador que se preza fala de um sonho que é substantivamente político e adjetivamente pedagógico" (Paulo Freire)[2].

Existem hoje em tramitação na justiça estatal do Brasil cerca de 77 milhões de processos. É verdade que houve uma ligeira redução no estoque de processos em comparação com o ano de 2018. Com efeito, conforme se extrai da apresentação do Ministro Dias Toffoli ao Relatório Justiça em Números 2020:

1 Professor da FGV Direito Rio. Presidente do Centro Brasileiro de Mediação e Arbitragem - CBMA e da Revista Brasileira de Alternative Dispute Resolution - RBADR. Doutorando em Direito da Regulação pela FGV Direito Rio. Master of Laws pela New York University of Law. Mestre em Direito da Regulação pela FGV Direito Rio. Advogado. Sócio-fundador de Schmidt - Lourenço - Kingston Advogados Associados. Procurador do Município do Rio de Janeiro. Foi Presidente da Comissão de Arbitragem dos BRICS da OAB Federal. É, ainda, membro efetivo do Instituto dos Advogados Brasileiros - IAB.

2 FREIRE, Paulo. *Pedagogia da tolerância*. Organização e notas: Ana Maria Araújo Freire. São Paulo: Editora Unesp, 2004. p. 175.

> "O Poder Judiciário finalizou o ano de 2019 com 77,1 milhões de processos em tramitação, que aguardavam alguma solução definitiva. Tal número representa uma redução no estoque processual, em relação a 2018, de aproximadamente 1,5 milhão de processos em trâmite, sendo a maior queda de toda a série histórica contabilizada pelo CNJ, com início a partir de 2009. A produtividade média dos magistrados também foi a maior dos últimos onze anos. O Relatório aponta que, apesar da vacância de 77 cargos de juízes no ano de 2019, houve aumento no número de processos baixados e, consequentemente, elevação da produtividade média dos magistrados em 13%, atingindo o maior valor da série histórica observada, com média de 2.107 processos baixados por magistrado. Por sua vez, o índice de produtividade dos servidores da área judiciária cresceu 14,1%, o que significa uma média de 22 casos a mais baixados por servidor em relação a 2018. O aumento da produtividade ocorreu de forma coordenada, pois foi verificada em ambos os graus de jurisdição. Esse esforço culminou em uma taxa de congestionamento de 68,5%, sendo o menor índice verificado em toda a série histórica"[3].

Ainda assim, a morosidade do Judiciário brasileiro impressiona. O tempo médio de tramitação dos processos ainda pendentes de encerramento era, em 2019, de 5 (cinco) anos e 2 (dois) meses[4]. Na fase de execução, quando o que se postula é a entrega de um bem da vida, cujo direito encontra-se reconhecido por um título executivo (judicial ou extrajudicial), a tramitação demora na Justiça Federal, em média, 7 (sete) anos e 8 (oito) meses e na Justiça Estadual 6 (seis) anos e 9 (nove) meses[5].

O cenário retratado revela um Judiciário ineficiente, que não consegue cumprir o seu papel: de prover a paz social. Tudo fruto de uma cultura que sempre incentivou a judicialização dos litígios, sem conferir maior importância às vias extrajudiciais de solução de conflitos.

> "A resolução de conflitos no Brasil, nas últimas décadas, tinha apenas uma porta de saída. O conflito entrava no sistema Judiciário e tinha como resultado uma sentença judicial.
>
> Esse sistema quebrou, faliu, entrou em colapso. Existem hoje no Judiciário quase 100 milhões de processos. Ora, a população brasileira gira em torno de 200 milhões de pessoas. Se, para cada processo, existem ao menos duas partes litigantes, então é possível dizer que, em tese, existe quase um processo para cada brasileiro. É como se todos os brasileiros estivessem em

3 BRASIL. CNJ. *Justiça em Números 2020: ano-base 2019*/Conselho Nacional de Justiça – Brasília: CNJ, 2020. Disponível em: https://www.cnj.jus.br/wp-content/uploads/2020/08/WEB-V3-Justi%C3%A7a-em-N%C3%BAmeros-2020-atualizado-em-25-08-2020.pdf. Acesso em: 27.12.2021.

4 Idem, p. 187.

5 Idem, p. 178.

> juízo neste momento. Deixamos de ser o país do futebol e nos tornamos o país do litígio. Nisso, nem a China consegue nos superar.
>
> O resultado disso é um Judiciário moroso, ineficiente e que não consegue entregar a prestação jurisdicional com o mínimo de qualidade. O Judiciário não consegue cumprir o seu papel: que é o de prover a paz social.
>
> E não é - registre-se - culpa da magistratura. O juiz não está no controle; ele está a reboque dos processos. É impossível para um magistrado lidar com tantos processos, por mais preparado e trabalhador que seja. Nem mesmo o Juiz Hércules, na fantasiosa narrativa do saudoso jusfilósofo Ronald Dowrkin, seria capaz de solucionar tantos litígios, com a qualidade e a celeridade esperadas. A responsabilidade disso é de todos nós: sociedade civil, empresas, advogados, Judiciário, Legislativo e Administração Pública"[6].

Consolidou-se no sistema de justiça do Brasil uma cultura judicial e litigiosa de resolução de controvérsias.

É verdade que, no campo do direito positivo, houve uma perceptível mudança no cenário normativo e regulatório, sobretudo a partir do ano de 2015, com a aprovação do novo Código de Processo Civil (Lei n. 13.015/2015), com a Reforma da Lei de Arbitragem (Lei n. 13.129/2015) e com a edição da Lei de Mediação (Lei n. 13.140/2015). Mais recentemente, foi sancionada a Nova Lei de Licitações e Contratos Administrativos (Lei n. 14.133/2021), que reservou todo um capítulo para a disciplina "*dos meios alternativos de solução de controvérsias*" (Capítulo XII, arts. 151 a 154).

> "Nessa linha, aderindo ao sistema multiportas de solução de conflitos, o caput do artigo 151 da LLCA confere ampla autorização legislativa para a adoção da conciliação, da mediação, do comitê de resolução de disputas (dispute boards) e da arbitragem nos contratos públicos firmados entre órgãos e entidades da Administração Pública e parceiros privados. Mais do que isso, o legislador foi extremamente feliz ao deixar em aberto a possibilidade de emprego de outros meios alternativos de resolução de controvérsias, já existentes ou que possam vir a ser criados no futuro, permitindo que sejam incorporados aos contratos administrativos, oportunamente, em compasso compatível com o dinamismo das relações jurídicas"[7].

Não obstante isso, a litigiosidade no país é ainda muito alta. A celebração de acordos, na esfera judicial, é em certa medida bastante excep-

---

6 SCHMIDT, Gustavo da Rocha. *Por uma nova cultura de solução de conflitos*. *In*: Migalhas, 7 de dezembro de 2021. Disponível em: https://www.migalhas.com.br/depeso/356142/por-uma-nova-cultura-de-solucao-de-conflitos. Acesso em: 28.12.2021.

7 VIANNA, Fernando Villela de Andrade; SCHMIDT, Gustavo da Rocha. *A implantação de uma nova cultura de solução de litígios na Administração*. *In*: Revista Consultor Jurídico, 30 de abril de 2021. Disponível em: https://www.conjur.com.br/2021-abr-30/opiniao-cultura-solucao-litigios-administracao. Acesso em: 28.12.2021.

cional, ocorrendo em apenas 12,5% dos conflitos submetidos ao Poder Judiciário[8]. Várias são as explicações apontadas pela doutrina especializada para o nível (altíssimo) de litigiosidade hoje existente no Brasil. Diz-se, nesse sentido, que a cultura do litígio seria fruto e efeito, dentre outros fatores:

(i) da ausência, até bem recentemente, de marcos normativos claros e específicos disciplinando o uso das vias extrajudiciais de resolução de conflitos[9];

(ii) da inexistência de lideranças aptas a conduzir a mudança cultural necessária no sistema de justiça[10];

(iii) da previsão na legislação processual de estímulos excessivos à judicialização dos conflitos[11];

(iv) de um ensino jurídico voltado, historicamente, para a formação de profissionais do direito aptos para a atuação litigiosa, mas sem qualquer preparo para negociar, buscar o consenso ou se valer de práticas colaborativas[12].

---

8 Na dicção do Ministro Dias Toffoli, "*a litigiosidade no Brasil permanece alta e a cultura da conciliação, incentivada mediante política permanente do CNJ desde 2006, ainda apresenta lenta evolução. Em 2019, apenas 12,5% de processos foram solucionados via conciliação. Em relação a 2018, houve aumento de apenas 6,3% no número de sentenças homologatórias de acordos, em que pese a disposição do novo Código de Processo Civil (CPC), que, em vigor desde 2016, tornou obrigatória a realização de audiência prévia de conciliação e mediação*" (BRASIL, CNJ. *Justiça em Números 2020: ano-base 2019*/Conselho Nacional de Justiça – Brasília: CNJ, 2020. Disponível em: https://www.cnj.jus.br/wp-content/uploads/2020/08/WEB-V3-Justi%C3%A7a-em-N%C3%BAmeros-2020-atualizado-em-25-08-2020.pdf. Acesso em: 27.12.2021).

9 Vide, por todos: COELHO, Eleonora. *Desenvolvimento da cultura dos métodos adequados de solução de conflitos: uma urgência para o Brasil. In*: ROCHA, Caio Cesar Vieira & SALOMÃO, Luis Felipe (coord.). *Arbitragem e mediação: a reforma da legislação brasileira*. São Paulo: Atlas, 2015, p. 112-114.

10 SCHMIDT, Gustavo da Rocha. *Op. cit.*

11 A respeito do assunto, confira-se, dentre outros: WOLKART, Erik Navarro. *Análise econômica do processo civil – como a economia, o direito e a psicologia podem vencer a tragédia da justiça*. São Paulo: Revista dos Tribunais, 2019, p. 437 e ss.; FUX, Luiz; BODART, Bruno. *Processo civil e análise econômica*. Rio de Janeiro: Forense, 2019, p. 27-48.

12 Nesse sentido, sustenta Eleonora Coelho que "*a extrema litigiosidade encontrada hoje no foro nasce nas cadeiras das faculdades de Direito. Desde o primeiro ano, ao estudante é apresentado somente o processo adversarial judicial, como se fosse o único remédio para todos os males. Não se estuda e não se incentiva a criação de uma cultura de paz*" (COELHO, Eleonora. *Op. cit.*, p. 115). Complementa Selma Lemes, a propósito, que "*as academias ainda perfilham grades curriculares utilizadas na formação do bacharel de 50 anos atrás, que não se coadunam com as necessidades atuais*" (LEMES, Selma Ferreira. *Os procedimentos arbitrais e as funções dos advogados*. Valor Econômico, 02 de setembro de 2003. Disponível em: http://selmalemes.adv.br/artigos/artigo35.pdf. Acesso em: 01.01.2022).

Nesse sentido, Eleonora Coelho defende que, para a "*transformação da chamada 'cultura do litígio', objetivando a promoção e incentivo ao uso de métodos adequados de solução de conflitos*", seria essencial "*(i) arcabouço legal eficaz; (ii) a renovação do ensino jurídico e da educação em geral e (iii) a cooperação do Poder Judiciário*"[13].

Sem sombra de dúvida, alguns passos importantes já foram dados para suprir as carências apontadas. Existe hoje todo um arcabouço normativo, em sintonia com as melhores práticas internacionais, direcionado para disciplinar e estimular a utilização dos métodos extrajudiciais de resolução de disputas no Brasil, começando pela Lei de Arbitragem (Lei n. 9.307/1996), passando pelo já aludido Código de Processo Civil (Lei n. 13.015/2015), até chegar à Lei de Mediação (Lei n. 13.140/2015).

Em paralelo, importantes lideranças têm abraçado a causa das ADRs (*Alternative Dispute Resolution*) no Brasil[14], desde a marcante iniciativa do saudoso Senador Marco Maciel, autor da Lei de Arbitragem[15]. Nos últimos anos, o protagonismo tem partido do próprio Judiciário, com especial destaque para o papel exercido pelo Ministro Luiz Fux[16], do Supremo Tribunal Federal, na elaboração do Novo Código de Processo Civil, e pelo Ministro Luis Felipe Salomão[17], do Superior Tribunal de

13 COELHO, Eleonora. *Op. cit.*, p. 111.

14 O fenômeno tem trilhado trajetória muito semelhante àquela verificada nos Estados Unidos da América, em que "*lideranças no campo das ADRs começaram a dar alguns passos para superar essas barreiras. Eles identificaram e trabalharam com campeões em vários níveis - lideranças públicas que poderiam influenciar outras pessoas e exercer pressão nas instituições existentes a adotar novas práticas. Eles trabalharam pela aprovação de atos legislativos e executivos, exigindo a implementação de programas de ADRs e disponibilizando pessoas e fundos. Eles envidaram esforços para criar incentivos (e remover desincentivos) para o uso de ADRs*" (CARLSON, Chris & ANDERSON, Heather. *Dispute resolution in the public sector: what makes programs survive, thrive, or die? In*: Dispute Resolution Magazine, vol. 20 n. 3, 2014, p. 11-16, tradução livre).

15 Sobre o tema: MUNIZ, Petronio R. G. *Operação arbiter: a história da Lei n. 9.307/96 sobre a arbitragem comercial no Brasil*, AAEPE, Associação dos Advogados de Empresa de Pernambuco, 2005.

16 *Vide* FUX, Luiz. *Plano de gestão: "Supremo tem trabalhado muito para ser uma corte 100% digital", diz Fux*. Entrevista concedida a Thiago Crepaldi. *In*: Revista Consultor Jurídico, 13 de junho de 2021. Disponível em: https://www.conjur.com.br/2021-jun-13/entrevista-luiz-fux-presidente-supremo-tribunal-federal. Acesso em 29.12.2021: "*ConJur: Das inovações do CPC, que o senhor ajudou a criar, qual foi a maior das contribuições trazidas por ele? Fux: Certamente os mecanismos de facilitação para conciliação e arbitragem são grandes contribuições. Precisamos solucionar o excesso de judicialização. Para isso é importante o Judiciário agir para permitir consensos e acordos antes mesmo de o processo ser iniciado. A introdução da cultura dos precedentes íntegros e estáveis contribuiu para privilegiar a segurança jurídica*".

17 Veja-se: SALOMÃO, Luis Felipe. *Mediação e arbitragem: "Judiciário precisa ser realmente o último recurso da cidadania"*. Entrevista concedida a Pedro Canário. *In*: Revista

Justiça, a quem coube a presidência da Comissão de Juristas do Senado Federal que formatou os projetos da Lei de Mediação e da Reforma da Lei de Arbitragem.

Sem prejuízo disso, persistem outros importantes gargalos para a implementação de uma nova cultura de resolução de conflitos no país. Uma cultura do litígio que seja mais harmoniosa e menos beligerante. Em especial, reformas legislativas ainda se fazem necessárias, notadamente para desestimular a judicialização de disputas, seja com a criação de uma fase pré-processual de conciliação obrigatória[18], seja ampliando os custos envolvidos para os demandantes[19] (*e.g.*: restringindo a gratuidade de justiça para os verdadeiramente vulneráveis; impondo ônus sucumbenciais nos juizados especiais; penalizando os litigantes contumazes, etc.).

Além disso, há uma deficiência significativa no ensino jurídico brasileiro, no campo das ADRs. De fato, o estudante de direito brasileiro "*sai da faculdade pronto para litigar. É treinado para isso. Conhece muito bem o Código de Processo Civil. Sabe perfeitamente como ajuizar uma ação e como recorrer. Mas não sabe como construir consensos, como negociar, como buscar acordos*"[20].

Consultor Jurídico, 21 de junho de 2015. Disponível em: https://www.conjur.com.br/2015-jun-21/entrevista-luis-felipe-salomao-ministro-superior-tribunal-justica. Acesso em 29.12.2021. Na ocasião, comentando sobre os aspectos positivos da Lei de Mediação, disse o Ministro Salomão: "*Destaco alguns pontos. O primeiro deles é a mudança, ou a tentativa de mudança, da cultura. Sem esse eixo nada vai funcionar. Quando estabelecemos um incremento, a mediação como solução extrajudicial, estamos dizendo que ela é importante como alternativa à jurisdição. Mudar a cultura do litígio judicial para uma cultura da solução extrajudicial de autocomposição é muitíssimo importante. Talvez o mais importante dos desafios da lei: sair da cultura litigante para a cultura de composição. Quais foram os pontos da lei mais importantes? O primeiro: toda a causa que admite transação pode ser submetida à mediação, sem limites*".

18 FUZISHIMA, Ancilla Caetano Galera. *Fase pré-processual obrigatória de conciliação: condição de acesso à prestação jurisdicional.* Tese (Doutorado em Direito Político e Econômico), Universidade Presbiteriana Mackenzie, São Paulo, 2020. Disponível em: http://tede.mackenzie.br/jspui/bitstream/tede/4730/5/ANCILLA%20C%20GALERA%20FUZISHIMA.pdf. Acesso em: 01.01.2022.

19 Assim, por exemplo: ROQUE, André Vasconcelos; DELLORE, Luiz Dellore; GAJARDONI, Fernando da Fonseca; MACHADO, Marcelo Pacheco; OLIVEIRA JUNIOR, Zulmar Duarte. *Acesso à justiça x demandismo: repensando a gratuidade nos juizados especiais. In*: Migalhas: 1 de julho de 2019. Disponível em: https://www.migalhas.com.br/coluna/tendencias-do-processo-civil/305449/acesso-a-justica-x-demandismo---repensando-a-gratuidade-nos-juizados-especiais. Acesso em: 01.01.2022.

20 SCHMIDT, Gustavo da Rocha. *Op. cit.* Vide ainda, dentre outros: BRANDÃO, Fernanda Holanda de Vasconcelos. *Desjudicialização dos conflitos: novo paradigma para uma educação jurídica voltada para a prática da atividade advocatícia negocial.* Tese (Doutorado em Ciências Jurídicas), Universidade Federal da Paraíba, João Pessoa, 2014, p. 43. Dis-

O ensino de direito em universidades públicas, historicamente, tem sido direcionado para a advocacia litigiosa. Os advogados que nelas se formam estão aptos a seguir carreira no contencioso judicial. Nada sabem, contudo, a respeito da busca pelo consenso. Desconhecem a sua importância, as técnicas já desenvolvidas e mesmo a existência de todo um interessante e próspero segmento de atuação profissional no campo jurídico.[21]

Pesquisa anterior, a partir do exame da grade curricular da graduação em direito das universidades estatais do país, confirmou que o ensino jurídico público, no Brasil, tem priorizado o oferecimento de disciplinas voltadas para a advocacia combativa, em detrimento de práticas e conteúdos direcionados para as soluções extrajudiciais de litígios. Poderiam as faculdades privadas, eventualmente, suprir as carências apontadas no referido estudo, sobretudo considerando a existência de um potencial mercado de trabalho para os advogados do Século XXI.

Pretende-se, neste trabalho, mediante análise de dados por amostragem, investigar a realidade das grades curriculares das faculdades privadas de direito no Brasil, a fim de entender se há nelas um tratamento distinto daquele que é oferecido na esfera estatal para as soluções extrajudiciais de litígio. Para tanto, serão examinados os currículos da graduação em direito de 10 (dez) instituições privadas de ensino superior Pontifícia Universidade Católica (PUC-Rio); Universidade Veiga de Almeida (UVA); Universidade Cândido Mendes (Ucam); Universidade Presbiteriana Mackenzie; Universidade para o Desenvolvimento do Estado e da Região do Pantanal (Uniderp); Faculdade Presidente Antônio Carlos de Teófilo Otoni (Unipac); Faculdade de Balsas (Unibalsas); Faculdades Integradas Espírito-Santenses (Faesa); Universidade Iguaçu (Unig) e Fundação Getulio Vargas (FGV), escolhidos aleatoriamente, em anos diversos, na última década.

Além disso, sugere-se neste ensaio que, para a construção de uma nova cultura de resolução de conflitos, mais consensual e menos litigio-

ponível em: https://repositorio.ufpb.br/jspui/handle/tede/4450?locale=pt_BR. Acesso em: 01.01.2022; COELHO, Eleonora. *Op. cit.*, p. 114-115. O problema não é uma exclusividade brasileira. Nos idos da década de 80, o Professor Albert Sacks, de Harvard, em análise da mudança curricular lá promovida (com a então recente ampliação dos cursos voltados para o ensino das ADRs), já apontava para as deficiências no treinamento dos advogados, que se preocupava quase que exclusivamente em prepará-los para o litígio (SACKS, Albert M. *Legal education and the changing role of lawyers in dispute resolution*. *In*: Journal of Legal Education, vol. 34, 1984, p. 239-244).

21 SCHMIDT, Gustavo da Rocha. *O papel do ensino jurídico na formação de uma nova cultura de solução de litígios no Brasil*. *In*: Revista de Arbitragem e Mediação, n. 73 (no prelo).

sa, é imprescindível uma alteração radical na grade curricular da graduação em direito, com o uso cada vez mais intenso, em sala de aula, do método participativo, lastreado no estudo de casos, com ênfase em aulas práticas e em simulações de situações reais e recorrentes.

O presente artigo será dividido em três tópicos. Inicialmente, será feita uma breve análise da grade curricular da graduação em direito, em anos escolhidos aleatoriamente, de dez faculdades de direito privadas brasileiras, a fim de tentar oferecer, ainda que com base em uma análise de dados por amostragem, um retrato do ensino jurídico particular no Brasil. Em seguida, serão sugeridas algumas possíveis linhas de ação, no ensino jurídico privado, para ajudar a lidar (e enfrentar) com o fenômeno da excessiva litigiosidade que aflige o sistema de justiça do país. Este capítulo será dividido em duas partes. A primeira parte examinará possíveis alterações que se fazem necessárias na grade curricular das faculdades de direito, no que diz respeito ao ensino das vias extrajudiciais de solução de litígios. Já a segunda terá por enfoque as possíveis metodologias aplicáveis ao ensino do tema. Ao final, serão compendiadas as principais conclusões a que se chegou a respeito do assunto, sendo possível antever, desde logo, que uma reformulação na educação jurídica pode contribuir - e muito - para o aperfeiçoamento do funcionamento das instituições de justiça nacionais. Mais do que isso, as faculdades privadas têm um papel importantíssimo a cumprir aqui, explorando um promissor mercado de trabalho que só faz crescer.

2. Um retrato simplificado do ensino jurídico privado no Brasil

Optou-se, neste trabalho, pela realização de uma pesquisa por amostragem, com o objetivo de reforçar um ponto que, em certa medida, é fato público e notório na comunidade jurídica brasileira: o de que, até bem recentemente, raríssimas universidades do país ofereciam nas faculdades de direito, como disciplina obrigatória, alguma cadeira voltada para o ensino de métodos extrajudiciais de resolução de controvérsias.[22]

Aleatoriamente, foram selecionados os currículos da graduação em direito de 5 (cinco) importantes universidades públicas nacionais, em anos aleatórios, a partir de 2010. Isso deu ensejo ao exame das seguintes grades curriculares:

22 Veja-se, sobre o tema: BRANDÃO, Fernanda Holanda de Vasconcelos. *Op. cit.*, p. 43/52.

(i) Pontifícia Universidade Católica - PUC-Rio, Direito, ano 2018[23];
(ii) Universidade Veiga de Almeida - UVA - Rio, Direito, ano 2015[24];
(iii) Universidade Cândido Mendes - UCAM - Rio, Direito, ano 2019[25];
(iv) Mackenzie - São Paulo, Direito, ano 2018[26];
(v) Uniderp - Universidade Anhanguera, Direito, ano 2017[27];
(vi) Unipac, Direito, ano 2018[28];
(vii) Unibalsas, Direito, ano 2016[29];
(viii) Faesa, Direito, ano 2022[30];
(viii) Unig, Direito, ano 2022[31];
(ix) Fundação Getulio Vargas - FGV, Direito, ano 2022[32].

As palavras-chaves utilizadas na pesquisa das disciplinas, por meio da ferramenta "Ctrl F" do Windows, foram as seguintes: *"processo"*, *"processual"*, *"processuais"* *"arbitragem"*, *"arbitral"*, *"mediação"*, *"conciliação"*, *"composição"*, *"negociação"*, *"consenso"*, *"consensuais"*, *"alternativa"*, *"extrajudicial"*, *"extrajudiciais"*, *"conflito"*, *"controvérsia"* e *"disputa"*. Foram des-

---

23 BRASIL. PUC-Rio. *Bacharelado em Direito – Ênfase em Contencioso – diurno (Currículo 2018)*. Disponível em: https://www.puc-rio.br/ensinopesq/ccg/direito.html#periodo_1.

24 BRASIL. Universidade Veiga de Almeida. *Grade curricular UVA Direito*. Disponível em: https://direitonauva.files.wordpress.com/2015/08/grade-curricular-uva-direito.pdf.

25 BRASIL. Universidade Cândido Mendes. *GRADUAÇÃO DIREITO PENHA GRADE CURRICULAR*. Disponível em: https://www.candidomendes.edu.br/wp-content/uploads/2019/02/GRADUACAO-DIREITO-PENHA-GRADECURRICULAR.pdf.

26 BRASIL. MACKENZIE. *EMENTÁRIO MATRIZ CURRICULAR NÚCLEOS OPTATIVOS*. Disponível em: https://www.mackenzie.br/fileadmin/ARQUIVOS/Public/1-mackenzie/universidade/unidades-academicas/FD/2020/EMENTARIO/10__SEM._N%C3%9ACLEOS_OPTATIVOS.pdf.

27 BRASIL. UNIDERP. *"Matriz Curricular 2017 – Curso Direito"*. Disponível em: http://ww2.uniderp.br/uniderp/pdf/mec/matriz/Matriz%20Curricular_%202017_Direito.pdf

28 BRASIL. UNIPAC. *Matriz Curricular – Direito*. Disponível em: https://www.unipac.br/itabirito/wp-content/uploads/sites/4/2018/04/direitoitab2018.pdf.

29 BRASIL. UNIBALSAS. *Estrutura Curricular de 2016*. Disponível em: https://www.unibalsas.edu.br/cursos/direito/.

30 BRASIL. FAESA. *Matriz curricular*. Disponível em: https://www.faesa.br/cursos-graduacao/direito.

31 BRASIL. UNIG. *MATRIZ CURRICULAR – GRADUAÇÃO EM DIREITO*. Disponível em: https://unig.br/wp-content/uploads/Modelo-Matriz-Curricular-Direito-Mod.Novo-1.pdf.

32 BRASIL. Fundação Getulio Vargas. *Grade Curricular e Material Didático 2022.1*. Disponível em: https://direitorio.fgv.br/grade-curricular-graduacao.

cartadas da contagem feita as matérias voltadas para o estudo de processos não judiciais, como, por exemplo, cadeiras relacionadas ao processo legislativo ou ao processo administrativo.

A partir da pesquisa realizada, foi possível identificar o número de disciplinas voltadas para o ensino de conceitos, teorias e habilidades voltadas para o contencioso judicial, assim como aquelas direcionadas para o ensino no campo das soluções extrajudiciais de litígios. Também foi possível segregar as disciplinas entre obrigatórias e optativas, com a indicação do número de créditos a serem atendidos, com a aprovação final em cada uma delas.

O exame das grades curriculares das referidas faculdades de direito confirma a hipótese, já alardeada, de que o ensino jurídico no Brasil, mesmo na esfera privada, tem servido para formar advogados voltados para o litígio judicial; e não para a composição extrajudicial ou amigável. Verdadeiros *"galos de rinha"*. O operador do direito no país conclui a faculdade apto a uma boa briga judicial. Desconhece, contudo, estratégias de negociação e práticas colaborativas. Não sabe como mediar e nem como buscar consensos.

A PUC-Rio, inclusive, oferece hoje todo um bacharelado em direito com "Ênfase em Contencioso". A respectiva grade curricular, aprovada em 2018[33], prevê, dentre as obrigatórias, 14 (catorze) disciplinas voltadas para o ensino do direito processual (*"Teoria Geral do Processo"*, *"Direito Processual Civil I"*, *"Direito Processual Civil II"*, *"Direito Processual Penal"*, *"Direito Processual Civil III"*, *"Direito de família e Procedimentos Correlatos"*, *"Direito Processual Penal II"*, *"Direito Processual do Trabalho"*, *"Direito das Sucessões e Procedimentos Correlatos"*, *"Procedimentos Especiais"*, *"Jurisdição Constitucional"*, *"Processo Tributário"*, *"Ações Coletivas"* e *"Procedimentos Especiais II"*) e apenas 1 (uma) disciplina obrigatória no campo de ADRs (*"Negociação, Mediação e Arbitragem"*).

Os currículos das faculdades de direito da UVA, de 2015[34], e da Ucam, de 2019[35], não seguem caminhos diferentes. Na UVA, são 9 (nove) matérias obrigatórias no campo do direito processual e mais três eletivas, sendo que, mesmo nas disciplinas eletivas, não há qualquer cadeira envolvendo a temática das ADRs. No caso da Ucam, dentre as

---

33 BRASIL. PUC-Rio. *Bacharelado em Direito – Ênfase em Contencioso – diurno (Currículo 2018)*. Disponível em: https://www.puc-rio.br/ensinopesq/ccg/direito.html#periodo_1.

34 BRASIL. UVA. *Grade curricular UVA Direito*. Disponível em: https://direitonauva.files.wordpress.com/2015/08/grade-curricular-uva-direito.pdf.

35 BRASIL. UCAM. *GRADE CURRICULAR DIREITO*. Disponível em: https://www.candidomendes.edu.br/wp-content/uploads/2019/02/GRADUACAO-DIREITO-PENHA-GRADECURRICULAR.pdf.

disciplinas obrigatórias ofertadas, são 10 (dez) na seara do direito processual e, novamente, nenhuma mandatória na área dos métodos alternativos de resolução de conflitos.

É verdade que algumas instituições privadas chegam a oferecer disciplinas na área das ADRs, mas, na maioria das vezes, solitárias e com a proposta de abordar, em um só semestre, sem a profundidade necessária, temas diversos (e radicalmente distintos) na esfera das vias extrajudiciais de resolução de litígios, como é o caso da Uniderp[36], da Mackenzie[37], da Unipac[38] e da Unibalsas[39]. Assim, a Uniderp oferece, dentre as disciplinas obrigatórias, a cadeira *"Meios Alternativos de Solução de Conflitos"*, a Mackenzie oferece o *"Laboratório de Conciliação, Mediação e Arbitragem"*, a Unipac oferece a disciplina *"Conciliação, Mediação e Arbitragem"* e a Unibalsas a cadeira *"Soluções Alternativas de Conflito"*.

É provável que o cenário acima retratado venha a se modificar um pouco nos próximos anos. Isso porque, ao final de 2018, o Presidente da Câmara de Educação Superior, do Ministério da Educação, baixou a Resolução n. 5, de 17 de dezembro de 2018[40], que *"[i]nstitui as Diretrizes Curriculares Nacionais do Curso de Graduação em Direito"*, nela estabelecendo o compromisso de ensino e de formação dos alunos para que conheçam e dominem as formas consensuais de composição de conflitos (art. 3º[41]). Em especial, preconiza a Resolução que a graduação em direito deverá, no acadêmico, *"desenvolver a cultura do diálogo e o uso de meios consensuais de solução de conflitos"* (art. 4º, IV), devendo o projeto pedagógico da faculdade de direito incluir, mandatoriamente, disciplina so-

---

36 BRASIL. UNIDERP. *"Matriz Curricular 2017 - Curso Direito"*. Disponível em: http://ww2.uniderp.br/uniderp/pdf/mec/matriz/Matriz%20Curricular_%202017_Direito.pdf.

37 BRASIL. MACKENZIE. *Currículo da Graduação em Direito.* 2018.1. Disponível em: https://www.mackenzie.br/graduacao/sao-paulo-higienopolis/direito/matriz-curricular.

38 BRASIL. UNIPAC. *Matriz Curricular - Direito.* Disponível em: https://www.unipac.br/itabirito/wp-content/uploads/sites/4/2018/04/direitoitab2018.pdf.

39 BRASIL. UNIBALSAS. *Estrutura Curricular de 2016.* Disponível em: https://www.unibalsas.edu.br/cursos/direito/.

40 BRASIL. MEC/CNE/CES. *Resolução n. 5, de 17 de dezembro de 2018.* Disponível em: https://www.in.gov.br/materia/-/asset_publisher/Kujrw0TZC2Mb/content/id/55640393/do1-2018-12-18-resolucao-n-5-de-17-de-dezembro-de-2018-55640113. Acesso em: 28.12.2021.

41 Reza, a propósito, o art. 3º da aludida Resolução: *"Art. 3º O curso de graduação em Direito deverá assegurar, no perfil do graduando, sólida formação geral, humanística, capacidade de análise, domínio de conceitos e da terminologia jurídica, capacidade de argumentação, interpretação e valorização dos fenômenos jurídicos e sociais, além do domínio das formas consensuais de composição de conflitos, aliado a uma postura reflexiva e de visão crítica que fomente a capacidade e a aptidão para a aprendizagem, autônoma e dinâmica, indispensável ao exercício do Direito, à prestação da justiça e ao desenvolvimento da cidadania"*.

bre as "*Formas Consensuais de Solução de Conflitos*" (art. 5º, II) e "práticas de resolução consensual de conflitos" (art. 6º, § 6º).

A mudança aqui não será trivial, mas alguns passos já estão sendo dados. A grade curricular da graduação em direito da FGV Direito Rio, para o ano de 2022, corrobora essa percepção. A faculdade ofereceu duas disciplinas obrigatórias no campo das soluções extrajudiciais de litígios, "Arbitragem" e "Mediação e Negociação", e uma eletiva, sendo ela "Arbitragem na Administração Pública"[42]. A Unig incluiu em sua grade curricular, como cadeira obrigatória introdutória, *"Teoria do Processo e Formas de Resolução de Conflitos (Mediação – Conciliação – Arbitragem)"*[43] e a Faesa passou a ofertar a matéria *"Solução Adequada de Conflitos"*[44].

Faz-se necessário muito mais do que isso, contudo. É essencial que o ensino tanto da teoria quanto da prática nas áreas de negociação e de mediação seja, em alguma medida, obrigatório a todos os alunos da graduação, neles desenvolvendo não apenas as habilidades necessárias para a resolução extrajudicial de litígios, mas mesmo uma nova cultura no setor. O advogado do futuro, na acurada percepção de Selma Lemes, *"deve deixar a armadura de gladiador para o foro e utilizar a vestimenta de cavalheiro do século XXI, tornando-se um negociador, um pacificador. No bom sentido, carece de uma 'desintoxicação forense'"*[45].

3. Estratégias e metodologias de ensino

3.1. Considerações gerais

A mudança cultural que se faz necessária no ensino jurídico, para viabilizar a transformação do perfil do advogado do futuro, de um agente do litígio para um agente do consenso, perpassa por duas frentes. A

---

42 BRASIL. FGV. *Grade Curricular e Material Didático 2022.1*. Disponível em: https://direitorio.fgv.br/grade-curricular-graduacao.

43 BRASIL. UNIG. *MATRIZ CURRICULAR – GRADUAÇÃO EM DIREITO*. Disponível em: https://unig.br/wp-content/uploads/Modelo-Matriz-Curricular-Direito-Mod.Novo-1.pdf. Ainda assim, é apenas uma disciplina mandatória na área das ADRs, oferecida como parte da linha de pesquisa de direito processual ("Teoria do Processo e Formas de Resolução de Conflitos"), ao mesmo tempo que a referida grade curricular contempla, dentre as obrigatórias, outras 8 (oito) cadeiras voltadas para o ensino da advocacia litigiosa: "Direito Processual Civil I (Proc. de Conhecimento)"; "Direito Processual Civil II (Proc. Comum)"; "Direito Processual Civil III (Recurso e Execução)"; "Direito Processual Civil IV (Medidas Provisórias e Estudos Especiais)"; "Direito Processual Civil V (Legislação Extravagante)"; "Direito Processual Penal I"; e "Direito Processual Penal II".

44 BRASIL. FAESA. *Matriz curricular*. Disponível em: https://www.faesa.br/cursos-graduacao/direito.

45 LEMES, Selma Ferreira. *Op. cit.*

primeira delas envolve uma alteração radical na grade curricular das faculdades de direito, com a adoção de cadeiras obrigatórias (teóricas e práticas) na seara das soluções extrajudiciais de litígios, sensibilizando os alunos, desde o marco zero do curso, quanto à importância da negociação e da busca pelo consenso. Já a segunda envolve uma mudança igualmente radical na metodologia do ensino jurídico, priorizando o desenvolvimento nos graduandos de novas habilidades que os tornem aptos ao exercício da advocacia colaborativa e negocial, mediante o emprego de diferentes métodos (*e.g.*, estudo de caso, simulações, role-playing, jogos, dramatizações, competições e adventure learning), com enfoque no ensino lastreado em experiências reais e casos concretos.

3.2. A grade curricular

Uma proposta pedagógica que se proponha a construir uma nova cultura de resolução de disputas no ambiente jurídico do país pressupõe, como é intuitivo, ênfase no estudo de disciplinas na seara das vias extrajudiciais de solução de conflitos. Mais do que isso, o sucesso da empreitada passa por algumas importantes estratégias:

(i) a efetiva sensibilização dos alunos, no momento inicial da faculdade de direito, quanto à importância da prevenção e da solução extrajudicial de litígios;

(ii) o estudo, no campo teórico, de temas como mediação, negociação, arbitragem, desenho de sistemas de resolução de disputas, dispute boards, práticas colaborativas e outros métodos extrajudiciais de solução de conflitos;

(iii) a prática, tanto simulada quanto no mundo real, da negociação, da mediação, da arbitragem, nas suas múltiplas possibilidades; e

(iv) o estudo, em outras áreas do conhecimento, de caráter interdisciplinar, de conteúdos que possam contribuir para o desenvolvimento das habilidades necessárias para a busca do consenso.

Na lição de John Lande e Jean Sternlight, sob a perspectiva do ensino jurídico norte-americano:

> "Escolas de direito não devem apenas assegurar que os estudantes de direito entendam as diferenças entre negociação, mediação, arbitragem e contencioso judicial (ainda que isso seja certamente desejável), mas devem fazer um trabalho melhor no aperfeiçoamento do conhecimento e das habilidades que advogados precisam ter para ser efetivos. Por exemplo, escolas de direito devem ensinar os estudantes a ter discernimento sobre ques-

tões como: os fatos são em geral controvertidos, algumas disputas não são melhores resolvidas com a judicialização, nem todas as disputas tratam de dinheiro, emoções não devem ser necessariamente ignoradas, e outras disciplinas podem ajudar bastante a advocacia. Advogados devem ser capazes de entender os interesses das partes, de comunicar-se efetivamente, e de pensar em opções que sejam aceitáveis para as partes em disputa. Além disso, o currículo deve ensinar tais lições não apenas em algumas matérias eletivas, mas também como parte integrante de cursos doutrinários centrais. Em outras palavras, as escolas de direito deveriam geralmente cobrir uma mais ampla e mais realista concepção do que significa "pensar como um advogado" "e agir como um advogado" na prática. O ensino das ADRs, explícita ou implicitamente, levanta questões fundamentais sobre a identidade do advogado e seu papel. Assim, o ensino das ADRs é um importante mecanismo de correção do currículo do direito que rotineiramente abarca assunções equivocadas sobre o que significa ser um advogado quando virtualmente o único processo de solução de disputas considerado é o litígio judicial"[46].

Evidentemente, não há como se modificar a cultura do litígio hoje entranhada no sistema de justiça do Brasil, sem que se dê a devida importância, no currículo obrigatório da graduação em direito, aos meios extrajudiciais de resolução de disputas[47]. "Quantidade não é qualidade", já diz a sabedoria popular. Ainda assim, enquanto predominar, nas faculdades de ciências jurídicas, o ensino de conteúdos direcionados à advocacia contenciosa, nenhuma mudança cultural será possível.

De fato, para que uma nova cultura de solução de conflitos floresça, a grade curricular da graduação em direito deve não apenas contemplar

46 LANDE, John; STERNLIGHT, Jean R.. *The potential contribution of ADR to an integrated curriculum: preparing law students for real world lawyering. In*: Ohio State Journal on Dispute Resolution, vol. 25:1, 2010, p. 251 (tradução livre). Disponível em: https://scholars.law.unlv.edu/cgi/viewcontent.cgi?referer=&httpsredir=1&article=1264&context=-facpub. Acesso em 31.12.2021.

47 Como bem assinalam Francisco José Cahali e Thiago Rodovalho, "*a sociedade brasileira ainda continua sendo permeada pela cultura do litígio, e essa mudança cultural demanda tempo e envolvimento de diversos setores da sociedade, para conscientização a respeito de outras formas de resolução dos conflitos. E uma das medidas mais necessárias para essa conscientização a respeito de outras formas de resolução dos conflitos e arrefecimento da cultura do litígio é, sem dúvida, a mudança nas grades curriculares das faculdades de Direito, para promover o ensino jurídico, além dos métodos tradicionais de resolução de controvérsias, também dos ADRs, modernamente concebidos como Adequate Dispute Resolution (= Métodos Adequados de Solução de Controvérsias): arbitragem, negociação, conciliação e mediação, entre outros (tais como neutral evaluation, dispute review board etc.)*" (CAHALI, Francisco José; RODOVALHO, Thiago. *Grade curricular: mediação nos cursos de Direito estimulará mudança. In*: Revista Consultor Jurídico, 12 de dezembro de 2013. Disponível em: https://www.conjur.com.br/2013-dez-12/mediacao-cursos-direito-estimulara-mudanca-cultura-litigio. Acesso em: 01.01.2022).

disciplinas no campo das ADRs, mas priorizá-las. Devem os cursos de direito, já no seu desenho curricular, passar a mensagem de que a primeira, mais óbvia e natural via para a resolução de uma controvérsia é a extrajudicial; e que a judicialização é a última opção. Para isso, o número de cadeiras voltado para o ensino dos métodos extrajudiciais de solução de disputas deve assemelhar-se ao contingente de disciplinas oferecido no campo do direito processual. E mais: o estudo das ADRs, em seus diferentes aspectos, deve ter caráter obrigatório[48] e deve ser feito separadamente. Negociação[49], arbitragem[50] e mediação[51] não se confundem[52]. São temáticas radicalmente diferentes. Não devem ser lecionadas pelo mesmo professor e nem como se fossem um mesmo conteúdo.

Mais do que isso, já no 1º período da faculdade, é essencial o oferecimento, em caráter obrigatório, de uma disciplina de sensibilização na temática dos métodos extrajudiciais de solução de controvérsias, com o objetivo de desmitificar, no acadêmico de direito, a percepção de que a

---

48 *Idem*. Em sentido semelhante, pela obrigatoriedade do ensino dos métodos extrajudiciais de solução de conflitos nas faculdades de direito, sob a ótica escocesa, vide: IRVINE, Charlie. *The future of legal education – what's ADR got to do with it? In*: Scots Law Times, vol. 25, 2010, p. 139-142. Disponível em: https://pure.strath.ac.uk/ws/portalfiles/portal/28142530/The_Future_of_Legal_Education_article.pdf. Acesso em 01.01.2022.

49 Veja-se, a respeito das diferenças entre negociação, mediação e conciliação: GARCEZ, José Maria Rossani. *ADRS: Métodos alternativos de solução de conflitos: análise estrutural dos tipos, fundamentos e exemplos na prática nacional/internacional*. Rio de Janeiro: Lumen Juris, 2013, p. 13-22 e 29-72.

50 A arbitragem é método heterocompositivo de solução de litígios. Nela, a controvérsia é equacionada por um terceiro escolhido pelas partes (o árbitro), imparcial e especialista na temática controvertida, o qual, nos limites da convenção arbitral, de forma semelhante ao juiz estatal (isto é, no exercício da função jurisdicional), decide quem tem razão, aplicando o direito ao caso concreto. Não se confunde com a solução judicial do conflito, pela justiça estatal, em que o litígio é dirimido por um juiz concursado, igualmente imparcial, escolhido por sorteio, sem que necessariamente seja um expert na matéria em discussão. Nesse sentido: SCHMIDT, Gustavo da Rocha, FERREIRA, Daniel Brantes & OLIVEIRA, Rafael Carvalho Rezende. *Comentários à lei de arbitragem*, 1ª ed. Rio de Janeiro: Forense; Método, 2021, p. 1-4.

51 Para uma definição de mediação, confira-se: VASCONCELOS, Carlos Eduardo de. Mediação de conflitos e práticas restaurativas. São Paulo: Editora Método, 2014, p.54. Vide, também: DALLA, Humberto; MAZZOLA, Marcelo. *Manual de mediação e arbitragem*. São Paulo: Saraiva Educação, 2019, p. 50.

52 SALLES, Carlos Alberto; LORENCINI, Marco Antônio Garcia; SILVA, Paulo Eduardo (coord.). *Negociação, mediação e arbitragem: cursos para programas de graduação em direito*. São Paulo: Método, 2012, p. XI-XII: *"Arbitragem, conciliação, negociação, mediação, avaliação neutra, etc., são diferentes entre si e possuem lógicas próprias. Provavelmente, o que permite uni-los em uma única categoria seja a contraposição ao método de resolução clássico, que é o processo judicial operado pela jurisdição estatal"*.

judicialização seria sinônimo de justiça.[53] O recurso à justiça estatal deve ser compreendido como algo não desejável, ainda que em certas circunstâncias necessário, enfatizando-se nas aulas os altos custos suportados pela sociedade com a litigiosidade excessiva, as deficiências do sistema estatal de justiça e a sua incapacidade de prover a paz social. E que existem outras formas, muito mais céleres, eficazes e sustentáveis, de equacionar disputas.

Nos semestres subsequentes, conteúdos diversos nas áreas de negociação, de mediação e de arbitragem, dentre outros métodos no campo das ADRs, devem ser oferecidos aos alunos, em caráter mandatório[54], em semelhante proporção ao tempo de estudo dedicado ao estudo do processo judicial. Quanto a este particular, é essencial que aulas teóricas sejam mescladas com aulas práticas[55], de forma a assegurar que o acadêmico de direito desenvolva as habilidades e técnicas necessárias para que no futuro próximo possa exercer, com excelência, a advocacia colaborativa, negocial ou consensual.

A prática, para que sirva de aprendizado efetivo, deve aproximar-se ao máximo de experiências concretas, de modo a treinar o aluno para lidar com (e resolver) problemas da vida real. A experiência bem-sucedida com competições já existentes[56], na linha dos moots de arbitragem, de mediação e mesmo de direitos humanos[57], pode servir como parâmetro para o desenvolvimento de novas disciplinas práticas, de caráter simulado, tendo muito a contribuir para a formação de um novo modelo de advocacia, com perfil menos judicialista.

---

53 Na atenta percepção de Carlos Alberto Salles, Marco Antonio Garcia Lorencini e Paulo Eduardo Silva, para que se possa desenvolver uma nova cultura de resolução de controvérsias, *"é forte a recomendação de que se trabalhe com métodos de resolução de conflitos na base da formação jurídica, antes do condicionamento do aluno aos padrões formais de litigância judicial"* (Idem).

54 Em sentido semelhante: IRVINE, Charlie. *Op. cit.*, p. 139-142.

55 LEWICKI, Roy J. *Teaching negotiation and dispute resolution in colleges of business: the state of the practice. In*: Negotiation Journal, vol. 13, 1997, p. 253-269. Disponível em: https://doi.org/10.1023/A:1024844604491. Acesso em: 05.01.2022.

56 *"As competições são baseadas em casos fictícios, nos quais se simula uma controvérsia que será dirimida por meio de arbitragem ou de mediação. Nas competições de arbitragem, os alunos desempenham o papel de advogados, devendo submeter alegações escritas e, posteriormente, defender seus argumentos oralmente perante um tribunal arbitral. Nas competições nacionais de mediação, os alunos atuam como mediadores e nas competições internacionais, como partes e advogados"* (COELHO, Eleonora. *Op. cit.*, p. 119).

57 Nesse sentido: GERBER, Paula; CASTAN, Melissa. *Practice meets theory: using moots as a tool to teach Human Rights Law. In*: Journal of Legal Education, vol. 62, n. 2, nov. 2012, p. 298-310; COLLINS JR., Edward J.; ROGOFF, Martin A. *The use of an interscholastic moot court competition in the teaching of International Law. In*: PS: Political Science & Politics, vol. 24, n. 3, set. 1991, p. 516-520.

Por fim, há que se construir um currículo que permita a formação interdisciplinar do graduando, com destaque para o oferecimento de cadeiras, dentre outras, nas áreas de psicologia, economia, negócios, novas tecnologias e mesmo matemática, permitindo-se, com isso, que o acadêmico de direito possa absorver, em caráter complementar (e de forma relevante), outros conhecimentos essenciais para a busca de soluções negociadas.[58] Conteúdos na área de psicologia podem ajudar no emprego das ADRs na área de direito de família e, inclusive, no desenvolvimento de capacidades estratégicas para a advocacia, tanto colaborativa quanto empresarial, permitindo que o futuro jurista tenha percepções mais claras sobre os aspectos emocionais envolvidos na questão, sobre comportamentos mentirosos, sobre como alcançar a verdade, sobre como convencer seu interlocutor, etc[59]. Já o conhecimento produzido nas áreas de economia e de negócios pode servir de relevante substrato para negociações empresariais[60]. Finalmente, o desenvolvimento de sistemas de resolução de disputas perpassa por conhecimentos na seara das novas tecnologias[61] e da matemática[62].

---

58 *"Porque a prática efetiva do direito exige conhecimento e habilidades em complemento à interpretação jurídica, o currículo das escolas de direito deveria incluir conhecimento de outras disciplinas. Ferramentas interdisciplinares podem contribuir bastante na compreensão de como o sistema jurídico funciona, o que os advogados fazem, e como as pessoas se comportam. Muitos professores produzem trabalhos acadêmicos interdisciplinares, e assim tem familiaridade com o trabalho em outras disciplinas, como economia, sociologia ou psicologia. Todavia, as escolas de direito incluem geralmente tais matérias como eletivas ocasionais, se é que as oferecem"* (LANDE, John; STERNLIGHT, Jean R. *Op. cit.*, p. 267). Em linha similar: IRVINE, Charlie. *Op. cit.*, p. 139-142.

59 ROBBENNOLT, Jennifer K; STERNLIGHT, Jean R. *Psychology for lawyers: understanding the human factors in negotiation, litigation, and decision making*, ABA Book Publishing, 2021.

60 LANDE, John; STERNLIGHT, Jean R. *Op. cit.*, p. 267.

61 A verdade é que o caminho do litígio é a forma mais custosa para resolver disputas. Não por outra razão, as partes tendem a buscar formas de reduzir as despesas envolvidas na disputa. Novas tecnologias ajudam os interessados a acessar os riscos envolvidos na judicialização da questão, em comparação com a solução consensual. A automação, por sua vez, tem permitido redução de custos na seleção e análise de documentos (MURRILL, Robert. *Casing the case. In*: Law.com, 27 de março 2003). Há que se considerar, ademais, o surgimento de novas tecnologias, *"como as plataformas de ODR (online dispute resolution), que permitem a realização de procedimentos de arbitragem, mediação, conciliação ou negociação, por meio de ferramentas automatizadas online, inclusive com o uso de inteligência artificial para atuar diretamente na resolução de conflitos"* (MARQUES, Ana Luiza Pinto Coelho; PERILLO, Lucas Porto. *As novas tecnologias e o seu impacto no ensino do direito. In*: BOMFIM, Rainer; MÁXIMO, Flávia; BAHIA, Alexandre (Orgs.) Tendências do ensino jurídico: confrontando as limitações de um saber-práxis no direito [recurso eletrônico] / Rainer Bomfim; Flávia Máximo; Alexandre Bahia (org.). Porto Alegre, RS: Editora Fi, 2021, p. 135). A propósito do tema, veja-se, ainda: SALDANHA, Alexandre Henrique Tavares; SALDANHA, Paloma Mendes. *Gamificação e criatividade para a forma-*

3.3. Metodologia de ensino

O ensino de técnicas para negociação, mediação e resolução de conflitos vem evoluindo desde meados da década de 1970, quando passaram a ser oferecidas disciplinas nos cursos de Direito e Administração. Vários métodos (com suas variações) têm sido empregados desde então, com o propósito de desenvolver as habilidades necessárias à formação de estudantes em vários campos do saber.[63]

O enfoque tradicional no ensino da negociação, como adotado nos Estados Unidos, privilegiava inicialmente a busca por acordos entre uma díade. Posteriormente, passou-se a considerar situações mais complexas de negociação, envolvendo várias e diferentes partes. Além disso, embora sempre haja espaço para a apresentação e discussão de questões teóricas, por meio de aulas expositivas, prevalecem definitivamente os métodos ativos de ensino, com diversas ramificações.

Os diversos métodos tendem a ser complementares, uma vez que nenhum deles, sozinho, proporciona o pleno desenvolvimento das habilidades exigidas de um negociador (assim como de mediador ou facilitador) ou é capaz de prepará-lo para enfrentar as tensões inerentes a uma situação real. Como bem aponta Leonard Riskin:

> "Professores e instrutores comumente empregam uma variedade de métodos de instrução para ensinar perspectivas e habilidades necessárias para, de forma apropriada, implementar novas abordagens para negociação, mediação e a advocacia descrita acima. Em complemento a leituras, palestras e demonstrações, isso inclui simulações de role-play que lidem com atividades como ouvir e debater, assim como a prática em processos específicos como os de entrevista e aconselhamento, negociação, mediação, registro de ideias e percepções e outras práticas reflexivas, incluindo um processo intensivo de realização de exercícios e outras formas de supervisão"[64].

ção em direito na cibercultura. In: SILVA Alexandre Pacheco da; FABIANI, Emerson Ribeiro; FEFERBAUM, Marina (org.). Transformações no ensino jurídico [recurso eletrônico]. São Paulo: FGV Direito SP, 2021, p. 56-78.

62 Por exemplo, *"árvores decisórias permitem que as partes e seus advogados possam ver mais claramente como as forças e as fragilidades das posições que ocupam em questões específicas podem afetar o seu caso. Há muito popular na área de negócios, análises decisórias têm evoluído como uma ferramenta para ajudar advogados na tomada de decisões em casos complexos"* (AARON, Marjorie Corman. *Using decision trees as tools for settlement. In*: Alternatives High Cost Litigation, vol. 14, n. 6, 1996, p. 71. Disponível em: https://scholarship.law.uc.edu/cgi/viewcontent.cgi?article=1392&context=fac_pubs. Acesso em: 31.12.2021).

63 LEWICKI, Roy J. *Op. cit.*, p. 253-269. Sobre o tema, confira-se ainda: TYLER, Melissa Conley; CUKIER, Naomi. *Nine Lessons for teaching negotiation skills. In*: Legal Education Review, nol. 15, n. 1/2, 2005, p. 61-86.

64 RISKIN, Leonard L. *Mindfulness: foundational training for dispute resolution. In*: Jour-

Um método comumente utilizado, mas considerado de baixa eficácia por não desafiar os estudantes, é o exercício meramente negocial. O estudante se defronta com um problema prático, sendo-lhe apresentados os diversos aspectos envolvidos na questão: os fatos; os interesses em jogo; eventuais aspectos emocionais; características das partes e de eventuais parceiros; e os pressupostos de partida da negociação. Os graduandos, então, devem apresentar os argumentos a partir do ponto de vista de uma das partes. Este tipo de exercício trabalha com aspectos racionais do processo de busca do consenso.

O estudo de caso[65], por sua vez, envolve o exame, em detalhes, de como se processou determinada negociação/mediação na vida real, a partir de uma descrição do contexto e dos participantes, assim como dos pressupostos, argumentos e atuação correspondentes a cada parte. Envolve, portanto, o estudo aprofundado de relatórios bastante detalhados, permitindo uma ampla discussão a respeito. Neste método, os estudantes têm a oportunidade de se defrontar com um processo ocorrido na vida real e discutir possíveis erros, acertos e resultados. O caso pode ser trabalhado, se de interesse do professor, com o apoio do método socrático[66] ou mediante o uso da metodologia *"problem-based learning"*[67].

Já as simulações envolvem um conjunto de métodos com variações entre eles[68]. É aqui que entram os moots (competições de arbitragem,

---

nal of Legal Education, vol. 54, 2004, p. 82 (tradução livre). Disponível em: http://scholarship.law.ufl.edu/facultypub/636. Acesso em: 04.01.2021.

65 Sobre o estudo de caso no ensino jurídico na Alemanha, veja-se: QUARCH. Tilman. *Introdução à hermenêutica do direito alemão: der gutachtenstil. In*: Revista de Direito Civil Contemporâneo, vol. 1., 2014, p. 251.

66 A respeito do método socrático, confira-se, dentre outros: FORD, M. Christopher. *The Socratic Method in the 21st Century. Disponível em:* https://www.westpoint.edu/sites/default/files/inline-images/centers_research/center_for_teching_excellence/PDFs/mtp_project_papers/Ford_08.pdf. Acesso em: 05.01.2022.

67 Sobre o "problem-based learning" como metodologia de ensino, vide: WIJNEN, Marit; LOYENS, Sofie. M.; SMEETS, Guus; KROEZE, Maarten. J.; VAN DER MOLEN, Henk. T. *Students' and teachers' experiences with the implementation of problem-based learning at a university law school. In*: Interdisciplinary Journal of Problem-Based Learning, vol. 11, n. 2, 2017.

68 SUSSKIND, Lawrence; CORBURN, Jason. *Using simulations to teach negotiation: Pedagogical theory and practice. In*: HERZ, Dietmar; BLÄTTE, Andras (orgs.). Simulation und planspiel in den sozialwissenschaften: eine bestandsaufnahme der internationalem diskussion. Münster, Lit Verlag, 2000, p. 64 (tradução livre): "*Simulações combinam elementos de jogos e role-plays. Elas tipicamente consistem de três partes: uma peça de fundo escrita que define o cenário, instruções confidenciais para cada ator e uma nota sobre o exercício (de esclarecimento). O pano de fundo apresenta as regras do jogo. A dramatização, simulação de computador ou atividade relacionada envolve os jogadores em uma situação de resolução de problemas. Normalmente, vários grupos ou 'mesas' jogam o mesmo jogo ao mesmo*

mediação ou negociação), tão utilizados no campo das soluções extrajudiciais de litígios. Neles, um caso é apresentado aos alunos, em relatório, com a indicação de todos os detalhes fáticos e dos interesses envolvidos. Os estudantes têm que estudar o caso, sob a perspectiva fática e teórica, e definir estratégias para a fase de competição. Há, portanto, a necessidade de uma preparação prévia, de alto nível. Na competição, os alunos têm que percorrer todas as etapas de um processo de mediação ou mesmo de arbitragem, desde a realização de conversas preliminares com o cliente, passando pela elaboração de memoriais escritos, participação em audiências, inquirição de partes ou testemunhas e apresentação de argumentos orais, até que se chegue ao resultado.[69] É uma excelente opção de integração do método socrático à escrita, conforme proposto por Mary Kate Kearney e Mary Beth Beazley[70]. Um método de ensino que, se bem empregado, tem tudo para muito contribuir no desenvolvimento de habilidades necessárias para a advocacia colaborativa e estratégica do Século XXI.

A par das competições, é possível também a realização de simulações em sala de aula, usando computador ou inteligência artificial, bem como o recurso a jogos e dramatizações, também conhecidas como role-plays, ou role-playing[71]. Há diferenças, no entanto, entre simulações, jogos e dramatizações. Os jogos, de forma geral, têm regras estabelecidas, mais restritivas, a que os participantes devem aderir. Já a dramatização envolve papéis (e respectivas características) que são atribuídos a cada participante ou grupo de participantes, podendo deixar bastante espaço à atuação individual ou em grupo. Muitas vezes o próprio instrutor da disciplina atua como parte no caso. Já as simulações têm elementos em comum tanto com os jogos quanto com as dramatizações, mas tendem a ser mais complexas e frequentemente são conduzidas com auxílio de um programa em computador. O aspecto fundamental nesses métodos simulados é a discussão final dos resultados, considerada fundamental para um aprendizado efetivo. Mais recentemente, as simula-

tempo para que os resultados possam ser comparados. A revelação dos resultados em diferentes tabelas oferece uma oportunidade para todo o grupo examinar as diferenças entre eles".

69 Vide, dentre outros: COELHO, Eleonora. *Op. cit.*, p. 119; GERBER, Paula; CASTAN, Melissa. *Op. cit.*, p. 298-310; COLLINS JR., Edward J.; ROGOFF, Martin A. *Op. cit.*, p. 516-520.

70 KEARNEY, Mary Kate; BEAZLEY, Mary Beth. *Teaching students how to "think like lawyers": integrating socratic method with the writing process. In*: Temple Law Review, vol. 54, n. 4, 1991, p. 885-908.

71 WESNER, Bradley S.; SMITH, Ashly Bender Smith. *Salary negotiation: a role-play exercise to prepare for salary negotiation. In*: Management Teaching Review, vol. 4, issue 1, 2019, p. 15.

ções em computador vêm utilizando sistemas que incorporam inteligência artificial.[72]

Transformar a teoria na prática, contudo, não é alto trivial[73]. Um desafio crescente na área envolve a realização de exercícios simulados com modelos mentais sofisticados, que incluam variáveis como emoções, confiança e diferenças culturais e comportamentais, de forma a que se possa desenvolver no estudante as capacidades essenciais para que se torne um bom resolvedor de problemas.[74]

Um dos métodos de aplicação mais recentes, denominado *adventure learning*[75], leva os estudantes a locais onde ocorrem experiências reais (de negociações ou mediações), permitindo que os estudantes observem e pratiquem em situações autênticas (como em feiras, bazares, mediações comunitárias etc.). Esta técnica deve ser usada de forma complementar às simulações e exercícios em sala de aula e seu propósito é permitir o chamado aprendizado pela experiência (*experiential learning*). No entanto, apesar da característica inovadora do método *adventure learning* (lastreada em experiências reais) e da crítica que existe ao uso de situações artificiais de negociação, a verdade é que as práticas simuladas continuam a predominar no ensino da resolução extrajudicial de conflitos.

O ensino das ADRs deve ser conduzido a partir de genuína diversidade de metodologias de ensino. O Quadro 1 apresenta uma síntese dos vários métodos apresentados e suas principais características.

---

72 VARGAS, Luis. G.; MORENO-LOSCERTALES, Cristina; MORENO-JIMÉNEZ, José María. *Conflict resolution in the era of cognitive multicriteria decision-making: an AHP-retributive approach. In*: International Transactions in Operational Research, 2021. Disponível em: https://doi.org/10.1111/itor.13088. Acesso em: 05.01.2022. Vide, também: DINNAR, Samuel Mooly; DEDE, Chris; JOHNSON, Emmanuel; STRAUB, Carrie; KORJUS, Kristjan. *Artificial intelligence and technology in teaching negotiation. In*: Negotiation Journal, vol. 37, p. 65-82. Disponível em: https://doi.org/10.1111/nejo.12351. Acesso em: 05.01.2022.

73 WHEELER, Michael. *Is teaching negotiation too easy, too hard, or both? In*: Negotiation Journal, vol. 22, 2006, p. 187-197. Disponível em: https://doi.org/10.1111/j.1571-9979.2006.00094.x. Acesso em: 05.01.2022.

74 LEWICKI, Roy J. *Op. cit.*, p. 253-269. Veja-se, ainda: EBNER, Noam; KOVACH, Kimberlee K. *Simulation 2.0: The resurrection. In*: HONEYMAN, Christopher. Rethinking negotiation teaching series, vol. 2: venturing beyond the classroom. DRI Press, 2011, p. 245. Disponível em: https://ssrn.com/abstract=1916794. Acesso em: 05.01.2022.

75 Sobre o assunto, vide: DEASON, Ellen E.; EFRON, Yael; HOWELL, Ranse; KAUFMAN, Sanda; LEE, Joel; PRESS, Sharon. *Debriefing adventure learning. In*: HONEYMAN, Christopher. Educating negotiators for a connected world, vol. 4, 2003, p. 335-342. Os autores salientam que, além da autenticidade inerente a tais experiências, os estudantes lidam com aspectos inesperados, o que se traduz em aprendizados únicos.

Quadro 1 - Síntese dos métodos de ensino no campo das ADRs

Método de ensino	Objetivo pedagógico
Aulas teóricas e leitura de material	Proporcionam o conhecimento teórico dos princípios gerais e dos mecanismos cognitivos subjacentes aos mecanismos de resolução extrajudicial de disputas.
Exercícios	Permitem a reflexão individual em situações específicas e servem como preparação para técnicas mais avançadas.
Estudo de caso	Permitem examinar situações específicas em que as partes se engajaram em interação com o propósito de resolver disputas ou conflitos; gera discussão em torno dos eventos, procedimentos, decisões e ações tomadas por terceiros.
Jogos	São um tipo de simulação que utiliza regras estritas com resultados limitados, podendo ser útil em uma etapa inicial do treinamento.
Dramatizações (Role-plays)	Admitem regras mais abertas e uma atuação mais individualizada dos participantes do que os jogos, podendo ter o próprio instrutor da disciplina como parte no processo negocial, de mediação ou de arbitragem.
Simulação em sala de aula com uso de computador	Combina elementos de role-play e jogos, sendo conduzida em sala de aula com uso de computador. Permite gerar situações mais próximas de um caso real do que os jogos.
Simulação com uso de I.A.	Permite a simulação de experiências reais, com o uso de mecanismos de inteligência artificial (humanos virtuais), mais aptos a replicar o comportamento humano em um conflito ou uma negociação.
Moots (competições entre estudantes)	Permite que os estudantes, de forma simulada, percorram todos os passos envolvidos em uma disputa real, com estudo do caso (no campo teórico e quanto aos aspectos fáticos), definição de estratégias, participação em audiências, inquirição de testemunhas e apresentação de argumentos orais, neles desenvolvendo as habilidades necessárias para a advocacia colaborativa e estratégica do Século XXI.
Adventure learning	Permite ao estudante observar e/ou engajar-se em uma experiência real, quer como observador, quer como participante (por exemplo, em mediações comunitárias, negociações em mercados locais e feiras, arbitragens *pro bono* etc.).

Fonte: elaborada pelo autor.

4. Conclusões

Espera-se que, ao cabo deste artigo, esteja claro que a construção de uma nova cultura de resolução de conflitos no Brasil, mais consensual e menos litigiosa, exige uma reformulação do ensino nas faculdades de direito do país.

A análise, por amostragem, da grade curricular da graduação em direito das universidades privadas do país confirma que o ensino jurídico, no Brasil, tem priorizado o oferecimento de disciplinas voltadas para a advocacia litigiosa, em detrimento de práticas e conteúdos direcionados para as soluções extrajudiciais de litígios.

Nesse sentido, a mudança que se faz necessária no ensino jurídico, para viabilizar a transformação do perfil do advogado do futuro, de um agente do litígio para um agente do consenso, envolve não apenas uma alteração radical na grade curricular das faculdades de direito, de caráter multidisciplinar, com a adoção de cadeiras obrigatórias (teóricas e práticas) na seara das ADRs, mas também o emprego de métodos variados de ensino (*e.g.*, estudo de caso, simulações, role-playing, jogos, dramatizações, competições e adventure learning, com enfoque em experiências reais e casos concretos, viabilizando o desenvolvimento nos estudantes de direito de habilidades que os tornem aptos ao exercício da advocacia colaborativa e negocial, conforme se espera do jurista do Século XXI.

Sem sombra de dúvida, as instituições privadas de ensino superior têm um papel fundamental a cumprir aqui, podendo aproveitar a oportunidade, ainda, para preparar os seus alunos para um mercado de trabalho próspero e que só faz crescer. Explorando um novo segmento no ensino jurídico, podem contribuir imensamente para a transformação (para melhor) do sistema de justiça do país.

5. Bibliografia

AARON, Marjorie Corman. Using decision trees as tools for settlement. *In*: Alternatives High Cost Litigation, vol. 14, n. 6, 1996, p. 71. Disponível em: https://scholarship.law.uc.edu/cgi/viewcontent.cgi?article=1392&context=fac_pubs. Acesso em: 31.12.2021.

BRANDÃO, Fernanda Holanda de Vasconcelos. Desjudicialização dos conflitos: novo paradigma para uma educação jurídica voltada para a prática da atividade advocatícia negocial. Tese (Doutorado em Ciências Jurídicas), Universidade Federal da Paraíba, João Pessoa, 2014, p. 43. Disponível em: https://repositorio.ufpb.br/jspui/handle/tede/4450?locale=pt_BR. Acesso em: 01.01.2022.

BRASIL. PUC-RIO. Bacharelado em Direito – Ênfase em Contencioso –

diurno (Currículo 2018). Disponível em: https://www.puc-rio.br/ensinopesq/ccg/direito.html#periodo_1.

BRASIL. UVA. Grade curricular UVA Direito. Disponível em: https://direitonauva.files.wordpress.com/2015/08/grade-curricular-uva-direito.pdf.

BRASIL. UCAM. GRADUAÇÃO DIREITO PENHA GRADE CURRICULAR. Disponível em: https://www.candidomendes.edu.br/wp-content/uploads/2019/02/GRADUACAO-DIREITO-PENHA-GRADE-CURRICULAR.pdf.

BRASIL. MACKENZIE. EMENTÁRIO MATRIZ CURRICULAR NÚCLEOS OPTATIVOS. Disponível em: https://www.mackenzie.br/fileadmin/ARQUIVOS/Public/1-mackenzie/universidade/unidades-academicas/FD/2020/EMENTARIO/10__SEM._N%C3%9ACLEOS_OPTATIVOS.pdf.

BRASIL. UNIDERP. "Matriz Curricular 2017 - Curso Direito". Disponível em: http://ww2.uniderp.br/uniderp/pdf/mec/matriz/Matriz%20Curricular_%202017_Direito.pdf.

BRASIL. UNIPAC. Matriz Curricular - Direito. Disponível em: https://www.unipac.br/itabirito/wp-content/uploads/sites/4/2018/04/direitoitab2018.pdf.

BRASIL. UNIBALSAS. Estrutura Curricular de 2016. Disponível em: https://www.unibalsas.edu.br/cursos/direito/.

BRASIL. FAESA. Matriz curricular. Disponível em: https://www.faesa.br/cursos-graduacao/direito.

BRASIL. UNIG. MATRIZ CURRICULAR - GRADUAÇÃO EM DIREITO. Disponível em: https://unig.br/wp-content/uploads/Modelo-Matriz-Curricular-Direito-Mod.Novo-1.pdf.

BRASIL. FGV. Grade Curricular e Material Didático 2022.1. Disponível em: https://direitorio.fgv.br/grade-curricular-graduacao.

CAHALI, Francisco José; RODOVALHO, Thiago. Grade curricular: mediação nos cursos de Direito estimulará mudança. *In*: Revista Consultor Jurídico, 12 de dezembro de 2013. Disponível em: https://www.conjur.com.br/2013-dez-12/mediacao-cursos-direito-estimulara-mudanca-cultura-litigio. Acesso em: 01.01.2022.

CARLSON, Chris & ANDERSON, Heather. Dispute resolution in the public sector: what makes programs survive, thrive, or die? *In*: Dispute Resolution Magazine, vol. 20 n. 3, 2014.

COELHO, Eleonora. Desenvolvimento da cultura dos métodos adequados de solução de conflitos: uma urgência para o Brasil. *In*: ROCHA, Caio Cesar Vieira & SALOMÃO, Luis Felipe (coord.). Arbitragem e mediação: a reforma da legislação brasileira, São Paulo: Atlas, 2015.

COLLINS JR., Edward J.; ROGOFF, Martin A. The use of an interscholastic moot court competition in the teaching of International Law. In: PS: Political Science & Politics, vol. 24, n. 3, set. 1991, p. 516-520.

CNJ. Justiça em Números 2020: ano-base 2019/Conselho Nacional de Justiça - Brasília: CNJ, 2020. Disponível em: https://www.cnj.jus.br/wp-content/uploads/2020/08/WEB-V3-Justi%C3%A7a-em-N%C3%BAmeros-2020-atualizado-em-25-08-2020.pdf. Acesso em: 27.12.2021.

DALLA, Humberto; MAZZOLA, Marcelo. Manual de mediação e arbitragem. São Paulo: Saraiva Educação, 2019.

DEASON, Ellen E.; EFRON, Yael; HOWELL, Ranse; KAUFMAN, Sanda; LEE, Joel; PRESS, Sharon. Debriefing adventure learning. *In*: HONEYMAN, Christopher. Educating negotiators for a connected world, vol. 4, 2003, p. 335-342.

DINNAR, Samuel Mooly; DEDE, Chris; JOHNSON, Emmanuel; STRAUB, Carrie; KORJUS, Kristjan. Artificial intelligence and technology in teaching negotiation. *In*: Negotiation Journal, vol. 37, p. 65-82. Disponível em: https://doi.org/10.1111/nejo.12351. Acesso em: 05.01.2022.

EBNER, Noam; KOVACH, Kimberlee K. Simulation 2.0: The resurrection. *In*: HONEYMAN, Christopher. Rethinking negotiation teaching series, vol. 2: venturing beyond the classroom. DRI Press, 2011. Disponível em: https://ssrn.com/abstract=1916794. Acesso em: 05.01.2022.

FORD, M. Christopher. The Socratic Method in the 21st Century. Disponível em: https://www.westpoint.edu/sites/default/files/inline-images/centers_research/center_for_teching_excellence/PDFs/mtp_project_papers/Ford_08.pdf. Acesso em: 05.01.2022.

FREIRE, Paulo. Pedagogia da tolerância. Organização e notas: Ana Maria Araújo Freire. São Paulo: Editora Unesp, 2004.

FUX, Luiz. Plano de gestão: "Supremo tem trabalhado muito para ser uma corte 100% digital", diz Fux. Entrevista concedida a Thiago Crepaldi. *In*: Revista Consultor Jurídico, 13 de junho de 2021. Disponível em: https://www.conjur.com.br/2021-jun-13/entrevista-luiz-fux-presidente-supremo-tribunal-federal. Acesso em 29.12.2021.

FUX, Luiz; BODART, Bruno. Processo civil e análise econômica. Rio de Janeiro: Forense, 2019.

FUZISHIMA, Ancilla Caetano Galera. Fase pré-processual obrigatória de conciliação: condição de acesso à prestação jurisdicional. Tese (Doutorado em Direito Político e Econômico), Universidade Presbiteriana Mackenzie, São Paulo, 2020. Disponível em: http://tede.mackenzie.br/jspui/bitstream/tede/4730/5/ANCILLA%20C%20GALERA%20FUZISHIMA.pdf. Acesso em: 01.01.2022.

GARCEZ, José Maria Rossani. ADRS: Métodos alternativos de solução de conflitos: análise estrutural dos tipos, fundamentos e exemplos na prática nacional/internacional. Rio de Janeiro: Lumen Juris, 2013.

GERBER, Paula; CASTAN, Melissa. Practice meets theory: using moots as a tool to teach Human Rights Law. *In*: Journal of Legal Education, vol. 62, n. 2, nov. 2012, p. 298-310.

IRVINE, Charlie. The future of legal education - what's ADR got to do with it? *In*: Scots Law Times, vol. 25, 2010, p. 139-142. Disponível em: https://pure.strath.ac.uk/ws/portalfiles/portal/28142530/The_Future_of_Legal_Education_article.pdf. Acesso em 01.01.2022.

KEARNEY, Mary Kate; BEAZLEY, Mary Beth. Teaching students how to "think like lawyers": integrating socratic method with the writing process. *In*: Temple Law Review, vol. 54, n. 4, 1991, p. 885-908.

LANDE, John; STERNLIGHT, Jean R. The potential contribution of ADR to an integrated curriculum: preparing law students for real world lawyering. *In*: Ohio State Journal on Dispute Resolution, vol. 25:1, 2010. Disponível em: https://scholars.law.unlv.edu/cgi/viewcontent.cgi?referer=&httpsredir=1&article=1264&context=facpub. Acesso em 31.12.2021.

LEMES, Selma Ferreira. Os procedimentos arbitrais e as funções dos advogados. Valor Econômico, 02 de setembro de 2003. Disponível em: http://selmalemes.adv.br/artigos/artigo35.pdf. Acesso em: 01.01.2022.

LEWICKI, Roy J. Teaching negotiation and dispute resolution in colleges of business: the state of the practice. *In*: Negotiation Journal, vol. 13, 1997, p. 253-269. Disponível em: https://doi.org/10.1023/A:1024844604491. Acesso em: 05.01.2022.

MARQUES, Ana Luiza Pinto Coelho; PERILLO, Lucas Porto. As novas tecnologias e o seu impacto no ensino do direito. *In*: BOMFIM, Rainer; MÁXIMO, Flávia; BAHIA, Alexandre (Orgs.) Tendências do ensino jurídico: confrontando as limitações de um saber-práxis no direito [recurso eletrônico] / Rainer Bomfim; Flávia Máximo; Alexandre Bahia (org.). Porto Alegre, RS: Editora Fi, 2021.

MEC/CNE/CES. Resolução n. 5, de 17 de dezembro de 2018. Disponível em: https://www.in.gov.br/materia/-/asset_publisher/Kujrw0TZC2Mb/content/id/55640393/do1-2018-12-18-resolucao-n-5-de-17-de-dezembro-de-2018-55640113. Acesso em: 28.12.2021.

MUNIZ, Petronio R. G. Operação arbiter: a história da Lei n. 9.307/96 sobre a arbitragem comercial no Brasil, AAEPE, Associação dos Advogados de Empresa de Pernambuco, 2005.

MURRILL, Robert. Casing the case. *In*: Law.com, 27 de março 2003.

QUARCH. Tilman. Introdução à hermenêutica do direito alemão: der gutachtenstil. *In*: Revista de Direito Civil Contemporâneo, vol. 1., 2014.

RISKIN, Leonard L. Mindfulness: foundational training for dispute resolution. *In*: Journal of Legal Education, vol. 54, 2004. Disponível em: http://scholarship.law.ufl.edu/facultypub/636. Acesso em: 04.01.2021.

ROBBENNOLT, Jennifer K; STERNLIGHT, Jean R. Psychology for lawyers: understanding the human factors in negotiation, litigation, and decision making, ABA Book Publishing, 2021.

ROQUE, Andre Vasconcelos; DELLORE, Luiz Dellore; GAJARDONI, Fernando da Fonseca; MACHADO, Marcelo Pacheco; OLIVEIRA JUNIOR, Zulmar Duarte. Acesso à justiça x demandismo: repensando a gratuidade nos juizados especiais. *In*: Migalhas: 1 de julho de 2019. Disponível em: https://www.migalhas.com.br/coluna/tendencias-do-processo-civil/305449/acesso-a-justica-x-demandismo---repensando-a-gratuidade-nos-juizados-especiais. Acesso em: 01.01.2022.

SACKS, Albert M. Legal education and the changing role of lawyers in dispute resolution. *In*: Journal of Legal Education, vol. 34, 1984.

SALDANHA, Alexandre Henrique Tavares; SALDANHA, Paloma Mendes. Gamificação e criatividade para a formação em direito na cibercultura. *In*: SILVA Alexandre Pacheco da; FABIANI, Emerson Ribeiro; FEFERBAUM, Marina (org.). Transformações no ensino jurídico [recurso eletrônico]. São Paulo: FGV Direito SP, 2021, p. 56-78.

SALLES, Carlos Alberto; LORENCINI, Marco Antônio Garcia; SILVA, Paulo Eduardo (coord.). Negociação, mediação e arbitragem: cursos para programas de graduação em direito. São Paulo: Método, 2012.

SALOMÃO, Luis Felipe. Mediação e arbitragem: "Judiciário precisa ser realmente o último recurso da cidadania". Entrevista concedida a Pedro Canário. *In*: Revista Consultor Jurídico, 21 de junho de 2015. Disponível em: https://www.conjur.com.br/2015-jun-21/entrevista-luis-felipe-salomao-ministro-superior-tribunal-justica. Acesso em 29.12.2021.

SCHMIDT, Gustavo da Rocha. O papel do ensino jurídico na formação de uma nova cultura de solução de litígios no Brasil. *In*: Revista de Arbitragem e Mediação, n. 73 (no prelo).

____________ Por uma nova cultura de solução de conflitos. *In*: Migalhas, 7 de dezembro de 2021. Disponível em: https://www.migalhas.com.br/depeso/356142/por-uma-nova-cultura-de-solucao-de-conflitos. Acesso em: 28.12.2021.

SCHMIDT, Gustavo da Rocha, FERREIRA, Daniel Brantes & OLIVEIRA, Rafael Carvalho Rezende. Comentários à lei de arbitragem, 1ª ed. Rio de Janeiro: Forense; Método, 2021.

SUSSKIND, Lawrence; CORBURN, Jason. Using simulations to teach negotiation: Pedagogical theory and practice. *In*: HERZ, Dietmar; BLÄTTE, Andras (orgs.). Simulation und planspiel in den sozialwissenschaften: eine bestandsaufnahme der internationalem diskussion. Münster, Lit Verlag, 2000.

TYLER, Melissa Conley; CUKIER, Naomi. Nine Lessons for teaching negotiation skills. *In*: Legal Education Review, nol. 15, n. 1/2, 2005, p. 61-86.

VARGAS, Luis. G.; MORENO-LOSCERTALES, Cristina; MORENO-JIMÉNEZ, José María. Conflict resolution in the era of cognitive multicriteria decision-making: an AHP-retributive approach. *In*: International Transactions in Operational Research, 2021. Disponível em: https://doi.org/10.1111/itor.13088. Acesso em: 05.01.2022.

VASCONCELOS, Carlos Eduardo de. Mediação de conflitos e práticas restaurativas. São Paulo: Editora Método, 2014.

VIANNA, Fernando Villela de Andrade; SCHMIDT, Gustavo da Rocha. A implantação de uma nova cultura de solução de litígios na Administração. *In*: Revista Consultor Jurídico, 30 de abril de 2021. Disponível em: https://www.conjur.com.br/2021-abr-30/opiniao-cultura-solucao-litigios-administracao. Acesso em: 28.12.2021.

WESNER, Bradley S.; SMITH, Ashly Bender Smith. Salary negotiation: a role-play exercise to prepare for salary negotiation. *In*: Management Teaching Review, vol. 4, issue 1, 2019.

WHEELER, Michael. Is teaching negotiation too easy, too hard, or both? *In*: Negotiation Journal, vol. 22, 2006, p. 187-197. Disponível em: https://doi.org/10.1111/j.1571-9979.2006.00094.x. Acesso em: 05.01.2022.

WIJNEN, Marit; LOYENS, Sofie. M.; SMEETS, Guus; KROEZE, Maarten. J.; VAN DER MOLEN, Henk. T. Students' and teachers' experiences with the implementation of problem-based learning at a university law school. *In*: Interdisciplinary Journal of Problem-Based Learning, vol. 11, n. 2, 2017.

WOLKART, Erik Navarro. Análise econômica do processo civil - como a economia, o direito e a psicologia podem vencer a tragédia da justiça. São Paulo: Revista dos Tribunais, 2019.

COMPLIANCE E NOVOS RISCOS DO MERCADO DE ENSINO SUPERIOR PRIVADO NO BRASIL

Fabiano Machado da Rosa[1]
Geyson Bruno Giglio[2]

Sumário: 1. Introdução; 2. Compliance: nivelamento conceitual; 3. Considerações sobre a efetividade do programa de compliance; 4. Particularidades do compliance nas corporações privadas de ensino superior; 5. Avaliação de Riscos no curso da metamorfose; 6. Por uma abordagem sobre riscos atuais dos conglomerados educacionais; 7. Conclusão - Presente e Futuro num bailado síncrono.

1. Introdução

> "Como viver num mundo em que uma profunda incerteza não é um *bug*, e sim uma característica?[3]"

No livro *"21 lições para o século 21"*, o historiador israelense Yuval Noah Harari faz essa pergunta/reflexão sobre os tempos atuais de incerteza. Um livro publicado no ano de 2018 que tem, para nosso infortúnio,

1 Advogado, Sócio-Fundador do PMR Advocacia, atua nas áreas de compliance antidiscriminatório, gestão de crises, proteção de imagem e reputação de empresas. Especialista em Direito Constitucional e Compliance com foco na área de saúde. Fundador da Iniciativa INVICTUS, professor e palestrante.

2 Advogado especialista em Compliance, professor e coordenador do Curso de Compliance na saúde do Hospital Sírio Libanês em São Paulo. Atua na área de Compliance há mais de 17 anos. Atualmente é Diretor de Assuntos Corporativos na Allied Tecnologia

3 HARARI, Yuval Noah. *21 lições para o século 21*. São Paulo: Companhia das Letras, 2018. pag. 327.

uma espécie de "condão premonitório" para o que enfrentaríamos como sociedade humana nos anos seguintes. No momento que finalizamos esse artigo, ingressamos no terceiro ano da pandemia da Covid-19 com consequências atuais e futuras de impactos em parte imprevisíveis e certamente profundos em todos os aspectos da vida humana; a escalada de eventos climáticos extremos comprovam a obviedade da destruição ambiental fruto da economia de carbono e a urgência na adoção de paradigmas universais de sustentabilidade; a democracia - aqui e acolá - sofre espasmos autoritários de cariz fascista; e, paroxismo da capacidade humana de criação do caos, armas nucleares são postas em "estado de alerta" no curso de uma guerra provocada pela Rússia contra a Ucrânia, com capacidade real de engolfar o mundo inteiro numa espiral de crises múltiplas de desfechos imperscrutáveis.

Exatamente nesse cenário, tendo a incerteza como signo condutor, é que nos lançamos ao desafio de refletir sobre o ensino superior privado no Brasil, tendo como pano de fundo um futuro que já chegou. Nossa contribuição passará pela análise do papel do compliance - enquanto sistema de integridade a serviço da governança corporativa de grupos universitários privados - no tocante à avaliação de riscos no ambiente de negócio educacional em face de uma disrupção tecnológica que gera oportunidades inauditas tendo corolário uma nova onda de concentração de mercado.

Nesse ponto, exatamente partindo desse contexto de crise/oportunidade, é que a reflexão sobre a Educação de um povo, sobre os desafios acerca da efetivação das garantias constitucionais de acesso ao ensino e sobre a premência do aperfeiçoamento qualitativo do sistema de ensino superior têm caráter estrategicamente conectado ao futuro do Brasil na cena global.

O tema "Direito à Educação" para a Constituição Federal de 1988 tem inequívoca centralidade política. De um lado, a Carta consagra em seu artigo 6º a educação como primeiro direito individual no rol dos Direitos Fundamentais Sociais; *pari passu*, dedica-se, dos artigos 205 ao 214, em detalhar os aspectos jurídicos que efetivem e concretizem os direitos constitucionalizados.

Nesse particular, no que constitui o foco do presente artigo, em se tratando de ensino superior privado, a Constituição introduziu no art. 209, I e II, a presença da livre à iniciativa privada no sistema (adiante analisaremos esse aspecto *"revolucionário"* com mais detalhamento), desde que atendidas: (a) as normas gerais de educação e (b) cumprida a necessidade de autorização e avaliação da qualidade pelo poder público.

Com isso, foi aberto o caminho para que, nos anos seguintes, houvesse a efetiva expansão da operação privada no sistema de ensino superior no Brasil. A partir dos anos 1990, um intenso movimento de mercado projetado na criação de novas instituições de ensino superior (IES), no aumento da base de vagas (por exemplo, 1960 à 1980 salta de 200.000 para 1,4 milhão o número de estudantes matriculados em cursos de graduação[4], sendo que de 2001 a 2014 há o crescimento vertiginoso de 157%, passando de 3,03 milhões para 7,8 milhões[5]) e, consequência do movimento e das oportunidades, na elevação das operações de fusões e aquisições que aqueceram o setor nessa fase de expansão no final da década de 1990. Para se ter uma ideia dessa primeira onda, entre 1985 e 1996, o fluxo de expansão no número de instituições de ensino superior privadas foi de mais 300%[6].

Dos muitos vetores que incidiram sobre o mercado de ensino superior, no final dos anos 1990, impulsionando o aumento da presença privada, para o propósito de nossa reflexão, cabe destacar: (a) a transformação de um elevado número de IES privadas em universidades; (b) o advento figura da autonomia didático-científica, administrativa e de gestão financeira e patrimonial das universidades garantida pelo art. 207 da Constituição; (c) a edição do Decreto n. 2.306/1997 que concedeu aos centros universitários os efeitos da autonomia prevista no art. 207 da Constituição ; (d) o art. 1º do mesmo decreto, garantiu às mantenedoras das IES assumirem *"qualquer das formas admitidas em direito, de natureza civil ou comercial"*[7]; (e) a desconcentração regional[8]; (f) a interiorização das matrículas; (g) a diversificação da oferta de cursos e formatos; (h) a estabilidade econômica promovida pelo Plano Real e (i) a capacidade do setor de suprir a demanda reprimida de vagas para o ensino superior[9].

4 MARTINS, Antônio Carlos Pereira. Ensino superior no Brasil: da descoberta aos dias atuais. Acta Cirúrgica Brasileira [online]. 2002, v. 17, supl. 3, pp. 04-06. Disponível em: https://doi.org/10.1590/S0102-86502002000900001. Acesso em 17 de dezembro de 2021.

5 CADE - Conselho Administrativo de Defesa Econômica. Atos de Concentração no Mercado de Prestação de Serviços de Ensino Superior. Brasília: Ministério da Justiça, maio de 2016, pag. 5. Disponível em: https://cdn.cade.gov.br/Portal/centrais-de-conteudo/publicacoes/estudos-economicos/cadernos-do-cade/atos-de-concentracao-no-mercado-de-prestacao-de-servicos-de-ensino-superior-2016.pdf . Acesso em 02 de março de 2022.

6 Idem, pag.7.

7 Alterado pelo Art. 25 do Decreto 5.773 de 2006.

8 SAMPAIO, Helena. O setor privado de ensino superior no Brasil: continuidade e transformações. Revista Ensino Superior Unicamp. ed. 4. Out. 2011. p. 31. Disponível em https://www.revistaensinosuperior.gr.unicamp.br/edicoes/ed04_outubro2011/05_ARTIGO_PRINCIPAL.pdf . Acesso em 13 de janeiro de 2022.

9 QUEIROZ, Fernanda Cristina Barbosa Pereira *et al.* Transformações no ensino superior brasileiro: análise das Instituições Privadas de Ensino Superior no compasso com as políticas de Estado. Ensaio: Avaliação e Políticas Públicas em Educação [online]. 2013, v. 21, n. 79, pag. 358. Disponível em https://www.scielo.br/j/ensaio/a/ZjxVZScb8SKnxtpX-

Outro vetor, que merece destaque especial, diz respeito às políticas públicas traduzidas em programas de apoio às IES privadas e/ou financiamento educacional[10]. Como consequência direta, temos a expansão da base de alunos do ensino superior na última década e, consequentemente, a expansão das próprias empresas que atuam na atividade de educação superior.

Como em todos os segmentos de negócio, implantar um programa de compliance que seja eficiente e continuamente avalie os riscos de um mercado ultrarregulado[11] e em transformação acelerada se torna um verdadeiro imperativo de governança corporativa. Mapear riscos para gerenciá-los carece de acurado diagnóstico sobre a realidade do segmento econômico no qual está inserida a atividade. Nesse sentido, como último elemento a ser destacado no cenário do ensino superior privado, temos uma espécie de transformação do paradigma de modelo de negócio que migra de uma visão *"acadêmica"* para a *uma postura empresarial* com três características marcantes:

(a) o modelo empresarial com governança corporativa é adotado pelas instituições privadas que assumem um *mindset* profissionalizado de gestão de empresas com processos e estratégias de governança com foco na eficácia, eficiência, redução de gastos,

---

jNkGwqz/?format=pdf&lang=pt . Acesso em 13 de janeiro de 2022.

10 Os mais relevantes em matéria de impacto no setor foram:
- Programa de Estímulo à Reestruturação e ao Fortalecimento das Instituições de Ensino Superior - Proies;
- Programa Universidade para Todos - ProUni;
- Fundo de Financiamento Estudantil - Fies;
- Certificação de Entidades Beneficentes de Assistência Social na Área de Educação - CEBAS Educação.

11 De acordo com a pesquisadora Eneida Correia: *"A regulação no MEC envolve um conjunto de atores. Os atos administrativos, funções, e atividades desenvolvidas ocorrem na perspectiva integrada, onde vários subsistemas, sob as responsabilidades de órgãos e entidades subordinados ou supervisionados pelo Ministério, são acionados para gerar os atos reguladores, no caso específico atos autorizativos para o funcionamento de instituições de educação superior (IES) e cursos de Educação Superior, em todo o território nacional. O Ministério da Educação conta na sua estrutura organizacional com duas secretarias finalísticas que atuam diretamente com Educação Superior, a saber: Secretaria de Educação Superior - SESU e Secretaria de Supervisão e Regulação do Ensino Superior - SERES, além da Secretaria de Educação Profissional e Tecnológica - SETEC, que supervisiona Instituições de Educação Superior e Educação Básica especializadas em educação profissional e tecnológica"*.
Cf. CORRÊA, Eneida Cardoso de Britto. Modelo regulatório híbrido da educação superior privada: possibilidades, limites e desafios / Eneida Cardoso de Britto Corrêa. - 2015, página 33. Disponível em https://bibliotecadigital.fgv.br/dspace/bitstream/handle/10438/14223/DISSERTACAO%20-%20ENEIDA%20CORR%C3%8AA%20%20-%20VERSAO%20FINAL%20EM%2024-10-2015%20-%20Biblioteca%20FGV.pdf

racionalização de recursos, conformidade na atuação nesse segmento ultra regulado, atingimento de metas e aumento da lucratividade;

(b) como consequência natural dessa nova visão estratégica a cadeia de valor do ensino superior privado calibrou seu foco. Agora busca fornecer produtos e serviços de qualidade numa lógica de ecossistema diversificado e integrado com empresas educacionais, editoras, produtoras de conteúdo, tecnologia da informação para EAD, metodologias imersivas, propaganda, marketing, transportadoras, Ed-Techs, cursos preparatórios, eventos, cursos sob medida para empresas, novos formatos de cursos, dentre outras ações de expansão de portfólio.

(c) esse novo mindset empresarial com governança corporativa que incrementa a cadeia de valor das IES privadas gerará, justamente, uma maior lucratividade que desperta a atenção de múltiplos investidores para um mercado com demanda ainda represada e com capacidade de crescimento.

Dessa forma, independente da nomenclatura adotada, as instituições do segmento de ensino superior experimentam a completa transformação do modelo de negócio, através de pressões concorrenciais, com um arcabouço regulatório em certa medida defasado, diante de novos públicos-alvo, com novos formatos de metodologias educacionais, com novos produtos tecnológicos e tudo, tudo mesmo, impactado por uma pandemia que testou o setor no limite do imaginável abrindo oportunidades de uma geração associadas a riscos complexos ao longo da jornada.

2. Compliance: nivelamento conceitual

Nesse cenário, a posição estratégica de um programa de compliance efetivo e moderno, quer seja na lógica imediata da governança corporativa clássica, quer seja como indutor da adaptabilidade cultural das organizações com vistas à inovação, diversidade e disrupção própria do modelo de negócio "Ensino Superior", precisa estar no centro da agenda da alta gestão das instituições de ensino superior.

Com a liderança das corporações privadas de ensino superior, ganha tração a aplicação de modelos de governança parametrizados pelas práticas de mercado. Exatamente nesse ponto, simultaneamente, onde há a confluência da mudança do mindset de gestão empresarial com ampliação diversificada da cadeia de valor e da transformação do modelo de negócio pela capitalização é que o compliance conquistará novo patamar de importância.

Do ponto de vista literal, o termo compliance pode ser definido como *"the act of obeying an order, rule or request"* ou *"the fact of obeying a particular law or rule or acting according to an agreement"*[12] e deriva do verbo to *comply with*. Em outras palavras, agir de forma a obedecer a uma ordem, uma lei, uma instrução ou uma requisição. A tradução direta do termo associada ao senso comum de que compliance se liga ao "combate à corrupção", embora correto, redundará em um conceito reduzido quanto a abrangência e capilarização do termo.

Assim, adotando como paradigma a finalidade da existência de um programa efetivo de compliance, adicionamos ao conceito de conformidade outras nuances igualmente essenciais:

(I) Compliance compreendido a partir de uma lógica sistêmica transversal que mune as corporações privadas de ensino superior de metodologias, ferramentas e *frameworks* de controles que visam à prevenção e detecção de condutas criminosas, ilegais ou antiéticas;

(II) Compliance como um compromisso real e efetivo da corporação, em todos os seus níveis, em torno de valores, princípios, propósitos, visão estratégica e políticas internas que se integram na essência e na cultura da corporação;

(III) Compliance como sistema assentado sobre pilares que integrados que visam à geração de segurança jurídica, estabilidade e sustentabilidade do negócio;

(IV) Compliance como um verdadeiro radar de vigilância dos aspectos positivos (oportunidades) através da identificação de novidades, tendências, mudanças no ambiente externo ou interno, em novos modelos de negócios, novas tecnologias, na atuação dos concorrentes e benchmarking permanente; assim como, uma vigilância dos aspectos negativos (riscos) como o surgimento de novas fraudes, esquemas de desvio, má-conduta e outras fragilidades internas;

(V) Compliance como um programa contínuo de caráter e finalidade preventiva, por meio do foco nos riscos e em sua consequente gestão. Sua estrutura é pensada "para incrementar a capacidade comunicativa da pena nas relações econômicas, ao

12 CAMBRIDGE DICTIONARY. Compliance concept. Advanced Learner's Dictionary & Thesaurus. Cambridge University Press. Disponível em: < https://dictionary.cambridge.org/dictionary/english/compliance >. Acesso em 18 de dez de 2021.

combinar estratégia de defesa da concorrência leal e justa com as estratégias de prevenção de perigos futuros"[13].

Para o Conselho Administrativo de Defesa Econômica - CADE, o conceito de compliance "é o conjunto de medidas internas que permite prevenir ou minimizar os riscos de violação às leis decorrentes de atividade praticada por um agente econômico e de qualquer um de seus sócios ou colaboradores"[14].

Já o Decreto n. 8.420/15, que regulamentou a Lei n. 12.846/2013 (Lei Anticorrupção), ao dispor sobre a responsabilização administrativa de pessoas jurídicas pela prática de atos contra a administração pública, nacional ou estrangeira, conceitua compliance da seguinte forma:

> *CAPÍTULO IV - DO PROGRAMA DE INTEGRIDADE*
> *Art. 41. Para fins do disposto neste Decreto, programa de integridade consiste, no âmbito de uma pessoa jurídica, no conjunto de mecanismos e procedimentos internos de integridade, auditoria e incentivo à denúncia de irregularidades e na aplicação efetiva de códigos de ética e de conduta, políticas e diretrizes com objetivo de detectar e sanar desvios, fraudes, irregularidades e atos ilícitos praticados contra a administração pública, nacional ou estrangeira.*

Ainda nesse sentido, indo ao encontro do foco central da nossa reflexão, qual seja, **avaliação de riscos no ambiente de negócio educacional** por parte das corporações privadas de ensino superior, destacamos a edição, em 2021, da norma ISO 37301:2021[15] - "Sistemas de Gestão de Compliance" em substituição da norma ISO 19600:2014. Como evolução, a nova norma apresenta requisitos específicos a serem observados pelas organizações na formulação, implementação, gestão, manutenção e avaliação com vistas a um programa de compliance efetivo.

Modernamente, como expresso na nova norma ISO, em face da multiplicidade de riscos envolvidos, o compliance passa a ser pensado como um sistema multidisciplinar e integrado à gestão das organizações. Além das tradicionais abordagens dos temas ligados à anticorrupção e integridade corporativa, novos endereçamentos de riscos advindos de novos critérios e exigências da sociedade são essenciais, tais como: pro-

---

13 SILVEIRA, Renato de Mello Jorge; SAAD-DINIZ, Eduardo. Compliance, direito penal e Lei Anticorrupção. 1. ed. São Paulo: Saraiva, 2015, p. 255.

14 BRASIL. Ministério da Justiça. Guia de Programas de Compliance - orientações sobre estruturações e benefícios da adoção dos programas de compliance concorrencial. CADE - Conselho Administrativo de Defesa Econômica, Janeiro/2016. Disponível em: < https://cdn.cade.gov.br/Portal/centrais-de-conteudo/publicacoes/guias-do-cade/guia-compliance-versao-oficial.pdf >. Acesso em: 27 de dez de 2021, p.9

15 Disponível em https://www.iso.org/standard/75080.html

teção de dados pessoais, sustentabilidade ambiental, diversidade e inclusão social, boas práticas de governança corporativa, dentre outros riscos, passam a compor a escopo de atenção dos programas de compliance.

3. Considerações sobre o conceito de efetividade de um programa de compliance

Autoridades regulatórias em todo o mundo, quando emitem orientações acerca da implantação de programas de compliance nas organizações, fazem ressalvas quanto à real efetividade dos programas. A Divisão Criminal do Departamento de Justiça dos Estados Unidos (DOJ/USA), por exemplo, no documento "*Evaluation of Corporate Compliance Programs*" faz expressa referência ao que denominou "*compliance paper program*" (em tradução livre, programa de compliance de papel):

> *"Os promotores são instruídos a investigar especificamente se um programa de Compliance é um "programa de papel" ou um "programa implementado, revisado e atualizado, conforme apropriado, de maneira eficaz." (tradução livre)*[16]

Já no Reino Unido, o Serious Fraud Office (SFO/UK), autoridade especializada em processar casos de fraudes, aponta que a "característica fundamental de qualquer programa de compliance é que ele precisa ser eficaz e não simplesmente um 'exercício de papel'"[17].

No caso do Brasil, a Controladoria Geral da União (CGU), quando elaborou a publicação "Programa de Integridade - Diretrizes para Empresas Privadas"[18], afirmou que um programa que não conte com o compromisso da alta gestão resultará, inevitavelmente, no descompromisso cascateado nos diversos níveis da empresa restando, como consequência, na existência de um programa de integridade apenas "no papel".

Destarte, além da necessária compreensão em face do conceito de compliance para a governança corporativa, é fato que sua mera existência não tem como garantir que não ocorram violações de conduta de toda

---

16 UNITED STATES OF AMERICA. Department of Justice. Evaluation of Corporate Compliance Programs. Criminal Division. June, 2020. Disponível em: < https://www.justice.gov/criminal-fraud/page/file/937501/download >. Acesso em: 27 de dez de 2021.

17 UNITED KINGDOM. Serious Fraud Office. *Evaluating a Compliance Programme*. January, 2020. Disponível em:< https://www.sfo.gov.uk/publications/guidance-policy-and-protocols/guidance-for-corporates/evaluating-a-compliance-programme/ >. Acesso em: 27 de dez de 2021. (tradução livre)

18 BRASIL. Controladoria-Geral da União. Guia de Integridade Pública, 2015. Disponível em: https://www.gov.br/cgu/pt-br/centrais-de-conteudo/publicacoes/integridade/arquivos/guia-de-integridade-publica.pdf. Acesso em: 20 jan. 2022.

a ordem. Daí, para o fechamento do conceito, um programa de compliance efetivo dota a organização de meios para a detecção de ações delituosas, para um eficaz gerenciamento do problema evidenciado (ou da crise, em muitos casos) e estrutura um sólido sistema de controles expresso em rotinas e processos para resposta.

Lidar com tantas variáveis de risco, enfrentar interesses divergentes, integrar diversas áreas distintas da operação, interagir com arcabouços normativo-regulatórios nacionais e internacionais, engajar pessoas em torno de uma cultura de integridade, suportar pressões internas, convencer continuamente a alta gestão sobre o caráter estratégico do compliance, acompanhar a inovação acelerada que cria desafios operacionais e criar barreiras de proteção contra as múltiplas formas de fraude são, dentre outros tantos, desafios de um programa de compliance efetivo no século XXI[19].

Independentemente das visões ideológicas sobre o sistema de ensino universitário nacional, o fato é que hoje, as corporações privadas de ensino superior são uma realidade potente que dinamiza o segmento com investimentos vultosos em inovação, com intenso movimento de capitalização que permite expansão dos portfolios, com fusões e aquisições aquecidas e ocupando um espaço estratégico essencial para o desenvolvimento científico, tecnológico e social do país.

Nesse particular, as empresas de ensino ainda passam por uma curva de maturidade em termos de seus programas de compliance uma vez que ainda precisam lidar com a transformação da mentalidade secular, no caso brasileiro, que se opunha ideologicamente ao modelo de negócio privado no ensino superior, sob a rotulação de uma pretensa *"mercantilização do ensino"*.

O futuro do ensino superior brasileiro passa fortemente pela vitalidade das corporações privadas de ensino superior que, como em qualquer mercado regulado, concorrem entre si gerando uma "energia de inovação e diversificação dos negócios". Nesse cenário, marcado por intensas oportunidades e desafiadores riscos, os programas de compliance ocupam um papel central nessa dinâmica de mercado iniciada na década de 1990 do século passado e hoje em franca consolidação em torno de grandes conglomerados educacionais.

19 Trecho extraído dos originais do livro "Compliance Antidiscriminatório", de mesma autoria de Fabiano Machado da Rosa e Luana Pereira da Costa, com publicação prevista para o ano de 2022, sem data definida, pela editora Thomson Reuters.

4. Particularidades do Compliance no Setor Educacional

O ensino superior no Brasil é, sem dúvida alguma, dos segmentos mais regulados da atividade econômica, quer pela incidência de princípios e preceitos de cariz constitucional, quer pelo conjunto de normas, atos administrativos e regulações setoriais emanadas de múltiplos atores regulatórios. As relações do poder público com as corporações privadas de ensino superior vão desde o credenciamento, aprovação de novos cursos, aprovação de vagas, recredenciamento de instituições e cursos, avaliação periódica da qualidade do ensino, publicação de indicadores e rankings qualidade de cursos de graduação e pós-graduação *lato* e *stricto sensu.*

Justamente na interação entre o apetite das forças de mercado e a regulação extremamente rígida, não sem fricção constante, é que o compliance encontra seu papel estratégico.

Refletir sobre as especificidades do compliance nas corporações privadas passa por entender a organização do setor. O mercado, inicialmente, está subdividido entre instituições públicas (mantidas pelo poder público de qualquer dos entes federativos) e privadas. Na cena privada, vejamos alguns elementos conformadores que impactarão na definição da identidade do programa de compliance:

a) **Quanto à organização acadêmica das instituições de ensino superior:** o art. 12 do Decreto 5.773/2006 faz previsão legal para (a1) faculdades, (a2) centros universitários e (a3) universidades, sendo que as duas últimas possuem status de autonomia acadêmica e administrativa;
b) **Quanto à finalidade lucrativa:** com finalidade lucrativa e sem finalidade lucrativa (nesse rol as comunitárias, confessionais e filantrópicas). Para termos uma ideia sobre a transformação do segmento, podemos constatar um percentual de crescimento das matrículas efetivadas pelas instituições com fins lucrativos na casa de 688,2%, no espaço de apenas 13 anos[20].
c) **Quanto à natureza jurídica das instituições de ensino superior:** (c1) fundações, (c2) associações, (c3) sociedades simples, (c4) sociedades empresárias e (c5) sociedades anônimas;

20 CORRÊA, Eneida Cardoso de Britto. Modelo regulatório híbrido da educação superior privada: possibilidades, limites e desafios / Eneida Cardoso de Britto Corrêa. - 2015, página 16. Disponível em https://bibliotecadigital.fgv.br/dspace/bitstream/handle/10438/14223/DISSERTACAO%20-%20ENEIDA%20CORR%C3%8AA%20%20-%20VERSAO%20FINAL%20EM%2024-10-2015%20-%20Biblioteca%20FGV.pdf

d) **Quanto à existência de relação de mantenedora e mantida:** mantenedora como pessoa jurídica que é titular do patrimônio, garante sustento financeiro, define alta gestão, define estratégia de longo prazo e representa juridicamente a instituição. A mantida é a instituição em si que operacionaliza a oferta das vagas sendo a prestadora de serviços, que congrega a capacidade física instalada e os recursos humanos disponíveis[21].

e) **Quanto ao financiamento das instituições de ensino privado:** o fenômeno de expansão do segmento foi fortemente impactado pela chegada dos fundos de investimento em participação (ou *private equity*). Como aponta o CADE, na publicação "*Cadernos do CADE - Atos de Concentração no Mercado de Prestação de Serviços de Ensino Superior*", esses fundos tinham por objetivo "a aquisição de ações, debêntures, bônus de subscrição, outros títulos e valores mobiliários de empresas educacionais de capital aberto ou fechado" buscando exercer influência em decisões estratégicas da gestão das empresas onde aportaram recursos[22].

Nesse ponto, em que a capitalização do setor abre um conjunto de oportunidades e transformações no modelo de governança, duas forças, em sobreposição, passam a ditar o ritmo do mercado: de um lado, com o advento do art. 209 da Constituição Federal que reconhece a participação da iniciativa privada no processo educacional brasileiro em todas as suas fases; de outro lado, a globalização possibilita internacionalização do fluxo de capitais vindos dos mercados mais consolidados (com menores margens potenciais de retorno) para mercados emergentes (geograficamente e do ponto de vista de segmento de negócio) em busca de taxas de retorno mais elevadas. Sendo assim, em decorrência, poucos setores experimentaram um afluxo tão intenso de investimentos.

A seguir, analisaremos a efetividade do programa de compliance a partir da perspectiva do pilar da avaliação de riscos próprios de companhias listadas no segmento de Novo Mercado da B3, onde estão os grandes conglomerados educacionais brasileiros. Cada vez menos instituições tradicionais de ensino superior. Cada vez mais multiplataformas educacionais e tecnológicas com unidades de negócio articuladas e em expansão do portfólio de produtos e serviços.

21 RANIERI, N. B. Educação superior, direito e estado: na Lei de Diretrizes e Bases (Lei n. 9.394/96). São Paulo: EdUSP: FAPESP, 2000, pag. 194.

22 CADE - Conselho Administrativo de Defesa Econômica. Cadernos do CADE - Atos de Concentração no Mercado de Prestação de Serviços de Ensino Superior, maio de 2016, páginas 23-24.

5. Riscos no curso da metamorfose

Metamorfose, por mais poético que parece o termo, é exatamente o que acontece nesse momento no segmento educacional do Brasil e do mundo. Se de um lado, a governança corporativa das instituições de ensino sofre as mesmas transformações que na prática o mercado experimenta; de outro lado, tendo como vetores de aceleração a inovação tecnológica exponencial e a pandemia da Covid-19, a metamorfose é evidente e inexorável. E nesse cenário, em que as corporações foram testadas no limite da resiliência e da agilidade, novos riscos e oportunidades pautarão o futuro que, sim, já começou para o setor.

Mas, antes, uma nota sobre riscos. O termo "risco" tem sua etimologia na palavra *riscu ou risicu que* do latim *quer dizer* [ousar]. De forma mais corrente, risco se conecta à possibilidade do fracasso, da perda, do possível prejuízo advindo da incerteza de evento ou ação interna ou externa[23]. Na prática, risco se configura em uma exposição à perda ou dano ou perigo sobre o negócio.

Entendemos riscos como eventos potenciais (se fossem certos e definitivos não teríamos como pensar na lógica de prevenção) que se acontecerem gerarão impactos negativos à conquista dos objetivos definidos pela empresa. Vejamos os tipos de riscos[24]:

a) Riscos Inerentes: são os riscos naturais - inerentes - das operações, produtos, mercados e momento das empresas, SEM se levar em conta as ações de gestão de riscos, como os controles. Ou seja, são os riscos a que corporações privadas de ensino superior estarão expostas apenas por existirem e por realizarem suas operações.
b) Riscos Residuais: são os riscos inerentes já com a aplicação das ações de gestão de riscos e controles (poderíamos chamá-los de riscos "líquidos").

No cerne do conceito de riscos teremos a probabilidade de ocorrência de evento adverso cujo desfecho causará impacto negativo, prejudicial ou, no limite, aniquilador da empresa. Sendo assim, o desafio do programa de compliance passa a ser encontrar metodologias para o gerenciamento de riscos que sejam capazes de dotar as organizações de capacidade de mitigação, monitoramento e resposta ao evento adverso.

---

23 SILVA, Daniel Cavalcante; COVAC, José Roberto. Compliance como uma boa prática de gestão no ensino superior privado. São Paulo: Saraiva, 2015, página 54.

24 SERPA, Alexandre de Cunha. Compliance descomplicado: um guia simples e direto sobre programas de compliance. 1ª Edição. CCEP. CFE, 2016. E-book Kindle.

Sem desviar em demasia nosso foco, precisamos tecer uma brevíssima nota sobre gerenciamento ou gestão de riscos corporativos que compreende: (a) mapeamento dos riscos inerentes e residuais, (b) avaliação de riscos, (c) criação de um sistema eficiente controles internos, (d) planos de ação para respostas, (e) avaliação e (f) monitoramento para atualização e correções contínuas.

Na visão do Comitê das Organizações Patrocinadoras, da Comissão Nacional sobre Fraudes em Relatórios Financeiros (COSO - *Committee of Sponsoring Organizations of the Treadway Commission*), instituição de referência internacional em matéria de gestão de riscos, o gerenciamento de riscos corporativos é "um processo conduzido em uma organização pelo conselho de administração, diretoria e demais empregados, aplicado no estabelecimento de estratégias, formuladas para identificar em toda a organização eventos em potencial, capazes de afetá-la, e administrar os riscos de modo a mantê-los compatíveis com o apetite a risco da organização e possibilitar garantia razoável do cumprimento dos seus objetivos"[25].

Ainda de acordo com o COSO - Estrutura de Controle Interno de 2013[26] o gerenciamento de riscos possui componentes e finalidades, a saber:

- **Componentes do gerenciamento de riscos:** (a) Ambiente de controle; (b) Fixação de objetivos; (c) Identificação de eventos; (d) Avaliação de riscos; (e) Resposta ao risco; (f) Atividades de controle; (g) Informações e comunicações e (h)Monitoramento.
- **Finalidades do gerenciamento de riscos:** (a) Alinhar o apetite a risco com a estratégia adotada; (b) Fortalecer as decisões em resposta aos riscos; (c) Reduzir as surpresas e prejuízos; (d) Identificar e administrar riscos múltiplos e entre empreendimentos; (e) Aproveitar oportunidades e (f) Otimizar o capital.

Além do COSO, o gerenciamento de riscos possui diversos *frameworks* e metodologias, tais como: (a) ISO 31000:2018 - A ABNT NBR ISO 31000 foi elaborada pela Comissão de Estudo Especial de Gestão de Riscos (ABNT/CEE-63) e (b) Orange Book - "*The Orange Book Management*

25 COMMITTEE OF SPONSORING ORGANIZATIONS OF THE TREADWAY COMMISSION (United States Of America). Enterprise Risk Management Integrating with Strategy and Performance. 2017, página 4.
Disponível em: https://www.coso.org/Documents/2017-COSO-ERM-Integrating-with-Strategy-and-Performance-Executive-Summary.pdf

26 COMMITTEE OF SPONSORING ORGANIZATIONS OF THE TREADWAY COMMISSION (United States Of America). Internal Control - Integrated Framework. 2013. Disponível em: https://www.coso.org/Documents/2017-COSO-ERM-Integrating-with-Strategy-and-Performance-Executive-Summary.pdf. Acesso em: 14 jan. 2022.

of Risk - Principles and Concepts" (Gerenciamento de Riscos - Princípios e Conceitos) do HM Treasury do Governo Britânico (UK, 2004), utilizado no Programa de Gerenciamento de Riscos do Governo do Reino Unido, iniciado em 2001.

6. Por uma abordagem sobre riscos atuais dos conglomerados educacionais

Analisar o segmento econômico do ensino superior no Brasil e no mundo é analisar um mercado complexo, com stakeholders múltiplos, com uma intensa regulamentação em algumas dimensões que contrasta com zonas desregulamentadas, com rápida mudança de perfil de consumidores e presença de capital de investidores que trouxeram para a gestão das instituições pressupostos e conceitos do mercado de capitais.

Uma rápida observação do mercado aponta para a realidade da concentração do mercado. Numa primeira fase, posterior à expansão e mudança do marco regulatório do ensino superior dos anos 1990, havia uma certa simplicidade das operações de concentração que não resultariam em "efeitos concorrenciais negativos"[27] no entendimento do CADE.

Uma demanda ainda não atendida; a elevação da renda média a partir da primeira década dos anos 2000; novas estratégias de financiamento educacional com recursos públicos e das próprias instituições privadas que passam a explorar a dimensão financeira da operação como verdadeiras *fintcehs*; a queda, em valores reais, do investimento governamental nas instituições públicas de ensino; dentre outros fatores, fazem com que o setor de educação esteja em pleno crescimento no Brasil.

Some-se a esse cenário a escalabilidade com elevação de lucratividade e diversificação do portfólio de produtos carreada pelo EAD; a chegada de novos atores privados para o *funding* das operações; a abertura de capital com bem-sucedidos IPOs[28]; aumento do volume de operações de

---

27 CADE - Conselho Administrativo de Defesa Econômica. Atos de Concentração no Mercado de Prestação de Serviços de Ensino Superior. Brasília: Ministério da Justiça, maio de 2016, pag. 28. Disponível em: https://cdn.cade.gov.br/Portal/centrais-de-conteudo/publicacoes/estudos-economicos/cadernos-do-cade/atos-de-concentracao-no-mercado-de-prestacao-de-servicos-de-ensino-superior-2016.pdf . Acesso em 09 de março de 2022.

28 Em inglês, IPO é a sigla para *"initial public offering"*, ou "oferta pública inicial" em português. Representa a primeira vez que uma empresa receberá novos sócios realizando uma oferta de ações ao mercado. Ela se torna, então, uma companhia de capital aberto com papéis negociados no pregão da Bolsa de Valores.
Disponível em https://www.infomoney.com.br/guias/ipo/#:~:text=Em%20ingl%C3%AAs%2C%20IPO%20%C3%A9%20a,preg%C3%A3o%20da%20Bolsa%20de%20Valores acesso em 12 de Fevereiro de 2022.

fusão e aquisição, e, pronto: uma nova fase de concentração do mercado educacional.

Nesse contexto, dentre os grupos educacionais que mais se destacam no mercado nacional, sob a perspectiva do capital aberto, estão:

GRUPO EDUCACIONAL	*ATUAÇÃO NO MERCADO*	*TICKER NA B3*	*SEGMENTO DE LISTAGEM B3*
COGNA	A COMPANHIA REPRESENTA A ANTIGA KROTON E ATUA EM TODOS OS NÍVEIS DE ENSINO, COM BOA REPRESENTATIVIDADE NA EDUCAÇÃO INFANTIL.	COGN3	NOVO MERCADO[29]
YDUQS	ENSINO SUPERIOR, ESCOLA DE NEGÓCIOS, PREPARAÇÃO PARA CONCURSOS, LONG LIFE LEARNING, DENTRE OUTRAS OPERAÇÕES.	YDUQ3	NOVO MERCADO
SER EDUCACIONAL	ENSINO SUPERIOR (PRESENCIAL E EAD).	SEER3	NOVO MERCADO
ÂNIMA	ENSINO SUPERIOR, TRANSFORMAÇÃO TECNOLÓGICA, FORMAÇÃO DE EXECUTIVOS, ENTRE OUTROS.	ANIM3	NOVO MERCADO
CRUZEIRO DO SUL EDUCACIONAL	ENSINO SUPERIOR, EDUCAÇÃO INFANTIL E BÁSICA (FUNDAMENTAL E MÉDIO).	CSED3	NOVO MERCADO
BAHEMA	COMPANHIA COM FOCO NA EDUCAÇÃO BÁSICA — EDUCAÇÃO INFANTIL, ENSINO FUNDAMENTAL E ENSINO MÉDIO	BAHI3	NOVO MERCADO

Fontes: B3 e Relações Com Investidores das companhias.

O desafio dos programas de compliance, de forma especial no quesito avalição de riscos, está justamente em avaliar constantemente riscos tradicionais e atuais (próprios de qualquer atividade empresarial e específicos do segmento educacional) num ambiente ultrarregulado, com multiplicidade de stakeholders e objetivos nem sempre alinhados.

29 "Novo Mercado estabeleceu desde sua criação um padrão de governança corporativa altamente diferenciado com um padrão de transparência e governança exigido pelos investidores para as novas aberturas de capital, sendo recomendado para empresas que pretendam realizar ofertas grandes e direcionadas a qualquer tipo de investidor (investidores institucionais, pessoas físicas, estrangeiros etc.)". Para Aprofundamento, vide https://www.b3.com.br/pt_br/produtos-e-servicos/solucoes-para-emissores/segmentos-de-listagem/novo-mercado/

Por exemplo, uma universidade precisa, ao mesmo tempo, primar pela excelência na qualidade do ensino ofertado (o que demanda investimento elevado e contínuo em ativos humanos, recursos materiais e tecnológicos) sem que com isso, no cenário de uma corporação com capital aberto e acionistas que justamente aguardam dividendos, não tenha em vista o faturamento, a despesa, o lucro, o EBITDA, dentre outros implicativos da gestão financeira.

Falsa divergência? Não. Divergência exclusiva do setor educacional? Tampouco. Apenas um, dentre tantos outros, exemplos de conciliação necessária, possível, delicada e constante que gera riscos próprios. Nesse caso, poderíamos falar em um risco reputacional, derivado do reconhecimento público de uma eventual baixa qualidade de ensino, *versus* um risco financeiro derivado de uma menor atratividade em eventuais captações de mercado, renegociação de dívidas ou valorização das ações (valor de mercado da companhia) em virtude de um prejuízo líquido ou lucro líquido abaixo do esperado.

Antes, porém, das corporações privadas de ensino superior promoverem qualquer forma de gestão de riscos dois fatores precisam ser calibrados: efeito potencial de dano (grau de exposição da companhia ao risco identificado) e probabilidade de ocorrência[30].

A seguir, a gestão empreendida da alta gestão será: (a) aceitar o risco: serve para riscos de baixa probabilidade de ocorrência ou em hipóteses em que montar uma estratégia de gerenciamento teria um custo muito maior do que o impacto gerado pela da materialização do risco; (b) eliminar o risco: sonho dourado, mas eliminar qualquer possibilidade de o risco vir a se materializar. Estratégia muito radical e de dificílima implementação sem a eliminação da fonte potencialmente causadora do risco; (c) controlar, gerenciar ou mitigar o risco: aplicar mecanismos de controles interno e frameworks de monitoramento que diminuam o risco inerente para níveis cujo dano eventual possa ser assimilado pela empresa; (d) transferir o risco: por via de seguros passar o custo do risco para uma seguradora. Veja alguns riscos próprios do setor educacional e pense que postura de gestão você entende que se aplica a cada hipótese.

I – Riscos Estratégicos: risco delicado e difícil de manejar porque, na realidade, diz respeito a como a alta gestão conduz o negócio. Nesse ponto, engloba decisões de cunho organizacional e relativos à estrutura, processos, pesquisas, desenvolvimento de produtos, estratégias de formação de custos, preços de venda, fatores que interferem diretamente na

30 IBGC. "*Guia de orientação para gerenciamento de riscos corporativos*". São Paulo: IBGC, 2007, página 20. Disponível em https://edisciplinas.usp.br/pluginfile.php/4656825/mod_resource/content/1/3.pdf

competitividade da empresa[31]. Vale conhecer o estudo "*Disarming the Value Killers*"[32], da Deloitte Research, que analisou fatores subjacente relativos a grandes perdas de valor das ações em um grupo de 100 empresas, entre as mil maiores organizações globais entre 1994 e 2003, deixando claro que o risco estratégico foi dos mais relevantes nas perdas analisadas.

Subjetividades, egos inflados, disputas internas, sobreposição de responsabilidades, cultura, afinal, como dizemos no mundo do compliance, sempre lidamos com pessoas gerindo e tomando decisões sobre negócios e sobre outras pessoas. O IBCG deu alguns exemplos que são bem ilustrativos do que falamos: "falhas na antecipação ou reação ao movimento dos concorrentes causadas por fusões e aquisições; diminuição de demanda do mercado por produtos e serviços da empresa causada por obsolescência em função de desenvolvimento de novas tecnologias/ produtos pelos concorrentes"[33].

II - Risco de mercado: trata-se de uma espécie de risco financeiro e decorre da economia (nacional e internacional se é que existe hoje em dia essa distinção na prática) concretizada na prática da oscilação de preços, pressão inflacionária, taxas de juros, de câmbio, índices, ações e títulos, *commodities* ou outros tipos de ativo que possam gerar impacto negativo na operação da IES[34].

Esse risco, em face da realidade de capital aberto dos grupos educacionais, com movimentos de aquisição nessa nova onda de concentração, com alavancagens variadas, com captação de recursos em dólar, gera um risco de exposição do fluxo de caixa muito relevante que não maximiza a geração de caixa operacional.

III - Risco de crédito: mais uma espécie de risco financeiro por estar ligado às operações de crédito realizadas pela companhia. Com a presença de investidores internacionais esse risco, coligado com o risco legal advindo da aplicação de normas estrangeiras (sobretudo dos Estados Unidos e Europa), precisa ser bem calibrado.

---

31 ZONATTO, Vinícius Costa da Silva; BEUREN, Ilse. Maria. Categoria de riscos evidenciados nos relatórios da administração de empresas brasileiras com ADRs. *Revista Brasileira de Gestão de Negócios*, São Paulo, v. 12, n. 35, 2010, p. 141-155.

32 Deloitte Reserach, "Disarming the Value Killers - A Risk Management Study", 2006, página 2. Disponível em https://deloitte.wsj.com/cfo/files/2014/05/DisarmingTheValueKillers.pdf

33 IBGC. "*Guia de orientação para gerenciamento de riscos corporativos*". São Paulo: IBGC, 2007, página 18. Disponível em https://edisciplinas.usp.br/pluginfile.php/4656825/mod_resource/content/1/3.pdf

34 FERNANDES, Francisco Carlos; SOUZA, Laudelino; FARIA, Ana Cristina. Evidenciação de riscos e captação de recursos no mercado de capitais: um estudo do setor de energia elétrica. *Contabilidade, Gestão e Governança*, Brasília, v. 13, n. 1, 2010, p. 59-73.

O Banco Central conceitua esse risco como "a possibilidade de ocorrência de perdas associadas ao não cumprimento pelo tomador ou contraparte de suas respectivas obrigações financeiras nos termos pactuados, à desvalorização de contrato de crédito decorrente da deterioração na classificação de risco do tomador, à redução de ganhos ou remunerações, às vantagens concedidas na renegociação, aos custos de recuperação"[35].

IV – Risco de liquidez: outra face do risco financeiro por refletir a capacidade de cumprimento das obrigações e honra dos compromissos. Por esse conceito, o risco de uma IES não conseguir cumprir as obrigações financeiras de curto prazo (risco de liquidez de financiamento) devido à incapacidade de converter os ativos em caixa sem que haja impacto expressivo de perdas (risco de liquidez de mercado) por falta de compradores, grandes movimentos de preços ou spreads de compra e venda crescentes[36].

Quando observados os ativos das IES, evidencia-se ainda a existência expressiva de ativos "não líquidos" como, por exemplo, patrimônio imobiliário ou títulos.

V – Riscos Operacionais: possibilidade de ocorrência de perdas resultantes falhas internas, tais como: de estrutura, sistemas, pessoas, produtos, processos, fraudes, conluios, erros em sistemas de controles internos, falta de segregação de funções ou de eventos externos, dente outras hipóteses.

Para o OBCG "os riscos operacionais geralmente acarretam redução, degradação ou interrupção, total ou parcial, das atividades, com impacto negativo na reputação da sociedade, além do potencial geração de passivos contratuais, regulatórios e ambientais"[37].

No caso das IES, com a multiplicidade de áreas, tipos diferentes de produtos, entregas, stakeholders envolvidos, normas gerais educacionais, normas especificas por área (por exemplo, regulações próprias dos cursos das áreas de saúde), tipos de formato de entrega, para citar alguns pontos, tornam a multiplicidade dos riscos operacionais um desafio comparável com a aviação civil, por exemplo.

VI – Riscos Legais: novamente, diante da multiplicidade de variáveis operacionais do ensino superior privado em associação com a mu-

---

35 BACEN, Risco de Crédito Estrutura de gerenciamento do risco de crédito, 2008, página 9. Disponível em http://portalabbc.org.br/arquivos/gerenciamento_david.pdf acesso em 13 de dezembro de 2021.

36 KLANN, Roberto Carlos; KREUZBERG, Fernanda; BECK, Franciele. Fatores de risco evidenciados pelas maiores empresas listadas na BM&FBovespa. *Revista de Gestão Ambiental e Sustentabilidade – GeAS*, São Paulo, n. 3, 2014, p. 78-89.

37 IBGC. *"Guia de orientação para gerenciamento de riscos corporativos"*. São Paulo: IBGC, 2007, página 19. Disponível em https://edisciplinas.usp.br/pluginfile.php/4656825/mod_resource/content/1/3.pdf

dança dos marcos regulatórios desde a abertura do mercado nos anos 1990 e da chegada de atores internacionais sujeitos a jurisdições estrangeiras, os riscos legais são mais do que essenciais para a sobrevivência das IES senão vitais na estratégia de negócios.

Por exemplo, vide os elementos normativos de cunho concorrencial que levam, no mais das vezes, operações de fusões e aquisições ao escrutínio do CADE em virtude de potencial concentração excessiva em atos de concentração horizontal (tão comuns no segmento do ensino superior).

Riscos legais têm potencial de serem convertidos em oportunidades legais a depender da forma como são gerenciados pela alta gestão. A aplicação da legislação trabalhista, tributária, fiscal, ambiental, LGPD, referentes a relações contratuais, regulamentação de mercado, operações imobiliárias, estruturação jurídica de veículos de financiamento (por exemplo, Fundos de Investimento em Direitos Creditórios), são exemplos de riscos - em eventual não conformidade - e de oportunidades - em factível estratégia de racionalização dos dispostos legais.

Ainda, com um sistema de alta intensidade contenciosa, com uma certa insegurança jurídica derivada da facilidade e custo baixo da litigância no Brasil, pensar nos riscos legais é essencial ao negócio face à "intervenção" promovida pela plêiade de decisões judiciais com impactos na operação e nas perdas e provisionamentos de caixa.

VII - Risco Reputacional: também conhecido como risco de imagem, está diretamente ligado a eventuais desgastes na reputação das empresas junto ao mercado como um todo e, no caso em específico das IES, diante da comunidade acadêmica.

Com uma entrega final tão subjetiva como o conhecimento, a produção científica, as múltiplas formações de pessoas leigas que se tornam especialistas em áreas do saber existem riscos de imagem associados. Por exemplo, fraudes e práticas corruptas de pesquisa que incorram em plagiarismo se não forem detectadas e coibidas passam a imagem e que há leniência por parte da IES ou um sistema tão mercantilizado e sem filtros de qualidade que não leva em conta a própria finalidade central do ensino superior.

Outro ponto, na era das redes sociais - e que tem impacto sim, por exemplo, na captação de novos alunos - é o que todos os demais riscos podem gerar danos reputacionais correlatos. Uma fraude tributária, um caso de assédio sexual no ambienta docente, o não pagamento de empréstimos feitos juntos aos bancos, a má conduta de um CEO ou CFO, tudo pode ser midiatizado de forma espontânea, como escalada orgânica, ou mesmo como forma de ataque da concorrência. Recomendamos que haja uma estratégia de monitoramento contínuo nas redes sociais da imagem da empresa, seus cursos, principais professores, feitos dos alunos e executivos da alta gestão da IES.

VIII - Risco Ambiental: na era da agenda ESG, do aquecimento global, dos eventos climáticos extremos, esse risco é vital pelo ponto de vista da responsabilidade das empresas com a sociedade, dos critérios ESG no próprio sistema de financiamento dos grandes bancos/fundos de investimento e no que tange a imagem de corporações modernas e inovadoras - algo que deveria estar na base de uma empresa de educação.

Como bem apontado pelo IBGC, se trata de "riscos associados à gestão inadequada de questões ambientais, causando efeitos como contaminação de solo, água ou ar, decorrente da disposição inadequada de resíduos ou levando a acidentes como vazamento de produtos tóxicos. Nesses casos, a empresa se vê impedida de operar até que a causa do dano ambiental seja remediada, podendo inclusive ser acionada por terceiros em função de lucro cessante ou tendo que arcar com esforço adicional de reparar o prejuízo causado às comunidades do entorno"[38].

IX - Risco Digital: novo risco advindo da inovação tecnológica que trouxe para todos os níveis da operação o uso intenso de algoritmos, sistemas de inteligência artificial, uso de dados e metadados.

Novamente, nesse caso, os riscos se articulam entre si, em especial os riscos legais com a consolidação de um novo escopo regulatório no nacional e internacional. Vide por exemplo, no Brasil a Lei Geral de Proteção de Dados - LGPD (Lei 13.709/18) e na Europa a GDPR (General Data Protection Regulation / Regulamentação Geral de Proteção de Dados).

Ponto que julgamos central diz respeito à Privacidade dos colaboradores e dos consumidores/corpo discente. Privacidade observada: (a) no manejo de dados das pessoas que trabalham na empresa e como eles gerarão ações que afetem suas carreiras e relações interpessoais no ambiente de trabalho; (b) no ciclo de vida do produto ou serviço impactado pela inteligência artificial; (c) na conformidade com a legislação em vigor; (d) na consolidação reputacional da empresa como organização transparente; (e) como vantagem competitiva por ser reconhecida como empresa de práticas justas e de respeito aos direitos das pessoas consumidoras e (f) no tratamento e uso dos dados dos alunos/ex-alunos, sobretudo, quando percebemos desenvolvimento de estratégias de relações de longo prazo das IES através do ciclo de educação continuada - aqui como pós-graduação ou cursos na linha do conceito de *lifelong learning*.

X - Risco Discriminatório: o ambiente do ensino superior, visto como comunidade acadêmica ou na lógica da alta gestão, ainda carece de maior diversidade em todos os sentidos. Assim, novamente, nesse momento de tração da agenda ESG, as IES precisam atuar para construir espaços antidiscriminatórios.

---

38 Idem, página 20.

Alta gestão e conselhos com diversidade de gênero e racial são imperativos éticos e, tenham certeza, de mercado. Repensar programas de cursos, linhas pedagógicas, diversidade no corpo docente, políticas antidiscriminatórias de compliance e recursos humanos, canais efetivos de denúncia que sirvam como radares eficientes para esses casos de discriminação de qualquer forma são imprescindíveis em nossos tempos.

O ambiente educacional, ao menos em tese, precisa ser plural, diverso, livre, acolhedor, regido pelo respeito, promotor da equidade, acessível às pessoas com deficiência, inclusivo, antirracista, antimachista, anti-homofóbico e antidiscriminatório.

Ter o risco real preconceito que se converte, quase diariamente, em práticas discriminatórias no ambiente das IES mapeado e gerenciado pode ser o diferencial de empresas alinhadas com o seu tempo, com o mercado, com os critérios ESG para recebimento de investimentos e acesso público a mercados (como processos de IPOs), com as pessoas consumidoras e colaboradoras (ainda mais na lógica da retenção de talentos como capital humano vital), com valor reputacional, com impacto positivo gerado e firmeza de propósito daquelas empresas que terão uma bússola para a travessia rumo a um novo estágio do capitalismo (sobretudo pós-pandemia).

7. Conclusão – Presente e Futuro num bailado síncrono

Enquanto concluímos esse artigo, mais movimentos de M&A acontecem no mercado nacional e internacional. Mais as corporações privadas, com caixa fortalecido por captações, miram as chamadas EdTechs (resultado da fusão entre "education" e "technology") como nova tendência em busca do crescimento da base de alunos, do mix de produtos e da sinergia cultural inovadora que o DNA dessas *startups* pode trazer para as tradicionais empresas do setor. Dados do setor apontam para um mercado potencial na casa dos US$ 404 bilhões até 2025[39].

Além desse movimento de mercado, o FUTURO QUE JÁ COMEÇOU e vem com novo mindset de gestão, integração do ensino de forma sistêmica na vida do cliente/aluno (da pré-escola ao pós-doutorado), novas metodologias pedagógicas em sintonia com o nosso tempo como robótica, e-learning, gamificação e inteligência artificial.

O conceito do modelo de negócio do ensino superior autocentrado, encastelado numa *"torre de marfim"*, como fim em si mesmo e sem preocupação com performance, inovação e qualidade aliadas com preço, re-

39 Disponível em https://www.holoniq.com/notes/global-education-technology-market-to-reach-404b-by-2025/

sultados e retorno aos investidores acabou. E, acreditem, aquelas empresas que não entenderem essa realidade falirão ou serão devoradas pela concorrência.

Corporações privadas de Ensino Superior são/serão, em nossa visão, grandes empresas de tecnologia educacional com um olhar 360 graus para a sociedade e a economia, diversas e inclusivas, em sintonia com os desafios globais, calibrando "em tempo real" seus esforços (concretizados nos portfólios de produtos e mix de serviços) de integração na dinâmica da vida da sociedade. *Tailor made* levado a uma nova dimensão pela pressão positiva das forças de mercado e de uma liberdade de escolha do consumidor/aluno que, em breve, com a tecnologia e a internacionalização terá como opção (em parte já tem!) empresas de ensino do mundo inteiro.

Pensar compliance nesse segmento implica numa visão acurada, 24/7, moderna e ágil dos riscos tradicionais e novos que emergem sem parar ao longo da jornada. O futuro já começou e, nesse futuro, riscos e oportunidades - separados por linhas melífluas - são o diferencial entre a escalada para o sucesso ou a irrelevância.

8. Referências Bibliográficas

BACEN, Risco de Crédito Estrutura de gerenciamento do risco de crédito, 2008, página 9. Disponível em http://portalabbc.org.br/arquivos/gerenciamento_david.pdf acesso em 13 de Dezembro de 2021.

BRASIL. Controladoria-Geral da União. Guia de Integridade Pública, 2015. Disponível em: https://www.gov.br/cgu/pt-br/centrais-de-conteudo/publicacoes/integridade/arquivos/guia-de-integridade-publica.pdf. Acesso em: 20 jan. 2022.

BRASIL. Ministério da Justiça. Guia de Programas de Compliance - orientações sobre estruturações e benefícios da adoção dos programas de compliance concorrencial. CADE - Conselho Administrativo de Defesa Econômica, Janeiro/2016. Disponível em: <https://cdn.cade.gov.br/Portal/centrais-de-conteudo/publicacoes/guias-do-cade/guia-compliance-versao-oficial.pdf>. Acesso em: 27 de dez de 2021, p.9.

CADE - Conselho Administrativo de Defesa Econômica. Atos de Concentração no Mercado de Prestação de Serviços de Ensino Superior. Brasília: Ministério da Justiça, maio de 2016, pag. 5. Disponível em: https://cdn.cade.gov.br/Portal/centrais-de-conteudo/publicacoes/estudos-economicos/cadernos-do-cade/atos-de-concentracao-no-mercado-de-prestacao-de-servicos-de-ensino-superior-2016.pdf . Acesso em 02 de março de 2022.

CADE - Conselho Administrativo de Defesa Econômica. Cadernos do CADE - Atos de Concentração no Mercado de Prestação de Serviços de Ensino Superior, maio de 2016, páginas 23-24.

CAMBRIDGE DICTIONARY. Compliance concept. Advanced Learner's Dictionary & Thesaurus. Cambridge University Press. Disponível em: < https://dictionary.cambridge.org/dictionary/english/compliance >. Acesso em 18 de dez de 2021.

COMMITTEE OF SPONSORING ORGANIZATIONS OF THE TREADWAY COMMISSION (United States Of America). Enterprise Risk Management Integrating with Strategy and Performance. 2017, página 4.

COMMITTEE OF SPONSORING ORGANIZATIONS OF THE TREADWAY COMMISSION (United States Of America). Internal Control - Integrated Framework. 2013. Disponível em: https://www.coso.org/Documents/2017-COSO-ERM-Integrating-with-Strategy-and-Performance-Executive-Summary.pdf. Acesso em: 14 jan. 2022.

CORRÊA, Eneida Cardoso de Britto. Modelo regulatório híbrido da educação superior privada: possibilidades, limites e desafios / Eneida Cardoso de Britto Corrêa. - 2015, página 33. Disponível em https://bibliotecadigital.fgv.br/dspace/bitstream/handle/10438/14223/DISSERTACAO%20-%20ENEIDA%20CORR%C3%8AA%20%20-%20VERSAO%20FINAL%20EM%2024-10-2015%20-%20Biblioteca%20FGV.pdf

DELOITTE RESERACH, "Disarming the Value Killers - A Risk Management Study", 2006, página 2. Disponível em https://deloitte.wsj.com/cfo/files/2014/05/DisarmingTheValueKillers.pdf

ISO - International Organization for Standardization - Disponível em https://www.iso.org/standard/75080.html

FERNANDES, Francisco Carlos; SOUZA, Laudelino; FARIA, Ana Cristina. Evidenciação de riscos e captação de recursos no mercado de capitais: um estudo do setor de energia elétrica. *Contabilidade, Gestão e Governança*, Brasília, v. 13, n. 1, 2010, p. 59-73.

HARARI, Yuval Noah. 21 lições para o século 21. São Paulo: Companhia das Letras, 2018. pag. 327.

IBGC. "*Guia de orientação para gerenciamento de riscos corporativos*". São Paulo: IBGC, 2007, página 20. Disponível em https://edisciplinas.usp.br/pluginfile.php/4656825/mod_resource/content/1/3.pdf

KLANN, Roberto Carlos; KREUZBERG, Fernanda; BECK, Franciele. Fatores de risco evidenciados pelas maiores empresas listadas na BM&FBovespa. *Revista de Gestão Ambiental e Sustentabilidade - GeAS*, São Paulo, n. 3, 2014, p. 78-89.

MARTINS, Antônio Carlos Pereira. Ensino superior no Brasil: da descoberta aos dias atuais. Acta Cirúrgica Brasileira [online]. 2002, v. 17, supl. 3, pp. 04-06. Disponível em: https://doi.org/10.1590/S0102-86502002000900001. Acesso em 17 de dezembro de 2021.

QUEIROZ, Fernanda Cristina Barbosa Pereira et al. Transformações no ensino superior brasileiro: análise das Instituições Privadas de Ensino Superior no compasso com as políticas de Estado. Ensaio: Avaliação e Políticas Públicas em Educação [online]. 2013, v. 21, n. 79, pag. 358. Disponível em https://www.scielo.br/j/ensaio/a/ZjxVZScb8SKnxtpX-jNkGwqz/?format=pdf&lang=pt . Acesso em 13 de janeiro de 2022.

RANIERI, N. B. Educação superior, direito e estado: na Lei de Diretrizes e Bases (Lei n. 9.394/96). São Paulo: EdUSP: FAPESP, 2000, pag. 194.

SAMPAIO, Helena. O setor privado de ensino superior no Brasil: continuidade e transformações. Revista Ensino Superior Unicamp. ed. 4. out. 2011. p. 31. Disponível em https://www.revistaensinosuperior.gr.unicamp.br/edicoes/ed04_outubro2011/05_ARTIGO_PRINCIPAL.pdf . Acesso em 13 de janeiro de 2022.

SERPA, Alexandre de Cunha. Compliance descomplicado: um guia simples e direto sobre programas de compliance. 1ª Edição. CCEP. CFE, 2016. E-book Kindle.

SILVA, Daniel Cavalcante; COVAC, José Roberto. Compliance como uma boa prática de gestão no ensino superior privado. São Paulo: Saraiva, 2015, página 54.

SILVEIRA, Renato de Mello Jorge; SAAD-DINIZ, Eduardo. Compliance, direito penal e Lei Anticorrupção. 1. ed. São Paulo: Saraiva, 2015, p. 255.

UNITED KINGDOM. Serious Fraud Office. *Evaluating a Compliance Programme*. January, 2020. Disponível em: <https://www.sfo.gov.uk/publications/guidance-policy-and-protocols/guidance-for-corporates/evaluating-a-compliance-programme/>. Acesso em: 27 de dez de 2021. (tradução livre).

UNITED STATES OF AMERICA. Department of Justice. Evaluation of Corporate Compliance Programs. Criminal Division. June, 2020. Disponível em: <https://www.justice.gov/criminal-fraud/page/file/937501/download>. Acesso em: 27 de dez de 2021.

ZONATTO, Vinícius Costa da Silva; BEUREN, Ilse. Maria. Categoria de riscos evidenciados nos relatórios da administração de empresas brasileiras com ADRs. *Revista Brasileira de Gestão de Negócios*, São Paulo, v. 12, n. 35, 2010, p. 141-155.

O CADE E O ENSINO SUPERIOR BRASILEIRO: A CONSTRUÇÃO DA JURISPRUDÊNCIA DE MERCADO RELEVANTE

Carlos Emmanuel Joppert Ragazzo[1]
João Marcelo da Costa e Silva Lima[2]

Sumário: I - Introdução; II - Os primeiros casos de ensino superior julgados pelo CADE: padrão de análise mais simplificado; III - Processo de refinamento da definição de mercado relevante no ensino superior; IV - Questões de definição de mercado relevante a serem enfrentadas pelo CADE; V - Considerações finais.

I. Introdução

O Conselho Administrativo de Defesa Econômica (CADE) existe há décadas. Mas é desde 1994, com a entrada em vigor da já revogada Lei 8.884/94, que o órgão concorrencial brasileiro passou a ganhar relevância institucional e a desempenhar, com pequenas diferenças, as funções de controle de estruturas[3] e de condutas[4] que o singularizam hoje.

1 Professor da FGV-RIO; Doutor e Mestre em Direito pela Universidade do Estado do Rio de Janeiro - UERJ; LL.M. pela New York University - NYU; foi Conselheiro e Superintendente-Geral do CADE.

2 LL.M. pela Harvard Law School; Bacharel e Mestre em Direito da Regulação pela FGV-RIO. Advogado.

3 O controle de estruturas tem por objetivo identificar potenciais situações em que se forma o poder de mercado, a partir de concentrações de mercado acima de um determinado patamar fixado em lei (que confere à empresa resultante posição dominante no mercado objeto da operação).

4 No controle de condutas, o CADE investiga e pune condutas anticompetitivas praticadas por agentes com poder de mercado. Essas condutas incluem a formação de cartel,

Pouco tempo depois, em 1996, houve uma reforma importante na indústria de educação superior brasileira, formalizada por meio da Lei de Diretrizes e Bases da Educação Nacional (Lei n. 9.394/1996 - LDBEN). Essa lei aprofundou o processo de expansão do setor de educação brasileiro por meio da criação de incentivos para a entrada e o desenvolvimento de instituições privadas - processo esse que já estava em andamento desde os anos 1960.[5] Um ano depois, em 1997, a LDBEN foi regulamentada pelo Decreto n. 2.306 (desde então substituído pelo Decreto n. 5.773, de 2006), que permitiu que as mantenedoras de Instituições de Ensino Superior (IES) tivessem finalidade lucrativa.[6]

A partir desse momento, o interesse do setor privado no setor de educação superior no Brasil aumentou exponencialmente. Identificou-se, à época, que se tratava de setor com muito potencial para o crescimento, principalmente devido aos baixos índices de alunos brasileiros matriculados no ensino superior brasileiro quando comparado com outros países da América Latina e do mundo.[7] A autorização regulatória

---

em diversas variações (como acordo sobre preços, divisão de territórios e/ou clientes, ou mesmo conluio em licitações), o preço predatório e a venda casada. Nessas situações, o CADE investiga essas condutas nocivas à defesa da concorrência, para - se for o caso - condená-las.

5 Ver, a respeito: RAGAZZO, Carlos; RIBEIRO, Leandro Molhano; LIMA, João Marcelo. A oferta de cursos do ProUni e o mercado de trabalho. Revista da Faculdade de Direito -UFPR, Curitiba, vol. 61, n. 3, set./dez. 2016, p. 122 e seguintes.

6 Dizia o art. 1 do Decreto 2.306 que: "As pessoas jurídicas de direito privado, mantenedoras de instituições de ensino superior, previstas no inciso II do art. 19 da Lei n. 9.394, de 20 de dezembro de 1996, poderão assumir qualquer das formas admitidas em direito, de natureza civil ou comercial e, quando constituídas como fundações, serão regidas pelo disposto no art. 24 do Código Civil Brasileiro. Art. 4º As entidades mantenedoras de instituições de ensino superior, com finalidade lucrativa, ainda que de natureza civil, deverão: I - elaborar e publicar, em cada exercício social, demonstrações financeiras certificadas por auditores independentes, com o parecer do conselho fiscal, ou órgão equivalente; II - submeter-se, a qualquer tempo, a auditoria pelo Poder Público."

7 O Censo PNAD/IBGE de 2004 revelou que apenas 10,63% dos jovens brasileiros entre 18 e 24 anos de idade frequentavam cursos de ensino superior, contra 67,83% de jovens dessa faixa etária que não frequentavam nível de ensino algum. O mesmo Censo também mostrou que, em 2004, dos estudantes - ou seja, pessoas que cursem algum nível de ensino - de 18 a 24 anos, apenas 33,02% estavam matriculados em cursos de educação superior, contra 47,56% que se encontravam no nível médio (incluindo estudantes de pré-vestibular). Os números do PNAD/IBGE indicavam que, em 2004, o acesso à educação superior era reservado a pouquíssimos jovens. Segundo dados da IESALC/UNESCO e da BADEINSCO/CEPAL, em 2003 a taxa bruta de acesso ao ensino superior era de 59,8% na Argentina, 42,4% no Chile, 39,4% na Bolívia e apenas 20% no Brasil. Dos países da América Latina, apenas a Guiana (6,1%) perdeu para o Brasil no ranking. De acordo com dados da OECDE, a taxa de acesso à educação superior da população entre 18 e 24 era, em 2004, correspondente a 32,6% na Alemanha, 53,1% na Argentina, 65,4% na Bélgica, 55,9% na Austrália, 65,% nos Estados Unidos, 29,9% na Suíça, 24,8%

para a exploração lucrativa de serviços de ensino superior era, portanto, a mola propulsora necessária para destravar investimentos na área. E foi isso o que, de fato, aconteceu. De lá para cá, diversos grupos empresariais estrangeiros e brasileiros passaram a investir no ensino superior brasileiro: enquanto em 2000 havia 1.004 IES privadas no país,[8] o Censo INEP revelou que, em 2019, havia 2.306 IES privadas (88,4% do total de IES do Brasil).[9]

Naturalmente, a expansão do ensino superior brasileiro ao longo das últimas décadas se traduziu, no CADE, num aumento gradual no número de atos de concentração submetidos à sua análise (i.e., no contexto do controle de estruturas, descrito acima). Até hoje, o CADE analisou pelo menos 92 atos de concentração envolvendo mercados de prestação de ensino superior.[10-11] O interesse da autoridade concorrencial pelo setor de ensino superior foi, por conta disso, aumentando, e os padrões de análise dos processos envolvendo o setor foram se sofisticando. Em 2016, o CADE - para auxiliar o setor privado a entender como funciona sua análise do setor - publicou em 2016 um estudo "Cadernos do CADE: Atos de Concentração no Mercado de Serviços de Educação Superior" (Caderno),[12] que compila informações sobre o setor e descreve a sua jurisprudência consolidada até aquela data.

no México e apenas 10,6% no Brasil. Ver: CARVALHO, Cristina Helena Almeida. PROUNI no governo Lula e o jogo político em torno do acesso ao ensino superior. Revista Educação e Sociedade, vol. 27 n. 96, out. 2006.

8 INSTITUTO NACIONAL DE ESTUDOS E PESQUISAS EDUCACIONAIS ANÍSIO TEIXEIRA. Sinopse Estatística da Educação Superior 2000. Brasília: Inep, 2001. Disponível em: https://download.inep.gov.br/download/censo/2000/Superior/sinopse_superior-2000.pdf. Acesso em: 20/02/2022.

9 INSTITUTO NACIONAL DE ESTUDOS E PESQUISAS EDUCACIONAIS ANÍSIO TEIXEIRA. Sinopse Estatística da Educação Superior 2019. Brasília: Inep, 2020. Disponível em: http://portal.inep.gov.br/basica-censo-escolar-sinopse-sinopse. Acesso em: 20/02/2022.

10 De acordo com o "Cadernos do CADE: Atos de Concentração no Mercado de Serviços de Educação Superior", até 2015, o CADE havia analisado 62 atos de concentração envolvendo o setor de ensino superior brasileiro. Entre 2015 e 2022, foram notificados ao menos 30 atos de concentração envolvendo o setor, e, por isso, estima-se que o CADE analisou um total de ao menos 92 atos operações no setor até a presente data.

11 Vale notar que para que atos de concentração sejam de submissão obrigatória, é necessário que preencham os seguintes critérios de faturamento cumulativos previstos na atual lei de defesa da concorrência, a Lei n. 12.529/2011: (a) pelo menos um dos grupos envolvidos na operação tenha registrado, no último balanço, faturamento bruto anual ou volume de negócios total no país, no ano anterior à operação, equivalente ou superior a R$ 750.000.000,00; e (b) pelo menos um outro grupo envolvido na operação tenha registrado, no último balanço, faturamento bruto anual ou volume de negócios total no país, no ano anterior à operação, equivalente ou superior a R$ 75.000.000,00.

12 CONSELHO ADMINISTRATIVO DE DEFESA ECONÔMICA. Cadernos do CADE:

O referido Caderno deixa claro que o CADE vem analisando atentamente, e com rigor, atos de concentração no setor de ensino superior brasileiro. Algum tempo antes da publicação do Caderno, o CADE já havia imposto remédios estruturais e comportamentais como condição para a aprovação de duas operações societárias no setor sob a égide da nova lei de defesa da concorrência (Lei n. 12.529/2011),[13] ambas julgadas em 14 de maio de 2014: (a) a aquisição, pela Estácio Participações, da TCA Investimentos em Participações, empresa do Grupo SEB e controladora da União dos Cursos Superiores SEB - as partes assumiram o compromisso de não expandir a oferta de vagas nos mercados identificados como problemáticos por um período de dois anos; e (b) a aquisição, pela Kroton Educacional, da Anhanguera Educacional, 14/05/2014 - nesse caso, além de uma série de obrigações de fazer[14], o CADE exigiu a alienação da Uniasselvi. Pouco tempo depois da disponibilização do Caderno, no início de 2017, o Tribunal do CADE levou a cabo sua intervenção regulatória mais dura no setor ao rejeitar a aquisição, pela Kroton Educacional, da Estácio Participações.

Desde 2017, os atos de concentração do setor que foram submetidos à análise do CADE têm sido aprovados sem restrições, mas o escrutínio do CADE no setor permanece forte, com uma série de operações sendo submetidas sob o rito ordinário[15] (aplicável a casos em regra mais com-

---

Atos de Concentração no Mercado de Serviços de Educação Superior. Brasília: CADE, maio 2016. Disponível em: https://cdn.cade.gov.br/Portal/centrais-de-conteudo/publicacoes/estudos-economicos/cadernos-do-cade/atos-de-concentracao-no-mercado-de-prestacao-de-servicos-de-ensino-superior-2016.pdf. Acesso em: 20/02/2022.

13 O CADE já havia aplicado remédios comportamentais e estruturais no contexto de operações societárias submetidas à sua análise durante a vigência da Lei n. 8.884 (antiga lei de defesa da concorrência). Ver, por exemplo: Ato de Concentração n° 08012.009861/2011-97 (Anhanguera Educacional Ltda.; Academia Paulista Anchieta Ltda. (APA), União Pan-americana de Ensino S/C Ltda. e União Bandeirante de Educação Ltda.) e Ato de Concentração n° 08012.003886/2011-87 (Anhanguera Educacional Ltda. e Grupo Anchieta).

14 Os compromissos assumidos pelas partes incluíam (ii) solução de problemas de concorrência potencial, com impedimento da oferta simultânea dos cursos problemáticos em todos os polos cujos pedidos de credenciamento estão em tramitação e que, se deferidos, envolverão sobreposições; (ii) obrigações de qualidade, como titulação do corpo docente, incremento das ferramentas de ensino disponíveis no ensino à distância e qualificação do corpo tutorial; e (iii) obrigação de notificar, pelo período de 3 anos, qualquer aquisição de controle de instituição de ensino superior com atuação e que oferte, no momento da aquisição, cursos de graduação à distância no Brasil.

15 Exemplos incluem: Ato de Concentração n° 08700.002767/2019-14 (CENESUP - Centro Nacional de Ensino Superior Ltda. e SODECAM - Sociedade de Desenvolvimento Cultural do Amazonas Ltda.); Ato de Concentração n° 08700.005827/2019-42 (Estácio Participações S.A. e Adtalem Brasil Holding S.A.); Ato de Concentração n. 08700.000078/2020-09 (SECID - Sociedade Educacional Cidade de São Paulo S.A., CES-

plexos, com concentrações de mercado superiores a 20%). Mudanças regulatórias têm alterado a dinâmica do setor de educação superior, aumentando a concorrência. Além disso, o perfil de consumo de serviços de educação superior tem se alterado - principalmente por conta das mudanças de hábitos provocadas pela pandemia da Covid-19. E é possível que isso tudo altere a prática decisória do CADE na análise de atos de concentração envolvendo o ensino superior. Em particular, é possível que essas transformações façam com que as definições de mercado relevante que vêm sendo adotadas pelo CADE possam ser revisitadas.

De acordo com o Guia de Análise de Atos de Concentração Horizontal, publicado pelo CADE, a definição do mercado relevante é "o processo de identificação do conjunto de agentes econômicos (consumidores e produtores) que efetivamente reagem e limitam as decisões referentes a estratégias de preços, quantidades, qualidade (entre outras) da empresa resultante da operação".[16] O mercado relevante tem uma dimensão produto (os bens e serviços considerados substituíveis entre si) e uma dimensão geográfica (a área em que as empresas ofertam seus produtos e os consumidores buscam mercadorias dentro da qual um monopolista conseguiria impor elevações significativas de preços). E a relevância desse conceito reside no fato de que é com base na delimitação de mercado relevante que o CADE identifica se está sendo criada uma situação de posição dominante por meio da operação - elemento reconhecidamente central da análise concorrencial em atos de concentração, com repercussões importantes para o resultado de casos concretos.[17]

PO - Centro de Estudos Superiores Positivo Ltda., CESA - Complexo de Ensino Superior Arthur Thomas Ltda., CPUP - Centro de Pesquisa da Universidade Positivo); Ato de Concentração n. 08700.005707/2019-45 (Anima Holding S.A., Fundação Universidade do Sul de Santa Catarina); Ato de Concentração n. 08700.003814/2020-72 (Centro Nacional de Ensino Superior Ltda. - CENESUP e Sociedade Regional de Educação de Cultura - SOREC); Ato de Concentração n. 08700.006238/2020-15 (Ânima Educação S.A., Camp Nou Fundo de Investimento em Participações Multiestratégia, Laureate Educationm Inc.); Ato de Concentração n. 08700.006248/2020-51 (Afya Participações S.A. e Sociedade Padrão de Educação Superior Ltda.); Ato de Concentração n. 08700.003774/2021-40 (3L Tecnologias Educacionais Digitais S.A. e Sociedade Técnica Educacional da Lapa S.A.).

16 CONSELHO ADMINISTRATIVO DE DEFESA ECONÔMICA. Guia de Análise de Atos de Concentração Horizontal. Brasília: CADE, julho 2016. Disponível em: https://cdn.cade.gov.br/Portal/centrais-de-conteudo/publicacoes/guias-do-cade/guia-para-analise-de-atos-de-concentracao-horizontal.pdf. Acesso: 20/02/2022.

17 A posição dominante é uma presunção de poder de mercado que, por sua vez, é a possibilidade de alteração, de forma unilateral ou coordenada, de variáveis de mercado, entre as quais preço e quantidade (sem exclusão de outras, como qualidade) de produtos e serviços. Ou seja, é a possibilidade de um fornecedor aumentar os preços para o consumidor. Reconhecida essa posição dominante, a presunção que dela se origina pode ser afastada por uma avaliação de que não há barreiras à entrada no setor (ou que essas barreiras não são relevantes a ponto de impedir essa entrada). Ou mesmo de que a riva-

Não é objetivo deste breve texto esgotar as questões relevantes da análise concorrencial no setor de ensino superior brasileiro, e sim (a) recapitular a evolução da jurisprudência do CADE na análise de atos de concentração no setor de ensino superior brasileiro, com foco em discussões de definição de mercado relevante, e (b) apontar questões que estão sendo enfrentadas pelo CADE hoje e podem alterar alguns conceitos consolidados da análise do órgão.

II. Os primeiros casos de ensino superior julgados pelo CADE: padrão de análise mais simplificado

O Caderno aponta que foi em 2001 - ou seja, alguns poucos anos após a formalização do decreto que autorizou que as mantenedoras de IES tivessem finalidade lucrativa - que o CADE analisou seu primeiro ato de concentração envolvendo serviços de ensino superior. Essa operação dizia respeito do investimento do grupo norte-americano Apollo no Pitágoras (posteriormente denominada Kroton Educacional e hoje denominada Cogna).[18] Nesse caso, o CADE adotou uma definição de mercado relevante ampla, sem segmentações tanto na dimensão produto, quanto na dimensão geográfica. Isso porque o CADE identificou que não havia sobreposição horizontal no setor de ensino superior brasileiro, já que apenas a Pitágoras nele atuava. Por conta disso, os mercados relevantes considerados pelo CADE foram os de "ensino superior" e "desenvolvimento e comercialização de materiais didáticos", ambos de escopo geográfico nacional.

Em casos posteriores, o CADE voltou a adotar uma definição de mercado relevante mais ampla, mesmo quando se identificava sobreposição horizontal (o que poderia levar o CADE a querer adotar uma definição mais aprimorada).[19] Essa definição mais ampla colocava IES públi-

---

lidade das empresas restantes no mercado (aquelas que não foram envolvidas na operação apresentada) seria o suficiente para impedir um movimento de aumento de preços (análise da probabilidade de exercício de poder de mercado). Nessas duas hipóteses, o ato de concentração pode ser aprovado sem restrições, já que o impacto na concorrência seria, no mínimo, nulo. Apenas em circunstâncias em que a avaliação de barreiras e de rivalidade (e aqui as importações também são consideradas) é negativa, é que o caso pode demandar alguma restrição ou, eventualmente, reprovação. Antes disso, no entanto, é facultado às partes apresentarem eficiências decorrentes da operação, a fim de que possam justificar que os eventuais efeitos deletérios à concorrência são compensados, distribuindo-se os benefícios com os consumidores.

18 Ato de Concentração n. 08012.004402/2001-45 (Requerentes: Apollo do Brasil Participações Ltda.; Pitágoras Administração e Participações Ltda.).

19 Ver, nesse sentido: Ato de Concentração n° 08012.004447/2011-91 (Requerentes: Estácio Participações S.A. e Damásio educacional S.A.); Ato de Concentração n.

cas e privadas em mercados relevantes distintos, mas considerava que, dentro do mercado de IES privadas, não havia necessidade de segmentação: a definição aplicada era a de "mercado de prestação de serviços de ensino superior privado", e considerava como constituintes de um mesmo mercado todos os cursos de nível superior, em todas as modalidades, ofertados por IES privadas.

De acordo com o CADE, a definição mais abrangente se justificava porque (a) era possível identificar, nos casos concretos, a existência de um número significativo de concorrentes capazes de rivalizarem e, portanto, coibirem práticas anticompetitivas se praticadas pelas partes;[20] e (b) havia, em regra, informações insuficientes nos autos para uma tomada de decisão robusta quanto à definição correta de mercado relevante para o setor. De qualquer forma, alguns dos votos proferidos por conselheiros nos julgamentos desses casos apontavam que seria necessário aperfeiçoar, no futuro, a definição de mercado relevante.[21]

III. Processo de refinamento da definição de mercado relevante no ensino superior

Com o tempo, o CADE foi considerando cenários de mercado relevante mais restritos, à medida em que a complexidade dos casos submetidos à sua análise foi aumentando. Primeiro, o CADE começou a fazer

---

08012.003088/2011-55 (Requerentes: Anhanguera Educacional Ltda. e Grupo IBMEC Educacional); Ato de Concentração n° 08012.011748/2010-91 (Requerentes: Rede Internacional de Universidades Laureate Ltda. e Sociedade de Educação Ritter dos Reis); Ato de Concentração n. 08012.006686/2010-03 (Rede Internacional de Universidades Laureate Ltda. e FACS Serviços Educacionais S.A.); Ato de Concentração n. 08012.001740/2008-00 (IREP Sociedade de Ensino Superior, Médio e Fundamental Ltda., Faculdade Brasília de São Paulo).

20 Nesse sentido, confira-se trecho do parecer da SEAE no Ato de Concentração n. 08012.011611/2007-31 (Requerentes: Estácio Participações S/A e IREP – Instituto Radial de Ensino e Pesquisa), ponto esse reiterado no voto do relator do caso Conselheiro Paulo Furquim: "Embora a precisa definição do mercado relevante, vale dizer, dimensão produto e geográfica, merecesse estudo mais aprofundado esta Seae optou por não realizar semelhante pesquisa, uma vez que é possível constatar a existência de um grande número de universidades concorrentes, capazes de reduzirem as possíveis práticas anticompetitivas".

21 Ver, a esse respeito, a p. 29 e seguintes do Caderno do CADE: Atos de Concentração no Mercado de Prestação de Serviços de Ensino Superior, que descreve essa tendência da jurisprudência e cataloga alguns dos precedentes que mapeavam a necessidade de aprimoramento da definição de mercado relevante adotada. Disponível em: https://cdn.cade.gov.br/Portal/centrais-de-conteudo/publicacoes/estudos-economicos/cadernos-do-cade/atos-de-concentracao-no-mercado-de-prestacao-de-servicos-de-ensino-superior-2016.pdf. Acesso em 15/02/2022.

ajustes ao conceito de dimensão geográfica empregado em sua jurisprudência. Posteriormente, passou a refinar seus entendimentos em relação à dimensão produto do mercado. O resultado desse processo está sintetizado no quadro abaixo. A seguir, esse processo será descrito em mais detalhes, começando, para fins de clareza conceitual, primeiro pela evolução da dimensão produto.

<table>
<tr><th>Modalidade</th><th>Programa</th><th>Dimensão produto</th><th>Dimensão geográfica</th></tr>
<tr><td rowspan="3">Ensino a distância (EAD)</td><td>Graduação (Licenciatura, Bacharelado, Tecnólogo)</td><td>Curso</td><td>Nacional e municipal</td></tr>
<tr><td rowspan="2">Pós-graduação</td><td>Pós-graduação lato sensu por área de conhecimento</td><td rowspan="2">Nacional</td></tr>
<tr><td>Pós-graduação stricto senso por área de conhecimento</td></tr>
<tr><td rowspan="3">Ensino presencial</td><td>Graduação (Licenciatura, Bacharelado, Tecnólogo)</td><td>Curso</td><td>Raio de influência (exceção) ou Municipal (regra)</td></tr>
<tr><td rowspan="2">Pós-graduação</td><td>Pós-graduação lato sensu por área de conhecimento</td><td rowspan="2">Municipal</td></tr>
<tr><td>Pós-graduação stricto senso por área de conhecimento</td></tr>
</table>

Fonte: adaptado a partir do Cadernos do CADE: Atos de Concentração no Mercado de Serviços de Educação Superior, 2016.

Observação: a tabela acima não contempla a segmentação - consolidada na jurisprudência do CADE - entre IES públicas e privadas para facilitar a visualização do leitor.

a. Dimensão produto

A partir de 2009, o CADE começou a explorar definições de mercado relevante mais detalhadas, abandonando gradativamente a definição abrangente até então empregada de "mercado de prestação de serviços de ensino superior" por entender haver diferenças importantes entre programas de ensino superior ofertados no mercado - o que exigiria que cada um deles fosse considerado parte de mercado relevante distinto.[22] Isso ocorreu pela primeira vez em um caso envolvendo a IREP, a Maria Montessori Educação e Cultura, a Cultura e Educação de Cotia, e a Unissori. Nesse caso, o Conselheiro-relator havia lançado mão da definição mais ampla, mas o Conselheiro César Mattos apresentou voto divergente no qual elencou uma série de elementos que diferenciariam o serviço de graduação do serviço de pós-graduação; também foram listadas diferenças entre programas de pós-graduação *stricto sensu* e *lato sensu*. A proposta do Conselheiro Mattos - que a aplicou ao caso concreto e concluiu não haver preocupações concorrenciais - foi naquela ocasião vencida: a maioria do plenário do CADE adotou a definição mais ampla de mercado relevante, entendendo ser desnecessária a segmentação sugerida.

Em 2011, o CADE voltou a discutir a dimensão produto do ensino superior no Brasil, dessa vez implementando alterações à sua abordagem em relação à questão até aquele momento. Essa mudança ocorreu no caso Kroton Educacional/União Sorrisense de Educação, em que a SEAE afirmou em seu parecer que "(...) o momento da revisão da definição de mercado relevante chegou, em virtude do processo de forte concentração que vem sendo observado no mercado de educação de nível superior". Para dar embasamento à alegação de que estava em curso um processo de concentração no setor, a SEAE citou dados que demonstravam um aumento relevante no volume de operações no setor, e de casos notificados ao CADE.

Houve duas importantes contribuições trazidas por esse parecer da SEAE. Primeiro, desde pelo menos 2007, o CADE considerava que IES públicas e privadas faziam parte de mercados relevantes distintos, mas não havia se debruçado detalhadamente sobre as razões por trás dessa segmentação. No caso Kroton Educacional/União Sorrisense, a SEAE explicitou essas razões:

1. **Ausência de substituibilidade pelo lado da demanda:** (a) o público consumidor de IES privadas seria formado por jovens de classes C e D com ocupações diurnas e que estudavam à noite para quem o valor da mensalidade é um fator muito importante; e (b) jovens das classes A e B com tempo para estudar de dia e em tempo integral formariam o público consumidor das IES públicas.
2. **Ausência de substituibilidade pelo lado da oferta:** (a) o corpo docente de IES públicas atua, em regra, em regime integral,

22 Ato de Concentração n. 08012.011435/2008-18 (Requerentes: IREP Sociedade de Ensino Superior, Médio e Fundamental Ltda.; Maria Montessori Educação e Cultura, Ltda.; Cultura e Educação de Cotia Ltda.; Unissori - Unidade de Ensino Superior de Ibiúna S/C Ltda.).

> enquanto em IES privadas a maior parte é horista; (b) as IES públicas são mais voltadas a pesquisas, enquanto as privadas funcionam precipuamente como ferramenta de qualificação para a entrada no mercado de trabalho; (c) IES públicas são, em regra, mais bem ranqueadas do que as privadas pelos índices de qualidade do MEC; (d) as IES públicas lidam com restrições legais e administrativas que comprometem sua flexibilidade para atender demandas de alunos e do mercado de trabalho; (e) cursos de graduação em IES públicas são, em sua maioria, de turnos diurnos e integrais, enquanto em IES privadas os cursos tendem a ser de turno noturno; (f) há mais demanda - e, portanto, competição - pela entrada em IES públicas por serem gratuitas e mais conceituadas; (g) IES privadas são mais capilarizadas do que as públicas.

Além disso, a SEAE propôs segmentar o mercado de ensino superior com base nas diferentes modalidades e níveis educacionais previstos em lei, o que a levou a concluir que os serviços de ensino superior ofertados por IES privadas são compostos por três grupos distintos. O primeiro grupo inclui cursos de graduação, incluindo cursos sequenciais - e a justificativa para essa inclusão de cursos sequenciais foi que IES privadas já têm viés profissionalizante em seus cursos de graduação; além disso, as IES privadas estão automaticamente autorizadas a abrir cursos sequenciais se já ofertarem cursos de graduação. O segundo e o terceiro grupo são compostos por (a) pós-graduação *stricto sensu*; e (b) pós-graduação *lato sensu*.

A SEAE considerou que cursos de pós-graduação *lato sensu* e *stricto sensu* constituem mercados relevantes separados por conta das seguintes diferenças entre esses programas: (a) cursos *stricto sensu* estão sujeitos a mais exigências regulatórias, como avaliação periódica da CAPES e CNPQ, comprovação de produção intelectual relevante, quadro docente permanente, etc.; (b) cursos *lato sensu* sequer dependem de autorização do MEC e não são avaliados pela CAPES/CNPQ; (c) os alunos de cursos *stricto sensu* têm perfil mais acadêmico, já que o objetivo desse programa é formar docentes; já alunos de cursos *lato sensu* estão procurando aprofundar conhecimentos em uma área em que atuam ou desejam atuar profissionalmente.

Pouco tempo depois, o CADE revisitou novamente sua definição de mercado relevante no mercado de ensino superior em caso envolvendo a aquisição, pela Anhanguera Educacional, do Grupo Anchieta.[23] Naque-

23 Ato de Concentração n° 08012.003886/2011-87 (Anhanguera Educacional Ltda. e Grupo Anchieta).

la ocasião, o Conselheiro-relator Alessandro Octaviani propôs duas mudanças importantes. Primeiro, sugeriu segmentar cursos de graduação separando-os por (a) cursos de bacharelado/licenciatura; e (b) cursos superiores de tecnologia. Isso porque enquanto cursos de bacharelado/licenciatura têm foco mais acadêmico, os de tecnólogo são profissionalizantes. Além disso, cursos de tecnólogo duram menos tempo (2 anos, em média, até a formação, contra 5 anos no caso de cursos de bacharelado/licenciatura).

Em segundo lugar, o Conselheiro Octaviani concluiu que cursos de ensino presencial não fazem parte do mesmo mercado que cursos EAD. Isso por conta de diferenças na regulação aplicável e na dinâmica de mercado que afastariam a possibilidade de concorrência entre ambas as modalidades de ensino. Essas diferenças incluem, do lado da demanda, (a) o perfil de alunos (EAD é mais voltada para classes C e D, enquanto a modalidade presencial é mais voltada para jovens de classe média-alta e alta); (b) o valor da mensalidade (cursos EAD são, em regra, mais baratos que cursos presenciais); (c) a propensão de deslocamento do aluno (alunos de cursos EAD estão mais dispostos a se locomover a uma IES distante já que atividades presenciais são constituem apenas 10% da carga horária total; já alunos da modalidade presencial tendem a privilegiar cursos mais próximos de suas casas ou locais de trabalho, pois a frequência do deslocamento até a IES é bem maior). Do lado da oferta, as diferenças entre cursos presenciais e cursos EAD identificadas pelo CADE estão relacionadas basicamente ao custo de expansão (a expansão do ensino presencial é mais custosa do que a expansão do ensino EAD). Como se verá adiante, é possível que, com as mudanças regulatórias e de hábitos dos últimos anos, essa segmentação seja revisitada pelo CADE.

Uma das últimas mudanças relevantes no entendimento do CADE quanto à dimensão produto do mercado de ensino superior veio no final de 2011, durante o julgamento de ato de concentração envolvendo a Anhanguera Educacional e a Sociedade Educacional Plínio Leite. O Conselheiro Elvino Mendonça concluiu, em voto-vista em que propôs novos conceitos para a definição de mercado relevante no ensino superior, que cada curso universitário de graduação deveria ser considerado um mercado relevante separado. Isso porque a taxa de rotatividade dos alunos entre cursos era irrisória, indicando baixa substituibilidade pelo lado da demanda. Além disso, o Conselheiro Mendonça constatou que os processos de credenciamento, autorização, reconhecimento e renovação de cursos superiores eram demorados e burocráticos, o que comprometia a substituibilidade pelo lado da oferta.

No caso dos cursos de pós-graduação, o CADE posteriormente[24] entendeu que os programas *lato sensu* poderiam ser segmentados por área em linha com a definição do MEC empregada no Censo de Educação Superior (i.e., : Educação; Humanidades e Artes; Ciências Sociais, Negócios e Direito; Ciências, Matemática e Computação; Engenharia, Produção e Construção; Agricultura e Veterinária; Serviços) - não houve discussão sobre a segmentação em cursos *stricto sensu* tendo em vista a ausência de casos, até o momento, com sobreposição horizontal afetando tal mercado.

Em 2013, ao julgar o já mencionado processo envolvendo a Anhanguera Educacional e o Grupo Anchieta, o Conselheiro Octaviani revisitou as conclusões do Conselheiro Mendonça que ampararam a sua sugestão de segmentação por curso universitário, mas concluiu que elas não eram aplicáveis a cursos superiores de tecnologia. Isso porque esses cursos teriam duração menor, o que aumentava a possibilidade de haver substituição de cursos entre alunos (já que o custo afundado de trocar seria, em regra, menor). Por conta disso, o Conselheiro Octaviani entendeu que cursos superiores de tecnologia deveriam ser segmentados por eixos temáticos tal como definidos pelo Conselho Nacional de Educação.[25]

b. Dimensão geográfica

Pouco tempo depois de analisar seu primeiro caso envolvendo o ensino superior (a entrada do Grupo Apollo no capital social da Pitágoras, mencionada acima), a Secretaria de Acompanhamento Econômico (SEAE), órgão responsável pela condução da instrução de atos de concentração e de emitir pareceres a serem apreciados pelo plenário do CADE sobre casos concretos (função essa hoje desempenhada pela Superintendência-Geral do CADE), passou a afunilar o escopo geográfico do mercado: passou-se a considerar não apenas o cenário nacional, como também o cenário regional (Sudeste e Sul faziam parte de mercados distintos com base nessa definição).

Essa definição regional foi, no entanto, abandonada em 2007, quando o Conselheiro Paulo Furquim, relator de ato de concentração entre a Estácio Participações S/A e a IREP, concluiu, ao analisar a licitude da cláusula de não concorrência pactuada entre as partes, que uma definição de mercado estadual seria mais adequada para a análise do caso. Isso

24 Ato de Concentração n. 08700.004112/2012-04 (Requerentes: Kroton Educacional S.A.; Ítala Participações Ltda.). Entendimento posteriormente corroborado no Ato de Concentração n. 08700.005447/2013-12 (Requerentes: Kroton Educacional S.A.; Anhanguera Educacional Participações S.A.).

25 Ver Parecer CNE/CES n. 277/2006.

porque, segundo o Conselheiro Furquim, embora as partes tenham defendido que a definição regional se justificava tendo em vista a possibilidade de alunos se mobilizarem entre estados de uma mesma região, "a afirmação acerca da mobilidade dos alunos do ensino superior privado entre diferentes estados parece pouco plausível". Considerando essa definição mais restrita, o Conselheiro Furquim votou pela aprovação da operação condicionada à alteração da cláusula de não-concorrência, para que esta fosse delimitada aos estados de São Paulo e Paraná - onde atuava a empresa adquirida.

A definição geográfica estadual adotada desde 2007 foi sendo aplicada consistentemente a casos posteriores analisados pelo CADE, até que, em 2011, o plenário do CADE concluiu que um escopo geográfico mais restrito ainda era adequado para a análise de um caso concreto.[26] O Conselho, naquele caso, entendeu que a definição geográfica correta seria a municipal, já que as partes teriam informado que mais de 80% dos alunos da Faculdade Metropolitana Londrinense e da Faculdade Educacional de Ponta Grossa - ambas detidas pela União de Ensino Vila Velha, vendedora - moravam em Londrina e Ponta Grossa (i.e., os municípios em que estavam localizadas essas IES).

No final de 2011, a definição geográfica adequada para casos de ensino superior voltou a ser pauta no plenário do CADE, no contexto do julgamento de ato de concentração envolvendo a Anhanguera Educacional e a Sociedade Educacional Plínio Leite S/S. O relator do processo havia concluído que o escopo geográfico do mercado era municipal. No entanto, o Conselheiro Elvino Mendonça apresentou voto-vista com uma sugestão de aperfeiçoamento para o conceito geográfico até ali adotado. Segundo o Conselheiro, "para alguns tipos de curso/grupo de cursos a dimensão pode ser mais ampla que a dimensão estadual, ao passo que para outros esta dimensão pode ser limitada a um pequeno raio em tomo na faculdade/universidade". Diante disso, o Conselheiro sugeriu uma metodologia baseada em análise estatística espacial com o objetivo de mapear áreas de influência aplicáveis a cada curso universitário, com base em dados como número de alunos por bairro por curso e distância entre bairros e localidade de ensino. Essa metodologia foi empregada em seu voto-vista, e levou à mesma conclusão que já havia sido identificada pelo conselheiro-relator: que o caso não apresentava preocupações concorrenciais e poderia ser aprovado sem restrições.

A contribuição do Conselheiro Elvino Mendonça foi considerada em casos posteriores, mas acabou não sendo empregada por seu potencial de

---

26 Ato de Concentração n. 08012.008463/2011-53 (Requerentes: Kroton Educacional S.A.; União de Ensino Vila Velha Ltda.).

complexificar demasiadamente a análise de casos em que fossem identificadas sobreposições horizontais em um número muito grande de mercados. Foi o que aconteceu, mais especificamente, no contexto do julgamento da fusão entre os grupos Anhanguera e Kroton:[27] nesse caso, o CADE concluiu que a definição por área de influência sugerida pelo Conselheiro Elvino exigiria que fossem estimados milhares de cenários geográficos (já que a área de influência seria diferente para cada curso de graduação ou pós-graduação em que se identificasse sobreposição).

A definição geográfica municipal foi desde então o padrão na análise empreendida pelo CADE em atos de concentração no ensino superior.[28] Mas mais recentemente, o CADE vem abrindo algumas exceções, entendendo que uma análise geográfica que considere o território nacional como um todo seria mais adequada para alguns produtos/serviços ofertados por IES. Especificamente, o CADE vem entendendo que cursos de educação a distância (EAD) devem ser analisados da seguinte forma: (a) cursos de graduação EAD: análise em âmbito nacional e municipal; (b) cursos de pós-graduação EAD: análise apenas em âmbito nacional.[29]

Até 2013, o CADE entendia que o escopo geográfico de cursos EAD deveria, em regra, ser mais abrangente do que o de cursos presenciais. Isso porque a regulação aplicável ao setor exigia - e até hoje é assim - que apenas uma parcela das atividades de cursos EAD precisava ser levada a cabo presencialmente, como, a depender do caso, (a) estágios obrigatórios; (b) avaliações específicas; (c) defesa de trabalho de conclusão de curso; e (d) atividades em laboratórios.

No entanto, ao julgar a fusão entre a Kroton e a Anhanguera, o CADE alterou seu entendimento sobre o escopo geográfico do mercado de graduação EAD, tendo em vista: (a) o fato de que a maior parte dos alunos matriculados em cursos EAD vinha do município em que estava instalado o polo de apoio; (b) a existência de uma regra - desde então revogada, prevista no art. art. 20, §1º, do Decreto 5.622/2005 - que exi-

---

27 Ato de Concentração n. 08700.005447/2013-12.

28 Precedentes mais recentes fazem referência à possibilidade de segmentação geográfica por área de influência, mas não aplicam essa possibilidade ao caso concreto. Ver, por exemplo: Ato de Concentração n° 08700.002536/2019-01 (Requerentes: Afya Participações S.A. e União Educacional do Planalto Central S.A.).

29 Ver, nesse sentido: Vide, por exemplo, os Atos de Concentração n. 08700.001155/2018-15 (Requerentes: Cruzeiro do Sul Educacional S.A. e Veritas Educacional A Participações S.A.), n. 08700.003642/2018-12 (Requerentes: Sociedade Educacional Cidade de São Paulo Ltda. e Ipê Educacional Ltda.) e n. 08700.002536/2019-01 (Requerentes: Afya Participações S.A. e União Educacional do Planalto Central S.A.), Ato de Concentração 08700.006238/2020-15 (Ânima Educação S.A, Camp Nou Fundo de Investimento em Participações Multiestratégia, Laureate Education).

gia que as IES só ofertassem esses cursos em locais em que tivessem polos de apoio para atividades presenciais.[30] De acordo com o CADE, esses elementos reforçariam a necessidade de uma análise geográfica local, parecida com a que já era adotada para a graduação presencial. No entanto, o CADE reconheceu também que - do lado da oferta - as decisões empresariais eram tomadas considerando o território nacional como um todo, o que levou o CADE a analisar cursos de graduação na modalidade EAD tanto no cenário local, quanto nacional.[31]

No que diz respeito aos cursos de pós-graduação na modalidade EAD, a jurisprudência do CADE vem consistentemente considerando que se trata de mercado de dimensão nacional, por conta dos seguintes fatores: (a) o art. 20 da Portaria Normativa MEC n. 11/2017 estabelece que as atividades presenciais dos cursos de pós-graduação *lato sensu* EAD podem ser realizadas em locais distintos da sede da IES ou dos polos de apoio credenciados; (b) não são necessários polos de apoio para o credenciamento de uma IES para a oferta de cursos de pós-graduação EAD; (c) a regulação aplicável não exige que os cursos de pós-graduação EAD sejam reconhecidos pelo MEC ou que seu reconhecimento seja renovado - o que é o caso dos cursos de graduação.

IV. Questões de definição de mercado relevante a serem enfrentadas pelo CADE

Como explicado acima, o CADE foi, ao longo das últimas duas décadas, construindo sua jurisprudência de mercado relevante aplicável ao ensino superior no Brasil. Esse processo foi se desenvolvendo de precedente em precedente, considerando as características do mercado existentes à época da tomada de cada decisão por parte do CADE. No entanto, mercados em geral - e o ensino superior brasileiro não é exceção - são dinâmicos, e se transformam ao longo do tempo por conta de mudanças regulatórias, alterações nos hábitos de consumidores, entre ou-

30 À época (como se verá abaixo, não é mais assim), as IES precisavam aditar o pedido de credenciamento da IES junto ao Ministério de Educação e Cultura (MEC) para abrir novos polos presenciais - e, segundo apurado pelo CADE na análise daquele caso, esse processo seria burocrático e tomaria tempo.

31 Ver, e.g., Ato de Concentração n° 08700.006185/2016-56 (Kroton Educacional S.A. e Estácio Participações S.A), Ato de Concentração n. 08700.001155/2018-15 (Requerentes: Cruzeiro do Sul Educacional S.A. e Veritas Educacional A Participações S.A.), Ato de Concentração n° 08700.005707/2019-45 (Sociedade de Educação Superior e Cultura Brasil S.A./Anima Holding S.A e Universidade do Sul de Santa Catarina - Unisul.), Ato de Concentração n° 08700.006238/2020-15 (Ânima Educação S.A, Camp Nou Fundo de Investimento em Participações Multiestratégia, Laureate Education).

tros fatores. Essa dinamicidade pode fazer com que premissas que levaram o CADE a definir o mercado relevante de um jeito no passado não sejam aplicáveis hoje. A autoridade está, por conta justamente disso, aberta a revisitar sua jurisprudência atinente à definição de mercado relevante.

E isso torna pertinente a seguinte pergunta: há algo que justifique que alguma das definições de mercado relevante adotadas pelo CADE em seus precedentes seja revisitada? Um serviço de ensino superior cujas características têm se alterado significativamente nos últimos anos é o de cursos EAD. E isso pode levar a alterações na dimensão produto e na dimensão geográfica adotada pelo CADE para a análise desse mercado.

a. Dimensão produto de cursos EAD

Como explicado acima, o CADE considera que cursos EAD não concorrem com cursos presenciais. Essa jurisprudência foi firmada em 2013, durante o julgamento de ato de concentração envolvendo a Anhanguera Educacional e o Grupo Anchieta. Naquela época, a popularidade de cursos EAD ainda era incipiente: cursos presenciais representavam a ampla maioria das matrículas em IES. Mas esse cenário vem mudando. O Censo da Educação Superior do INEP revela que, no período entre 2009 e 2019, a quantidade de alunos iniciando a graduação aumentou apenas 18% nos cursos de graduação presencial, e nos cursos EAD o crescimento foi de 378.9%.[32] Diante disso, não foi surpresa que, em outubro de 2020, o INEP/MEC tenha divulgado que, de forma inédita, o número de ingressantes em cursos de graduação EAD ultrapassou o número de alunos que iniciaram a graduação nas IES privadas. Especificamente, 1.559.725 alunos (que representam 50,7% do total) recém-matriculados em IES privadas escolheram cursos EAD.

O crescimento vertiginoso de cursos de graduação EAD no Brasil pode ser creditado a uma série de fatores. O primeiro é a expansão do acesso à banda larga fixa no Brasil, via investimentos em inovações tecnológicas e aumento da cobertura das redes de fibra ótica. A Agência Nacional de Telecomunicações (ANATEL) estipulou como meta, em plano estratégico traçado pela agência para o período de 2015 a 2024 em conjunto com o Plano Plurianual da União (2020-2023), que a banda larga fixa seja até 2023 acessada por 91% dos lares brasileiros – o alcance de acesso hoje é 74,6%.[33]

---

32 Ver: https://www.gov.br/inep/pt-br/assuntos/noticias/censo-da-educacao-superior/ensino-a-distancia-se-confirma-como-tendencia. Acesso em 17/02/2022.

33 Ver: https://www.telesintese.com.br/anatel-quer-91-dos-domicilios-com-internet-a-te-2023/. Acesso em: 17/02/2022.

Outro fator é a pandemia da Covid-19, que alterou hábitos de consumo ao normalizar o consumo on-line de serviços educacionais e expor com mais clareza o custo diário de longos deslocamentos. Isso, aliado a mudanças regulatórias que aumentaram a equivalência formal entre cursos de graduação a distância e cursos EAD - notadamente, o art. 100 do Decreto n. 9.235/2017, que proibiu que a modalidade de ensino constasse no diploma, trazendo isonomia às modalidades no registro e na emissão de diplomas -, contribuiu para aumentar a aceitação, por parte do público consumidor, dessa modalidade de ensino. Dados da Associação Brasileira de Mantenedoras de Ensino Superior (ABMES) confirmam essa tendência:[34] se em 2017 apenas 14,5% dos futuros alunos de cursos superiores planejavam estudar na modalidade EAD, em 2020 esse número passou para 35,3%. Em 2017, apenas 65,9% dos alunos migrariam para o EAD; em 2020, esse número pulou para 94,3%.

Figura 1: Pesquisa de Probabilidade de Migração para o EAD

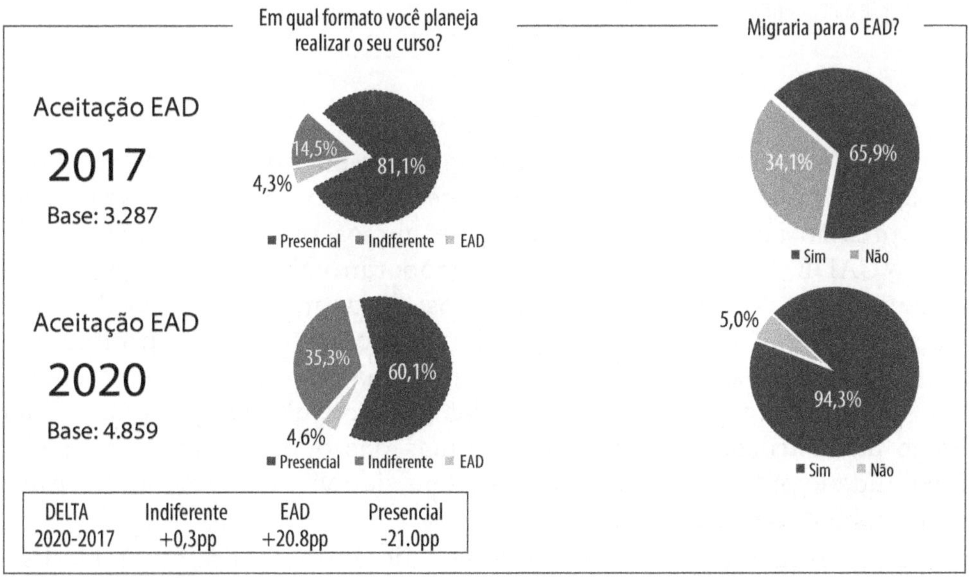

Fonte: ABMES, 2020.

Os resultados da pesquisa divulgada pela ABMES falam que a aceitação do EAD aumentou fortemente (95%) em 4 meses durante a pandemia.

34 Disponível em: https://abmes.org.br/arquivos/pesquisas/velocidade-crescimento-ead-27102020.pdf. Acesso em 17/02/2022.

Figura 2: Percentual de Aceitação do EAD

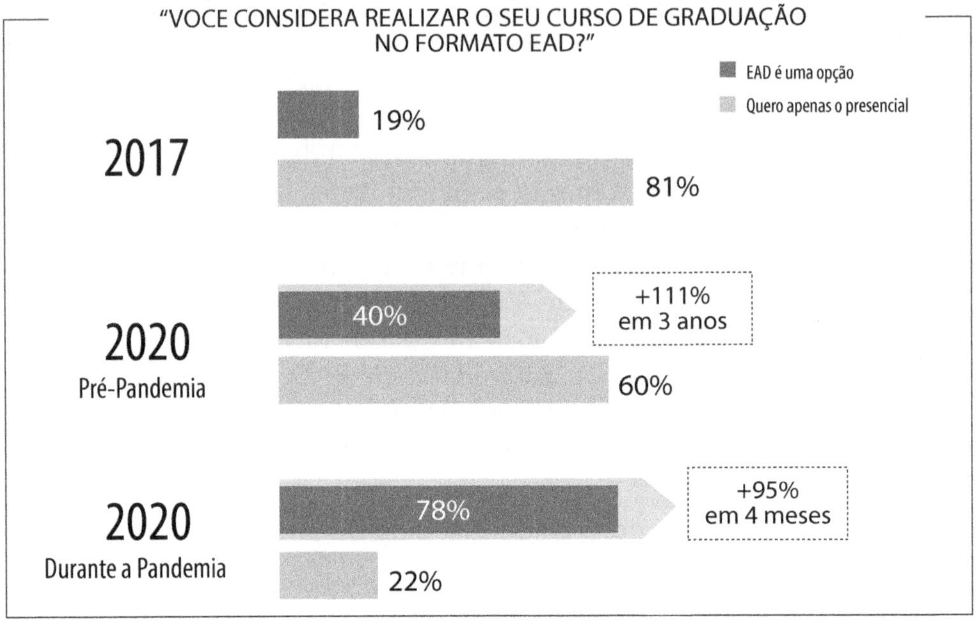

Fonte: ABMES, 2020.

Ao analisar, recentemente, uma operação envolvendo a Ânima Educação e a Laureate Education, o CADE reconheceu que cursos EAD exercem pressão competitiva efetiva sobre cursos presenciais. De acordo com o CADE,[35] os seguintes fatores corroboram tal conclusão: (a) o crescimento forte do EAD nos últimos anos; (b) as mudanças trazidas pelo Decreto 9.235/2017 (conforme mencionado acima, o decreto proibiu que a modalidade de ensino constasse do diploma de graduação e concluintes); (c) e a percepção da maioria das IES consultadas pelo CADE ao longo da instrução do processo, algumas das quais destacaram que a flexibilidade proporcionada pelo EAD tem sido visto como grande atrativo para ingressantes.

Mesmo reconhecendo haver rivalidade entre as diferentes modalidades de cursos de graduação - e deixar claro que isso compromete a possibilidade de exercício de poder de mercado por parte das IES ofertantes de cursos presenciais - o CADE ainda assim concluiu que elas formam parte de mercados relevantes distintos.[36] É possível que, quan-

35 Ver: Ato de Concentração 08700.006238/2020-15 (Ânima Educação S.A, Camp Nou Fundo de Investimento em Participações Multiestratégia, Laureate Education).

36 O tema não foi objeto de discussão pelo Tribunal do CADE, já que a operação entre a Ânima e a Laureate foi aprovada sem restrições pela Superintendência-Geral e não foi

do o tema for levado novamente à atenção do CADE, o entendimento adotado seja diferente - particularmente se o processo de consolidação de cursos EAD se aprofundar ainda mais.

b. Dimensão geográfica de cursos EAD

Conforme abordado acima, o CADE vem, desde 2014 (ano do julgamento do caso Anhanguera/Kroton), entendendo que cursos de graduação EAD devem ser analisados considerando o cenário geográfico nacional e municipal - já cursos de pós-graduação EAD são analisados considerando tão somente o cenário nacional. Uma razão para isso foi que o CADE identificou que o processo de expansão de cursos de EAD para outros municípios - mediante a abertura de polos de apoio - esbarrava em obstáculos regulatórios relevantes, previstos no hoje revogado Decreto 5.622/2005, incluindo a necessidade de se obter autorização prévia do MEC. Isso, de acordo com o CADE, comprometeria a substituibilidade pelo lado da oferta.

No entanto, desde 2017, com a entrada em vigor do Decreto 9.057/2017 e da Portaria Normativa n. 11/2017 do MEC, o processo de expansão de cursos EAD ficou mais simplificado. Isso porque essas normas estabeleceram que a abertura de novos polos EAD é ato próprio da IES credenciada para a oferta na modalidade EAD, sendo desnecessária autorização prévia do MEC.

Precedentes do CADE posteriores a 2017 reconhecem que o Decreto 9.057/2017 alterou substancialmente a dinâmica competitiva do mercado de cursos EAD, mas o órgão ainda não revisitou a questão de se ainda faz sentido hoje considerar que o mercado de cursos de graduação EAD tem dimensão local.

V. Considerações finais

Este breve artigo buscou descrever a evolução da abordagem do CADE em relação à definição de mercado relevante no ensino superior brasileiro. À medida que o mercado foi expandindo, o número de *players* que nele atuam foi crescendo, e o volume de operações foi aumentando, o CADE sentiu a necessidade de construir definições de mercado relevante que - a seu ver - fossem capazes de adequadamente mensurar os riscos concorrenciais dos atos de concentração submetidos à sua análise. O processo de construção de sua jurisprudência sobre o tema foi gradual e dinâmico, e as definições empregadas hoje podem muito bem ser revi-

avocada nem objeto de recurso de terceiros ao Tribunal.

sitadas em breve e abandonadas se as circunstâncias de mercado justificarem uma mudança.

Um tema que possivelmente será revisitado diz respeito à segmentação entre cursos de graduação presencial e cursos de graduação EAD. Como mencionado acima, a realidade atual sugere que as premissas que levaram o CADE a concluir que a modalidade presencial não concorre com EAD não são mais válidas. O crescimento forte desse mercado é resultado direto do aumento da popularidade - entre estudantes brasileiros de graduação - dessa modalidade de ensino. Diante disso, as diferenças entre os perfis de alunos de cursos de graduação presencial e alunos de graduação EAD parecem cada vez mais tênues: um número cada vez maior de alunos reporta considerar que cursos EAD são sua preferência, o que indica a existência de substituibilidade pela ótica da demanda. Por conta disso, o próprio CADE reconhece hoje que cursos de graduação EAD rivalizam com cursos presenciais. Resta saber se, em casos futuros, isso será suficiente para que o CADE passe a considerar que ambas as modalidades fazem parte do mesmo mercado - a única certeza é que está em constante evolução a jurisprudência da autoridade no mercado de ensino superior brasileiro.

VI. Referências bibliográficas

CARVALHO, Cristina Helena Almeida. PROUNI no governo Lula e o jogo político em torno do acesso ao ensino superior. Revista Educação e Sociedade, vol. 27 n. 96, out. 2006.

CONSELHO ADMINISTRATIVO DE DEFESA ECONÔMICA. Cadernos do CADE: Atos de Concentração no Mercado de Serviços de Educação Superior. Brasília: CADE, maio 2016. Disponível em: https://cdn.cade.gov.br/Portal/centrais-de-conteudo/publicacoes/estudos-economicos/cadernos-do-cade/atos-de-concentracao-no-mercado-de-prestacao-de-servicos-de-ensino-superior-2016.pdf. Acesso em: 20/02/2022.

CONSELHO ADMINISTRATIVO DE DEFESA ECONÔMICA. Guia de Análise de Atos de Concentração Horizontal. Brasília: CADE, julho 2016. Disponível em: https://cdn.cade.gov.br/Portal/centrais-de-conteudo/publicacoes/guias-do-cade/guia-para-analise-de-atos-de-concentracao-horizontal.pdf. Acesso: 20/02/2022.

INSTITUTO NACIONAL DE ESTUDOS E PESQUISAS EDUCACIONAIS ANÍSIO TEIXEIRA. Sinopse Estatística da Educação Superior 2019. Brasília: Inep, 2020. Disponível em: http://portal.inep.gov.br/basica-censo-escolar-sinopse-sinopse. Acesso em: 20/02/2022.

INSTITUTO NACIONAL DE ESTUDOS E PESQUISAS EDUCACIONAIS ANÍSIO TEIXEIRA. Sinopse Estatística da Educação Superior

2000. Brasília: Inep, 2001. Disponível em: https://download.inep.gov.br/download/censo/2000/Superior/sinopse_superior-2000.pdf. Acesso em: 20/02/2022.

RAGAZZO, Carlos; RIBEIRO, Leandro Molhano; LIMA, João Marcelo. A oferta de cursos do ProUni e o mercado de trabalho. Revista da Faculdade de Direito -UFPR, Curitiba, vol. 61, n. 3, set./dez. 2016.

NOTAS A RESPEITO DO SEGURO EDUCACIONAL

Ilan Goldberg[1]
Igor Násser[2]

Sumário: 1. Introdução. 2. Noções essenciais sobre o contrato de seguro. 3. Seguro de pessoas como base do Seguro Educacional. 4. O Seguro Educacional. 4.1. Função, marco legal e funcionamento do Seguro Educacional. 4.2. Seguro educacional como incentivo à projeção da carreira. 5. Conclusão. 6. Referências.

1. Introdução

O presente estudo objetiva investigar em que medida o seguro educacional é efetivamente útil à salvaguarda e ao incentivo da instrução dos indivíduos. Para tanto, a referida modalidade contratual, espécie de seguro de pessoas, será objeto de análise que pressupõe a compreensão daquilo que qualifica, em primeiro lugar, um contrato de seguro e, mais especificamente, o seguro de pessoas.

---

1 Doutor em Direito Civil pela Universidade do Estado do Rio de Janeiro. Mestre em Regulação e Concorrência pela Universidade Cândido Mendes. Pós-Graduado em Direito Empresarial LLM pelo Ibmec. Professor convidado da Escola de Magistratura do Estado do Rio de Janeiro, da Escola de Negócios e Seguros e da Escola de Direito da Fundação Getulio Vargas (RJ). Advogado e Parecerista, Sócio de Chalfin, Goldberg & Vainboim Advogados Associados. ilan@cgvadvogados.com.br

2 Bacharel em direito *magna cum laude* pela Universidade Federal do Rio de Janeiro. Pós-graduando em Direito Empresarial pela Universidade Cândido Mendes. Tutor acadêmico no Programa de Habilitação para Corretores de Seguros da FGV Conhecimento. Membro da Academia Brasileira de Direito Civil. Advogado, Sócio de Chalfin, Goldberg & Vainboim Advogados Associados. igor.ramos@cgvadvogados.com.br.

Visando consolidar esses pontos de partida, serão apresentadas inicialmente algumas noções básicas comuns a qualquer contrato de seguro, a exemplo do interesse legítimo e da principiologia securitária, com ênfase no mutualismo e na boa-fé (*infra*, 2). À continuação, examinar-se-ão as características específicas dos seguros de pessoas (*infra*, 3). Sedimentadas essas bases, será desenhado um panorama do seguro educacional, perpassando pela função e funcionamento do instrumento e pelo arcabouço jurídico aplicável. Nesta oportunidade, serão demonstradas tanto as notas essenciais do contrato advindas dos atos normativos pertinentes, quanto os contornos a ele impressos pelo mercado segurador por ocasião de sua comercialização (*infra*, 4). Por fim, serão feitas algumas notas conclusivas (*infra*, 5).

2. Noções essenciais sobre o contrato de seguro

O contrato de seguro é disciplinado pelo Código Civil, no Capítulo XV, do Título VI, do Livro I da Parte Especial. As disposições gerais estão nos arts. 757 a 777, de leitura obrigatória à compreensão de algumas noções essenciais, tais como interesse legítimo, proposta de seguro, apólice, coberturas, prêmio e sinistro. Além disso, o direito securitário apresenta princípios fundamentais a serem observados. Nas linhas inaugurais do presente estudo, serão expostas algumas dessas ideias básicas de forma direcionada e sem a pretensão de exauri-las, com o objetivo de contextualizar e permitir a compreensão adequada do seguro educacional.

Ninguém espera ter o carro furtado, o estabelecimento empresarial em chamas, tampouco sofrer acidente pessoal ou de trabalho. O ser humano, ao menos em condições normais, costuma ser avesso ao risco, e, assim, procura evitá-lo. A contratação do seguro destina-se, justamente, a prover uma espécie de proteção de ordem financeira contra riscos predeterminados, o que, legalmente, encontra previsão no art. 757 do Código Civil: "*Pelo contrato de seguro, o segurador se obriga, mediante o pagamento do prêmio, a garantir interesse legítimo do segurado, relativo a pessoa ou a coisa, contra riscos predeterminados.*"

Aquele que pretenda ver-se segurado contra esses riscos pode propor junto a uma seguradora a contratação de seguro, que, em caso positivo, emitirá documento denominado apólice, formalizando a aceitação do risco objeto do contrato de seguro. As proteções específicas são denominadas coberturas, comumente divididas entre gerais, especiais e particulares.[3]

3 Veja-se, por todas, a lição de J. C. Moitinho de Almeida: "Os contratos de seguro inserem condições gerais, aplicáveis à generalidade dos seguros relativos a riscos homogêneos (assim, as condições gerais do seguro de responsabilidade civil), condições espe-

É possível arcar, sozinho, com as despesas decorrentes da materialização do risco. Todavia, ao contratar um seguro, essas despesas tendem a ser menores como consequência de sua diluição num determinado grupo de pessoas igualmente seguradas. Trata-se, em termos securitários, da aplicação do princípio do mutualismo: há repartição das despesas pautada na ideia do solidarismo.

A materialização do risco coberto nos termos das condições contratuais é denominada sinistro. Ao ocorrer o furto de um carro cujo interesse legítimo encontra-se assegurado, por exemplo, diz-se que ocorreu o sinistro. Neste caso, o proprietário não teria que desembolsar a totalidade do valor necessário à aquisição de outro carro (não necessariamente novo). A atividade securitária cuida, assim, da gestão de fundo mutual composto pelos valores pagos por todos os segurados (o dinheiro que o segurado paga à seguradora para que essa assuma a garantia do risco, isto é, para contratar o seguro, denomina-se prêmio). Caso algum segurado sofra perdas, esse fundo as suportará, nos termos da apólice.

A propósito do princípio do mutualismo, a doutrina especializada leciona:

> "A mutualidade verifica-se em razão de haver no seguro um caráter de cooperação, onde um conjunto de diversas contribuições permite a formação de um fundo de recursos para o pagamento futuro das indenizações. É mais fácil suportar coletivamente as consequências danosas dos riscos individuais do que deixar o indivíduo, só e isolado, exposto a essas consequências. Já o cálculo de probabilidades, ao qual recorre o segurador para fixar o prêmio a ser pago pelo segurado, permite estimar, com grande aproximação, o número provável de sinistros de um determinado tipo que pode ocorrer em determinada localidade, dentro de certo prazo".[4]

---

ciais, também de natureza geral que completam e especificam as gerais (assim, as condições do seguro de responsabilidade civil do médico) e condições particulares que respeitam ao contrato em causa, adaptando-o às exigências das partes. Razões de lógica impõem que as condições particulares prevaleçam sobre as especiais e gerais, as especiais sobre as gerais, as escritas sobre as impressas e as impressas para que remetem as condições escritas sobre as impressas para que remetem as condições impressas." (MOITINHO DE AMEIDA, J. C. A interpretação e a integração das lacunas do contrato de seguro. *In Contrato de seguro. Estudos*. Coimbra: Coimbra Editora, 2009. p. 135-136)." No mesmo sentido: LA TORRE, Antonio. *Le Assicurazioni, L'assicurazione nei codici, Le assicurazioni obbligatorie*. Milano: Giuffré, 2000. p. 45. MALEVILLE, Marie-Hélène, *L'interpretation des contrats d'assurance terrestre*. Paris: LGDJ, 1995. p. 162 et seq., BIGOT, Jean. Trait de droit des assurances terrestres. v. III. Paris: LGDJ, 2002. p. 406 e GONZALEZ, Luis Pérez-Serrabona. *El contrato de seguro, interpretación de las condiciones generales*. Granada: Comares, 1993. p. 78.

4 TEPEDINO, Gustavo; BARBOZA, Heloisa Helena; MORAES, Maria Celina Bodin de. *Código Civil interpretado conforme a Constituição da República*. Rio de Janeiro: Renovar, 2012. p. 565.

Passando ao interesse legítimo, tem-se que ele é elemento essencial à qualificação do contrato de seguro. A doutrina entende o instituto como um interesse econômico do tomador/segurado (contratantes do seguro) sobre determinado bem da vida, pessoa ou situação jurídica merecedora de tutela. Há, basicamente, dois grandes grupos de seguros: os seguros de dano (arts. 778 a 788, CC) e os de pessoas (arts. 789 a 802, CC), cada qual com caraterísticas próprias. A diferença fundamental entre eles é que, nos seguros de danos, o interesse legítimo recai sobre o patrimônio, mas, nos seguros de pessoas, o que interessa legitimamente proteger é a vida e a integridade física humanas. Exemplo de seguros de danos são os seguros de automóvel e o residencial; e, de seguro de pessoas, o de vida e acidentes pessoais.

O capital segurado se refere ao valor máximo para a garantia contratada a ser paga pela seguradora quando da ocorrência do sinistro. Constatada a existência de cobertura e preenchidos os requisitos autorizadores nos termos das condições contratuais da apólice, a seguradora paga ao segurado um valor, que a depender do caso, referir-se-á à indenização, cabendo ressalvar que no seguro de vida, tecnicamente, não se fala em "indenização", dada a impossibilidade de mensurar o valor de uma vida ou de um membro do corpo humano.[5] Além disso, o art. 795 do Código Civil veda a realização de qualquer transação para pagamento reduzido do capital segurado, sendo, portanto, o referido negócio considerado nulo.[6]

Para além do mutualismo, existem outros princípios aplicáveis ao direito dos seguros. O princípio da boa-fé (positivado nos arts. 422 e 765, CC e art. 4º, III, do Código de Defesa do Consumidor), apesar de não ser uma exclusividade securitária, é um princípio dos mais importantes nessa sede. Ele exige dos contratantes transparência, honestidade, lealdade, cooperação e ética durante toda a execução do contrato, abrangendo desde a fase pré-contratual até a pós-contratual. Em virtude da expressão "*mais estrita boa-fé*" contida no art. 765 do Código Civil, alguns autores qualificam a boa-fé do seguro como uma espécie potencializada.[7]

---

5 Além disso, o instituto da indenização, próprio da responsabilidade civil, remete ao princípio *neminen laedere*, segundo o qual ninguém deverá causar danos a outrem, ficando responsável pela indenização respectiva, ou seja, retroagir, sob a perspectiva patrimonial, ao *status quo ante* à ocorrência do evento danoso. Essa lógica pode ser observada nos seguros de danos considerando que a seguradora, efetivamente, indeniza o segurado; já no seguro de pessoas, como se comentou, não há, tecnicamente, indenização, mas o pagamento de uma determinada soma ou capital segurado, previamente definido pelas partes.

6 Código Civil, art. 795: "É nula, no seguro de pessoa, qualquer transação para pagamento reduzido do capital segurado."

7 Para uma análise compreensiva do tema, remete-se a FICHTNER, Priscila Mathias de Morais. *A Boa-fé Qualificada no Contrato de Seguro*. 2009. 280 f. Tese de doutorado

Outro princípio igualmente importante tanto nos domínios dos contratos em geral, quanto nos contratos de seguros, é o da função social, previsto no art. 421 do Código Civil.[8] Em se tratando de negócio jurídico que, comumente, produz efeitos para muito além das partes contratantes (segurado e seguradora), podendo alcançar terceiros os mais diversos - e.g., beneficiários, vítimas de acidentes de trânsito, consumidores, investidores, meio ambiente, trabalhadores etc. - observa-se no mesmo uma acentuada função social, que deve se combinar com a autonomia privada dos contratantes.[9]

Além dos interesses individuais das partes contratantes, "*interesses extracontratuais socialmente relevantes*" deverão ser igualmente observados, sendo aqueles "*que se relacionam com o contrato ou são por ele atingidos. Tais interesses dizem respeito, dentre outros, aos consumidores, à livre concorrência, ao meio ambiente, às relações de trabalho*".[10]

Continuando, o princípio indenitário, previsto nos artigos 778 e 781 do Código Civil, é aplicável apenas aos seguros de danos, não alcançando os de pessoas. Referido princípio preceitua que a indenização a ser paga pela seguradora não pode ultrapassar o valor do interesse segurado no momento do sinistro, evitando-se, assim, que o segurado acaba por desejar a sua ocorrência. Assim como na responsabilidade civil, a vítima deve ser indenizada na exata medida do dano sofrido, no seguro de danos a seguradora pagará a indenização atenta à perda patrimonial sofrida, em conformidade com os termos previstos na apólice. Nada além, nada aquém.

(Doutorado em direito civil) - Faculdade de Direito, Universidade do Estado do Rio de Janeiro, Rio de Janeiro, 2009. Seja consentido referir, ainda, a GOLDBERG, Ilan. *Uma visão realista da Boa-fé no contrato de seguro. In* Cadernos de Seguro. v. 147. 2008. p. 7-13. *Confiança, cooperação, máxima boa-fé e o contrato de seguro. In* Revista Jurídica de Seguros da CNSeg. Rio de Janeiro: CNSeg. n. 6, maio de 2017. p. 80-131.

8 Código Civil, art. 421. "A liberdade contratual será exercida nos limites da função social do contrato".

9 Para uma análise a respeito da necessidade de convivência entre os princípios da autonomia privada e da função social nos contratos de seguro, seja permitido referir a: GOLDBERG, Ilan. Reflexões a propósito da função social no domínio dos contratos de seguro, da estipulação em favor de terceiro e do seguro à conta de outrem. In *Direito do seguro contemporâneo edição comemorativa dos 20 anos do IBDS - 2 Vols.* Org. TZIRULNIK, Ernesto. et. al. São Paulo: Editora Contracorrente. 2021.

10 TEPEDINO. Gustavo. *A parte geral do novo Código Civil - Estudos na perspectiva civil--constitucional.* 2 ed. Rio de Janeiro. Renovar, 2003. p. 32. Sobre a função social dos seguros, consulte-se: JUNQUEIRA, Thiago. O princípio da função social do contrato e seus possíveis efeitos no seguro. *In*: CARLINI, Angélica; SARAIVA NETO, Pery (Org.). *Aspectos Jurídicos dos Contratos de Seguro*: Ano VI. Porto Alegre: Livraria do Advogado, 2019. p. 337-361.

Lançadas brevemente algumas das noções essenciais dos contratos de seguro, passa-se a detalhar as características dos seguros de pessoas, considerando que, posteriormente, ver-se-á que o seguro educacional a elas se adere.

3. O seguro de pessoas como base do seguro educacional

Os seguros de pessoas são disciplinados pelos artigos e 789 a 802 do Código Civil e visam à proteção da vida e da integridade física humana do segurado. Existem algumas modalidades nessa sede, divididas entre coberturas de risco[11] (a exemplo do seguro de vida por morte e seguro de acidentes pessoais) e coberturas para sobrevivência[12] (como seguro dotal e VGBL), que podem ser contratadas em conjunto ou separadamente. Comportam contratações de forma individual ou coletiva - que podem ser estipuladas por pessoa natural ou jurídica em proveito de grupo que a ela, de qualquer modo, se vincule (art. 801 do CC) [13]. Além disso, o Código Civil veda a sub-rogação do segurador nos direitos do segurado, ou do beneficiário, contra o causador do sinistro (art. 800)[14].

Conforme abordado no item 2, *supra*, os seguros de dano se contrapõem aos seguros de pessoas, não se aplicando a estes o princípio indenitário pois o interesse legítimo recai sobre a vida e a integridade física humanas, insusceptíveis de valoração. Exatamente por isso é que o art. 789 do Código Civil[15] permite que o capital segurado seja livremente esti-

---

11 Finalidade das coberturas de risco: o pagamento do capital segurado, sob a forma de renda ou de uma única vez, ao beneficiário. Exemplo: seguro de vida. Para conhecer as regras de funcionamento e os critérios para operação das coberturas de risco oferecidas em plano de seguro de pessoas, consulte a Resolução CNSP n.º 117 de 22/12/2004, a Circular Susep n.º 302 de 19/09/2005 e a Circular Susep n.º 317/2006. Convém ressalvar que atualmente estão em estágio de consulta pública pela Superintendência de Seguros Privados (Susep) normas que poderão revogar os indigitados atos normativos.

12 Finalidade das coberturas de sobrevivência: o pagamento do capital segurado, sob a forma de renda ou de uma única vez, ao segurado que sobreviver ao período de diferimento contratado. Exemplo: Diárias por incapacidade, pagamento de diárias em caso de impossibilidade contínua e ininterrupta de o segurado exercer a sua profissão ou ocupação, durante o período em que se encontrar sob tratamento médico. Para conhecer as regras de funcionamento e os critérios para operação da cobertura por sobrevivência, consulte, em especial, a Resolução CNSP n.º 348/2017 e a Circular Susep n.º 564/2017.

13 Código Civil, art. 801. "O seguro de pessoas pode ser estipulado por pessoa natural ou jurídica em proveito de grupo que a ela, de qualquer modo, se vincule".

14 Código Civil, art. 800. "Nos seguros de pessoas, o segurador não pode sub-rogar-se nos direitos e ações do segurado, ou do beneficiário, contra o causador do sinistro".

15 Código Civil, art. 789. "Nos seguros de pessoas, o capital segurado é livremente estipulado pelo proponente, que pode contratar mais de um seguro sobre o mesmo interesse, com o mesmo ou diversos seguradores".

pulado e que haja uma pluralidade de seguros, pois é permitida a contratação de mais de um seguro sobre o mesmo interesse, com o mesmo ou diversos seguradores. Ainda nesse contexto, vale dizer que na cobertura para morte, o capital estipulado não está sujeito às dívidas do segurado, nem se considera herança para todos os efeitos de direito (art. 794, CC)[16].

A substituição do beneficiário é lícita (art. 791, CC)[17], mas na falta de indicação dele o capital segurado será pago por metade ao cônjuge não separado judicialmente, e o restante aos herdeiros do segurado, obedecida a ordem da vocação hereditária (art. 792, *caput,* CC)[18]. É válida a instituição do companheiro como beneficiário, se ao tempo do contrato o segurado era separado judicialmente, ou já se encontrava separado de fato (literalidade do art. 793, CC).

Um dos conceitos mais difundidos em matéria de seguro de pessoas é o da carência, notadamente em razão de uma maior penetração dos planos/seguros de saúde. A carência é o período ininterrupto, contado a partir da data de início de vigência individual do seguro, do aumento do capital segurado ou da recondução do contrato depois de suspenso, durante o qual seguradora estará isenta de qualquer responsabilidade pecuniária.

O art. 797 do Código Civil autoriza a estipulação de prazo de carência no seguro de vida para o caso de morte. Examinando as apólices de seguro educacional comercializadas no mercado, é comum encontrar disposição de carência para cobertura de perda de renda de até 50% do período de vigência da apólice, contada a partir da vigência individual do seguro.

Prosseguindo, apesar de não se enquadrar como carência propriamente dita, há disposição no art. 798 do Código Civil no sentido de que nos primeiros dois anos de vigência inicial do contrato o beneficiário não tem direito ao capital estipulado em caso de suicídio do segurado.

Vistas as notas essenciais dos seguros de pessoas, é o momento de adentrar no estudo do seguro educacional, que pressupõe a sedimentação do conhecimento até aqui adquirido.

---

16 Código Civil, art. 794. "No seguro de vida ou de acidentes pessoais para o caso de morte, o capital estipulado não está sujeito às dívidas do segurado, nem se considera herança para todos os efeitos de direito".

17 Código Civil, art. 791. "Se o segurado não renunciar à faculdade, ou se o seguro não tiver como causa declarada a garantia de alguma obrigação, é lícita a substituição do beneficiário, por ato entre vivos ou de última vontade".

18 Código Civil, art. 792. "Na falta de indicação da pessoa ou beneficiário, ou se por qualquer motivo não prevalecer a que for feita, o capital segurado será pago por metade ao cônjuge não separado judicialmente, e o restante aos herdeiros do segurado, obedecida a ordem da vocação hereditária".

4. O seguro educacional

A Constituição da República dispõe que a educação é um direito fundamental (art. 6º) de todos e dever do Estado e da família, e será promovida e incentivada com a colaboração da sociedade, visando *ao pleno desenvolvimento da pessoa*, seu preparo para o exercício da cidadania e sua qualificação para o trabalho (art. 205).

A educação, assim, pode ser entendida como um aspecto da integridade psicofísica da pessoa humana e essencial ao seu pleno desenvolvimento, compondo, indubitavelmente, uma face do princípio constitucional da dignidade da pessoa humana, um dos fundamentos da República (art. 1º, inciso III).

Sabedoria e conhecimento não são sinônimos. É possível encontrar homens sábios que nunca tenham pisado em escolas, assim como letrados e eruditos insensatos. Em todo caso, aqueles que se propõem a percorrer o caminho rumo ao conhecimento quase sempre o fazem por meio da educação tradicional em cadeiras escolares e universitárias. Esse caminho nem sempre é linear, ao contrário: pode ser tortuoso e tornar-se insuportavelmente oneroso, a criar dificuldades justamente aos mais necessitados.

Nessa esteira, o seguro educacional é uma espécie de seguro de pessoas que, segundo a Superintendência de Seguros Privados (Susep), visa a auxiliar o custeio das despesas com educação dos beneficiários, como consequência da ocorrência dos eventos cobertos[19]. Mas, afinal, o que isso significa? Na sequência, será exposto um panorama do seguro educacional a partir das perspectivas jurídica e mercadológica para, então, investigar se e em que medida ele pode constituir-se como instrumento útil à proteção da formação acadêmica dos indivíduos.

4.1. Função, marco legal e funcionamento do seguro educacional

A função do seguro educacional é evitar a inadimplência e com ela a evasão escolar (desde o grau primário até o nível superior) em decorrência de circunstâncias alheias à vontade do educando e do responsável financeiro. *Grosso modo*, pode-se entendê-lo como uma espécie de *"bolsa de estudos temporária"* a ser ativada caso não haja condições de pagamento das despesas escolares, seja porque o responsável financeiro tenha morrido, perdido sua fonte de renda ou outras razões, contratualmente estabelecidas. Portanto, o seguro educacional é projetado para auxiliar o

19 Art. 23, caput, da Circular Susep n. 203/2005.

pagamento das mensalidades dos estudos em situações emergenciais e transitórias.

Os contornos básicos desse seguro específico estão delineados na legislação. Para além das disposições gerais do Código Civil (em especial a dos artigos 757 a 777 e 789 a 802), os órgãos reguladores integrantes do Sistema Nacional de Seguros Privados, quais sejam o Conselho Nacional de Seguros Privados (CNSP) e a Superintendência de Seguros Privados (Susep) editaram atos normativos afetos à matéria. O conjunto das normas aplicáveis é denominado marco legal ou arcabouço jurídico-regulatório do seguro educacional.

Atualmente, esse marco legal encontra-se em fase de transição. Em síntese, os principais[20] atos normativos que nesta data dispõem sobre o seguro educacional são a Resolução CNSP n. 117/2004 (com regras genéricas sobre seguros de pessoas) e a Circular Susep n. 302/2005, com sete artigos específicos a respeito desse tipo contratual (arts. 23 ao 29). Ocorre que a revogação da Resolução CNSP n. 117/2004 está programada para 02/03/2022, quando entrará em vigor a Resolução CNSP n. 434/2021. A propósito da Circular Susep n. 302/2005, o Edital de Consulta Pública n. 42/2021/SUSEP propõe a sua revogação. Na possível Circular Susep que substituirá a de n. 302, o tema a princípio seria aglutinado em apenas dois artigos. Sem embargo, o funcionamento do seguro educacional não será substancialmente modificado, pelo que será apresentado nas linhas seguintes.

No seguro educacional, os capitais segurados, em regra, corresponderão à multiplicação do valor da mensalidade pelo número total de mensalidades escolares *restantes* para que o educando complete o período escolar contratado, a partir da data de ocorrência do sinistro.

Diante da dinâmica de funcionamento do capital segurado, vale mencionar que Frank Larrubia Shih afirma que "*na regulamentação do seguro educacional o capital segurado sofre acentuada vinculação ao princípio indenitário, como se seguro de dano fosse, ao ficar limitada a indenização a um critério tarifado de ciclos escolares*"[21]. Ricardo Bechara, por seu turno, afirma que apesar de ser uma espécie de seguro de pessoas, o seguro educacional tem a aparência de seguro de danos:

---

20 São também aplicáveis a Circular Susep n. 317/2006, que dispõe sobre as regras complementares de funcionamento e os critérios para operação das coberturas de risco oferecidas em planos de seguros coletivos de pessoas, bem como a Circular Susep 624/2021 (com as alterações implementadas pela Circular Susep 649/2021).

21 SHIH, Frank Larrubia. *Seguro educacional e as diretrizes e bases da educação nacional.* Revista de informação legislativa, v. 38, n. 151, p. 171-176, jul./set. 2001. Disponível em: http://www2.senado.leg.br/bdsf/handle/id/708. Acesso: 27/01/2022.

"O fato de o seguro viagem e seguro educação, por exemplo, estarem, assim como o seguro prestamista, entre outros referidos em uma Circular da SUSEP que trata de seguro de pessoa (Circular n. 302/05) não faz com que tais seguros percam a feição de seguros de dano, pois não seria curial admitir como predominante ou tipicamente de pessoa um seguro que cubra extravio de bagagem ou perda de renda para a educação de um estudante. Ou um seguro cujo objetivo é a garantia da satisfação de um crédito."[22]

Apresentada a crítica a propósito da qualificação do seguro educacional como seguro de pessoas, certo é que no seguro educacional o interesse legítimo recai sobre o direito fundamental à educação, que, como visto, representa uma face da dignidade da pessoa humana e integra um aspecto crucial da integridade psicofísica dos indivíduos (art. 205 da Constituição da República), na medida em que visa a auxiliar o custeio

22 SANTOS, Ricardo Bechara. *O Seguro Prestamista. Seguro de Pessoa x Seguro de Dano em garantia de obrigações na modalidade crédito. Diferenças em relação ao seguro de vida tradicional. A recente regulamentação pela Resolução CNSP n. 365 de outubro de 2018*. Revista Jurídica de Seguros, 2019, p. 63. A propósito da conhecida distinção do contrato de seguro (gênero) em seguros de danos e pessoas, Juan Bataller Grau critica essa *summa divisio* por haver constatado que, para além dessas espécies de seguros, haveria também aqueles de cunho prestacional, nos quais a obrigação assumida pela seguradora seria classificada como "de fazer", e não, como habitualmente se observa, de garantia para, ao fim e ao cabo, indenizar: "La realidad del tráfico no puede quedar encorsetada en el andamiaje legal, por lo que el principio de autonomía de la voluntad ofrece incesantemente respuestas a las necesi-dades del mercado. [...] Así ha sucedido con numerosos tipos de contratos de seguro en el pasado. Por citar algunos de los ejemplos más notorios baste con mencionar la relati-vamente tardía regulación del seguro de vida o del seguro de responsabilidad civil. Sin embargo, y esto es lo que queremos señalar en este momento, la evolución continúa. [...] El legislador ha optado en la Ley de contrato de seguro por dividir los seguros en función del riesgo asegurado, lo que da lugar a que la summadivisio separe los seguros entre seguros de daños y seguros de personas. [...] La actual regulación no parte, y por ello merece una severa crítica, de que un contrato de seguro puede contener tres clases de obligaciones del asegurador. Por ello se puede hablar de seguros de indemnización, de seguros de sumas y de seguros de prestación de servicio." (BATALLER GRAU, Juan. Hacia una tercera clase de contrato de seguro: los seguros de prestación de servicios. In *La reforma del derecho de seguro*. Juan Bataller Grau et al. (Dir). Cizur Menor (Nava-rra): Thomson Reuters, 2015. p. 99-100). No mesmo sentido Abel Veiga Copo, quando se refere aos chamados seguros de prestação de serviços: "Estamos ante un genuino seguro de prestación de servicios, como lo es también aun carente de regulación legal el seguro de decesos o enterramiento, el seguro de asistencia sanitaria o el seguro de dependencia. Es cierto que en la ley únicamente se acuña la dualidad de seguro de daños, seguro de personas, más gracias a la práctica y aun a pesar de incardinarse de las dos categorías, cobra fuerza, al menos léxica, la configuración de ciertos seguros como el de prestación de servicios, en los que la aseguradora, al socaire de los artículos 1 y 18 de la LCS que permiten la indemnización del siniestro no sólo efectiva sino también repara-do-ra, presta directa o indirectamente un servicio, una obligación de hacer, al asegurado". (VEIGA COPO, Abel B. El riesgo en el contrato de seguro. Ensayo dogmático sobre el riesgo. Cizur Menor: Civitas, 2015. p. 29).

das despesas com a educação do beneficiário, em razão de situações adversas.

Caso o capital segurado não seja suficiente para quitar as mensalidades escolares, a diferença a ser paga à Instituição de Ensino será de responsabilidade integral do responsável financeiro. Nesse sentido, o §2º do art. 86 da minuta de circular proposta no Edital de Consulta Pública n. 42/2021/SUSEP prevê que as *"condições contratuais deverão explicitar, de forma clara, as eventuais consequências decorrentes da possibilidade de descasamento entre os critérios de atualização das mensalidades escolares e do capital segurado"*.

Enquanto plano de seguro de pessoas, no seguro educacional podem ser contratadas, em conjunto ou isoladamente, quaisquer coberturas de risco (art. 26 da Circular Susep n. 302/2005 e art. 85, §1º da Consulta Pública n. 42/2021/SUSEP). Diz-se que é um plano de seguro pois, apesar de os contratos de seguro educacional serem de adesão, o contratante pode escolher quais coberturas irá contratar, customizando a proteção que deseja, devendo contratar pelo menos uma cobertura.

Por falar-se em "contratante", é oportuno esclarecer quais são as pessoas físicas e jurídicas participantes da contratação do seguro em análise. Antes, porém, vale pontuar que o suporte fático do interesse legítimo em questão (manutenção dos estudos) envolve necessariamente alguém que estuda (o educando), alguém que paga pelas despesas do estudo (o responsável financeiro) e alguém que oferece o estudo (a Instituição de Ensino). Relevante observar que o responsável financeiro poderá ser o próprio educando (quando ele mesmo é quem arca com as despesas escolares, a exemplo de alunos de graduação que já possuam fonte própria de renda) ou um terceiro (por exemplo, os pais/responsáveis pelo educando menor de idade). Nesse sentido, os artigos 25 e 26, §1º da Circular Susep n. 302/2005 dispõem que o *"beneficiário desta modalidade de seguro será sempre o educando, ainda que representado ou assistido, na forma da lei"* e que quando *"o educando for responsável pelo pagamento das mensalidades escolares, não poderão ser oferecidas coberturas para riscos que impeçam o educando de estudar"*.

Isto posto, a contratação do seguro educacional costuma contemplar quatro figuras, a saber: i) estipulante; ii) segurado; iii) beneficiário; e iv) a seguradora. O seguro educacional pode ser contratado individual ou coletivamente[23]. Na contratação coletiva, que é a mais comum, haverá

23 Dispõe o art. 22, III, da Circular Susep n. 535/2016: "A contabilização das coberturas pertencentes aos Grupos Pessoas Coletivo (09), Pessoa Individual (13) e Pessoas EFPC (22) deverá ser efetuada observando-se os seguintes critérios: (Caput alterado pela Circular Susep n. 550/2017) (...) III – para o Ramo Educacional, todas as coberturas do plano

ainda a figura do estipulante de seguro, geralmente ocupada pela Instituição de Ensino. Neste caso, haverá um grupo segurado, composto pelos responsáveis financeiros vinculados à Instituição de Ensino por meio de contrato de prestação de serviços educacionais. O responsável financeiro propõe a sua adesão individual ao seguro.

O estipulante é a Instituição de Ensino pessoa jurídica que propõe a contratação coletiva do seguro, conforme os critérios de aceitação da seguradora, ficando investida de poderes de representação de todo o grupo segurado perante a seguradora.

O segurado é o responsável financeiro pessoa física sobre a qual se fará a avaliação do risco e, posteriormente, sobre a qual se estabelecerá a cobertura do seguro para manter-se em dia com as mensalidades escolares do educando (por exemplo: pai/responsáveis pelo educando ou o próprio educando). O beneficiário do seguro será sempre o educando pessoa física, ainda que representado ou assistido, na forma da lei. Ele estará determinado na apólice[24] como a pessoa física designada para receber os valores dos capitais segurados, na hipótese de ocorrência de sinistro. Cabe destacar que o responsável financeiro pode ser o próprio educando, assim atraindo, além da condição de segurado, a de beneficiário. A seguradora é a pessoa jurídica que garante o interesse legítimo do segurado e paga indenização na ocorrência de evento coberto.

Analisando as condições gerais de seguros educacionais comercializados no mercado[25], nota-se que as coberturas mais comuns são para morte, desemprego/perda de renda, invalidez permanente por acidente, incapacidade temporária e doenças graves.

Vale dizer que, para cobertura de perda de renda, o mercado costuma condicionar o pagamento dos capitais à comprovação de relação de emprego prévia com um mesmo empregador ininterruptamente nos doze meses imediatamente anteriores à demissão. Além disso, quando o mercado aplica carência nessa garantia, costuma utilizar uma carência de até 50% do período de vigência da apólice, contando-se o prazo a partir da vigência individual do seguro.

O art. 23, § 2º da Circular Susep n. 302/2005 dispõe que *"não se incluem na modalidade educacional os seguros de acidentes pessoais que visem,*

---

deverão ser contabilizadas nos respectivos ramos dos Grupos Pessoas Coletivo (0980) ou Pessoa Individual (1380), conforme o caso".

24 Aqui, aplicam-se os artigos 791 a 793 do Código Civil.

25 Para fins deste estudo, foram analisadas as condições gerais de seguros educacionais comercializados pelas seguintes seguradoras: MAPFRE Seguros Gerais S/A (produto: 15414.003730/2012-10), Bradesco Vida e Previdência S/A (produto: 15414.901947/2014-59) e Zurich Minas Brasil Seguros S/A (produto: 15414.9009632016-96).

exclusivamente, à cobertura de acidentes dos educandos durante a permanência no estabelecimento de ensino ou em seu trajeto". Estes não se qualificam como seguro educacional para evitar o desvirtuamento de seu objeto[26]. Aqui, pontua-se que na minuta de circular do Edital de Consulta Pública n. 42/2021/SUSEP essa disposição seria excluída. Entretanto, o quadro comparativo menciona que

> "(...) apesar de o parágrafo não ter sido incorporado na minuta, os seguros de acidentes pessoais que visem, exclusivamente, à cobertura de acidentes dos educandos durante a permanência no estabelecimento de ensino ou em seu trajeto continuam não sendo considerados seguros educacionais."[27]

Quanto aos riscos excluídos, eles variam de seguradora para seguradora, citando-se como comum a exclusão de cobertura de morte em caso de prática de ato reconhecidamente perigoso que não seja motivado por necessidade justificada, exceto a prática de esporte e a utilização de meio de transporte mais arriscado, a prestação de serviço militar e os atos de humanidade em auxílio de outrem, em conformidade com o art. 799 do Código Civil.[28]

O seguro educacional pode ser contributário ou não contributário. Naqueles, o segurado paga ao menos uma parcela do prêmio ao segurador. Já nestes, a totalidade do prêmio é paga pelo estipulante. Quando o seguro for contributário, em regra o segurado paga sua parte do valor do prêmio em conjunto com as mensalidades pagas à Instituição de Ensino (no valor da mensalidade já fica embutida a parte do prêmio a ser paga pelo segurado) e a Instituição de Ensino deve repassar esse valor à seguradora. O não repasse dos prêmios à sociedade seguradora, nos prazos contratualmente estabelecidos, poderá acarretar a suspensão ou o cancelamento da apólice, a critério da sociedade seguradora, e sujeita o estipulante às cominações legais.

Característica marcante do seguro educacional, prevista no artigo 28, *caput*, da Circular Susep n. 302/2005 e efetivamente praticado pelo mercado, é a possibilidade de pagamento dos capitais segurados de forma periódica (mensal, bimestral, trimestral, quadrimestral, semestral ou anual), inclusive diretamente à Instituição de Ensino e não ao segurado.

---

26 SHIH, Frank Larrubia. Op. Cit.

27 Cfr: http://www.susep.gov.br/setores-susep/seger/2quadro-comparativo-circular-seg-pessoas-261021.pdf. Acesso em 02/02/2022.

28 Código Civil. Art. 799. "O segurador não pode eximir-se ao pagamento do seguro, ainda que da apólice conste a restrição, se a morte ou a incapacidade do segurado provier da utilização de meio de transporte mais arriscado, da prestação de serviço militar, da prática de esporte, ou de atos de humanidade em auxílio de outrem".

Nessa modalidade de seguro, esses aspectos fazem sentido e isso porque, nas situações que engatilham as coberturas, o responsável financeiro estará, em regra, atravessando dificuldades financeiras. Assim, o fato de as somas seguradas poderem ser pagas periodicamente (para arcar com cada mensalidade escolar) e não de uma só vez, bem como a possibilidade de que elas sejam pagas diretamente à Instituição de Ensino, evitam que o responsável financeiro utilize o valor do capital para diferentes fins que não a manutenção dos estudos do aluno. Nesse sentido, o art. 28, § 1º, primeira parte, da Circular Susep n. 302/2005 inclusive veda, em regra, o pagamento do capital de forma única.

Excepcionalmente, permite-se o pagamento de forma única quando o capital segurado se refira à invalidez do educando ou às despesas escolares do ano de referência (art. 28, § 1º, *in fine*, II, "a" e "c" da Circular Susep n. 302/2005).

Cumpre ressaltar que o pagamento diretamente à Instituição de Ensino qualifica-se como uma possibilidade. O art. 29 da Circular Susep n. 302/2005 dispõe que o "pagamento periódico da indenização referente exclusivamente às mensalidades escolares pode ser realizado diretamente ao estabelecimento de ensino, desde que haja prévia anuência do responsável pelo educando, ou deste último quando maior, a ser firmada periodicamente"[29].

Na minuta de circular proposta no Edital de Consulta Pública n. 42/2021/SUSEP, foi disposto que nos seguros contributários deverá ser garantida a possibilidade de substituição do estabelecimento de ensino que recebe diretamente a soma, para possibilitar ao segurado/beneficiário a substituição do estabelecimento de ensino recebedor da indenização, considerando que o seguro educacional envolve, muitas vezes, o pagamento do capital por longo período. Essa ainda não é uma norma em vigor, cabendo acompanhar se a minuta em consulta pública será transformada em ato normativo. Atualmente, a Circular Susep n. 302/2005 não traz dispositivo semelhante.

Por fim, vale dizer que o seguro educacional não se confunde com seguro garantia[30], visto que, embora no fundo se preste à garantia de um

29 Disposição análoga pode ser encontrada no art. 86 da minuta proposta no Edital de Consulta Pública n. 42/2021/SUSEP, onde se lê: "As condições contratuais deverão estabelecer se a indenização será paga diretamente à instituição de ensino".

30 Historicamente (conforme as revogadas Circulares Susep n. 21 e 55, de 1973 e 1981), o Seguro Educacional foi tratado como Seguro de Vida em Grupo "para garantia do Custeio Educacional". A partir de 1998 (conforme a revogada Circular Susep n. 47), a Susep passou a referi-lo simplesmente como seguro educacional e, inclusive, proibiu o uso da terminologia "Garantia de Custeio Educacional" (art. 1º, §1º), talvez para marcar a dife-

contrato principal de prestação de serviços (educacionais), ele ostenta a característica de o interesse legítimo relacionar-se com a vida humana, qualificando-se como seguro de pessoas e não de dano. Assim, apresenta lógica própria. Nesse sentido, art. 24 da Circular Susep n. 302/2005 dispõe que o "seguro educacional deverá conter condições gerais especialmente elaboradas para o produto".

4.2. Seguro educacional como incentivo à projeção da carreira

Além da função primordial de garantir o pagamento das mensalidades escolares em situações adversas, o seguro educacional também é um instrumento incentivador à projeção/desenvolvimento de carreira. A parte final do art. 27 da Circular Susep 302/2005 faculta que o capital segurado seja estabelecido para pagamento de um valor ao final do 2º ou 3º graus como apoio e incentivo à iniciação profissional.

Ademais, a parte final do § 1º do art. 28 da Circular Susep n. 302/2005[31] permite o pagamento de forma única quando o capital segurado se restringir ao último ano letivo do período contratado (inciso I) ou quando o pagamento da indenização se referir à concessão de um "dote"[32] ao final do período de formação (inciso II, alínea "b").

5. Conclusão

A educação é um direito fundamental, integra a dignidade da pessoa humana e é vital ao seu pleno desenvolvimento conforme denotam os arts. 6º e 205 da Constituição da República, sendo assim merecedora de tutela jurídica específica e efetiva.

O seguro educacional, espécie de seguro de pessoas, é um importe instrumento de proteção da educação, pois para além de possibilitar a continuidade dos estudos em meio à impossibilidade de pagamento de

rença de escopo em relação ao seguro garantia. A vedação subsiste até hoje no art. 23, §1º, da Circular Susep n. 302/2005.

31 Circular Susep n. 302/2005, art. 28, § 1º. "É vedado o pagamento de indenização de forma única, excetuando-se os seguintes casos: I - quando o capital segurado se restrinja ao último ano letivo do período contratado; I - quando o capital segurado se restrinja ao último ano letivo do período contratado; (...) b) à concessão de um dote ao final do período de formação".

32 A respeito da utilização da palavra "dote", Frank Larrubia Shih qualifica como péssima a redação que faz alusão "ao conjunto de bens incomunicáveis que a mulher transferia ao marido como negócio jurídico complementar do casamento" e prefere a expressão *plus incentive*.

mensalidades escolares, funciona como agente incentivador de projeção da carreira ao permitir o pagamento de um *plus incentive* ao final do 2º ou 3º graus como apoio e incentivo à iniciação profissional.

6. Referências

BATALLER GRAU, Juan. Hacia una tercera clase de contrato de seguro: los seguros de prestación de servicios. *In*: *La reforma del derecho de seguro*. Juan Bataller Grau et al. (Dir). Cizur Menor (Nava-rra): Thomson Reuters, 2015. p. 99-100.

BIGOT, Jean. *Trait de droit des assurances terrestres*. v. III. Paris: LGDJ, 2002. p. 406.

FICHTNER, Priscila Mathias de Morais. *A Boa-fé Qualificada no Contrato de Seguro*. 2009. 280 f. Tese de doutorado (Doutorado em direito civil) - Faculdade de Direito, Universidade do Estado do Rio de Janeiro, Rio de Janeiro, 2009.

GOLDBERG, Ilan. *Confiança, cooperação, máxima boa-fé e o contrato de seguro*. *In*: Revista Jurídica de Seguros da CNSeg. Rio de Janeiro: CNSeg. n. 6, maio de 2017. p. 80-131.

GOLDBERG, Ilan. *Reflexões a propósito da função social no domínio dos contratos de seguro, da estipulação em favor de terceiro e do seguro à conta de outrem*. *In*: *Direito do seguro contemporâneo edição comemorativa dos 20 anos do IBDS - 2 Vols*. Org. TZIRULNIK, Ernesto. et. al. São Paulo: Editora Contracorrente. 2021.

GOLDBERG, Ilan. *Uma visão realista da Boa-fé no contrato de seguro*. In Cadernos de Seguro. v. 147. 2008. p. 7-13.

GONZALEZ, Luis Pérez-Serrabona. *El contrato de seguro, interpretación de las condiciones generales*. Granada: Comares, 1993. p. 78.

JUNQUEIRA, Thiago. O princípio da função social do contrato e seus possíveis efeitos no seguro. *In*: CARLINI, Angélica; SARAIVA NETO, Pery (Org.). *Aspectos Jurídicos dos Contratos de Seguro*: Ano VI. Porto Alegre: Livraria do Advogado, 2019. pp. 337-361.

LA TORRE, Antonio. *Le Assicurazioni, L'assicurazione nei codici, Le assicurazioni obbligatorie*. Milano: Giuffré, 2000. p. 45.

MALEVILLE, Marie-Hélène, *L'interpretation des contrats d'assurance terrestre*. Paris: LGDJ, 1995. p. 162 et seq.

MOITINHO DE AMEIDA, J. C. A interpretação e a integração das lacunas do contrato de seguro. In *Contrato de seguro. Estudos*. Coimbra: Coimbra Editora, 2009. p. 135-136.

SANTOS, Ricardo Bechara. *O Seguro Prestamista. Seguro de Pessoa x Seguro de Dano em garantia de obrigações na modalidade crédito. Diferenças em relação ao seguro de vida tradicional. A recente regulamentação pela Resolução CNSP n. 365 de outubro de 2018*. Revista Jurídica de Seguros, 2019, p. 63.

SHIH, Frank Larrubia. *Seguro educacional e as diretrizes e bases da educação nacional.* Revista de informação legislativa, v. 38, n. 151, p. 171-176, jul./set. 2001. Disponível em: http://www2.senado.leg.br/bdsf/handle/id/708. Acesso: 27/01/2022.

TEPEDINO, Gustavo; BARBOZA, Heloisa Helena; MORAES, Maria Celina Bodin de. *Código Civil interpretado conforme a Constituição da República*. Rio de Janeiro: Renovar, 2012. p. 565.

TEPEDINO. Gustavo. *A parte geral do novo Código Civil – Estudos na perspectiva civil-constitucional*. 2 ed. Rio de Janeiro. Renovar, 2003. p. 32.

VEIGA COPO, Abel B. *El riesgo en el contrato de seguro. Ensayo dogmático sobre el riesgo*. Cizur Menor: Civitas, 2015. p. 29.

O IPO NO ENSINO SUPERIOR PRIVADO BRASILEIRO: REFLEXÕES CRÍTICAS E SOCIETÁRIAS

Claudio Luiz de Miranda[1]

SUMÁRIO: I. Introdução. II. A oferta pública inicial de ações. III. O IPO de empresas do ensino superior privado brasileiro. IV. Considerações finais. V. Bibliografia.

I. Introdução

O desenvolvimento econômico e social de qualquer país, sobretudo nos quais a atividade econômica segue o modelo de capitalismo de mercado, que prevalece no cenário ocidental atualmente, se relaciona intimamente com a capacidade de fomento à atividade produtiva e à iniciativa dos indivíduos que se arriscam a empreender.

Por intermédio da atividade produtiva, desenvolvida em consonância com os princípios gerais da atividade econômica contemplados no artigo 170, da Constituição da República Federativa do Brasil[2], são pro-

1 Advogado, sócio de Chalfin, Goldberg e Vainboim Advogados. Doutor e mestre em Direito de Empresa pela UERJ e pós-graduado em Finanças pelo Instituto COPPEAD/ UFRJ. Professor permanente na Escola de Magistratura do Estado do Rio de Janeiro - EMERJ e na pós-graduação do Instituto IBMEC/RJ.

2 Constituição Federal. Art. 170. A ordem econômica, fundada na valorização do trabalho humano e na livre iniciativa, tem por fim assegurar a todos existência digna, conforme os ditames da justiça social, observados os seguintes princípios: I - soberania nacional; II - propriedade privada; III - função social da propriedade; IV - livre concorrência; V - defesa do consumidor; VI - defesa do meio ambiente, inclusive mediante tratamento diferenciado conforme o impacto ambiental dos produtos e serviços e de seus processos de elaboração e prestação; VII - redução das desigualdades regionais e

duzidos reflexos positivos em diferentes searas da coletividade em que o empreendedor se propõe a atuar, destacando-se: a geração de empregos formais, o recolhimento de tributos a financiar o Estado, a oferta de melhores produtos ou serviços para o mercado consumidor, o desenvolvimento tecnológico e técnico da coletividade, com a respectiva melhoria da qualidade de vida dos cidadãos do país, o respeito às normas de concorrência, do meio ambiente e de conformidade anticorrupção e à função social da propriedade. Como esclarece o Professor Alexandre de Moraes:

> A ordem econômica constitucional (CF, arts. 170 a 181), fundada na valorização do trabalho humano e na livre iniciativa, assegura a todos o livre exercício de qualquer atividade econômica, independentemente de autorização de órgãos públicos, salvo nos casos expressamente previstos em lei e tem por fim assegurar a todos existência digna, conforme os ditames da justiça social, observados os princípios previstos no art. 170.[3]

O eficiente desenvolvimento de atividades econômicas produz efeitos positivos em diferentes escalas, dando concretude àquilo que, juridicamente, se designou por função socioeconômica da empresa[4]. Para que

---

sociais; VIII - busca do pleno emprego; IX - tratamento favorecido para as empresas de pequeno porte constituídas sob as leis brasileiras e que tenham sua sede e administração no país. Parágrafo único. É assegurado a todos o livre exercício de qualquer atividade econômica, independentemente de autorização de órgãos públicos, salvo nos casos previstos em lei.

3 MORAES, Alexandre de. *Direito Constitucional*. 18. ed. São Paulo: Atlas, 2005. p. 715.

4 Atualmente, a maior parte dos autores reconhece a existência e importância do mencionado princípio, cujo conceito é bem explicado nas palavras de Viviane Perez: "[...] superada a fase do liberalismo puro, os institutos jurídicos devem se conformar aos interesses maiores das sociedades, a fim de dar cumprimento à função social que lhes é inerente. Esses interesses, por sua vez, devem corresponder às escolhas democráticas do legislador constituinte, inseridas no Texto Maior. Nesse sentido, a função social da empresa está prevista no artigo 170 da Constituição Federal, que estabelece limitações exógenas e endógenas ao exercício da empresa, compatibilizando a livre iniciativa com os demais interesses sociais relevantes" (PEREZ, Viviane. Função Social da Empresa: uma proposta de sistematização do conceito. *In*: ALVES, Alexandre Ferreira de Assumpção; DA GAMA, Guilherme Calmon Nogueira. *Temas de Direito Civil-Empresarial*. Rio de Janeiro: Renovar, 2008. p. 221). Em sentido contrário, apenas para fins de debate, é possível citar Fábio Konder Comparato, o qual, embora reconheça que "[...] no exercício da atividade empresarial, há interesses internos e externos, que devem ser respeitados: não só os das pessoas que contribuem diretamente para o funcionamento da empresa, como os capitalistas e trabalhadores, mas também os interesses da 'comunidade' em que ela atua", entende que, em um regime capitalista "[...]o que se espera e exige delas [das empresas] é, apenas, a eficiência lucrativa, admitindo-se que, em busca do lucro, o sistema empresarial como um todo exerça a tarefa necessária de produzir ou distribuir bens e de prestar serviços no espaço de um mercado concorrencial. Mas é uma perigosa ilusão imaginar-se que, no desempenho dessa atividade econômica, o sistema empresarial, livre de todo controle dos Poderes Públicos, suprirá naturalmente as carências sociais e evita-

tais aspectos teóricos efetivamente se implementem na realidade prática de qualquer nação, é necessário o atendimento a diversas premissas relevantes, envolvendo, por exemplo, a construção de um ordenamento jurídico seguro e objetivo, de um sistema de logística e infraestrutura eficiente, da qualificação da mão de obra disponível no país, regras e procedimentos de proteção à propriedade e às inovações intelectivas e tecnológicas, estabilidade econômico-financeira e política, um sistema tributário isonômico e eficiente, enfim, são necessários diversos elementos das mais variadas naturezas para que o cenário acima retratado se reproduza.

Nesse contexto, é de se destacar duas das premissas para que os elementos originadores da situação acima disposta sejam implementáveis: a existência de alternativas eficientes para o financiamento das atividades a serem desenvolvidas e a garantia de um equânime tratamento jurídico e regulatório aos agentes nelas envolvidos.

---

rá os abusos; em suma, promoverá a justiça social", concluindo que há uma "[...] incongruência em se falar numa função social das empresas", tese que "[...] apresenta hoje o sério risco de servir como mero disfarce retórico para o abandono, pelo Estado, de toda política social, em homenagem à estabilidade monetária e ao equilíbrio das finanças públicas" (COMPARATO, Fábio Konder. Empresa, Estado e Função Social. *Revista dos Tribunais*, São Paulo, v. 732, p. 38-46, out. 1996, p. 43-46). Sobre esse relevante tema, vale conferir, além de outras autorizadas obras, os estudos de Alfredo Lamy Filho (LAMY FILHO, Alfredo. A função social da empresa e o imperativo de sua reumanização. *Revista de Direito Administrativo*, Rio de Janeiro, n. 190, p. 54-60, out./dez. 1992); Fernando Netto Boiteux (BOITEUX, Fernando Netto. A função social empresa e o novo Código Civil. *Revista de Direito Mercantil, Industrial, Econômico e Financeiro*, São Paulo, v. 125, p. 48-57, jan./mar. 2002); Sergio Seleme (SELEME, Sérgio. Contrato e empresa: notas mínimas a partir da obra de Enzo Roppo. *In*: FACHIN, Luiz Edson (Org.). *Repensando os Fundamentos do Direito Civil Brasileiro Contemporâneo*. Rio de Janeiro: Renovar, 1998); Eduardo Teixeira Farah (FARAH, Eduardo Teixeira. Disciplina da empresa e princípio da solidariedade social. *In*: COSTA, Judith Martins (Org.). *A reconstrução do direito privado*. São Paulo: Revista dos Tribunais, 2002. p. 662-714); Guilherme Calmon Nogueira da Gama e Bruno Paiva Bartholo (DA GAMA, Guilherme Calmon Nogueira; BARTHOLO, Bruno Paiva. Função social da empresa. *In*: DA GAMA, Guilherme Calmon Nogueira (Coord.). *A função social no Direito Civil*. 2. ed. Rio de Janeiro: Atlas, 2008); Viviane Perez (PEREZ, Viviane. Função social da empresa: uma proposta de sistematização do conceito. 2006. 166 f. Dissertação (Mestrado em Direito Civil) - Faculdade de Direito. Universidade do Estado do Rio de Janeiro, Rio de Janeiro); Fábio Konder Comparato (COMPARATO, Fábio Konder. Função Social da Propriedade dos Bens de Produção. *Revista de Direito Mercantil, Industrial, Econômico e Financeiro*, v. 63, p. 71-79, 1986; ______. A Reforma da Empresa. *Revista de Direito Mercantil, Industrial, Econômico e Financeiro*, v. 50, p. 57-74, 1983; ______. Estado, empresa e função social. *Revista dos Tribunais*, São Paulo, n. 732, p. 38-46, out. 1996); e, ainda, o artigo clássico de Rubens Requião (REQUIÃO, Rubens. A co-gestão: a função social da empresa e o estado de direito. *Revista Forense*, Rio de Janeiro, n. 262, p. 31-39, abr./jun. 1978).

Com efeito, trata-se de pré-requisitos lógicos ao desenvolvimento econômico-social: não há como se cogitar o desenvolvimento de empreitadas econômicas e produtivas sem a utilização de recursos financeiros que se proponham a financiá-las e viabilizá-las.

O tema em apreço se mostra especialmente crítico quando se tem em vista o desenvolvimento de atividades econômicas no setor educacional, sobretudo no ensino superior brasileiro, em que à função socioeconômica da empresa se soma a relevância social do próprio incentivo à educação formal, com o estímulo à organização de entidades eficazes na formação de profissionais produtivos e engajados na realidade nacional.

Sob um olhar resumido, colocam-se à disposição do empresário no setor da educação superior como mecanismos de captação de recursos e financiamento de atividades produtivas: (i) a obtenção de financiamentos bancários ou de órgãos de fomento; (ii) o levantamento de investimentos realizados pelos próprios titulares, diretos ou indiretos, do empreendimento; e (iii) a captação de recursos junto à poupança popular, mediante a utilização de instrumentos de dívida ou de participação nas atividades empreendidas, usufruindo dos mercados financeiro e de capitais como mecanismos de alocação dessa poupança, a fim de que se torne possível destinar os recursos excedentes dos poupadores aos agentes econômicos que necessitem de recursos (tomadores).

O presente artigo se debruça especificamente sobre o formato da captação de recursos mencionado no item "iii" acima, em especial na análise das características jurídicas essenciais pertinentes à oferta pública inicial de ações por companhias que se propõem a empreender atividades no ensino superior privado brasileiro (os famosos IPOs - "inicial public offer" ou ofertas públicas iniciais de ações).

Nesse cenário, o exame crítico da conjuntura legal e regulatória que assegura aos participantes desse mercado (ensino superior privado) segurança e eficiência para a emissão e listagem de suas ações em bolsa se mostra como medida de suma relevância, não apenas em razão de seus reflexos para o país, como, principalmente, por seus potenciais efeitos para a atividade educacional brasileira.

II. A oferta pública inicial de ações

O acesso à bolsa de valores se apresenta como alternativa de importância destacada para o financiamento de sociedades anônimas no Brasil. A companhia será enquadrada como aberta ou fechada conforme os valores mobiliários de sua emissão estejam ou não admitidos à negociação no mercado de valores mobiliários, na forma do artigo 4º da Lei n. 6.404/76.

A oferta pública de distribuição de valores mobiliários, e especificamente a oferta pública de ações, que se coaduna com o objeto deste artigo, consiste na operação através da qual a companhia ou seus acionistas apelam ao público e aos recursos disponíveis junto a seus poupadores, levantando investimentos, mediante a entrega de participação no capital social e a colocação desses valores mobiliários no mercado. O IPO é espécie desse gênero e "se refere às ofertas mediante as quais uma companhia fechada acessa o mercado pela primeira vez, promovendo a distribuição pública de valores mobiliários de sua emissão"[5].

Com efeito, a oferta pública inicial de ações de uma companhia configura o marco temporal a partir de quando as ações dessa empresa estarão disponíveis em mercado, permitindo ao empresário se socorrer da poupança popular para captar recursos importantes para o desenvolvimento do seu negócio, sem a necessidade de contração de dívidas. Comumente denominado de financiamento via *equity*, a operação se caracteriza em conferir ao investidor participação no capital social e, por conseguinte, nos resultados futuros da companhia, colocando-o como parte do risco do negócio, que poderá ser bem-sucedido ou não, sem que haja um dever da empresa de restituir o valor investido (como ocorre, por exemplo, no financiamento via *debt* em que há dívida a ser paga, com juros e correção monetária, em favor do credor-investidor).

Essa operação pode ocorrer de três diferentes maneiras: por meio de uma distribuição primária das ações, de uma distribuição secundária ou de uma combinação entre as duas formas de se distribuir publicamente os papéis da companhia emissora. Na oferta primária, haverá o aumento do capital social da empresa, mediante a emissão de novas ações, a serem ofertadas e negociadas em mercado, possibilitando-se a alocação e o ingresso de recursos no caixa da empresa. Novas ações são colocadas no mercado, de forma pública, pela empresa, que se apresenta, ela mesma, como a vendedora dessas ações, financiando-se por intermédio dessa venda (em termos técnicos, mediante a subscrição e integralização das ações emitidas pela companhia por seus novos acionistas).

A distribuição secundária, por outro lado, se caracteriza justamente pela inexistência de aumento do capital social ou de alienação de ações diretamente pela companhia. Nesse caso, as ações já emitidas pela companhia são colocadas em mercado por seus titulares, que figuram como sócios da empresa a ser listada em bolsa. Trata-se, assim, de venda de ações já existentes, permitindo-se o financiamento do vendedor (que arrecada para si os recursos decorrentes dessa operação), sem que tais va-

---

5 EIZIRIK, Nelson. *A Lei das S/A Comentada*. Vol. I. 3ed. - Artigos 1º a 79. São Paulo: Quartier Latin, 2021, p. 70.

lores se destinem ao caixa da empresa. Há uma mudança no quadro societário da companhia por meio do ingresso de novos sócios que substituem ou se somam aos anteriores, a figurar como alienantes dessa participação societária. Os investidores se apresentam como novos parceiros e proprietários da empresa. Naturalmente, no formato misto, há aumento de capital social, com a colocação de novas ações em mercado, para financiamento da companhia e, em parte, oferta das ações já emitidas e titularizadas pelos atuais sócios da empresa, levantando-se recursos para o caixa desses sócios.

Em ambos os contextos, havendo o IPO da companhia devidamente registrada perante a Comissão de Valores Mobiliários - CVM, permite-se a participação da poupança popular e dos investidores, de forma geral, no capital social da empresa, dando origem à necessidade de regras mais rígidas para resguardar esses investidores, sobretudo no que diz respeito à transparência dos negócios sociais. Nas precisas palavras de Nelson Eizirik[6]:

> Como um dos objetivos básicos do mercado de capitais consiste em permitir o acesso das sociedades anônimas à poupança popular, é fundamental fornecer aos investidores um adequado sistema de proteção, o que se dá por meio do *disclosure*, que consiste na divulgação de informações amplas e completas a respeito da companhia e dos valores mobiliários por ela publicamente ofertados.
>
> [...]
>
> A regulação do mercado de capitais, particularmente no que se refere às exigências de *disclosure*, deve visar a um nível ótimo, que significa maior proteção possível aos investidores ao menor custo para as emissoras de valores mobiliários; dada a competição para a captação de recursos, em escala global, verifica-se crescente tendência no sentido da redução dos custos da regulação.

Trata-se, assim, de movimento de suma relevância para a companhia e seus sócios, ocupando espaço de relevo em sua organização corporativa e para a definição do destino de suas atividades. Representa, ainda, atividade econômica e financeira de destacável relevância para o país e para a organização dos diversos setores de sua economia.

Nos últimos anos, o Brasil vivenciou uma notável expansão nas empresas listadas em bolsa, como registra o *website* da B3 Brasil Bolsa Balcão S.A. ao dispor sobre a realização de 28 (vinte e oito) IPOS em 2020, alcançando R$43.925.413.832,00 (quarenta e três bilhões, novecentos e

---

6 EIZIRIK, Nelson. *A Lei das S/A Comentada*. Vol. I. 3ed. - Artigos 1º a 79. São Paulo: Quartier Latin, 2021, p. 68-9; 88.

noventa e cinco milhões, quatrocentos e treze mil, oitocentos e trinta e dois reais), como volume total das ofertas realizadas em 2020; e importantes 46 (quarenta e seis) IPOs no país, apenas durante o ano de 2021[7], totalizando R$65.668.660.563,00 (sessenta e cinco bilhões, seiscentos e sessenta e oito milhões, seiscentos e sessenta mil, quinhentos e sessenta e três reais), a título de volume total das ofertas realizadas em 2021.

Especificamente no setor educacional e no ensino superior privado nacional, a oferta pública inicial de ações, e, por intermédio dela, a captação de recursos junto à poupança investidora brasileira apresentam papel de destaque, sendo importante fonte para o desenvolvimento do país, consoante será melhor detalhado no capítulo a seguir deste trabalho.

III. O IPO de empresas do ensino superior privado brasileiro

Em se tratando do ensino superior brasileiro, o IPO apresenta papel de destaque, como relevante instrumento para o financiamento das atividades das empresas desse setor. O Brasil se destaca como um país em desenvolvimento econômico e social, de forma que o desenvolvimento de instituições de ensino superior eficientes e tradicionais, que possam ofertar boa formação a seus alunos, se apresenta como um elemento intrinsecamente relacionado à própria história recente do país.

Nota-se, a esse respeito, a ampla difusão de instituições privadas de ensino superior. Como relatam os especialistas na matéria, até as primeiras décadas do século XX, havia relativo equilíbrio entre os setores público e privado no país, com superioridade específica para o ensino privado. A esse respeito, Helena Sampaio[8] destaca com objetividade que:

> Nos meados dos anos 1930, o setor privado respondia por cerca de 40% das matrículas e por 60% das instituições de ensino superior, em sua maioria, confessionais que se estabeleciam antes como um setor semigovernamental paralelo do que estritamente privado, dependendo em menor e maior grau do financiamento do Estado.

Da metade do século XX em diante, com destaque para as últimas décadas do século e para as primeiras décadas do século XXI, esse apa-

---

7 Disponível em <https://www.b3.com.br/pt_br/produtos-e-servicos/solucoes-para-emissores/ofertas-publicas/estatisticas/>. Acesso em 20 de fev. de 2022.

8 SAMPAIO, Helena. *Setor privado de ensino superior no Brasil: crescimento, mercado e Estado entre dois séculos*. Disponível em <http://nupps.usp.br/downloads/relatorio2013/Anexo_44_Texto%20para%20Livro%20Maria%20Ligia%20Barbosa.pdf>. Acesso em 19 de fev. de 2022.

rente equilíbrio foi rompido de forma retumbante, com o aumento exponencial da participação da iniciativa privada e, sobretudo, de instituições com escopo lucrativo na oferta do ensino superior aos brasileiros.

A transformação da sociedade brasileira, que se urbanizava e industrializava cada vez mais, assim como a ocorrência de recorrentes períodos de crise econômico-financeira no Estado nacional, com a adoção de medidas de austeridade e contenção de gastos públicos, foram elementos cruciais para essa dinâmica, contribuindo para a configuração do cenário atual, em que o ensino superior privado apresenta predominância de instituições particulares.

Dados do Censo da Educação Superior para 2020[9], divulgados pelo Instituto Nacional de Estudos e Pesquisas Educacionais Anísio Teixeira - INEP[10], evidenciam o crescimento da oferta dos serviços nessa área, com ampla concentração e relevância das instituições de natureza jurídica privada:

> A educação superior brasileira manteve a tendência de crescimento nos números de matriculados, ingressantes e concluintes, em 2020. Mesmo com o contexto da Covid-19, houve a manutenção e relativa alta dessas estatísticas. As informações constam nos resultados do Censo da Educação Superior 2020, divulgados pelo Instituto Nacional de Estudos e Pesquisas Educacionais Anísio Teixeira (Inep) e pelo Ministério da Educação (MEC) nesta sexta-feira, 18 de fevereiro.
>
> Em 2020, mais de 8,6 milhões de matrículas foram registradas pelo Censo da Educação Superior, sendo 1,2 milhão de concluintes. Além disso, 3,7 milhões de estudantes ingressaram em um curso de graduação nesse ano.

---

9 A respeito da relevância do Censo da Educação Superior para a plena compreensão da matéria que aqui se procura desenvolver, destaque-se: "Realizado anualmente pelo Instituto Nacional de Estudos e Pesquisas Educacionais Anísio Teixeira (Inep), o Censo da Educação Superior constitui-se importante instrumento de obtenção de dados para a geração de informações que subsidiam a formulação, o monitoramento e a avaliação das políticas públicas, além de ser elemento importante para a elaboração de estudos e pesquisas sobre o setor. O Censo coleta informações sobre as Instituições de Educação Superior (IES), os cursos de graduação e sequenciais de formação específica e sobre os discentes e docentes vinculados a esses cursos. Os resultados do Censo da Educação Superior possibilitam, ainda, por meio da justaposição de informações de diferentes edições da pesquisa, a análise da trajetória dos estudantes a partir de seu ingresso em determinado curso de graduação e, consequentemente, a geração de indicadores de acompanhamento e de fluxo na educação superior (ou acadêmica)." Disponível em: <https://www.gov.br/inep/pt-br/assuntos/noticias/censo-da-educacao-superior/resultados-do-censo-da-educacao-superior-2020-disponiveis>. Acesso em 19 de fev. de 2022.

10 Disponível em: <https://www.gov.br/inep/pt-br/assuntos/noticias/censo-da-educacao-superior/resultados-do-censo-da-educacao-superior-2020-disponiveis>. Acesso em 19 de fev. de 2022.

O levantamento constatou, ainda, que 323.376 professores atuaram no nível educacional em 2020. A pesquisa revelou que havia 2.457 instituições de educação superior no Brasil, na data de referência do censo. Dessas, 2.153 (87,6%) são privadas e 304 (12,4%), públicas. As instituições privadas registraram 3,2 milhões de ingressantes, o que corresponde a 86% do total.

Especialmente no que diz respeito à organização privada do setor, destaca-se o quadro a seguir, extraído das Notas Estatísticas do Censo da Educação Superior 2020, divulgadas pelo Instituto Nacional de Estudos e Pesquisas Educacionais Anísio Teixeira - INEP[11]:

1 A REDE DE EDUCAÇÃO SUPERIOR BRASILEIRA

TABELA 1

INSTITUIÇÕES DE EDUCAÇÃO SUPERIOR POR ORGANIZAÇÃO ACADÊMICA E CATEGORIA ADMINISTRATIVA - 2020

Ano	Total	Universidade		Centro Universitário		Faculdade		IF e Cefet	
		Pública	Privada	Pública	Privada	Pública	Privada	Pública	Privada
2020	2.457	112	91	12	310	140	1.752	40	n.a.

Fonte: Elaboração própria.
Nota: n.a. = Não se aplica.

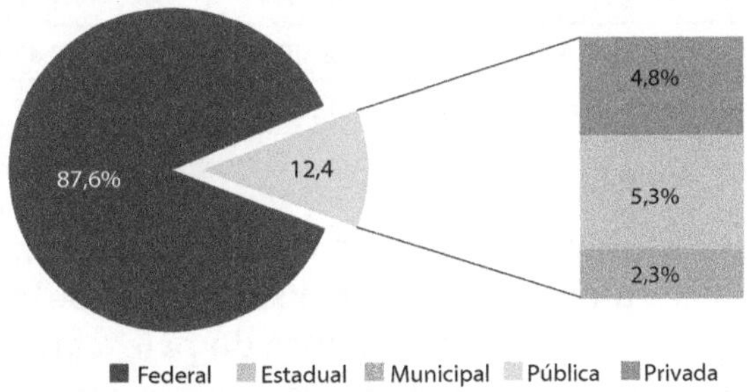

GRÁFICO 1

PERCENTUAL DO NÚMERO DE INSTITUIÇÕES DE EDUCAÇÃO SUPERIOR POR CATEGORIA ADMINISTRATIVA - 2020

Fonte: Elaboração própria.

Percebe-se, portanto, que existem 304 (trezentas e quatro) instituições de ensino superior públicas e 2.153 (duas mil, cento e cinquenta e três) instituições de ensino superior privadas no Brasil, de forma que 87,6% (oitenta e sete, vírgula seis por cento) das instituições de educação superior nacionais são privadas.

A importância do setor privado resta ainda mais evidenciada quando se tem em vista os dados estatísticos pertinentes ao número de vagas oferecidas no ensino superior brasileiro no ano de 2020. Com efeito, no aludido ano, foram oferecidas mais de 19 milhões de vagas em cursos de

11 Disponível em < https://download.inep.gov.br/publicacoes/institucionais/estatisticas_e_indicadores/notas_estatisticas_censo_da_educacao_superior_2020.pdf >. Acesso em 21 de fev. de 2022.

graduação no país, sendo aproximadamente 73% (setenta e três por cento) delas vagas novas e o restante em vagas remanescentes. Nesse relevante contexto, registra-se que a rede privada de ensino superior ofereceu quase 96% (noventa e seis por cento) do total das vagas em cursos de graduação no país em 2020, remanescendo pouco mais de 4% (quatro por cento) com a rede pública de instituições de educação superior. A tabela abaixo ilustra com precisão esse quadro[12].

TABELA 3

NÚMERO DE VAGAS DE CURSOS DE GRADUAÇÃO POR TIPO DE VAGA E CATEGORIA ADMINISTRATIVA - 2020

Categoria Administrativa	Vagas de Cursos de Graduação			
	Total Geral de Vagas	Vagas Novas Oferecidas	Vagas de Programas Especiais	Vagas Remanescentes
Total Geral	**19.626.441**	**14.328.139**	**60.859**	**5.237.443**
Pública	863.520	668.890	9.930	184.700
Federal	492.500	373.185	3.160	116.254
Estadual	247.972	203.705	6.347	37.920
Municipal	122.949	92.000	423	30.526
Privada	18.762.921	13.659.249	50.929	5.052.743

Fonte: Elaboração própria.

Sendo assim, destacam-se variáveis relevantes e complementares para a pesquisa desenvolvida neste artigo. O ensino superior brasileiro apresenta relevância destacada para o crescimento do país, caracterizando-se por seu contínuo avanço nas últimas décadas, em benefício nacional[13].

Esse crescimento se deve, em larga medida, à função socioeconômica exercida por pessoas jurídicas de direito privado, sendo notório o pre-

12 Disponível em <https://download.inep.gov.br/publicacoes/institucionais/estatisticas_e_indicadores/notas_estatisticas_censo_da_educacao_superior_2020.pdf>. Acesso em 21 de fev. de 2022.

13 Sob a perspectiva normativa, foram editadas leis a costurar um ambiente favorável ao desenvolvimento do mercado privado do setor de ensino superior no Brasil, sobretudo após a aprovação da Lei de Diretrizes e Bases da Educação - Lei n. 9.394/96. O Estado, reconhecendo sua incapacidade de suprir toda a demanda acumulada na matéria, passou a regulamentá-la de forma a permitir o desenvolvimento de instrumentos mais eficientes para a estruturação de negócios no setor, editando atos destinados a regulação do ensino superior pelo Ministério da Educação e de seus órgãos executivos. Destacam-se, por sua relevância, o Decreto n. 2.207/97 e o Decreto n. 2.306/97, voltados, reciprocamente, a renovar a organização do sistema de ensino superior brasileiro, com a criação da universidade especializada e do centro universitário, e, ainda, pelos ajustes de natureza jurídica e econômica das instituições privadas que atuam no ensino superior, permitindo que houvesse a realização de alterações em seus atos constitutivos com vistas a ajustar a na-

domínio de instituições particulares no ensino superior brasileiro. Instituições de natureza privada, sobretudo aquelas com finalidade lucrativa (empresários e sociedades empresárias), são estruturadas a partir de uma lógica de mercado, de modo que se encontram presentes, consoante a doutrina mais moderna sobre o tema, elementos destinados à sua finalidade imediata (obtenção do lucro para a empresa e seus acionistas) e ao seu fim mediato, porém igualmente relevante, relativo ao cumprimento da função socioeconômica da empresa, com a produção de externalidades positivas de grande valia para a comunidade em que se insere.

O setor em que se inserem tais empresas denota com ainda maior visibilidade a importância desse impacto socioeconômico positivo, eis que se apresentam como elementos diretos de mudança do cenário nacional, ofertando serviços educacionais e preenchendo lacunas importantes para o crescimento do país. A fim de que possam desenvolver seus objetivos, as empresas do ensino superior privado brasileiro precisam se financiar, sobrelevando a importância do IPO, conforme explicitado no tópico anterior deste artigo.

Vislumbra-se, assim, duplo impacto complementar decorrente do estudo do IPO para o ensino superior privado no Brasil. Para as empresas do setor, a oferta pública inicial de ações se apresenta como mecanismo para o levantamento de recursos sem a necessidade de contração de dívidas junto a instituições financeiras, repartindo-se os riscos e resultados pertinentes ao empreendimento. Para o país, ofertam-se recursos para que o mercado permaneça em expansão, continuando a servir como mola propulsora para a oferta de vagas e, por conseguinte, para a formação de profissionais com maior qualificação no Brasil, produzindo os subsequentes impactos socioeconômicos decorrentes dessa realidade.

A respeito da função social das empresas em geral, tema de relevo para o setor em apreço, Ana Frazão[14] afirma que segue:

> [...] o art. 170, da Constituição Federal, que deixa claro que a ordem econômica, fundada na livre iniciativa e na valorização social do trabalho, tem por objetivo assegurar a todos uma existência digna, de acordo com os ditames da justiça social. Dessa maneira, pode-se afirmar que a função social da empresa é princípio que (i) orienta a atividade empresarial à realização da justiça social e (ii) amplia e modifica o interesse social das sociedades empresárias e os objetivos da atividade empresarial.

---

tureza civil ou comercial, consentindo que o setor educacional pudesse operar como pessoas jurídicas de direito privado com finalidade econômica (universidade empresarial).

14 FRAZÃO, Ana. *Lei das Sociedades Anônimas Comentadas*. Coord. Fábio Ulhoa Coelho. Rio de Janeiro: Forense, 2021, pp. 558-9.

A execução das finalidades elencadas acima, com especial atenção para a execução da justiça social por meio do próprio objeto das entidades aqui examinadas, depende, em larga medida, do desenvolvimento de instrumentos de financiamento economicamente eficientes e juridicamente seguros, como foi o caso do IPO para relevantes entidades privadas de ensino superior brasileiro.

Como se extrai do *website* da B3 Brasil Bolsa Balcão S.A. na rede mundial de computadores, as seguintes companhias realizaram a captação de recursos no mercado de capitais e atuam com serviços educacionais[15]:

(i) Anhanguera Educacional, que realizou o seu IPO em 2007, movimentando volume total de R$ 512.325.000,00 (quinhentos e doze milhões, trezentos e vinte e cinco mil reais) e se fundiu com o grupo Kroton Educacional em 2014, dos quais R$ 426.825.000,00 (quatrocentos e vinte e cinco milhões e oitocentos e vinte e cinco mil reais) foram de natureza primária e R$ 85.500.000,00 (oitenta e cinco milhões e quinhentos mil reais) de oferta secundária;

(ii) Kroton Educacional, a qual também abriu o seu capital no ano de 2007, movimentando volume global equivalente a R$ 478.773.750,00 (quatrocentos e setenta e oito milhões, setecentos e setenta e três mil, setecentos e cinquenta), dos quais R$ 395.695.287,00 (trezentos e noventa e cinco milhões, seiscentos e noventa e cinco mil, duzentos e oitenta e sete reais) foram primária e R$ 83.078.463,00 (oitenta e três milhões, setenta e oito mil, quatrocentos e sessenta e três reais);

(iii) Estácio Participações (atual Yduqs), que abriu o capital social em 2007 e captou R$ 446.940.000,00 (quatrocentos e quarenta e seis milhões, novecentos e quarenta mil reais), sendo R$ 268.164.000,00 (duzentos e sessenta e oito milhões, cento e sessenta e quatro mil), de natureza primária e R$ 178.776.000,00 (cento e setenta e oito milhões, setecentos e setenta e seis mil) secundária;

(iv) SEB Educacional, que abriu o capital social em 2007 e captou R$ 412.500.000,00 (quatrocentos e doze milhões e quinhentos mil reais), sendo R$ 288.750.000,00 (duzentos e oitenta e oito milhões, setecentos e cinquenta mil) de natureza primária e R$ 123.750.000,00 (cento e vinte e três milhões, setecentos e cinquenta mil) secundária;

---

15 Disponível em <https://www.b3.com.br/pt_br/produtos-e-servicos/solucoes-para-emissores/ofertas-publicas/estatisticas/>. Acesso em 20 de fev. de 2022.

(v) Anima Educação, que realizou seu IPO em 2013, levantando R$ 504.056.920,00 (quinhentos e quatro milhões, cinquenta e seis mil, novecentos e vinte reais), dos quais R$ 426.020.572,00 (quatrocentos e vinte e seis milhões, vinte mil, quinhentos e setenta e dois reais) foram de natureza primária e R$ 78.036.349,00 (setenta e oito milhões, trinta e seis mil, trezentos e quarenta e nove reais) secundária;

(vi) Ser Educacional, que realizou seu IPO em 2013, levantando R$ 619.428.180,00 (seiscentos e dezenove milhões, quatrocentos e vinte e oito mil, cento e oitenta reais), dos quais R$ 309.714.090,00 (trezentos e nove milhões, setecentos e catorze mil e noventa reais) foram de natureza primária e R$ 309.714.090,00 (trezentos e nove milhões, setecentos e catorze mil e noventa reais) secundária; e

(vii) Cruzeiro do Sul Educacional S.A., que abriu o capital em 2021, levantando R$ 1.231.650.000,00 (um bilhão, duzentos e trinta e um milhões, seiscentos e cinquenta mil reais), dos quais R$ 1.071.000,00 (um bilhão, setenta e um milhões de reais) foram de natureza primária e R$ 160.650.000,00 (cento e sessenta milhões, seiscentos e cinquenta mil reais) secundária.

Vislumbra-se, portanto, que os IPOs de companhias que atuam no ensino superior privado brasileiro, desde 2007, já totalizaram, em valores históricos e absolutos, mais de R$ 4,2 bilhões de reais, dos quais R$ 3.186.168.949,00 (três bilhões, cento e oitenta e seis milhões, cento e sessenta e oito mil, novecentos e quarenta e nove reais) foram de natureza primária. Dessa forma, as ofertas públicas iniciais de ações de empresas que atuam no ensino superior brasileiro foram responsáveis por destinar mais de R$ 3 bilhões para o financiamento direto do setor, contribuindo para que tais entidades privadas tivessem condições econômicas e financeiras para desenvolver suas atividades, alcançando-se os robustos números elencados acima.

Tais recursos financeiros, aliados a outros mecanismos para a captação de investimentos[16], foram fundamentais para que as entidades privadas do ensino superior brasileiro apresentassem o desempenho e o desenvolvimento de suas atividades nas primeiras décadas do século XXI.

16 Apesar de não corresponder diretamente ao escopo deste artigo, convém registrar a relevância recente de mecanismos por meio do qual o Estado reassumiu, ao menos em parte e com direta conexão com a atuação da iniciativa privada, papel relevante para o financiamento do ensino superior brasileiro, ao subsidiar sua expansão por meio do Programa Universidade para Todos (PROUNI) e do Fundo de Financiamento Estudantil (FIES).

Foi possível, assim, aumentar a eficiência do setor, desenvolver e ofertar ao mercado novos cursos, aumentar o número de alunos nos cursos já existentes, adquirir novas unidades educacionais - enfim, foi possível promover o incremento do objeto social dessas empresas, conjugando-se a busca razoável do lucro por seus acionistas, com o indiscutível cumprimento da função social de empresas que se propõem a estimular o acesso de brasileiros a educação de qualidade.

Registra-se, ainda, que os impactos positivos desse financiamento da atividade do setor de ensino superior no Brasil vão muito além dos já expressivos números destacados acima, eis que, dessa maneira, foi possível às empresas do setor desenvolver instrumentos ainda mais sofisticados para a captação de recursos e para a realização de investimentos produtivos.

Tudo isso, relembre-se, ao menos no que diz respeito ao mecanismo aqui examinado, sem a interferência dos recursos provenientes do Estado brasileiro, cada vez mais escassos, em um cenário de austeridade econômica e financeira como o que se vivencia nos últimos anos, contribuindo para o resultado positivo de nossa balança econômica e para que tais escassos recursos governamentais sejam aplicados em outras atividades, igualmente relevantes para a nação.

Naturalmente, a captação de recursos junto ao mercado de capitais por meio de IPOs, assim como a aplicação desses recursos por parte das entidades privadas que atuam no ensino superior brasileiro, não são atividades imunes a críticas. Tais posicionamentos críticos se baseiam, sobretudo, em conceitos como "mercantilização da educação em ensino superior brasileira", em que haveria o foco no lucro, não no ensino, e na concentração de poder econômico nas mãos de pontuais grupos educacionais de maior porte, aptos a adquirir entidades de menor porte e promovendo a concentração educacional no País, com impacto na metodologia e no objeto de ensino, focados no mercado, e não na educação e formação dos graduandos brasileiros[17].

---

17 A ilustrar esse posicionamento crítico de parte da doutrina nacional, destaca-se o seguinte trecho de autoria de Wesley de Lima, que expõe o questionamento sobre o formato de financiamento adotado e suas consequências, a partir desse ponto de vista: "Diante desse quadro, podemos perguntar: o ensino superior deve ser negociado na bolsa de valores, cujo interesse principal não é a qualidade do ensino e sim o lucro? Será que está sendo pertinente o governo oferecer bolsas de estudo, seja ela pelo ProUni ou pelo FIES, para IPES S.As.? Será que está sendo coerente o governo continuar enriquecendo os fundos de investimentos que atuam no setor educacional, por meio das isenções de impostos e inversões financeiras? [...] Assim, nossas perguntas levantadas poderiam ser solucionadas para defender a universidade pública, uma vez que é de longe mais comprometida com a ciência, pesquisa e desenvolvimento do Brasil, do que as instituições

Em que pese a existência desse posicionamento, e com a devida vênia a seus defensores, entende-se que a percepção sobre o tema se mostra, como salientado acima, mais complexa do que a objetiva análise isolada de certos de seus efeitos.

O IPO, como mecanismo de captação de recursos junto à poupança popular, e o subsequente recurso à bolsa de valores por parte de entidades privadas do ensino superior brasileiro permite que tais empresas se financiem sem o socorro direito a recursos públicos, com a participação direta dos cidadãos-investidores em seus negócios, prestando contas e com ampla transparência sobre suas atividades. Sem contar que essa análise dá menor atenção justamente à função socioeconômica dessas empresas no Brasil e aos impactos positivos decorrentes de seu desenvolvimento, mediante a geração de empregos, aquecimento da economia, oferta de maiores vagas e cursos de ensino superior, pagamento de tributos e crescimento nacional.

Portanto, ainda que possam existir resultados pontualmente negativos em decorrência dessas atividades, deve-se enfrentá-los com remédios jurídicos e econômicos específicos, que sirvam para aprimorar o mecanismo em estudo, sem afastar sua implementação e sua eficiência, eis que as externalidades positivas superam as negativas, promovendo-se o ensino superior e princípios relevantes do Estado brasileiro.

IV. Considerações finais

A disciplina jurídica do financiamento é muito importante para o ensino superior brasileiro, à medida que os empreendimentos no setor demandam elevados investimentos e são caracterizados pela influência do elemento tempo para o retorno dos valores aportados, contando, inclusive, com a presença de aspectos relacionados à incerteza de rentabilidade. O desenvolvimento de mecanismos economicamente eficientes e juridicamente seguros para o levantamento de recursos corresponde a aspecto fundamental para que o ensino superior nacional possa continuar a evoluir.

Não obstante a clareza dessa assertiva, o estudo sobre o financiamento do ensino superior brasileiro por instrumentos privados, sobretu-

---

interessadas em racionalizar os custos frente ao trabalho docente. A implicância deste processo é o aumento de turmas, funções administrativas e a demissão de professores com alta titulação por especializados, sendo incompatível com o processo educativo ofertado aos alunos". DE LIMA, Wesley Pereira Lobo. *O Ensino Superior brasileiro na Bolsa: o papel do Estado e os impactos no trabalho docente*. Disponível em <https://www.niepmarx.blog.br/MManteriores/MM2017/anais2017/MC31/mc314.pdf>. Acesso em: 21 fev. 2022.

do conectados ao mercado financeiro e de capitais, é relativamente escasso no Brasil, principalmente no que diz respeito à relevância das ofertas públicas iniciais de ações de empresas desse setor da economia nacional.

Em se tratando de entidades atuantes no ensino superior brasileiro, o IPO apresenta papel de destaque, como relevante instrumento para o financiamento das atividades das empresas do setor. Nas últimas décadas do século XXI, foram bilhões de reais arrecadados por intermédio deste instrumento jurídico e de mercado de capitais, que permite a essas entidades alcançar recursos disponíveis no mercado, sem a necessidade de contração de dívidas junto a instituições financeiras. Reparte-se o investimento e, por conseguinte, o resultado advindo dessas entidades.

As companhias abertas devem cumprir com sua função socioeconômica, apresentando, para além da finalidade imediata do lucro, o propósito mediato de produzir impactos positivos na sociedade em que se encontra inserida, respeitando parâmetros rígidos de transparência e prestação de contas. No setor da educação superior, tal função se mostra ainda mais elevada, eis que são empresas que atuam diretamente com o fomento à educação e à formação técnica dos cidadãos brasileiros, destacando-se, em expressivos números, a importância do ensino superior privado para a oferta de vagas e de cursos de qualidade em território nacional.

Isto posto, apesar de não ser imune a críticas, e ainda ser possível identificar pontuais ajustes de rota, a melhorar ainda mais a sua atuação como funcional instrumento para o financiamento das empresas do setor, o IPO se mostrou nas últimas décadas (sobretudo desde 2007), e permanece se apresentando atualmente (vide a oferta concluída em 2021), como instrumento economicamente eficiente e juridicamente seguro para a captação de recursos por entidades privadas do ensino superior brasileiro, potencializando o cumprimento de sua função socioeconômica.

V. Bibliografia

BOITEUX, Fernando Netto. A função social empresa e o novo Código Civil. Revista de Direito Mercantil, Industrial, Econômico e Financeiro, São Paulo, v. 125, p. 48-57, jan./mar. 2002.

COMPARATO, Fábio Konder. Função Social da Propriedade dos Bens de Produção. Revista de Direito Mercantil, Industrial, Econômico e Financeiro, v. 63, p. 71-79, 1986.

______. A Reforma da Empresa. Revista de Direito Mercantil, Industrial, Econômico e Financeiro, v. 50, p. 57-74, 1983.

______. Estado, empresa e função social. Revista dos Tribunais, São Paulo, n. 732, p. 38-46, out. 1996); e, ainda, o artigo clássico de Rubens Requião (REQUIÃO, Rubens. A co-gestão: a função social da empresa e o estado de direito). Revista Forense, Rio de Janeiro, n. 262, p. 31-39, abr./jun. 1978.

DA GAMA, Guilherme Calmon Nogueira; BARTHOLO, Bruno Paiva. Função social da empresa. *In*: DA GAMA, Guilherme Calmon Nogueira (Coord.). A função social no Direito Civil. 2. ed. Rio de Janeiro: Atlas, 2008.

DE LIMA, Wesley Pereira Lobo. O Ensino Superior brasileiro na Bolsa: o papel do Estado e os impactos no trabalho docente. Disponível em < https://www.niepmarx.blog.br/MManteriores/MM2017/anais2017/MC31/mc314.pdf >. Acesso em 21 de fev. de 2022.

EIZIRIK, Nelson. A Lei das S/A Comentada. Vol. I. 3ed. - Artigos 1º a 79. São Paulo: Quartier Latin, 2021, p. 70.

FARAH, Eduardo Teixeira. Disciplina da empresa e princípio da solidariedade social. *In*: COSTA, Judith Martins (Org.). A reconstrução do direito privado. São Paulo: Revista dos Tribunais, 2002. p. 662-714;

FRAZÃO, Ana. Lei das Sociedades Anônimas Comentadas. Coord. Fábio Ulhoa Coelho. Rio de Janeiro: Forense, 2021, pp. 558-9.

LAMY FILHO, Alfredo. A função social da empresa e o imperativo de sua reumanização. Revista de Direito Administrativo, Rio de Janeiro, n. 190, p. 54-60, out./dez. 1992.

MORAES, Alexandre de. Direito Constitucional. 18. ed. São Paulo: Atlas, 2005. p. 715.

PEREZ, Viviane. Função Social da Empresa: uma proposta de sistematização do conceito. *In*: ALVES, Alexandre Ferreira de Assumpção; DA GAMA, Guilherme Calmon Nogueira. Temas de Direito Civil-Empresarial. Rio de Janeiro: Renovar, 2008.

______. Função social da empresa: uma proposta de sistematização do conceito. 2006. 166 f. Dissertação (Mestrado em Direito Civil) - Faculdade de Direito. Universidade do Estado do Rio de Janeiro, Rio de Janeiro.

RIPERT, Georges. Aspects juridiques du capitalisme moderne. Paris: Libr. Générale de Droit et de Jurisprudence, 1951.

SAMPAIO, Helena. Setor privado de ensino superior no Brasil: crescimento, mercado e Estado entre dois séculos. Disponível em < http://nupps.usp.br/downloads/relatorio2013/Anexo_44_Texto%20para%20Livro%20Maria%20Ligia%20Barbosa.pdf >. Acesso em: 19 fev. 2022.

SELEME, Sérgio. Contrato e empresa: notas mínimas a partir da obra de Enzo Roppo. *In*: FACHIN, Luiz Edson (Org.). Repensando os Fundamentos do Direito Civil Brasileiro Contemporâneo. Rio de Janeiro: Renovar, 1998.

https://www.gov.br/inep/pt-br/assuntos/noticias/censo-da-educacao-superior/resultados-do-censo-da-educacao-superior-2020-disponiveis. Acesso em 19 de fev. de 2022.

https://download.inep.gov.br/publicacoes/institucionais/estatisticas_e_indicadores/notas_estatisticas_censo_da_educacao_superior_2020.pdf. Acesso em 21 de fev. de 2022.

https://www.b3.com.br/pt_br/produtos-e-servicos/solucoes-para-emissores/ofertas-publicas/estatisticas/. Acesso em 20 de fev. de 2022.

OS IMPACTOS DA PANDEMIA DA COVID-19 NOS CONTRATOS EDUCACIONAIS E NAS MODALIDADES DE ENSINO SUPERIOR: O MODELO HÍBRIDO DE ENSINO QUE SE AVIZINHA[1]

Felipe Brandão André[2]
Fernanda Rocha David[3]

1. Introdução

Antes mesmo da pandemia do novo coronavírus (Covid-19), o ensino superior brasileiro, em especial o privado, já caminhava para a construção de um modelo que combina as modalidades de ensino presencial e à distância como meio de garantir um leque ainda maior de aprendizado e oportunidades aos alunos.

---

1 Os autores agradecem o auxílio da Dra. Luiza Mota Lima Vale na reunião e análise das decisões judiciais, leis e portarias citadas ao longo do presente trabalho.

2 Advogado. fbrandao@gc.com.br

3 Mestranda em Direito Processual pela Universidade do Estado do Rio de Janeiro (UERJ). Advogada. fdavid@gc.com.br

Com o isolamento social imposto no início de 2020 como medida de controle da propagação do vírus, a forma que as instituições de ensino superior privadas encontraram para continuar cumprindo os contratos educacionais firmados com os seus milhares de alunos foi implantar a modalidade *síncrona* de ensino, o que demandou investimentos em novas ferramentas tecnológicas que permitissem o acesso remoto dos alunos ao conteúdo das aulas.

Ocorre que a imediata transposição do ensino presencial para o ensino síncrono acarretou uma série de discussões acadêmicas e jurídicas relevantes, que vão desde o questionamento quanto à possibilidade de prestação do ensino fora da sala de aula à luz dos contratos educacionais, até à própria qualidade do ensino prestado. Essas questões chegaram ao Poder Judiciário por meio de diversas demandas coletivas e individuais pulverizadas, com pedido de descontos sobre as parcelas mensais das semestralidades, sob a alegação de quebra das bases objetivas dos contratos educacionais. Como a sociedade e o Poder Judiciário estavam pouco (ou absolutamente nada) familiarizados com os impactos que a pandemia gerou nos contratos, o resultado foi uma enxurrada de decisões díspares sobre a mesma matéria.

Acima de tudo, as mudanças repentinas geraram dúvidas na sociedade e no meio acadêmico sobre o futuro da educação no pós-pandemia: o ensino síncrono recém inserido continuaria sendo utilizado e bem recebido? Os contratos educacionais deveriam ser reformulados ou atualizados a uma nova realidade? Seria viável a utilização de um modelo híbrido que congregasse as modalidades presencial, síncrona e à distância?

Neste estudo, não temos a pretensão de elidir todas as dúvidas que pairam sobre a educação via meios e tecnologias de informação, mesmo porque a sociedade ainda parece estar absorvendo as mudanças geradas pela inserção da tecnologia em atividades corriqueiras que até então eram realizadas de forma totalmente presencial. Pretendemos, porém, gerar reflexões iniciais no leitor sobre os avanços que se avizinham no setor de educação, preparado, nesse pós-pandemia, para implementar e oferecer aos alunos uma nova modalidade: o ensino híbrido.

Assim, iniciaremos o presente trabalho com relevantes considerações sobre como a pandemia intensificou a utilização do modelo síncrono de ensino e de que maneira a sua introdução e o trato da questão pelo Poder Judiciário impactaram o setor educacional e os contratos firmados entre alunos e instituições. Na sequência, mostraremos que, com o avanço da vacinação e o retorno às atividades presenciais, o setor educacional vem consolidando um sistema híbrido, buscando desmitificar as novas modalidades de ensino e expor as suas vantagens e desafios nesse novo contexto social.

2. Aspectos gerais das modalidades de ensino superior

O contrato de prestação de serviços educacionais estabelece as regras para a relação jurídica entre o aluno e a instituição de ensino. Nos termos dessa avença, cabe ao aluno pagar os valores contratados a título de anuidade ou semestralidade,[4] e à instituição, por meio dos seus professores e colaboradores, ministrar aos alunos todos os conhecimentos e ensinamentos, teóricos e práticos, necessários à sua formação.

De acordo com o dinâmica tradicional desse contrato, o serviço educacional sempre foi prestado de maneira presencial, sendo marcado pela interação entre professor e aluno no mesmo espaço e tempo. Entretanto, diante das exigências da modernidade, a partir das décadas de 1970 e 1980, o ensino à distância começou a ganhar força como uma alternativa para os alunos que não tinham condições de estudar em determinada instituição por residirem longe dos *campi* universitários, ou ainda para aqueles que precisavam combinar a jornada educacional com suas atividades laborais.[5]

Diante da receptividade dessa nova modalidade e o início de um novo segmento no setor educacional, na década de 1990 sobreveio a Lei n. 9.394/96, que, ao estabelecer as diretrizes e bases da educação nacional, instituiu que "o Poder Público incentivará o desenvolvimento e a veiculação de programas de ensino a distância, em todos os níveis e modalidades de ensino, e de educação continuada" (art. 80). Esse dispositivo foi regulamentado somente em 2017, pelo Decreto n. 9.057, que define a educação à distância como "a modalidade educacional na qual a mediação didático-pedagógica nos processos de ensino e aprendizagem ocorra com a utilização de meios e tecnologias de informação e comunicação, com pessoal qualificado, com políticas de acesso, com acompanhamento e avaliação compatíveis, entre outros, e desenvolva atividades educativas por estudantes e profissionais da educação que estejam em lugares e tempos diversos" (art. 1º e 2º). Já as atividades que precisam ser presenciais, como tutorias, avaliações, estágios e práticas profissionais e de laboratório e defesa de trabalhos, serão realizadas na sede da instituição de ensino, nos polos de educação à distância ou em ambiente profissional (art. 4º).

---

4 Conforme o art. 1º da Lei n. 9.870/1999, "o valor das anuidades ou das semestralidades escolares do ensino pré-escolar, fundamental, médio e superior, será contratado, nos termos desta Lei, no ato da matrícula ou da sua renovação, entre o estabelecimento de ensino e o aluno, o pai do aluno ou o responsável".

5 COSTA, Karla da Silva; FARIA, Geniana Guimarães. *EAD – sua origem histórica, evolução e atualidade brasileira face ao paradigma da educação presencial.* Disponível em: http://www.abed.org.br/congresso2008/tc/552008104927AM.pdf. Acesso em: 16.02.2022.

Portanto, as principais características do ensino à distância são a assincronicidade e a autonomia dos alunos. Nessa modalidade, o conteúdo é elaborado previamente, gravado e disponibilizado ao estudante, que atua de forma emancipada e autodidata. Caso o estudante sinta necessidade, pode procurar o tutor do curso para tirar dúvidas e obter mais informações sobre o conteúdo. Por definição, a tutoria é distinta da docência: enquanto o tutor aconselha e orienta o acadêmico, o professor é efetivamente o responsável por transmitir conhecimentos e ensinamentos ao estudante.[6]

Regulamentando o ensino à distância, o Decreto n. 9.057/2017 diferencia claramente as duas modalidades de ensino. Essa distinção e independência entre as modalidades presencial e à distância também era refletida com clareza no objeto dos contratos educacionais firmados entre instituição e aluno: ou bem se contratava o ensino na modalidade presencial, prestada de forma tradicional pelo professor em sala de aula, em horário e locais pré-determinados, ou bem se contratava o ensino à distância, que garante o acesso ao conteúdo prévio e gravado, demandando maior investimento em tecnologias e aparatos específicos.

Com a edição da Portaria do Ministério da Educação e Cultura (MEC) n. 1.134 de 2016, posteriormente atualizada pela Portaria n. 2.117 de 6 de dezembro de 2019, que autoriza o fornecimento de até 40% da carga horária total dos cursos de graduação presenciais na modalidade à distância, o setor educacional passou a vivenciar uma nova fase de interseção entre as modalidades de ensino existentes. Tal avanço fez surgir o movimento de hibridização do ensino superior[7] no país e, é claro, a necessidade de adequação dos contratos educacionais à nova realidade, que passou a prever a possibilidade de parte da carga horária do curso presencial ser fornecida na modalidade à distância.

Como se vê, a educação brasileira, acompanhando os avanços tecnológicos e regulatórios do setor, já caminhava - ainda que de maneira tímida e recente - para um cenário misto em que a modalidade presencial e à distância se complementavam para o fornecimento de um ensino de qualidade, garantindo um leque ainda maior de aprendizado e oportunidades aos alunos.

Entretanto, com o advento da pandemia da Covid-19, que impôs o isolamento social e a suspensão de atividades presenciais das instituições

---

6 NUNES. Vanessa Battestin. *O Papel do tutor na educação à distância*: o estado da arte. Disponível em: http://cefor.ifes.edu.br/images/stories/Documentos_Institucionais/2013/114143_oral.pdf. Acesso em: 16.02.2022.

7 BATISTA JÚNIOR, Roberto Oliveira; CAVALCANTE, Patrícia Smith. *Ensino Híbrido: um estudo sobre as resoluções de Universidades públicas*. Disponível em: http://www.abed.org.br/congresso2017/trabalhos/pdf/166.pdf. Acesso em: 16.02.2020.

de ensino, as transformações foram ainda mais intensas, especialmente com o surgimento do ensino *síncrono*, que exigiu que alunos e instituições de ensino se adaptassem rapidamente a uma nova realidade.

3. A pandemia da Covid-19 como catalisador do uso da sincronicidade no setor educacional

A partir de março de 2020, o setor educacional passou a sofrer diretamente os efeitos da pandemia da Covid-19. Por meio de portarias,[8] o Ministério da Educação autorizou as instituições de ensino a suspenderem os cursos presenciais e oferecê-los através de meios e tecnologias de informação e comunicação (internet), enquanto permanecesse o estado de calamidade decretado pelas autoridades governamentais.[9]

Para que pudessem continuar cumprindo os contratos educacionais em curso enquanto a população era instruída a adotar medidas de distanciamento social, como forma de prevenir a saúde de todos e minimizar a proliferação do vírus, as instituições de ensino superior, em poucas semanas, criaram e garantiram a milhares de alunos o acesso a plataformas de comunicação (como *Zoom, Google Meet* e *Teams*[10]), aplicativos e laboratórios virtuais. O objetivo era garantir a continuidade das aulas durante o isolamento social e simular, na medida do possível, as experiências vivenciadas nas dependências físicas das universidades. Estabeleceram, também, formas variadas de comunicação, tais como videochamadas, áudios e chats online, proporcionando a interação entre os docentes e estudantes em tempo real, mesmo que fisicamente distantes.

Para tornar esse movimento possível, as instituições de ensino investiram na aquisição e manutenção de ferramentas tecnológicas e de comunicação até então pouco utilizadas pela comunidade acadêmica, visando garantir o acesso de seus alunos ao conteúdo de aula. Em paralelo, foi necessário treinar os professores e outros profissionais técnicos, para muitos dos quais aquelas ferramentas eram absolutamente novas.

---

8 Portaria MEC n. 343, de 17 de março de 2020; Portaria MEC n. 345, de 19 de março de 2020; e Portaria MEC n. 544 de 16 de junho de 2020.

9 Nesse sentido foram o Decreto Legislativo n. 6, de 20 de março de 2020, o Decreto Estadual do Rio de Janeiro n. 46.984, de 20 de março de 2020, o Decreto Estadual de São Paulo n. 64.879, de 20 de março de 2020; o Decreto Estadual do Rio Grande do Sul n. 55.128, de 19 de março de 2020; e o Decreto Estadual da Bahia n. 19.626, de 09 de abril de 2020.

10 A Microsoft, desenvolvedora da plataforma Teams, divulgou em seu site a iniciativa da Universidade Estácio de Sá, pontuando que "o atual modelo já registra 80% de aprovação pelos alunos". Disponível em: https://news.microsoft.com/pt-br/usando-microsoft-teams-estacio-esta-levando-aulas-online-para-300-mil-alunos/. Acessado em: 16.02.2022.

Surgiu, por assim dizer de improviso, a chamada modalidade *síncrona* de ensino.

Diferentemente do ensino à distância, no ensino síncrono, as mesmas aulas que seriam dadas dentro de sala de aula passaram a ser oferecidas aos alunos via plataforma digital, mediante transmissão ao vivo, em regra no mesmo horário e pelos mesmos professores que ministrariam as aulas fisicamente no campus. Ao menos durante as fases mais severas do isolamento social, até mesmo as provas e outras atividades acadêmicas avaliativas precisaram ser realizadas por meio dessas plataformas.

A despeito desses esforços, a transposição do ensino presencial para o ensino síncrono, como consequência das medidas de combate à pandemia, gerou situações que os contratos educacionais e suas partes não haviam previsto, bem como conflitos de interesse com os quais o direito e o Poder Judiciário ainda não haviam se deparado e precisavam dirimir.

Em meio a uma das maiores crises sanitárias da história, alunos e instituições privadas entraram em indesejável conflito.

4. O posicionamento da sociedade e do Poder Judiciário frente aos impactos da pandemia nos contratos educacionais

A pandemia provocou uma intensa judicialização no setor de ensino privado, com especial destaque para o ensino superior. Na medida em que ao menos as aulas teóricas passaram a ser ministradas na modalidade síncrona, órgãos de proteção ao consumidor (Procon), Defensorias Públicas, Ministério Público e os próprios alunos, individualmente ou organizados em associações, ajuizaram demandas em todo o Brasil contra as instituições de ensino superior privadas, pleiteando a revisão do valor das semestralidades praticadas nos contratos educacionais e, liminarmente, a imediata concessão de descontos.[11]

11 Nesse sentido, mencionam-se (i) a Ação Civil Pública n. 0811710-30.2020.8.10.0001, ajuizada pelo Instituto Brasileiro de Estudo e Defesa das Relações de Consumo, em curso no Juízo da Vara de Interesses Difusos e Coletivos de São Luís/MA; (ii) a Ação Civil Pública n. 8053769-65.2020.8.05.000, ajuizada pelo Ministério Público do Estado da Bahia, em curso no Juízo da 10ª Vara de Relações de Consumo da Comarca de Salvador/BA; (iii) a Ação Civil Pública n. 0814713-39.2020.8.18.0140, ajuizada pelo Procon/PI, em curso no Juízo da 3ª Vara Cível da Comarca de Teresina/PI; (iv) a Ação Civil Pública n. 5249273-93.2020.8.09.0051, ajuizada pela União Estadual dos Estudantes de Goiás, em curso no Juízo da 30ª Vara Cível da Comarca de Goiânia/GO; (v) e ainda aproximadamente 400 ações individuais ajuizadas por alunos contra instituições de ensino superior privadas, conforme anexo 11 da ADPF n. 713, em curso no Supremo Tribunal Federal.

Como ponto central, argumentava-se que, com a suspensão das aulas nos *campi*, os alunos teriam sido prejudicados na medida em que as instituições teriam passado a ofertar "ensino à distância" ou qualquer modalidade diferente da originalmente contratada, e que por isso os alunos deveriam receber uma compensação financeira na forma de desconto sobre a semestralidade. Alegava-se, ainda, que as instituições teriam se beneficiado de uma redução nos seus custos operacionais durante o período em que operaram a portas fechadas.[12] Assim, os descontos também teriam o objetivo de restabelecer o equilíbrio econômico-financeiro dos contratos educacionais. Nas ações coletivas, não raro os órgãos legitimados pediram que as instituições exibissem as suas planilhas de custos, elaboradas nos moldes da Lei n. 9.870/99 e do Decreto n. 3274/99,[13] para mostrar a evolução das suas despesas operacionais no período.[14]

---

12 A título de exemplo, menciona-se o fundamento adotado pela Defensoria Pública do Estado do Rio de Janeiro nas Ações Civis Públicas n. 0095651-56.2020.8.19.0001 e n. 0095579-69.2020.8.19.0001, ajuizadas, respectivamente, em face das mantenedoras da Universidade Estácio de Sá e Universidade Veiga de Almeida: "Assim, as recomendações e determinações restritivas quanto à mobilidade, trânsito e convívio social, no sentido de se evitar o contato físico acabam repercutindo na forma de prestação da atividade estudantil presencial, que pressupõe o convívio entre alunos, professores e funcionários das unidades de ensino, devendo-se evitar exatamente os ambientes de aglomeração de público, criando ambiente propício ao contágio coletivo com o coronavírus. Desta forma, permanece por tempo indeterminado a suspensão das atividades presenciais nas instituições de educação superior, na rede privada de ensino, o que acaba por ensejar também redução de suas despesas operacionais, como água, luz, serviço e materiais de limpeza, custo de manutenção, transporte de funcionários, conforme será abaixo demonstrado" (TJRJ. Processo eletrônico n. 0095651-56.2020.8.19.0001, fls. 8/9).

13 Os aspectos econômicos da prestação educacional são regidos pela Lei n. 9.870/99, que, em linhas gerais, normatiza a fixação e o reajuste do valor das anuidades ou semestralidades escolares do ensino pré-escolar, fundamental, médio e superior, bem como delimita os direitos do aluno inadimplente. Nesse sentido, a Lei n. 9.870/99 dispõe que o valor das anuidades ou semestralidades escolares será contratado no ato da matrícula ou da sua renovação, entre o estabelecimento de ensino e o aluno, pai do aluno ou responsável (art. 1º, *caput*), e terá como base a última parcela da anuidade ou semestralidade fixada no ano anterior, multiplicada pelo número de parcelas do período letivo (§1º). Ainda nos termos da Lei, ao valor da anuidade ou semestralidade poderá ser acrescido valor proporcional à variação de custos a título de pessoal e de custeio, comprovado mediante apresentação de planilha de custo, ainda que a variação resulte da introdução de aprimoramentos no processo didático-pedagógico (§3º).

14 Nesse sentido, por exemplo, foi o pedido formulado pelo Ministério Público, Defensoria Pública e Procon, todos de Goiás, nos autos da Ação Civil Pública n. 5320311.68.2020.8.09.0051, ajuizada em face de diversas instituições de ensino privadas: "Faz-se necessário, portanto, que as instituições de ensino passem a informar ostensivamente ao consumidor todas as alterações decorrentes da nova forma de prestação contratual, quer seja, contatos telefônicos e por e-mail com a instituição de ensino, para dúvidas pedagógicas e financeiras; forma de prestação do serviço bem como as condições de cumprimento alternativo do contrato; tabela de custos preenchida para o período letivo,

Em sua defesa, as instituições de ensino superior privado alegavam que a transposição das aulas para a modalidade síncrona não teria prejudicado os alunos e era a única forma, naquele momento, de garantir a continuidade das aulas. Por outro lado, as aulas práticas que não puderam ser ministradas seriam repostas oportunamente, assim que possível, de modo que a grade curricular fosse cumprida integralmente. Além disso, as instituições tentavam desconstruir o argumento da redução de custos operacionais, sustentando que também teriam sofrido drasticamente os efeitos da pandemia. Além de lidarem com o aumento da inadimplência, que afeta a sua principal receita (as semestralidades), os custos não teriam sido reduzidos, já que as despesas mais representativas, que envolvem a remuneração dos professores e colaboradores, teriam se mantido, bem como teriam sido realizados investimentos em novas tecnologias para implementar o ensino síncrono. Por conta disso, ainda que algum desconto pudesse ser devido, a sua concessão não poderia ocorrer de maneira indiscriminada, mas levando em conta a situação econômica particular de cada aluno, o que demanda verificar quais estudantes efetivamente tiveram as condições financeiras afetadas pela pandemia.[15]

---

e, também, com efetivação dos gastos mês a mês, a partir de janeiro de 2020, enquanto durar o regime extraordinário de aulas não presenciais ou qualquer outro regime diverso do contratado" (TJGO. Processo eletrônico n. 5320311.68.2020.8.09.0051, fls. 9). Em igual sentido, confira-se as alegações do Ministério Público do Estado de Pernambuco nos autos da Ação Civil Pública n. 0003680-76.2020.8.17.2480: "Apresentem a esse juízo, no prazo de cinco dias, a partir da concessão da ordem, planilha de custos previstos para o exercício de 2020, que deve ter sido afixada em local de fácil acesso ao público quarenta e cinco dias antes da data final para matrícula, nos termos do art. 2º da Lei da Lei 9.870/99" (TJPE. Processo eletrônico n. 0003680-76.2020.8.17.2480, fls. 21).

15 Nesse sentido, destacam-se as defesas apresentadas: (i) pela Assupero Ensino Superior Ltda., mantenedora do Centro Universitário Salvador (UNICEUSA): "(...) não houve qualquer modificação da base contratual ou desequilíbrio contratual ocasionado pela Ré Assupero, que se viu forçada a ministrar aulas online em atenção às recomendações e diretrizes emanadas pelo próprio Ministério da Educação e demais autoridades diante do cenário pandêmico que avassala o país; ii. não houve a alegada redução dos custos operacionais da faculdade, mas sim um aumento de despesas com a implementação das aulas online e sensível perda de receita decorrente do aumento da taxa de inadimplência e dos casos de evasão resultando verdadeiro prejuízo financeiro – só no primeiro semestre de 2020, o prejuízo chegou a R$ 2.592.756,89" (TJBA. Processo eletrônico n. 8053769-65.2020.8.05.0001, ID 76622256); (ii) pela Ser Educacional S.A. mantenedora da Faculdade Uninassau de Caruaru: "Importa registrar que as instituições de ensino adotaram o chamado ensino remoto para substituição da aula presencial, conforme autorizado pelo ato normativos do MEC supramencionado, resguardando a continuidade do conteúdo já iniciado. Dessa forma, as aulas continuam sendo ministradas pelos mesmos professores e dentro do horário normal de aula, além da utilização de outros recursos tecnológicos adjacentes. Destaca-se que tal metodologia difere do ensino a distância (EaD) tradicional, que tem sistemática própria que permite o aprendizado autônomo e que conta com apoio de tutores. Para tanto, as Instituições de Ensino Superior foram obrigadas a capacitar

Ou seja, se de um lado as instituições precisavam intensificar o diálogo com os alunos na tentativa de encontrar uma solução possível e rápida que permitisse, primordialmente, manter as universidades em funcionamento e prestando o ensino de qualidade e auxiliando os alunos economicamente mais impactados pela pandemia, por outro lado, boa parcela da sociedade civil, desconfiada, parecia não compreender que o ensino síncrono era a única alternativa possível em um contexto excepcional e de alta transformação da sociedade. Era necessário convencer o público e o próprio Poder Judiciário de que a prestação do serviço educacional na modalidade síncrona, se acessível e eficiente, *a priori* não implica alteração das bases objetivas dos contratos vigentes. Isso levou algum tempo.

4.1. Primeiro momento: a (alegada) descaracterização do ensino presencial pelas atividades síncronas

A dificuldade de lidar com uma nova e difícil realidade socioeconômica, na prática, acarretou naqueles meses de 2020 a prolação de decisões muito discrepantes nos tribunais, inclusive em sede de antecipação de tutela, ora concedendo descontos sobre as parcelas mensais das semestralidades universitárias, em percentuais discricionários, variando de 30% a 70%[16], ora rejeitando os descontos pleiteados.[17]

---

professores, disponibilizar suporte de TI, disponibilizar novas plataformas para realizar transmissões remotas e ao vivo, além de convocar outros profissionais especialistas em tecnologia e no uso das ferramentas tecnológicas para suporte técnico. Atrelado a esse fato, os custos fixos permaneceram inalterados, pois não houve redução do quadro de funcionários dentre outros custos" (TJPE. Processo eletrônico n. 0003680-76.2020.8.17.2480. ID 65805560); (iii) pelo Centro de Ensino Unificado de Teresina Ltda., mantenedora da Faculdade Estácio de Teresina: "O fato é que, hoje, os estudantes da Estácio têm acesso privilegiado à estrutura necessária para seguir com suas atividades didáticas. Isto porque as mesmas aulas que seriam dadas dentro de sala de aula estão sendo oferecidas aos alunos via plataforma digital (denominada Teams), mediante transmissão ao vivo, no mesmo horário, pelos próprios professores de sua unidade (...). Além dos custos adicionais decorrentes da aquisição, operação e manutenção de ferramentas tecnológicas e da capacitação dos professores e profissionais técnicos, a Estácio já sente os efeitos da desaceleração no processo de captação de novos alunos, o que também ocasionou um aumento nas despesas comerciais. (...) estima-se que o 'custo COVID-19' no ano exercício de 2020 ficará próximo a R$ 65 milhões" (TJPI. Processo eletrônico n. 0814713-39.2020.8.18.0140. ID 11224099).

16 A título de exemplo: (i) a decisão de fls. 43/44 do processo n. 0143573-93.2020.8.19.0001, movido em face da UNIGRANRIO, em curso no Juízo da 20ª Vara Cível da Comarca da Capital do Rio de Janeiro/RJ, em que foi concedido desconto provisório de 30% sobre o valor das mensalidades; (ii) a decisão de fls. 284/286 do processo n.

Ao concederem os descontos, os juízes por vezes (e equivocadamente) equiparavam ou até mesmo confundiam o ensino síncrono com o ensino à distância, entendendo que o contrato educacional não estava sendo cumprido da forma avençada e que, por isso, era necessário conceder descontos aos alunos como forma de garantir o reequilíbrio econômico-financeiro do negócio.[18] Em segundo grau, os tribunais tampouco eram capazes de uniformizar o entendimento sobre a matéria, tendo sido

---

0116644-23.2020.8.19.0001, movido em face de Fundação Técnico Educacional Souza Marques, em curso no Juízo da 44ª Vara Cível da Comarca da Capital do Rio de Janeiro/RJ, em que foi concedido desconto provisório de 50% sobre o valor das mensalidades; (iii) a decisão de fls.420/436 do agravo de instrumento n. 0041995-90.2020.8.19.0000, interposto por um grupo de alunos da Universidade Estácio de Sá e julgado pela 20ª Câmara Cível do Tribunal de Justiça do Rio de Janeiro, em que foi concedido desconto provisório de 60% sobre os valores das mensalidades; (iv) a decisão de fls. 85/95 da ação civil pública n. 0711488-76.2020.8.02.0001, movida em face de IREP Sociedade de Ensino Superior, Médio e Fundamental Ltda., em curso no Juízo da 4ª Vara Cível da Capital de Maceió/AL, em que foi determinada a redução provisória do valor da mensalidade de 30% a 50%; (v) a decisão de ID 55204138 do processo n. 8001540-81.2020.8.05.0146, movido em face da Universidade Estácio de Sá, em curso no Juízo da 1ª Vara Cível e de Registros Públicos de Juazeiro/BA, em que foi concedida a tutela para isenção integral da mensalidade.

17 Nesse sentido foi a decisão monocrática da Des. Dinalva Gomes Laranjeira Pimentel, do Tribunal de Justiça do Estado da Bahia, nos autos de recurso interposto pelo Ministério Público do Estado da Bahia: "Outrossim, penso que é extremamente difícil, quiçá impossível, avaliar a onerosidade excessiva dos contratos, como base jurídica da revisão dos negócios, em análise precária do tema e no bojo de demanda coletiva, pois, se de um lado é certo que parte dos estudantes baianos sofreu abruta redução de renda familiar, por outro é igualmente certo que essa realidade não é linear, tampouco se pode perder de vista o agravamento da situação financeira das faculdades, que guardam em seus quadros de pessoal milhares de empregos e a saúde financeira de tantas outras famílias" (ID 7702105 do agravo de instrumento n. 8014848-40.2020.8.05.0000, processo eletrônico). No mesmo sentido foram as decisões (i) de fls. 327/329 do processo n. 0014722-94.2020.8.19.0014, em curso no Juízo da 2ª Vara Cível de Campos dos Goytacazes/RJ; (ii) de fls. 269/270 do processo n. 1016927-44.2020.8.26.0577, em curso no Juízo da 8ª Vara Cível da Comarca de São José dos Campos/SP]; (ii) de fl. 41 do processo n. 0021461-80.2020.8.19.0209, em curso no Juízo da 6ª Vara Cível da Comarca Regional da Barra da Tijuca/RJ.

18 Esse foi o entendimento utilizado pela 14ª Câmara Cível do Tribunal de Justiça do Rio de Janeiro para manter o desconto de 20% sobre o valor das mensalidades: "Neste novo contexto, as instituições educacionais passaram a implementar o ensino à distância ou por videoconferência, de modo a não interromper o período letivo, como na hipótese em exame. As aulas do curso de medicina estão sendo ministradas à distância na forma on line, sendo certo que as aulas práticas que representam menos de 50% da carga horária tiveram o reinício presencial em março deste ano. A redução pleiteada pelos Agravados, a fim de assegurar o equilíbrio econômico entre as partes contratantes é medida que se impõe, ante a situação excepcional que se abateu" (TJRJ. Agravo de instrumento n. 0041087-96.2021.8.19.0000, fls. 72/76).

frequentes decisões discrepantes mesmo entre câmaras de uma mesma corte.[19]

A matéria também foi discutida em âmbito legislativo. Os Estados do Rio de Janeiro,[20] Espírito Santo,[21] Maranhão,[22] Pará,[23] Ceará,[24] Bahia[25] e Piauí[26] editaram leis que impuseram às instituições de ensino superior a concessão de descontos de até 30% para todos os alunos de nível superior. Rapidamente, a constitucionalidade dessas leis foi questionada em juízo por órgãos representativos das instituições de ensino, tanto em âmbito local[27] como perante o Supremo Tribunal Federal (STF).[28] Argumen-

---

19 Vale conferir duas decisões proferidas, no intervalo de uma semana, pela 15ª Câmara Cível do Tribunal de Justiça do Estado do Rio de Janeiro. Nos autos do agravo de instrumento n. 0038926-50.2020.8.19.0000, interposto pela Universidade Estácio de Sá contra a decisão que havia concedido desconto de 30% sobre o valor das mensalidades, a 15ª Câmara Cível entendeu pela manutenção do desconto, ao fundamento de que haveria, no caso, "desvantagem exagerada e onerosidade excessiva, consistentes na obrigação conferida ao consumidor de arcar com a contraprestação sem a correspondência integral do serviço contratado" (TJRJ. Agravo de instrumento n. 0038926-50.2020.8.19.0000. Relator: Gilberto Clovis Farias Matos. 15ª Câmara Cível. Data do julgamento: 19.11.2020). Já nos autos do agravo de instrumento n. 0039362-09.2020.8.19.0000, interposto pela Antares Educacional S/A contra a decisão que havia concedido o desconto de 30% sobre o valor das mensalidades, a mesma 15ª Câmara Civil decidiu pela revogação do desconto, ao fundamento de que não haveria "prova contundente de que a agravante não esteja ministrando adequadamente as aulas a que se obrigou", bem como que "a maior parte da despesa da agravante é com mão de obra e, obviamente, mão de obra qualificada, mormente se considerarmos que se trata de uma universidade. Eventual redução de custos com a manutenção dos prédios não é significativa a ponto de ensejar desequilíbrio contratual, não se olvidando, tampouco, que outros custos se acresceram como os das plataformas virtuais" (TJRJ. Agravo de instrumento n. 0039362-09.2020.8.19.0000. Relator: Horácio dos Santos Ribeiro Neto. 15ª Câmara Cível. Data do julgamento: 25.11.2020).

20 Lei n. 8.864/2020

21 Lei n. 11.144/2020

22 Lei n. 11.259/2020

23 Lei n. 9.065/2020

24 Lei n. 17.208/2020

25 Lei n. 14.279/2020

26 Lei n. 7.383/2020

27 Nesse sentido, mencionam-se (i) o processo n. 0117713-90.2020.8.19.0001, em curso no Juízo da 9ª Vara de Fazenda Pública da Capital do Rio de Janeiro/RJ; (ii) o processo n. 0822289-37.2020.8.10.0001, em curso no Juízo da 6ª Vara de Fazenda Pública de São Luís/MA; (iii) o processo n. 0837172-48.2020.8.14.0301, em curso no Juízo da 5ª Vara da Fazenda Pública dos Direitos Difusos, Coletivos e Individuais Homogêneos da Capital de Belém do Pará/PA; (iv) o processo n. 0819517-50.2020.8.18.0140, em curso no Juízo da 1ª Vara dos Feitos da Fazenda Pública da Comarca de Teresina/PI; (v) o processo n. 8091796-20.2020.8.05.0001, em curso no Juízo da 5ª Vara de Fazenda Pública de Salvador/BA; (vi) o processo n. 0009645-80.2020.8.08.0024, em curso no Juízo da 5ª Vara da Fazenda Pública Estadual, Municipal, Registros Públicos, Meio Ambiente e Saúde de Vitória/ES.

28 Nesse sentido, mencionam-se as Ações Diretas de Inconstitucionalidade ajuizadas pela Confederação Nacional de Estabelecimentos de Ensino, tendo como objetivo decla-

tava-se, com relevante acerto, que a imposição legal de descontos lineares sobre as semestralidades fere o pacto legislativo, já que os Estados não possuem competência para legislar sobre educação (CF, art. art. 22, inciso I), e também os princípios da livre-iniciativa, da autonomia universitária e da proporcionalidade em todas as suas demonstrações (CF, art. 5º, inciso XXIV e art. 207).[29]

Como se vê, a reação do Judiciário frente a esses anseios naqueles meses de 2020, o que chamamos de "primeiro momento", refletia as mesmas incerteza e insegurança que marcaram a sociedade em um dos momentos mais desafiadores de sua história. Havia poucas certezas e muitas dúvidas naquele momento. Quanto tempo duraria a pandemia? Alguns meses? Anos? Quando chegaria a esperada vacina? Por quanto tempo alunos e instituições conviveriam no sistema síncrono de ensino? Quando as universidades iriam reabrir?

Parte dessas dúvidas só começaria a ser esclarecida a partir do início do primeiro semestre letivo de 2021, que marcaria o retorno gradual das atividades presenciais a partir da redução do número de casos de Covid e o início da vacinação.

4.2. Segundo momento: compreendendo melhor os efeitos gerados pela transposição de aulas presenciais para ambientes virtuais

Em dezembro de 2020 - quando o número de casos de Covid estava em queda e os alunos e professores, mais adaptados à modalidade síncro-

---

rar a inconstitucionalidade de Leis Estaduais que impuseram descontos lineares sobre o valor das mensalidades em razão da pandemia (ADIs n. 6.423/CE, 6.435/MA, 6.575/BA, 6.448/RJ e 6.445/PA).

29 Confira-se: "Em resumo, o princípio da razoabilidade ou da proporcionalidade permite ao Judiciário invalidar atos legislativos ou administrativos quando: (a) não haja adequação entre o fim perseguido e o instrumento empregado; (b) a medida não seja exigível ou necessária, havendo meio alternativo para chegar ao mesmo resultado com menor ônus a um direito individual (vedação do excesso); (c) não haja proporcionalidade em sentido estrito, ou seja, o que se perde com a medida é de maior relevo do que aquilo que se ganha. Nessa avaliação, o magistrado deve ter o cuidado de não invalidar escolhas administrativas situadas no espectro do aceitável, impondo seus próprios juízos de conveniência e oportunidade. Não cabe ao Judiciário impor a realização das melhores políticas, em sua própria visão, mas tão somente o bloqueio de opções que sejam manifestamente incompatíveis com a ordem constitucional. O princípio também funciona como um critério de ponderação entre proposições constitucionais que estabeleçam tensões entre si ou que entrem em rota de colisão" (BARROSO, Luís Roberto. Curso de direito constitucional contemporâneo: os conceitos fundamentais e a construção do novo modelo. 7. ed. São Paulo: Saraiva, 2018, p. 158-159).

na –, o MEC editou a Portaria n. 1.038, determinando o retorno das atividades presenciais a partir de 1º de março e estabelecendo que os recursos digitais, tecnologias da informação e comunicação seriam usados apenas em situações excepcionais determinadas pelas autoridades locais, em casos em que houvesse risco à segurança (art. 3º).

Visando a garantir o retorno com segurança, as instituições de ensino superior privado (assim como todos os estabelecimentos comerciais) precisaram se adequar aos protocolos governamentais sugeridos para a retomada das atividades presenciais em um contexto absolutamente diferenciado. Assim, foi preciso readequar os espaços físicos, exigir uso de máscaras, fornecer equipamentos de proteção individual aos alunos e professores, intensificar a limpeza e esterilização dos espaços, aprimorar os investimentos em tecnologia e informação, entre outros.

A redução substancial do número de infectados, o início da vacinação contra a Covid-19 e o retorno das aulas nos *campi* impulsionaram os juízes e tribunais a reverem a aplicação de descontos lineares e desvinculados da situação individual de cada aluno, inicialmente vigentes até o retorno completo das atividades presenciais.[30] De fato, a reabertura das unidades de ensino e a retomada gradual das atividades presenciais derrubavam o fundamento que, durante os períodos mais severos de isolamento, poderia ter justificado a concessão de descontos. Buscando uma adaptação à nova realidade que se instaurava, as instituições alteraram os contratos educacionais para prever a possibilidade de transposição das atividades presenciais em atividades síncronas, caso fosse necessário.[31]

Para além disso, juízes e tribunais já pareciam estar mais atentos às complexas discussões jurídicas dos processos, em detrimento de decisões pouco fundamentadas e proferidas possivelmente com a finalidade de compensar o prejuízo do aluno, que de fato havia sido privado da convivência física no *campus*.

Decorridos mais alguns meses, e diante de tamanha complexidade, o emaranhado de discussões envolvendo o equilíbrio econômico-finan-

---

30 Nesse sentido, destacam-se (i) a decisão de fls. 569/570, proferida no processo n. 0135098-51.2020.8.19.0001, em curso no Juízo da 37ª Vara Cível do Rio de Janeiro/RJ, que retirou o desconto provisório diante do retorno das atividades práticas e presenciais; (ii) a decisão de fls. 1.012/1.013, proferida no processo n. 0129015-19.2020.8.19.0001, em curso no Juízo da 33ª Vara Cível do Rio de Janeiro/RJ, destacando que "a redução das mensalidades imposta em sede de agravo de instrumento somente vigoraria até o retorno das aulas presenciais, o que aconteceu em outubro de 2021", bem como a inconstitucionalidade da Lei Estadual n. 8.864/2020 pelo STF, justificariam a revogação da tutela.

31 Nesse sentido é a cláusula 13.19 do contrato padrão firmado entre a Estácio de Sá e seus estudantes, que foi alvo de questionamento nos autos do processo n. 5169911-15.2020.8.13.0024, em curso no Juízo da 25ª Vara Cível de Belo Horizonte/MG.

ceiro dos contratos educacionais chegou também aos tribunais superiores. Primeiramente, o Superior Tribunal de Justiça (STJ) reconheceu a existência de um conflito positivo de competência ajuizado por um importante conglomerado educacional e determinou a reunião de todas as ações coletivas em curso contra as suas instituições no juízo que havia recebido a primeira demanda contra uma delas, visando a evitar a prolação de decisões conflitantes e tratamento distinto a estudantes de um mesmo grupo educacional.[32]

Por sua vez, o STF julgou procedentes ações declaratórias de inconstitucionalidade (ADI) para declarar a inconstitucionalidade das leis estaduais que impunham às instituições de ensino superior privado a concessão de descontos sobre as semestralidades para todos os alunos, sem distinção, em razão da competência exclusiva da União para legislar sobre a matéria.[33] Mais à frente, o STF ainda julgou parcialmente procedente a arguição de descumprimento de preceito fundamental (ADPF) proposta por uma associação de universidades privadas para reconhecer a inconstitucionalidade dos descontos concedidos a alunos de ensino superior exclusivamente em razão dos efeitos da pandemia. Na visão do STF, correta na nossa visão e na de especialistas,[34] a pandemia, por si só, não

---

32 STJ. Conflito de Competência n. 175936/ MA. Relator. Ministro Moura Ribeiro. 2ª Seção. J, em 25.08.2021.

33 ADIs n. 6.423/CE, 6.435/MA, 6.575/BA, 6.448/RJ e 6.445/PA.

34 Em artigo acadêmico sobre o tema intitulado "Impactos da Covid-19 sobre os Contratos", a Prof.ª Ana Frazão comenta o Parecer n. 18, de 2020, que compunha o texto votado pelo Senado Federal no âmbito do projeto de lei que se converteu na Lei 14.010/2020, que dispõe sobre o Regime Jurídico Emergencial e Transitório das relações jurídicas de Direito Privado (RJET) no período da pandemia do coronavírus. Como recorda a autora, o dito parecer dispõe que "a ocorrência da pandemia não pode ser usada, de modo generalizado, para desonerar as partes de suas obrigações. Isso porque, "[há diferentes efeitos da pandemia em cada relação contratual, o que pode inclusive não se enquadrar totalmente no conceito de caso fortuito. Caberá à Justiça avaliar se houve ou não essa incidência direta nas relações jurídico-negociais impugnadas". O mesmo parecer destaca que o RJET, por decisão político-legislativa, afastou expressamente uma cogitada cláusula geral de liberação de deveres das partes, prestigiando os contratos e, por consequência, a autonomia privada das próprias partes: "A proposição poderia ter adotado o caminho da moratória geral dos contratos, dilatando prazos e restringindo direitos dos credores. Esse caminho não foi adotado porque o Direito brasileiro, tanto no Código Civil quanto no Código de Defesa do Consumidor, já possui mecanismos muito eficientes para permitir a revisão judicial dos contratos. O projeto orienta-se para impedir que haja uma ampla judicialização por uso indevido da pandemia como uma cláusula geral de liberação dos deveres das partes". Não por outra razão, a discussão da moratória no âmbito do RJET foi retirada e o texto seguiu para sanção presidencial sem essa previsão. Ou seja, após amplo debate político legislativo, foi aprovada uma lei, pensada especificamente para tratar dos problemas decorrentes da pandemia, que não considerou adequadas as medidas de liberação dos deveres das partes" (FRAZÃO, Ana. *Impactos da Covid-19 sobre os Contratos.*

é causa de desequilíbrio dos contratos educacionais, de modo que os juízes não podem conceder descontos sem levar em consideração as particularidades do caso concreto, mais precisamente a situação financeira do aluno e da instituição.[35]

A guinada de posicionamento dos tribunais, inclusive das cortes superiores, coincidiu com um momento em que grande parte da sociedade estava vacinada e bem mais adaptada à modalidade síncrona de ensino. Com o surgimento de novas variantes do vírus, como Delta e Ômicron, a sociedade, a despeito dos bons resultados apresentados pelas vacinas, voltou a adotar maior cautela no retorno às atividades presenciais. Desse modo, a consequência natural foi o ensino superior caminhar a passos largos para um regime híbrido que combina as modalidades presencial, síncrona e à distância.

5. Mudanças que se avizinham: a modalidade híbrida de ensino e os seus benefícios para o ensino superior

Como visto, a pandemia acabou por inserir, com o auxílio da tecnologia, a modalidade síncrona de ensino na rotina da educação superior privada. Com o passar do tempo e o retorno gradual das atividades presenciais, o setor educacional passou a conviver com um modelo híbrido que combina, além do ensino presencial e à distância, também a modalidade síncrona.

A bem da verdade, esse movimento foi verificado em praticamente todos os setores da sociedade. Assim como no ensino superior privado, o isolamento social imposto pela pandemia acabou consolidando o modelo híbrido de trabalho (alternância entre o trabalho presencial e remoto) entre as empresas. Segundo a Pesquisa Robert Half sobre "Os impactos da Covid-19 nos negócios", o trabalho remoto foi bem recepcionado pelos funcionários, na medida em que 86% dos entrevistados afirmaram que gostariam de trabalhar em casa com mais frequência, pois economi-

---

Disponível em: https://www.jota.info/opiniao-e-analise/colunas/constituicao-empresa-e-mercado/impactos-da-covid-19-sobre-os-contratos-19042020. Acesso em: 16.02.2022).

35 Vale conferir trecho do voto da Eminente Ministra Relatora Rosa Weber: "Ante o exposto, conheço parcialmente da presente ação de descumprimento de preceito fundamental e, na parte conhecida, julgo procedente o pedido para afirmar a inconstitucionalidade das interpretações judiciais que, unicamente fundamentadas na eclosão da pandemia de Covid-19 e no respectivo efeito de transposição de aulas presenciais para ambientes virtuais, determinam às instituições de ensino superior a concessão de descontos lineares nas contraprestações dos contratos educacionais, sem considerar as peculiaridades dos efeitos da crise pandêmica em ambas as partes contratuais envolvidas na lide" (STF. ADPF n. 713 e 706. Relatora: Min. Rosa Weber. Plenário. Julgado em: 18.11.2021; DJE: 01.12.2021).

zam tempo e dinheiro em viagens e outros custos (como alimentação), se sentem mais produtivos e menos distraídos e preferem os espaços de trabalho que possuem em suas casas.[36]

Nesse contexto em que toda a sociedade se via adaptada às interações síncronas, os alunos, pais de alunos e professores (a despeito de remanescerem críticas a um modelo ainda em formação) já não nutriam tanta resistência à hibridização do ensino superior e passaram a enxergar os seus benefícios. Além da economia gerada pela redução de deslocamentos, o sistema híbrido confere aos alunos e professores maior flexibilidade no agendamento e comparecimento às atividades, permitindo melhor controle do tempo e redução de faltas, por exemplo. Além disso, o conteúdo ministrado fica gravado e acessível tanto para aqueles que gostariam de revisá-lo, como para quem não pôde comparecer à aula, ainda que virtualmente.

Afora a flexibilização, o modelo que combina atividades presenciais, síncronas e à distância pressupõe ampliação das fontes e formas de aprendizado. Com o advento das novas tecnologias, as atividades teóricas, as pesquisas e o material já não estão restritos às salas de aula, laboratórios e bibliotecas da universidade. A inserção da tecnologia no dia a dia universitário garante uma maior eficiência no compartilhamento de informações e também amplia o intercâmbio de conhecimento, inclusive para além dos muros da universidade. Durante a pandemia, todos vivenciamos o aumento significativo dos eventos online - dentre os quais os *webinários* e simpósios acadêmicos -, que proporcionaram aos alunos o contato com professores e profissionais renomados que, muitas vezes, não poderiam ter comparecido a tais eventos se realizados fisicamente nas dependências das universidades. Na prática, o diálogo e a troca de ideias com profissionais de qualquer parte do mundo se tornaram uma realidade, o que, sem dúvida alguma, confere novas e ilimitadas fontes de aprendizado e amplia o acesso à educação.

Se por um lado o ganho de eficiência proporcionado pelo modelo híbrido parece inegável, é evidente que há atividades práticas, especialmente dos cursos de saúde, que continuarão demandando o sistema presencial. Entretanto, a realização da grande maioria das atividades teóricas em ambiente remoto ou virtual parece ser mais vantajosa em alguns casos, ou ao menos não limitar ou prejudicar o aprendizado, desde que observado o mesmo planejamento que seria cumprido dentro das dependências físicas dos *campi*.

---

36 ROBERT HALF. *Os impactos da COVID-19 nos negócios*. Disponível em: https://www.roberthalf.com.br/sites/roberthalf.com.br/files/documents/robert-half-os-impactos-da-covid-19-nos-negocios_0.pdf. Acesso em: 25.02.2022.

Justamente porque foi implantado em caráter emergencial, não há dúvidas de que as atividades educacionais síncronas e o modelo híbrido de ensino ainda precisam ser aprimorados e regulamentados pelos órgãos competentes e pelos próprios contratos educacionais firmados entre alunos e instituições de ensino, os quais devem ser atualizados para contemplar as adaptações proporcionadas pela hibridização.

6. Conclusão

Diante do que foi apresentado, percebe-se que o cenário de pandemia acelerou o desenvolvimento e a implantação de novas tecnologias e, assim, o processo de hibridização do ensino superior privado, que já mostrou eficiência e hoje parece ser uma tendência inafastável na comunidade acadêmica.

Por evidente, não foi possível, ao longo dessas páginas, aprofundar as vantagens e desvantagens desse novo modelo que se avizinha, especialmente porque a sociedade ainda parecer estar absorvendo as mudanças geradas pelo advento das interações síncronas que, paulatinamente, estão substituindo atividades que sempre foram realizadas de forma totalmente presencial.

Embora parte de seus aspectos ainda sejam desconhecidos, parece correto afirmar que o implemento de um modelo híbrido no ensino superior privado, que combine atividades presenciais, síncronas e assíncronas, não limita ou descaracteriza a prestação educacional, muito ao contrário. Desde que devidamente regulamentado pelos órgãos competentes e pelos contratos educacionais firmados entre alunos e instituições de ensino, a hibridização pode viabilizar a expansão de um serviço de ensino de qualidade, ampliando o leque de oportunidades e de acesso à informação, proporcionando um maior intercâmbio de ideias e diversificando as formas e as fontes de aprendizado.

Por fim, para que a hibridização proporcione, de fato, um maior acesso à educação de qualidade, espera-se do setor educacional superior privado a realização de investimentos destinados a aprimorar as ferramentas e plataformas tecnológicas a serem adotadas no modelo híbrido de ensino, bem como o desenvolvimento de mecanismos que ampliem o acesso a essas ferramentas com qualidade, garantindo-se que a hibridização não fique restrita às camadas mais privilegiadas da sociedade.

A MIGRAÇÃO PARA O AMBIENTE VIRTUAL EM RAZÃO DA PANDEMIA E SEUS EFEITOS NOS CONTRATOS DE TRABALHO DOS DOCENTES

Tulio Claudio Ideses[1]
Vinicius Ideses[2]
Marcelo Ideses[3]

Sumário: 1. Introdução - 2. A controvérsia acerca da possibilidade de redução da carga horária do docente e o *jus variandi* intrinsecamente presente em sua atividade profissional - 3. Considerações finais - Referências bibliográficas.

1. Introdução

A pandemia que a humanidade vivencia desde o final de 2019, com maior intensidade no Brasil a partir de março de 2020, resultou na necessária adoção de diversas medidas com o objetivo de reduzir o convívio presencial em ambientes coletivos - medidas de isolamento social - e, por conseguinte, o risco de contágio do coronavírus (Covid-19).

Os danos causados pela pandemia à atividade econômica no mundo são patentes, sendo sentidas com maior profundidade pelos segmentos que foram impedidos de desenvolver atividades presenciais, sobretudo quando são verdadeiras geradoras de riqueza.

1 Advogado Trabalhista.
2 Advogado Trabalhista.
3 Advogado Trabalhista.

A exemplo, podemos citar as indústrias do entretenimento e do esporte profissional, visto que ambos produzem receitas majoritariamente com exibições públicas em ambientes que passaram a ser considerados altamente nocivos, ante a aglomeração de pessoas.

Não há dúvidas de que a atividade educacional também foi uma das mais impactadas pelas medidas de isolamento social impostas pelas autoridades, notadamente por conta das características da sala de aula, onde grupos de indivíduos passam diversas horas dentro de um ambiente geralmente fechado e, por essa razão, a adoção das medidas de redução do contágio do coronavírus era imperiosa naquele primeiro momento.

A partir da suspensão das aulas presenciais em março de 2020, por determinação das autoridades públicas, as Instituições de Ensino Superior tiveram que adotar medidas que garantissem a continuidade dos estudos dos seus alunos, como também das atividades profissionais dos seus empregados, incluindo aí os docentes.

É preciso lembrar que quando as medidas de isolamento social foram impostas não era possível saber o tempo de duração dessas medidas, de modo que as adaptações das rotinas educacionais e profissionais dos docentes tinham que ser tratadas de forma célere, sobretudo para evitar prejuízos aos alunos e docentes.

Constatada a impossibilidade de manutenção das atividades docentes nas salas de aula pelas Instituições de Ensino do país, o Ministério da Educação prontamente editou a Portaria n. 343, em 17 de março de 2020, antes mesmo da edição do Decreto Legislativo n. 6, de 20 de março de 2020, o qual reconheceu o estado de calamidade pública provocado pela pandemia.

A Portaria n. 343, de 17 de março de 2020, do Ministério da Educação, autorizou a "substituição das aulas presenciais por aulas em meios digitais enquanto durar a situação de pandemia do Novo Coronavírus (Covid-19).", como medida de saúde pública, a fim de evitar de prevenir e evitar o contágio da Covid-19.

Vejamos o que dispõe o artigo 1º, da Portaria n. 343, de 17 de março de 2020, do Ministério da Educação:

> "Art. 1º Autorizar, em caráter excepcional, a substituição das disciplinas presenciais, em andamento, por aulas que utilizem meios e tecnologias de informação e comunicação, nos limites estabelecidos pela legislação em vigor, por instituição de educação superior integrante do sistema federal de ensino, de que trata o artigo 2º do Decreto n. 9.235, de 15 de dezembro de 2017."

Ato contínuo, inúmeras Instituições de Ensino Superior por todo o país passaram a migrar turmas para o ambiente virtual, valendo-se da autorização concedida pela Portaria n. 343 e que permitiu a continuidade das atividades acadêmicas daqueles alunos que seriam prejudicados por uma paralisação das atividades por tempo indeterminado.

Com a substituição das disciplinas presenciais por aulas no ambiente virtual, a categoria profissional dos docentes, especialmente através dos Sindicatos e em parte também pelo Ministério Público do Trabalho, passou a apresentar reinvindicações buscando proteção à remuneração dos docentes, condições de trabalho, assim como objetivando trazer para o ambiente virtual direitos que outrora foram concebidos, mediante negociação coletiva, para as aulas ministradas dentro da sala de aula.

A utilização de ferramentas tecnológicas de comunicação foi massivamente adotada por praticamente todos os setores produtivos, com exceção apenas das atividades consideradas essenciais e cuja suspensão presencial pudesse acarretar danos irremediáveis à sociedade.

Ainda dentro das atividades consideradas essenciais e de maior relevância para a sociedade, podemos destacar que até a medicina adotou amplamente o modelo de atendimento médico por videoconferência (telemedicina) durante a pandemia.

O próprio poder judiciário, que por muitas vezes se posicionou crítico à utilização de ferramentas tecnológicas por parte de Instituições de Ensino Superior e outros segmentos produtivos, foi um dos grandes exemplos bem-sucedidos de rápida adaptação para o modelo remoto que foi imposto. Em poucos meses, audiências e julgamentos passaram a ser realizadas majoritariamente no ambiente virtual, o que certamente demandaria anos para se tornar realidade em condições normais.

2. A controvérsia acerca da possibilidade de redução da carga horária do docente e o *jus variandi* intrinsecamente presente em sua atividade profissional

Além dos efeitos dentro das salas de aula, como já abordado no tópico anterior, a pandemia produziu outros efeitos extremamente nocivos para a manutenção das atividades das Instituições de Ensino Superior, dentre as quais podemos destacar a evasão, mediante o trancamento de matrículas, e o aumento da inadimplência, sendo inegável os efeitos catastróficos que a pandemia provocou na economia e na renda das famílias brasileiras.

Diante desse cenário, a edição da Portaria n. 343 do Ministério da Educação certamente forneceu mecanismo de proteção ao emprego, na medida em que a possibilidade de substituição de aulas presenciais pela aula em ambiente virtual, mediante utilização de ferramentas tecnológicas, trouxe estímulo para a manutenção de empregos que poderiam ter sido perdidos e foram preservados.

Supondo que a solução para o problema passasse por uma completa suspensão das atividades acadêmicas pelas Instituições de Ensino Superior durante a pandemia - devendo ser lembrado que em março de 2020 não era possível estimar por quanto tempo seria necessária a suspensão das aulas presenciais - os danos não seriam sentidos apenas pelos alunos, mas produziriam resultados igualmente sobre os docentes, na manutenção de empregos.

Embora louvável a iniciativa do governo federal com a edição das Medidas Provisórias 927, de 22 de março de 2020, e 936 de 1º de abril de 2020, a adoção dos mecanismos previstos por essas duas normas certamente não seriam suficientes para equacionar o problema instalado e muito menos seriam capazes de proteger emprego e renda a longo prazo.

Aliás, não se deve perder de vista que o artigo 1º, parágrafo único, da Medida Provisória 927/2020 declarou inclusive a ocorrência do fenômeno da força maior, tratada pelo polêmico e pouco experimentado artigo 501 da Consolidação das Leis do Trabalho, o que trouxe à comunidade jurídica grande e controverso debate sobre a possibilidade da extinção do contrato de trabalho nos moldes previstos no artigo 502 da Consolidação das Leis do Trabalho.

Observa-se que as Medidas Provisórias 927/2020 e 936/2020 de um lado trouxeram mecanismos para auxiliar a preservação de postos de trabalho, e por outro lado reconheceram a ocorrência do fenômeno da força maior, dando amparo a possíveis demissões em massa, embora a justiça do trabalho tenha recebido essa previsão com muitas reservas.

Nessa mesma toada, ainda podemos destacar a Medida Provisória 934 de 1º de abril de 2020, que autorizou a dispensa, em caráter excepcional, da obrigatoriedade de observância do mínimo de duzentos dias de efetivo trabalho acadêmico relativamente ao ano letivo regular, com o intuito de mitigar os efeitos da suspensão das aulas presenciais.

Retomando ao que tange propriamente a substituição das disciplinas presenciais, em andamento, por aulas que utilizem meios e tecnologias de informação e comunicação, por aplicação do artigo 1º, da Portaria n. 343, de 17 de março de 2020, do Ministério da Educação, os desafios encontrados por docentes e Instituições de Ensino Superior foram muitos e passam por acesso às ferramentas adequadas, treinamento, saúde e segurança do trabalho, especialmente quanto ao tema ergonomia, e não menos importante, os impactos na remuneração do professor diante da natural redução do número de turmas.

Ao nos depararmos com todo o conjunto de eventos desencadeados pela pandemia, vimos a combinação entre evasão, inadimplência e substituição de aulas presenciais por aulas no ambiente virtual, uma das consequências naturais dessa equação foi a redução do número de turmas, especialmente porque o ambiente virtual possibilita o acolhimento de um maior número de alunos em uma mesma aula sem os limites espaciais impostos pela sala de aula.

Não é demais destacar que a realização de aulas síncronas por meio remoto não pode ser confundida com Ensino à Distância (EAD), uma vez que nas aulas síncronas docentes e alunos interagem como se em sala de aula presencial estivessem, o que se difere frontalmente do EAD, em que as aulas assíncronas são gravadas e acompanhadas por tutores, conforme regulamentado pelo Decreto n. 9.057/2017.

Inobstante o ambiente virtual proporcionar a muitos uma melhora na qualidade de vida, com a conveniência de estudar e lecionar de casa ou de qualquer lugar e desnecessidade de - muitas das vezes longos e custos - deslocamentos até os *campi* universitários e retorno, dentre outros, a principal reinvindicação da categoria docente, num primeiro momento, foi a manutenção dos posto de trabalho e das garantias salariais no ambiente virtual, como se o docente permanecesse atuando em sala de aula presencial, ignorando as adaptações e sacrifícios exigidos de toda a população como também de empresas e empregadores em geral.

A atividade docente tem intrinsicamente em sua natureza o *jus variandi* no contrato de trabalho do professor que recebe salário à base de hora/aula. As oscilações de carga horária são admitidas e nem sempre ocorre só por interesses do empregador, mas também ocorre corriqueiramente por interesse do próprio empregado, fora todos os outros fatores que inerentes à atividade educacional influem na composição da carga horária de cada professor, tais como: disponibilidade de horários, de turmas, de matérias, evasão, dentre outros fatores igualmente relevantes.

Com relação a este aspecto, importante a correta compreensão do conceito de *jus variandi* nas relações de emprego.

Vejamos a definição de *jus variandi* segundo Alice Monteiro de Barros:

> "O *jus variandi* é a faculdade concedida ao empregador, com fundamento no poder diretivo, de realizar modificações e variações na prestação de serviços conforme as circunstâncias, exigências ou perigos que surjam na realidade fática." (BARROS, Alice Monteiro de. Curso de direito do trabalho. 10ª ed. São Paulo: LTr, 2016, p. 556)

Sem dissentir, Maurício Godinho Delgado assim conceitua o *jus variandi*:

> "O *jus variandi* é uma prerrogativa (juridicamente limitada, é bem verdade) de adequação e redirecionamento da prestação laboral contratada, que a

ordem jurídica assegura ao empregador no transcorrer do contrato, conforme art. 2º, caput, da CLT, e art. 1º, IV, in fine, da CF/88." (DELGADO, Maurício Godinho, Curso de direito do trabalho. 15ª. ed. São Paulo: LTr, 2016, p. 1132).

De forma ainda mais profunda, Márcio Túlio Viana exemplifica o exercício do *jus variandi* no contrato de trabalho como sendo o resultado daquilo que é contratado:

> "Campo do *jus variandi* é o espaço em branco entre as cláusulas, onde nada se previu especificamente. Ali o empregador se movimenta, preenchendo os vazios de acordo com a sua própria vontade(...). E por ser assim, talvez se possa dizer - por paradoxal que pareça - que a originalidade do contrato de trabalho está um pouco 'fora' dele, no poder de se exigir o que não se ajustou. (...) Entenda-se: como ocorre com o poder diretivo em geral, o *jus variandi* tem fonte no contrato: é contratado. Mas se realiza através da vontade de um só, exatamente por se situar num campo em que a outra vontade não se expressou de antemão." (VIANA, Márcio Túlio, Direito de Resistência, São Paulo: LTR, 1996, p. 421)

Esse entendimento possibilita concluir que se um determinado empregado foi contratado para desempenhar suas atividades profissionais mediante remuneração calculada com base em hora/aula e sem qualquer garantia de um quantitativo mínimo de horas/aula por semana ou por mês, a alteração nesse caso não fere qualquer direito contratual.

A teor das definições citadas anteriormente, o *jus variandi* representa a possibilidade de modificação do contrato de trabalho, de forma lícita, por iniciativa do empregador, sem que isso represente a alteração nula preconizada no artigo 462 da Consolidação das Leis do Trabalho. Essa é a alteração lícita, razoável e admissível, por iniciativa do empregador, no exercício do seu poder diretivo, visando o bom andamento do negócio.

Acerca do trabalho docente, a questão do *jus variandi* está fortemente presente na carga horária do contrato de trabalho do professor, sendo de comezinho conhecimento que a atividade educacional, especialmente no ensino superior, sofre com frequentes oscilações sobre o quantitativo de aluno e turmas de um semestre para outro.

Por essa razão, a possibilidade de adequação é mais que superada pela jurisprudência pacificada pelo Tribunal Superior do Trabalho, conforme se infere da Orientação Jurisprudencial n. 244, da Subseção I Especializada em Dissídios Individuais. Vejamos:

> "OJ-SDI I. 244. PROFESSOR. REDUÇÃO DA CARGA HORÁRIA. POSSIBILIDADE (inserida em 20.06.2001)

A redução da carga horária do professor, em virtude da diminuição do número de alunos, não constitui alteração contratual, uma vez que não implica redução do valor da hora-aula."

Esse entendimento ainda restou consolidado no âmbito dos dissídios coletivos, conforme se infere da leitura do Precedente Normativo n. 78 do Tribunal Superior do Trabalho que reza que "Não configura redução salarial ilegal a diminuição de carga horária motivada por inevitável supressão de aulas eventuais ou de turmas."

Não se pode perder de vista que por muitas vezes o próprio empregado dá causa à alteração ou redução da sua grade de horários, mormente quando o docente em questão desenvolve outras atividades profissionais ou ministra aulas em mais de uma instituição, situações essas que são corriqueiras.

Nesse sentido, vale ainda a citação de ementa de recentíssimo julgado do Tribunal Superior do Trabalho confirmando que o entendimento acima permanece contemporâneo. Vejamos:

> "A) AGRAVO DE INSTRUMENTO EM RECURSO DE REVISTA. REDUÇÃO DA CARGA HORÁRIA. O Regional manteve a improcedência da pretensão ao pagamento de diferenças salariais referentes aos dois semestres de 2011 ao fundamento de que a reclamante foi contratada como professora horista e, embora tivesse sua carga horária reduzida, teve o valor da hora-aula preservado. Nesse contexto, o Regional deu escorreita aplicação à Orientação Jurisprudencial n. 244 da Subseção I Especializada em Dissídios Individuais, tornando o recurso de revista inadmissível no particular. Agravo de instrumento conhecido e não provido." (RRAg-11723-16.2014.5.01.0020, 8ª Turma, Relatora Ministra Dora Maria da Costa, DEJT 03/11/2021)

É inegável que a pandemia alterou profundamente a dinâmica das relações sociais, laborais e econômicas, de modo praticamente todos os segmentos da economia, dentre elas o educacional, tiveram que se adaptar a essa nova realidade com a adoção de medidas administrativas que viabilizassem a preservação das atividades e manutenção dos postos de trabalho.

E como o ambiente virtual não possui as limitações espaciais das salas de aula presenciais, a otimização dos recursos, diante dos diversos danos sofridos pelas Instituições de Ensino Superior durante a pandemia, foi uma das mais importantes medidas adotadas, mediante a composição de turmas virtuais com maior capacidade de alunos decorrente da fusão de turmas presenciais, uma vez que as novas tecnologias disponibilizaram ferramentas poderosas que não existiam nos espaços físicos.

Ainda que distante da consolidação de um entendimento uníssono, dada a sensibilidade que reside nas controvérsias jurídicas que envolvem a proteção que recai sobre o salário, na forma do artigo 7º, incisos VI e X, da Constituição Federal, não se trata de um tema inédito no Judiciário Trabalhista, e o Tribunal Superior do Trabalho já se pronunciou em algumas ocasiões acerca da possibilidade de "junção" ou "aglutinação" de turmas como elemento do *jus variandi* do empregador.

Destacamos julgados que confirmam o entendimento no sentido "junção" ou "aglutinação" de turmas pelo empregador é ato lícito e não caracteriza, em princípio, redução salarial, diante da preservação da hora/aula do docente, conforme se denota da leitura da ementa do seguinte julgado:

> "RECURSO DE REVISTA. DIFERENÇAS SALARIAIS. JUNÇÃO DE TURMAS. O Regional consignou que, segundo a obreira, não obstante a junção de turmas, o conteúdo ministrado em sala de aula era o mesmo. Concluiu a Corte de origem serem indevidas as horas extras postuladas, ante a ausência de previsão legal, contratual ou em norma coletiva determinando pagamento de sobrelabor na hipótese de maior número de alunos em sala de aula. Arestos inservíveis. Recurso de revista não conhecido" (TST - RR-1000322-27.2019.5.02.0302, 8ª Turma, Relatora Ministra Dora Maria da Costa, DEJT 27/11/2020).

Na mesma linha de entendimento da 8ª Turma está também posicionada a 4ª Turma do Tribunal Superior do Trabalho, o que se confirma pela leitura da ementa abaixo:

> "RECURSO DE REVISTA. DIFERENÇAS SALARIAIS. ALTERAÇÃO CONTRATUAL. PROFESSOR. AGLUTINAÇÃO DE TURMAS. O entendimento desta Quarta Turma é no sentido de que a aglutinação das turmas pelo empregador não configura alteração contratual nos moldes do art. 468 da CLT, porque a "remuneração do professor, conforme determina o art. 320 da CLT, ' será fixada pelo número de aulas semanais, na conformidade dos horários', e não conforme o número de alunos em sala de aula". Recurso de revista de que se conhece, por má aplicação do art. 468 da CLT, e a que se dá provimento." (TST - RR: 16831920115110014, 4ª Turma, Relatora Desembargadora Convocada Cilene Ferreira Amaro Santos, DEJT 23/09/2016)

É de bom alvitre que eventual redução da carga horária de docentes seja realizada com base em critérios objetivos e com transparência, respeitados o poder diretivo do empregador e os direitos legal e convencionalmente assegurados aos docentes.

3. Considerações Finais

Não se duvida que o exercício do *jus variandi* apresenta limites, sob pena de se admitir que o empregado docente não tenha direitos assegurados pela relação empregatícia, mas não se pode negar, igualmente, que o dinamismo das relações de trabalho nos tempos atuais, aliado ao uso de novas ferramentas tecnológicas, impõe a adoção de novas estratégias para a garantia da viabilidade econômica do ensino superior privado no país.

Adicionalmente, constata-se que os nefastos efeitos sociais e econômicos provocados pela pandemia na atividade educacional, que ainda hoje persistem, aceleraram um processo de mudança que já estava em curso e que de forma escalonada já conduzia o ensino superior privado ao incremento das atividades remotas.

Mesmo diante de fenômenos ainda recentes, do amplo debate que está instalado acerca dos limites do poder diretivo das Instituições de Ensino Superior sobre suas atividades, destacamos que a mais alta Corte do Judiciário Trabalhista no país, o Tribunal Superior do Trabalho, conta com precedentes que confirmam que o *jus variandi* inerente aos contratos de trabalho dos docentes admitem mudanças na estrutura das grades de horários, ainda que levem à redução do número de turmas ou horas/aulas, ressalvadas a proteção ao salário/hora do professor.

4. Bibliografia

BARROS, Alice Monteiro de. Curso de direito do trabalho. 10ª. ed. São Paulo: LTr, 2016.

DELGADO, Maurício Godinho, Curso de direito do trabalho. 15ª. ed. São Paulo: LTr, 2016.

VIANA, Márcio Túlio, Direito de Resistência, São Paulo: LTR, 1996.

Acórdão TST - RRAg-11723-16.2014.5.01.0020, 8ª Turma, Relatora Ministra Dora Maria da Costa, DEJT 03/11/2021.

Acórdão TST - RR-1000322-27.2019.5.02.0302, 8ª Turma, Relatora Ministra Dora Maria da Costa, DEJT 27/11/2020.

Acórdão TST - RR-16831920115110014, 4ª Turma, Relatora Desembargadora Convocada Cilene Ferreira Amaro Santos, DEJT 23/09/2016.

LIMITAÇÕES REGULATÓRIAS E A NECESSIDADE DE MAIS MÉDICOS

Elisa Amorim Boaventura[1]
Simone Horta Andrade[2]
João Paulo Bachur[3]

SUMÁRIO: I. Introdução; II. Contexto histórico sobre a oferta de cursos de medicina no Brasil; III. O Programa Mais Médicos e a sistemática de abertura de cursos por chamamento público (editais); IV. A Portaria MEC n. 328/2018 e a moratória do Programa Mais Médicos; V. O futuro incerto do Programa Mais Médicos e as alternativas regulatórias; VI. Considerações Finais.

I. Introdução

Os cursos de graduação em medicina são hoje um dos mais cobiçados ativos no mercado de educação superior privada no Brasil, com im-

1 Graduanda em Direito pela Universidade de Brasília (UnB). É editora-associada do 2021 International Review of Constitutional Reform (2021 IRCR), membro do Women Inside Trade Starters (WIT Starters), gerente do Women in Antitrust (WIA) e pesquisadora do Centro de Estudos Constitucionais Comparados (CECC). Foi a 3ª colocada no 2º Concurso IBRAC de Monografias em Comércio Internacional na categoria Graduação.

2 Atuou como Diretora de Política Regulatória da Secretaria de Regulação e Supervisão da Educação Superior e Coordenadora-Geral de Contencioso na Consultoria Jurídica, ambos no Ministério da Educação. Possui mestrado em Direito Tributário pela Universidade Paris I Panthéon-Sorbonne (2004). É professora do Instituto Brasiliense de Direito Público (IDP). Sócia do escritório Massonetto, Horta e Bachur Advogados.

3 Foi Diretor de Política Regulatória da Secretaria de Regulação e Supervisão da Educação Superior do Ministério da Educação e Subchefe Adjunto de Assuntos Governamentais na Casa Civil da Presidência da República. Possui doutorado em Ciência Política pela Universidade de São Paulo (2009) e pós-doutorado pela Universidade Livre de Berlim (2013). É coordenador do mestrado e doutorado em Direito Constitucional do Instituto Brasiliense de Direito Público (IDP) e atua como Professor no Programa Avançado em Gestão Pública do Insper/SP. Sócio do escritório Massonetto, Horta e Bachur Advogados.

pactos significativos na judicialização do tema. Este artigo busca apresentar algumas explicações para esse fenômeno, apresentando as falhas de mercado e de governo que conduziram a essa situação, e propugnando, ao final, alterações regulatórias que permitam racionalizar o investimento privado na oferta de cursos de medicina.

A disputa em torno dos cursos de graduação em medicina pode ser explicada por questões estruturais e conjunturais do mercado de educação superior privada no Brasil. Do ponto de vista estrutural, o país vive um recrudescimento da renda disponível para a educação superior privada. Como se sabe, vivemos um longo período de estagnação econômica - mesmo não se tratando de estagnação econômica em sentido técnico-econômico, o Brasil acumula já quase uma década de baixo crescimento e aumento da desigualdade econômica e, consequentemente, social. Do ponto de vista conjuntural, a pandemia da Covid-19 tornou o cenário econômico ainda mais dramático. Se no período de 1995-2005 a expansão de matrículas no ensino superior se deu por um modelo de mercado apoiado na distribuição de renda promovida pelo Plano Real, e se, no período 2005-2013 a expansão ocorreu no setor público e privado puxada, respectivamente, pela ampliação do parque federal de instituições públicas e por políticas públicas focadas em fomentar a oferta pelo setor privado (e.g., Prouni, Fies, Pronatec), os últimos anos vivenciam o esgotamento dessas alternativas.

O primeiro ciclo de expansão foi puxado pelo mercado, o segundo, pelo fundo público (paralelamente e em fomento ao mercado). O pressuposto do primeiro ciclo foi o Plano Real, o do segundo, as políticas públicas apoiadas no fundo público. Ambas as alternativas dão mostras de esgotamento, ou, pelo menos até agora, não podem ser intensificadas como foram no passado. A desigualdade cresceu e a situação das contas públicas no Brasil de 2022 recomenda controle de gastos.

Nesse cenário, a expansão da educação superior privada tem ocorrido em duas frentes: na educação a distância (EaD), cujo ticket médio é inferior ao dos cursos presenciais e demanda precisa ser escalada, e em cursos de medicina, cujo ticket médio é significativamente superior à média de mercado praticada nos demais cursos superiores. E se, por um lado, o marco regulatório aplicável à EaD está estabilizado e relativamente pacificado[4], a moratória imposta aos cursos de medicina tem estrangulado o mercado e motivado intensa judicialização.

---

4 "Relativamente pacificado" porque o Ministério da Educação deu fluxo a pedidos de autorização de cursos de graduação em direito EaD, tendo a OAB se manifestado em todos os processos de forma contrária à autorização. No curto prazo, o MEC deverá decidir esses pedidos. O Ministério igualmente enfrenta a forte resistência dos conselhos e enti-

No que segue, apresentaremos as falhas de mercado que explicam a concentração dos cursos de medicina no eixo Sul-Sudeste do país e que motivaram a implantação do Programa Mais Médicos, bem como as falhas de governo associadas à implementação dessa política pública. Ao final, apontaremos um caminho alternativo para lidar com o problema dos cursos de medicina.

II. Contexto histórico sobre a oferta de cursos de medicina no Brasil

Os cursos de medicina tradicionalmente tiveram tratamento diferenciado por parte dos órgãos reguladores brasileiros. O Decreto n. 5.773, de 9 de maio de 2006 regulamentou o art. 209 da Constituição Federal[5], que determina o ensino como livre a iniciativa privada desde que cumpridas as normas gerais da educação nacional, e autorizadas e avaliadas a qualidade das instituições pelo Poder Público. Este decreto, pela primeira vez, dispôs sobre o exercício das funções de regulação, supervisão e avaliação de instituições de educação superior e cursos superiores de graduação e sequenciais no sistema federal de ensino.

No ano seguinte, em 2007, foi publicada a Portaria n. 147/2007, que dispôs sobre a complementação da instrução dos pedidos de autorização de cursos de graduação em direito e medicina, para os fins do disposto no art. 31, § 1º, do Decreto n. 5.773/2006. No âmbito da Portaria n. 147/2007, passou-se a exigir parecer favorável da Ordem dos Advogados do Brasil (OAB) e do Conselho Nacional de Saúde (CNS) para que as instituições de ensino superior fossem autorizadas a ofertar os cursos de direito e medicina, respectivamente.

Em 2016, o Decreto n. 8.754/2016 alterou o texto do Decreto n. 5.773/2006, de modo a inserir no art. 28 o texto do § 2º[6], que determinava que a criação de cursos em direito, medicina, odontologia e psicologia deveria ser submetida ao Conselho Federal da Ordem dos Advogados do Brasil ou do Conselho Nacional de Saúde.

---

dades de classe da área da saúde para a oferta dos cursos na modalidade a distância (ex.:. Enfermagem, Farmácia, Fisioterapia, Medicina Veterinária, etc.).

5 Art. 209. O ensino é livre à iniciativa privada, atendidas as seguintes condições:
I - cumprimento das normas gerais da educação nacional;
II - autorização e avaliação de qualidade pelo Poder Público.

6 Art. 28, § 2º A criação de cursos de graduação em direito e em medicina, odontologia e psicologia, inclusive em universidades e centros universitários, deverá ser submetida, respectivamente, à manifestação do Conselho Federal da Ordem dos Advogados do Brasil ou do Conselho Nacional de Saúde.

Posteriormente, o Decreto n. 9.235/2017, que dispõe sobre o exercício das funções de regulação, supervisão e avaliação das instituições de educação superior e dos cursos superiores de graduação e de pós-graduação no sistema federal de ensino, foi editado, revogando o Decreto n. 5.773/2006. Essa norma reforça a necessidade de emissão de parecer prévio para que a oferta de curso de graduação em medicina e direito seja autorizada e adiciona este requisito para a oferta de cursos de graduação em odontologia, psicologia e enfermagem[7]. Além disso, e nos termos da Lei n. 12.871, de 22 de outubro de 2013 (Lei que institui o Programa Mais Médicos), o Decreto n. 9.235/2017 dispõe que o MEC poderá estabelecer procedimentos específicos para oferta dos cursos de medicina por instituições privadas[8].

Deste modo, percebe-se que as instituições de ensino superior privadas sempre estiveram sujeitas a regulações específicas caso pretendessem ofertar cursos de graduação em medicina. Estas protocolavam seus pedidos de credenciamento e autorização para oferta de cursos de medicina seguindo uma "lógica de balcão": era necessário que as instituições realizassem seus protocolos dentro do período determinado pelo MEC - "janela de protocolo" - por meio do sistema e-MEC, sistema comumente utilizado pelo Ministério.

Em 2013, foi implementado o Programa Mais Médicos, que altera significativamente a sistemática de pedidos de autorização de cursos de medicina por instituições privadas no país, instituindo a lógica de chamamentos públicos por meio de editais para seleção de municípios e de mantenedoras de instituições de ensino superior privadas para oferta de cursos de graduação em medicina. Este Programa foi estruturado basicamente sob dois pilares: o fortalecimento da atenção básica de saúde - inclusive com a contratação de médicos estrangeiros para atendimento primário dos cidadãos - e a definição de nova sistemática para abertura de cursos de medicina no país. A primeira iniciativa foi conduzida pelo Ministério da Saúde; a segunda, pelo Ministério da Educação. O presente artigo se restringirá a analisar no segundo pilar do Programa Mais Médicos, que será abordado no próximo tópico.

---

7 Art. 41. A oferta de cursos de graduação em Direito, Medicina, Odontologia, Psicologia e Enfermagem, inclusive em universidades e centros universitários, depende de autorização do Ministério da Educação, após prévia manifestação do Conselho Federal da Ordem dos Advogados do Brasil e do Conselho Nacional de Saúde.

8 Art. 23. O Ministério da Educação poderá estabelecer procedimentos específicos para o credenciamento de IES privadas e autorização para a oferta de curso de Medicina, nos termos da Lei n. 12.871, de 22 de outubro de 2013.

III. O Programa Mais Médicos e a sistemática de abertura de cursos por chamamento público (editais)

O Programa Mais Médicos surgiu em razão da necessidade de corrigir uma importante falha de mercado: a oferta de cursos de medicina exige a realização de altos investimentos por parte das instituições de ensino superior, seja em infraestrutura, corpo docente e técnico-administrativo qualificado e em tecnologia. Simultaneamente, o curso de graduação em medicina tem uma peculiaridade: o quinto e o sexto ano de graduação são realizados em regime de internato, como formação prática em serviço (i.e., no hospital). Na sequência, os graduados passam à residência médica, assumindo maiores responsabilidades pela rotina do serviço de saúde. Por essas razões, o curso de graduação deve contar com forte infraestrutura de serviço de saúde, investindo em contratos e convênios com entidades de saúde públicas e privadas, a fim de viabilizar tanto a prática no internato quanto a residência médica.

As condicionantes acima tendem a promover a concentração da oferta de cursos de medicina nas regiões Sul e Sudeste, o que agrava o quadro de carência de médicos nas regiões Norte, Nordeste e Centro-Oeste, mas também nas regiões periféricas dos grandes centros urbanos do país. Neste contexto, era necessária a elaboração de uma política pública que, além de resolver a curto prazo a carência de médicos nessas regiões, solucionasse de forma definitiva a falha de mercado existente.

As chamadas "falhas de mercado" têm lugar sempre que o mercado produz uma alocação ineficiente (ou sub-ótima) de bens e serviços, isto é, quando não há uma situação de concorrência perfeita tal como idealizada por Adam Smith, no clássico livro sobre A riqueza das nações, de 1776, um dos fundadores da economia política clássica. Nesse sentido, veja-se Ana Maria de Oliveira Nusdeo:

> Conforme verificado, a ocorrência de falhas de mercado constitui uma das justificativas para a intervenção estatal no sistema econômico. Nesse sentido, está nas origens da ruptura do sistema liberal clássico de separação entre as esferas política e econômica, base para a emergência do direito econômico enquanto ramo destinado a implementar a política econômica do Estado. Como é sabido, a intervenção estatal na economia teve por base, além da ocorrência de imperfeições de mercado, a suscetibilidade do sistema capitalista a crises cíclicas, que não podiam ser solucionadas pelo simples jogo das forças do mercado[9].

9 NUSDEO, Ana Maria de Oliveira. *Defesa da Concorrência e Globalização Econômica*. São Paulo: Editora Malheiros, 2002, p. 59 e 61.

Outrossim, as falhas de mercado[10] são geralmente associadas a externalidades positivas ou negativas, definidas como efeitos do consumo ou atividade individual que afetam a esfera pública (como o combate ao mosquito da dengue em uma residência), ou a falta de condições para o consumo individual, ou seja, bens que uma vez existentes beneficiam a todos (como a segurança nacional).

Com o intuito de corrigir a falha de mercado existente de forma definitiva, o Programa Mais Médicos foi instituído pelo Governo Federal por meio da edição da Lei n. 12.871, de 23 de outubro de 2013, visando melhorar os serviços prestados pelo Sistema Único de Saúde (SUS) e contribuir para a formação de profissionais na área médica para o SUS. Ademais, o Programa traz propostas relacionadas à residência médica, auxiliando na qualificação dos profissionais em desenvolvimento, e contribui para o aumento do acesso do cidadão ao SUS, de maneira a melhorar a qualidade do atendimento médico e expandir o alcance do SUS no Brasil.

O programa tem como um de seus principais objetivos a diminuição da *"carência de médicos nas regiões prioritárias para o SUS, a fim de reduzir as desigualdades regionais na área da saúde"*, nos termos do disposto no art. 1º, inciso I da Lei n. 12.871/2013. Outros objetivos do Programa previstos em lei são (i) o aprimoramento da formação médica no país, de maneira a proporcionar maior experiência e interação com a prática durante a graduação; (ii) a ampliação da inserção de profissionais médicos nas unidades de atendimento do SUS, de modo a aproximar o profissional da realidade brasileira; (iii) a promoção da troca de experiências e conhecimentos com profissionais médicos estrangeiros; e (iv) o estímulo à realização de pesquisas aplicadas ao SUS; (v) o fortalecimento da prestação de serviços de atenção básica em saúde no Brasil; (vi) o fortalecimento da política de educação permanente com a integração ensino-serviço; e (vii) o aperfeiçoamento médico para atuação nas políticas públicas de saúde do país e na organização e no funcionamento do SUS.

Portanto, com o intuito de evitar a concentração de cursos de graduação em medicina, a Lei n. 12.871/2013, ao instituir novas regras para a criação destes, prioriza regiões com menor relação de vagas e médicos por habitante - desde que com estrutura de serviços de saúde em condições de ofertar campo de prática com qualidade -, e altera a lógica para autorização de novos cursos: as seleções prévias de municípios e de mantenedoras de instituições de ensino por meio de editais de chamamento público de ampla concorrência.

10 Francis M. Bator, *The Anatomy of Market Failure*, in Quartely Journal of Economics, v. 72, n. 3, 1958, ps. 351-379.

Aqui já é possível apontar o que poderíamos qualificar como uma das falhas de governo na execução dessa política pública. Como aponta Othon de Azevedo Lopes[11], "a regulação é uma parte significativa da intervenção do Estado na economia e na sociedade. Ela pode ser considerada a edição de regras e padrões de constrangimentos coercitivos (*enforcement*), mas o seu padrão mais específico é a existência de alto nível de complexidade e organização administrativa e social".

Neste sentido, a legislação assume que o curso de graduação em medicina seria capaz de reduzir as desigualdades regionais na área da saúde. Esse pressuposto, contudo, não deve ser assumido sem problematizações e ressalvas. Inicialmente, é comum que estudantes brasileiros cursem medicina fora dos grandes centros urbanos (ou mesmo fora do país), retornando para esses centros para o exercício profissional. Ou seja: há um ponto essencial que estrutura essa política pública e para o qual faltam evidências empíricas: como um curso de medicina no interior do país contribuiria para mitigar a carência de médicos nessas regiões? O que impediria que os graduados nesses cursos mais afastados migrassem para os grandes centros urbanos depois de formados?

Na ocasião, o Ministério da Educação sugeriu que, se a graduação em medicina de fato não fixa o graduado na região de graduação, os dados da residência são mais favoráveis. Uma vez graduados e concluindo a residência, o médico tende a se estabelecer definitivamente na região onde realizou o curso de residência médica. Ora, mas nesse caso, teríamos então uma política pública cujo prazo de implementação para avaliar um dos seus resultados seria excessivamente distendido. Considerando o prazo para realização dos certames para seleção das instituições de ensino (cerca de dois anos - e a judicialização pode estender significativamente esse prazo), o prazo de implantação e abertura do curso por meio de portaria autorizativa do MEC, os seis anos de graduação e ainda os cerca de três anos de residência médica, não saberemos se os cursos autorizados terão contribuído para a fixação de mais médicos no interior do Brasil por um bom tempo. E se a tendência não se confirmar? E se os médicos graduados no interior voltarem para os grandes centros urbanos novamente? Essas questões estão certamente relacionadas às falhas de governo na execução do Programa Mais Médicos, pois há um comportamento esperado pelo MEC por parte dos graduados em medicina (realizar a residência no interior e lá se fixar) que pode não se confirmar.

Há uma assimetria de informação intransponível. Mais que isso: os altos investimentos exigidos como contrapartida por parte das mantene-

---

11 LOPES, Othon de Azevedo, *Fundamentos da Regulação*. Rio de Janeiro: Editora Processo, 2018, p. 184.

doras de instituições de ensino superior (já abordaremos este ponto em mais detalhe) permitem cobrar mensalidades muito acima do ticket médio - atraindo estudantes dos grandes centros para os novos cursos de medicina no interior do país. Como transformar mais egressos de cursos de medicina em mais médicos no interior do país? Essa questão era mitigada pelo intercâmbio de médicos estrangeiros, medida suspensa nos últimos anos. A situação foi agravada com a suspensão por 5 (cinco) anos dos editais de chamamento público para novos cursos de medicina assim como a suspensão de abertura de novas vagas, determinado pela Portaria MEC n. 328, de 5 de abril de 2018. Abordaremos esse assunto com mais detalhes adiante.

Desde a edição da Lei e implementação do Programa Mais Médicos em 2013 foram publicados apenas três editais para seleção de propostas de mantenedoras de instituições de ensino superior privadas para autorização de funcionamento de cursos de medicina: (i) Edital n. 06/2014, com a possibilidade de atuação em 39 (trinta e nove) municípios; (ii) Edital n. 01/2017, com a possibilidade de atuação em 3 (três) municípios; e (iii) Edital n. 01/2018, com a possibilidade de atuação em 28 (vinte e oito) municípios. Os editais são divididos em 4 (quatro) etapas: admissibilidade; capacidade econômico-financeira; mérito da proposta; e experiência regulatória da mantenedora:

Tabela 1 - Etapas de Avaliação dos Editais do Programa Mais Médicos

Etapa	Análise realizada
Admissibilidade	Etapa eliminatória que consiste na análise documental inicial da proposta, voltada a aferir a regularidade jurídica, fiscal e regulatória da mantenedora responsável pela proposta.
Capacidade econômico-financeira	Etapa eliminatória voltada a aferir a saúde financeira atual da mantenedora, o plano de negócios do curso e a capacidade econômico-financeira para oferta do curso de medicina.
Mérito da proposta	Etapa eliminatória e classificatória voltada à análise do mérito pedagógico das propostas.
Experiência regulatória da Mantenedora	Etapa classificatória de verificação da atuação da Mantenedora responsável pela proposta em termos regulatórios (avaliação institucional, avaliação de cursos na área da saúde, mestrado, doutorado na área de saúde e programas de residência médica).

Fonte: Elaboração própria a partir da análise dos editais do Programa Mais Médicos.

Com algumas alterações entre si[12], os editais preveem que a mantenedora deve realizar a inscrição no processo de seleção e apresentar os documentos necessários no sistema utilizado pelo MEC (Simec). Os documentos referentes à regularidade jurídica, fiscal e regulatória, além de documentos que atestem a capacidade econômico-financeira e o plano de negócios das mantenedoras de instituições de ensino são analisados nas etapas de admissibilidade e capacidade econômico-financeira, que possuem caráter eliminatório.

Na etapa referente à análise de mérito da proposta apresentada pela mantenedora da instituição de ensino, de caráter eliminatório e classificatório, são avaliados os seguintes documentos: (i) Projeto Pedagógico de Curso de Graduação em Medicina; (ii) Plano de Formação e Desenvolvimento da Docência em saúde; (iii) Plano de Infraestrutura da Instituição de Educação Superior; (iv) Plano de Contrapartida à estrutura de serviços, ações e programas de saúde do Sistema Único de Saúde do município e/ou da região de saúde do curso de Medicina; (v) Plano de Implantação de Residência Médica; e (vi) Plano de Oferta de Bolsas para Alunos.

Por fim, na etapa de análise da experiência regulatória da mantenedora, de caráter classificatório, são analisados alguns indicadores específicos das instituições de ensino mantidas e dos cursos já existentes: (i) possuir instituição de ensino superior com conceito institucional igual ou maior de 4 (quatro) localizada no município ou unidade da federação do município; (ii) possuir cursos de medicina ou cursos na área da saúde com conceito de curso igual ou maior de 4 (quatro); (iii) possuir programas de mestrado e/ou doutorado na área da saúde reconhecidos e recomendados pela CAPES; e (iv) possuir programas de residência médica reconhecidos pela comissão nacional de residência médica.

Após essas etapas, é divulgado o resultado preliminar e, em seguida, o resultado do processo de seleção, sendo que as mantenedoras podem recorrer administrativamente de ambos os resultados. Por fim, é celebrado Termo de Compromisso entre a Secretaria de Regulação e Supervisão da Educação Superior (Seres) do Ministério da Educação, e a mantenedora deve apresentar garantia de execução da proposta no valor de 10% (dez por cento) do Plano de Infraestrutura da instituição de ensino superior.

Posteriormente, são realizadas ações de monitoramento da implantação dos cursos de graduação em medicina previstas em Edital por comissão de especialistas médicos designada pela Seres, que tem o intuito de verificar o cumprimento da proposta pactuada entre a mantenedora e

12 Uma das alterações mais relevantes foi a definição de grupo educacional, distinguindo do conceito de consórcio de mantenedoras, inserida pela primeira vez no Edital n. 6/2018.

o Ministério da Educação. Destaca-se que todos os cursos a serem autorizados no âmbito do edital de chamamento público recebem, obrigatoriamente, pelo menos 1 (uma) visita, nos termos das orientações e normas editadas pelo MEC antes da publicação dos atos autorizativos (credenciamento da instituição de ensino ou do campus fora de sede, conforme for o caso e autorização do curso de medicina).

Percebe-se que o modelo de chamamento público por edital, que se assemelha a uma concorrência de caráter licitatório, em muito difere quando comparado ao modelo anterior, que seguia uma "lógica de balcão". O modelo anterior - que ainda se aplica a todos os demais cursos superiores do país - permitia que a qualquer momento a instituição de ensino superior interessada em ofertar cursos de medicina em qualquer localidade do país realizasse o pedido junto ao MEC por meio do sistema eletrônico e-MEC quando da abertura da janela de protocolo de pedidos de credenciamento e/ou autorização. Como já explicado, no modelo inaugurado pelo Mais Médicos é necessário que as instituições de ensino superior aguardem a seleção prévia de municípios a ser definida pelos Ministério da Educação e da Saúde e posterior edital com as regras para a seleção das propostas das mantenedoras de instituições de ensino superior.

Esse modelo vigorou até 2018, quando o Ministério da Educação decidiu editar portaria que suspende por 5 (cinco) anos a publicação de editais de chamamento público para criação de novos cursos de medicina, assim como proibiu o protocolo de pedidos de aumento do número de vagas para os cursos de medicina já existentes[13]. Essa "moratória", que vigora, em tese, até abril de 2023, trouxe mudanças significativas para o cenário regulatório dos cursos de medicina, como passaremos a expor a seguir.

IV. A Portaria MEC n. 328/2018 e a moratória do Programa Mais Médicos

Apesar do aparente sucesso do Programa Mais Médicos, em 06 de abril de 2018, foi publicada a Portaria MEC n. 328, de 05 de abril de 2018, que suspendeu por 5 (cinco) anos, a contar da sua publicação, o protocolo de pedidos de aumento de vagas e de novos editais de chamamento público para autorização de cursos de graduação em medicina, conforme disposto no art. 1º:

---

13 A Administração pública justificou essa medida sob a alegação de necessidade de exercer o controle da qualidade dos cursos de medicina instalados no país.

Art. 1º Fica suspensa por cinco anos a publicação de editais de chamamento público para autorização de novos cursos de graduação em Medicina, nos termos do art. 3º da Lei n. 12.871, de 22 de outubro de 2013, e o protocolo de pedidos de aumento de vagas em cursos de graduação em Medicina ofertados por instituições de educação superior vinculadas ao sistema federal de ensino, de que trata o art. 40 do Decreto n. 9.235, de 15 de dezembro de 2017.

Parágrafo único. A suspensão do protocolo de pedidos de aumento de vagas de que trata o caput não se aplica: (Inserido pela Portaria n. 1.302/2018)

I - aos cursos de Medicina autorizados no âmbito dos editais de chamamento público em tramitação ou concluídos, segundo o rito estabelecido no art. 3º da Lei n. 12.871, de 2013;

II - aos pedidos de aumento de vagas de Medicina protocolados no Ministério da Educação até a data da publicação desta Portaria, cuja análise observará instrução a ser expedida pela Secretaria de Regulação e Supervisão da Educação Superior; e

III - aos cursos de Medicina pactuados no âmbito da política de expansão das universidades federais, cujos pedidos de aumento de vagas poderão ser solicitados uma única vez e analisados de acordo com regras e calendário específicos, a serem definidos pelo Ministério da Educação

Em verdade, a referida Portaria estabelece verdadeira moratória, pois suspende os chamamentos públicos previstos no Programa Mais Médicos. A rigor, impede a autorização de novos cursos de graduação e a criação de novas vagas medicina no Brasil. Outrossim, a Portaria MEC n. 328/2018 vai de encontro ao próprio sentido do Programa Mais Médicos - qual seja, estimular a formação de profissionais da saúde visando sanar falha de mercado que concentrava os cursos de medicina nas regiões Sul e Sudeste como já exposto anteriormente.

Assim, podemos afirmar que a suspensão da publicação de editais de chamamento público contraria os objetivos - legais - definidos pelo Programa Mais Médicos, tais como, diminuir a carência de médicos nas regiões prioritárias para o SUS, fortalecer a prestação de serviços de atenção básica em saúde no país, aprimorar a formação médica, dentre outros. Tem-se, portanto, que o não cumprimento de objetivos firmados em programa estabelecido em lei federal por meio de portaria ministerial desvirtua a própria natureza da política positivada, incidindo em clara violação legal praticada pela Administração pública.

É preciso novamente destacar que a Constituição Federal, em seu art. 209, prevê que o ensino é livre à iniciativa privada, desde que cumpridas as normas gerais que dizem respeito à educação, e autorizada a oferta pelo Poder Público após avaliação da qualidade. Neste sentido, é competência do Ministério da Educação tratar sobre a educação superior, sendo este o responsável por elaborar políticas regulatórias quanto a esta temática, assim como avaliar e supervisionar as instituições de ensino e os cursos superiores do país[14].

Contudo, a análise minuciosa do texto da referida norma evidencia o abuso de poder regulatório do MEC. A previsão da Portaria n. 328/2018 de suspender por cinco anos a criação de novos cursos de medicina e os pedidos de aumento do número de vagas para cursos de medicina já existentes, ignora diversos preceitos dispostos tanto na legislação federal quanto na Constituição Federal de 1988, de maneira a violar os princípios da livre iniciativa, da livre concorrência, da proporcionalidade além do direito constitucional de petição aos órgãos públicos.

Outrossim, a Portaria impede que as instituições de ensino superior privadas façam uso da sua liberdade econômica - observadas as normas nacionais - para prestar serviços considerados economicamente viáveis no âmbito de seus planos de negócios. Pode-se afirmar que esta intervenção de cunho regulatório do Estado na economia é considerada excessiva e até mesmo abusiva.

Justamente com o objetivo de impedir que intervenções excessivas e injustificadas do Estado criem obstáculos para a garantia do direito à liberdade econômica, a Lei da Liberdade Econômica - Lei n. 13.874/2019 - introduziu diversos dispositivos ao ordenamento jurídico brasileiro. Dentre eles, o art. 4º, que trata especificamente do abuso do poder regulatório e expressa preocupação direta com atos da administração pública que possam limitar o desenvolvimento de atividades econômicas e criar barreiras artificiais para entrada de novo concorrentes:

> Art. 4º É dever da administração pública e das demais entidades que se vinculam a esta Lei, no exercício de regulamentação de norma pública pertencente à legislação sobre a qual esta Lei versa, exceto se em estrito cumprimento a previsão explícita em lei, evitar o abuso do poder regulatório de maneira a, indevidamente:
>
> I - criar reserva de mercado ao favorecer, na regulação, grupo econômico, ou profissional, em prejuízo dos demais concorrentes;
>
> II - redigir enunciados que impeçam a entrada de novos competidores nacionais ou estrangeiros no mercado;
>
> III - exigir especificação técnica que não seja necessária para atingir o fim desejado;

---

14 Nesse sentido, destacamos os ensinamentos da professora Maria Paula Dallari Bucci, presentes na obra BUCCI, *"O Art. 209 da Constituição 20 anos Depois. Estratégias do Poder Executivo para a Efetivação da Diretriz da Qualidade da Educação Superior"*. *In*: Binenbojm,-Gustavo;Sarmento, Daniel; Souza Neto, Cláudio Pereira de. (Org.). Vinte Anos da Constituição Federal de 1988. 1ª ed. Rio de Janeiro: LUMEN JURIS, 2008, v. 1, p. 781-807.

IV - redigir enunciados que impeçam ou retardem a inovação e a adoção de novas tecnologias, processos ou modelos de negócios, ressalvadas as situações consideradas em regulamento como de alto risco;
V - aumentar os custos de transação sem demonstração de benefícios;
VI - criar demanda artificial ou compulsória de produto, serviço ou atividade profissional, inclusive de uso de cartórios, registros ou cadastros;
VII - introduzir limites à livre formação de sociedades empresariais ou de atividades econômicas;
VIII - restringir o uso e o exercício da publicidade e propaganda sobre um setor econômico, ressalvadas as hipóteses expressamente vedadas em lei federal; e
IX - exigir, sob o pretexto de inscrição tributária, requerimentos de outra natureza de maneira a mitigar os efeitos do inciso I do caput do art. 3º desta Lei.

Nesse sentido, Campilongo[15] considera que a "a Lei de Liberdade Econômica funciona mais como elemento de princípios do que como ferramenta de procedimentalização e controle de abusos de reguladores", de modo que esta deve ser interpretada como modo de garantir a liberdade econômica na função manifesta, e, também, como garantia de que a regulação pode ser instrumento de estabilização das liberdades do mercado.

Fica evidente, portanto, que a Portaria MEC n. 328/2018 limita a livre iniciativa das instituições de ensino superior ao suspender os chamamentos públicos do Programa Mais Médicos e os pedidos de aumento de vagas para os cursos de medicina já existentes, de modo a restringir a quantidade de agentes econômicos no mercado de cursos de graduação em medicina no país, impactando também na livre concorrência.

Em verdade, a Portaria acaba por beneficiar as instituições de ensino já autorizadas a ofertar cursos de graduação em medicina, contribuindo para a restrição da concorrência e a concentração do mercado. Tal cenário faz com que a oferta de vagas de medicina seja consideravelmente inferior à demanda por profissionais da área médica, de modo que as mensalidades dos cursos de Medicina em algumas localidades e instituições privadas são superiores a R$ 10.000,00 (dez mil reais) por mês[16]. Estes valores contribuem para a elitização da profissão, pois pequena parte da população tem condições financeiras para custear tais mensali-

15 CAMPILONGO, Celso Fernandes. Lei de Liberdade Econômica, Concorrência e Abuso de Poder Regulatório. *In*: SALOMÃO, Luís Felipe; CUEVA, Ricardo Villas Bôas, e FRAZÃO, Ana (coord.). Lei de Liberdade Econômica e seus impactos no direito brasileiro. 1ª ed. São Paulo: Thomson Reuters Brasil, 2020. Vários autores.

16 Dados disponíveis em: https://melhoresescolasmedicas.com/valores-da-mensalidade/valores-de-mensalidades-das-escolas-medicas/. Acesso em: 11.03.2022.

dades, mesmo contando com programas de acesso e permanência como Programa Universidade para Todos (Prouni) e Fundo de Financiamento Estudantil (Fies).

Ademais, a Portaria MEC n. 328/2018 interfere no mercado de profissionais médicos no Brasil possibilitando a fixação do quantitativo de agentes que atuam no mercado de serviços educacionais, de modo a impactar diretamente na quantidade de profissionais médicos disponíveis para atendimento à população. Esse cenário se mostrou ainda mais gravoso no contexto da pandemia da Covid-19, de forma que a quantidade de profissionais de saúde se mostrou ainda mais deficitária para as demandas do sistema de saúde brasileiro. Note-se que no contexto dos anos de 2020 e 2021 o próprio MEC abriu editais para contratação de estudantes de medicina e autorizou a antecipação da colação de grau de estudantes das áreas da saúde para que estes pudessem atuar como profissionais no combate ao Coronavírus, nos termos previstos pela Portaria MEC n. 374/2020[17].

Em que pese a previsão legal de chamamento público por edital para a abertura de cursos de Medicina, prevista no art. 3º da Lei n. 12.871/2013, já citada, a exploração dos serviços de educação superior é baseada nos ditames da livre concorrência. Tanto o é que a Constituição Federal, em seu art. 209, além da própria legislação educacional, preveem que a iniciativa privada é livre para explorar a atividade de ensino no país[18]. Neste sentido, também é a jurisprudência do Supremo Tribunal Federal:

> EMENTA: AÇÃO DIRETA DE INCONSTITUCIONALIDADE. LEI N. 10.989/93 DO ESTADO DE PERNAMBUCO. EDUCAÇÃO: SERVIÇO PÚBLICO NÃO PRIVATIVO. MENSALIDADES ESCOLARES. FIXAÇÃO DA DATA DE VENCIMENTO. MATÉRIA DE DIREITO CONTRATUAL. VÍCIO DE INICIATIVA. 1. **Os serviços de educação, seja os prestados pelo Estado, seja os prestados por particulares, configuram serviço**

17 Art. 1º Ficam autorizadas as instituições de ensino pertencentes ao sistema federal de ensino, definidas no art. 2º do Decreto n. 9.235, de 15 de dezembro de 2017, em caráter excepcional, a anteciparem a colação de grau dos alunos regularmente matriculados no último período dos cursos de Medicina, Enfermagem, Farmácia e Fisioterapia, desde que completada setenta e cinco por cento da carga horária prevista para o período de internato médico ou estágio supervisionado, exclusivamente para atuar nas ações de combate à pandemia do novo coronavírus - Covid-19, enquanto durar a situação de emergência de saúde pública, na forma especificada nesta Portaria.

18 Conforme os dados do Censo Escolar da Educação Superior 2020, 87,6% das instituições de educação superior no Brasil são privadas. Dados disponíveis em: https://www.abmes.org.br/noticias/detalhe/4619/resultados-do-censo-da-educacao-superior-2020-disponiveis. Acesso em: 10 março 2022.

público não privativo, podendo ser desenvolvidos pelo setor privado **independentemente de concessão, permissão ou autorização**. 2. Nos termos do artigo 22, inciso I, da Constituição do Brasil, compete à União legislar sobre direito civil. 3. Pedido de declaração de inconstitucionalidade julgado procedente. (STF, ADI n. 1.007, Relator Min. Eros Grau, Tribunal Pleno, DJe 24/2/2006). (Grifos nossos)

Ora, as medidas regulatórias que vêm sendo adotadas pelo MEC acabam por fechar o mercado, impedindo que novos concorrentes explorem a atividade econômica, causando danos aos consumidores e, pior, contribuindo para a manutenção de serviços de baixa qualidade a preços que beiram o absurdo[19]. Portanto, é um verdadeiro contrassenso - além de flagrante inconstitucionalidade - que norma infralegal venha a estabelecer restrições dessa medida à atuação de agentes econômicos no mercado de educação superior, além de limitar a livre iniciativa e a livre concorrência, enquanto a Constituição Federal é clara ao dispor sobre o regime de concorrência no setor educacional.

Por fim, ao impedir a realização do protocolo dos pedidos de credenciamento e/ou autorização, o MEC infringe o direito de petição das instituições de ensino, em patente violação ao previsto no art. 5º, XXXIV, a) da Constituição Federal[20]. O direito de petição tem justamente o intuito de possibilitar que pessoas físicas ou jurídicas possam agir contra ilegalidade ou abusos de poder, podendo ser dirigido a qualquer dos Poderes do Estado. No mesmo contexto, José Afonso da Silva destaca que o direito de petição não pode ser destituído de eficácia, de modo que *"[n]ão pode a autoridade a quem é dirigido escusar pronunciar-se sobre a petição, quer para acolhê-la quer para desacolhê-la com a devida motivação"*[21].

---

19 Segundo a Radiografia das Escolas Médicas Brasileiras 2020, divulgada pelo Conselho Federal de Medicina (CFM), 92% (noventa e dois por cento) das instituições de ensino superior que oferecem vagas para medicina não atendem pelo menos um dos três parâmetros considerados ideais para o funcionamento dos cursos - (i) oferta de cinco leitos públicos de internação hospitalar para cada aluno no município sede de curso; (ii) acompanhamento de cada equipe da Estratégia Saúde da Família (ESF) por no máximo três alunos de graduação; e (iii) presença de hospital com mais de cem leitos exclusivos para o curso. Dados disponíveis em: https://portal.cfm.org.br/noticias/94-das-escolas-medicas-brasileiras-nao-observam-criterios-para-oferecer-formacao-de-qualidade/. Acesso em: 10 março 2022.

20 Art. 5º - Todos são iguais perante a lei, sem distinção de qualquer natureza, garantindo-se aos brasileiros e aos estrangeiros residentes no País a inviolabilidade do direito à vida, à liberdade, à igualdade, à segurança e à propriedade, nos termos seguintes: (...) XXXIV - são a todos assegurados, independentemente do pagamento de taxas: a) o direito de petição aos Poderes Públicos em defesa de direitos ou contra ilegalidade ou abuso de poder.

21 SILVA, José Afonso da. Curso de Direito Constitucional Positivo. 39a Ed. São Paulo: Malheiros, 2016.

Deste modo, fica clara a abusividade da Portaria MEC n. 328/2018. Por essa razão, instituições de ensino superior que pretendem ofertar cursos de graduação em medicina têm recorrido ao Poder Judiciário buscando ter seu direito de petição junto ao Ministério da Educação garantido. Destaca-se que muitas destas ações não pretendem que o Poder Judiciário se manifeste sobre o mérito do processo, em respeito ao princípio de separação dos poderes. Neste contexto, especialmente no âmbito do Tribunal Regional Federal da 1ª Região, há decisões no sentido de admitir o protocolo e determinar a análise pelo MEC de pedido de autorização para oferta de cursos de graduação de medicina[22].

Deste modo, entendemos que a Portaria MEC n. 328/2018 configura verdadeira limitação regulatória abusiva, ilegal e inconstitucional. Apesar das justificativas do MEC para a edição de norma claramente abusiva, o fim próximo da moratória previsto na Portaria n. 328/2018 tem gerado dúvidas e inseguranças no setor educacional. Não se sabe ao certo como será o cenário regulatório para cursos e vagas de medicina a partir de 2023: se haverá a prorrogação da suspensão de abertura de novos cursos e vagas, se haverá publicação de novos editais para escolha de municípios e mantenedoras de instituições de ensino ainda no âmbito do Programa Mais Médicos, ou ainda se será editada nova política regulatória para esse curso. Ante as incertezas apontadas, passa-se à análise das políticas regulatórias implementadas até o presente momento e das possíveis alternativas regulatórias apontadas.

V. O futuro incerto do Programa Mais Médicos e as alternativas regulatórias

Como já bem assinalado neste estudo, a Portaria MEC n. 328/2018 suspendeu pelo prazo de 5 (cinco) anos os chamamentos públicos para abertura de cursos de medicina e a possibilidade de protocolo de pedidos de aumento do número de vagas para cursos de medicina já existentes. Com sua vigência perto do fim, uma vez que a moratória se encerra em 2023, surgem dúvidas em relação ao cenário regulatório que o setor educacional vai enfrentar nos próximos anos.

Mesmo após dez anos da criação do Programa Mais Médicos (2013), essa política pública é alvo de severas críticas. Por um lado, a aferição da

22 No TRF 1 o direito de petição das instituições de ensino superior foi reconhecido tanto no bojo do AI n. 1029614-67.2020.4.01.0000. Des. Federal Carlos Augusto Pires Brandão. Decisão Liminar. Julgado em 24.09.2021, como no âmbito do AI n. 1018448-04.2021.4.01.0000. Des. Federal Daniele Maranhão. Decisão Liminar. Julgado em 20.08.2021.

eficácia do programa tem se demonstrado custosa e demorada. Isso porque o tempo de maturação e avaliação dos cursos depende de pelo menos dois ciclos avaliativos. Ademais, questiona-se a capacidade do programa de reter os médicos recém-formados nos municípios onde se graduaram, como já se mencionou aqui. Questiona-se, inclusive, o efetivo cumprimento dos objetivos estruturais do programa, como a disponibilização de leitos públicos e equipamentos de saúde para fortalecimento do SUS.

Importante ainda destacar que há um problema adicional que contribui com o atraso e a completa implementação e avaliação do Programa Mais Médicos: a excessiva judicialização desde a sua criação[23]. As incontáveis ações judiciais sobre a matéria, em sua grande maioria, possuem frágil argumentação jurídica e não raras vezes paralisam de forma prejudicial os chamamentos públicos conduzidos pelo MEC[24]. Essa disputa judicial gera enorme insegurança para todos os atores envolvidos: instituições de ensino superior, União, municípios selecionados e todos os do seu entorno, mas principalmente os estudantes e cidadãos que são imediatamente beneficiados com os investimentos nos equipamentos de saúde pública local e com toda a movimentação na economia que um curso de medicina proporciona na região onde se instala.

Por outro lado, aqueles que defendem o programa ressaltam que a sistemática de seleção de municípios habilitados a receber novos cursos de graduação de medicina e de instituições de ensino interessadas em ofertá-los contribui para interiorizar a oferta, desconcentrando o mercado de graduação em medicina, sem renunciar à infraestrutura mínima de equipamentos de saúde pública para a formação em serviço.

A forte judicilização da matéria também ganhou força com a moratória implementada pela Portaria MEC n. 328/2018. As instituições de ensino que veem seus direitos violados têm buscado no Poder Judiciário o direito de ver analisado pelo MEC seu pedido de autorização para a oferta de cursos de graduação em medicina. Diante de determinações judiciais, o Ministério da Educação se vê obrigado a analisar os pedidos

---

23 Neste contexto, cita-se a ADI n. 5035, Relator Min. Marco Aurélio, Rel. acórdão Min. Alexandre de Moraes, Tribunal Pleno, DJe 30/11/2017, na qual o STF, por maioria, considerou a Lei n. 12.871/2013 constitucional, e o Processo TC 022.106/2015-4, Representação, Rel. Ministra Ana Arraes, julg. 06/07/2016, segundo o qual, após ter suspendido por mais de um ano o Edital n. 6/2014 para seleção de mantenedoras no Programa Mais Médicos, o Pleno do Tribunal de Contas da União autorizou a continuidade do certame.

24 Para citar apenas um exemplo de ação com frágil fundamentação jurídica, destacamos o MS nº 1024701-95.2018.4.01.3400, em tramitação na 2ª Vara Federal da SJDF, no qual a impetrante levou ao Poder Judiciário clara confusão conceitual entre grupo econômico e consórcio de mantenedoras de instituições de ensino.

das instituições de ensino superior e avaliar as suas propostas. Acumulam-se os processos protocolados, de modo que, a título de exemplo, em 10.03.2022, foi publicado o ato autorizativo de criação do curso de graduação em medicina resultado desse tipo de ação[25]. Contudo, a necessidade de as instituições de ensino superior recorrerem ao Poder Judiciário em razão de política regulatória abusiva demonstra a sua ineficiência, além de gerar grande custo para todos os envolvidos, inclusive o próprio Estado.

É necessária a realização de mudanças no cenário regulatório que, ao mesmo tempo, corrijam as falhas de mercado existentes e não permitam o abuso do poder regulatório. Nesse sentido, pode-se apresentar duas alternativas: (i) a reforma da regulação; e (ii) reformulação da sistemática de abertura de cursos de medicina.

A reforma da regulação existente é medida extremamente necessária. A suspensão dos chamamentos públicos contraria os objetivos do Programa Mais Médicos e não contribui para a formação de profissionais capacitados para sanar a carência de médicos no Brasil, principalmente nas regiões Norte, Nordeste e Centro-Oeste. Ademais, a reforma da regulação poderia contribuir para o fomento da oferta e investimento do setor privado na área de saúde, de modo a ampliar a competição no mercado. Entretanto, é preciso destacar que qualquer reforma na regulação deve ser proposta e implementada sem que isto afete a qualidade das escolas médicas e dos profissionais desta área.

Outra solução poderia ser a combinação de editais focados em regiões no interior do país com editais aplicáveis aos grandes centros. Isso porque, quando toda a nova oferta de cursos de graduação em medicina é direcionada para o interior do país, ela motiva interessados oriundos dos grandes centros a disputarem as vagas no interior - e a tendência de que os egressos retornem aos centros urbanos é considerável. Entende-se que o MEC deveria utilizar a tecnologia dos editais do Programa Mais Médicos para desconcentrar os investimentos do setor privado, mas também fomentar a concorrência entre os interessados. Deveria haver maior oferta no interior do país para que os estudantes locais tenham maiores chances de disputar as vagas nesses cursos, firmando sua residência profissional nessas localidades após a graduação.

Simultaneamente, entende-se que seria possível combinar editais com abertura de calendário regulatório ("janelas de protocolo") específico para protocolo de pedidos de autorização de cursos de medicina. Essa

25 Portaria n. 526/2022 - autorizando a oferta de 33 (trinta e três) vagas totais anuais pela Faculdade de Educação de Jaru, mantida pela Sociedade Rondoniense de Ensino Superior Dr. Aparicio Carvalho de Moraes Ltda.

sistemática mista poderia diminuir a judicialização, aumentando a competitividade entre as instituições de ensino superior. Ou seja, seria possível descrever uma série de iniciativas voltadas a orientar o investimento privado, diminuindo, simultaneamente a pressão e a judicialização sobre os editais do Programa Mais Médicos.

VI. Considerações Finais

Conclui-se que ante a uma falha de mercado - a concentração de cursos de medicina no eixo Sul-Sudeste e a carência de profissionais médicos nas regiões Norte, Nordeste e Centro-Oeste - o Ministério da Educação decidiu intervir no mercado criando o Programa Mais Médicos. Este Programa permitiu que o MEC direcionasse aos municípios com maior necessidade as vagas dos cursos de graduação em medicina.

Em razão da seleção de instituições de ensino superior aptas a ofertar os cursos de graduação em medicina por meio de edital - com critérios de qualidade específicos - e da criação de comissões de monitoramento pelo MEC - o que permitiu o acompanhamento da implantação dos cursos de graduação em medicina -, percebe-se que a preocupação do órgão regulador com a qualidade do curso e de bons profissionais médicos foi acentuada.

Todavia, a aferição da eficácia do Programa Mais Médicos é custosa e demorada, pois para que o profissional seja inserido no mercado de trabalho, são necessários no mínimo oito anos. Portanto, pode-se afirmar que ainda não há profissionais formados em consequência desta política pública, considerando que os primeiros cursos foram autorizados pelo MEC somente em 2016.

Soma-se a este contexto de incertezas sobre a eficácia do Programa Mais Médicos, a moratória decretada em 2018 - Portaria MEC n. 328/2018 - sob o argumento de preocupação com a quantidade e a qualidade dos cursos de graduação em medicina. Essa norma é claramente fruto do abuso do poder regulatório do MEC, posto que viola os princípios da livre iniciativa, da livre concorrência e da proporcionalidade, além de restringir o direito constitucional de petição aos órgãos públicos.

A patente abusividade da Portaria MEC n. 328/2018, que suspendeu os chamamentos públicos do Programa Mais Médicos por cinco anos, fez com que as instituições de ensino superior privadas recorressem ao Poder Judiciário com o intuito de garantir o seu direito junto ao MEC para realizar o protocolo e ver analisado o pedido de autorização para oferta de curso de medicina.

Neste contexto, diante da proximidade do fim da vigência da moratória, o futuro da regulação referente aos cursos de graduação de medicina ainda é incerto: não se sabe se a moratória será prorrogada; se serão realizados novos editais de chamamento público ou se o Ministério da Educação elaborará nova política regulatória.

Esse cenário de incertezas é prejudicial aos agentes econômicos, pois dificulta o planejamento, inibe investimentos e retarda a tomada de decisão por parte dos dirigentes de instituições de ensino superior.

Conclui-se que o Ministério da Educação pode adotar diferentes soluções para o problemático e incerto cenário atual, como a realização de novos chamamentos públicos ou a reforma da regulação existente, o que poderá gerar diferentes consequências para toda a sociedade brasileira.

VI. Referências Bibliográficas

ASSOCIAÇÃO BRASILEIRA DE MANTENEDORAS DE ENSINO SUPERIOR (ABMES). Resultados do Censo da Educação Superior 2020 Disponíveis. In: ABMES. 18 fev. 2022. Disponível em: https://www.abmes.org.br/noticias/detalhe/4619/resultados-do-censo-da-educacao-superior-2020-disponiveis. Acesso em: 10 mar. 2022.

BRASIL. [Constituição (1988)]. Constituição da República Federativa do Brasil de 1988. Disponível em: http://www.planalto.gov.br/ccivil_03/constituicao/constituicao.htm. Acesso em: 11 mar. 2022.

BRASIL. *Decreto n. 5.773, de 9 de maio de 2006*. Dispõe sobre o exercício das funções de regulação, supervisão e avaliação de instituições de educação superior e cursos superiores de graduação e sequenciais no sistema federal de ensino. 10 maio 2006. Disponível em: https://abmes.org.br/legislacoes/detalhe/89/decreto-n.-5.773. Acesso em: 11 mar. 2022.

BRASIL. *Decreto n. 8.754, de 9 de maio de 2016*. Altera o Decreto n. 5.773, de 9 de maio de 2006, que dispõe sobre o exercício das funções de regulação, supervisão e avaliação de instituições de educação superior e cursos superiores de graduação e sequenciais no sistema federal de ensino. 11 maio 2016. Disponível em: https://abmes.org.br/legislacoes/detalhe/1855/decreto-n-8.754. Acesso em: 11 mar. 2022.

BRASIL. *Decreto n. 9.235, de 15 de dezembro de 2017*. Dispõe sobre o exercício das funções de regulação, supervisão e avaliação das instituições de educação superior e dos cursos superiores de graduação e de pós-graduação no sistema federal de ensino. 18 dez. 2017. Disponível em: http://www.planalto.gov.br/ccivil_03/_ato2015-2018/2017/decreto/D9235.htm. Acesso em: 11 mar. 2022.

BRASIL. *Lei n. 12.871, de 22 de outubro de 2013*. Institui o Programa Mais Médicos, altera as Leis n. 8.745, de 9 de dezembro de 1993, e n. 6.932, de 7 de julho de 1981, e dá outras providências. 23 out. 2013. Disponível em: http://www.planalto.gov.br/ccivil_03/_ato2011-2014/2013/lei/l12871.htm. Acesso em: 11 mar. 2022.

BRASIL. *Lei n. 13.874, de 20 de setembro de 2019*. Institui a Declaração de Direitos de Liberdade Econômica; estabelece garantias de livre mercado; altera as Leis nos 10.406, de 10 de janeiro de 2002 (Código Civil), 6.404, de 15 de dezembro de 1976, 11.598, de 3 de dezembro de 2007, 12.682, de 9 de julho de 2012, 6.015, de 31 de dezembro de 1973, 10.522, de 19 de julho de 2002, 8.934, de 18 de novembro 1994, o Decreto-Lei n. 9.760, de 5 de setembro de 1946 e a Consolidação das Leis do Trabalho, aprovada pelo Decreto-Lei n. 5.452, de 1º de maio de 1943; revoga a Lei Delegada n. 4, de 26 de setembro de 1962, a Lei n. 11.887, de 24 de dezembro de 2008, e dispositivos do Decreto-Lei n. 73, de 21 de novembro de 1966; e dá outras providências. *Lei de Liberdade Econômica*, 20 set. 2019. Disponível em: http://www.planalto.gov.br/ccivil_03/_ato2019-2022/2019/lei/L13874.htm. Acesso em: 11 mar. 2022.

BRASIL. *Portaria n. 147, de 2 de fevereiro de 2007*. Dispõe sobre a complementação da instrução dos pedidos de autorização de cursos de graduação em direito e medicina, para os fins do disposto no art. 31, §1º, do Decreto n. 5.773, de 9 de maio de 2006. 5 fev. 2007. Disponível em: http://portal.mec.gov.br/arquivos/pdf/portaria147.pdf. Acesso em: 11 mar. 2022.

BRASIL. *Portaria MEC n. 328, de 5 de abril de 2018*. Dispõe sobre a suspensão do protocolo de pedidos de aumento de vagas e de novos editais de chamamento público para autorização de cursos de graduação em Medicina e institui o Grupo de Trabalho para análise e proposição acerca da reorientação da formação médica. 6 abr. 2018. Disponível em: https://www.in.gov.br/materia/-/asset_publisher/Kujrw0TZC2Mb/content/id/9362390/do1-2018-04-06-portaria-n-328-de-5-de-abril-de-2018-9362386. Acesso em: 11 mar. 2022.

BRASIL. *Portaria MEC n. 374, de 3 de abril de 2020*. Dispõe sobre a antecipação da colação de grau para os alunos dos cursos de Medicina, Enfermagem, Farmácia e Fisioterapia, exclusivamente para atuação nas ações de combate à pandemia do novo coronavírus - Covid-19. 6 abr. 2020. Disponível em: https://in.gov.br/web/dou/-/portaria-n-374-de-3-de-abril-de-2020-251289249. Acesso em: 11 mar. 2022.

BRASIL. *Portaria MEC n. 517, de 10 de março de 2022*. 11 mar. 2022. Disponível em: https://in.gov.br/web/dou/-/portaria-n-517-de-10-de-marco-de-2022-385153259. Acesso em: 11 mar. 2022.

BRASIL. TRF 1. AI n. 1018448-04.2021.4.01.0000. Des. Federal Danielle Maranhão. Decisão Liminar. Julgado em 20.08.2021.

BRASIL. TRF 1. AI n. 1029614-67.2020.4.01.0000. Des. Federal Carlos Augusto Pires Brandão. Decisão Liminar. Julgado em 24.09.2021.

BUCCI, Maria Paula Dallari. O Art. 209 da Constituição 20 anos Depois. Estratégias do Poder Executivo para a Efetivação da Diretriz da Qualidade da Educação Superior. In: Binenbojm,Gustavo; Sarmento, Daniel;Souza Neto, Cláudio Pereira de. (Org.). Vinte Anos da Constituição Federal de 1988. 1aed.Rio de Janeiro: LUMEN JURIS, 2008, v. 1, p. 781-807.

CAMPILONGO, Celso Fernandes. Lei de Liberdade Econômica, Concorrência e Abuso de Poder Regulatório. In: SALOMÃO, Luís Felipe; CUEVA, Ricardo Villas Bôas, e FRAZÃO, Ana (coord.). Lei de Liberdade Econômica e seus impactos no direito brasileiro. 1ª ed. São Paulo: Thomson Reuters Brasil, 2020. Vários autores.

FRANCIS M. Bator, *The Anatomy of Market Failure*, in Quartely Journal of Economics, v. 72, n. 3, 1958, ps. 351-379.

LOPES, Othon de Azevedo, *Fundamentos da Regulação*. Rio de Janeiro: Editora Processo, 2018, p. 184.

NUSDEO, Ana Maria de Oliveira. *Defesa da Concorrência e Globalização Econômica*. São Paulo: Editora Malheiros, 2002, p. 59 e 61.

SILVA, José Afonso da. Curso de Direito Constitucional Positivo. 39a Ed. São Paulo: Malheiros, 2016.

O PAPEL DO PODER JUDICIÁRIO NO EXAME DE CONFLITOS ENTRE ALUNOS E INSTITUIÇÕES DE ENSINO SUPERIOR PRIVADO NO CONTEXTO DA PANDEMIA DA COVID-19

Luciano Saboia Rinaldi de Carvalho[1]

Sumário: 1. Considerações iniciais. 2. Controle de legalidade dos atos administrativos pelo Poder Judiciário - separação de poderes, autocontenção e convencimento motivado das decisões judiciais. 3. Redução compulsória das mensalidades escolares durante o estado de calamidade pública. 4. IRDR e IAC - instrumentos processuais para formação de teses vinculantes no âmbito dos tribunais locais, inclusive para fixação de interpretações provisórias. 5. Referências bibliográficas.

1. Considerações iniciais

Muitas são as controvérsias submetidas ao Poder Judiciário envolvendo instituições de ensino e seus alunos, sobretudo no campo das relações obrigacionais e da responsabilidade civil.

Neste breve artigo, apresentarei algumas reflexões sobre o papel do Poder Judiciário no exame dos conflitos que surgiram, no contexto da pandemia da Covid-19, envolvendo alunos e instituições de ensino superior privado, tema que inspira essa obra.

O direito à educação está previsto na Constituição Federal no capítulo destinado aos direitos sociais (CF, art. 6º) e, enquanto dever do Estado

1 Desembargador do Tribunal de Justiça do Rio de Janeiro. Professor de Direito Processual Civil da EMERJ.

e da família, visa o pleno desenvolvimento da pessoa, seu preparo para o exercício da cidadania e qualificação para o trabalho (CF, art. 205).

Além de outras regras previstas no texto constitucional, o direito à educação também é regulado no Estatuto da Criança e do Adolescente (Lei n. 8.069/1990) e na Lei de Diretrizes e Bases da Educação Nacional (Lei n. 9.394/1996). Nos termos da Constituição Federal, os entes federativos - União, Estados, Municípios e Distrito Federal - têm competência comum para legislar sobre saúde e acesso à educação, dentre outros (art. 23, II e V).[2]

O advento da pandemia da Covid-19 - que assolou o mundo nos últimos anos, ceifando milhares de vida e devastando a atividade econômica - fez eclodir uma série de atos normativos pelos entes governamentais visando, dentro do possível, regulamentar a vida social no momento de calamidade pública (*lockdown*, paralisação temporária de atividades econômicas, proibição de aulas presenciais, redução de mensalidades escolares, etc). A judicialização foi consequência natural.

A excepcionalidade do momento histórico levou o Judiciário a enfrentar alguns temas inéditos, sem prévia jurisprudência, resultando muitas vezes na prolação de decisões antagônicas sobre casos análogos. A insegurança jurídica foi potencializada pela edição de diversos atos normativos que, posteriormente, vieram a ser declarados inconstitucionais, a exemplo da Lei Estadual n. 8.864/2020, do Estado do Rio de Janeiro, que estabeleceu a redução proporcional das mensalidades dos estabelecimentos de ensino da rede particular durante a vigência do estado de calamidade pública (ADI 6448).

Nos momentos extremos, a formação de orientações jurídicas vinculantes é essencial para tranquilizar a sociedade, o que deve ser feito com

---

2 *"Repartir competências compreende compatibilizar interesses para reforçar o federalismo em uma dimensão realmente cooperativa e difusa, rechaçando-se a centralização em um ou outro ente e corroborando para que o funcionamento harmônico das competências legislativas e executivas otimizem os fundamentos (art. 1º) e objetivos (art. 3º) da Constituição da República. Ao construir uma rede interligada de competências, o Estado se compromete a exercê-las para o alcance do bem comum e para a satisfação de direitos fundamentais. (...) Há, no entanto, inegáveis diferenças entre o federalismo da Constituição de 1988 e o das que a antecederam. A primeira e talvez uma das mais fundamentais inovações foi a elevação do município a ente federativo. Como consequência da maior autonomia outorgada pela Carta, também se previu aos municípios um conjunto de competências próprias. Assim, além da distribuição expressa de competências e da competência concorrente, técnicas previstas tanto pela Constituição de 1946, quanto pela Constituição de 1967, o atual Texto previu competências residuais (para os Estados) e locais (para os municípios), competências comuns e competências complementares extensíveis aos municípios (art. 30, II, da Constituição Federal). O conjunto de novos entes e de novas formas de repartição dos poderes tem promovido relações de cooperação e coordenação entre os entes federativos, processo que a doutrina chamou de federalismo cooperativo".* (trecho de decisão proferida no âmbito da ADI 5356 MC, Relator Ministro Edson Fachin, DJe 20.11.2020).

a maior brevidade possível, pois seria inútil fazê-lo após a retomada da normalidade. A resposta do Judiciário deve ser clara e imediata.

O Código de Processo Civil impõe aos tribunais o dever de uniformizar sua jurisprudência, tornando-a estável, íntegra e coerente (CPC, art. 926). Ocorre que o processo decisório que sedimenta a jurisprudência não é imediato, demandando reiterados pronunciamentos dos tribunais sobre determinado tema, no mesmo sentido.[3]

Essa regra não pode ser mera retórica, mas compromisso inquebrantável do bom julgador. Não se pode contemporizar ou transigir com a ideia ultrapassada de liberdade decisória absoluta, a partir de interpretações deturpadas da norma, que, no fundo, ocultam o individualismo jurisdicional, expresso na convicção pessoal e imotivada do juiz. O pensamento jurídico coletivo deve, sempre, preponderar sobre o individual.[4]

Feita essa abordagem introdutória, abordarei alguns temas enfrentados pelo Poder Judiciário, durante a pandemia, envolvendo o ensino superior privado, que é o objeto desta obra.

---

3 *"O dever de uniformidade consiste na obrigação de o tribunal zelar pela segurança jurídica, no sentido da unicidade do direito, de modo a evitar decisões divergentes sobre temas idênticos, seja pela edição de súmulas, seja pela fixação de teses jurídicas de aplicação obrigatória. O dever de estabilidade se materializa na construção de precedentes consistentes, bem fundamentados e de difícil superação, capazes de refletir, com clareza, o pensamento dominante no tribunal acerca de determinado tema. A estabilidade também impõe que o tribunal siga seus próprios precedentes. O dever de integridade exige que a decisão judicial seja fundamentada em precedentes anteriores e princípios constitucionais, em harmonia com o Direito, livre de voluntarismos, discricionariedades e arbitrariedades, conferindo, assim, previsibilidade e credibilidade ao julgamento. Julgar com integridade é respeitar a unicidade do direito. O dever de coerência, finalmente, consiste na observância aos precedentes, ao julgamento uniforme e homogêneo em demandas idênticas, dentro da ideia de igualdade e respeito ao Direito. A coerência repulsa a discricionariedade decisória; a solução antagônica em demandas análogas; a ideia equivocada de que cada juiz pode interpretar o Direito como bem entender. O art. 926 do Código de Processo Civil serve como farol de alerta no exercício da atividade jurisdicional. Lembra que os juízes são órgãos de um mesmo corpo, que somente funcionará se todos atuarem em prol do seu bom funcionamento, de forma harmônica e coletiva, sem individualismos".* (CARVALHO, Luciano Saboia Rinaldi de. Precedentes Judiciais. Revista EMERJ, Rio de Janeiro, v. 21, n. 3, t. 2, p. 344-363, set.-dez., 2019, p. 350)

4 *"Sim, a interpretação do juiz não deve ser servil à literalidade da lei, porque nela influem razões axiológicas inevitáveis no ato de concretizar o preceito abstrato traçado pelo legislador. Para tanto, não violará a lei, mas fiel a ela, desvendar-lhe-á o sentido justo e adequado, em conformidade com preceitos de hermenêutica que o próprio direito consagra. É nesse plano que a moral interfere na aplicação dos preceitos jurídicos. Dá-lhes harmonia e aprimoramento, no rumo de realizar a justiça, sem, entretanto, revogá-los ou desprezá-los. Outorga-lhes mais sentido e maior virtude, tornando-os mais justos e equânimes".* (THEODORO JUNIOR, Humberto. Boa-fé e processo: papel do juiz. Estudos de direito processual civil - Homenagem do Professor Egas Moniz de Aragão/Luiz Guilherme Marinoni, coordenador - São Paulo: editora Revista dos Tribunais, 2005, p.644).

2. Controle de legalidade dos atos administrativos pelo Poder Judiciário – separação de poderes, autocontenção e convencimento motivado das decisões judiciais

A Separação dos Poderes (CF, art. 2º) pressupõe a distribuição da autoridade entre Executivo, Legislativo e Judiciário, propiciando equilíbrio e harmonia nas relações jurídicas e políticas, visando assim um Estado justo e democrático (sistema de freios e contrapesos) e evitando a concentração/abuso de poder.

Nesse particular, o papel do Poder Judiciário se limita ao controle de legalidade dos atos praticados pelos demais poderes, sem invadir o mérito administrativo[5]. Admitir o contrário significaria atribuir ao juiz uma função administrativa que a Constituição Federal jamais lhe conferiu. Logo, uma determinada política pública definida pelo Administrador apenas se sujeitará ao controle jurisdicional em caso de inconstitucionalidade ou ilegalidade, não cabendo ao juiz exercer o exame da conveniência e oportunidade da medida.

Esta premissa torna-se crucial em momentos de colapso social, ratificando o Estado Democrático de Direito e o pacto federativo. O poder deve ser controlado pelo próprio poder (sistema de freios e contrapesos), sem prejuízo da independência e autonomia de cada qual, o que busca impedir excessos e abusos no seu exercício.

O controle de legalidade pelo Poder Judiciário deve ser norteado pelo dever de autocontenção. Como mencionado anteriormente, há muito está superada a ideia de que o juiz pode resolver conflitos a partir de sua convicção pessoal: a fundamentação jurídica idônea é requisito essencial para a validade da decisão. Quando a norma jurídica vai de encontro à opinião pessoal do juiz sobre determinado tema, prevalece a primeira. A decisão idônea emana da interpretação legítima das normas jurídicas e dos elementos carreados aos autos.

Consequentemente, se o Administrador público adota, com base em estudo científico, providências extraordinárias que visem o resguardo da saúde da população, como a paralisação provisória de determinadas ati-

5 *"Como regra geral, descabe ao Judiciário imiscuir-se na formulação ou execução de programas sociais ou econômicos. Entretanto, como tudo no Estado de Direito, as políticas públicas se submetem a controle de constitucionalidade e legalidade. Precedentes do STJ. A autonomia universitária (art. 53 da Lei 9.394/98) é uma das conquistas científico-jurídico-políticas da sociedade contemporânea e, por isso, deve ser prestigiada pelo Judiciário. No seu âmbito, desde que preenchidos os requisitos legais, garante-se às universidades públicas a mais ampla liberdade para a criação de cursos, inclusive por meio da celebração de convênios".* (REsp 1179115/RS, Rel. Ministro HERMAN BENJAMIN, SEGUNDA TURMA, julgado em 11/05/2010, DJe 12/11/2010)

vidades para conter o avanço do vírus (*lockdown*, vedação de aulas presenciais etc.), cabe ao juiz, deparando-se com impugnação judicial do ato administrativo, limitar-se à verificação da constitucionalidade e legalidade da medida, mesmo que, pessoalmente, desaprove a decisão administrativa.

Quando uma decisão administrativa é confrontada perante o Poder Judiciário, impactando toda a coletividade, é vital a utilização dos meios processuais adequados que propiciem uma solução jurídica célere, uniforme e estável.

3. Redução compulsória das mensalidades escolares durante o estado de calamidade pública

A proibição de aulas presenciais durante a pandemia, bem como a (inconstitucional) Lei n. 8.864/2020, do Estado do Rio de Janeiro (e outras similares em vários Estados do país), resultou no ajuizamento de inúmeras ações judiciais objetivando a redução das mensalidades escolares.

Na legislação, configura direito básico do consumidor a modificação das cláusulas contratuais que estabeleçam prestações desproporcionais ou sua revisão em razão de fatos supervenientes que as tornem excessivamente onerosas.[6]

No Código Civil, havendo eventos extraordinários e imprevisíveis em contratos continuados, e que gerem vantagem excessiva de uma parte em detrimento da outra, autoriza-se que o prejudicado postule a resolução do contrato, podendo o beneficiado, para impedi-la, oferecer como opção a modificação equitativa das condições pactuadas. Se as obrigações couberem a apenas uma das partes, esta poderá pleitear a redução da prestação ou alteração do modo de execução, de modo a evitar a onerosidade excessiva.[7]

---

6 CDC, art. 6º São direitos básicos do consumidor:
V - a modificação das cláusulas contratuais que estabeleçam prestações desproporcionais ou sua revisão em razão de fatos supervenientes que as tornem excessivamente onerosas;

7 CC, art. 478. Nos contratos de execução continuada ou diferida, se a prestação de uma das partes se tornar excessivamente onerosa, com extrema vantagem para a outra, em virtude de acontecimentos extraordinários e imprevisíveis, poderá o devedor pedir a resolução do contrato. Os efeitos da sentença que a decretar retroagirão à data da citação.
CC, art. 479. A resolução poderá ser evitada, oferecendo-se o réu a modificar equitativamente as condições do contrato.
CC, art. 480. Se no contrato as obrigações couberem a apenas uma das partes, poderá ela pleitear que a sua prestação seja reduzida, ou alterado o modo de executá-la, a fim de evitar a onerosidade excessiva.

Embora a lei consumerista permita a revisão contratual sem a necessidade de eventos extraordinários e imprevisíveis, é sempre necessária a demonstração do desequilíbrio na relação contratual, gerando a onerosidade excessiva de um contratante.[8]

Na linha de entendimento do Superior Tribunal de Justiça, é possível a revisão dos contratos continuados em razão de fatos supervenientes que desequilibrem as prestações, sendo indispensável a presença da onerosidade excessiva para apenas um dos contratantes.[9]

Portanto, a caracterização da onerosidade excessiva exige a demonstração da vantagem extrema da outra parte e acontecimento imprevisível e extraordinário.[10]

No caso da Covid-19, a solução passa necessariamente pelas particularidades do caso concreto, mediante demonstração da desproporção nas prestações causada por fato superveniente, não bastando a genérica alegação da ocorrência da pandemia para justificar a modificação do contrato.[11]

---

8 Nos termos da jurisprudência do STJ, "a Teoria da Imprevisão como justificativa para a revisão judicial de contratos somente será aplicada quando ficar demonstrada a ocorrência, após o início da vigência do contrato, de evento imprevisível e extraordinário que diga respeito à contratação considerada e que onere excessivamente uma das partes contratantes" (REsp 1.045.951/MA, Rel. Ministro RAUL ARAÚJO, QUARTA TURMA, julgado em 09/03/2017, DJe de 22/03/2017).

9 "A possibilidade de revisão judicial dos contratos de longa duração, com fundamento na teoria da base objetiva, buscando a preservação do vínculo contratual (princípio da estabilidade dos pactos) e o restabelecimento do equilíbrio entre as prestações, afetado por fatos supervenientes que geram uma onerosidade excessiva para um dos contratantes, tem sido aceita, em situações excepcionais, pela jurisprudência desta Corte. Diversamente da teoria da imprevisão, que exige que o fato superveniente seja extraordinário e imprevisível para as partes, a teoria da base objetiva contenta-se que esse fato novo superveniente seja extraordinário e afete diretamente a base objetiva do contrato". (REsp 1321614/SP, Rel. Ministro PAULO DE TARSO SANSEVERINO, Rel. p/ Acórdão Ministro RICARDO VILLAS BÔAS CUEVA, TERCEIRA TURMA, julgado em 16/12/2014, DJe 03/03/2015)

10 Já decidiu o Superior Tribunal de Justiça que tanto a teoria da base objetiva quanto a teoria da imprevisão "demandam fato novo superveniente que seja extraordinário e afete diretamente a base objetiva do contrato" (AgInt no REsp 1.514.093/CE, Rel. Ministro MARCO BUZZI, QUARTA TURMA, DJe de 7/11/2016).

11 AGRAVO DE INSTRUMENTO. AÇÃO DE OBRIGAÇÃO DE FAZER COM PEDIDO DE ANTECIPAÇÃO DE TUTELA. COVID19. CURSO DE MEDICINA DA FUNDAÇÃO TÉCNICO EDUCACIONAL SOUZA MARQUES. DECISÃO AGRAVADA QUE DEFERIU O PEDIDO DE TUTELA PROVISÓRIA DE URGÊNCIA PARA DETERMINAR A REDUÇÃO DO VALOR DAS PARCELAS DA SEMESTRALIDADE EM 30% (TRINTA POR CENTO). REFORMA QUE SE IMPÕE.

1. Pandemia da Covid19 que não pode ser utilizada como fundamento único e exclusivo para justificar a redução no valor das mensalidades escolares com base na onerosidade excessiva, imprevisão ou desproporção no valor das prestações em detrimento do aluno, inclusive em sede de tutela provisória, sendo indispensável a demonstração, ainda que

Em termos gerais, não houve evidência de que as instituições de ensino teriam se beneficiado, sequer minimamente, pela proibição às aulas presenciais. Além da manutenção de custos preexistentes, houve perda de receita e necessidade de investimento em tecnologia para oferecimento de aulas síncronas. Percebeu-se que as instituições de ensino foram obrigadas, em realidade, a aumentar seus investimentos para desenvolver ou aprimorar plataformas tecnológicas para a prestação do serviço educacional na pandemia, inclusive por meio de aulas síncronas, isto num cenário de forte e contínua perda de receita, sobretudo pela inadimplência.

Nesse sentido, a aplicação da teoria da imprevisão ou da base objetiva do contrato exige a existência de fato superveniente ao momento da sua celebração, que gere forte desequilíbrio contratual, favorecendo uma parte e prejudicando a outra. Se, ao contrário, houver prejuízo para ambas as partes, fica impossibilitada a interferência do Poder Judiciário no contrato, devendo ser buscados outros meios para a solução da controvérsia, como mediação ou renegociação direta entre as partes.

4. IRDR e IAC – instrumentos processuais para formação de teses vinculantes no âmbito dos tribunais locais, inclusive para fixação de interpretações provisórias

Como antes mencionado, a pandemia gerou forte judicialização de demandas e, sem parâmetros decisórios anteriores para tão grave contex-

superficial, do impacto negativo sofrido pelo aluno, na esfera econômica e educacional, bem como a demonstração da ocorrência de vantagem excessiva em favor da instituição de ensino em razão da pandemia. 2. Necessidade de comprovação do desequilíbrio contratual por força do evento imprevisível. Aluno que não demonstrou redução na renda bruta familiar, como também não comprovou a redução no oferecimento das aulas e a vantagem excessiva por parte da instituição de ensino por força da pandemia. 3. Legislação que equipara aulas em meios digitais e aulas presenciais durante a pandemia. No caso específico dos cursos de medicina, a legislação autoriza a substituição das disciplinas presenciais em andamento por aulas online para as disciplinas teóricas-cognitivas do primeiro ao quarto ano do curso. 4. Plausibilidade das alegações de que grande parte das atividades prestadas à 1ª agravada é de caráter teórico, por se tratar do 1º ano do curso de medicina, onde ainda está sendo construída a base, para que, posteriormente, seja feito o aprofundamento e que, na retomada das aulas presenciais, caso necessário, o conteúdo prestado de forma online será complementado. Questão que demanda dilação probatória. 5. Ausência dos requisitos do art. 300 do CPC - *fumus boni iuris* e *periculum in mora*, ensejando a revogação da tutela de urgência. 6. Recurso provido. (0045852-47.2020.8.19.0000 - AGRAVO DE INSTRUMENTO - Des. LUCIANO SABOIA RINALDI DE CARVALHO - Julgamento: 09/06/2021 - SÉTIMA CÂMARA CÍVEL)

to social, houve certa instabilidade jurisprudencial sobre temas idênticos, algo compreensível diante da gravidade e excepcionalidade do momento histórico. Por vezes, alunos de uma mesma universidade, de um mesmo curso, obtinham liminares com percentuais distintos na redução das mensalidades, muitas vezes apoiados no fundamento exclusivo da pandemia.

A crise sanitária e econômica que vivenciamos mostrou, em cores nítidas, a importância da uniformização da jurisprudência, o que deve ser feito pelos tribunais com dinamismo, através de teses jurídicas vinculantes, inclusive por meio de interpretações provisórias.

O Código de Processo Civil de 2015 valoriza a sistemática de precedentes judiciais, merecendo destaque a criação do Incidente de Assunção de Competência (IAC) e Incidente de Resolução de Demandas Repetitivas (IRDR), regulados respectivamente nos artigos 947 e 976. Respeitar precedentes significa reduzir litigiosidade, especialmente em ações seriais, repetitivas. O ideal de justiça é incompatível com resultados diferentes para questões idênticas (*'treat like cases alike'*). A criação do IAC e IRDR pelo CPC permite que os tribunais locais compartilhem com os tribunais superiores a missão de formar precedentes de observância obrigatória, com a possibilidade de ensejar segurança jurídica em menor espaço de tempo.

Examino, de forma abreviada, cada um dos institutos. O IAC é admissível quando o julgamento de recurso/remessa necessária/processo de competência originária dos tribunais envolver relevante questão de direito, com grande repercussão social (interesse público relevante) e sem repetição em múltiplos processos. Será proposto pelo relator originário (ou por decisão do órgão colegiado que este integrar), de ofício ou mediante requerimento da parte, ou a pedido do Ministério Público ou Defensoria Pública. Ato contínuo, o julgamento da causa que originou o IAC ocorrerá no órgão de maior composição indicado no regimento interno do respectivo tribunal.[12]

---

12 *"Dado o grau de novidades e mesmo complexidades, evidente que se trata de mais um dispositivo do NCPC que exigirá atenta exegese e sistematização pretoriana, a fim de que ocupe o seu local apropriado, como incidente distinto formador de precedentes. Seja como for, entendemos que a questão, em linhas gerais, está de acordo com as reformulações propostas dentro da órbita do respeito aos precedentes (inclusive decisões relevantes dos Tribunais de segundo grau), representando adequadamente a ratio emergente, de simplificar as exigências procedimentais com a preocupação central em resolver problemas ("a substância acima da forma") e, principalmente, de imprimir maior grau de organicidade ao sistema ("coesão"). Neste sentido, privilegiar-se-iam a segurança jurídica e a certeza em torno de relevantes matérias de direito, a não envolver exclusivamente os integrantes de uma determinada individual demanda judicial"*. (RUBIN, Fernando. Do incidente de assunção de competência. Comen-

Por sua vez, o IRDR possui dois requisitos cumulativos para seu cabimento: a efetiva repetição de processos que contenham controvérsia sobre a mesma questão unicamente de direito e risco de ofensa à isonomia e à segurança jurídica. O pedido de instauração do IRDR deverá ser dirigido diretamente ao Presidente do Tribunal pelo juiz/relator; pelas partes ou pelo Ministério Público ou Defensoria Pública. A exemplo do IAC, será julgado no órgão de maior composição indicado no regimento interno do tribunal, responsável pela uniformização da jurisprudência.[13]

Ocorrendo a admissão do IRDR, poderá ser determinada a suspensão dos processos pendentes que tramitarem na área de jurisdição do tribunal, suspensão essa que não impede o julgador de decidir tutelas provisórias de urgência para evitar a ocorrência de dano irreparável.[14]

Tanto no IAC como no IRDR, a tese jurídica será vinculante, com aplicação em todos os processos, individuais ou coletivos, que tratem da mesma matéria dentro da área de jurisdição do respectivo tribunal, inclusive nos Juizados Especiais, sob pena de ajuizamento da ação de recla-

---

tários ao código de processo civil. Angélica Arruda Alvim, Araken de Assis, Eduardo Arruda Alvim, George Salomão Leite Coords. São Paulo: Saraiva, 2016, p. 1085).

13 *"É necessário que essa controvérsia seja relevante a ponto de implicar risco à isonomia e à segurança jurídica. Normalmente, esse risco se traduz pelo perigo de que, diante da mesma controvérsia a respeito de questão de direito, pessoas recebam tratamento jurisdicional distinto, tratamento esse que comprometa a segurança jurídica. Assim, o simples tratamento diverso da mesma questão de direito por órgãos diferentes não basta, até porque esse em determinado momento é normal, sendo que para solucionar esse problema preveem-se outras técnicas processuais (consistentes na observância dos precedentes ou em outros institutos assemelhados). Para o incidente, é necessário que esse tratamento anti-isonômico repercuta na segurança jurídica, ou seja, no grau de cognoscibilidade, estabilidade e confiança, para a população e para as próprias estruturas judiciais, a respeito de como dada situação será tratada pela Justiça Civil. Por outras palavras, é inevitável que eventualmente instado a pronunciar-se a respeito de uma mesma questão de direito em vários processos, inexistindo precedentes a respeito do assunto, a Justiça Civil produza decisões diferentes. Enquanto isso não afeta a visão de inevitabilidade da resposta jurisdicional única para aquela específica questão de direito, essa divergência é tida como normal, sendo que internormalizada pelo sistema. Todavia, quando essas respostas diferentes importem em risco de que se perca a referência a respeito de qual é a orientação jurisdicional sobre determinada conduta (rectius, sobre a interpretação adequada para determinada questão de direito), aí se terá o risco a isonomia e à segurança jurídica de que fala o artigo 976, II."* (MARINONI, Luiz Guilherme. Novo curso de processo civil: tutela dos direitos mediante procedimento comum, volume 2 / Luiz Guilherme Marinoni, Sérgio Cruz Arenhart, Daniel Mitidiero - 3ª ed. rev., atual. e ampl. - São Paulo: Editora Revista dos Tribunais, 2017, p. 594)

14 CPC, art. 982. Admitido o incidente, o relator:
I - suspenderá os processos pendentes, individuais ou coletivos, que tramitam no Estado ou na região, conforme o caso;
CPC, art. 314. Durante a suspensão é vedado praticar qualquer ato processual, podendo o juiz, todavia, determinar a realização de atos urgentes a fim de evitar dano irreparável, salvo no caso de arguição de impedimento e de suspeição.

mação, cabível para garantir a observância de acórdão proferido em julgamento de incidente de resolução de demandas repetitivas ou de incidente de assunção de competência, dentre outras hipóteses.[15]

A dinâmica da vida moderna, sobretudo os avanços tecnológicos, impõe aos tribunais uma mudança de comportamento nas suas práticas, sobretudo para agilizar o processo decisório. Deparando-se com a judicialização de determinada questão jurídica de maior relevância social, é vital que os tribunais fixem a tese jurídica tão logo possível, estabelecendo a orientação que vinculará juízes e órgãos fracionários. Inclusive no tocante às tutelas de urgência, com definição provisória de teses jurídicas, ainda que seja para fixar parâmetros decisórios temporários antes da decisão final.[16] [17]

---

15 CPC, art. 988. Caberá reclamação da parte interessada ou do Ministério Público para:

I - preservar a competência do tribunal;

II - garantir a autoridade das decisões do tribunal;

III - garantir a observância de enunciado de súmula vinculante e de decisão do Supremo Tribunal Federal em controle concentrado de constitucionalidade;

IV - garantir a observância de acórdão proferido em julgamento de incidente de resolução de demandas repetitivas ou de incidente de assunção de competência;

16 *"Atente-se, pela leitura do 976, que o IRDR é cabível se houver multiplicidade de processos que contenham controvérsia sobre a mesma questão de direito, com risco à isonomia e à segurança jurídica. Logo, não há óbice legal à instauração do IRDR em casos envolvendo tutelas provisórias. Imagine-se que num tribunal haja inúmeras decisões dissonantes sobre a exigibilidade de determinado imposto, mas ainda sem julgamento de mérito. Considerando a existência de decisões concessivas e denegatórias da tutela de urgência, é perfeitamente possível a instauração do IRDR para que se decida sobre a presença, ou não, dos requisitos previstos no artigo 300 em relação ao referido tributo. Em reforço ao argumento, veja-se que o artigo 928, em seu parágrafo único, estabelece que a questão repetitiva, inclusive em IRDR (inciso I), não precisa necessariamente se referir ao mérito da causa, podendo até envolver questão de direito processual. Nesse sentido, não vislumbro a necessidade de cognição exauriente como pressuposto indispensável à instauração do IRDR".* (CARVALHO, Luciano Saboia Rinaldi de. Código de Processo Civil de 2015: Recursos, Tutelas Provisórias, Novos Incidentes e Temas Relevantes. Rio de Janeiro: Lumen Juris, 2017, p. 111)

17 *"Parece possível, ainda, desenvolver uma alternativa, consistente na possibilidade de concessão pelo órgão colegiado, após a admissibilidade, de uma espécie de tutela provisória, conferindo uma 'interpretação provisória da questão de direito processual', que valerá enquanto não resolvido definitivamente o incidente. Caso essa interpretação venha a confirmar-se ao final, não haverá nenhum problema – com a vantagem de os processos não haverem sido sobrestados; caso a interpretação não se confirme ao final, o órgão julgador, na decisão do incidente, fará a modulação dos efeitos da decisão, para preservar os atos praticados com base na 'interpretação provisória' ou, caso se demonstre necessário, ocorrerá a repetição dos atos praticados, agora em conformidade com a nova tese. A lógica é semelhante à da tutela de urgência nos processos de controle concentrado de constitucionalidade, que também são espécies de processo objetivo".* (DIDIER JR., Fredie; TEMER, Sofia. A decisão de organização do Incidente de Resolução de Demandas Repetitivas: importância, conteúdo e o papel do regimento interno do Tribunal. Revista de Processo, v. 258. São Paulo: Editora Revista dos

5. Referências bibliográficas

CARVALHO, Luciano Saboia Rinaldi de. Código de Processo Civil de 2015: Recursos, Tutelas Provisórias, Novos Incidentes e Temas Relevantes. Rio de Janeiro: Lumen Juris, 2017.

_____. Precedentes Judiciais. Revista EMERJ, Rio de Janeiro, v. 21, n. 3, t. 2, p. 344-363, set.-dez., 2019.

DIDIER JR., Fredie; TEMER, Sofia. A decisão de organização do Incidente de Resolução de Demandas Repetitivas: importância, conteúdo e o papel do regimento interno do Tribunal. Revista de Processo, v. 258. São Paulo: Editora Revista dos Tribunais, 2016, pp. 257-278

MARINONI, Luiz Guilherme. Novo curso de processo civil: tutela dos direitos mediante procedimento comum, volume 2 / Luiz Guilherme Marinoni, Sérgio Cruz Arenhart, Daniel Mitidiero - 3ª ed. rev., atual. e ampl. - São Paulo: Editora Revista dos Tribunais, 2017.

MELLO PORTO, José Roberto Sotero. Teoria Geral dos Caos Repetitivos. Rio de Janeiro: GZ Editora, 2018.

RUBIN, Fernando. Do incidente de assunção de competência. Comentários ao código de processo civil. Angélica Arruda Alvim, Araken de Assis, Eduardo Arruda Alvim, George Salomão Leite Coords. São Paulo: Saraiva, 2016.

THEODORO JUNIOR, Humberto. Boa-fé e processo: papel do juiz. Estudos de direito processual civil - Homenagem do Professor Egas Moniz de Aragão/Luiz Guilherme Marinoni, coordenador - São Paulo: editora Revista dos Tribunais, 2005.

Tribunais, 2016, pp. 257-278). *"Não se pode ignorar, contudo, uma possibilidade velada: a concessão de tutela provisória de urgência no incidente, de natureza antecipada, com a fixação de tese provisória, a vincular, nos moldes da decisão final, os órgãos julgadores subordinados ao tribunal. Note-se que, no regramento codificado, há previsão de decisão cautelar, consistente na suspensão dos processos em trâmite. O que ora se advoga é coisa outra. Com efeito, parece inexistir impedimento para a definição provisória de uma tese jurídica, se as circunstâncias assim recomendarem. Cabe ao colegiado inferir se os princípios fundamentadores da técnica são mais prestigiados com a mera suspensão de ações ou se uma tese provisória melhor os homenageará. A relevância desse passo é desautorizar, pela via reflexa, decisões dos juízos naturais dos processos sobrestados contrárias ao entendimento estatuído, brevemente e em cognição sumária."* (MELLO PORTO, José Roberto Sotero. Teoria Geral dos Caos Repetitivos. Rio de Janeiro: GZ Editora, 2018, p.180).

O SISTEMA BRASILEIRO DE PRECEDENTES E A SEGURANÇA JURÍDICA PARA O SETOR DE ENSINO SUPERIOR PRIVADO NO BRASIL

Aluisio Gonçalves de Castro Mendes[1]

SUMÁRIO. 1. Introdução. 2. O Ensino Superior Privado no Brasil. 3. O Sistema Brasileiro de Precedentes. 4. Os Precedentes e a Segurança Jurídica para o Ensino Superior Privado. 5. A Contribuição do Conselho Nacional de Justiça (CNJ) para o Fortalecimento e o Aprimoramento do Sistema Brasileiro de Precedentes. 6. Considerações Finais. 7. Referências.

1. Introdução

A prestação jurisdicional apresentou, durante muitos anos, por certo, uma realidade difícil e complexa. Embora existissem aspectos extremamente positivos, como a estruturação do Poder Judiciário a partir do ingresso na carreira mediante concursos públicos, fortalecendo a sua in-

1 Desembargador Federal do Tribunal Regional Federal da 2ª Região; Professor Titular de Direito Processual Civil na Faculdade de Direito da Universidade do Estado do Rio de Janeiro; Professor Titular de Direito Processual no Programa de Pós-Graduação em Direito da Universidade Estácio de Sá; Bolsista do Programa de Pesquisa e Produtividade da Universidade Estácio de Sá; Professor Titular do Ibmec; Especialista em Direito Processual Civil pela Universidade de Brasília (UnB); Mestre em Direito pela Universidade Federal do Paraná (UFPR); Mestre em Direito pela Johann Wolfgang Universität (Frankfurt am Main, Alemanha); Doutor em Direito pela Universidade Federal do Paraná (UFPR), em doutorado cooperativo com a Johann Wolfgang Universität (Frankfurt am Main, Alemanha); Pós-Doutor em Direito pela Universidade de Regensburg (Alemanha); Diretor do Instituto Brasileiro de Direito Processual (IBDP); Diretor do Instituto Ibero-americano de Direito Processual; Membro da *International Association of Procedural Law*; Membro da Academia Brasileira de Letras Jurídicas (ABLJ).

dependência; a ampliação do acesso à Justiça; a alta produtividade; a publicidade dos atos processuais e o bom funcionamento de tutelas de urgência e de evidência, há notórios problemas, dentre os quais o número elevadíssimo de processos (cerca de cem milhões, para uma população de duzentos milhões), a consequente demora no julgamento dos processos e eventual perda de qualidade na prestação jurisdicional em razão desta desproporção entre o número de julgadores e de processos, bem como a falta de uniformidade das decisões, levando à quebra da isonomia e da segurança jurídica.

A falta de unidade na interpretação das normas pelos órgãos judiciais fez crescer não apenas o número de recursos, mas também a quantidade de demandas ajuizadas. Por que não demandar ou resistir à pretensão, se os tribunais superiores e locais não possuem um entendimento uniformizado, ou se há juízes e tribunais desafiando o posicionamento estabelecido? Esta falta de segurança jurídica chegou a ser denominada de "loteria judiciária", o que expressa, naturalmente, sentido depreciativo para o Poder Judiciário.

Não se pode conceber um sistema judicial que não guarde e tenha coerência, a partir de funções constitucionalmente delimitadas. E os próprios tribunais, de certo modo, foram benevolentes com a indefinição. Conformaram-se, por exemplo, com decisões desencontradas entre órgãos fracionários ou dentro do próprio órgão, sem a busca de uma definição.

Nessa perspectiva, com a edição do Código de Processo Civil de 2015, pode-se dizer que há um sistema de pronunciamentos qualificados definido legalmente. O caráter vinculativo para determinados pronunciamentos judiciais, disposto no artigo 927 do Código Fux, se afigura em conformidade com a ordem constitucional. Mas, não deixa de representar uma ruptura com a cultura e os paradigmas estabelecidos na comunidade jurídica, de que se pode e se deve sempre ajuizar uma demanda, resistir a uma pretensão ou interpor um recurso, ainda que contra o entendimento dos tribunais, não se impondo limites à inconformidade.

No presente trabalho, será abordado como o sistema brasileiro de precedentes pode contribuir para a promoção da segurança jurídica em geral, bem como no setor de ensino superior privado no Brasil.

2. O Ensino Superior Privado no Brasil

Segundo dados da ABMES - Associação Brasileira das Mantenedoras de Ensino Superior[2], o setor privado representa 88,4% das institui-

2 ABMES. *Números do Ensino Superior Privado no Brasil 2020: ano base 2019*. Brasília: ABMES, 2020, p. 7. Disponível em https://abmes.org.br/editora/detalhe/112/numeros-do-ensino-superior-privado-no-brasil-2020. Acesso em 5 jan. 2021.

ções de ensino brasileiras e 94,9% da oferta de vagas na graduação, com mais de 6,3 milhões de alunos e 386.073 docentes.

As instituições de ensino privado[3] atuam na pós-graduação *lato sensu* e *stricto sensu*, na implantação de grupos de pesquisa, na elaboração de projetos de extensão, na criação de novos cursos de graduação e na formulação de cursos de aperfeiçoamento. Para além da adequação de sua atuação às normas regulatórias do setor de ensino superior, há relação contratual com os alunos, prestação de serviços dos mais diversos segmentos, a percepção de verba pública para financiamento estudantil, vínculo trabalhista com docentes e colaboradores administrativos, além de uma vasta gama de relações jurídicas que são diariamente estabelecidas, envolvendo os mais diversos ramos do Direito.

De acordo com a ABMES[4], o número de instituições que atuam no ensino superior privado no Brasil teve um aumento contínuo anual somente a partir de 2016. No ano de 2010, eram 2.100 instituições de Ensino Superior Privado no Brasil, número este que foi reduzido para 2.081 em 2011 e aumentou para 2.112 em 2012. De 2013 a 2015 passou a uma constante redução, sendo, respectivamente, de 2.090 instituições em 2013, 2.070 instituições em 2014 e 2.069 instituições em 2016. No ano de 2016 havia 2.111 instituições de ensino superior, em 2017 2.152, em 2018 2.238 e no ano de 2019 2.306 instituições.

A atratividade de investimentos no setor privado está diretamente relacionada à previsibilidade e à segurança jurídica das distintas relações envolvidas no cenário do Ensino Superior. A fixação de um quadro regulatório transparente e incentivador, acompanhado da construção de posicionamentos judiciais estáveis, claros e coerentes, tal como preceituado no artigo 926 do Código de Processo Civil, é fundamental para o setor.

Nessa perspectiva, o sistema brasileiro de precedentes estabelecido no Código de Processo Civil de 2015 muito poderá contribuir para o aprimoramento da segurança jurídica e, consequentemente, para o desenvolvimento do ensino superior privado no país.

3. O Sistema Brasileiro de Precedentes

Com a edição do Código de Processo Civil de 2015, pode-se dizer que há um sistema de pronunciamentos qualificados, definido legalmen-

3 DURHAM, Eunice R. (Coord.). *As instituições de ensino superior no Brasil:* público e privado. Núcleo de Pesquisas sobre Ensino Superior da Universidade de São Paulo. Disponível em http://www.nupps.usp.br/downloads/docs/dt0303.pdf. Acesso em: 6 jan. 2021.

4 ABMES. *Op. Cit.*, p. 47.

te e que, nestes termos, passam a ter um caráter vinculativo no sentido vertical e horizontal.

As hipóteses elencadas no art. 927 se justificam plenamente[5]. Em primeiro lugar, as decisões do Supremo Tribunal Federal em controle concentrado de constitucionalidade, possuem efeito *erga omnes* e caráter vinculativo para os órgãos judiciais e da Administração Pública, no âmbito federal, estadual e municipal, por determinação da própria Constituição da República, nos termos dos artigos 102, § 1º, e 103-A. Não poderia ser de outra maneira, ainda que não houvesse previsão expressa, porque o controle concentrado serve exatamente para isso, ou seja, se estabelecer uma decisão e segurança jurídica geral, e não apenas em relação às partes, quanto à constitucionalidade ou não da norma questionada. Do contrário, não haveria controle concentrado e abstrato nas ações diretas de constitucionalidade e de inconstitucionalidade.

Do mesmo modo, os enunciados da súmula vinculante do Supremo Tribunal Federal prescindiriam da previsão contida no artigo 927. A sua inserção, portanto, procurou apenas consolidar o sistema, permitindo-se, assim, uma imediata visualização das hipóteses vinculativas.

Mas, o Código pretendeu ir além. O inciso III trata, basicamente, de três institutos: a) recursos repetitivos; b) incidente de resolução de demandas repetitivas, *rectius*: de questões comuns, (IRDR); e incidente de assunção de competência (IAC). Nas duas primeiras, adotou-se uma técnica de concentração, a partir de casos ou questões comuns, respectivamente, com a possibilidade de suspensão dos múltiplos processos que dependam da questão prejudicial pendente de uniformização. Naturalmente, somente farão sentido os dois instrumentos (recursos repetitivos e IRDR), se a decisão proferida de modo concentrado for aplicada aos processos dependentes do pronunciamento estabelecido sobre a questão comum de direito.

Do mesmo modo, o incidente de assunção de competência, nos termos do artigo 947 do CPC, prevê o deslocamento para órgãos mais amplos, que devem ter a competência para a uniformização da jurisprudência, para decidir questão de direito com grande repercussão social ou prevenir, preventivamente, o julgamento divergente por órgãos judiciais de questão que possa se tornar controversa em outros processos no futuro.

No inciso IV, o legislador ampliou a abrangência para os enunciados das respectivas súmulas, desde que versando sobre matéria constitucional, as do Supremo Tribunal Federal, e de matéria infraconstitucional,

---

5 Sobre o tema: MENDES, Aluisio Gonçalves de Castro. *Incidente de Resolução de Demandas Repetitivas:* sistematização, análise e interpretação do novo instituto processual. Rio de Janeiro: Gen/Forense, 2017, p. 97-99.

para as do Superior Tribunal de Justiça, em termos de direito federal. Preservaram-se, assim, as respectivas funções jurisdicionais, procurando-se evitar a possibilidade de dupla vinculação ou de sobreposição de comandos, ainda que, na prática, possa existir certa controvérsia sobre a natureza da matéria sumulada.

Na mesma direção, o inciso V contempla uma uniformidade no posicionamento do Tribunal. Em vários países, esta preocupação chega a se materializar, nos julgamentos colegiados, mediante a divulgação apenas do pronunciamento da corte, não se disponibilizando os votos vencidos. Além da coesão do tribunal, busca-se a adesão dos órgãos fracionários e vinculados, pois a manutenção do entendimento divergente somente iria protrair a duração dos processos, com a necessidade de interposição de recursos, para que se possa efetivar, no caso concreto, o posicionamento já dominante em órgão colegiado mais amplo e representativo do tribunal.

Em relação aos precedentes, é preciso enfatizar algumas características do sistema nacional[6]. O modelo brasileiro de precedentes tem algumas peculiaridades. Podem ser ressaltadas, em dez pontos, as principais características do sistema brasileiro de precedentes, em relação aos que funcionam nos países de *common law*, especialmente no direito norte-americano e inglês:

1) O sistema brasileiro foi legalmente estabelecido, em razão do primado da lei, fixado na Constituição nacional. Nos países do *common law*, o *stare decisis* não foi criado por lei, porque naturalmente concebido que deve ser mantido, nos casos futuros, o que já se encontra fixado em decisões judiciais anteriores. Como se sabe, em termos históricos, o direito possui como base o costume e não as normas escritas, embora, atualmente, também legisle com regularidade, em virtude da recíproca aproximação entre os sistemas. É certo que alguns países possuem normas escritas sobre os precedentes. Na Inglaterra, a *House of Lords* já editava *statements* e hoje a Suprema Corte também o faz. Porém, para o ordenamento pátrio foi importante a previsão legal, afastando ou enfraquecendo a possibilidade de alegação quanto a eventual inconstitucionalidade e, também, deixando o novel instituto dos precedentes mais claro e sistematizado.

   Registre-se que o Código de Processo Civil fixou um sistema de precedentes conjugado com a gestão de julgamento de questões

6 O tema foi tratado em: MENDES, Aluisio Gonçalves de Castro. Jurisprudência e Precedentes no Direito Brasileiro: panorama e perspectivas. *Revista Eletrônica de Direito Processual*, v. 22, 2021, p. 42-52.

comuns ou repetitivas, o que contribui para o melhor funcionamento do sistema judicial. O incidente de resolução de demandas repetitivas (IRDR), por exemplo, pode ensejar a suspensão ou não de demandas que dependam da resolução da questão de direito comum controversa e prejudicial para os denominados "processos paralelos", mas a tese fixada no incidente formado para a uniformização deve ser necessariamente aplicada aos processos individuais em que se discute a questão objeto de anterior controvérsia.

2) O novel instituto processual trabalha, especialmente, com precedentes qualificados, com efeito vinculativo. Não é qualquer precedente. O legislador teve o cuidado de estabelecer alguns procedimentos e hipóteses que levam ao precedente de observância necessária, dentro do rol fixado no artigo 927 do Código de Processo Civil, ao contrário do que ocorre no *common law*. Nos países de direito consuetudinário, qualquer causa pode ensejar o estabelecimento de um precedente. No Brasil, há a necessidade de um determinado procedimento, para que a tese fixada seja fruto de uma divulgação e amadurecimento especial, de modo a ensejar o conhecimento e potencial acompanhamento pelos interessados, com o fortalecimento das possibilidades para o contraditório e o debate sobre as diversas perspectivas e fundamentos, propiciando, em tese, um pronunciamento amplo e profundo pelo respectivo órgão judicial.

3) O legislador indicou também a competência qualificada, para os órgãos colegiados que tenham função uniformizadora no tribunal. É uma diferença. Um precedente em um país de *common law* pode advir de um órgão que julgaria aquela causa, mas não tem uma função precípua para fixar precedentes, a função de uniformizar a matéria. No Brasil, houve essa preocupação, fixando-se, em regra, o plenário, órgão especial ou seções especializadas, como órgãos competentes para a uniformização e fixação da tese a ser seguida pelos demais órgãos.

4) O legislador estabeleceu um procedimento concentrado em torno da identificação de questões controversas e da resolução dessas, com a formulação de teses, para facilitar o entendimento dos julgamentos e das conclusões firmadas. Na Ação Direta de Constitucionalidade (ADC) ou na Ação Direta de Inconstitucionalidade (ADIn) são questões de direito, no incidente de resolução de demandas repetitivas (IRDR) e nos recursos repetitivos também se está diante de uma controvérsia na interpretação de normas jurídicas como uma questão prejudicial para a resolução do mé-

rito ou de impasse processual surgido. Houve a preocupação com a fixação de um procedimento com as garantias necessárias, importantes, para que possa ocorrer a formulação do precedente, a partir de uma análise ampla e profunda pelo órgão judicial.

5) A definição mais precisa e clara em torno do conteúdo do precedente, consubstanciado na tese e, também, na *ratio decidendi*. No sistema brasileiro, a preocupação era a de não se seguir o modelo dos países de *common law*, porque lá só se sabe que há um precedente depois, quando um outro ou o mesmo órgão julgador vai decidir uma questão e verifica um outro caso anterior julgado de determinado modo, aplicando o precedente. Para se descobrir o precedente e a respectiva *ratio decidendi* nem sempre é fácil, porque eles não trazem à baila uma tese dizendo qual era a questão, qual foi a conclusão e quais são as circunstâncias, o sentido objetivo, e isso dificulta. Os profissionais do Direito têm de ler o acórdão e extrair a conclusão, sendo que nem sempre é fácil e há um consenso até na interpretação quanto às conclusões e aspectos essenciais do julgado, trazendo dúvida do alcance, do sentido e do conteúdo do precedente nos países de família consuetudinária.

   No Brasil, preocupou-se com especificação, definição e clareza da questão de direito, desde o início, para que o tribunal a resolva, com a fixação de uma tese objetiva, elencando a conclusão e as circunstâncias em que aquele entendimento deve ser utilizado, porque isso facilita para o juiz, o tribunal, o advogado, a parte e para a sociedade. O objetivo do precedente é a segurança jurídica. É preciso compreender qual é a interpretação firmada, proporcionando isonomia e economia processual.

6) Houve um reforço dos princípios, especialmente no momento ou procedimento utilizado para a definição da interpretação jurídica, com a formulação do precedente. Primeiro, do princípio da publicidade, porque há a necessidade de comunicação, há um rito estabelecido no Código, no artigo 1.037, §8º. As partes dos processos já instaurados e a sociedade, como um todo, devem ser informados, mediante a intimação das partes dos processos denominados como paralelos, ou seja, que dependem e estarão aguardando a resolução da questão de direito controversa. Mas, também a sociedade, pois muitas pessoas podem estar vivenciando conflitos semelhantes, mas ainda não judicializados. Reforçou-se o princípio da ampla defesa porque deve haver um debate em torno da questão, com possibilidade de audiência pública, de *amici cuirae*, de acompanhamento pelos interessados,

etc., em prol da melhor solução possível pelo Judiciário, com a análise dos aspectos jurídicos e econômicos envolvidos.

Os interessados que possuem causas pendentes, já ajuizadas ou que ainda não foram judicializadas, poderão tomar conhecimento e acompanhar. Eventualmente, o advogado poderá colaborar no incidente de resolução de demandas repetitivas (IRDR) ou no recurso repetitivo. Por isso, a preocupação no recurso repetitivo de que não houvesse uma única causa, no mínimo duas, até mesmo três, cinco ou mais, com boas petições para subsidiar os órgãos julgadores.

Do mesmo modo, no incidente de resolução de demandas repetitivas (IRDR), se estabeleceu essa ideia porque há um sistema e há a necessidade de comunicação das partes nos processos que dependem da decisão. Essa comunicação, aparentemente, pela redação, poderia levar ao entendimento de que a intimação é em virtude de eventual suspensão. Na verdade, poderá ser em razão da suspensão, mas não apenas. Pelo contrário, principalmente para que as partes possam acompanhar o instrumento processual de uniformização, até mesmo colaborando, participando, no sentido de apontar e de suprir eventuais deficiências. Se a petição do procedimento repetitivo não é boa, é a oportunidade de a parte peticionar, para a juntada de outras petições, com o fortalecimento da ampla defesa, do contraditório e da participação no procedimento concentrado.

7) A possibilidade de suspensão dos processos para a preservação da isonomia, da segurança jurídica e da eficácia do futuro precedente também é uma medida inovadora. Deve-se evitar a consolidação de situações de quebra da isonomia e, depois, haver a uniformização. Essa suspensão, que pode ser local ou nacional, pode assegurar que a interpretação fixada seja aplicada em todos os casos idênticos ou símiles. A interrupção temporária do trâmite dos processos deve se dar, naturalmente, somente no que diz respeito e dependa da questão a ser uniformizada. Por isso, a suspensão pode ser total ou parcial, se todo o processo depende da questão objeto de afetação para fixação da tese ou se apenas parte dos pedidos está relacionada com a controvérsia de direito a ser pacificada de modo concentrado, com a criação do precedente.

8) Há uma fixação de prioridade e prazo para apreciação dos incidentes de resolução de questões comuns e dos recursos repetitivos, mas que pode ser aplicado também ao incidente de assunção de competência ou mesmo outros procedimentos a ensejar os precedentes, diante de interpretação sistêmica. O prazo de 1 (um) ano pode parecer muito tempo, mas uma causa julgada em

um ano é um tempo razoável. Se houver uma comparação com parâmetros internacionais, talvez seja um lapso muito positivo até em relação a outros países, que demoram até 4 (quatro) anos para julgar em segunda instância. Por que essa comparação? Porque resolvida a questão de direito controversa e fixada a tese muitas vezes se resolve facilmente a demanda em concreto. Se é fixada uma tese que enseja a improcedência de julgamento de pedidos, provavelmente os juízes estarão imediatamente julgando improcedente o que foi pleiteado e encerrando o processo, ainda que possam ser interpostos recursos. Pensando-se em um direito local, a palavra final caberá ao próprio Tribunal de Justiça (TJ). Se for um direito federal, poderá chegar ao Superior Tribunal de Justiça (STJ), ao Tribunal Superior do Trabalho (TST) ou a outro Tribunal Superior, com a interposição do respectivo recurso diretamente em relação à tese fixada, levando-se mais um ano, se cumprido o prazo legal, com um total de 2 (dois) anos, se houver a definição, por exemplo, no Superior Tribunal de Justiça, ou 3 (três) anos, se depender também da apreciação de recurso extraordinário repetitivo pelo Supremo Tribunal Federal (STF). Para isso, é de suma importância a prioridade para a apreciação dos procedimentos previstos no art. 927 do CPC e o cumprimento dos prazos nestes incidentes concentrados.

9) O Código de Processo Civil previu a regulamentação não só da formulação, mas também a da aplicação dos precedentes, o que é positivo e uma inovação do direito brasileiro, em comparação com outros países. Há uma série de hipóteses de estabelecimento de economia processual, com o julgamento a partir dos precedentes, após a fixação da tese. Por exemplo, a tutela da evidência, se houve o acolhimento de uma tese favorável, da qual decorra a procedência do pedido, com a antecipação de efeitos pretendidos, se houver prova documental dos fatos que servem de fundamento para o pedido. Há uma economia, uma solução rápida. Também a improcedência liminar e uma série de regras de economia processual pertinentes.

10) A previsão de regramento para a superação e distinção, ou seja, do *overruling* ou *distinguishing*, expressões que existem no *common law*, mas que se procurou regulamentar no Brasil, inclusive com o procedimento de revisão, de superação das teses.

Em um sistema em construção, a efetivação das normas talvez dependa de alguns aspectos a serem superados. O primeiro é o da cultura. Há, no Brasil, uma praxe decisionista, os juízes estão acostumados a julgar casos concretos, mas os tribunais possuem uma função uniformizadora, que precisa ser assumida e priorizada, em benefício de todos os valores da economia, da isonomia e da segurança jurídica.

Em segundo lugar, há a necessidade de clareza nos julgamentos. Há que se saber o que é a *ratio decidendi* e o *obiter dictum* no julgamento e no precedente, ou seja, as razões da decisão e o que foi somente mencionado de modo secundário, *a latere*, em paralelo ao pronunciamento central. Do mesmo modo, importante se destacar o que foi objeto de acolhimento pelo colegiado e o que fez parte apenas de afirmação individual por um ou alguns julgadores, mas não pela maioria ou integralidade do órgão julgador. A tese tem que estar clara, indicando todos os contornos, em que hipóteses devem ser aplicadas e às vezes podendo ser subdivida em subteses, para especificidades detectadas na complexa realidade.

O Supremo Tribunal Federal (STF) e o Superior Tribunal de Justiça (STJ) já subdividiram várias teses para que a questão ficasse mais clara, abarcando diversas hipóteses analisadas.

Quando há julgamentos colegiados, não se deve priorizar o posicionamento individual do juiz. Se há uma liminar, uma decisão monocrática, não precisa ser levada ao colegiado, mas deve ser prestigiado o entendimento do Tribunal e não o posicionamento pessoal do magistrado.

Por fim, deve ser fortalecida a cultura e a priorização do julgamento de questões de direito comuns e controversas, que estejam afetando a economia dos negócios em larga escala, de modo repetitivo, ensejando insegurança jurídica e paralisação da cadeia produtiva e de serviços.

O legislador optou por priorizar a resolução de questões repetitivas, comuns. Já havia as Ações Diretas de Inconstitucionalidade e de Constitucionalidade, os recursos repetitivos, instrumentos sem o efeito vinculativo e apenas no âmbito dos Tribunais Superiores. No Código de Processo Civil de 2015, estabeleceram-se os precedentes qualificados nos julgamentos concentrados e, com o incidente de resolução de demandas repetitivas (IRDR) e o incidente de assunção de competência (IAC), a possibilidade de afetação destes temas relevantes e que repercutem em centenas, milhares ou milhões de casos. Com isso, foi trazido para o âmbito do segundo e do primeiro grau, a possibilidade de se estabelecer uma certeza sobre as questões polêmicas, com uma prestação jurisdicional melhor, maior rapidez, com uma duração razoável e, também, um Judiciário mais coerente com a realidade contemporânea e uma sociedade mais confiante na solução dos conflitos.

4. Os Precedentes e a Segurança Jurídica para o Ensino Superior Privado

A partir do sistema brasileiro de precedentes pode-se destacar posicionamentos relevantes para as instituições de Ensino Superior Privado.

No âmbito do Supremo Tribunal Federal, tem-se o Tema de Repercussão Geral n. 1.154, sobre a competência da Justiça Federal para processar e julgar causas que versem sobre a expedição de diplomas de instituições de ensino superior privadas. No RE 1.304.964-SP, o Pleno do Supremo Tribunal Federal reafirmou, com eficácia vinculante, em 20 de agosto de 2021, o entendimento de que "*Compete à Justiça Federal processar e julgar feitos em que se discuta controvérsia relativa à expedição de diploma de conclusão de curso superior realizado em instituição privada de ensino que integre o Sistema Federal de Ensino, mesmo que a pretensão se limite ao pagamento de indenização*".

No Superior Tribunal de Justiça também há importantes entendimentos consolidados para as instituições de Ensino Superior Privado.

Quanto ao contrato de financiamento estudantil (FIES), que permite o acesso e a manutenção de muitos alunos no Ensino Superior Privado, no Tema Repetitivo n. 349, discutiu-se a legalidade da exigência de prestação de garantia pessoal (fiador) para a celebração de contrato de financiamento estudantil vinculado ao FIES, tendo sido firmada, no REsp 1.155.684/RN e no REsp 1.150.328/PE, a tese, pela Primeira Seção, que "*É legal a exigência de prestação de garantia pessoal para a celebração de contrato de financiamento estudantil vinculado ao FIES*".

Também referente ao FIES, no Tema Repetitivo n. 350, em que se discutia a legalidade da cobrança de juros capitalizados para a celebração de contrato de financiamento estudantil vinculado ao FIES, no bojo do REsp 1.155.684/RN, a Primeira Seção firmou a tese que "*Em se tratando de crédito educativo, não se admite que sejam os juros capitalizados*".

No Tema Repetitivo n. 584, em que se discutia, com base na Lei de Diretrizes e Bases da Educação, a competência para o julgamento de demandas referentes à existência de obstáculo à obtenção do diploma após a conclusão de curso de ensino a distância, por causa da ausência/obstáculo de credenciamento da instituição de ensino superior pelo Ministério da Educação, a Primeira Seção, no bojo do REsp 1.344.771/PR, firmou a seguinte tese: "*Em se tratando de demanda em que se discute a ausência/obstáculo de credenciamento da instituição de ensino superior pelo Ministério da Educação como condição de expedição de diploma aos estudantes, é inegável a presença de interesse jurídico da União, razão pela qual deve a competência ser atribuída à Justiça Federal, nos termos do art. 109, I, da Constituição Federal de 1988*".

No Tema Repetitivo n. 615, cingia-se a discussão em definir se diploma estrangeiro, expedido em um dos países signatários da Convenção Regional sobre o Reconhecimento de Diploma de Ensino Superior na América Latina e no Caribe, aprovada pelo Decreto Legislativo n. 66/77 e promulgada pelo Decreto Presidencial n. 80.419/77, deve ser registrado automaticamente no país, independentemente de processo de revalidação. No julgamento do REsp 1.215.550/PE, a Primeira Seção definiu que:

> A Convenção Regional sobre o Reconhecimento de Diploma de Ensino Superior na América Latina e no Caribe, aprovada pelo Decreto Legislativo n.º 66/77 e promulgada pelo Decreto Presidencial n.º 80.419/77, possui nítido caráter programático ao determinar que os países signatários criem mecanismos para torná-la efetiva, inexistindo, portanto, determinação específica de reconhecimento automático dos diplomas.
>
> Concluiu-se, no presente julgado, que o Decreto n. 80.419/77:
>
> 1) não foi revogado pelo Decreto n. 3.007/99;
>
> 2) não traz norma específica que vede o procedimento de revalidação dos diplomas que têm respaldo nos artigos 48 e 53, V, da Lei de Diretrizes e Bases da Educação Brasileira.

Considerando, também, que não há vedação legal para que as instituições de Ensino Superior incluam os inadimplentes nos respectivos cadastros, é necessário observar o entendimento firmado sobre o assunto.

No Tema Repetitivo n. 40, enfrentou-se a indenização por danos morais decorrente de inscrição do nome do devedor nos cadastros de restrição ao crédito com ausência de comunicação prévia, em especial nos casos em que o devedor já possua outras inscrições nos cadastros de devedores. A Segunda Seção do Superior Tribunal de Justiça, no REsp 1.062.336/RS e no REsp 1.061.134/RS, fixou a tese que "*A ausência de prévia comunicação ao consumidor da inscrição do seu nome em cadastros de proteção ao crédito, prevista no art. 43, § 2º, do CDC, enseja o direito à compensação por danos morais*".

No Tema Repetitivo n. 41, a Segunda Seção do Superior Tribunal de Justiça, no REsp 1.062.336/RS e no REsp 1.061.134/RS, ao apreciar sobre a indenização por danos morais decorrente de inscrição do nome do devedor nos cadastros de restrição ao crédito com ausência de comunicação prévia, em especial nos casos onde o devedor já possua outras inscrições nos cadastros de devedores, definiu que "*Da anotação irregular em cadastro de proteção ao crédito, não cabe indenização por dano moral, quando preexistente legítima inscrição, ressalvado o direito ao cancelamento*".

No Tema Repetitivo n. 59, discutindo-se sobre a necessidade de comprovação, mediante AR, do recebimento pelo devedor da correspondência mediante a qual ele é cientificado previamente da inscrição de seu nome em cadastros de inadimplentes, a Segunda Seção, no julgamento do REsp 1.083.291/RS, fixou a tese de que "*É dispensável o aviso de recebimento (AR) na carta de comunicação ao consumidor sobre a negativação de seu nome em bancos de dados e cadastros*".

Destaca-se que, após o pagamento do débito, conforme definido no tema Repetitivo n. 735, no julgamento do REsp 1.424.792/BA, "*Diante das regras prevista no Código de Defesa do Consumidor, mesmo havendo regular inscrição do nome devedor em cadastro de órgão de proteção ao crédito, após o integral pagamento da dívida, incumbe ao credor requerer a exclusão do registro desabonador, no prazo de 5 (cinco) dias úteis, a contar do primeiro dia útil subsequente à completa disponibilização de numerário necessário à quitação do débito vencido*".

No Tema Repetitivo n. 922, a Segunda Seção do Superior Tribunal de Justiça enfrentou o debate sobre a "*ocorrência de dano moral indenizável na hipótese de inscrição em cadastro de inadimplentes com base em dívida inexistente, quando preexistente legítima inscrição anterior*". No julgamento do REsp 1.386.424/MG, foi firmada a tese de que "*A inscrição indevida comandada pelo credor em cadastro de inadimplentes, quando preexistente legítima anotação, não enseja indenização por dano moral, ressalvado o direito ao cancelamento. Inteligência da Súmula 385/STJ*".

Os referidos julgamentos, com eficácia vinculante, são apenas um exemplo quanto à necessidade de uniformização, para que a sociedade possa se pautar de acordo com o entendimento firmado nos precedentes. Os tribunais, ao uniformizar controvérsias jurídicas, podem trazer maior segurança jurídica às instituições de ensino superior no Brasil, ainda que em julgamentos favoráveis ou contrários, pois haverá menos imprevisibilidade e pendências jurídicas, permitindo melhor o planejamento e os investimentos.

Nessa perspectiva, para a maior difusão das teses fixadas, passa-se a destacar a atuação do Conselho Nacional de Justiça (CNJ) para o aprimoramento do sistema brasileiro de precedentes e, consequentemente, para a promoção de uma maior segurança jurídica, com repercussão para as instituições privadas de ensino.

5. A Contribuição do Conselho Nacional de Justiça (CNJ) para o Fortalecimento e o Aprimoramento do Sistema Brasileiro de Precedentes[7]

O Conselho Nacional de Justiça, ciente e consciente da importância da jurisprudência e da necessidade de se levantar, analisar e construir

7 O tema foi tratado em MENDES, Aluisio Gonçalves de Castro. O Sistema Brasileiro de Precedentes, o Processo Penal e o Grupo de Trabalho do Conselho Nacional de Justiça para o Fortalecimento dos Precedentes. *In*: Guilherme Madeira; Gustavo Badaró e Rogério Schietti Cruz. (Org.). *Código de Processo Penal*: Estudos Comemorativos aos 80 anos de Vigência. 1ed. São Paulo: Editora RT, 2021, v. 2, p. 713-726.

propostas para o fortalecimento do sistema de precedentes, mediante a Portaria n. 240, de iniciativa do Ministro Presidente Luiz Fux, instituiu Grupo de Trabalho (GT)[8] destinado à elaboração de estudos e de propostas voltadas ao fortalecimento dos precedentes no sistema jurídico.

O Grupo de Trabalho, coordenado pelo Ministro do Superior Tribunal de Justiça (STJ) Joel Ilan Paciornik, encontra-se subdividido em seis Subgrupos, organizados a partir dos seguintes temas: a) Levantamento e tratamento dos precedentes qualificados/vinculativos no âmbito nacional, regional e estadual - Banco Nacional de Precedentes (Banco Nacional de Demandas Repetitivas): denominação, organização e análise das normas pertinentes e utilização de Inteligência Artificial (Subgrupo Dados); b) Publicidade e divulgação dos precedentes para a sociedade e para os órgãos judiciais, envio de e-mails, introdução/replicação nos sis-

8 Nos termos do art. 3º, integram o Grupo de Trabalho: I - Luiz Fernando Tomasi Keppen, Conselheiro do Conselho Nacional de Justiça; II - Candice Lavocat Galvão Jobim, Conselheira do Conselho Nacional de Justiça; III - Maria Cristina Irigoyen Peduzzi, Presidente do Tribunal Superior do Trabalho; IV - Luis Felipe Salomão, Corregedor-Geral da Justiça Eleitoral; V - Benedito Gonçalves, Ministro do Superior Tribunal de Justiça; VI - Ricardo Villas Bôas Cueva, Ministro do Superior Tribunal de Justiça; VII - Paulo Dias de Moura Ribeiro, Ministro do Superior Tribunal de Justiça; VIII - Rogerio Schietti Machado Cruz, Ministro do Superior Tribunal de Justiça; IX - Antonio Saldanha Palheiro, Ministro do Superior Tribunal de Justiça; X - Joel Ilan Paciornik, Ministro do Superior Tribunal de Justiça, que o coordenará; XI - Bruno Dantas Nascimento, Ministro do Tribunal de Contas da União; XII - Pedro Cesar Nunes Ferreira Marques de Sousa, Ministro de Estado Chefe da Secretaria-Geral da Presidência da República e Subchefe para Assuntos Jurídicos da Secretaria-Geral da Presidência da República; XIII - Aluisio Gonçalves de Castro Mendes, Desembargador do Tribunal Regional Federal da 2ª Região; XIV - Luciano Sabóia Rinaldi de Carvalho, Desembargador do Tribunal de Justiça do Estado do Rio de Janeiro; XV - Renata Gil de Alcantara Videira, Juíza de Direito do Tribunal de Justiça do Estado do Rio de Janeiro e Presidente da Associação dos Magistrados Brasileiros; XVI - Ana Lúcia Andrade de Aguiar, Juíza Auxiliar da Presidência do Conselho Nacional de Justiça; XVII - Anderson de Paiva Gabriel, Juiz Auxiliar da Presidência do Conselho Nacional de Justiça; XVIII - Daniel Marchionatti Barbosa, Juiz Auxiliar da Corregedoria Nacional de Justiça; XIX - Daniela Pereira Madeira, Juíza Federal da Seção Judiciária do Rio de Janeiro (TRF 2ª); XX - Márcia Correia Holanda, Juíza de Direito do Tribunal de Justiça do Estado do Rio de Janeiro; XXI - Humberto Dalla Bernardina de Pinho, Promotor de Justiça do Ministério Público do Estado do Rio de Janeiro; XXII - Marcelo Ornellas Marchiori, Secretário de Gestão de Precedentes no Supremo Tribunal Federal; XXIII - José Roberto Mello Porto, Defensor Público do Estado do Rio de Janeiro; XXIV - Fernanda Marinela Sousa Santos, Conselheira Federal da Ordem dos Advogados do Brasil; XXV - Teresa Arruda Alvim, Advogada; XXVI-Humberto Theodoro Júnior, Advogado; XXVII - Luciano Benetti Timm, Advogado; XXVIII - Flávio Pansieri, Advogado Fundador da Academia Brasileira de Direito Constitucional; XXIX - Alexandre Reis Siqueira Freire, Professor e Secretário de Altos Estudos e Pesquisas no Supremo Tribunal Federal; e XXX - Maria Lucia Paternostro Rodrigues, Assessora-Chefe do Núcleo de Gerenciamento de Precedentes e de Ações Coletivas do Superior Tribunal de Justiça.

temas, organização, acesso e busca dos precedentes, comunicação e links entre os sites dos tribunais e outras instituições (análise de unificação ou separação em relação ao tópico acima) (Subgrupo Comunicação); c) Pesquisa, monitorização e análise do funcionamento do sistema de precedentes estabelecido pelo CPC-2015, a partir da sua produção, para que se possa efetuar uma análise quantitativa, qualitativa e comparativa entre os tribunais, com a divulgação e ampliação de boas práticas, bem como a detecção de possibilidades de aprimoramento (exemplo: tribunais regionais ou estaduais com uma boa prática ou que não vêm cumprindo a respectiva função uniformizadora, considerando-se os números de incidentes suscitados e admitidos). Interação com os núcleos de inteligência e órgãos de pesquisa, para que sejam eventualmente estabelecidas orientações, recomendações e determinações para os tribunais (Subgrupo Produção de Precedentes); d) Observância dos precedentes: levantamento e análise de dados relacionados à efetividade no cumprimento dos precedentes vinculativos, com o estabelecimento de diálogos e propostas, no âmbito de normas, atividades e recomendações, de modo a instar o funcionamento a contento do sistema, em termos de seguimento horizontal e vertical pelos órgãos judiciais, bem como o eventual papel correcional a ser desempenhado (Subgrupo Observância); e) Levantamento, análise, revisão e propostas normativas, especialmente no âmbito das resoluções, regimentos e atos normativos do Conselho Nacional de Justiça (CNJ) e dos tribunais. Exemplos: i) revisão, para verificação quanto à necessidade de atualização, das resoluções pertinentes aos precedentes, como a dos Núcleos de Gerenciamento dos Precedentes (NUGEPs), e de normas pertinentes aos regimentos internos dos tribunais, como a necessidade ou não de fixação de prazo para a admissibilidade de incidentes, como o IRDR (Subgrupo Normas); e f) Técnicas de elaboração e conteúdo dos precedentes. Questões jurídicas, temas, teses, *ratio decidendi*, circunstâncias essenciais e acidentais, padronização, etc. (Subgrupo Técnicas de Produção).

Por certo, após a entrada em vigor das normas pertinentes ao sistema brasileiro de precedentes, a etapa subsequente passou a ser a de criação e aperfeiçoamento das condições para que a realidade seja modificada, com a utilização e a otimização da inovação no dia a dia. Para tanto, a integração tecnológica construída a partir da interoperabilidade dos sistemas de informática dos tribunais, com a construção de bancos de precedentes em cada tribunal, em todos os ramos do Judiciário, como base para a existência de um Banco Nacional de Precedentes completo e bem organizado.

Outra importante iniciativa é a correlação entre os precedentes e a legislação. Nesse sentido, há que se avançar com o primoroso trabalho que vem sendo realizado pela Subchefia para Assuntos Jurídicos da Secretaria-Geral da Presidência da República, sob a condução do Ministro Pedro Cesar Nunes Ferreira Marques de Sousa. A iniciativa de se introduzir a jurisprudência e os precedentes relacionados com as respectivas normas, de modo a fornecer imediata e diretamente a interpretação dada pelos tribunais, por certo, é um marco fundamental para o fortalecimento dos precedentes no Brasil.

O Conselho Nacional de Justiça pretende realizar uma verdadeira cruzada em favor dos precedentes, facilitando e organizando melhor o acesso a estes por parte da sociedade e, em especial, pelos sujeitos processuais, dentre os quais os magistrados, de modo que estes entendam, cada vez mais, a importância da uniformização das questões de direito controversas e a sua observância por todos, de modo vertical e horizontal, o que trará uma maior segurança jurídica para toda a sociedade, incluindo as instituições de ensino superior privado no Brasil e todos os segmentos que precisam de um cenário mais estável para a alocação de investimentos, em prol do desenvolvimento, da qualificação e da educação no país.

6. Considerações Finais

As instituições de ensino superior privado no Brasil estão em contínua expansão desde o ano de 2016 e representam quase 95% das ofertas de vaga de ensino superior no país.

Estas instituições estão envolvidas com diversas relações jurídicas para a consecução de suas atividades e a construção de posicionamentos judiciais íntegros, estáveis e coerentes, tal como preceituado no artigo 926 do Código de Processo Civil, é fundamental para o setor.

O sistema de precedentes vinculantes estabelecido pelo Código de Processo Civil de 2015 já contribui para o tema, mas a atuação do Conselho Nacional de Justiça vem sendo fundamental para o fortalecimento dos precedentes no Brasil.

7. Referências

ABMES. Números do Ensino Superior Privado no Brasil 2020: ano base 2019. Brasília: ABMES, 2020. Disponível em https://abmes.org.br/editora/detalhe/112/numeros-do-ensino-superior-privado-no-brasil-2020. Acesso em 5 jan. 2021.

DURHAM, Eunice R. (Coord.). *As instituições de ensino superior no Brasil:* público e privado. Núcleo de Pesquisas sobre Ensino Superior da Universidade de São Paulo. Disponível em http://www.nupps.usp.br/downloads/docs/dt0303.pdf. Acesso em 6 jan. 2021.

MENDES, Aluisio Gonçalves de Castro. *Incidente de Resolução de Demandas Repetitivas*: sistematização, análise e interpretação do novo instituto processual. Rio de Janeiro: Gen/Forense, 2017.

______. Jurisprudência e Precedentes no Direito Brasileiro: panorama e perspectivas. *Revista Eletrônica de Direito Processual*, v. 22, 2021, p. 42-52.

______. O Sistema Brasileiro de Precedentes, o Processo Penal e o Grupo de Trabalho do Conselho Nacional de Justiça para o Fortalecimento dos Precedentes. *In*: Guilherme Madeira; Gustavo Badaró e Rogério Schietti Cruz. (Org.). *Código de Processo Penal*: Estudos Comemorativos aos 80 anos de Vigência. 1ed.São Paulo: Editora RT, 2021, v. 2, p. 713-726.

______; MARINONI, Luiz Guilherme; ALVIM, Teresa Arruda. *Direito jurisprudencial*. Volume II. São Paulo: Revista dos Tribunais, 2014.

______; PORTO, José Roberto Mello. *Incidente de Assunção de Competência*. 2.ed. Rio de Janeiro: GZ, 2021.

______; ______. *Incidente de Resolução de Demandas Repetitivas*: Panorama e perspectivas. Salvador: Juspodivm, 2020.

PONDERAÇÃO DE PRINCÍPIOS JURÍDICOS NOS CONFLITOS ENTRE ALUNOS E INSTITUIÇÕES DE ENSINO

Adriana Astuto[1]
Andre Gondinho[2]

I. Introdução

O economista britânico Sir Arthur Lewis, ganhador do Prêmio Nobel de Economia em 1979, pelos seus estudos sobre o desenvolvimento econômico e pela construção de um novo modelo descritivo das relações comerciais entre os países menos e mais desenvolvidos, afirmou certa vez que *"educação nunca foi despesa, sempre foi investimento com retorno garantido"*.

De fato, o investimento em educação, seja pelo Poder Público, seja pelo particular, é fundamental para o desenvolvimento social e cresci-

1 Advogada formada pela UERJ e com ampla experiência em litígios no Setor de Educação. Membro da Comissão de Arbitragem do ICC Brasil - Comitê Brasileiro, da Associação Latino-Americana de Arbitragem - ALARB, do Comitê Brasileiro de Arbitragem - CBAR e do Instituto Brasileiro de Direito da Construção - IBDiC.

2 Advogado, Mestre e Doutor em Direito Civil pela UERJ. Mestre em Administração pela Alliance Manchester Business School.

mento econômico com redução de inequidades de renda. Exemplo sempre mencionado desta assertiva, a Coreia do Sul em poucas décadas deixou e ser um país pobre, com renda per capita menor que a brasileira, para se tornar um país com alto índice de desenvolvimento humano e polo de tecnologia, em vista da adoção de um modelo educacional de longo prazo.

A par disso, as transformações cada vez mais aceleradas do conhecimento e das relações sociais e econômicas desta primeira quadra do século XXI, torna a educação ferramenta ainda mais essencial para se acompanhar e, sobretudo, navegar entre as mudanças.

Neste contexto, a evolução dos próprios métodos educacionais é outro fenômeno que acompanha a vertiginosa transformação pela qual que a sociedade passou no último século, com a globalização, a internet e, mais recentemente, a grande imersão do ser humano no mundo virtual, notadamente nas redes sociais.

O exponencial aumento do acesso à informação e ao conhecimento - nunca tão difundido e acessível - veio acompanhado também do acesso à educação, com novos métodos de ensino, desde a educação infantil até a pós-graduação *stricto sensu*.

Independentemente do cenário de pandemia de Covid-19 e isolamento social enfrentado pela sociedade desde o início de 2020, as ferramentas de ensino vêm se desenvolvendo e evoluindo bastante ao longo das últimas décadas, com alterações nas metodologias de ensino e nos currículos. Além disso, houve a introdução e utilização cada vez maior de ferramentas tecnológicas digitais que permitem o ensino de forma remota, ampliando e difundindo o conhecimento para um número cada vez maior de pessoas.

Outro fator que contribui para este cenário é a mudança no perfil dos estudantes, atualmente demandantes do uso de novas tecnologias em termos de aprendizado[3], de modo que as instituições de ensino precisam se reinventar para acompanhar tais mudanças e, assim, atender às necessidades dos estudantes.

Como se sabe, muitas disciplinas dos cursos superiores apresentam carga horária teórica e prática, variando a divisão de acordo com cada disciplina. No que tange à carga horária prática, há aulas que possuem objetivos de aprendizagem para o desenvolvimento de habilidades cognitivas e/ou brandas e, portanto, que podem ser prestadas parcial ou integralmente por meio das inúmeras ferramentas tecnológicas disponíveis.

---

3 https://valor.globo.com/carreira/noticia/2020/11/26/jovens-medicos-querem-mais-tecnologia-no-ensino-da-medicina.ghtml

Outras, porém, possuem objetivos de aprendizagem voltados ao desenvolvimento de habilidades psicomotoras (técnico e procedimentais), razão pela qual demandam as tradicionais aulas práticas presenciais.

Por exemplo, na aula de anatomia - talvez o exemplo clássico da faculdade de medicina -, na maior parte das faculdades de medicina brasileira, já não mais se utiliza cadáveres para dissecção e aprendizagem sobre o corpo humano, como notoriamente se conhece (ou se conhecia). Atualmente, há uma série de ferramentas tecnológicas que funcionam como verdadeiros laboratórios virtuais para o ensino anatômico, possibilitando a visualização e o estudo de imagens médicas para dissecção e estudo da anatomia humana, contendo atlas anatômico (com os sistemas humanos completos), cadáver virtual, imagens médicas e histologia.

Nesse contexto, a relação (contratual) havida entre o aluno e a instituição de ensino vem sofrendo os efeitos das referidas transformações e evolução dos métodos de ensino, o que implica no potencial surgimento de novos (modernos) conflitos.

No presente artigo, contextualizamos brevemente a legislação aplicável, para tratar, em seguida, do equilíbrio da relação entre aluno e instituição de ensino. Assim, o presente artigo analisa a ponderação dos princípios jurídicos aplicáveis para a solução dos conflitos (princípios da livre iniciativa, da defesa do consumidor e da autonomia universitária), bem como a teoria da base objetiva e revisão das obrigações contratuais.

II. A legislação aplicável ao ensino privado

A Constituição Federal estabeleceu a educação como direito de todos e dever do Estado, que pode ser prestada tanto pelo Poder Público, por meio das instituições públicas, quanto pelas entidades privadas de ensino, na forma do art. 206, III da Constituição Federal[4].

O art. 209 da Constituição Federal reforça a garantia constitucional de existência das entidades privadas de ensino, ao prever que o ensino é livre à iniciativa privada, atendidas determinadas condições, que incluem a observância e o cumprimento das normas gerais da educação nacional, além da autorização e avaliação de qualidade pelo Poder Público[5]. Trata-se, aqui, de um desdobramento do princípio da livre iniciati-

4 *"Art. 206. O ensino será ministrado com base nos seguintes princípios:* [...]
III - pluralismo de ideias e de concepções pedagógicas, e coexistência de instituições públicas e privadas de ensino"

5 *"Art. 209. O ensino é livre à iniciativa privada, atendidas as seguintes condições:*
I - cumprimento das normas gerais da educação nacional;
II - autorização e avaliação de qualidade pelo Poder Público".

va, uma vez que "*ainda que o Estado tivesse recursos suficientes para atender toda a demanda, a liberdade de educação ensejaria também a liberdade das entidades privadas de ofertarem o serviço*"[6].

Neste contexto, ao dispor sobre a possibilidade de exploração do serviço pela iniciativa privada, a Lei de Diretrizes e Bases da Educação, Lei n. 9.394/1996, elenca, ao lado dos requisitos já indicados no art. 206 da Constituição Federal, a "*capacidade de autofinanciamento, ressalvado o previsto no art. 213 da Constituição Federal*", na forma de seu art. 7º, III[7].

Depreende-se, da inclusão do referido dispositivo legal, que o legislador ordinário se preocupou em prever, de antemão, que a instituição de ensino privada deverá buscar, por conta própria, a sua fonte de custeio, uma vez que os recursos públicos devem ser exclusivamente destinados às escolas públicas e, excepcionalmente, às instituições de ensino privadas sem fins lucrativos, na forma do art. 213 da Constituição Federal[8].

Ante tal orientação normativa, não se deve cogitar de fonte de custeio mais básica - e imprescindível - que o pagamento das anuidades pelos alunos matriculados nas instituições de ensino privadas, tema que é objeto da Lei n. 9.870/1999, a Lei das Anuidades Escolares.

E é justamente a partir da fixação e cobrança das anuidades escolares que surgem as maiores controvérsias, entre o estudante, na qualidade de consumidor dos serviços de educação, e a instituição de ensino, na qualidade de prestadora desses serviços.

III. Princípios jurídicos aplicáveis na relação aluno e instituições de ensino

A experiência prática nos litígios da área da educação mostra que as principais questões levadas à apreciação do Poder Judiciário, no que se refere à relação jurídica entre o consumidor-estudante e a instituição de ensino-prestadora, dizem respeito ao valor pago a título de mensalidade, incluindo a concessão de bolsas e o seu reajuste.

---

6 CANOTILHO, J.J. Gomes; MENDES, Gilmar Ferreira; SARLET, Ingo Wolfgang; STRECK, Lenio Luiz. *Comentários à Constituição do Brasil*. 2. ed. - São Paulo: Saraiva Educação, 2017, p. 3610.

7 "*Art. 7º O ensino é livre à iniciativa privada, atendidas as seguintes condições:*
I - cumprimento das normas gerais da educação nacional e do respectivo sistema de ensino;
II - autorização de funcionamento e avaliação de qualidade pelo Poder Público;
III - capacidade de autofinanciamento, ressalvado o previsto no art. 213 da Constituição Federal".

8 "Art. 213. Os recursos públicos serão destinados às escolas públicas, podendo ser dirigidos a escolas comunitárias, confessionais ou filantrópicas, definidas em lei, que: [...]"

Ante a eclosão da pandemia de Covid-19, atualmente se encontra igualmente em voga a questão atinente à revisão contratual com fundamento na teoria da base objetiva, tendo sido ajuizadas incontáveis ações judiciais individuais e outras muitas ações coletivas patrocinadas pela Defensoria Pública, pelo Ministério Público e por associações de estudantes.

Tais questões devem ser analisadas - e os conflitos dirimidos - à luz dos princípios que regem essa relação, notadamente os princípios da livre iniciativa, da defesa do consumidor e da autonomia universitária.

Embora haja sempre dúvidas quanto ao alcance normativo dos princípios jurídicos, notadamente na capacidade de aplicação direta e imediata em relações jurídicas, é fato que o pós-positivismo reconheceu a eficácia e normatividade dos mesmos[9], ultrapassando a noção de regras meramente programáticas, típica da fase juspositiva, para alçar os princípios para uma dimensão objetiva e concretizadora de direitos.

O reconhecimento da normatividade dos princípios jurídicos e constitucionais, na fase pós-positivista, se deveu ao trabalho de valorosos juristas, sendo de se registrar a repercussão internacional das obras de RONALD DWORKIN[10] e ROBERT ALEXY[11]. Mas também outros juristas contribuíram para a afirmação normativa dos princípios jurídicos, a exemplo de JEAN BOULANGER, que foi um dos primeiros a defender, embora ainda timidamente, a possibilidade de os princípios, igualmente às regras jurídicas, regerem condutas e servirem de fundamentação à solução de um conflito de interesse[12]. A sua vez, JOSEF ESSER, em clás-

---

9 NEGREIROS, Teresa. *Fundamentos para uma Interpretação Constitucional do Princípio da Boa-Fé*. Renovar, 1998, p. 146: "*No contexto pós-positivista, caracterizado pela abertura do sistema jurídico, os princípios passam a ser aplicados prioritariamente às normas específicas, pois que, segundo tal estruturação sistemática, eles são precisamente a ponte entre o sistema social e o sistema jurídico, e não mais apenas um recurso de manutenção do sistema como um sistema fechado, completo e avalorativo*".

10 DWORKIN, Ronald. *Taking Rights Seriously,* Havard University Press, 1978. Sobre a importância da obra de DWORKIN, vale colacionar o comentário autorizado de PAULO BONAVIDES, em textual: "É na idade do pós-positivismo que tanto a doutrina do Direito Natural como a do velho positivismo ortodoxo vêm abaixo, sofrendo golpes profundos e crítica lacerante, provenientes de uma reação intelectual implacável, capitaneada sobretudo por *DWORKIN, jurista de Harvard. Sua obra tem valiosamente contribuído para traçar e caracterizar o ângulo novo de normatividade definitiva reconhecida aos princípios*" (BONAVIDES, Paulo. *Curso de Direito Constitucional.*10ª ed. São Paulo: Malheiros, 1996, p. 237).

11 ALEXY, Robert. *Teoría de los Derechos Fundamentales,* Centro de Estudios Políticos y Constitucionales, Madrid, 1993.

12 BOULANGER, Jean. *Principes Généraux du Droit et Droit Positif,* in *Le Droit Privé Français au Milieu du Xxe. Siècle, Études offertes à Georges Ripert,* t. I, Paris, 1950, p. 66 e 67: "*Uma vez afirmados e aplicados na jurisprudência, os princípios são os materiais graças aos quais pode a doutrina edificar, com segurança, construções jurídicas. No sentido em que*

sica e conhecida obra[13], aprofunda os estudos classificatórios sobre os variados tipos de princípios jurídicos e caminha adiante do positivismo ao reconhecer que os princípios jurídicos podem, pela via interpretativa da atuação jurisprudencial, servir de ponto de partida para a solução de uma controvérsia judicial[14]. Deve-se destacar também a contribuição de VEZIO CRISAFULLI, que de acordo com PAULO BONAVIDES[15], *"pertence à classe de juristas que mais contribuíram para consolidar a doutrina da normatividade dos princípios"*. CRISAFULLI entende e defende que um princípio, esteja ele positivado ou não em um determinado dispositivo legal (podendo, assim, também estar meramente implícito no ordenamento), constitui norma jurídica, aplicável, portanto, como regra para reger condutas[16].

Na relação entre alunos-consumidores e instituições de ensino-prestadoras destacam-se, dentre os princípios aplicáveis, a livre iniciativa, a defesa do consumidor e a autonomia universitária.

III.1. Princípio da Livre Iniciativa

A livre iniciativa é prevista constitucionalmente, em caráter dúplice: como fundamento da República Federativa do Brasil (art. 1º, IV, da Constituição Federal[17]) e como fundamento da ordem econômica (art. 170, *caput*, da Constituição Federal[18]).

Conforme ensina José Afonso da Silva, a livre iniciativa *"é certamente o princípio básico do liberalismo econômico"*[19], tendo surgido no contex-

---

nós entendemos o termo, que não peca por excesso de precisão, as construções jurídicas têm os princípios por armadura (...). Os princípios existem, ainda que não se exprimam ou não se reflitam em textos de lei. Mas a jurisprudência se limita a declará-los; ela não os cria. O enunciado de um princípio não escrito é manifestação do espírito de uma legislação".

13 ESSER, Josef. *Principio y Norma en la elaboración jurisprudencial del Derecho Privado,* Casa Editorial Bosch, Barcelona, p. 196.

14 Sobre o tema, ESSER, Josef, obra citada, notadamente o capítulo V.

15 BONAVIDES, Paulo. Obra citada, p. 244.

16 CRISAFULLI, Vezio. *La Costituzione e le sue Disposizioni di Principio*, Milão, 1952, pp. 15 e 16.

17 *"Art. 1º A República Federativa do Brasil, formada pela união indissolúvel dos Estados e Municípios e do Distrito Federal, constitui-se em Estado Democrático de Direito e tem como fundamentos:*
IV – os valores sociais do trabalho e da livre iniciativa".

18 *"Art. 170. A ordem econômica, fundada na valorização do trabalho humano e na livre iniciativa, tem por fim assegurar a todos existência digna, conforme os ditames da justiça social, observados os seguintes princípios* [...]".

19 SILVA, José Afonso. *Curso de Direito Constitucional Positivo*. 38. ed. São Paulo: Malheiros Editores, 2015, p. 808.

to da batalha travada entre os agentes econômicos frente às limitações à liberdade econômica impostas durante o período feudal e o mercantilismo, garantindo aos particulares o livre exercício de qualquer atividade econômica, independentemente de autorização dos órgãos públicos, salvo as exceções legais.

No caso das instituições de ensino, tem-se que o relevantíssimo serviço educacional prestado se enquadra no conceito de serviço público não privativo, conforme já decidido pelo Supremo Tribunal Federal: *"os serviços de educação, sejam os prestados pelo Estado, sejam os prestados por particulares, configuram serviço público não privativo, podendo ser prestados pelo setor privado independentemente de concessão, permissão ou autorização"*. Desse modo, *"tratando-se de serviço público, incumbe às entidades educacionais particulares, na sua prestação, rigorosamente acatar as normas gerais de educação nacional e as dispostas pelo Estado-membro, no exercício de competência legislativa suplementar (§ 2º do ar. 24 da Constituição do Brasil)"*[20].

Além disso, ainda no âmbito da livre iniciativa, mostra especial relevo a autonomia privada, que garante liberdade às instituições de ensino para fixarem os termos dos respectivos contratos de prestação de serviços educacionais, ainda que no âmbito dos contratos de adesão, desde que observados os limites da função social do contrato, na forma do art. 421 do Código Civil[21], e os direitos dos alunos consumidores.

III.2. Princípio da Defesa do Consumidor

Sabe-se que, para se fazer incidir o Código de Defesa do Consumidor em determinada relação jurídica deve-se enquadrar as partes dessa relação nos conceitos legais de consumidor e fornecedor.

Nesse sentido, o art. 2º do Código de Defesa do Consumidor (Lei n. 8.078/1990) determina que *"consumidor é toda pessoa física ou jurídica que adquire ou utiliza produto ou serviço como destinatário final"*. Desse modo, o Código de Defesa do Consumidor optou por adotar critério de caráter exclusivamente econômico, levando-se em consideração, nas palavras de Ada Pellegrini Grinover, *"o personagem que no mercado de consumo adquire bens ou então contrata a prestação de serviços, como destinatário final, pressupondo-se que assim age com vistas ao atendimento de uma necessidade própria e não para o desenvolvimento de uma outra atividade negocial"*[22].

20 STF, ADI 1266, Min. Rel. Eros Grau, Tribunal Pleno, j. 06.04.2005, DJe. 23.09.2005.

21 *"Art. 421. A liberdade contratual será exercida nos limites da função social do contrato. Parágrafo único. Nas relações contratuais privadas, prevalecerão o princípio da intervenção mínima e a excepcionalidade da revisão contratual"*.

22 GRINOVER, Ada Pellegrini. *Código brasileiro de defesa do consumidor*: comentado

Não há dúvidas de que os alunos de instituições de ensino privado são pessoas físicas que utilizam o serviço educacional como destinatário, enquadrando-se, portanto, no conceito de consumidor.

Por seu turno, o art. 3º do Código de Defesa do Consumidor define fornecedor como "*toda pessoa física ou jurídica, pública ou privada, nacional ou estrangeira, bem como os entes despersonalizados, que desenvolvem atividade de produção, montagem, criação, construção, transformação, importação, exportação, distribuição ou comercialização de produtos ou prestação de serviços*".

De igual modo, as instituições de ensino privado se amoldam ao conceito de fornecedor, uma vez que prestam serviço educacional ao mercado de consumo.

Inegável, portanto, a incidência do Código de Defesa do Consumidor às relações jurídicas existentes entre os alunos e as instituições de ensino, na forma do pacífico entendimento jurisprudencial do Superior Tribunal de Justiça: "*O contrato de prestação de serviços educacionais está sujeito às disposições contidas no Código de Defesa do Consumidor (CDC). O estudante é um consumidor de serviços educacionais. A universidade, por sua vez, deve prestar seus serviços na forma contratada, oferecendo salas de aula, professores e conteúdo didático-científico adequados ao bom desenvolvimento do curso universitário*"[23].

Ultrapassada a questão atinente à aplicação do Código de Defesa do Consumidor nessa relação jurídica, é válido destacar que a Constituição Federal estabeleceu, entre os princípios gerais da ordem econômica, a defesa do consumidor, na forma de seu art. 170, V[24]. Há que se destacar, aqui, que a Constituição Federal adotou o regime de livre-iniciativa, sendo lícito, a quem quer que seja, empreender algum negócio - inclusive na área da educação - desde que observados os limites constitucionais e legais, incluindo, nessas limitações, a observância dos direitos dos consumidores[25].

E essa limitação se dá por uma simples razão: "*livre mercado composto de consumidores e fornecedores tem, na ponta do consumo, o elemento fraco de sua formação, pois o consumidor é reconhecidamente vulnerável*

---

pelos autores do anteprojeto. 10. ed. revista, atualizada e reformulada - Rio de Janeiro: Forense, 2011, p. 23.

23 STJ, REsp n. 1.155.866/RS, Min. Rel. Ricardo Villas Bôas Cueva, Terceira Turma, j. 10.02.2015.

24 "*Art. 170. A ordem econômica, fundada na valorização do trabalho humano e na livre iniciativa, tem por fim assegurar a todos existência digna, conforme os ditames da justiça social, observados os seguintes princípios:* [...]
V - defesa do consumidor".

25 CANOTILHO, p. 3.359.

como receptor dos modelos de produção unilateralmente definidos e impostos pelo fornecedor"[26]. Desse modo, *"a questão não é, pois – como às vezes a doutra apresenta –, de ordem econômica ou financeira, mas técnica: o consumidor é mero expectador no espetáculo da produção"*[27].

Percebe-se, portanto, que a legislação se preocupou em estabelecer que o risco da atividade empresarial é do empreendedor, não podendo ser transferido ao consumidor-aluno: *"quem corre risco ao produzir produtos e serviços é o fornecedor, jamais o consumidor"*[28].

Nesse contexto, guarda especial relevo para as instituições de ensino, no âmbito do Código de Defesa do Consumidor, as disposições que (a) vedam a imposição de cláusulas abusivas nos contratos de prestação de serviços educacionais, na forma do art. 6º, IV[29]; (b) vedam o reajuste das mensalidades, com base em índice ou fórmula distinto do previsto legal ou contratualmente, na forma do art. 39, XIII[30]; e (c) permitem a revisão das obrigações previstas no contrato, em razão de fatos supervenientes que as tornarem excessivamente onerosas, na forma do art. 6º, V[31].

III.3. Princípio da Autonomia Universitária

Conforme exposto, ao disciplinar a educação privada, a Constituição Federal previu (a) a coexistência de instituições públicas e privadas de ensino (art. 206, III); (b) a liberdade de atuação da iniciativa privada no setor de educação, apenas monitorada pelo Poder Público por meio da autorização, da fiscalização e da sujeição aos ditames da política educacional nacional (art. 209); e (c) a autonomia didático-científica, administrativa e de gestão financeira e patrimonial das universidades (art. 207), como corolário do princípio do pluralismo de ideias e de concepções pedagógicas (art. 206, III); dentre outras disposições que dão maior autonomia às entidades particulares de ensino superior.

26 Ibid., p. 3.361.

27 Ibid., p. 3.361/3.362.

28 Ibid., p. 3.362.

29 *"Art. 6º São direitos básicos do consumidor:*
IV – a proteção contra a publicidade enganosa e abusiva, métodos comerciais coercitivos ou desleais, bem como contra práticas e cláusulas abusivas ou impostas no fornecimento de produtos e serviços".

30 *"Art. 39. É vedado ao fornecedor de produtos ou serviços, dentre outras práticas abusivas:*
[...]
XIII – aplicar fórmula ou índice de reajuste diverso do legal ou contratualmente estabelecido".

31 *"Art. 6º São direitos básicos do consumidor:*
V – a modificação das cláusulas contratuais que estabeleçam prestações desproporcionais ou sua revisão em razão de fatos supervenientes que as tornem excessivamente onerosas".

É indiscutível a autonomia didático-pedagógica conferida às instituições de ensino privadas, que podem estabelecer seu sistema de ensino, o modo de ministrar o seu curso, legitimando-as a cobrar a mensalidade nos moldes em que entender adequado, em obediência à legislação de regência, consoante determinam os incisos I e II do artigo 53 da Lei de Diretrizes e Base da Educação[32] e os artigos 1, caput e § 5; 5 e 6, § 1, estes da Lei das Anuidades Escolares[33].

Tais dispositivos vão muito além de estabelecer apenas a autorização para cobrança de anuidades ou semestralidades, pois regulamentam a autonomia das instituições de ensino superior, permitindo-lhes organizarem o sistema de ensino, bem como estabelecerem o respectivo regime de cobrança. Também preveem que o aluno não terá direito à renovação da matrícula quando inadimplente, bem como o direito da instituição de ensino de desligar o aluno inadimplente ao final do semestre, quando adotado o regime didático semestral.

Como é notório, o pagamento regular e pontual das mensalidades nada mais é do que a contraprestação (obrigação contratual), assumida pelo aluno, aos serviços educacionais prestados pelas instituições de ensino, sendo pressuposto para que tenha direito à prestação dos mesmos, sob pena de rompimento do contrato e cancelamento da prestação. Em verdade, as mensalidades são um parcelamento, autorizado pela lei, das anuidades ou semestralidades estipuladas em contrato, de modo a viabilizar a prestação do serviço de ensino e facilitar o pagamento por parte dos alunos.

Portanto, as instituições de ensino privadas sobrevivem e são geridas com seus próprios recursos, auferidos pela contraprestação - pagamento das mensalidades - dos discentes.

---

32 Art. 53. No exercício de sua autonomia, são asseguradas às universidades, sem prejuízo de outras, as seguintes atribuições: I - criar, organizar e extinguir, em sua sede, cursos e programas de educação superior previstos nesta Lei, obedecendo às normas gerais da União e, quando for o caso, do respectivo sistema de ensino; II - fixar os currículos dos seus cursos e programas, observadas as diretrizes gerais pertinentes.

33 Art. 1. O valor das anuidades ou das semestralidades escolares do ensino pré-escolar, fundamental, médio e superior, será contratado, nos termos desta Lei, no ato da matrícula ou da sua renovação, entre o estabelecimento de ensino e o aluno, o pai do aluno ou o responsável.

Art. 1. § 5. O valor total, anual ou semestral, apurado na forma dos parágrafos precedentes terá vigência por um ano e será dividido em doze ou seis parcelas mensais iguais.

Art. 5. Os alunos já matriculados, salvo quando inadimplentes, terão direito à renovação das matrículas, observado o calendário escolar da instituição, o regimento da escola ou cláusula contratual.

Art. 6. § 1. O desligamento do aluno por inadimplência somente poderá ocorrer ao final do ano letivo ou, no ensino superior, ao final do semestre letivo quando a instituição adotar o regime didático semestral.

Nesse sentido, a intervenção estatal na atividade econômica deve ser sempre subsidiária e excepcional, nos termos do artigo 2º, I e III, da Lei 13.874/2019, a Lei da Liberdade Econômica, com vistas a tão apenas reprimir abuso do poder econômico que vise à dominação dos mercados, à eliminação da concorrência e ao aumento arbitrário dos lucros, conforme art. 173, § 4º, da Constituição Federal. Logo, entendemos que não cabe ao Poder Judiciário definir o sistema de cobrança das mensalidades ou seu valor, tampouco suspendê-lo ou reduzi-lo.

Cabe destacar, contudo, que o Superior Tribunal de Justiça já decidiu que a autonomia universitária não pode ser encarada como norma de caráter absoluto, encontrando limites nos outros princípios, e nas demais normas aplicáveis: "*não parece possível agasalhar sob o rótulo da autonomia universitária toda e qualquer prática que afete a relação contratual entre o aluno e a entidade privada que fornece os serviços educacionais*"[34]. Assim, o princípio da autonomia universitária deve ser ponderado quando em conflito com outros princípios, em especial o princípio da defesa do consumidor, como será analisado no item seguinte.

IV. Ponderação dos princípios na resolução dos conflitos entre alunos-consumidores e instituições de ensino-prestadoras

Como cediço, as regras diferenciam-se dos princípios, pois são aplicáveis na forma "tudo-ou-nada". Isto é, ou a regra é válida, e o fato se encontra subsumido à regra, e, portanto, deve ser integralmente aplicada, ou a regra é inaplicável, também por completo.

Nas palavras de DWORKIN, "*se duas regras entram em conflito, uma delas não pode ser válida. A decisão de saber qual delas é válida e qual deve ser abandonada ou reformulada, deve ser tomada recorrendo-se a considerações que estão além das próprias regras*"[35], questão que se resolve por meio dos critérios para solução de antinomias jurídicas (cronológico, especialidade e hierárquico). Por outro lado, os princípios devem ser objeto de ponderação[36], levando-se em consideração, dentre outros critérios, a sua dimensão do peso ou importância[37].

---

34 STJ, REsp n. 1.306.179/MG, Min. Rel. Herman Benjamin, Segunda Turma, j. 06.12.2012.

35 DWORKIN, Ronald. Obra citada, p. 39.

36 Entende-se por ponderação a técnica pela qual se busca estabelecer, em um determinado caso concreto, a importância particular de cada princípio jurídico que em tese poderia disciplinar aquela situação, para, então, se aplicar o mais relevante e se afastar os demais. Trata-se, é de superlativa importância que se consigne, de uma técnica de solu-

Tal entendimento já foi objeto de análise anterior por parte de um dos coautores deste artigo, a saber:

> "Nesse contexto, segundo ALEXY, os princípios se distinguem das regras, porquanto o conflito de regras se resolve através de uma cláusula de exceção (superioridade de hierarquia, posteridade ou especificidade), que soluciona o conflito através da invalidação de uma das regras; as colisões entre princípios se resolvem pelo mecanismo da ponderação, através da qual, em determinadas circunstâncias, um princípio cede ao outro, sendo certo que, em outras situações, o princípio cedente pode prevalecer sobre aquele que havia preponderado. Também DWORKIN esclarece que um princípio, aplicável, em tese, a um determinado caso, se não prevalecer neste caso, poderá, em outro caso que envolva outras circunstâncias, ser utilizado de maneira decisiva. Em um conflito de regras, a seu turno, não se pode dizer que uma regra é mais importante que outra, a solução não se dá em vista do peso axiológico das regras envolvidas. Assim, enquanto os conflitos de regras se resolvem na dimensão de validade; a colisão entre princípios jurídicos perpassa a dimensão de validade e vai se resolver mediante a análise, no e para o caso concreto, do peso e do valor de cada um dos princípios envolvidos. Nesse sentido, vale reiterar a teoria de DWORKIN, repetida por ALEXY, segundo a qual as regras são aplicáveis ao modo de tudo ou nada (an all or nothing); isto é, se ocorrerem os fatos previstos em seu enunciado normativo, então, a regra será válida e aplicável, sendo impositivo que o efeito jurídico pela regra estabelecido seja aceito e operante; ao contrário, se não houver correspondência entre o fato previsto na regra e o fato social, a regra nada contribuirá para a decisão."[38]

Portanto, para a solução dos litígios envolvendo os alunos-consumidores e as instituições de ensino prestadoras guarda especial relevância os já citados princípios da defesa do consumidor, da livre iniciativa e da autonomia universitária, que devem ser objeto de ponderação, no caso concreto levado à apreciação do Poder Judiciário, a fim de obter a melhor solução possível, atendendo-se aos ditames da justiça.

IV.1. Livre Iniciativa das Instituições de Ensino para Fixação de Preços e Concessão de Bolsas

Dentre os principais desdobramentos do princípio da livre iniciativa para o setor de ensino, destaca-se a liberdade das instituições de ensino

---

ção de um conflito principiológico para um determinado caso concreto, pois não há um critério ou mecanismo jurídico que possa estabelecer, *a priori* e em abstrato, a supremacia de um princípio jurídico sobre o outro.

37 Ibid., p. 42.

38 GONDINHO, André Osório. *Direito Constitucional dos Contratos* - Rio de Janeiro: Editora Quartier Latin, 2010, pp. 56 e 57.

para fixar a contraprestação pelos serviços prestados (isto é, as anuidades escolares), no patamar que lhes aprouver. Nesse sentido, já decidiu o Supremo Tribunal Federal, ao julgar inconstitucional a intervenção do Estado na fixação de preço de ente privado:

> *"CONSTITUCIONAL. ECONÔMICO. INTERVENÇÃO ESTATAL NA ECONOMIA: REGULAMENTAÇÃO E REGULAÇÃO DE SETORES ECONÔMICOS: NORMAS DE INTERVENÇÃO. LIBERDADE DE INICIATIVA. CF, art. 1º, IV; art. 170. CF, art. 37, § 6º.*
>
> *I. - A intervenção estatal na economia, e diante regulamentação e regulação de setores econômicos, faz-se com respeito aos princípios e fundamentos da Ordem Econômica. CF, art. 170. O princípio da livre iniciativa é fundamento da República e da Ordem econômica: CF, art. 1º, IV; art. 170.*
>
> *II. - **Fixação de preços em valores abaixo da realidade e em desconformidade com a legislação aplicável ao setor: empecilho ao livre exercício da atividade econômica, com desrespeito ao princípio da livre iniciativa.***
>
> *III. - Contrato celebrado com instituição privada para o estabelecimento de levantamentos que serviriam de embasamento para a fixação dos preços, nos termos da lei. Todavia, a fixação dos preços acabou realizada em valores inferiores. Essa conduta gerou danos patrimoniais ao agente econômico, vale dizer, à recorrente: obrigação de indenizar por parte do poder público. CF, art. 37, § 6º [...]"*[39].

No que concerne aos critérios para a eventual concessão de bolsas de estudos, os tribunais pátrios já se manifestaram no sentido da incidência do princípio da autonomia universitária, que garante, às instituições de ensino, a autonomia para fixar critérios para concessão de bolsas de estudos - se assim desejar: "*impossibilidade de imposição da concessão de bolsa de estudos à autora. Necessidade de observância da autonomia da instituição de ensino e, por consequência, dos critérios adotados pela requerida para concessão de bolsas parciais e/ou totais*"[40].

Com efeito, concordamos que cabe às instituições de ensino fixarem o preço pelos serviços prestados, assim como os critérios, se for o caso, para a aplicação de eventuais bolsas e descontos, não cabendo ao Poder Judiciário se imiscuir nessa questão, sob pena de grave violação ao princípio da livre iniciativa.

---

39 STF, RE n. 422.941/DF, Min. Rel. Carlos Velloso, Segunda Turma, DJe. 24.03.2006.

40 TJSP, Apelação n. 1003672-40.2015.8.26.0077, Des. Rel. José Augusto Genofre Martins, 31ª Câmara de Direito Privado, j. 13.03.2018.

IV.2. Teoria da Base Objetiva e Revisão das Obrigações Contratuais

O Código de Defesa do Consumidor adotou, no art. 6º, V[41], a teoria da quebra da base objetiva do negócio jurídico para permitir a revisão contratual por onerosidade excessiva, exigindo que fato superveniente afete diretamente - isto é, rompa - a base objetiva do contrato.

A ideia subjacente da teoria encampada pelo Código de Defesa do Consumidor é que não se justifica a execução de um contrato em circunstâncias totalmente modificadas. Nas palavras de Ada Pellegrini Grinover, "*fica ainda definitivamente consagrada entre nós a cláusula* rebus sic stantibus, *implícita em qualquer contrato, sobretudo nos que impuserem ao consumidor obrigações iníquas ou excessivamente onerosas*"[42]. Ou seja, não poderia ser considerado cumprimento do sentido do contrato, se em moldes totalmente diversos dos inicialmente pactuados, justamente por se estar a cumprir outro contrato, diferente do originário.

Na teoria da base objetiva do negócio jurídico não interessa se o fato posterior era imprevisível, mas sim se o fato superveniente alterou objetivamente as bases pelas quais as partes contrataram. Assim, o desequilíbrio que torna abusivo o contrato passa-se no campo dos direitos e das obrigações derivados do contrato. É o equilíbrio normativo do contrato que o Código de Defesa do Consumidor pretende defender, ou seja, aquele entre as respectivas posições jurídicas dos contratantes.

A título de exemplo, a pandemia da Covid-19 representou evento superveniente e de caráter extraordinário, afetando diversos setores da economia mundial, incluindo a prestação dos serviços de educação, em decorrência da paralisação mandatória das atividades presenciais, a fim de atender às medidas de isolamento social impostas pelo Poder Público. Além disso, a eclosão da pandemia igualmente afetou a renda de boa parte da população, incluindo alunos e respectivos responsáveis financeiros.

Desde o início da pandemia, foram ajuizadas milhares de ações judiciais individuais e coletivas ao redor do país, pleiteando a revisão (reequilíbrio econômico-financeiro) do contrato de prestação de serviços educacionais, por meio de drástica redução das mensalidades, com base na suposta quebra da base objetiva do contrato, em decorrência dos efeitos da pandemia.

---

41 "*Art. 6º São direitos básicos do consumidor:*
V - a modificação das cláusulas contratuais que estabeleçam prestações desproporcionais ou sua revisão em razão de fatos supervenientes que as tornem excessivamente onerosas".

42 GRINOVER, p. 156.

Os autores dessas demandas alegavam, em linhas gerais, que estaria configurada a onerosidade excessiva em virtude da substituição temporária das aulas presenciais por aulas remotas - ante as medidas de distanciamento social impostas pelo Poder Público -, pois o serviço educacional estaria sendo executado de modo diverso àquele contratado, sem que tivesse havido readequação das mensalidades.

Não obstante tais argumentos, os tribunais brasileiros vêm consolidando jurisprudência refutando essa tese, com o que concordamos, especialmente por considerar inocorrente onerosidade excessiva que admita a revisão contratual com a redução das mensalidades, nos casos em que as instituições de ensino continuaram regularmente a ministrar as suas aulas e atividades, ainda que de forma remota (online) e ao vivo nas plataformas virtuais adquiridas ou desenvolvidas para tanto. Tem-se entendido que não estão as instituições de ensino a obter qualquer vantagem com a suspensão das aulas presenciais em seus espaços físicos, mormente quando continuam arcando com seus custos fixos, sobretudo folha salarial e aluguéis.

O recente julgamento das arguições de descumprimento de preceito fundamental (ADPFs) n. 706 e 713 pelo Supremo Tribunal Federal sacramentou a questão. O Plenário do Supremo Tribunal Federal decidiu ser inconstitucional qualquer decisão judicial que tenha imposto descontos lineares sem considerar as peculiaridades de cada contrato individualmente analisado, as especificidades de cada instituição de ensino e os efeitos da crise para ambas as partes contratantes. A seguinte tese foi fixada:

> "*afirmar a inconstitucionalidade das interpretações judiciais que, unicamente fundamentadas na eclosão da pandemia da Covid-19 e no respectivo efeito de transposição de aulas presenciais para ambientes virtuais, determinam às instituições de ensino superior a concessão de descontos lineares nas contraprestações dos contratos educacionais, sem considerar as peculiaridades dos efeitos da crise pandêmica em ambas as partes contratuais envolvidas na lide* [...]"

Entendeu o Supremo Tribunal Federal que o conteúdo de tais decisões, sob o pretexto de defesa do direito dos consumidores, violou frontalmente os preceitos fundamentais inerentes à livre iniciativa e à autonomia universitária, a provocar a negação da Constituição Federal e grave comprometimento da ordem e da segurança jurídica.

Considerou-se violada a livre iniciativa dada a interferência em todos os contratos de modo linear, geral e abstrato, desconsiderando-se as peculiaridades de cada caso concreto, sem que se pudesse verificar a real ocorrência de abusividade ou desequilíbrio contratual, e com base em mera presunção de prejuízo aos alunos-consumidores, e de benefício exagerado às instituições de ensino-prestadoras.

Igualmente, o Plenário do Supremo Tribunal Federal concluiu ter sido violada a autonomia universitária, na sua vertente de gestão financeira e administrativa, pois a imposição de descontos lineares nas mensalidades obsta a autonomia das instituições de ensino superior de gerir seus contratos educacionais e de realizar eventuais negociações com os alunos-consumidores, de acordo com a peculiaridade de cada instituição de ensino, aluno e curso.

V. Considerações finais

O objetivo deste artigo foi suscitar o debate sobre a calibragem da delicada relação entre aluno-consumidor e instituição de ensino-prestadora, tendo sido explorados alguns dos principais princípios que regem essa relação, especialmente os princípios da livre iniciativa, da defesa do consumidor e da autonomia universitária.

Procuramos demonstrar que os princípios jurídicos de proteção do consumidor devem ser ponderados com os princípios de regência da prestação de serviços educacionais. Mesmo porque o objetivo da legislação consumerista não é, nem poderia ser, estimular inadimplência e permitir a rescisão de contratos sem a observância dos requisitos legais.

Bem por isso, tratamos da importância da harmonização dos interesses dos participantes dessa relação e a compatibilização da proteção do consumidor-aluno com a necessidade de desenvolvimento econômico e tecnológico, de modo a viabilizar os princípios nos quais se funda a ordem econômica, sempre com base na boa-fé e equilíbrio nas relações.

A nosso sentir, por fim, é possível concluir que, em muitos casos, a calibragem dessa relação tem sido traçada, com significativo grau de acerto, pela jurisprudência.

VI. Referências bibliográficas

ALEXY, Robert. Teoría de los Derechos Fundamentales, Centro de Estudios Políticos y Constitucionales, Madrid, 1993.

BONAVIDES, Paulo. Curso de Direito Constitucional.10ª ed. São Paulo: Malheiros, 1996.

BOULANGER, Jean. Principes Généraux du Droit et Droit Positif, in Le Droit Privé Français au Milieu du Xxe. Siècle, Études offertes à Georges Ripert, t. I, Paris, 1950

CANOTILHO, J.J. Gomes; MENDES, Gilmar Ferreira; SARLET, Ingo Wolfgang; STRECK, Lenio Luiz. Comentários à Constituição do Brasil. 2. ed. - São Paulo: Saraiva Educação, 2017.

CRISAFULLI, Vezio. La Costituzione e le sue Disposizioni di Principio,

Milão, 1952

DWORKIN, Taking Rights Seriously, Havard University Press, 1978.

ESSER, Josef. Principio y Norma en la elaboración jurisprudencial del Derecho Privado, Casa Editorial Bosch, Barcelona.

GONDINHO, Andre Osorio. Direito Constitucional dos Contratos - Rio de Janeiro: Editora Quartier Latin, 2010.

GRINOVER, Ada Pellegrini. Código brasileiro de defesa do consumidor: comentado pelos autores do anteprojeto. 10. ed. revista, atualizada e reformulada - Rio de Janeiro: Forense, 2011.

MELLO, Celso Antônio Bandeira. Curso de Direito Administrativo. 30. ed. São Paulo: Malheiros Editores, 2013.

NEGREIROS, Teresa. Fundamentos para uma Interpretação Constitucional do Princípio da Boa-Fé. Renovar, 1998.

SILVA, José Afonso. Curso de Direito Constitucional Positivo. 38. ed. São Paulo: Malheiros Editores, 2015.

A PERSISTÊNCIA DA INSEGURANÇA EM MATÉRIA DE DESPEDIDA COLETIVA OU DISPENSA EM MASSA: O SETOR EDUCACIONAL EM FOCO

Marcus de Oliveira Kaufmann[1]

SUMÁRIO: 1. O Debate no Supremo Tribunal Federal; - 2. O Debate no Tribunal Superior do Trabalho e Repercussões da Decisão do STF: Problematização e Consequências; - 3. Algumas Especificidades do Setor Educacional; - 4. Referências Bibliográficas

1. O Debate no Supremo Tribunal Federal

Enquanto esse trabalho se desenvolvia, o Supremo Tribunal Federal (STF), após muitos adiamentos no julgamento de mérito e completando 6 (seis) anos de tramitação desde que a repercussão geral da questão constitucional fora reconhecida por decisão do Ministro Marco Aurélio em 2016, teve a oportunidade, em sessão plenária realizada em 8 de junho de 2022, de apreciar o tema n. 638 da tabela de repercussão geral.

Na ocasião, procedeu-se ao julgamento do precedente encartado no Recurso Extraordinário (RE) n. 999.435, mais conhecido como o "Precedente Embraer" ou "Caso Embraer", o *leading case* da questão jurídica discutida no referido tema n. 638, anterior ao próprio advento do art. 477-A da CLT.

1 Doutor e Mestre em Direito pela Pontifícia Universidade Católica de São Paulo (PUC-SP). Bacharel em Direito pela Faculdade de Direito da Universidade de Brasília (UnB). Membro Efetivo do Instituto Brasileiro de Direito Social Cesarino Júnior (IBDSCJ). Advogado em Brasília/DF.

Na sessão de julgamentos, portanto, ocorrida, no Pleno do STF, em 8 de junho de 2022, a certidão de julgamento gerada foi do seguinte teor:

> "O Tribunal, por maioria, apreciando o tema 638 da repercussão geral, negou provimento ao recurso extraordinário, vencidos os Ministros Marco Aurélio (Relator), Nunes Marques e Gilmar Mendes. Por maioria, foi fixada a seguinte tese: '*A intervenção sindical prévia é exigência procedimental imprescindível para a dispensa em massa de trabalhadores, que não se confunde com autorização prévia por parte da entidade sindical ou celebração de convenção ou acordo coletivo*', vencidos, em parte, os Ministros Ricardo Lewandowski, Edson Fachin e Rosa Weber. Nesta assentada, o Ministro Alexandre de Moraes reajustou seu voto para acompanhar a divergência. O Ministro André Mendonça, sucessor do Ministro Marco Aurélio, não votou no mérito, mas proferiu voto quanto à tese de repercussão geral. Redigirá o acórdão o Ministro Edson Fachin. Impedido o Ministro Luiz Fux (Presidente). Presidiu o julgamento a Ministra Rosa Weber (Vice-Presidente). Plenário, 8.6.2022."

A despeito da frágil finalização do debate constitucional, com a consagração do juízo supremo, no tema n. 638, no sentido de que a "*intervenção sindical prévia é exigência procedimento imprescindível para a dispensa em massa de trabalhadores, que não se confunde com autorização prévia por parte da entidade sindical ou celebração de convenção ou acordo coletivo*" (destacamos), há de se crer que o futuro dos debates, no Judiciário Trabalhista, apenas relevarão a fragilidade do debate posto quando realizado o exercício de subsunção dos fatos em litígio a esse enunciado interpretativo.

Isso porque, da forma como exposta a situação e julgado o mérito do Tema n. 638, a discussão de direito ainda está muito ruidosa, muito acalorada, tormentosa, o que avulta a ansiedade e a insegurança em torno de uma resposta para as questões processuais que surgem porque, não há dúvidas, a matéria é de enorme repercussão social e gerará efeitos em, praticamente, todos os setores econômicos[2], inclusive para as demandas surgidas após o advento do art. 477-A da CLT.

---

2 Em especial em empresas da citricultura, ramo financeiro, estabelecimentos particulares de ensino superior, aviação civil, sempre muito envolvidas nesse tipo de conflito e figurando como rés em ações coletivas. Algumas, como estabelecimentos de ensino, são até processadas, coletivamente, de forma regular, anualmente, nos meses de julho ou dezembro/janeiro, quando, por normas coletivas, são autorizadas a contratar e a dispensar professores e se torna fácil a tese da dispensa coletiva, ainda mais porque o direito positivo, no Brasil, não possui parâmetros objetivos de identificação do fenômeno (por quantidade de empregados dispensados, por percentual fixado em comparação com o número total de empregados ou em dado estabelecimento ou na empresa como um todo, por mensurações na arrecadação tributária de dada comunidade, no impacto na cadeia produtiva, etc.).

Obviamente, o resultado do julgamento do STF no "Precedente Embraer" e no âmbito do sistema da repercussão geral gerará efeitos na sistemática do controle concentrado de constitucionalidade, mais propriamente na Ação Direta de Inconstitucionalidade (ADIn) n. 6.142, em que se debate a (in)constitucionalidade do art. 477-A da CLT, além da do art. 855-B, *caput* e § 2º, da CLT.

A ADIn n. 6.142, ajuizada pela Confederação Nacional dos Trabalhadores Metalúrgicos (CNTM), está sob a relatoria do Ministro Edson Fachin sem qualquer previsão de julgamento ou, mesmo, de andamento, uma vez conclusa ao relator desde março de 2021, deliberadamente aguardando o resultado, quer-se crer, do "Precedente Embraer" e, agora, quiçá, da publicação do acórdão, ainda não ocorrida, no precedente do tema n. 638.

2. O debate no Tribunal Superior do Trabalho e repercussões da decisão do STF: problematização e consequências

Ao menos até a proclamação do resultado no tema n. 638 da tabela de repercussão geral do STF, também é sabido que, desde o julgamento do "Precedente Embraer" pela Seção Especializada em Dissídios Coletivos do Tribunal Superior do Trabalho (SDC/TST), o tribunal trabalhista vinha adotando, para quaisquer julgamentos, a premissa de que a negociação coletiva é imprescindível para a efetivação de uma dispensa em massa ou despedida coletiva.

E os julgamentos, em volume muito alto, eram assim processados entre 2009 e 2017. Com a "Reforma Trabalhista", e todas as discussões havidas em torno do art. 477-A da CLT, muitos dos dissídios individuais e coletivos que surgiram antes de 2017 tiveram seu processamento, perante o TST, retardado pela natural beligerância surgida entre a tese fixada no "Precedente Embraer", em 2009, pela SDC/TST e a tese fixada na teleologia do art. 477-A da CLT.

Por algum tempo, quer dissídios individuais, quer ações coletivas sobre dispensas coletivas, foram apreciados sob a vertente processual, para o desprovimento de recursos de agravo de instrumento em sua maior parte. Mantinham-se decisões condenatórias de Tribunais Regionais do Trabalho não porque o TST adentrasse o mérito para respaldar aquelas decisões, mas porque as novas reformas processuais, com as mudanças em torno do processamento de recursos de revista, eclodiram, com maior verve, a tradição em torno de uma "jurisprudência defensiva", o que também impactou o trâmite de feitos sobre dispensa coletiva, mesmo aqueles anteriores à vigência do art. 477-A da CLT.

Nos primeiros tempos após a "Reforma Trabalhista", o máximo que o TST avançou, em termos processuais, mas em matéria atinente à dispensa coletiva, foi rever o posicionamento que, no passado, havia sido admitido pela SDC/TST para legitimar o uso, um tanto quanto ilimitado, do dissídio coletivo de natureza econômica (ou de interesses) para a prolação de juízos com tutelas declaratórias e condenatórias e não, tão somente, constitutivas e/ou dispositivas como seria de se esperar em dissídios coletivos de natureza econômica.

No "Precedente Embraer", a SDC/TST, a despeito de destacada divergência aberta pelo Ministro João Oreste Dalazen (aposentado), entendeu que, em hipóteses como a da dispensa coletiva, o dissídio coletivo seria o instrumento processual ideal para resolução de conflitos coletivos de magnitude especial, independentemente do provimento judicial inerente a esse tipo de procedimento especial.

Ao rever esse posicionamento, o TST, em 2018, consagrou a seguinte tese, contrária, o que levou ao retorno do destaque dado a ações civis públicas nessa matéria:

> "RECURSO ORDINÁRIO - DISSÍDIO COLETIVO DE NATUREZA JURÍDICA - INADEQUAÇÃO DA VIA PROCESSUAL ELEITA - DISPENSA EM MASSA. O Dissídio Coletivo não é a via adequada para tratar da dispensa coletiva de trabalhadores, já que não há pedido de interpretação de normas autônomas ou heterônomas específicas da categoria. Hipótese de Dissídio Individual para tutelar interesse concreto do trabalhador. Inteligência do art. 220, II, do RITST e da Orientação Jurisprudencial n. 7 da C. SDC. Recurso Ordinário conhecido e desprovido." (TST, Tribunal Pleno, RO n. 0010782-38.2015.5.03.0000, Red. Min. Maria Cristina Irigoyen Peduzzi, DEJT de 16/04/2018).

Após 2018, e já em pleno julgamento de ações civis públicas e/ou ações civis coletivas, o TST tem descartado o trato da matéria pela via do dissídio coletivo (e que tinha levado a SDC/TST, em 2009, a julgar o "Precedente Embraer", em fase recursal ordinário de dissídio coletivo originariamente apresentado perante o Tribunal Regional do Trabalho - TRT - da 15ª Região) e, em instância extraordinária, evidentemente com algum atraso ou *delay* em relação à data do conflito coletivo de trabalho, tem, sob a limitação processual inerente aos recursos de revista e agravos de instrumento, conseguido adentrar algum debate meritório nessa matéria, mormente para reavivar a força do que restou decidido pela SDC/TST no "Precedente Embraer" e para, assim, entender que é possível a caracterização, por exemplo, de dano moral coletivo, como, até, um dano que não demanda comprovação (*damnun in re ipsa*) quando da ocorrência de dispensa em massa.

A jurisprudência do TST, mais recente, de 2019 até os dias atuais, é bem ilustrativa desses julgamentos, aqui apresentada a título meramente exemplificativo:

> "AÇÃO CIVIL PÚBLICA. RESPONSABILIDADE CIVIL DA RECLAMADA. DANOS MORAIS COLETIVOS. DIREITOS INDIVIDUAIS HOMOGÊNEOS. DEMISSÃO EM MASSA. AUSÊNCIA DE PRÉVIA NEGOCIAÇÃO COLETIVA. Esclarece-se, inicialmente, que a hipótese se amolda ao caso de demissão coletiva, cujo conceito está ligado à dispensa por fato objetivo alheio à pessoa do empregado e que é irrelevante, para fins de conformação da hipótese à essa acepção se houve continuidade ou não da atividade empresarial. Esclarecido este ponto, a controvérsia se cinge à possibilidade de dispensa coletiva de trabalhadores sem existência de negociação sindical. Para resolver a questão, é preciso ter em mente os princípios constitucionais da dignidade da pessoa humana e da valorização do trabalho humano. Não se pode olvidar, ainda, que a despedida coletiva deve ser apreciada à luz do artigo 170, inciso III, da Constituição Federal, que consagra a função social da propriedade. Esses princípios nortearam a jurisprudência da Seção Especializada em Dissídios Coletivos, que, nos ED-RODC - 30900-12.2009.5.15.0000, da relatoria do Exmo. Ministro Mauricio Godinho Delgado, fixou 'a premissa, para casos futuros, de que 'a negociação coletiva é imprescindível para a dispensa em massa de trabalhadores', observados os fundamentos supra'. O referido Órgão julgador, em decisões posteriores, firmou o entendimento de que a prévia negociação com o sindicato profissional constitui requisito para a validade da dispensa coletiva, ou seja, despedidas procedidas unilateralmente pelo empregador não possuíam eficácia. Desse modo, a SDC confirmou decisões proferidas em dissídios coletivos instaurados pelos sindicatos profissionais, que exigiam a estipulação de normas e condições para as demissões coletivas, negando provimento aos recursos ordinários interpostos pelos suscitados (empregadores). Acrescenta-se que esta Corte, em acórdãos proferidos em ação civil pública, adotou a tese de que a despedida em massa de trabalhadores, sem negociação prévia com o sindicato dos empregados, acarreta dano moral coletivo a ser indenizado pelo empregador. Nesse contexto, é irregular a despedida em massa de trabalhadores sem negociação prévia com o sindicato profissional e a ausência desse requisito acarreta a responsabilidade civil do empregador e o pagamento de indenização compensatória. Recurso de revista conhecido e provido." (TST, 2ª Turma, RR n. 201-32.2013.5.24.0005, Rel. Min. Jose Roberto Freire Pimenta, DEJT de 26/02/2021);
>
> "RECURSO DE REVISTA. ACÓRDÃO REGIONAL PUBLICADO NA VIGÊNCIA DA LEI N. 13.015/2014. 1. DANO MORAL COLETIVO. DEMISSÃO EM MASSA. AUSÊNCIA DE PRÉVIA NEGOCIAÇÃO COLETIVA. CONHECIMENTO E PROVIMENTO. I. Trata-se de ação civil pública em que se pleiteia o reconhecimento de dano moral coletivo, e respectiva indenização, em razão da ausência de negociação coletiva que anteceda a

decisão de dispensa coletiva de trabalhadores. II. No caso, é incontroversa a dispensa em massa, sem prévia negociação coletiva, em decorrência da rescisão do contrato de prestação de serviços mantido entre a empresa Reclamada e a CELPA. III. A jurisprudência da Seção de Dissídios Coletivos desta Corte firmou entendimento no sentido de que a prévia negociação coletiva é imprescindível para a legalidade da dispensa em massa de trabalhadores. Ausente tal procedimento, é devida a indenização compensatória, pelo caráter coletivo da lesão. IV. Recurso de revista de que se conhece e a que se dá provimento." (TST, 4ª Turma, RR n. 10351-92.2013.5.08.0013, Rel. Min. Alexandre Luiz Ramos, DEJT 27/09/2019);

"(...) IV - RECURSO DE REVISTA. INDENIZAÇÃO POR DANO MORAL COLETIVO. DISPENSA COLETIVA. ENCERRAMENTO DAS ATIVIDADES. NECESSIDADE DE PRÉVIA NEGOCIAÇÃO COM O SINDICATO. O Eg. Regional, conforme o quadro fático-probatório delineado, entendeu incontroversa a dispensa coletiva de todos os empregados, para encerramento da atividade empresarial, sem prévia negociação coletiva. Evidenciou que a ré, percebendo a iminência do término das atividades, deveria ter buscado alternativas, por meio de negociação preliminar, para reduzir o impacto da medida, o que não fez. A jurisprudência da Seção de Dissídios Coletivos desta Corte firmou entendimento de que a negociação coletiva é imprescindível à dispensa em massa, pois tal cenário exige a estipulação de normas e condições para a proteção dos trabalhadores contra o desemprego, além da redução dos impactos sociais e econômicos causados. Ausente tal procedimento, é devida a indenização compensatória, pelo caráter coletivo da lesão. Precedentes. As empresas que se lançam no mercado, assumindo o ônus financeiro de cumprir a legislação trabalhista, perdem competitividade em relação àquelas que reduzem seus custos de produção à custa dos direitos mínimos assegurados aos empregados. Tratando-se de lesão que viola bens jurídicos indiscutivelmente caros a toda a sociedade, surge o dever de indenizar, sendo cabível a reparação por dano moral coletivo (arts. 186 e 927 do CC e 3° e 13 da LACP). Frise-se que, na linha da teoria do 'damnum in re ipsa', não se exige que o dano moral seja demonstrado. Ele decorre, inexoravelmente, da gravidade do fato ofensivo que, no caso, restou materializado pelo descumprimento de normas que visam à dignidade e à proteção dos trabalhadores contra o desemprego involuntário e a dispensa arbitrária, ocasionados pela demissão em massa, sem prévia negociação com o sindicato. Sob tal contexto, não há dúvidas quanto à caracterização do dano moral coletivo. Recurso de revista conhecido por violação do artigo 186 do CCB e provido." (TST, 3ª Turma, RR n. 1575-86.2014.5.05.0002, Rel. Min. Alexandre de Souza Agra Belmonte, DEJT de 16/08/2019);

"(...) 4 . INDENIZAÇÃO POR DANO MORAL COLETIVO. DISPENSA COLETIVA. ENCERRAMENTO DAS ATIVIDADES. NECESSIDADE DE PRÉVIA NEGOCIAÇÃO COM O SINDICATO. 4. 1. O Eg. Regional, conforme o quadro fático-probatório delineado, entendeu incontroversa a dispensa coletiva de todos os empregados, para encerramento da atividade empresarial, por interesses próprios da empregadora, sem prévia negociação coletiva. Evidenciou que a ré, percebendo a iminência do término das atividades, deveria ter buscado alternativas, por meio de negociação preliminar, para reduzir o impacto da medida, o que não fez. Assim, concluiu demonstrada a lesão de interesses transindividuais, ensejando a reparação do dano moral coletivo. 4.2. A jurisprudência da Seção de Dissídios Coletivos desta Corte firmou entendimento de que a negociação coletiva é imprescindível à dispensa em massa, pois tal cenário exige a estipulação de normas e condições para a proteção dos trabalhadores contra o desemprego, além da redução dos impactos sociais e econômicos causados. Ausente tal procedimento, é devida a indenização compensatória, pelo caráter coletivo da lesão. Precedentes. 4.3. As empresas que se lançam no mercado, assumindo o ônus financeiro de cumprir a legislação trabalhista, perdem competitividade em relação àquelas que reduzem seus custos de produção à custa dos direitos mínimos assegurados aos empregados. 4.4. Tratando-se de lesão que viola bens jurídicos indiscutivelmente caros a toda a sociedade, surge o dever de indenizar, sendo cabível a reparação por dano moral coletivo (arts. 186 e 927 do CC e 3° e 13 da LACP). 4.5. Frise-se que, na linha da teoria do "danum in re ipsa", não se exige que o dano moral seja demonstrado. Ele decorre, inexoravelmente, da gravidade do fato ofensivo que, no caso, restou materializado pelo descumprimento de normas que visam à dignidade e à proteção dos trabalhadores contra o desemprego involuntário e a dispensa arbitrária, ocasionados pela demissão em massa, sem prévia negociação com o sindicato. Sob tal contexto, não há dúvidas quanto à caracterização do dano moral coletivo. Óbice do art. 896, § 7º, da CLT e da Súmula 333/TST. Agravo de instrumento conhecido e desprovido. II - AGRAVOS DE INSTRUMENTO DA JBS S.A. E DO MINISTÉRIO PÚBLICO DO TRABALHO DA 23ª REGIÃO. RECURSOS DE REVISTA INTERPOSTOS SOB A ÉGIDE DAS LEIS Nºs 13.015/2014 E 13.105/2015 E ANTES DA VIGÊNCIA DA LEI N. 13.467/2017 - DESCABIMENTO. DANO MORAL COLETIVO. INDENIZAÇÃO. VALOR. CRITÉRIOS PARA ARBITRAMENTO. MATÉRIA COMUM. ANÁLISE CONJUNTA. 1. A indenização por dano moral guarda conteúdo de interesse público. O valor fixado deve observar a extensão do dano sofrido, o grau de comprometimento dos envolvidos no evento, o perfil financeiro do autor do ilícito, além de aspectos secundários pertinentes a cada caso. Incumbe ao juiz fixá-lo com prudência, bom senso e razoabilidade. 2. No caso, o Colegiado Regional concluiu pela configuração do dano moral coletivo, decorrente da dispensa em massa de todos os empregados, pelo encerramento da atividade empresarial, sem prévia negociação coletiva. Diante de tal constatação e considerando, ainda, a natureza e a proporção do dano, o Eg. Regional condenou a reclamada ao pagamento de indenização no valor de R$517.000,00 (quinhentos e dezessete mil reais). 3. Tem-se, portanto, que restou observado o princípio da restauração justa e proporcional, nos exatos limites da existência e da extensão do dano sofrido e do grau de culpa, sem abandono da perspectiva econômica do réu, fixando-se valor razoável para a hipótese. Agravos de instrumento conhecidos e desprovidos." (TST,

3ª Turma, AIRR n. 940-70.2015.5.23.0002, Rel. Ministro Alberto Luiz Bresciani de Fontan Pereira, DEJT de 12/04/2019).

Há vários processos, sobrestados no TST, mas de forma natural e sem comandos mandatórios do STF, anteriores ao advento do art. 477-A da CLT, que, a despeito de precedentes como os acima indicados, não tem tramitado, quiçá pelo receio do TST, após o avanço do julgamento do "Precedente Embraer" no STF a partir do primeiro semestre de 2021, de instigar decisões contraditórias, mormente quando ainda se aguarda a lavratura do acórdão no precedente do tema n. 638.

Essa postura, que pode parecer pusilânime do TST, mas que se explica por uma questão de prudência em um tribunal superior, encontra espaço, para trilhar, quando o tribunal reconhece que a dispensa em massa caracteriza dano moral coletivo. De toda a sorte, nos órgãos fracionários do TST, tem-se evitado o debate, o tanto quanto possível, em torno de obrigações de fazer e de não fazer normalmente pretendidas pelo Ministério Público do Trabalho ou sindicatos profissionais.

Curiosamente, o espaço de discussão, já em instância extraordinária, relativo aos detalhes de cumprimento, ou não, de obrigações de fazer e de não fazer, ficou reservado, mesmo, à Corregedoria-Geral da Justiça do Trabalho (CGJT), mediante sua atuação extraordinária e excepcional no processamento e julgamento de correições parciais.

Desde a edição do art. 477-A da CLT, em 2017, os Ministros Corregedores, em um primeiro momento o Ministro Ives Gandra da Silva Martins e, em segundo momento, o Ministro Aloysio Silva Corrêa da Veiga, de perfil mais conservador e legalista, em percentuais mais do que maciços, tem deferido liminares nas pretensões correicionais envolvendo a suspensão dos efeitos de liminares ou concedendo liminares para que decisões de segundo grau, concessivas de liminares mandamentais ou de tutelas de urgência de natureza cautelar, se vinculem à observância da lei, do art. 477-A da CLT, com a tese de que, com o dispositivo da Reforma Trabalhista, a negociação coletiva prévia é desnecessária para a operacionalização da dispensa em massa.

É evidente que a atuação da CGJT se dá de forma excepcional e provisória. Antes, os antigos Ministros Corregedores concediam, eventualmente, tutelas liminares correicionais de forma mais extensa ou ampla, cassando decisões de segundo grau e de primeiro grau, eventualmente até o trânsito em julgado da última decisão condenatória em dada ação civil pública.

Foi o Ministro Carlos Alberto Reis de Paula que, de forma mais técnica, observando a natureza administrativa da antiga "reclamação correicional", que entendeu, por bem, reformatar o perfil da CGJT para admitir, quando fosse o caso, o deferimento de liminar correicional vinculada ao período de tempo em que perdurasse o trâmite de agravos regimentais ou agravos internos interpostos pelas partes reclamantes contra as decisões impugnadas dos Tribunais Regionais do Trabalho. Tudo para que a atuação da CGJT em correições parciais não parecesse intrusa ou interveniente à atuação jurisdicional das autoridades coatoras.

Essa prática se manteve com as gestões posteriores na CGJT e com os mais recentes, Ministros Ives Gandra da Silva Martins Filho e Aloysio Silva Corrêa da Veiga. A nova gestão que se iniciou em 2022, com o Ministro Francisco Augusto Caputo Bastos, em mandato próximo a ser encerrado na CGJT, bem como com a gestão que se renovará, a partir de outubro de 2022, com o nova Ministra Corregedora eleita, Dora Maria da Costa, tende, ao que tudo indica, a manter essa atuação para os processos originários no pós-2017, com a Reforma Trabalhista.

Essa atuação homogênea da CGJT ao longo dos anos é que permitiu que, em algumas situações, certos Tribunais Regionais do Trabalho, como é o caso do da 1ª Região, vislumbrando mudança de posicionamento ou alteração de suas decisões pela atuação da CGJT em correições parciais, passasse a sentir certo desconforto no julgamento de causas envolvendo dispensas coletivas. Para driblar o desconforto com um revés oriundo da CGJT ao mesmo tempo em que se convive com o resultado do tema n. 638 com a tese da necessidade de "intervenção sindical prévia" antes de uma dispensa em massa de trabalhadores, o que não se confundiria com a autorização prévia por parte da entidade sindical ou com a celebração de convenção ou acordo coletivo, independentemente do art. 477-A da CLT, o TRT/1ª Região passou a transfigurar as causas para julgá-las como se fossem causas baseadas em dispensas discriminatórias (!):

> "Ação Civil Pública. Danos morais coletivo e individual. A providência extrema da instituição de ensino de despedir quase 1.500 profissionais de uma só vez contraria o senso comum, causando perplexidade a todos. As reclamadas, ao promoverem dispensa em massa, efetivamente, desprezaram princípios básicos da razoabilidade e da proporcionalidade, ferindo de morte ainda os imperativos constitucionais que primam pela função social da propriedade (art. 170 da CF) e, sobretudo, aqueles que tratam da dignidade humana e dos valores sociais do trabalho (art. 1º, III e IV, da CF), devendo ser repudiada, outrossim, toda e qualquer forma de discriminação, por idade inclusive (art. 3º, IV, CF). Comprovado nos autos que a dispensa em massa de professores logo após o início da vigência da "reforma trabalhista" foi abusiva e discriminatória, caracterizando ato ilícito, tornam-se devidas as reparações pelos danos coletivos e individuais causados." (TRT/1ª Região, 3ª Turma, ROT n. 0100124-52.2019.5.01.0040, Rel. Jorge Fernando Gonçalves da Fonte, DEJT de 03/08/2021).

Isso sem aventar circunstâncias similares vivenciadas por alguns juízos em primeiro grau de jurisdição que, ao menos até o enunciado do tema n. 638 pelo STF, vinham adotando, após a fase instrutória, após o oferecimento de razões finais, a técnica de determinar a suspensão processual do trâmite processual até o julgamento final do "Precedente Embraer" pelo STF, antes da prolação de sentença:

> "..
> ....Considerando a pendência de julgamento no STF do Recurso Extraordinário (RE) n. 999.435, Tema n. 638 da Tabela de Repercussão Geral, que analisa se a dispensa em massa de trabalhadores prescinde de negociação coletiva;
>
> Considerando, ainda, que o pronunciamento da Corte Constitucional sobre a matéria afetará diretamente a solução da controvérsia estabelecida na presente demanda, que versa sobre a dispensa coletiva de professores da ré sem o prévio conhecimento do Sindicato profissional;
>
> Considerando que a celeridade processual não deve ser um fim em si mesma, não a ponto de sacrificar a efetividade das decisões judiciais e a segurança jurídica, primados do Estado Democrático de Direito.
>
> Considerando, por fim, tudo o mais que dos autos consta,
>
> Decido, por disciplina judiciária e com suporte no art. 765, CLT, converter o julgamento em diligência para determinar suspensão deste processo pelo prazo de 1 ano, nos termos do art. 313, V, "a", do CPC, c/c art. 769, CLT.
>
> Caso o Excelso Pretório profira julgamento antes do citado prazo, voltem-me os autos conclusos imediatamente para prolação da sentença." (46ª Vara do Trabalho de Belo Horizonte/MG, ACPCiv n. 0011794-49.2017.5.03.0184, Juíza Titular Maria Raquel Ferraz Zagari Valentim, DEJT de 19/10/2021)."

Haveria espaço para que decisões nesse sentido se mantenham no período no qual se vive, em que se aguarda a lavratura e a publicação do acórdão do "Precedente Embraer".

A pendência de publicação do acórdão no *leading case* pelo STF e todo o funcionamento das estruturas judiciárias, da Justiça do Trabalho, no enfrentamento das questões dos processos atinentes a despedidas coletivas, alimentam, mais ainda, dia após dia, a ansiedade e a insegurança quanto ao manejo operacional, técnico e jurídico, de eventuais desligamentos ocorridos em situações de crise econômica empresarial, quer quanto à qualificação de tais desligamentos como "coletivos" ou não, quer quanto às consequências que poderão advir da forma como os inúmeros processos são julgados, muitas vezes de forma subjetiva quanto à delimitação do conceito de dispensa em massa em dada circunstância fática retratada nos autos dos processos.

A despeito da complexidade, inclusive, conceitual do debate sobre a dispensa em massa no Brasil, constata-se, aqui e acolá, a criação artificial de causas, calcadas na suposta ocorrência de despedida coletiva, movidas por trabalhadores, por sindicatos profissionais ou pelo Ministério Público do Trabalho, que contêm pretensões, pela abertura mediante a qual o "Precedente Embraer" foi decidido, sem qualquer delimitação minimamente conceitual do fenômeno da despedida coletiva, de dificílima execução, de dificílima efetivação e potencialmente alimentadoras de problemas que já estão tendo que apreciar, mas sem romantismos teóricos e fantasias judiciárias, tudo no contexto da incerteza, que ainda se mantém, mesmo após a fixação do enunciado interpretativo do tema n. 638 da tabela de repercussão geral.

Algumas dúvidas basilares na operacionalização real e concreta do juízo que o STF estabeleceu no tema n. 638 já se apresentaram perante o TST.

Há que se registrar que o TST, por intermédio da própria Seção Especializada em Dissídios Coletivos (SDC), no julgamento do Processo (RODC) n. 0000147-67.2012.5.15.0000 ("Precedente Eaton"), cujo acórdão foi publicado em 19 de abril de 2013, deu iniciado ao que seria o início de uma tentativa de delimitar o que viria a ser a dispensa coletiva.

A então Ministra Maria de Assis Calsing, relatora para o acórdão, sublinhou, no julgamento da causa, que a dispensa coletiva, com base no direito comparado, deve ter um motivo de ordem econômica, tecnológica, estrutural ou análoga que a motive, mas que, na ausência de regramento do fenômeno no Brasil, a comparação do número de empregados dispensados em curto espaço de tempo deve ser valorada junto com o número total de empregados da empresa e de como se porta a rotatividade de mão de obra ao longo do tempo.

No "Precedente Eaton", a SDC/TST fixou o entendimento de que a dispensa de 180 (cento e oitenta) empregados em um espaço de 3 (três) a 4 (quatro) meses é mais próxima de uma "dispensa plúrima" do que, propriamente, de uma dispensa coletiva[3], tendo lamentado, no mais, a falta de regulamentação, no Brasil, do disposto no art. 7º, inciso I, da Constituição Federal.

Se essas premissas foram fixadas no "Precedente Eaton", o que dizer, portanto, de "desligamentos", por vezes colocados em xeque em processos os mais diversos, somam, a título exemplificativo, a quantia de 14, 100 ou 381 trabalhadores em dadas regiões, quando quantias simila-

3 No acórdão, a SDC/TST destaca, inclusive que a "dispensa de 138 empregados num mês, 80 deles em apenas um dia, reflete apenas o fluxo normal de mão de obra da empresa, que goza de plena saúde financeira, como reconhecido pela própria Recorrida e avaliado pelo Órgão de origem. Ao Poder Judiciário, a quem cabe aplicar a lei, pouco se pode fazer".

res são contratadas em espaço temporal de meses, considerando uma estrutura empresarial de milhares de trabalhadores em regiões ou em todo o território nacional, sem impactos econômicos no funcionamento de cidades ou áreas metropolitanas sustentadas por estudos estatísticos sérios ou ainda quando o número de dispensas é praticamente irrisório se comparado com o número total de empregados no Brasil ou em dadas bases territoriais sindicais? *Quid juris*?

Muito recentemente, em sessões de julgamento realizadas em 2 e 9 de agosto e 2022, a Subseção 2 Especializada em Dissídios Individuais do TST (SBDI-2) teve a oportunidade de enfrentar o que talvez tenha sido o primeiro caso apreciado pelo TST após a fixação, pelo STF, em junho de 2022, do tema n. 638.

Tratou-se do julgamento de recurso ordinário em mandado de segurança envolto nos autos do Processo (RO) n. 0011778-65.2017.5.03.0000 e, por ampla maioria da SBDI-2, com a divergência única do Ministro Alberto Bastos Balazeiro, na composição em que julgaram, além do Ministro divergente, os Ministros Emmanoel Pereira (atual Presidente e relator), Dora Maria da Costa (atual Vice-Presidente), Guilherme Augusto Caputo Bastos (atual Corregedor-Geral da Justiça do Trabalho), Douglas Alencar Rodrigues, Luiz José Dezena da Silva, Morgana de Almeida Richa e Sérgio Pinto Martins, as consequências que normalmente se pleiteiam quando acusada, dada empresa, de dispensa em massa foram limitadas, mormente para as acusações ocorridas no pós-2017, após o advento do art 477-A da CLT.

Do tema n. 638 do STF, extrai-se o entendimento de que a intervenção sindical prévia, como "procedimento", não se confunde com a autorização prévia dos sindicatos, mas, apenas, garante o envolvimento dos sindicatos previamente à tomada de qualquer decisão como método de estímulo ao diálogo social.

Essa premissa, obviamente, não quer dizer, que tenha que haver a entabulação necessária de acordo coletivo de trabalho ou de convenção coletiva de trabalho, mas algum empreendimento em torno do próprio processo de negociação coletiva.

Ainda que se possa defender que o tema n. 638 do STF pode servir como um prenúncio do que, futuramente, se avaliará em torno da ADIn n. 6142 (da CNTM, sob a relatoria do Ministro Edson Fachin), que trata, exatamente, da discussão sobre a (in)constitucionalidade do art. 477-A da CLT, o fato objetivo é que o julgamento do "Precedente Embraer" envolveu o período anterior à Reforma Trabalhista de 2017 e, portanto, anterior ao advento do art. 477-A da CLT.

No entanto, é preciso reconhecer, a tese é um tanto quanto confusa ou lacunosa pois não delimita o conceito do que venha a ser, no ordenamento jurídico, o fenômeno da "dispensa coletiva" ou da "dispensa em massa", além de não enveredar na discussão, própria do setor de serviços educacionais, sobre as autorizações de desligamentos nas "janelas", tais quais previstas em normas coletivas de trabalho.

O STF não foi capaz de perceber a grande dificuldade na operacionalização da tese do tema n. 638.

Para além da ideia mais geral, e um pouco vaga, de uma participação mínima do sindicato em procedimentos de dispensa coletiva, nem mesmo a jurisprudência trabalhista havia sido capaz de uniformizar, com alguma segurança, conceitos básicos ligados à conceituação de dispensa coletiva, à conceituação de negociação coletiva ou de processo negocial como "procedimento", os comportamentos antissindicais envolvidos naquele procedimento de negociação, ou mesmo, do instituto das práticas desleais na negociação coletiva, o abuso do poder de barganha no procedimento de negociação coletiva, entre tantas outras implicações.

Aparentemente, o STF apenas conseguiu enxergar, para os fins do tema n. 638, interesse na diferenciação entre a ideia de intervenção sindical e a ideia de efetiva conclusão da negociação coletiva, afastando, da primeira, a necessária entabulação de instrumentos coletivos de trabalho que advêm do êxito na segunda.

É dizer, a despeito do entendimento supremo, ainda haverá amplo espaço para debate em situações específicas, principalmente considerando questões conceituais relativas ao entendimento quanto à participação mínima exigida para a tal "intervenção sindical" e a própria conceituação de dispensa coletiva.

É possível, ainda, verificar que o STF adotou posição distinta da que vinha adotando em outros casos acerca de temas objeto da Reforma Trabalhista, mas antes de sua vigência.

Enquanto, por exemplo, no debate da terceirização e do "negociado x legislado", o STF, em certa medida, acolheu a orientação do legislador da Reforma Trabalhista, em um movimento próximo a uma aplicação retroativa de seus termos pela via da jurisdição constitucional; no caso do tema n. 638, o STF contrariou a opção do legislador, negando, para o passado, a orientação posta no art. 477-A da CLT.

Embora isso possa representar, para alguns, uma sinalização em relação a um futuro, não é mesmo possível estimar o resultado da ADIn n. 6142. É possível projetar, no entanto, que alguns tribunais regionais possam aproveitar a decisão para examinarem, em reserva de plenário, a constitucionalidade do art. 477-A da CLT, bem como juízos, em primeiro grau, a afirmando ou negando em controle difuso de constitucionalidade.

Tudo considerado, portanto, tem-se que a decisão, certamente desfavorável aos interesses de grandes corporações, deve ser alvo de atenção de forma específica segundo as condições próprias de cada caso concreto, mormente para o debate em torno da conceituação da dispensa coletiva e da autorização dada, à empresa, para a dispensa que se quer qualificar como "coletiva" após prévia "intervenção sindical".

Enquanto os processos estavam um tanto quanto "sobrestados" no TST há alguns anos porque, ao que tudo indica, se aguardava um posicionamento do STF sobre a matéria, ainda que, hoje, sem acórdão publicado para alguma segurança jurídica, o fato é que a SBDI-2 do TST, no já mencionado Processo (RO) n. 0011778-65.2017.5.03.0000, já considerando todas as preocupações acima reveladas, como já indicado, deu um novo norte ao debate para a jurisdição trabalhista, de certa forma adaptando o cenário do tema n. 638 aos processos coletivos surgidos já sob a égide do art. 477-A da CLT.

Na sessão de 2 de agosto de 2022, o Ministro Presidente da SBDI-2, e relator, Emmanoel Pereira, deu provimento ao recurso ordinário empresarial para manter anterior decisão monocrática mediante a qual deferiu, a tal recurso ordinário, a tutela provisória de urgência, de natureza cautelar, para dar efeito suspensivo ao recurso, reformando acórdão do Tribunal Regional do Trabalho da 3ª Região (TRT/3ª Região) que deferia, ao sindicato, a tutela antecipada pleiteada, inclusive e principalmente para a reintegração de trabalhadores dispensados em suposto movimento de dispensa coletiva.

Um dos argumentos adotados pelo Ministro Emmanoel Pereira foi o de que, mesmo após o julgamento do tema n. 638 pelo STF, consignou-se, no período anterior à Reforma Trabalhista, a necessidade de intervenção sindical, mas isso não ensejaria, por si só, a reintegração, caso o procedimento não fosse observado, por absoluta ausência de previsão legal, não sendo, ademais, hipótese normativa, mesmo no caso do "Precedente Embraer", de criação de forma provisória de garantia no emprego.

O Ministro Sérgio Pinto Martins, naquela mesma sessão já antecipou seu voto para acompanhar o relator, mas por outro fundamento: o de que, sob a égide do art. 477-A da CLT, as providências adotadas pela empresa estariam totalmente corretas, mesmo porque o dispositivo é válido e não foi declarado inconstitucional pelo STF.

O voto do Ministro Sérgio Pinto Martins confirma, aliás, sua já consagrada doutrina, uma vez que sempre sustentou que, não obstante o tema n. 638 do STF, "não existe obrigação de se fazer negociação coletiva para proceder à dispensa coletiva. A questão social das dispensas é indiscutível, mas não existe impedimento legal para as dispensas coletivas"[4].

---

4 Despedida Coletiva. *In*: CAVALCANTE, Jouberto de Quadros Pessoa; VILLATORE, Marco Antônio César (coord.). *CLT: 70 Anos de Consolidação*. Uma Reflexão Social, Econômica e Jurídica. São Paulo: Atlas, p. 289-305, 2013, p. 305.

Após as sustentações orais dos advogados das partes envolvidas, o Ministro Douglas Alencar Rodrigues, após vista regimental, apresentou, na sessão de 9 de agosto de 2022, voto convergente ao dos Ministros Emmanoel Pereira e Sérgio Pinto Martins para a prolação de entendimento que, poder-se-ia sustentar, é paradigmático quanto à delimitação limites para a atuação do TST no julgamento de processos envolvendo a dispensa coletiva após o tema n. 638 e após a vigência do art. 477-A da CLT.

O Ministro Douglas Alencar Rodrigues considerou, em suma, que: (i) a despeito da eventual contradição que se possa identificar entre o art. 477-A da CLT e o que o STF definiu no tema n. 638 da repercussão geral, é certo que o debate ainda não se encerrou, quer pela inexistência de definição do conceito de "demissão em massa", quer pelas idiossincrasias dos processos concretos, em cujos autos há de se ter uma certa investigação quanto ao fenômeno do desligamento coletivo; (ii) não há, no tema n. 638, e sequer na lei, uma penalidade imposta ao empregador que não acatar ao conteúdo do que foi definido no STF, até porque, pelo STF, sequer se pode impor, à empresa que não promove a prévia intervenção sindical, a necessária entabulação de instrumento coletivo de trabalho; (iii) a reintegração só pode advir de expressa previsão legal, mormente em casos de garantias provisórias de emprego, o que não se dá no debate a respeito da dispensa em massa; e (iv) no plano coletivo, as únicas consequências de um debate sobre a contrariedade ao conteúdo do tema n. 638 ou de ocorrência de dispensa em massa sem a procedimentalidade da intervenção sindical prévia, seriam as imposições de obrigações de fazer e/ou não fazer e, até mesmo, alguma condenação ao pagamento de indenização por danos morais coletivos, descartando-se a reintegração de trabalhadores.

A partir do recente julgado do TST, que também ainda aguarda a publicação do competente acórdão, ainda que se possa inferir, a partir de alguma adaptação do tema n. 638 para os fatos ocorridos após a vigência do art. 477-A da CLT, a SBDI-2 do TST fixou, de pronto, o entendimento de que a reintegração de trabalhadores decorrentes de suposta dispensa coletiva não pode ser admitida como consequência da dispensa coletiva se nem mesmo o STF fixou a necessidade de, com o tema n. 638, empresas e trabalhadores terem que entabular instrumentos coletivos de trabalho quando da tal prévia intervenção sindical. As consequências processuais, acaso não observada a procedimentalidade da prévia intervenção sindical, estariam restritas às obrigações de fazer e de não fazer que normalmente se pleiteiam em ações coletivas.

Essa forma de interpretação da realidade, mais cautelosa, mais assertiva, que afasta a procedência e pertinência de pedidos em prol da reintegração de trabalhadores supostamente dispensados em massa, proposta pela SBDI-2, segue a melhor linha doutrinária, segundo a qual a "a dispensa, como ato caracterizado, segundo o direito posto, como receptício unilateral, seja feita individualmente ou de forma coletiva, não depende de negociação. Depende apenas de comunicação"[5]. Ademais, segundo Estevão Mallet:

> "os arts. 497 e 502 da CLT cuidam da extinção da empresa e não mencionam necessidade de negociação coletiva. O art. 498, por sua vez, disciplina o 'fechamento do estabelecimento, filial ou agência' - outra hipótese que envolve dispensa coletiva - e tampouco cogita de negociação coletiva. Essas disposições, que tratam de casos relacionados necessariamente com dispensa coletiva, sem mencionar prévia negociação coletiva, mostram que o legislador não quis mesmo exigir a formalidade. (...)
>
> A própria Constituição, no art. 10 do Ato das Disposições Constitucionais Transitórias, limitou a proteção estabelecida pelo art. 7º, inciso I, à elevação da multa em caso de dispensa imotivada e à proibição de certas dispensas. Não cogitou de negociação sindical prévia em dispensas coletivas. Lançar mão de princípios para contrariar regra positivada na Constituição afigura-se excessivo. Como anota a doutrina, 'num conflito, efetivo ou aparente, entre uma regra constitucional e um princípio, deve vencer a regra'.
>
> ....
>
> É o que se dá com a dispensa coletiva no direito brasileiro, a qual fica sujeita às regras previstas para a dispensa em geral, individual ou coletiva.
>
> ....
>
> Mais ainda, estabelecer heteronomamente exigência de negociação sindical em caso de dispensa coletiva, sem definir, todavia, o conceito, desconsidera o limite do artigo 5º, inciso II, da Constituição. O princípio da legalidade na imposição de obrigações - postulado basilar na ideia de Estado de Direito - repele os *concepts flous* e reclama uma definição mínima do conceito posto pela lei, que se traduz no *divieto di indeterminatezza* mencionado pela doutrina italiana"[6] - (destacamos e grifamos).

De mais a mais, o sistema de controle *a priori* pretendido pela Convenção n. 158 da OIT, como seria o que se propaga no combate à "dispensa coletiva" ou "dispensa em massa", mediante um regime de defesa do trabalhador prévia à terminação da relação de emprego, bem como de "consultação" aos representantes de trabalhadores, ilustrativos nesses requisitos encampados como os da negociação coletiva prévia, para ter sentido e apreendido na cultura brasileira, dependeria de um modelo que reforçasse a integração do trabalhador à empresa, com a inserção,

5 Crise e Dispensa Coletiva. *Revista LTr Legislação do Trabalho (Revista LTr 81-01)*. São Paulo: LTr, vol. 81, n. 1, janeiro: 24-32, 2017, p. 27.

6 *Ibidem*, pp. 27 e 29.

nos locais de trabalho, da representação sindical, ou não sindical, de trabalhadores, organizada de forma individual (por delegados sindicais ou representantes de trabalhadores) ou de forma coletiva (por seções sindicais ou comitês, seções ou comissões de trabalhadores), o que não se coaduna, em razão de suas fracas previsões, com o disposto nos arts. 510-A a 510-D da CLT.

De toda sorte, o Brasil não é um país carente de normas protetivas, ou em vácuo normativo, contra a despedida arbitrária ou sem justa causa, ainda que se admita que o sistema se aperfeiçoará, independentemente da Convenção n. 158 da OIT, somente com a edição da lei complementar exigida no art. 7º, inciso I, da Constituição Federal. O Brasil já conta com adequado sistema de "recurso contra o término" (tal qual aquele versado nos arts. 8º e 9º da Convenção n. 158 da OIT) *a posteriori*.

Sugerir que a hipótese de ocorrência de uma despedida de alguns ou vários trabalhadores, mesmo na ausência de tratamento normativo e de um contexto objetivo de avaliação, indicaria a existência da figura da "dispensa coletiva" ou "dispensa em massa" não pode fazer nascer, sem expressa previsão constitucional e/ou legal, obrigações outras, para a "dispensa coletiva", que não aquelas explicitamente regradas pelas normas aplicáveis e relacionadas às hipóteses de extinção do vínculo de emprego individualmente considerada.

Pelos limites constitucionais hoje vigentes, outra não poderia ter sido a redação do art. 477-A da CLT, ainda que não das melhores. Esse artigo, ao contrário do que por vezes se sustenta[7], não tratou da dispensa coletiva, não a regulamentou. E não o fez porque sequer houve delimitação de seus contornos. O art. 477-A da CLT apenas e tão somente explicitou que, fora dos meandros dos contornos objetivos aguardados em lei complementar, há equivalência nos resultados entre a dispensa individual e o que vier a ser chamado, na realidade, a despeito do vazio normativo, de "despedida coletiva" ou dispensa em massa.

Não há possibilidade, no Brasil, de dar outro tratamento, ainda que, o que se admite a título argumentativo, se pudesse entender que tenha havido alguma "dispensa coletiva", cujo conceito e delimitação normativa sequer se conhece.

Em outra vereda, e diante do que se convencionou chamar de "legislação de emergência" ou de um "Direito do Trabalho de emergência",

---

7 Por todos, nesse sentido, PORTO, Lorena Vasconcelos; PEREIRA, Ricardo José Macêdo de Britto. A Dispensa em Massa Após a Reforma Trabalhista. *In*: SIVOLELLA, Roberta Ferme; COLNAGO, Lorena de Mello Rezende; BOUCINHAS FILHO, Jorge Cavalcanti (org.). *Temas de Direito Coletivo e Processual Coletivo do Trabalho*. Brasília: Venturoli, p. 185-201, 2021, p. 187.

não se criou, desde 2020 ao menos, qualquer figura de estabilidade no emprego que comportasse, de forma excepcional, bem compreendido tudo o quanto já exposto, algum direito à reintegração na tônica das consequências que normalmente se requerem quando se aventa a declaração da nulidade de "despedida coletiva" ou "dispensa em massa".

O máximo que se construiu, nas excepcionalidades extraordinariamente aceitas pelo art. 7°, inciso I, da Constituição Federal, foi a criação, nesse período de pandemia, de uma mera figura de "garantia provisória no emprego", tal qual disposta no art. 10 da Lei n. 14.020/2020, nada equiparável a uma estabilidade que pudesse gerar o direito a uma reintegração.

De bom tom ainda frisar que, desde a edição da Lei n. 13.467/2017, o exemplo mais eloquente[8] da figura da estabilidade, excepcionalmente aceita e capaz de criar um direito à reintegração como se pretende para trabalhadores envolvidos em delimitações subjetivas de "dispensa em massa", mas ainda assim criada em contrapartida à previsão eventual de redução salarial, foi o da hipótese do art. 611-A, § 3°, da CLT.

No âmbito mais geral da jurisprudência que poderá advir no TST nesses primeiros momentos após o tema n. 638, portanto, os pleitos em prol de reintegrações estão em xeque.

3. Algumas especificidades do setor educacional

Se já não bastassem a complexidade e a tormentosa disparidade de entendimentos que recaem sobre a própria delimitação do que poderia vir a ser, no Brasil, a "despedida coletiva" ou a "dispensa em massa", a insegurança, afora a ansiedade que a discussão do tema vem gerando nos meios forenses adequados com posições ideológicas e de verdadeira caça aos "bandidos" do setor empresarial e patronal, é uma verdadeira hecatombe no ramo econômico da educação, particularmente da educação superior.

É que decisões condenatórias à reintegração no setor educacional, afora obviamente se caracterizarem como de grande complexidade para o cumprimento, seja no aspecto social de professores dispensados em situações que são classificáveis como de dispensa em massa, muitos dos quais já possuindo outras colocações profissionais, seja na dificuldade de as empresas do ramo poderem disponibilizar vagas de emprego após longo trâmite processual ou por conta da redução das atividades, ainda mais

---

8 Nesse sentido, BATISTA, Homero. *Legislação Trabalhista em Tempos de Pandemia*: Comentários às Medidas Provisórias 927e 936. São Paulo: Revista dos Tribunais, 2020, p. 17.

após o drama causada pela pandemia, o fato é que determinações em prol da reintegração só tem sentido se fosse para preservar as relações empregatícias e as exatas funções e atividades exercidas por professores à época das dispensas.

Com novas tecnologias, carestia que afeta a população, muitas instituições de ensino precisam prosseguir no planejamento acadêmico/institucional, o que, muitas vezes, faz surgir a adoção de novos modelos de ensino e a contratação de outros profissionais para atender as novas matrizes curriculares e demandas do alunado.

Com isso, um novo corpo docente deve ser formado e os modelos de ensino reformulados em grande parte, razão pela qual o planejamento acadêmico de uma instituição de ensino já deve ser realizado, inclusive com determinação de montagem de turmas vinculadas a disciplinas, com ampla exposição à comunidade escolar.

Se isso não bastasse, é impossível, por vezes, a uma instituição de ensino, particularmente privada e de ensino superior, promover reintegração de professores no atual cenário, uma vez que é vedado às empresas alterar o corpo docente e seu planejamento acadêmico no curso de um semestre letivo.

Instituições de ensino estão adstritas aos termos da Lei de Diretrizes e Bases da Educação Nacional (Lei n. 9.394/1996), de modo que não possuem autonomia, por vedação legal explícita, para modificar, ao seu prazer ou por terceiros, seu corpo docente durante o semestre letivo, nos exatos termos do art. 47, § 1º, inciso I, alínea "a", da Lei 9.394/1996.

No mesmo diploma legal, o referido art. 47, § 1º, em seu inciso IV, alínea "c", disciplina que as informações que devem ser prestadas pelas instituições de ensino, antes de cada período letivo "IV – deve ser atualizada semestralmente ou anualmente, de acordo com a duração das disciplinas de cada curso oferecido, observando o seguinte: (...) c) caso haja mudança na grade do curso ou no corpo docente até o início das aulas, os alunos devem ser comunicados sobre as alterações;".

E, ainda no art. 47, § 1º, inciso V, alíneas "a", "b" e "c", da Lei n. 9.394/1996, as informações a serem prestadas pelas instituições de ensino devem contar, entre outras, a identificação dos docentes que ministrarão as aulas em cada curso, as disciplinas que efetivamente ministrará no curso ou cursos, a titulação, abrangendo a qualificação profissional do docente e o tempo de casa do docente, de forma total, contínua ou intermitente.

De tudo, ou seja, do disposto no art. 47, § 1º, incisos I, alínea "a"; IV, alínea "c"; e V, alíneas "a", "b" e "c", da Lei n. 9.394/1996, tem-se que as instituições de ensino devem seguir, rigorosamente, os planejamentos acadêmicos definidos, matrizes curriculares, bem como disponibilizar, de forma antecipada, à comunidade acadêmica e, principalmente, aos alunos, a relação completa de seu corpo docente, em correspondências com os cursos e turmas geridos ou ministrados por aquele quadro de professores, com a respectiva formação, titulação, vedada qualquer alteração no curso do semestre, sob pena de poder sofrer com as fiscalizações regulares do Ministério da Educação.

Isso quer dizer que cumprir os comandos de decisões condenatórias em prol de reintegrações, decorrentes da declaração de nulidade de dispensas supostamente qualificadas como "coletivas", a despeito do disposto no art. 477-A da CLT, a despeito do sistema regrado do art. 7°, inciso I, da Constituição Federal, e a despeito do normativo da Reforma Trabalhista não ter sido declarado inconstitucional em linha com o disposto na Súmula Vinculante do STF, significaria, à qualquer instituição de ensino, curiosa e paradoxalmente, descumprir os comandos do art. 47, § 1º, incisos I, alínea "a"; IV, alínea "c"; e V, alíneas "a", "b" e "c", da Lei n. 9.394/1996, além do próprio art. 5º, inciso II, da Constituição Federal, comprometendo sua credibilidade perante a comunidade acadêmica, além do comprometimento de toda a programação e estruturação das atividades acadêmicas para um semestre letivo.

Não se pode olvidar, ademais, que instituições de ensino, como delegatárias do serviço público de ensino superior (nos moldes do art. 209, inciso II, da Constituição Federal; e do art. 16, inciso II, da Lei n. 9.394/1996), se descumprirem tais determinações legais, evidentemente serão punidas e afetará, inclusive, o prosseguimento de inteiros semestres letivos.

Além de ser uma questão atinente à legislação educacional brasileira, os Procon's têm fiscalizado o cumprimento das normas acima citadas, uma vez que os alunos são enquadrados na condição jurídica de consumidores e devem ter respeitados o direito à informação no ato da contratação da prestação de serviços, nos termos do art. 6º, inciso III, da Lei n. 8.078/1990 ("Código de Proteção e Defesa do Consumidor" - CPDC).

A proteção do consumidor nas relações de consumo é medida decorrente de mandamento constitucional expresso, uma vez que o legislador constituinte erigiu a sua defesa ao *status* de norma de direito fundamental e, ao mesmo tempo, a princípio geral da ordem econômica (arts. 5º, inciso XXXII; e 170, inciso V, da Constituição Federal).

Diante dessas circunstâncias, se a toda comunidade acadêmica e, sobretudo, aos alunos - consumidores - foram informados que o corpo docente seria aquele, referente ao início do ano letivo ou do semestre letivo, a instituição de ensino não pode alterá-lo ao alvedrio dos contratantes, sob pena de correr o risco de ser acionada regressivamente pelo descumprimento das regras consumeristas e civis aplicáveis, até porque o direito à informação também está diretamente ligado ao princípio da transparência (art. 4º, *caput*, do CPDC), traduzindo-se na obrigação do fornecedor de dar ao consumidor a oportunidade prévia de conhecer os produtos e serviços, gerando, outrossim, no momento de contratação, a ciência plena de seu conteúdo.

Se tudo já não bastasse, não se descarta a possibilidade de diversos cursos, turmas e disciplinas poderem ser extintas e/ou realocadas no processo de reorganização estrutural de instituições de ensino, de modo que não haveria a hipótese técnica de reintegração de professores cujas matérias, cujos cursos, cujas turmas ou cujas disciplinas, eventualmente, não integrarem as matrizes curriculares da instituição, sendo certo que não poderão, simplesmente, criar novas turmas no curso de um semestre letivo.

É certo que, na hipótese de uma reintegração forçada, ainda mais no curso do calendário acadêmico, forçaria uma instituição de ensino a dispensar outros tantos docentes outrora contratados, uma vez que é inviável a manutenção de um corpo docente ativo, paralelamente a outro, sem atividades acadêmicas, mas com igual percepção de salários.

De mais a mais, muitas normas coletivas entabuladas entre sindicatos de professores e instituições de ensino regram a possibilidade de contratações e dispensas se darem, exatamente, nas chamadas "janelas" do calendário acadêmico, nos meses de julho e dezembro/janeiro, tudo em observância ao disposto nos arts. 7°, inciso XXVI, da Constituição Federal; e 611-A, *caput*, da CLT.

Por tudo, e diante do debate que segue aceso no STF, é imperioso, considerando as particularidades dos vários setores econômicos, que a discussão em torno da "despedida coletiva" ou a "dispensa em massa" seja feita de forma neutra, democrática, com respeito às várias vertentes e enfoques envolvidos, sem a criação de heróis ou vilões e sem um ambiente de "caça às bruxas" ou de excessiva vitimização.

Por fim e como, recentemente, pontuaram Nelson Mannrich e Alessandra Barichello Boskovic,

> "Dispensa coletiva implica corte de postos de trabalho por motivos vinculados à empresa, como tecnológicos, econômicos, financeiros, conjunturais etc. Cabe ao empregador, que assume os riscos do negócio, decidir pelo dimensionamento do seu quadro de pessoal em face daquelas circunstâncias. Trata-se de direito potestativo, cujo exercício independe de negociação coletiva, ao contrário do que ocorre em legislações da Europa, por exemplo, por força de Diretiva da Comunidade Europeia. Lá, a negociação é obrigatória, com prazo certo, abrangendo apenas empresas com determi-

nado número de empregados e para dispensas coletivas ocorridas em determinado arco temporal."[9]

O que se pretende é que haja, em todo o debate, independentemente do tema n. 638, o império da lei, com o afastamento das inseguranças jurídicas que permeiam o debate e que afetam setores econômicos bem regrados, sem contaminação com invocações a experiências que se transmudem em vitimização de alguns ou em caça às bruxas a outros.

4. Referências bibliográficas

BATISTA, Homero. Legislação Trabalhista em Tempos de Pandemia: Comentários às Medidas Provisórias 927e 936. São Paulo: Revista dos Tribunais, 2020

MALLET, Estevão. Crise e Dispensa Coletiva. Revista LTr Legislação do Trabalho (Revista LTr 81-01). São Paulo: LTr, vol. 81, n. 1, janeiro: 24-32, 2017

MANNRICH, Nelson; BOSKOVIC, Alessandra Barichello. Dispensa Coletiva: é constitucional exigir negociação prévia? Disponível em: < https://www.jota.info/opiniao-e-analise/artigos/dispensa-coletiva-e--constitucional-exigir-negociacao-previa-08022022 >. Acesso em: 8 fevereiro 2022

MARTINS, Sérgio Pinto. Despedida Coletiva. *In*: CAVALCANTE, Jouberto de Quadros Pessoa; VILLATORE, Marco Antônio César (coord.). CLT: 70 Anos de Consolidação. Uma Reflexão Social, Econômica e Jurídica. São Paulo: Atlas, p. 289-305, 2013

PORTO, Lorena Vasconcelos; PEREIRA, Ricardo José Macêdo de Britto. A Dispensa em Massa Após a Reforma Trabalhista. *In*: SIVOLELLA, Roberta Ferme; COLNAGO, Lorena de Mello Rezende; BOUCINHAS FILHO, Jorge Cavalcanti (org.). Temas de Direito Coletivo e Processual Coletivo do Trabalho. Brasília: Venturoli, p. 185-201, 2021

9 Dispensa Coletiva: é constitucional exigir negociação prévia? Disponível em: < https://www.jota.info/opiniao-e-analise/artigos/dispensa-coletiva-e-constitucional-exigir--negociacao-previa-08022022 >. Acesso em: 8 fevereiro 2022

A ATUAÇÃO DO SUPREMO TRIBUNAL FEDERAL NO ÂMBITO DO ENSINO SUPERIOR PRIVADO: COORDENAÇÃO E RACIONALIZAÇÃO NO PERÍODO DA PANDEMIA DA COVID-19

Wallace Corbo[1]
Jorge Luis da Costa Silva[2]
Gabrielle Quelhas Mussauer[3]

SUMÁRIO: I - Notas introdutórias: o Supremo Tribunal Federal contra dois problemas do setor regulado - as falhas de coordenação federativa e as falhas de coordenação judicial; II - O controle de constitucionalidade de leis impositivas de descontos compulsórios em âmbito estadual: esforços de coordenação no cenário federativo; III - A ADPF 713: coordenação e racionalização das decisões proferidas por órgãos judiciais; IV - Conclusão.

1. Notas introdutórias: o Supremo Tribunal Federal contra dois problemas do setor regulado – as falhas de coordenação federativa e as falhas de coordenação judicial

O Supremo Tribunal Federal tem sido crescentemente chamado a dar soluções para questões variadas que atingem múltiplos aspectos da

---

1 Doutor e mestre em Direito Público pela Universidade do Estado do Rio de Janeiro. Professor da Escola de Direito do Rio de Janeiro da Fundação Getulio Vargas (FGV Direito Rio). Advogado.

2 Graduado em Direito pela Universidade do Estado do Rio de Janeiro. Advogado.

3 Graduada em Direito pela Universidade do Estado do Rio de Janeiro. Advogada.

vida social, política e econômica do país. Cada vez mais, ações que versam sobre políticas públicas - ora buscando substituí-las, corrigi-las ou invalidá-las - chegam à Corte, de quem a sociedade civil espera uma postura ativa. No contexto da regulação do ensino superior privado, a atuação que, até poucos anos, vinha sendo pontual - ainda que relevante - multiplicou-se exponencialmente com a eclosão da pandemia da Covid-19. Neste artigo, pretendemos demonstrar como o STF demonstrou, em julgamentos recentes, sua capacidade de incidir positivamente sobre o setor, fazendo conter os efeitos da crise e, eventualmente, abrindo o caminho para intervenções futuras eventualmente necessárias.

Nos casos abordados a seguir, entendemos que o STF endereçou dois dos principais problemas que já eram notados em outros setores econômicos.

Primeiro, o problema que podemos denominar de falha de coordenação federativa. A federação, como organização territorial do poder do Estado, implica criação de múltiplos centros autônomos de decisão. Isso, por si só, já permite concluir pela multiplicação dos conflitos entre estes diferentes centros - na medida em que, havendo divisão de competências entre um ente central (a União) e entes locais (como os Estados), potencialmente haverá dúvidas sobre qual é o escopo específico de atuação de cada um. No modelo brasileiro, em que a federação se desenvolve em três níveis e em um modelo de cooperação que estabelece não apenas competências privativas, como também competências concorrentes, o quadro de conflitos potenciais resta multiplicado exponencialmente. No âmbito do ensino superior privado, os conflitos envolvendo competências federativas tendem a gravitar em torno da interpretação do artigo 22, inciso I da Constituição Federal - que trata da competência privativa da União para legislar sobre direito civil - e o artigo 24, V da CRFB/1988, que prevê a competência concorrente de União, Estados e Distrito Federal para legislar sobre educação. Sendo a relação jurídica entre estabelecimentos de ensino e estudantes regidas por contratos, toda legislação que sobre ela incida suscita um problema de qualificação: trata-se de legislação sobre contratos ou sobre educação? Em diversas oportunidades, o STF já havia enfrentado o tema, seja quando tratou de leis que versavam acerca da cobrança de taxas e tarifas acessórias ao contrato, seja quando tratou de leis que versavam sobre o preço das avenças. O fato é, no entanto, que podendo - em tese - União e Estados falar sobre o mesmo tema, problemas de coordenação se colocam: o que acontece, afinal, quando os entes se contradigam por meio de atos distintos ou mesmo pela omissão de um deles? A consequência da ausência de coordenação entre decisões relevantes sobre o setor, por certo, traduz-se em uma falha anti-isonômica. Isto porque um mesmo agente pode se ver sujeito a regimes econômicos substancialmente distintos, atuando no mesmo setor, em Estados distintos.

De outro lado, a "judicialização da vida" no pós-1988, com a substancial ampliação do acesso a um Poder Judiciário difuso e atomizado conduz a um semelhante problema de coordenação. Neste caso, não se trata exatamente de um vício da federação - apesar de o Poder Judiciário refletir estruturas federativas - e sim de um vício próprio do sistema judicial. A independência dos órgãos judiciais, a ausência de mecanismos fortes de vinculação aos precedentes e fatores como o modelo difuso de controle permite que juízes diferentes, em casos substancialmente idênticos, decidam de maneira incompatível entre si. Mais uma vez, o vício anti-isonômico se coloca: um mesmo agente econômico pode se ver obrigado a conferir tratamento diferenciado para destinatários de seus serviços, a depende das decisões que estes possuam (ou não) a seu favor. Da mesma forma, diferentes agentes econômicos podem estar mais ou menos bem situados a depender de um fato aleatório: o quanto os destinatários de seus serviços estão dispostos a litigar.

É certo que, em um contexto de normalidade, o tempo de amadurecimento dos processos e da jurisprudência pode conferir respostas - ainda que tardias - a estes vícios de coordenação federativa e entre órgãos judiciais. Nem sempre é assim. A pandemia demonstrou que quadros repentinos e imprevisíveis podem gerar a necessidade de soluções rápidas, sob pena de os danos produzidos se tornarem irreparáveis ou levarem a abalos substanciais sobre um setor econômico. Afinal, estabelecimentos de ensino que tenham que suportar, como ocorreu a partir de 2020, perdas de receita de até 70% não poderiam aguardar o amadurecimento de órgãos judiciais até que estes vislumbrassem a insustentabilidade de decisões desse tipo.

É neste contexto que o Supremo Tribunal Federal despontou como agente relevante, evitando o agravamento da crise econômica e abrindo espaço, inclusive, para que possa dar resposta futura para problemas semelhantes, ainda que fora do contexto pandêmico.

2. O controle de constitucionalidade de leis impositivas de descontos compulsórios em âmbito estadual: esforços de coordenação no cenário federativo

A eclosão da pandemia de Coronavírus (Covid-19) fez com que o Governo Federal, os Governos Estaduais e as Prefeituras tivessem que adotar intensos mecanismos de controle e combate ao avanço do vírus, que variaram desde recomendações de higiene e regime de quarentena à população até a paralisação compulsória de atividades econômicas e comerciais consideradas não essenciais.

Os mais diversos setores da economia foram afetados pela adoção das variadas medidas impostas em prol da saúde pública; e a esfera educacional não fugiu a essa regra. Com determinações de suspensão das aulas presenciais sendo expedidas quase em cascata pelos entes da federação, as instituições de ensino públicas e privadas se viram obrigadas a fechar momentaneamente suas portas em março de 2020, tendo que adaptar, da noite para o dia, seus modelos de prestação dos serviços de ensino.

Não bastasse a situação pandêmica e essa fonte de preocupação - e custos - comum a todas as escolas e universidades, as instituições de ensino privadas ainda foram surpreendidas com outra angústia, quase tão inesperada quanto a Covid-19: a edição de leis estaduais versando sobre a concessão compulsória de descontos aos seus alunos. Tais leis dispunham, em síntese, que seriam devidos descontos lineares ao corpo estudantil das instituições de ensino privadas tão somente em razão da adoção do modelo de ensino síncrono em substituição às tradicionais aulas presenciais suspensas por determinação do Poder Público.

Para o fim desse artigo, mencionam-se especialmente as seguintes normas: Lei n. 17.208, do Estado do Ceará, publicada em 11 de maio de 2020; Lei n. 11.259, do Estado do Maranhão, publicada em 14 de maio de 2020; Lei n. 9.065, do Estado do Pará, publicada em 26 de maio de 2020, Lei n. 8.864, do Estado do Rio de Janeiro, publicada em 03 de junho de 2020 e Lei n. 14.279, do Estado da Bahia, publicada em 12 de agosto de 2020 - sendo certo que essas não foram as únicas normativas nesse sentido editadas no período pandêmico[4].

Apesar de todas as leis terem por objeto a redução das parcelas mensais devidas às instituições de ensino privadas durante o período de enfrentamento à Covid-19, a comparação entre elas deixava evidente sua atecnia. Com efeito, as normas determinavam obrigações muito discrepantes entre si, permitindo que empresas de um mesmo setor econômico ficassem sujeitas a regimes jurídicos distintos.

Enquanto as leis fluminense, piauiense e cearense determinavam a concessão de descontos de 15% a 30% (com fatores de escalonamento distintos em cada um dos estados), a lei do Maranhão definia parâmetros entre 10% e 30%, ao passo que a da Bahia definia entre 22,5% e 30% e do Pará em 30% - podendo ainda os percentuais serem alterados de acor-

---

4 Mencionam-se, exemplificativamente, a Lei n. 11.150, do Estado do Mato Grosso, publicada em 01.06.2020; a Lei n. 11.144, do Estado do Espírito Santo, publicada em 23.06.2020; e a Lei n. 7.383, do Estado do Piauí, publicada em 16.07.2020.

do com critérios quanto ao regime de tributação, número de alunos, valor das parcelas mensais exigidas, entre outros.

Além dos diferentes percentuais de descontos, algumas leis determinavam a criação de mesas de negociação para o estabelecimento de percentuais diversos a serem fixados entre estabelecimentos e estudantes, enquanto outras estabeleciam o afastamento de multas contratuais e impunham sanções às instituições de ensino que não as cumprissem. Mais uma vez, tudo definido diferentemente por cada um dos entes federativos responsáveis pela edição das normas, sem observar o devido processo legislativo.

Foi, então, também diante dessa constatação que foram endereçadas ao Supremo Tribunal Federal cinco ações diretas de inconstitucionalidade, ajuizadas contra cada uma das mencionadas leis estaduais que impunham descontos compulsórios e lineares sobre os preços fixados em contratos de ensino. Nas ações diretas de inconstitucionalidade de n. 6.423/CE, n. 6.435/MA, n. 6.445/PA, n. 6.448/RJ e n. 6.575/BA, foram expostos os diversos vícios de inconstitucionalidade formal e material que maculavam as normas.

Na perspectiva formal, apontou-se principalmente a violação da competência da União para legislar sobre direito civil, direito do trabalho, para legislar sobre o sistema de preços devidos às instituições privadas (já previsto na Lei n. 9.870/99) e para expedir regras gerais sobre ensino, educação e consumo.

Na perspectiva material, demonstrou-se que as legislações privilegiavam alunos que não foram afetados pela crise econômica (mas que apesar disso receberiam descontos), ao passo que impedia as instituições de ensino de efetivamente beneficiarem alunos que dependiam de descontos mais elevados para se manterem matriculados. Indicou-se ainda que as normas violavam os princípios da livre iniciativa (por estabelecer controle de preços), do ato jurídico perfeito (por incidir sobre contratos pretéritos), da proporcionalidade (por implicar redução substancial da receita de estabelecimentos, já afetada pelo aumento da inadimplência e da evasão causados pela crise econômica) e, com relação às instituições de ensino superior, da autonomia universitária.

Isso tudo somado ainda ao fato de que, se reputadas constitucionais, as leis poderiam provocar, pelo corte forçado de receita, o fechamento de centenas de instituições de ensino privadas de pequeno e médio porte, que poderiam não resistir à dupla crise – uma gerada pela desaceleração da economia, em razão das condições pandêmicas e outra oriunda da obrigação de concessão de descontos lineares aos discentes.

Decorreram do ajuizamento das ações diretas de inconstitucionalidade diversos pedidos de ingresso nos feitos na qualidade de *amici curiae*.

Conferindo legitimidade democrática ao controle concentrado de constitucionalidade, o Supremo Tribunal Federal admitiu vários deles. Colaboraram, desta forma, no processo decisório da Corte Superior, sem pretensão de esgotamento dos diversos *amici curiae*, a Associação Nacional das Universidades Particulares - ANUP, a Associação Nacional dos Centros Universitários - ANACEU, a Associação Brasileira de Mantenedoras das Faculdades Isoladas e Integradas - ABRAFI, a Associação Brasileira de Mantenedoras do Ensino Superior - ABMES e a Federação Nacional dos Estudantes Livres - FNEL.

Após a apresentação de dezenas manifestações - dos Requerentes, das Assembleias Legislativas Requeridas, dos *amici curiae*, de Governadores, da Procuradoria-Geral da República etc. - foram julgadas conjuntamente três das ações direta de inconstitucionalidade propostas, referentes às leis estaduais do Ceará, Maranhão e Bahia.

Naquele julgamento conjunto ocorrido em dezembro de 2020 - quando o fim da pandemia de Covid-19 era ainda muito distante -, o Plenário do Supremo Tribunal Federal declarou, por maioria, a inconstitucionalidade formal das três leis estaduais. Na ocasião, ficaram vencidos de forma substancial, mas em variadas extensões, os Ministros Cármen Lúcia, Edson Fachin, Marco Aurélio e Rosa Weber[5].

No voto vencedor, de lavra do Min. Alexandre de Moraes - relator da ADI n. 6.435/MA e redator dos acórdãos nas ADI n. 6.423/CE e n. 6.575/BA -, a principal conclusão foi pela inconstitucionalidade formal das normas, em razão da usurpação da competência privativa da união para legislar sobre direito civil, prevista no art. 22, I, da Constituição Federal de 1988. O Ministro Alexandre de Moraes cuidou de afastar em seu voto o argumento das assembleias legislativas no sentido de que as legislações fossem na verdade sobre direito do consumidor, cuja competência para legislar é concorrente aos Estados. Confira, a propósito, os seguintes trechos do voto condutor dos acórdãos:

> A Lei 17.208/2020 do Estado do Ceará, ao determinar a redução obrigatória e proporcional das mensalidades na rede privada de ensino durante o Plano de Contingência da Covid-19, viola a competência da União para legislar sobre Direito Civil (art. 22, I, CF), por se tratar de norma abstrata sobre direito civil, afastando-se da competência concorrente dos estados para editar normas sobre responsabilidade por danos aos consumidores (art. 24, V, CF).[6]

5 Registra-se que o Ministro Dias Toffoli declarava a inconstitucionalidade formal e material das leis.

6 ADI n. 6.423/CE.

> A Lei 11.259/2020, na redação dada pela Lei 11.299/2020 do Estado do Maranhão, ao determinar a redução obrigatória e proporcional das mensalidades na rede privada de ensino durante o Plano de Contingência da Covid-19, viola a competência da União para legislar sobre Direito Civil (art. 22, I, CF), por se tratar de norma abstrata sobre direito civil, afastando -se da competência concorrente dos Estados para editar normas sobre responsabilidade por danos aos consumidores (art. 24, V, CF).[7]

> A Lei 14.279/2020 do Estado da Bahia, ao determinar a redução obrigatória e proporcional das mensalidades na rede particular de ensino, em decorrência das medidas restritivas de caráter temporário para enfrentamento da emergência de saúde pública decorrente do coronavírus, viola a competência da União para legislar sobre Direito Civil (art. 22, I, CF), por se tratar de norma abstrata sobre direito civil, afastando -se da competência concorrente dos estados para editar normas sobre responsabilidade por danos aos consumidores (art. 24, V, CF).[8]

Em maio de 2021, o Supremo Tribunal Federal voltou a enfrentar o tema da inconstitucionalidade das leis estaduais de descontos no julgamento da ADI n. 6445/PA, inicialmente distribuída à relatora do Ministro Marco Aurélio. Com pequena distinção em relação ao ocorrido no julgamento das ações diretas de inconstitucionalidade apreciadas anteriormente, dessa vez Corte Superior declarou não só a inconstitucionalidade formal, mas também material da Lei n. 9.065/2020, do Estado do Pará. Nessa ocasião, as divergências foram atenuadas, ficando vencidos substancialmente apenas os Ministros Edson Fachin, Marco Aurélio e Rosa Weber[9].

Diferentemente do voto do Ministro Alexandre de Moraes, que reconhecia a inconstitucionalidade das normas estaduais apenas em razão da usurpação de competência privativa da União, no julgamento da ADI n. 6.445/PA, o voto vencedor foi proferido pelo Ministro Dias Toffoli, que reconheceu tanto a inconstitucionalidade formal e material da lei paraense. Veja-se, nesse sentido, o seguinte trecho do acórdão:

> Em que pese seu nobre intuito, o legislador paraense invadiu indevidamente o espaço da liberdade de iniciativa, na medida em que impôs uma redução na receita das instituições privadas de ensino do estado sem qualquer contrapartida e de forma anti-isonômica, já que atribuiu especificamente ao setor da educação privada o dever de compensar os prejuízos experimentados pelos particulares em razão da pandemia.

---

7 ADI n. 6.435/MA.

8 ADI n. 6.575/BA.

9 Registra-se que os Ministros Alexandre de Moraes e Luís Roberto Barroso declaravam apenas a inconstitucionalidade formal da lei.

> Não se desconsidera que o acesso à educação e a defesa do consumidor são direitos com estatura constitucional e que podem ensejar uma intervenção do Poder Público caso o comportamento da iniciativa privada importe em obstrução a seu exercício.
>
> Entretanto, na espécie, a edição da lei impugnada está atrelada a fatores externos à atividade econômica afetada, quais sejam, os efeitos de uma emergência internacional de saúde, os quais atingiram tanto pessoas físicas como jurídicas e cuja obrigação de mitigação não pode ser transferida a um ou outro agente privado.[10]

Finalmente, em setembro de 2021, o Supremo Tribunal Federal teve oportunidade de consolidar a jurisprudência que começou a firmar quase um ano antes. No julgamento da ADI n. 6448/RJ, foi declarada por unanimidade a inconstitucionalidade formal da Lei n. 8.864/2020, do Rio de Janeiro. Nessa oportunidade, os Ministros Edson Fachin, Carmen Lúcia e Rosa Weber acompanharam, com ressalvas de suas posições pessoais, o que hoje já se pode indicar como o posicionamento consolidado da Corte Superior quanto ao tema.

Como já era de se esperar a essa altura, a declaração de inconstitucionalidade da norma fluminense ocorreu em termos quase idênticos aos dos acórdãos anteriores:

> A Lei estadual, ao impor a redução das mensalidades na rede privada de ensino durante a vigência do estado de calamidade pública decretado em razão da pandemia do coronavírus, adentrou na competência privativa da União, prevista no art. 22, I, da Constituição Federal, para legislar sobre direito civil.[11]

Após a declaração de inconstitucionalidade das normas, diversas assembleias legislativas requereram a modulação dos efeitos da decisão, mas os pedidos foram rejeitados pela Suprema Corte, em razão da inexistência de hipótese de singular excepcionalidade que justificasse a adoção de efeitos *ex nunc* nos acórdãos. Dessa maneira, foi confirmada a retroatividade das declarações de inconstitucionalidades nas cinco ações diretas de inconstitucionalidade aqui narradas.

Tais decisões, ainda que recentes, já impactaram diversas ações judiciais em curso perante os tribunais de justiça, seja para afastar descontos antes concedidos equivocadamente concedidos pelo Poder Judiciário[12], seja para impedir que escolas e universidades particulares fossem

10 ADI n. 6.445/PA.

11 ADI n. 6.448/RJ.

12 Foi o que ocorreu, por exemplo, nos processos de n. 0104025-51.2020.8.05.0001 e 0002282-86.2020.8.05.0004, julgados pelo Tribunal de Justiça do Estado da Bahia.

sancionadas pelo descumprimento de legislações flagrantemente inconstitucionais[13].

O que se vê, desta forma, é que agindo de acordo com uma função classicamente atribuída a tribunais supremos - o de árbitro da federação - o Supremo Tribunal Federal foi capaz de agir para conter falhas de coordenação entre diferentes Estados. É certo que características particulares de cada Estado podem ensejar a adoção de determinadas medidas legislativas no âmbito do setor de ensino - sob pena de se transformar o artigo 24, V, CRFB/1988 em letra morta. No contexto da livre iniciativa e da livre concorrência, no entanto, tais medidas não devem interferir com a capacidade de agentes econômicos de desenvolver o cerne de suas atividades com a autonomia assegurada pela Constituição aos estabelecimentos de ensino. Vê-se, portanto, que mesmo além do contexto pandêmico - uma realidade extraordinária e imprevisível - a atuação do Supremo Tribunal Federal pode ser positiva no sentido de se evitar desequilíbrios de mercado que a atuação incongruente entre si de diferentes Estados pode produzir.

3. A ADPF 713: coordenação e racionalização das decisões proferidas por órgãos judiciais

Se, por um lado, as mencionadas ADI expõem uma hipótese em que o STF atuou no sentido de coordenar e limitar a atuação dos entes federativos, em favor da isonomia, da livre iniciativa e de outros princípios constitucionais, por outro as decisões não endereçavam diretamente uma dificuldade que se acentuava desde a eclosão da pandemia.

Isto porque, em paralelo aos atos legislativos editados naquele contexto, uma série de decisões judiciais, emanadas de órgãos distintos, em ações individuais e coletivas, também pretenderam impor às instituições de ensino descontos obrigatórios e lineares sobre os valores devidos pelos alunos. Da mesma maneira que as leis estaduais de descontos, tais decisões não guardavam qualquer uniformidade.

No campo das ações coletivas, cite-se a título exemplificativo as ações ajuizadas perante os Tribunais de Justiça dos Estados de Alagoas, de Minas Gerais, do Rio de Janeiro e da Bahia. Em Alagoas, a Defensoria Pública do Estado ajuizou ação civil pública buscando reduzir em 30% o valor líquido das parcelas de semestralidade e anuidade devidas pelos alunos de instituição de ensino superior enquanto durassem as medidas

13 É o caso, por exemplo, dos processos de n. 0822289-37.2020.8.10.0001 e de n. 1035046-29.2020.8.11.0041, julgados pelo Tribunal de Justiça do Estado do Maranhão e pelo Tribunal de Justiça do Estado do Mato Grosso, respectivamente.

de isolamento social que impediam o desenvolvimento de atividades presenciais. O pedido chegava a ser aumentado para 50% no caso de estudantes com disciplinas teóricas e práticas[14]. Em Minas Gerais, a União Estadual dos Estudantes de Minas Gerais ajuizou ação civil pública em desfavor de cinco instituições privadas de ensino superior[15], postulando a concessão de desconto sobre as parcelas devidas a título de contraprestação dos serviços educacionais prestados. No Rio de Janeiro, a Defensoria Pública e o Procon estaduais ajuizaram medidas coletivas em face de outra instituição de ensino superior, requerendo também o controle de preços mediante decisão judicial para reduzir as prestações devidas pelos estudantes em 30%, além de requererem diversas outras providências[16]. Na Bahia, em sede de procedimento de tutela antecipada requerida em caráter antecedente à ação civil pública, o Ministério Público Estadual requereu a redução de 30% do valor das mensalidades de cursos de graduação e de pós-graduação, independentemente da forma de contratação inicial (presencial ou ensino a distância), mantendo-se o novo valor das cobranças enquanto durasse a pandemia.

E em cada uma destas seis ações civis públicas e em centenas de ações individuais ajuizadas com o mesmo escopo, os respectivos juízos chegaram a conclusões diametralmente opostas ou substancialmente distintas. Diferentemente da questão enfrentada nas ADI já mencionadas, aqui a questão federativa ocupava papel secundário - na medida em que a competência privativa da União não restava desafiada, visto que os descontos por vezes eram impostos com referência genérica à teoria da imprevisão (de arrimo civilista e consumerista).

Em realidade, a proliferação de uma interpretação jurisprudencial violadora de preceitos fundamentais da ordem constitucional - a exemplo da livre iniciativa e da autonomia universitária - tinha como efeito atacar a própria segurança jurídica e a isonomia no campo das decisões judiciais, na medida em que indivíduos em idêntica situação jurídica obtêm provimentos jurisdicionais absolutamente díspares. O caso remonta à clássica narrativa de Piero Calamandrei, em *"Eles, os juízes, vistos por um advogado"*:

---

14 Processo n. 07114887620208020001, ajuizada perante a 4ª Vara Cível da Capital do Estado de Alagoas.

15 São elas (i) Centro Universitário do Triângulo - UNITRI, (ii) Faculdade ESAMC Uberlândia, (iii) Faculdade Presidente Antônio Carlos de Uberlândia, (iv) Faculdade Uberlandense de Núcleos Integrados de Ensino, Serviço Social e Aprendizagem e (v) Universidade de Uberaba.

16 Processos n. 0095651-56.2020.8.19.0001 e 0094469-35.2020.8.19.0001, ajuizado perante a 3ª Vara Empresarial da Capital do Tribunal de Justiça do Estado do Rio de Janeiro.

> O recorrente, que numa das salas perdeu a causa, teria ganhado (com os mesmos argumentos) se tivesse sido julgado na sala ao lado. Quando saiu ao corredor, onde as portas das salas se abrem uma ao lado da outra, estava estupefato com essa diferença, inexplicável para um profano; e naturalmente, descontava em seu advogado:
> - Está claro que o senhor errou na defesa...
> - Não - replicou o advogado -, errei foi de porta.[17]

De fato, em cada porta aberta, uma nova decisão era descoberta, cada uma partindo de premissas absolutamente distintas, seja para deferir, seja para indeferir o pedido formulado, gerando gravíssima insegurança jurídica, não só para as instituições de ensino superior, mas para os próprios estudantes.

Diante destas circunstâncias, em julho de 2020, a Associação Nacional das Universidades Particulares (ANUP) ajuizou a Arguição de Descumprimento de Preceito Fundamental (ADPF) n. 713 contra este conjunto de decisões judiciais, proferidas por diferentes juízos vinculados à pluralidade de Tribunais de Justiça estaduais que firmaram interpretação no sentido de que cabe a aplicação de medidas de controle de preços no setor de ensino superior privado em razão das medidas de isolamento social determinadas por Estados e Municípios.

No âmbito da Suprema Corte, a referida ADPF foi distribuída à relatoria da Ministra Rosa Weber. Em 18 de novembro de 2021, o Supremo Tribunal Federal concluiu o julgamento da ADPF n. 713 para afirmar:

> [A] inconstitucionalidade das interpretações judiciais que, unicamente fundamentadas na eclosão da pandemia da Covid-19 e no respectivo efeito de transposição de aulas presenciais para ambientes virtuais, determinam às instituições de ensino superior a concessão de descontos lineares nas contraprestações dos contratos educacionais, sem considerar as peculiaridades dos efeitos da crise pandêmica em ambas as partes contratuais envolvidas na lide.

Nos termos do voto da Ministra Relatora Rosa Weber, a declaração de inconstitucionalidade decorre do reconhecimento de que a imposição de descontos lineares nas prestações mensais devidas pelos alunos no contexto da pandemia viola os preceitos fundamentais da livre iniciativa, da autonomia universitária e da proporcionalidade.

A violação à livre iniciativa ocorre porque o entendimento judicial que determina descontos lineares nas contraprestações devidas às instituições de ensino superior particulares retira a possibilidade de negocia-

17 CALAMANDREI, Piero. *Eles, os juízes, vistor por um advogado*. 2. ed. São Paulo: Editora WMF Martins Fontes, 2015, p. 102.

ção entre as partes e de se encontrar o equilíbrio entre a proteção do consumidor e a manutenção do ensino em tempos de pandemia. Nesse sentido, afirmou-se que *"a imposição de descontos lineares desconsidera as peculiaridades de cada contrato individualmente considerado e viola a livre iniciativa, por impedir a via da renegociação entre as respectivas partes envolvidas"*.

Também foi reconhecida a violação à autonomia universitária, na medida em que a imposição judicial dos descontos *"tem a capacidade de gerar relevante impacto a obtenção de recursos financeiros suficientes"*. Dessa forma, a Ministra Relatora destacou que:

> (...) cabe, pois, a cada universidade ou instituição de ensino superior gerir os específicos contratos educacionais e efetuar eventuais negociações com consequentes descontos na contraprestação financeira de acordo com a peculiaridade de cada curso e com a realidade econômica particular de cada discente, sem prejuízo da apreciação judicial da avença, também à luz das especificidades contratuais surgidas após a eclosão da pandemia e da necessidade de manutenção da prestação do ensino sob o novel formato exigido.

Para corroborar a tese de violação à autonomia universitária, a Ministra considerou que o silêncio do legislador federal acerca dos contratos de prestação de serviços educacionais durante a pandemia revela a *"opção pela manutenção geral dos termos dos contratos educacionais e, em se tratando de ensino superior, da autonomia financeira que, como visto, compõe a autonomia universitária"*.

Nesse sentido, considerando que os contratos educacionais não foram abarcados pela legislação que dispõe sobre o Regime Jurídico Emergencial e Transitório das relações jurídicas de Direito Privado, a Ministra concluiu ser inconstitucional não só a edição de lei estadual sobre o tema, por violação da competência privativa da União, como também *"a prolação de decisão judicial que, com as vestes de legislador, estabelece critérios gerais não determinados pela Lei 14.010/2020, para reduzir, de forma ampla e inespecífica, a contraprestação de serviços educacionais"*.

Do mesmo modo, reconheceu-se a violação à proporcionalidade porque os descontos lineares nas contraprestações devidas às instituições de ensino superior não são adequados, necessários e proporcionais em sentido estrito. Na linha desse raciocínio, a Ministra asseverou que:

> O sopesamento entre os custos e benefícios da interferência conduz à conclusão de que os custos suportados pelas instituições superam os benefícios que poderiam ser ofertados aos discentes que verdadeiramente necessitem renegociar a contraprestação prevista contrato celebrado. A generalidade da medida culmina no desfrute da benesse também por quem de nenhum

modo sofreu perda econômica efetiva em decorrência da pandemia da Covid-19.

O caso da ADPF 713 revela, assim, como os esforços de coordenação e racionalização do Supremo Tribunal Federal podem se voltar, também, para dentro da própria estrutura judiciária. É certo que, nos últimos anos, o Poder Judiciário brasileiro pôde amadurecer seus entendimentos acerca de múltiplas questões jurídicas. A independência dos órgãos judiciais, no entanto, pode produzir efeitos especificamente deletérios sobre setores econômicos maduros sempre que questões jurídicas novas - como a regulação de contratos na pandemia - surgem e são amplamente judicializadas. Neste contexto, a atuação do Supremo Tribunal Federal - que não exclui, no campo da definição adequada de competências, a do STJ - é capaz, por um lado, de assegurar uma mínima coordenação dos órgãos judiciais em torno de sentidos bem-definidos de preceitos e princípios constitucionais fundamentais. Por outro, o STF promove, desta forma, uma racionalização da jurisprudência, de modo a evitar a multiplicação de respostas jurídicas inadequadas cujos danos, novamente, poderiam ser absolutamente irreversíveis se sujeitos ao tempo regular do processo.

4. Considerações finais

A pandemia da Covid-19 exigiu do Supremo Tribunal Federal, entre muitos outros relevantes assuntos, a atuação ágil de modo a coordenar de maneira eficiente diferentes agentes políticos e jurídicos no campo da regulação dos contratos de ensino. Ao demonstrar uma especial preocupação com o resguardo da livre iniciativa, da segurança jurídica e da preservação do bom funcionamento do mercado, o Supremo igualmente abriu caminho para se pensar novas possibilidade de sua atuação. Afinal, a pandemia não resume os diversos temas em que a atuação deficiente dos poderes representativos, dos entes federativos e dos órgãos judiciais pode interferir de maneira drástica sobre o setor, exigindo uma atuação ágil, eficiente e segura. E, no campo do ensino superior privado, proteger o setor é também assegurar, como ressoa evidente, o acesso à educação de milhares de estudantes em todo o Brasil.

REFORMA TRIBUTÁRIA E O ENSINO SUPERIOR PRIVADO

Paulo Tedesco[1]
Roberto Quiroga[2]

Sumário: I. Introdução; II. A exaustão do Sistema Tributário Nacional; II.1 As características do Sistema Tributário Nacional; II.2 A teoria econômica para a repartição das competências tributárias; II.3 Os questionamentos ao modelo brasileiro; II.4 O regime tributário hoje aplicável às entidades de ensino privadas; II.5 As propostas de reforma tributária em debate; II.6 Pontos não disciplinados pelos projetos de reforma; II.7 Considerações sobre os impactos de possível reforma tributária sobre as instituições de ensino privado; III. Conclusão.

1. Introdução

Em passado recente tornou-se recorrente o debate a respeito de uma reforma substancial no Sistema Tributário Nacional, defendida com o propósito de tornar o ambiente exacional brasileiro economicamente mais eficiente, mais racional e mais simples.

Esses vetores impulsionaram modelos tributários pautados sobretudo pela unificação ou redução de quantidade de tributos indiretos e de

1 Advogado. Sócio Tributário no Mattos Filho. Bacharel em Direito, Universidade Federal de Santa Catarina (UFSC). Graduação em Ciências Contábeis, Universidade do Sul de Santa Catarina (UNISUL). Especialização em Direito Tributário, Pontifícia Universidade Católica de São Paulo (PUC-SP). Mestrado em Direito Tributário, Universidade de São Paulo (USP).

2 Advogado. Sócio Tributário no Mattos Filho. Bacharel em Direito, Universidade Presbiteriana Mackenzie. Mestre em Direito Tributário, Pontifícia Universidade Católica de São Paulo (PUC-SP). Doutor em Direito Tributário, Pontifícia Universidade Católica de São Paulo (PUC-SP).

suas alíquotas, o que tenderia a reduzir resíduos tributários nas cadeias não cumulativas e a tornar mais simples as apurações dos tributos.

A aplicação desses modelos, contudo, causa reflexos significativos a uma série de setores econômicos, que hoje operam segundo outro regime tributário.

Um dos setores potencialmente mais afetados é o do ensino superior privado, que hoje é o protagonista na oferta de oportunidades de educação superior no país. A despeito disso, embora o ensino superior privado colabore de forma substancial no acesso a universidades e a faculdades, o atingimento das metas hoje estabelecidas para ampliação de escolarização da população ainda se mostra distante.

O presente texto propõe análise crítica a respeito desse relevante debate com vistas a buscar equacionar as necessidades hoje postas de modernização do sistema tributário frente aos compromissos do país com ampliação da escolarização superior da população.

2. A exaustão do Sistema Tributário Nacional

2.1. As características do Sistema Tributário Nacional

O Sistema Tributário Nacional tem traços característicos bastante peculiares se comparado ao concebido em outros países.

No Brasil, instituiu-se competência tributária para a exigência de tributos em três níveis federativos, facultando aos Municípios a prerrogativa de legislar em matéria tributária e cobrar suas próprias exações.

Além de fracionar as competências nesses três níveis, o modelo federativo brasileiro buscou reservar quinhão de autonomia financeira aos entes federativos, mediante a alocação de tributos com elevada vocação arrecadatória a estados e municípios.

O protagonismo federativo de todos os entes foi a mola mestre para a concepção do modelo tributário brasileiro. A primeira preocupação foi assegurar que essa pulverização da base tributária mitigasse ao máximo a dependência de entes subnacionais da União, evitando-se assimetria na relação entre Municípios, Estados e o ente central.

2.2. A teoria econômica para a repartição das competências tributárias

O foco neste vetor deslocou para papel coadjuvante as orientações da ciência econômica para a formação de um sistema tributário eficiente.

No plano econômico, a política fiscal deve se ocupar primordialmente de três funções: estabilizadora, redistributiva e alocativa[3].

A função estabilizadora tem como propósito assegurar o crescimento econômico e foca sobretudo em objetivos da ciência econômica como a busca do pleno emprego e do controle da inflação. Trata-se de preocupações do governo central e que só a ele podem ser acometidas, por dispor das ferramentas macroeconômicas fundamentais para tanto. Tributos que possam repercutir diretamente sobre esses objetivos são vocacionados ao ente central.

A função redistributiva busca reduzir desigualdades sociais e, igualmente, deve ser centralizada. A distribuição equitativa da renda deve buscar melhor equilíbrio econômico entre pessoas e, inclusive, entre regiões, desiderato tangível apenas ao governo federal.

Já a função alocativa tem relação direta com a maior capacidade para tomada de decisão quanto à destinação dos valores arrecadados. Neste ponto, os entes subnacionais têm melhor visibilidade das necessidades e, com isso, conseguem otimizar o gasto público, canalizando-o às demandas prioritárias.

Para que essas funções sejam adequadamente desempenhadas, a ciência econômica sugere a observação de uma série de características do tributo a ser exigido, como os da mobilidade da base tributária, perfil redistributivo, elasticidade da base tributária e complexidade de apuração do tributo.

Mobilidade da base tributária representa a opção dada ao contribuinte de deslocar o local da ocorrência do fato jurídico tributário para se sujeitar a exigência de tributo menos oneroso[4]. Quanto mais móvel a base tributária, maiores serão as chances de instituição de guerra fiscal entre os entes. No plano brasileiro são comuns as guerras fiscais entre Estados para a exigência do ICMS e Municípios para o ISS; em ambas as hipóteses são recorrentes as escolhas de contribuintes brasileiros de deslocarem inclusive seus fatores de produção para entes com carga tributária mais convidativa, alterando artificialmente as cadeias de produção para um melhor aproveitamento fiscal.

O perfil redistributivo está relacionado sobretudo à instituição de cargas tributárias assimétricas, típicas da progressividade e, no caso do

3 MARTINEZ-VAZQUEZ, Jorge; MCLURE, Charles; VAILLANCOURT, François. Revenues and Expenditures in an Intergovernmental Framework. *In*: BIRD, Richard Miller; VAILLANCOURT, François (Orgs.). *Perspectives on Fiscal Federalism*. Washington: The World Bank, 2006. p. 15-34.

4 MENDES, Marcos. Federalismo Fiscal. *In* BIDERMAN, Ciro; ARVATE, Paulo. *Economia do Setor Público no Brasil*. Rio de Janeiro: Elsevier, 2004.

ICMS, também da seletividade. Esse tipo de política tende a ser mais bem-sucedida se adotada pelo ente central, evitando-se migrações regionais que podem causar consequências econômicas indesejadas[5].

A elasticidade da base tributária mede o comportamento do contribuinte frente à oscilação dos preços causada pela alteração da carga tributária imposta na operação. Trata-se de característica vital no contexto do ensino superior privado, conforme se pontuará com mais vagar linhas adiante, na medida em que a majoração significativa da carga tributária pode impactar de forma direta o valor da mensalidade, com possíveis reflexos em evasão escolar, além de inibir a entrada de novos alunos e mesmo de novos entrantes no sistema.

Já a complexidade de apuração do tributo é circunstância avessa a tributos exigidos por entes subnacionais, pois tornam a gestão fiscal desproporcionalmente onerosa e implicam a replicação de modelos trabalhosos ao contribuinte perante os demais entes que exigem a mesma exação. O ICMS é genuíno exemplo de inobservância dessa diretriz por se tratar de tributo de elevada complexidade, que consome recursos expressivos para sua fiscalização pelos Estados e para seu recolhimento pelos contribuintes.

2.3. Os questionamentos ao modelo brasileiro

No Brasil, os tributos indiretos foram distribuídos entre União, Estados e Municípios.

À União compete a exigência do Imposto sobre Produtos Industrializados (IPI), de feição inequivocamente indireta. Ademais, detém a titularidade da Contribuição ao PIS e da Contribuição para o Financiamento da Seguridade Social (COFINS), que ostentam características mistas, de tributação direta e indireta.

Aos Estados, o constituinte reservou o tributo indireto de maior calibre, o Imposto sobre Operações Relativas à Circulação de Mercadorias e Sobre Prestações de Serviços de Transporte Interestadual e Intermunicipal e de Comunicação (ICMS).

Os Municípios, por sua vez, detêm a competência para a exigência do Imposto sobre Serviços de Qualquer Natureza (ISS).

---

5 MARTINEZ-VAZQUEZ, Jorge; MCLURE, Charles; VAILLANCOURT, François. Revenues and Expenditures in an Intergovernmental Framework. *In*: BIRD, Richard Miller; VAILLANCOURT, François (Orgs.). *Perspectives on Fiscal Federalism*. Washington: The World Bank, 2006. p. 15-34.

Além de haver fracionamento da competência, todos esses tributos apresentam regimes de apuração alternativos e alíquotas diversas em função de uma série de critérios econômicos.

Esse modelo acaba por trazer consequências indesejadas.

De início, a tendência mundial da tributação indireta é se pautar pela não cumulatividade, de forma que os tributos tenham a menor interferência possível no ciclo econômico das mercadorias e serviços. Em seu cenário ótimo, a não cumulatividade assegura ao adquirente créditos escriturais equivalentes ao tributo pago pelo fornecedor, anulando-se os efeitos econômicos decorrentes da incidência do tributo e conduzindo o ônus tributário da cadeia ao consumidor.

O modelo brasileiro apresenta uma série de ineficiências, que reduzem sobremaneira essa neutralidade.

A primeira delas consiste no acúmulo relevante de resíduos tributários, ou seja, a mitigação prática dos efeitos econômicos da não cumulatividade. De largada, o ISS é cumulativo. Ademais, os demais tributos, especialmente o ICMS, a COFINS e a Contribuição ao PIS apresentam inúmeras restrições a creditamentos de determinadas aquisições. Também não se permite creditamento entre os tributos: os ciclos econômicos muitas vezes envolvem o entrelaçamento de operações sujeitas a tributos não cumulativos diversos e o crédito de um não aproveita ao outro. Não bastasse, há uma série de exonerações tributárias e regimes especiais que impedem o creditamento pleno pelo adquirente. No polo oposto, mas igualmente indesejada, está o acúmulo de créditos escriturais desses tributos, situação corriqueira, em que o adquirente apropria valores superiores aos seus débitos, formando resíduo tributário consistente nos tributos incidentes nas operações anteriores que, embora tenham gerado crédito, não são recuperados. O resultado é o acúmulo de resíduos tributários, o que encarece a mercadoria e o serviço brasileiros frente aos estrangeiros, reduzindo-se a competitividade nacional.

A segunda consiste na guerra fiscal, decorrente da grande mobilidade da base tributária do ISS e do ICMS. São recorrentes as escolhas dos contribuintes brasileiros por estabelecerem seus negócios nas praças mais atrativas no ponto de vista fiscal, o que provoca concorrência degenerativa entre os entes fiscais[6] e o deslocamento artificial dos fatores de produção, encarecendo produtos e serviços.

A terceira é a complexidade: além da União, cada Estado e cada Município institui sua própria legislação relativa aos tributos que exige, alguns deles de árida apuração, notadamente o ICMS.

---

6 BEVILACQUA, Lucas. Federalismo, ICMS e Guerra Fiscal. *Federalismo Fiscal: Questões Contemporâneas*. São José: Conceito Editorial, 2010.

2.4. O regime tributário hoje aplicável às entidades de ensino privadas

No plano indireto, as instituições de ensino superior, hoje, sujeitam-se à exigência da COFINS, da Contribuição ao PIS e do ISS.

Com frequência a COFINS e a Contribuição ao PIS são indevidas ou parcialmente devidas em função da regra de imunidade do art. 195, § 7º, da Constituição, no caso das instituições sem fins lucrativos; ou, então, da isenção outorgada pelo art. 8º da Lei n. 11.096/05, que instituiu o Programa Universidade para Todos (PROUNI), quando a instituição aderir ao referido programa. Se devidas, a COFINS e a Contribuição ao PIS são exigidas na sistemática cumulativa, com alíquotas de 3% e 0,65%, respectivamente.

Já o ISS tem alíquota mínima de 2% e máxima de 5%, conforme, respectivamente, o art. 88, I, do Ato das Disposições Constitucionais Transitórias e 8º, II, da Lei Complementar n. 116/03.

Na prática, portanto, a tributação indireta das instituições de ensino privadas orbita entre 2% e 5%, além de eventual exigência da COFINS e da Contribuição ao PIS, que se mostram incomuns no setor.

2.5. As propostas de reforma tributária em debate

Nos últimos anos diversas propostas de reforma tributária emergiram e provocaram alongados debates entre o Poder Público e representantes da sociedade civil.

A despeito dos intensos debates, não há hoje proposta avançada a ponto de se considerar concretamente sua aprovação no curto prazo.

Sem prejuízo, no plano da tributação indireta, que é mais relevante para o presente estudo, as propostas apresentam certo grau de convergência quanto à iniciativa de unificação de exações e à uniformização ou, ao menos, a redução relevante da quantidade de alíquotas distintas previstas pela legislação.

Ilustrativamente, caso aprovado o Projeto de Lei n. 3.887/19, para instituição da Contribuição sobre Bens e Serviços em substituição à Contribuição ao PIS e à COFINS, a alíquota a ser praticada seria de 12%.

De quebra, a isenção outorgada pela lei do PROUNI deixa de ser aplicável, pois, segundo o art. 177, II, do Código Tributário Nacional, "Salvo disposição de lei em contrário, a isenção não é extensiva aos tributos instituídos posteriormente à sua concessão".

Com isso, setores, produtos e serviços que hoje são menos onerados terão incremento em sua carga tributária. No caso das instituições de ensino privadas, hoje usualmente exoneradas da Contribuição ao PIS e da COFINS, a majoração tende a ser integral, ou seja, a equivaler a doze pontos percentuais em sua carga tributária.

Outros efeitos indiretos poderão vir a ocorrer, desta vez de forma indireta, como a possível perda da alíquota zero da Contribuição ao PIS e da COFINS sobre a venda de livros, prevista no art. 8º, § 12, XII, da Lei n. 10.865/04. A conjugação da revogação dessa exoneração com regime tributário mais oneroso às instituições de ensino privadas torna o ambiente menos convidativo ao aluno potencial e ao efetivo, inibindo a ampliação do acesso à educação superior, pois além de mensalidades potencialmente mais caras, o material escolar tende a se tornar menos acessível.

Se, por outro lado, vier a ser aprovado a Proposta de Emenda Constitucional n. 45/19, haveria a unificação de cinco tributos: IPI, Contribuição ao PIS, COFINS, ICMS e ISS, com estipulação de alíquota de cerca de 25%[7]. Nesta hipótese, portanto, a elevação da carga tributária hoje imposta às instituições de ensino superior privadas seria ainda mais significativa, provavelmente superando vinte pontos percentuais.

Segundo estudo do Fórum das Entidades Representativas do Ensino Superior Particular[8-9], o impacto de eventual aprovação do Projeto de Lei n. 3.887/19 representaria elevação imediata do valor das mensalidades em até 11%, impondo no país modelo tributário deveras mais gravoso do que o praticado pela maioria dos países, que isentam as mensalidades da exigência de tributos, conforme levantamento obtido partir de estudo da Ernst & Young.

---

7 PARA governo, reforma tributária da Câmara criaria maior imposto do mundo. *Exame*, São Paulo, 16 de jun. de 2019. Disponível em < https://exame.com/economia/para-governo-reforma-da-camara-pode-criar-o-maior-imposto-do-mundo/ >. Acesso em 13 de fev. de 2022.

8 Trata-se de órgão que congrega as principais entidades representativas do setor de ensino superior privado, em especial a Associação Nacional das Universidades Privadas (ANUP), a Associação Nacional dos Centros Universitários (ANACEU), a Associação Brasileira das Mantenedoras das Faculdades (ABRAFI), a Confederação Nacional dos Estabelecimentos de Ensino (CONFENEN), a Federação Nacional das Escolas Particulares (FENEP) e os Sindicatos das Entidades Mantenedoras dos Estabelecimentos de Ensino Superior no Estado do Rio de Janeiro (Semerj) e do Estado de São Paulo (SEMESP). O propósito do Fórum é formular propostas que visem assegurar o direito da livre iniciativa das instituições educacionais, de modo a contribuir com o desenvolvimento do setor, sempre dentro dos princípios da qualificação da oferta de cursos e do melhor atendimento aos estudantes.

9 TV SENADO. *Reforma Tributária – Representantes da educação e da economia digital debatem reforma – 25/09/2020*. Disponível em: https://www.youtube.com/watch?v=FNjYfhPZQi4&t=9s. Acesso em 14 de fev. de 2022.

2.6 Pontos não disciplinados pelos projetos de reforma

A elevação da carga tributária da tributação indireta às instituições de ensino superior pode ter seus efeitos amplificados por conta de controvérsia hoje instalada com os Municípios a respeito da base de cálculo do ISS incidente nas hipóteses de concessão de bolsas de estudo.

No caso de instituições de ensino superior que aderem ao PROUNI, a concessão das bolsas de estudo implica isenção integral ou parcial do Imposto sobre a Renda, da Contribuição Social sobre o Lucro, da COFINS e da Contribuição ao PIS.

Com frequência, municípios exigem o ISS sobre o valor correspondente à mensalidade integral, desconsiderando a redução ou exoneração outorgada pela bolsa, sob a justificativa de que o valor seria pago pela União. Esse raciocínio, porém, não corresponde à realidade, dado que o PROUNI envolve uma renúncia de receita e não requer que a União transfira quaisquer valores mantenedor da instituição a título de contraprestação pelos serviços educacionais que são objeto da bolsa de estudos.

A redução ou exoneração da mensalidade, evidentemente, não é exigida do aluno bolsista. A União tampouco é responsável pelo pagamento deste saldo. O que ocorre é a concessão das bolsas como requisito para obter a isenção dos tributos federais acima indicados.

Parece-nos oportuno que a nova legislação venha a equacionar tal ponto, afastando a pretensão de exigência de tributos sobre o montante correspondente à bolsa outorgada aos alunos no contexto do Prouni.

2.7 Considerações sobre os impactos de possível reforma tributária sobre as instituições de ensino privado

A educação é um direito fundamental, previsto como direito social pelo art. 6º, *caput*, da Constituição: *"São direitos sociais a educação, a saúde, a alimentação, o trabalho, a moradia, o transporte, o lazer, a segurança, a previdência social, a proteção à maternidade e à infância, a assistência aos desamparados, na forma desta Constituição".*

Como a todo direito corresponde uma obrigação[10], o art. 205 da Constituição incumbiu o Estado e também a família de se responsabilizar pelo atendimento a tal direito, oferecendo ensino. Veja-se; *"A educação, direito de todos e dever do Estado e da família, será promovida e incentivada*

10 BOBBIO, Norberto. *La Età dei Diritti.* Milano: Einaudi, 2008. p. 81.

com a colaboração da sociedade, visando ao pleno desenvolvimento da pessoa, seu preparo para o exercício da cidadania e sua qualificação para o trabalho".

Há, portanto, um compartilhamento de responsabilidades por garantir tal direito. Não bastasse isso, o art. 209 da Constituição não deixa dúvidas ao destacar que o ensino é atividade livre à iniciativa privada, ainda que sujeita a determinados requisitos. Nota-se, portanto, que a conformação constitucional da atividade de ensino é distinta daquela das atividades tradicionalmente denominadas de "serviços públicos", uma vez que o setor privado pode explorar a atividade por direito próprio, independentemente de um ato de delegação pública[11].

Nesse contexto, embora haja uma obrigação do Estado e da família em ofertar ensino, a atividade é, também, de livre exploração por empreendedores privados que, nessa condição, cresceram e se desenvolveram como grandes responsáveis por oferecer tais serviços à população, ao menos no âmbito do ensino superior. Com efeito, atualmente, o setor privado responde por 95% da oferta de vagas de ensino superior no Brasil e por 75% das matrículas[12].

Por essa razão, o setor de ensino superior no Brasil possui características tais que qualquer política pública (seja de Estado ou de Governo) precisa considerá-lo como grande motor de acesso a esse nível de escolaridade. E o Poder Público estabeleceu metas relevantes para a ampliação da escolarização da população na frente do ensino superior.

A Lei n. 13.005/14, que instituiu o Plano Nacional de Educação, estabeleceu vinte metas para o ensino superior no país. Dentre elas, tem conexão com o presente estudo a meta 12, que tem o propósito, nos estritos termos da lei, de, até 2024, *"elevar a taxa bruta de matrícula na educação superior para 50% (cinquenta por cento) e a taxa líquida para 33% (trinta e três por cento) da população de 18 (dezoito) a 24 (vinte e quatro) anos, assegurada a qualidade da oferta e expansão para, pelo menos, 40% (quarenta por cento) das novas matrículas, no segmento público".*

---

11 "(...) 2. Os setores de saúde (CF, art. 199, caput), educação (CF, art. 209, caput), (...) configuram serviços públicos sociais, em relação aos quais a Constituição, ao mencionar que "são deveres do Estado e da Sociedade" e que são 'livres à iniciativa privada', permite a atuação, por direito próprio, dos particulares, sem que para tanto seja necessária a delegação pelo poder público, de forma que não incide, *in casu*, o art. 175, caput, da Constituição. (...)" (ADI 1923, Rel.: Min. Ayres Britto, Rel. p/ Acórdão: Min. Luiz Fux, Tribunal Pleno, DJe 16.12.2015)

12 SEMESP. *Mapa do Ensino Superior*. Instituto SEMESP: Brasília, 2021. p. 11. A equipe do Instituto Semesp usou como guia para a elaboração do Mapa do Ensino Superior 2021 os dados do Censo da Educação, referentes a 2019, divulgados pelo Instituto Nacional de Estudos e Pesquisas Educacionais Anísio Teixeira (Inep) em 2020 e outras fontes como IBGE, microdados do ENEM e do PROUNI, Big Data Analytics, entre outros.

O cenário atual, no entanto, distancia-se dessa aspiração. Conforme pondera o SEMESP na 11ª edição do Mapa do Ensino Superior no Brasil, *"nossa taxa de escolarização líquida (que mede o percentual de jovens de 18 a 24 anos matriculados no ensino superior em relação ao total da população da mesma faixa etária) é de apenas 18,1%"* e *"a taxa de escolarização bruta é um pouco maior, 35,9%"*[13].

O atingimento da meta, parece-nos, não pode prescindir da acentuada expansão do ensino superior privado no Brasil. Tal se dá por duas razões principais.

A primeira consiste no fato de que cerca de três quartos das matrículas no ensino superior no Brasil ocorrem na iniciativa privada, como demonstra a 11ª edição do Mapa do Ensino Superior no Brasil:

Matrículas no Ensino Superior (em milhões)

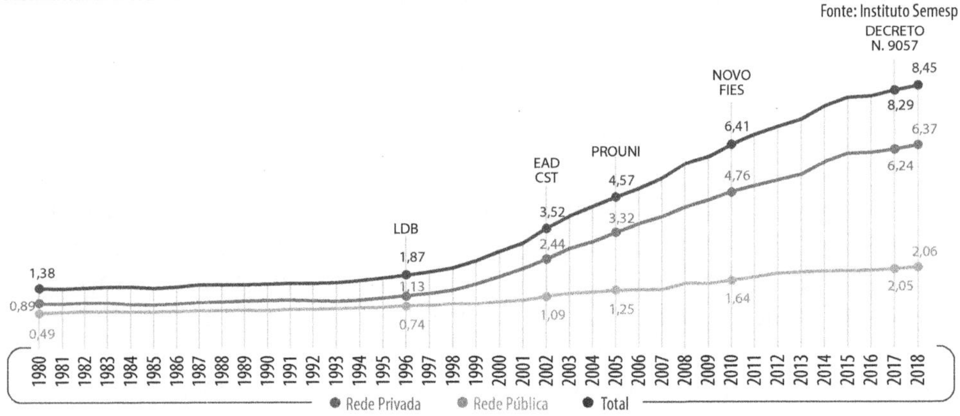

A segunda, desdobramento da primeira, é a constatação de que o ensino superior público no país não tem capacidade instalada para ofertar as vagas que o Plano Nacional de Educação estabelece como meta ou o Estado orçamento disponível para promover a ampliação necessária para adquirir o protagonismo que prevê o PNE.

É certo que hoje a legislação dispõe de mecanismos que, mediante fomento da iniciativa privada, ampliam o acesso ao ensino superior, notadamente o Prouni e o Fundo de Financiamento Estudantil (FIES). Esses mecanismos, no entanto, em sua configuração atual, não se mostram suficientes para garantir a expansão do acesso na velocidade que seria necessária para atingir as metas do PNE relativas à taxa de escolarização líquida. Na prática, portanto, parte relevante dos alunos precisa sacrificar renda familiar para acessar o ensino superior.

13 Idem. p.

E, estatisticamente, esse sacrifício está muito próximo do limite. A 10ª edição do Mapa do Ensino Superior no Brasil demonstra que 72,4% do rendimento do aluno matriculado em cursos presenciais no ensino superior é destinado a pagar mensalidades de cursos presenciais:

Estimativa do Rendimento Comprometido com a Mensalidade no Ensino Superior Privado (em Reais)

Fonte: Instituto Semes

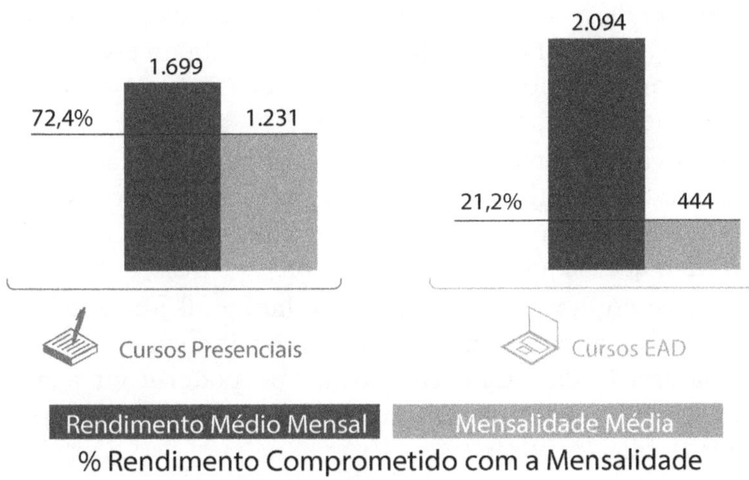

Ainda que o comprometimento orçamentário seja em menor proporção para cursos de ensino a distância, naturalmente o modelo educacional não prescinde de educação presencial.

Como pontuado linhas acima, o legislador deve se atentar à elasticidade do tributo, de maneira a evitar que a imposição ou a majoração da exação alterem significativamente o comportamento do mercado, sobretudo se essa política vier a inibir determinada linha de negócios.

É certo que o comprometimento do rendimento é substancialmente menor no caso dos cursos ministrados a distância. Sem prejuízo, por certo eventual elevação significativa do valor das mensalidades ocasionada por aumento de carga tributária repercutirá sobremaneira especialmente no ensino presencial, distanciando o Poder Público do atingimento da meta de escolarização de 33%.

O distanciamento, por sua vez, manobra na contramão das diretrizes constitucionais que elevam a educação a direito fundamental e estabelecem o Poder Público como agente central para a consecução desse desiderato.

3. Conclusão

O contexto jurídico e econômico é sugestivo a alterações expressivas no modelo tributário brasileiro. Dentre essas mudanças, a tributação indireta no Brasil tem sido alvo de inúmeras propostas legislativas de alteração.

Ditas mudanças, no entanto, devem observar diretrizes constitucionais e metas educacionais hoje vigentes, dentre elas a ampliação à população do acesso à educação superior.

Os principais modelos hoje em debate no país podem ocasionar relevante elevação da carga tributária hoje imposta ao ensino superior privado, o que tenderá, por consequência, a ocasionar a elevação do valor das mensalidades dos cursos superiores.

Como o valor da mensalidade atual já significa sacrifício relevante ao orçamento das famílias de alunos de cursos superiores, eventual elevação pode conduzir a evasão escolar e à redução de novas matrículas, restringindo o acesso à educação superior.

Dado esse contexto, parece-nos fundamental que eventual reforma tributária no país atente-se à realidade do ensino superior brasileiro, evitando a majoração da carga tributária, que poderia vir a manobrar na contramão de compromissos da mais alta envergadura hoje assumidos pelo Poder Público no Brasil.

PRIVACIDADE E PROTEÇÃO DE DADOS PESSOAIS NO ENSINO PRIVADO

Filipe Fonteles Cabral[1]

I. Introdução

A aprovação da Lei Geral de Proteção de Dados Pessoais - LGPD[2], em 14 de agosto de 2018, inseriu o Brasil no grupo de mais de cem países que possuem leis gerais para regular o uso de dados pessoais. A Lei cria deveres jurídicos e administrativos que garantem a privacidade dos indivíduos em meio às práticas atuais de coleta e uso de dados pessoais por instituições públicas ou privadas.

O estudo das regras da LGPD possui interesse particular para instituições de ensino, por tradicionalmente processarem dados pessoais em larga escala, incluindo (possivelmente) dados de menores. Ademais, a incorporação de tecnologias de inteligência artificial nos ambientes escolares constitui um dos pilares da Estratégia Brasileira de Inteligência Ar-

1 Mestre e doutorando em Direito pela UERJ - Universidade Estadual do Rio de Janeiro, sócio do escritório Dannemann Siemsen, autor do livro *Proteção de Dados Pessoais na Atividade Empresarial*: balanceamento de riscos e o relatório de impacto à proteção de dados (Lumen Juris, 2019).

2 Lei n. 13.709/18.

tificial - EBIA, o que demanda especial atenção para as obrigações legais relativas à proteção de dados pessoais.

No presente artigo serão analisados os dispositivos da LGPD que possuem relevância especial para o setor de ensino. Ao final, serão analisados requisitos jurídicos para a implementação de novas tecnologias em instituições de ensino, notadamente o reconhecimento facial e sistemas dotados de inteligência artificial.

II. Dispositivos da LGPD com relevância especial para o setor de ensino

Não há propriamente dispositivos criados para regular o uso de dados pessoais em serviços de ensino, como ocorre com serviços de saúde[3] e de crédito[4]. Como regra geral, a utilização de dados para fins exclusivamente acadêmicos está fora do escopo de regulação da LGPD[5]. Quando a finalidade de utilização dos dados pessoais não for exclusivamente acadêmica, a instituição de ensino fica sujeita às normas da LGPD como qualquer outra organização pública ou privada.

A LGPD contém diversas demandas de conformidade na esfera jurídica, técnica (em especial, de segurança da informação) e de governança, aplicáveis às atividades empresariais e à administração pública de forma geral. A amplitude ou profundidade das normas da LGPD fogem ao escopo do presente ensaio.

Sem embargo, alguns dispositivos LGPD merecem especial atenção dos controladores[6] que atuam no segmento de educação. Neste artigo serão destacados deveres impostos pela lei especial que provocam pontos de alerta em projetos de conformidade que ou geram consultas específicas relacionadas a serviços de ensino.

---

3 A LGPD contém regras especiais direcionadas ao tratamento de dados pessoais por profissionais da saúde, tais como os arts. 7º, VIII, 11, II, "f", 11, §4º e §5º, e 13.

4 A LGPD inovou ao incluir expressamente a proteção ao crédito como uma base legal autônoma que pode sustentar o tratamento dos dados pessoais (art. 7º, X), retirando essa atividade do rol de condutas sustentadas por legítimo interesse (art. 7º, IX), como normalmente ocorre nas legislações estrangeiras de proteção de dados pessoais.

5 LGPD, art. 4º, II, alínea "b".

6 "Controlador" é o termo técnico utilizado para designar a pessoa natural ou jurídica, de direito público ou privado, a quem competem as decisões referentes ao tratamento de dados pessoais (LGPD, art. 5º, VI). Em contraposição ao controlador, e LGPD também prevê a figura do "operador", que é a organização que *realiza o tratamento de dados pessoais em nome do controlador* (art. 5º, VII). Juntos, controlador e operador são chamados de agentes de tratamento de dados pessoais (art. 5º, IX).

II.I. Dados pessoais utilizados para fins exclusivamente acadêmicos

A LGPD regula qualquer operação de tratamento[7] de dados pessoais realizada por pessoa natural ou por pessoa jurídica de direito público ou privado, independentemente do meio, do país de sua sede ou do país onde estejam localizados os dados, desde que (I) a operação de tratamento seja realizada no território nacional; (II) a atividade de tratamento tenha por objetivo a oferta ou o fornecimento de bens ou serviços ou o tratamento de dados de indivíduos localizados no território nacional; ou (III) os dados pessoais objeto do tratamento tenham sido coletados no território nacional.[8]

A redação legal ampla, espelhada no *General Data Protection Regulation* europeu[9], torna a lei especial multisetorial, subordinando tanto entes públicos quanto privados. Ademais, a Lei produz efeitos extraterritoriais, aplicando-se a organizações estrangeiras quando o tratamento de dados se enquadra na previsão legal.

Por opção do legislador, algumas atividades específicas foram deixadas fora do alcance da Lei. São elas:[10]

> **Art. 4º Esta Lei não se aplica ao tratamento de dados pessoais:**
> I - realizado por pessoa natural para fins exclusivamente particulares e não econômicos;
> II - realizado para fins exclusivamente:
> a) jornalístico e artísticos; ou
> **b) acadêmicos, aplicando-se a esta hipótese os arts. 7º e 11 desta Lei**;
> (grifos do autor)

Interessante notar que, embora exclua de sua abrangência o tratamento de dados pessoais realizado para fins exclusivamente acadêmicos, o mesmo artigo 4º, II, "b" da LGPD ordena a aplicação dos comandos dos arts. 7º e 11 da Lei. Trata-se do dever de indicação da base legal para o tratamento de dados pessoais em geral (art. 7º) ou de dados pessoais sensíveis (art. 11).

---

7 "Tratamento" é o termo técnico utilizado para qualquer operação que utilize dados pessoais, incluindo a coleta, produção, recepção, classificação, utilização, acesso, reprodução, transmissão, distribuição, processamento, arquivamento, armazenamento, eliminação, avaliação ou controle da informação, modificação, comunicação, transferência, difusão ou extração (LGPD, art. 5º, X).

8 LGPD, art. 3º.

9 Regulamento (UE) 2016/679 do Parlamento Europeu e do Conselho de 27 de abril de 2016.

10 LGPD, art. 4º.

A segunda parte do artigo 4º, II, "b", da LGPD (que ordena a observância das bases legais) foi excluída da redação legal pela Medida Provisória n. 869/2018, porém, o texto original foi reestabelecido pelo Congresso Nacional quando o ato executivo foi convertido na Lei n. 13.853/2019, que altera a LGPD. Esse trâmite legislativo indica que o dever de observar as bases legais foi uma opção consciente do legislador e que serve a um propósito específico indispensável.

Interpretando de forma sistemática o artigo 4º, II, "b", com os artigos 7º e 11 da LGPD, pode-se concluir que a única obrigação objetiva imposta ao tratamento de dados pessoais para fins exclusivamente acadêmicos seria a indicação das bases legais de tal tratamento. Em outras palavras, ainda que a finalidade seja exclusivamente acadêmica, o controlador, seja pessoa física (professor ou pesquisador) ou pessoa jurídica (instituição de ensino), deverá agir de forma antecipada e proativa para identificar as bases legais que sustentariam o tratamento de dados.

Isso não significa que o tratamento de dados pessoais para fins exclusivamente acadêmicos esteja livre de qualquer escrutínio. Não se trata de salvo-conduto para a prática de ilícitos contra a privacidade ou contra a dignidade, direitos que constituem fundamentos da LGPD[11] e, antes dela, integram o rol de direitos fundamentais da Constituição Federal[12].

Em caso de abuso do direito uso de dados pessoais para fins acadêmicos, o agressor responde pelos danos que causar a terceiros. A jurisprudência há muito já se debruçou sobre a matéria para resolver o conflito de interesses entre liberdade de expressão e direito à privacidade, valendo destaque para a decisão do Supremo Tribunal Federal que não admitiu a censura prévia de obras literárias, mas garantiu às vítimas o direito à indenização.[13]

Analisando-se as demais hipóteses de exclusão da aplicação da LGPD, nota-se que esse privilégio foi reservado a atividades que atendem ao interesse coletivo da sociedade. O art. 4º também afasta do alcance da Lei o tratamento de dados para fins exclusivamente particulares e não econômicos, jornalísticos e artísticos, além dos já citados fins acadêmicos.

O legislador procurou reservar atividades de grande importância social, em parcial detrimento do direito individual aos dados pessoais. Portanto, a proteção a dados pessoais não é um direito absoluto e deve ser

11 Art. 2º, I e VII, LGPD.

12 Art. 1º, III, e art. 5º, X e LXXIX, CRFB.

13 STF, ADI 4.815/DF, Rel. Min. Carmen Lúcia, d. 10/06/2015.

balanceada com preceitos constitucionais como a liberdade artística, científica e de comunicação[14] e o direito à educação[15].

A imposição dos deveres objetivos da LGPD criaria entraves burocráticos desnecessários a estas atividades que devem ser fomentadas e incentivadas pelo Estado, em tutela jurídica desproporcional ao fim que se almeja. Da mesma forma, a proteção aos dados pessoais não pode ser utilizada como estratégia jurídica para restringir atividades exclusivamente jornalísticas, artísticas ou acadêmicas, o que causaria um dano maior à coletividade.

Portanto, uma interpretação sistemática leva à conclusão de que o tratamento de dados pessoais para fins exclusivamente acadêmicos está isento dos deveres objetivos da lei especial[16], com exceção do dever de indicar a base legal do tratamento (arts. 7º e 11). Os fundamentos e princípios gerais da LGPD, de aplicação subjetiva, devem ser observados também nas hipóteses de exceção previstas no artigo 4º da Lei, em consonância com os preceitos constitucionais que os amparam.

Pergunta que deverá ser esclarecida por regulamentação posterior ou jurisprudência é a extensão do que deverá ser considerado *fins exclusivamente acadêmicos*. Seriam quaisquer tratamentos de dados relacionados a salas de aula ou somente aqueles estritamente necessários para a pesquisa, o debate e a transferência de conhecimento, incluindo a produção e a publicação de obras acadêmicas? A operação de instituições de ensino na *organização* das atividades acadêmicas estaria coberta pela exceção legal?

Buscando referências internacionais, vale notar que o GDPR europeu contém dispositivo semelhante que obriga os estados-membro a criarem regras de exceção para privilegiar a liberdade jornalística, artística e acadêmica[17]. Não há no GDPR uma definição objetiva do que estaria compreendido no conceito de finalidade jornalística, acadêmica ou artística, mas o preâmbulo do regulamento europeu fornece diretrizes da *mens legis*:

---

14 Art. 5º, IX, CRFB.

15 Art. 6º, *caput*, CRFB.

16 Como a criação de um fluxo de comunicação para atender aos direitos dos titulares de dados (art. 18), o registro das operações de tratamento de dados (art. 37), a elaboração de Relatório de Impacto à Proteção de Dados (art. 38), e a indicação de Encarregado (art. 41), além de diversos outros deveres jurídicos, técnicos e de governança impostos de forma objetiva pela LGPD.

17 GDPR, Article 85. Processing and freedom of expression and information.
1. Member States shall by law reconcile the right to the protection of personal data pursuant to this Regulation with the right to freedom of expression and information, including processing for journalistic purposes and the purposes of academic, artistic or literary expression.

Recitals

(153) *Member States law should* ***reconcile*** *the rules governing freedom of expression and information, including journalistic,* ***academic****, artistic and or literary expression with the right to the protection of personal data pursuant to this Regulation. (...) This should apply in particular to the processing of personal data in the audiovisual field and in news archives and press libraries. (...)* ***In order to take account of the importance of the right to freedom of expression in every democratic society, it is necessary to interpret notions relating to that freedom, such as journalism, broadly.***

(grifos do autor)

Na legislação estrangeira nota-se que o tratamento privilegiado das atividades artísticas, jornalísticas e acadêmicas nasce da necessidade de reconciliar o direito à informação com a liberdade de expressão. Não há, portanto, uma definição taxativa, mas uma orientação de balanceamento de interesses entre direitos fundamentais.

Em âmbito nacional, as regras de hermenêutica apontam para uma interpretação restritiva dessas hipóteses de exceção, o que também atende ao balanceamento de interesses. Nessa linha de argumentação, a produção acadêmica, artística ou jornalística enquanto atividades intelectuais, bem como a divulgação das ideias ou obras que sejam frutos de tais atividades, devem ser exceptuados da aplicação da LGPD, em prol da difusão do conhecimento e o desenvolvimento econômico e social do país.[18]

Na mesma direção e, ainda, recorrendo a princípios de proporcionalidade e balanceamento de interesses, a operação de instituições de ensino, públicas ou privadas, na *organização* das atividades acadêmicas não estão albergadas pela exceção legal. A atividade econômica organizada para a produção ou a circulação de bens ou de serviços, típica do conceito de empresa[19], está sujeita às regras da LGPD.

II.II. Dados pessoais de crianças e adolescentes

Os dados pessoais de crianças e adolescentes recebem tutela especial pela LGPD. Considerando que crianças e adolescentes constituem o público-alvo dos serviços de ensinos fundamental e médio, trata-se de uma preocupação que deve nortear projetos de conformidade e programas de governança em privacidade de instituições de ensino em seus mais diversos setores, desde o marketing até o administrativo-financeiro, sem falar na coordenação acadêmica em si.

18 A liberdade de expressão intelectual e o direito à informação são direitos fundamentais garantidos pela Constituição Federal (CRFB, art. 5º, IX e XIV).

19 Art. 966 do Código Civil.

O tratamento de dados pessoais de crianças e adolescentes deverá ser realizado em seu melhor interesse[20]. A Lei não esclarece o conceito de "melhor interesse", o que atrai toda sorte de interpretações subjetivas, mas, no mínimo, cria-se uma camada protetiva que demanda um cuidado especial em decorrência da vulnerabilidade, ingenuidade e credulidade deste público.

Ademais, as informações sobre o tratamento de dados de crianças e adolescentes deverão ser fornecidas de maneira simples, clara e acessível, consideradas as características físico-motoras, perceptivas, sensoriais, intelectuais e mentais do usuário (seja criança ou adolescente), com uso de recursos audiovisuais quando adequado[21]. Nota-se uma preocupação legislativa em adequar o conteúdo da mensagem ao seu destinatário, plantando uma semente de conscientização no usuário final, embora não dispense a representação legal de um dos pais ou responsáveis no caso das crianças.

Sobre o tratamento de dados pessoais de crianças, isto é, menores de até 12 anos incompletos[22], a LGPD ainda impõe a obtenção de consentimento de um dos pais ou do representante legal[23]. Interessante notar que o legislador optou por não incluir os *adolescentes* (menores entre 12 anos e 18 anos incompletos) nesta exigência, cujo texto está limitado à tutela de *crianças*.[24]

Assim, a despeito de existirem 10 bases legais aptas a legitimar o tratamento de dados pessoais em geral[25], se os titulares forem crianças, a base legal deverá ser necessariamente o consentimento. E mais: o consentimento para o tratamento de dados pessoais de crianças deverá ser *específico e em destaque*, exigências que se somam às características de uma manifestação livre, informada e inequívoca[26]. Não é exagero falar-se, portanto, em um *consentimento qualificado* para as operações de tratamento de dados pessoais que envolvam este público.

Ao exigir um consentimento *específico*, o legislador cria a necessidade de obtenção de manifestações positivas de concordância para cada

20 Art. 14, LGPD.

21 Art. 14, §6º, LGPD.

22 Lei no. 8.069/90 (Estatuto da Criança e do Adolescente), art. 2º.

23 Art. 14, §1º, LGPD.

24 Não se ignora que o consentimento de um dos responsáveis ou do representante legal também pode ser exigido de adolescentes. Neste caso, entretanto, seria uma medida opcional, decorrente de boas práticas (como, por exemplo, uma medida de mitigação de risco), ou para outros efeitos legais (como, por exemplo, efeitos civis de validade de contrato).

25 Previstas no art. 7º da LGPD.

26 Requisitos gerais do consentimento previstos no art. 5º, XII, da LGPD.

finalidade de tratamento de dados, rejeitando redações genéricas ou resumidas. Já o consentimento *destacado* obriga o controlador a redigir uma cláusula individual para tal manifestação de vontade, separada de outros termos ou condições do contrato.

Adicionalmente, a lei especial ainda determina que o controlador observe as seguintes regras operacionais em relação ao consentimento para o tratamento de dados pessoais de crianças:

- os controladores deverão manter pública a informação sobre os tipos de dados coletados, a forma de sua utilização e os procedimentos para o exercício dos direitos dos titulares;[27]
- poderão ser coletados dados pessoais de crianças sem o consentimento quando a coleta for necessária para contatar os pais ou o responsável legal, utilizados uma única vez e sem armazenamento, ou para sua proteção, e em nenhum caso poderão ser repassados a terceiro;[28]
- os controladores não deverão condicionar a participação de crianças em jogos, aplicações de internet ou outras atividades ao fornecimento de informações pessoais além das estritamente necessárias à atividade.[29]
- o controlador deve realizar todos os esforços razoáveis para verificar que o consentimento foi dado pelo responsável pela criança, consideradas as tecnologias disponíveis.[30]

Por fim, sendo o consentimento a base legal utilizada para o tratamento de dados de crianças, o controlador deve observar a regra geral sobre a possibilidade de sua revogação, por procedimento gratuito e facilitado[31].

II.III. Liberdade de expressão, informação, de comunicação e de opinião

Instituições de ensino tradicionalmente zelam pela liberdade de expressão e pluralidade de opiniões. Como celeiros de ideias, não raro servem de palco para a organização de grupos ou manifestações de cunho político ou social.

27 Art. 14, §2º, LGPD.
28 Art. 14, §3º, LGPD.
29 Art. 14, §4º, LGPD.
30 Art. 14, §5º, LGPD.
31 Art. 8º, § 5º, c/c Art. 18, IX, LGPD.

Ocorre que opinião política e informações sobre filiação a organização de caráter político, filosófico ou religioso são considerados dados sensíveis[32]. Ao mesmo tempo em que fixa como seus fundamentos a liberdade de expressão, informação, de comunicação e de opinião[33], a LGPD cria regras especiais para o manuseio dos dados pessoais quando enquadrados nas categorias citadas.

Na prática, isso significa que as instituições de ensino deverão ter atenção especial ao divulgar opiniões políticas de seus docentes ou discentes. Da mesma forma, dados pessoais de indivíduos ligados a grupos políticos, filosóficos ou religiosos, que porventura estejam de alguma forma registrados em suas bases de dados, também devem receber cuidados especiais, ainda que tal registro seja informal e atenda ao interesse do próprio grupo.

A LGPD é muito restritiva no que diz respeito ao manuseio de dados pessoais sensíveis. O tratamento desses dados só pode ocorrer quando o titular ou seu responsável legal consentir, de forma específica e destacada, para finalidades específicas[34].

O tratamento de dados pessoais sensíveis sem o consentimento do titular é possível, mas fica restrito às seguintes hipóteses previstas na Lei:[35]

a) cumprimento de obrigação legal ou regulatória pelo controlador;
b) tratamento compartilhado de dados necessários à execução, pela administração pública, de políticas públicas previstas em leis ou regulamentos;
c) realização de estudos por órgão de pesquisa, garantida, sempre que possível, a anonimização dos dados pessoais sensíveis;
d) exercício regular de direitos, inclusive em contrato e em processo judicial, administrativo e arbitral, este último nos termos da Lei n. 9.307, de 23 de setembro de 1996 (Lei de Arbitragem);
e) proteção da vida ou da incolumidade física do titular ou de terceiro;
f) tutela da saúde, exclusivamente, em procedimento realizado por profissionais de saúde, serviços de saúde ou autoridade sanitária; ou

32 "Dado pessoal sensível: dado pessoal sobre origem racial ou étnica, convicção religiosa, opinião política, filiação a sindicato ou a organização de caráter religioso, filosófico ou político, dado referente à saúde ou à vida sexual, dado genético ou biométrico, quando vinculado a uma pessoa natural" (LGPD, art. 5º, II).

33 LGPD, art. 2º, III.

34 LGPD, art. 11, I.

35 LGPD, art. 11, II.

g) garantia da prevenção à fraude e à segurança do titular, nos processos de identificação e autenticação de cadastro em sistemas eletrônicos, resguardados os direitos mencionados no art. 9º desta Lei e exceto no caso de prevalecerem direitos e liberdades fundamentais do titular que exijam a proteção dos dados pessoais.

Realisticamente, as exceções legais dificilmente se aplicam ao tratamento de dados sobre opinião política (ou filiação a grupos de caráter político, filosófico ou religioso) por instituições de ensino. Em alguns casos específicos, poderá ser reivindicada a exceção aplicada ao tratamento de dados por órgãos de pesquisa, observando-se a necessidade de anonimização dos dados sensíveis quando possível.

Órgãos de pesquisa, para fins da LGPD, são entidades da administração pública direta ou indireta ou pessoas jurídicas de direito privado sem fins lucrativos legalmente constituídas sob as leis brasileiras, com sede e foro no país, que incluam em sua missão institucional ou em seu objetivo social ou estatutário a pesquisa básica ou aplicada de caráter histórico, científico, tecnológico ou estatístico.[36]

Afastada a possibilidade de reivindicação das exceções citadas acima (previstas no inciso II do Art. 11, LGPD), aplica-se a regra geral do consentimento para o tratamento de dados referentes à opinião política.

Pelas regras da LGPD, o consentimento deve ser uma manifestação livre, informada e inequívoca pela qual o titular concorda com o tratamento de seus dados pessoais para uma finalidade determinada[37]. A lei especial também fornece ao titular dos dados pessoais o direito de revogação do consentimento[38], por procedimento gratuito e facilitado[39], o que gera um dever reflexo para o controlador no sentido de gerenciar o uso da informação.

Em resumo, em defesa da liberdade de expressão e de opinião, a LGPD cria uma demanda burocrática para instituições acadêmicas na divulgação de opiniões políticas emitidas por seus docentes ou discentes, ou quando houver o armazenamento de informações sobre grupos organizados de caráter político, filosófico ou religioso.

III. Novas tecnologias e o setor de ensino

Observando a aplicação de novas tecnologias em favor do ensino, convém tecer breves comentários sobre duas tendências contempora-

36 Art. 5º, XVIII, LGPD.

37 Art. 5º, XII, LGPD.

38 Art. 18, IX, LGPD.

39 Art. 8º, § 5º, LGPD.

neas e seus reflexos no campo do direito à proteção de dados pessoais. Trata-se de novas tecnologias baseadas em autenticação por biometria ou motorizadas pela chamada inteligência artificial.

III.I. Uso de biometria em instituições de ensino

A segurança nas escolas sempre foi um tema com alto grau de importância para os gestores de instituições de ensino. Com um volume de centenas de alunos, professores e funcionários cruzando portões todos os dias, em até três turnos, o controle de acesso por meio de cartões de identificação é suscetível a falhas.

A evasão escolar, por sua vez, domina a pauta de políticas públicas no setor da educação, notadamente no ensino público básico e médio. O controle manual, normalmente realizado por meio de chamadas orais, produz um registro precário, sem detalhamento, cuja informação não circula em tempo real e está sujeita a erros ou fraudes.

A autenticação de alunos para o acesso a conteúdo acadêmico e provas também pode ser simplificada com a transformação digital e o controle biométrico, pois senhas alfanuméricas podem ser compartilhadas, esquecidas ou violadas. Essa questão ganha contornos importantes com a expansão do ensino à distância (EAD).

A fim de enfrentar os problemas acima, a adoção de dispositivos biométricos de identificação entra no radar de escolas[40] e de políticas públicas[41]. O controle biométrico (incluindo o reconhecimento facial) tem o potencial de registrar todas as movimentações do aluno dentro das escolas, além de fornecer uma autenticação segura do indivíduo. Pais ou autoridades públicas podem ter acesso a informações precisas sobre horários e hábitos, em tempo real.

Ocorre que os dados biométricos são dados pessoais sensíveis e recebem a tutela especial destinada a esta categoria[42]. Portanto, a aquisição desse tipo de tecnologia deverá ser precedida de medidas técnicas e administrativas aptas a afastar ou minimizar riscos à privacidade no ambiente escolar, tanto sob aspecto jurídico quanto de segurança da informação.

---

40 CURY, Maria Eduarda. Com ensino cada vez mais digital, uso de biometria facial avança. In Revista Exame, publicada em 28.08.2019. Disponível em https://exame.com/tecnologia/com-ensino-cada-vez-mais-digital-uso-de-biometria-facial-cresce/. Acesso em 23.01.2022.

41 MARTINS, Joana. *Escolas estaduais terão controle de frequência por biometria.* In Agência Sertão, publicado em 12.04.2019. Disponível em https://agenciasertao.com/2019/04/12/escolas-estaduais-terao-controle-de-frequencia-por-biometriahttps-agenciasertao-com-p65952previewtrue-anuncia-rui/. Acesso em 22.01.2022.

42 Art. 5º, II, LGPD.

Primeiramente, a base legal para legitimar o tratamento de dados pessoais biométricos deverá ser eleita dentre as opções mais restritas do artigo 11 da LGPD (vide item II.III *supra*). Enquanto não houver uma lei ou regulamento autorizando a adoção de dispositivos biométricos no ambiente escolar[43], o controlador poderá recorrer ao *consentimento* do titular[44]. Alternativamente, há a base legal da *garantia de proteção à fraude e à segurança do titular*[45], embora a ausência de regulamentação e de precedentes judiciais tragam alguma insegurança jurídica para esta opção.

Como visto, o consentimento é a manifestação livre, informada e inequívoca[46] e, no caso de dados sensíveis, deverá ser específico, destacado e para finalidades específicas[47]. Ademais, o titular tem o direito de revogar o consentimento a qualquer tempo, por procedimento gratuito e facilitado.[48]

Na prática, para viabilizar o uso de biometria com base no consentimento dos titulares (ou de seus representantes legais), os gestores de instituições de ensino deverão enfrentar questões jurídicas e administrativas para a elaboração, assinatura e gestão dos termos de consentimento (contratos). Ademais, uma forma alternativa de acesso aos serviços deverá ser garantida àqueles que negarem ou revogarem sua aquiescência, o que cria uma dificuldade operacional e, em último plano, pode colocar em xeque a efetividade de políticas pedagógicas lastreadas no uso da tecnologia.

Sob a ótica gestão, a adoção da *garantia de proteção à fraude e à segurança do titular* parece ser uma opção de base legal mais atrativa para os controladores. Entretanto, esta base legal é vedada[49] no caso de *prevale-*

---

43 O que atrairia a base legal do "cumprimento de obrigação legal ou regulatória", prevista no art. 11, II, alínea "a", da LGPD.

44 Art. 11, I, LGPD.

45 Art. 11, II, "e", LGPD.

46 Art. 5º, XII, LGPD.

47 Art. 11, I, LGPD.

48 Art. 8º, § 5º, c/c Art. 18, IX, LGPD.

49 A vedação é expressa na LGPD:
Art. 11. O tratamento de dados pessoais sensíveis somente poderá ocorrer nas seguintes hipóteses:
II - sem fornecimento de consentimento do titular, nas hipóteses em que for indispensável para:
(...)
g) garantia da prevenção à fraude e à segurança do titular, nos processos de identificação e autenticação de cadastro em sistemas eletrônicos, resguardados os direitos mencionados no art. 9º desta Lei e exceto no caso de prevalecerem direitos e liberdades fundamentais do titular que exijam a proteção dos dados pessoais.

cerem[50] direitos e liberdades fundamentais do titular que exijam a proteção dos dados pessoais.

A ameaça a direitos e liberdades fundamentais podem decorrer de características intrínsecas da própria tecnologia de biometria, a depender do seu grau de precisão e dos danos que eventuais falhas possam causar ao titular. A precisão da biometria é medida pelo percentual de "falsos negativos" (quando um usuário não é reconhecido pelo sistema) e "falsos positivos" (quando um estranho é identificado como usuário).[51]

Assim, para viabilizar o uso de biometria com base na *garantia de proteção à fraude e à segurança do titular*, o controlador deverá elaborar um relatório de impacto à proteção de dados pessoais, incluindo um teste de proporcionalidade. O relatório de impacto é a documentação que contém a descrição dos processos de tratamento de dados pessoais que podem gerar riscos às liberdades civis e aos direitos fundamentais, bem como medidas, salvaguardas e mecanismos de mitigação dos riscos.[52]

Cabe frisar que, tratando-se de dados pessoais sensíveis e de risco de dano para um grande volume de titulares, o relatório de impacto poderá ser solicitado pela Autoridade Nacional de Proteção de Dados independente da base legal escolhida pelo controlador[53]. Não obstante, a ausência de manifestação de vontade do titular, de forma antecipada[54], é um fator de risco à privacidade que torna o relatório de impacto imprescindível nestes casos.

Na avaliação de impacto à proteção de dados (e no relatório subsequente), o controlador deverá justificar a adoção da tecnologia em questão como a melhor forma de minimizar ou combater os problemas oriundos das técnicas atuais de controle manual, como aqueles mencionados no início deste capítulo. Trata-se de um teste de proporcionalidade com uma análise de balanceamento de interesses, indicando os aspectos posi-

---

50 A escolha do verbo "prevalecer" pelo legislador indica a necessidade de um teste de proporcionalidade entre direitos contrapostos, embora a LGPD não contenha nenhum comando expresso nesse tocante.

51 DANTAS, Gabriela Cabral da Silva. "Biometria"; Brasil Escola. Disponível em: https://brasilescola.uol.com.br/informatica/biometria.htm. Acesso em 23.01.2022.

52 Art. 5º, XVII, LGPD.

53 LGPD, art. 38. A autoridade nacional poderá determinar ao controlador que elabore relatório de impacto à proteção de dados pessoais, inclusive de dados sensíveis, referente a suas operações de tratamento de dados, nos termos de regulamento, observados os segredos comercial e industrial.

54 Mesmo que a base legal para uso dos dados pessoais não seja o consentimento, o titular tem o direito de peticionamento e de oposição ao tratamento (art. 18, §1º e §2º, LGPD).

tivos e negativos da nova tecnologia, além das medidas adotadas para a mitigação dos riscos ou danos.[55]

Fora as questões jurídicas e de governança envolvidas na adoção da biometria, não menos importantes são as medidas preventivas na área de segurança da informação. Com efeito, diante da natureza e do volume de dados armazenados e tratados para esse fim, eventuais incidentes podem trazer danos significativos aos titulares.

Sob os princípios da segurança[56] e da prevenção[57], os controladores que adotarem dispositivos baseados em biometria deverão implementar medidas técnicas e administrativas aptas a proteger os dados pessoais de acessos não autorizados, de forma proporcional ao risco imposto aos titulares. Essas medidas incluem soluções de pseudonimização para cifrar os dados armazenados, autenticação multifator para acesso à base de dados, conexões cifradas ou criptografadas para a comunicação de dados, softwares de firewall, antivírus e antimalware, além de treinamentos, revisões periódicas de políticas e até mesmo *penetration tests* para garantir a higidez do sistema.

Em suma, a identificação biométrica é uma tecnologia que pode trazer grandes benefícios para o setor de ensino. No entanto, essa técnica avançada de autenticação e monitoramento cria demandas jurídicas e técnicas aptas a garantir um elevado nível de proteção aos dados pessoais. Quanto maior o risco de dano, maior a responsabilidade.

III.II. Algoritmos de inteligência artificial em instituições de ensino

A Inteligência Artificial pode ser definida como um campo de estudos da ciência da computação em que sistemas são programados para realizar funções típicas do intelecto humano. Objetos dotados de inteligência artificial e interconectados como eletrodomésticos e peças do vestiário (*wearables*) podem ajudar na resolução de problemas reais do cotidiano[58], e seu impacto sociológico já é objeto de debate em áreas como Saúde, Trabalho e Justiça.[59]

---

55 Sobre o tema, vide CABRAL, Filipe Fonteles. *Proteção de Dados Pessoais na Atividade Empresarial: balanceamento de interesses e o relatório de impacto*. Ed. Lumen Juris, 2019.

56 Art. 6º, VII, LGPD.

57 Art. 6º, VIII, LGPD.

58 MAGRANI, Eduardo. *Entre dados e robôs: ética e privacidade na era da hiperconectividade*. 2ª ed. Porto Alegre: Arquipélago Editorial, 2019, p. 31.

59 SOUZA, Carlos Affonso Pereira de; OLIVEIRA, Jordan Vinícius de. *Sobre os ombros de robôs? A inteligência Artificial entre fascínios e desilusões*. *In* Inteligência Artificial e Di-

O potencial tecnológico da Inteligência Artificial e sua inserção no cotidiano da sociedade são tão promissores quanto preocupantes[60]. A opacidade[61] e a imprevisibilidade de resultados da Inteligência Artificial, aliados ao potencial de causar danos a indivíduos, geram um clamor natural por transparência e regulação[62]. Com esse propósito, as leis especiais que regulam a proteção de dados pessoais preveem mecanismos para empoderar indivíduos contra o uso indiscriminado dessa tecnologia, bem como para responsabilizar controladores em caso de abuso.

No segmento de ensino, a inteligência artificial já é utilizada em tutoriais personalizados, suporte inteligente para aprendizagem colaborativa e em aplicações de realidade virtual[63]. Adicionalmente, a inteligência artificial tem ampla aplicação na análise dados para o gerenciamento de sistemas de ensino[64]. Para os próximos anos, pode-se esperar grandes mudanças nas interfaces dos ambientes (sistemas e plataformas) virtuais de aprendizagem, com a utilização do processamento da língua natural (voz, escrita, tradução) e da afetividade.[65]

Quanto às normas legais, no Brasil, a LGPD prevê dois mecanismos para o controle direto das decisões tomadas por algoritmos (decisões automatizadas). Primeiro, o direito de solicitar a revisão de decisões automatizadas; segundo, o direito à explicação. Há, ainda, o controle indireto exercido por meio do Relatório de Impacto à Proteção de Dados.

A lei brasileira difere de forma sutil, porém significativa, do regramento europeu. Sob o GDPR, os indivíduos possuem o direito de *não estar sujeitos* a decisões automatizadas[66], o que demanda um controle prévio (*ex ante*) complexo por parte do controlador, tanto sob o aspecto jurídico quanto operacional[67]. No Brasil, os titulares de dados possuem

---

reito, Ana Frazão e Caitlin Mulholland (coord.). São Paulo: Thomson Reuters Brasil, 2019, p. 65-79.

60 O'NEIL, Cathy. *Weapons of Math Destruction: how big data increases inequality and threatens democracy*. New York: Crown Publishers, 2016, p. 199.

61 PASQUALE, Frank. *The block box society: The Secret Algorithms That Control Money and Information*. Harvard University press, 2015.

62 Além da regulação, ganham importância as metodologias para tornar a inteligência artificial compreensível para leigos, chamadas Explainable Artificial Intelligence (XAI).

63 LUCKIN, Rose; HOLMES, Wayne; Griffiths, Mark; FORCIER, Laurie B. *Intelligence Unleashed: an argument for AI in Education*. Londres: Pearson, 2016, p. 24.

64 PEDRÓ, Francesc; SUBOSA, Miguel; RIVAS, Axel; VALVERDE, Paula. *Artificial Intelligence in Education: challenges and opportunities for sustainable development*. UNESCO, 2019.

65 VICARI, Rosa Maria. Tendências em Inteligência Artificial na Educação no Período de 2017 a 2030. Brasília: SENAI, 2018, p. 44.

66 Art. 22, GDPR.

67 Sobre o tema: KAMINSKI, Margot E. *The Right to Explanation Explained*. Berkeley Technology Law Journal, vol. 34, p. 196.

tão somente o direito de solicitar a *revisão* de decisões já tomadas (controle *ex post facto*), o que reduz de forma relevante a complexidade jurídica e operacional na adoção da tecnologia.

No controle *ex post facto*, a LGPD confere ao titular de dados pessoais o direito de solicitar a *revisão* quando (i) a decisão é tomada *unicamente* com base em tratamento automatizado; e (ii) quando a decisão possa *afetar seus interesses*[68].

Na prática, o processamento automatizado de dados pessoais que tenha por função tão somente subsidiar uma decisão humana não está sujeito a este regramento[69], já que a decisão automatizada não foi tomada *unicamente* com base em tratamento automatizado. A intervenção humana, todavia, deve ser significativa para a tomada de decisão, e não somente uma etapa burocrática de aceitar a decisão indicada pelo algoritmo, processamento, o que ensejaria uma fraude à *mens legis*.

O direito de revisão, que pode ser exercido pelos titulares de dados, obriga o controlador a revisar e validar os critérios e os procedimentos utilizados para a decisão automatizada. A LGPD não exige que tal validação seja realizada exclusivamente por humanos nem restringe o método de validação. Significa dizer que o controlador poderá realizar a revisão de forma manual, por humanos, ou de forma automatizada, por meio de softwares que testam o grau de eficiência de algoritmos contra eventuais vieses discriminatórios.

Quanto ao direito à explicação, novamente, a LGPD apresenta uma solução mais simples[70] que a normativa europeia. No GDPR, o direito à explicação compreende o direito de notificação do titular sobre o processamento automatizado de dados[71], bem como o direito de acesso ao que foi coletado[72]. Há grande polêmica doutrinária sobre a profundidade das informações que deverão ser fornecidas pelo controlador ao observar o direito de notificação e o direito de acesso do titular de dados, resguardando o segredo de negócio.[73]

---

68 LGPD, art. 20. O titular dos dados tem direito a solicitar a revisão de decisões tomadas unicamente com base em tratamento automatizado de dados pessoais que afetem seus interesses, incluídas as decisões destinadas a definir o seu perfil pessoal, profissional, de consumo e de crédito ou os aspectos de sua personalidade.

69 Subsistem os direitos de oposição (art. 18, §2º, LGPD), de revogação do consentimento, se for o caso (art. 18, IX, LGPD), e o direito de informação (art. 20, §1º, LGPD), mas não o direito de revisão.

70 E, na opinião do autor, mais eficiente, na medida em que afasta controvérsias relativas ao nível de transparência exigido sobre o funcionamento de algoritmos, embora seja possível argumentar que tal mecânica fragiliza a proteção aos dados pessoais.

71 Arts. 13 e 14, GDPR.

72 Art. 15, GDPR.

73 Sandra Wachter entende que seja uma visão geral do sistema de decisões automatizadas (WACHTER, Sandra; MITTELSTADT, Brent; FLORIDI, Luciano. *Why a Right to*

A LGPD se afasta dessa polêmica ao prever que o controlador deverá fornecer, *sempre que solicitadas*, informações claras e adequadas a respeito dos critérios e dos procedimentos utilizados para a decisão automatizada, *observados os segredos comercial e industrial*[74]. Portanto, não há o dever de notificação prévia, visto que as informações a respeito do algoritmo devem ser fornecidas *mediante solicitação* do titular.

Ademais, a lei brasileira parece ser favorável à revelação seletiva de informações a respeito do algoritmo, isto é, o controlador pode oferecer diferentes níveis de informação para diferentes receptores. Nesse sentido, a LGPD prevê que, em caso de não oferecimento de informações sobre o algoritmo em razão de segredo de negócio, a ANPD poderá realizar auditoria para verificação de aspectos discriminatórios em tratamento automatizado de dados pessoais[75].

A interpretação sistemática desses dispositivos leva à conclusão que as informações disponibilizadas ao titular de dados, mediante solicitação, devem ser fornecidas em linguagem e conteúdo simplificados, com o único propósito de habilitar o titular a entender como a decisão automatizada pode afetar seus interesses. Inclui, portanto, informações sobre os dados pessoais coletados e como a decisão poderá impactar na vida do titular, mas não explicações sobre o algoritmo em si ou sua programação.

Já as informações fornecidas à ANPD, em caso de auditoria, deverão englobar as medidas técnicas e organizacionais adotadas para minimizar o risco de erros e prevenir efeitos discriminatórios sobre pessoas naturais. Mesmo em nível de auditoria, o objetivo da revelação é permitir a revisão dos mecanismos de controle contra vieses discriminatórios, e não habilitar o auditor a reconstruir o modelo algorítmico por meio de engenharia reversa, o que aniquilaria de forma irreversível o segredo de negócio.

Trazendo a teoria para a prática nas instituições de ensino, o controlador de um algoritmo utilizado para o perfilamento de alunos deverá informar, mediante solicitação do aluno (ou seu representante legal): (i) os dados pessoais processados pelo algoritmo (matrícula do aluno, notas

---

Explanation of Automated Decision-Making Does Not Exist in the General Data Protection Regulation, International Data Privacy Law, Volume 7, Issue 2, 1 May 2017, p. 76-99). Malgieri e Selbst entendem que o exercício do direito de acesso deve provocar esclarecimentos mais profundos do que as informações gerais fornecidas de maneira proativa (MALGIERI, Gianclaudio; COMANDE, Giovanni. *Why a Right to Legibility of Automated Decision-Making Exists in the General Data Protection Regulation*, International Data Privacy Law, Volume 7, Issue 4, 1 November 2017, p. 243-265; SELBST, Andrew D.; POWLES, Julia. *Meaningful information and the right to explanation*. International Data Privacy Law, Volume 7, Issue 4, 1 November 2017, p. 233-242).

74 art. 20, §1º, LGPD.

75 Art. 20, §2º, LGPD.

em provas, notas de comportamento, etc.); (ii) a finalidade do tratamento (por exemplo, a elaboração de um *ranking* de alunos conforme seu desempenho escolar); e (iii) e o impacto do resultado do processamento automatizado para o aluno (por exemplo, a impossibilidade de troca de turma ou a ilegibilidade para pleitear bolsa).

Em caso de auditoria por parte da ANPD, a instituição de ensino deverá informar ao auditor os mecanismos de controle adotados para prevenir vieses discriminatórios, tais como testes contínuos de eficácia do algoritmo e/ou certificação por auditoria técnica externa.

Por fim, exercendo um controle indireto sobre o uso de dados pessoais por algoritmos, a LGPD exige que os controladores elaborem um Relatório de Impacto sobre Proteção de Dados. Como visto no capítulo anterior, o Relatório de Impacto é documentação do controlador que contém a descrição dos processos de tratamento de dados pessoais que podem gerar riscos às liberdades civis e aos direitos fundamentais, bem como medidas, salvaguardas e mecanismos de mitigação de risco.[76]

Tal obrigação parece inafastável no caso de algoritmos dotados de inteligência artificial. O alto grau de risco a direitos e liberdades fundamentais decorre da opacidade, complexidade e imprevisibilidade inerentes à tecnologia. Quando o uso do algoritmo compreender o processamento de dados de crianças, a vulnerabilidade do titular deverá ser considerada como um fator extra de risco na análise de impacto à proteção de dados pessoais.

Em suma, a adoção de algoritmos de inteligência artificial por instituições de ensino é plenamente factível, além de estrategicamente desejável. Porém, o uso dessa tecnologia implica na observância de cuidados especiais, antes de sua adoção (Relatório de Impacto à Proteção de Dados), ao longo da vida útil do algoritmo (testes contínuos de eficácia do algoritmo e/ou certificação), e após cada operação (direito de informação do titular, mediante solicitação).

IV. Considerações finais

A LGPD surge a partir da necessidade de empoderar indivíduos e responsabilizar organizações contra o uso indiscriminado de dados pessoais. No segmento da educação, as regras da LGPD incidem tanto no funcionamento das organizações quanto em atividades específicas de ensino.

76 Art. 5º, XVII, LGPD.

Não há vedação tampouco engessamento no que concerne ao tratamento de dados pessoais por instituições de ensino, mesmo em tecnologias de ponta como dispositivos de reconhecimento facial ou softwares com inteligência artificial. Exige-se um esforço, contudo, para viabilizar tais práticas, com a execução de salvaguardas jurídicas, de segurança da informação e de governança.

A implementação das normas de proteção de dados pessoais em instituições de ensino deve ser vista como uma oportunidade para a revisão e melhoria de processos. A conformidade com a LGPD, mais do que uma obrigação legal, é um passo necessário para a adoção de novas tecnologias voltadas à aprendizagem e ao gerenciamento de sistemas de ensino.

V. Referências bibliográficas

CABRAL, Filipe Fonteles. Proteção de Dados Pessoais na Atividade Empresarial: balanceamento de interesses e o relatório de impacto. Ed. Lumen Juris, 2019.

CURY, Maria Eduarda. Com ensino cada vez mais digital, uso de biometria facial avança. In Revista Exame, publicada em 28.08.2019. Disponível em https://exame.com/tecnologia/com-ensino-cada-vez-mais-digital-uso-de-biometria-facial-cresce/

DANTAS, Gabriela Cabral da Silva. "Biometria"; Brasil Escola. Disponível em: https://brasilescola.uol.com.br/informatica/biometria.htm.

KAMINSKI, Margot E. The Right to Explanation Explained. Berkeley Technology Law Journal, vol. 34.

LUCKIN, Rose; HOLMES, Wayne; Griffiths, Mark; FORCIER, Laurie B. Intelligence Unleashed: an argument for AI in Education. Londres: Pearson, 2016.

MAGRANI, Eduardo. Entre dados e robôs: ética e privacidade na era da hiperconectividade. 2ª ed. Porto Alegre: Arquipélago Editorial, 2019.

MALGIERI, Gianclaudio; COMANDE, Giovanni. Why a Right to Legibility of Automated Decision-Making Exists in the General Data Protection Regulation, International Data Privacy Law, Volume 7, Issue 4, 1 November 2017, p. 243-265; SELBST, Andrew D.; POWLES, Julia. Meaningful information and the right to explanation. International Data Privacy Law, Volume 7, Issue 4, 1 November 2017.

MARTINS, Joana. Escolas estaduais terão controle de frequência por biometria. In Agência Sertão, publicado em 12.04.2019. Disponível em https://agenciasertao.com/2019/04/12/escolas-estaduais-terao-controle-de-frequencia-por-biometriahttps-agenciasertao-com-p65952previewtrue-anuncia-rui/.

O'NEIL, Cathy. Weapons of Math Destruction: how big data increases inequality and threatens democracy. New York: Crown Publishers, 2016.

PASQUALE, Frank. The block box society: The Secret Algorithms That Control Money and Information. Harvard University press, 2015.

PEDRÓ, Francesc; SUBOSA, Miguel; RIVAS, Axel; VALVERDE, Paula. Artificial Intelligence in Education: challenges and opportunities for sustainable development. UNESCO, 2019.

SOUZA, Carlos Affonso Pereira de; OLIVEIRA, Jordan Vinícius de. Sobre os ombros de robôs? A inteligência Artificial entre fascínios e desilusões. In Inteligência Artificial e Direito, Ana Frazão e Caitlin Mulholland (coord.). São Paulo: Thomson Reuters Brasil, 2019.

VICARI, Rosa Maria. Tendências em Inteligência Artificial na Educação no Período de 2017 a 2030. Brasília: SENAI, 2018.

WACHTER, Sandra; Mittelstadt, Brent; Floridi, Luciano. Why a Right to Explanation of Automated Decision-Making Does Not Exist in the General Data Protection Regulation, International Data Privacy Law, Volume 7, Issue 2, 1 May 2017.

O PAPEL DO "*DEPUTY PROTECTION OFFICER* – DPO" NAS INSTITUIÇÕES DE ENSINO SUPERIOR PRIVADO

Laura Schertel Mendes
Mônica Tiemy Fujimoto

I. Introdução

A proteção de dados nas Instituições de Ensino Superior (IES) privadas é tema de grande importância para todas as organizações, independentemente da quantidade de cursos ofertados ou áreas de atuação. Existem diversas especificidades regulatórias que fazem com que o tratamento de dados realizado por esses agentes seja objeto de preocupação, como por exemplo a utilização de informação de estudantes para seleção de candidatos a bolsas, envio de informações para censo, implementação de estratégias de captação de alunos ou mesmo a coleta de dados pelos softwares utilizados pelas IES.

A centralidade da proteção de dados no manejo das informações passou a ser discutida no Brasil com a edição da Lei n. 13.709, de 14 de agosto de 2018, (Lei Geral de Proteção de Dados Pessoais - LGPD), pois até então não existia diploma específico sobre o tema[1]. O processo de aprovação da legislação, contudo, foi apenas o primeiro passo para a construção de um sistema de proteção de dados dos titulares e efetividade do marco normativo.

Com a introdução da LGPD, passou-se a compreender que não existem dados irrelevantes, ainda mais agora que a proteção de dados foi formalmente[2] incluída no rol de direitos fundamentais (art. 5º, inciso XXX, Constituição Federal). O modelo de aplicação da LGPD compreende que existem condições de legitimidade que permitem o tratamento de dados pessoais, que devem ser adotados procedimentos para a garantia de proteção e que, em caso de violação, são aplicáveis sanções administrativas.[3]

Nesse sentido, compreender as funções dos encarregados (ou "*Deputy Protection Officer* - DPO") pelo tratamento de dados é central no processo de adequação das IES à legislação de proteção de dados brasileira e na garantia de sua conformidade. Tal fato decorre do importante papel desempenhado pelos encarregados na conformação das instituições com a LGPD, garantia dos direitos dos titulares, interlocução entre as IES e a Autoridade de Nacional de Proteção de Dados - ANPD, bem como na orientação dos colaboradores a respeito das melhores práticas a serem adotadas para garantir a proteção de dados pessoais.

Assim, este trabalho irá abordar as funções dos DPOs tratando, inicialmente, da importância do DPO na *accountability* das Instituições de Ensino Superior (item II) e em seguida abordará as funções do DPO nessas organizações (item III). Por fim, trataremos da indicação de DPO, abordando as situações nas quais o mesmo encarregado é indicado para diversas mantidas e quando a mantenedora se enquadra como pequena e média empresa (item IV).

Ao final, pretendemos compreender de que forma o setor educacional pode se beneficiar com a introdução dos encarregados em suas instituições, bem como com a sua efetiva utilização como mecanismo de implementação dos pressupostos do marco normativo de proteção de dados brasileiro.

---

1 MENDES, Laura Schertel; DONEDA, Danilo. Comentário à nova Lei de Proteção de Dados (Lei 13.709/2018): o novo paradigma da proteção de dados no Brasil. *Revista de Direito do Consumidor*, São Paulo, v. 27, n. 120, p. 555-587, nov./dez. 2018.

2 A inclusão da proteção de dados como um direito fundamental decorreu da promulgação da Emenda Constitucional n. 115 pelo Congresso Nacional em 10 de fevereiro de 2022.

3 MENDES, Laura Schertel. A Lei Geral de Proteção de Dados Pessoais: um modelo de aplicação em três níveis. *Revista dos Tribunais*, São Paulo. Impresso, v. 1, p. 35, 2019.

II. A importância do DPO na *accountability* das Instituições de Ensino Superior

Apesar da figura do encarregado ter sido introduzida ao ordenamento brasileiro apenas com a LGPD, a figura do DPO foi mencionada primeiramente no §38 da Lei de Proteção de Dados alemã de 1977, o *Bundesdatenschutzgesetz* (*German Data Protection Act* - FDPA), tendo sido a Regulamento Europeu de Proteção de Dados n. 2016/679 (*General Data Protection Regulation* - GDPR) diploma essencial para delinear o seu papel de forma concreta.[4]

Inspirada no diploma europeu, a LGPD define o operador como a "*pessoa indicada pelo controlador e operador para atuar como canal de comunicação entre o controlador, os titulares dos dados e a Autoridade Nacional de Proteção de Dados* (ANPD)" (art. 5º, VIII, LGPD). Suas atribuições demonstram a importância do encarregado enquanto interlocutor entre as demandas externas e a empresa, além de se tratar de figura central na implementação das medidas necessárias para cumprimento da legislação.

Assim, além das funções previstas no art. 41 da LGPD, sobre as quais falaremos em detalhes no próximo tópico, é importante compreender que a indicação do encarregado é medida central na *accountability* de dados nas IES. Tal fato decorre da responsabilidade e flexibilidade envoltos no papel do DPO, que estão intimamente relacionados ao eixo condutor da LGPD.

O princípio da *accountability* foi uma inovação importante trazida pelo Regulamento Europeu de Proteção de Dados, em comparação com a Diretiva 46/95, ao jogar luz sobre a importância de os agentes de tratamento organizarem internamente a governança de dados, bem como evidenciarem tal organização para toda a sociedade. O princípio consta de forma expressa do Regulamento, em seu artigo 5(2), estando relacionado aos princípios descritos no artigo 5(1), que incluem a transparência, minimização, finalidade, dentre outros.

A escolha do legislador europeu pela menção expressa ao princípio da *accountability* e sua relação com o artigo 5(1) deve ser mencionada, uma vez que o preceito pode ser entendido como técnica passível de tornar efetivos os outros princípios[5]. Com o GDPR, o princípio da *accou-*

---

4 RECIO, Miguel. Data Protection Officer: The Key Figure to Ensure Data Protection and Accountability. *European Data Protection Law Review,* 114, 2017.

5 BENNET, Colin. Revisiting "The Governance of Privacy": Contemporary Policy Instruments in Global Perspective. 2017. Disponível em: https://ssrn.com/abstract=2972086 Acesso em 11/03/2022.

ntability, que já fazia parte do *Privacy Guidelines* da OCED de 1980[6], passa a ser considerado central na aplicação da legislação, estruturando a aplicação dos princípios como um todo, além de orientar o "Considerando 86" do GDPR a respeito da comunicação de incidentes de segurança.

De acordo com Colin Bennett, a utilização do conceito de *accountability* no contexto da privacidade remete a uma compreensão mais ampla do que "prestação de contas e responsabilização"[7]:

> Furthermore, accountability means more than 'responsibility'. One can always act 'responsibly' without reference to anyone else. Accountability is always directed towards an external agent; responsibility is not. Accountability is also more than 'responsiveness'. For example, the responsiveness of a company to its customers is a desirable component of accountability, but again does not imply that there is external accountability. Accountability is not present simply because consumers have an option of choosing another company in a competitive marketplace. The literature is, of course, far more complex, but these seem to be the central elements. There must be a common understanding of who is accountable, for what, and to whom.

Veja-se que não basta a simples prestação de contas na implementação de um programa de governança de dados, sendo necessário garantir que exista um responsável (agentes de tratamento), que os motivos estejam claros (obrigações, requisitos legais e princípios a serem seguidos) e que o destinatário da prestação também seja evidente (titulares, *stakeholders* e ANPD). Nesse sentido, a figura do encarregado é estratégica, uma vez que a função contribui para a conformidade dos programas de governança de dados e pode ser potencializada[8] para aumentar a confiança de titulares e clientes das IES, servindo como controle interno[9] do cumprimento normativo que é responsabilidade dos agentes de tratamento.

Também a LGPD estabeleceu expressamente o princípio da *accountability* em seu texto, incluindo-a no rol de princípios previstos no art. 6º. O art. 6º, inciso X, traduz o termo como "responsabilização e prestação de contas", compreendidos como a "demonstração, pelo agente, da ado-

---

6 OECD. Guidelines Governing the Protection of Privacy and Transborder Flows of Personal Data (the "Privacy Guidelines"). 1980, atualizado em 2013. Disponível em: https://legalinstruments.oecd.org/en/instruments/OECD-LEGAL-0188 Acesso em 11/03/2022.

7 BENNETT, Colin. The Accountability Approach to Privacy and Data Protection: Assumptions and Caveats. In: Daniel Guagnin et. al. (org) Managing privacy through Accountability. Hampshire: Palgave Macmillan, 2012. p. 34.

8 CIPL; CEDIS-IDP. Op. Cit. p. 7.

9 BIONI, Bruno. Accountability no desenho (*design*) da regulação de dados pessoais: virtudes e vicissitudes. Tese de Doutorado - Universidade de São Paulo. São Paulo, 2022.

ção de medidas eficazes e capazes de comprovar a observância e o cumprimento das normas de proteção de dados pessoais e, inclusive, da eficácia dessas medidas".

Nesse sentido, importa destacar importante estudo conduzido desde 2009 pelo *Centre for Information Policy Leadership* - CIPL, denominado *"Accountability Project"*[10], no qual a organização chama atenção para a necessidade de pensar em uma abordagem para a proteção de dados que leve em consideração diversas esferas da sociedade da informação e do fluxo de dados da modernidade, buscando a mitigação de riscos.

A partir dessa diretriz, o CIPL reuniu sete elementos centrais da *accountability* na chamada *"accountability wheel"*[11], quais sejam: (1) estabelecer liderança e supervisão para proteção de dados e seu uso responsável; (2) avaliar e mitigar riscos na proteção de dados; (3) estabelecer políticas e procedimentos internos; (4) garantir transparência para todos os stakeholders, tanto internamente quanto externamente; (5) realizar treinamento para colaboradores e adotar medidas de sensibilização; (6) monitorar e verificar a implementação e efetividade do programa; (7) implementar procedimentos de resposta e de *enforcement*.

Com o avanço das Tecnologias da Informação e da Comunicação - TICs, que auxiliam na modernização do acesso ao conhecimento, a implementação de uma cultura de privacidade não formalista é extremamente importante[12]. No contexto da pandemia da Covid-19, muitas instituições de ensino se viram obrigadas a adotar recursos digitais como forma de garantir a segurança sanitária de seus alunos, professores e funcionários.

Esses recursos digitais envolvem um robusto conjunto de mecanismos que envolvem desde a criação de Ambientes Virtuais de Aprendizagem - AVA até a instalação de antivírus, implementação de sistema de autenticação de acesso às plataformas e a realização de controle de brechas de segurança que podem representar aspectos vulneráveis a ataques e utilização de *firewalls* em conjunto com componentes como *Intrusion Detection System* (IDS) e *Intrusion Prevention System* (IPS).

---

10 CIPL. *Organizational Accountability.* Disponível em: https://www.informationpolicycentre.com/organizational-accountability.html

11 CIPL. *Organisational Accountability - Past, Present and Future.* out/2019. Disponível em: https://www.informationpolicycentre.com/uploads/5/7/1/0/57104281/cipl_white_paper_on_organisational_accountability_%E2%80%93_past_present_and_future.pdf Acesso em 08/03/2022.

12 O tema foi tratado por uma das autoras deste trabalho em artigo anterior. FUJIMOTO, Mônica. Desafios do compliance de dados nas instituições de ensino básico e superior. *In*: Ana Frazão *et al.* (coord.). *Compliance e políticas de proteção de dados.* São Paulo: Thomson Reuters, 2021.

Mesmo em suas atividades cotidianas, as instituições de ensino lidam com dados como: i) histórico escolar, ii) dados e documentos pessoais dos alunos, professores, funcionários, fornecedores, iii) dados de cobrança e iv) dados socioeconômicos do grupo familiar. Tais dados são necessários para realização de atividades como: i) seleção de bolsistas, ii) *marketing*; iii) armazenamento de dados de alunos (como histórico escolar e avaliações de desempenho), iv) controle de frequência; v) utilização de plataformas digitais de ensino; vi) utilização de redes wi-fi; vii) segurança do ambiente escolar, viii) gestão de alunos inadimplentes, ix) fornecimento de dados para o cumprimento de obrigações regulatórias.

Além disso, também são inúmeras as obrigações regulatórias que exigem o tratamento de dados pelas IES, sejam elas para obtenção de benefícios ou para a elaboração de estudos estatísticos. A coleta de dados pelo poder público por meio do censo anual da educação básica e superior, realizado pelo Instituto Nacional de Estudos e Pesquisas Educacionais Anísio Teixeira - INEP, é um importante pilar para elaboração de grande parte das políticas educacionais nacionais[13].

Assim, é essencial que as IES compreendam a proteção de dados como aspecto intrínseco ao seu modelo de negócio, em especial aquelas que adotam TICs em seus cursos, uma vez que a importância dos dados pessoais para o desempenho de suas atividades é inegável. A escolha pela introdução do *compliance* de dados pelas organizações vai além de mera estratégia para evitar o sancionamento, e importa na arquitetura de sistema interno que consolide os pressupostos da legislação de forma contínua, eficaz e "*accountable*".

De acordo com relatório produzido em parceria entre o CIPL e o CEDIS-IDP[14], o princípio da *accountability* possui posição central na LGPD, e deve ser compreendido como a adoção de medidas para traduzir os requisitos legais, bem como na demonstração da existência e eficácia das medidas (art. 6º, X). Além disso, em diversas outras passagens da lei são mencionadas as referidas medidas e mecanismos de demonstração de cumprimento, o que traduz a mudança da "*lógica regulatória do*

---

13 Esses dados podem servir para a distribuição do Fundo de Manutenção e Desenvolvimento da Educação Básica e de Valorização dos Profissionais da Educação - Fundeb, dos recursos da arrecadação da contribuição social do salário-educação e dos programas de apoio à alimentação escolar, transporte e manutenção das escolas. BACHUR, João Paulo. Proteção de dados pessoais na educação. *In*: Bioni et al (Coords.) *Tratado de Proteção de Dados Pessoais*. Rio de Janeiro: Forense, 2021.

14 CIPL; CEDIS-IDP. *O Papel do/a Encarregado/a conforme a Lei Geral de Proteção de Dados Pessoais (LGPD)*. Set/2021. Disponível em: https://www.informationpolicycentre.com/uploads/5/7/1/0/57104281/[pt]_cipl-idp_paper_dpo_under_the_lgpd__27_sept_2021_.pdf Acesso em 04/03/2022.

comando e controle, para uma racionalidade mais voltada para a corregulação e accountability"[15].

A utilização de um programa de compliance efetivo requer a fixação de controles internos complementares à regulamentação tradicional, possibilitando a chamada autorregulação regulada[16]. Essa vertente é alinhada com o modelo regulatório que a LGPD busca implementar, cujo foco deve ser uma abordagem baseada no risco, flexível, voltada para a real compreensão acerca dos riscos para o titular que estão envolvidos nas operações de tratamento de dados.

Nesse sentido, o art. 50 da LGPD apresenta a possibilidade de que os agentes de tratamento formulem medidas de governança de dados que possibilitem o efetivo cumprimento da legislação, sendo responsabilidade do controlador a sua implementação. O inciso I do artigo pontua como aspectos essenciais do programa: a) comprometimento do controlador; b) aplicabilidade a todo conjunto de dados pessoais sob seu controle; c) adequação à estrutura da organização; d) existência de políticas e salvaguardas baseadas em risco; e) estabelecimento de confiança do titular; f) integração com a estrutura geral de governança; g) existência de plano de resposta a incidentes e remediação; e h) atualização constante.

A indicação de um DPO pode ser fundamental para traduzir as obrigações legais na estrutura interna da empresa, bem como para possibilitar a continuidade do processo de implementação do programa de governança em privacidade. Não à toa, diversas organizações reconhecem o encarregado como facilitador da conformidade e elemento estratégico nos programas de governança de dados[17].

Corroborando com esse dado, o *Data Privacy Benchmark Study 2020* publicado pela Cisco, constatou que o investimento em privacidade pode trazer um retorno financeiro positivo para as organizações, sendo relatado que mais de 40% das organizações internacionais conseguiram dobro de retorno do que o que foi gasto para implementação da *accountability* na organização[18].

---

15 WIMMER, Miriam. Os desafios do *enforcement* na LGPD. *In*: Bioni et al (Coords.) *Tratado de Proteção de Dados Pessoais*. Rio de Janeiro: Forense, 2021. p. 377.

16 FRAZÃO, Ana; DONATO, Milena; ABILIO, Viviane. Compliance de dados pessoais. In: *A Lei Geral de Proteção de Dados Pessoais e suas repercussões no direito brasileiro*. São Paulo: Thomson Reuters, 2019.

17 CIPL; CEDIS-IDP. *O Papel do/a Encarregado/a conforme a Lei Geral de Proteção de Dados Pessoais (LGPD)*. Set/2021. Disponível em: https://www.informationpolicycentre.com/uploads/5/7/1/0/57104281/[pt]_cipl-idp_paper_dpo_under_the_lgpd__27_sept_2021_.pdf Acesso em 06/03/2022.

18 https://www.cisco.com/c/en_uk/products/security/security-reports/data-privacy-report-2020.html

Assim, passa-se à análise das funções do DPO para auxiliar na compreensão sobre a sua importância para as IES.

III. Funções do DPO nas Instituições de Ensino Superior

Conforme apontamos no item anterior, o encarregado pode ser figura central nos programas de governança em privacidade. Dentre suas funções, o art. 41, § 2º, da LGPD aponta: i) servir como canal de comunicação para prestar esclarecimentos e adotar providências em relação às demandas dos titulares (inciso I); ii) servir como canal de comunicação da autoridade nacional (inciso II); iii) implementar medidas de conscientização e orientar colaboradores a respeito do cumprimento da LGPD (inciso III); iv) cumprir com as atribuições determinadas pelo controlador (inciso IV).

Assim, dentre as competências expressas na legislação, é possível identificar que são funções gerais do DPO a gestão dos programas de conformidade, assessoramento da organização sobre proteção de dados, e interlocução interna e externa.[19] Ademais, a possibilidade de atribuição de algumas atividades de caráter operacional também são identificadas na legislação. Por exemplo[20], registro de operações de tratamento (art. 37); acompanhamento das avaliações de risco (art. 38); identificação das bases legais aplicáveis; gestão de incidentes de segurança (art. 46); realização de auditorias; dentre outras.

É importante salientar que a legislação - e a própria ANPD[21] - optou por conferir liberdade para o exercício da função, de modo que as competências previstas no art. 41 são apenas exemplificativas. Tal liberdade é fundamental para garantir que os encarregados possam desenhar as melhores práticas considerando as singularidades das instituições nas quais atuam. Isso porque, apesar das linhas gerais das funções dos encarregados serem aplicáveis à maioria das IES, a depender do porte, do ní-

---

19 KREMER, Bianca; PALMEIRA, Mariana. A compreensão do encarregado: diferentes perfis, requisitos e qualificações. In: Ana Frazão et al. (coord.). *Compliance e políticas de proteção de dados*. São Paulo: Thomson Reuters, 2021.

20 CIPL; CEDIS-IDP. *O Papel do/a Encarregado/a conforme a Lei Geral de Proteção de Dados Pessoais (LGPD)*. Set/2021. Disponível em: https://www.informationpolicycentre.com /uploads/5/7/1/0/57104281/[pt]_cipl-idp_paper_dpo_under_the_lgpd_27_sept_2021_.pdf Acesso em 06/03/2022. p. 16 e 17.

21 ANPD. *Guia orientativo para Definições dos Agentes de Tratamento de Dados Pessoais e do Encarregado*. mai/2021. Disponível em: https://www.gov.br/anpd/pt-br/assuntos/ noticias/inclusao-de-arquivos-para-link-nas-noticias /2021-05-27-guia-agentes-de-tratamento_final.pdf Acesso em 06/03/2022.

vel de digitalização e das áreas dos cursos, a atuação do DPO pode ser mais ou menos intensiva, e alguns protocolos podem ser dispensáveis.

A atribuição de competência para elaboração de avaliação de risco, por exemplo, pode não ser necessária após finalizado o processo de adequação, a depender dos tipos de dados tratados pelas IES. Ou então, as IES que não identificaram nenhum tratamento de dados que necessitasse de uma avaliação de risco e acompanhamento intenso de um DPO podem passar a ter que realizá-lo com a expansão de suas atividades. Mesmo o regime de trabalho ou a forma de contratação do encarregado pode ser diferenciada a depender da quantidade de funções que ele tiver, conforme será explorado no próximo tópico.

O desempenho das atividades do encarregado, portanto, pode envolver todas as etapas dos processos de adequação à LGPD, mas principalmente, deve ser realizado de forma contínua. Por esse motivo, apesar de a indicação do encarregado ser apenas uma obrigação do controlador[22], muitas organizações que figuram como operadores no tratamento de dados optam pela sua indicação. Ademais, além do papel de "facilitador" da conformidade do encarregado, a sua presença nas empresas também aumenta a confiança externa nas políticas de proteção de dados da empresa[23].

Para auxiliar as empresas na definição das funções dos encarregados, o CIPL listou diversas práticas que podem ser adotadas pelos encarregados para que o encarregado não seja apenas um figurante na governança de dados das empresas[24]:

- Desempenhar papel central no planejamento, implementação e supervisão do programa de governança em privacidade - o encarregado pode ser visto como um regente de orquestra, trabalhando em coordenação com outras funções corporativas relevantes em todas as fases de criação e manutenção do programa de governança em privacidade;
- Reportar-se à alta liderança e/ou ao Conselho;
- Ter profundo conhecimento da organização e atuar como sua "consciência coletiva", levando em consideração que o encarre-

22 Apesar da definição constante no art. 5º, VIIII, da LGPD mencionar que o encarregado é pessoa indicada pelo controlador e operador, a legislação indica a obrigatoriedade de indicação do encarregado de forma expressa apenas nas atribuições do controlador, artigo 41 da LGPD, que nos leva a crer que a indicação de encarregado não é obrigatória para o operador, e sim uma faculdade.

23 CIPL, Op. Cit., p. 5.

24 CIPL, Op. Cit., p. 7 e 8.

gado fará recomendações ou tomará decisões com potencial de impacto na empresa;

- Envolver-se na estratégia de dados e nas decisões relacionadas a dados - por exemplo, ter lugar à mesa e acesso à alta administração, ser consultado pela empresa nos estágios iniciais de desenvolvimento de produtos/serviços, garantindo que a privacidade seja levada em consideração desde a concepção;
- Atuar e ser aceito como assessor de negócios de confiança e campeão de privacidade (em vez de ser visto pela empresa como "polícia" interna), com base em comunicações internas claras para todas as partes relevantes da organização sobre o papel e as responsabilidades do encarregado (por exemplo, por meio de políticas internas ou de um estatuto do encarregado, bem como por meio de treinamento e conscientização);
- Envolver-se em decisões empresariais sobre riscos de privacidade de dados e responder a perguntas sobre avaliações de riscos de privacidade de dados;
- Adotar uma abordagem baseada em risco para suas atividades, priorizando áreas de maior risco para titulares e também para a organização;
- Manter uma relação de confiança com a autoridade de proteção de dados (a ANPD, no Brasil) e atuar como seu principal interlocutor e ponto de contato.

No caso das IES, os benefícios da indicação de um encarregado podem ser significativos, especialmente se tratados pelas instituições como uma figura com responsabilidade organizacional. Por se tratar de empresas com estruturas complexas e relações jurídicas e comerciais diversas, a escolha pela indicação de um encarregado (quando este não for obrigatório) pode indicar o comprometimento da instituição com sua política de proteção de dados. Quanto ao aspecto comercial, o cuidado com a privacidade dos estudantes pode afigurar como vantagem competitiva, especialmente considerando os cursos oferecidos na modalidade semipresencial ou à distância (EaD).

É importante ressaltar que as IES devem possuir atribuições específicas para as suas necessidades e tipos de tratamento de dados realizados. Considerando uma abordagem baseada em risco (*risk-based approch*), os encarregados devem ter maior envolvimento naquelas que representam riscos elevados para os titulares, como controle de presença por meio de cadastro biométrico ou medidas de segurança que utilizem câmeras de segurança e devem possuir recursos e estrutura suficientes para o desempenho de suas funções.

Ademais, as instituições de ensino devem ter cautela adicional quando do tratamento de dados que possam ser considerados discriminatórios, tendo em vista o princípio geral da não discriminação formulado pela LGPD (art. 6º, IX)[25]. Esse princípio da não discriminação tem como pano de fundo proteger os titulares de resultados que possam resultar em ilegalidades, restrições de direitos e abusos. Esse aspecto é fundamental para orientar a seleção de bolsistas pelas universidades ou quando da coleta de informações socioeconômicas para programas como o Fundo de Financiamento Estudantil (FIES) e o Programa Universidade para Todos (Prouni).

Essa abordagem baseada em risco vai além da elaboração de um relatório de impacto, e tem como inspiração a abordagem adotada pela GDPR, que cria obrigações para os agentes de tratamento com base nos riscos das operações, levando em consideração as medidas de prevenção na aplicação de penalidades.[26] Nesse mesmo sentido, também a LGPD considera a adoção de mecanismos para minimizar o dano como critério para aplicação de sanções (art. 52, § 1).

Assim, compreendemos que a atribuição de funções ao encarregado deve ser baseada principalmente na avaliação dos riscos de privacidade de dados das IES.

III.1. Limite da responsabilização do DPO

A relação entre *accountability* e a figura do DPO, bem com sua presença estratégica no acompanhamento das operações de tratamento e envolvimento na elaboração do programa de governança de privacidade de dados da organização, pode levar à compreensão de que o encarregado também seria pessoalmente responsável nas esferas penal, administrativa ou civil.

Nesse sentido, cumpre ressaltar que, não obstante a ausência de previsão expressa que isente o encarregado de responsabilidade na LGPD, a legislação é clara ao atribuir ao controlador e ao operador a obrigação de reparação de danos. Nos termos do art. 42, da LGPD, tanto o controlador quando o operador podem ser responsabilizados pelos danos causados pela violação da lei:

---

25 SCHERTEL, Laura; FUJIMOTO, Mônica, MATTIUZZO, Marcela. Discriminação algorítmica à luz da Lei Geral de Proteção de Dados. In: Bioni et al (Coords.) *Tratado de Proteção de Dados Pessoais*. Rio de Janeiro: Forense, 2021.

26 MALDOFF, Gabriel. The Risk-Based Approach in the GDPR: Interpretation and Implications. IAPP White paper, 2016. Disponível em: https://iapp.org/media/pdf/resource_center/GDPR_Study_Maldoff.pdf

> Art. 42. O controlador ou o operador que, em razão do exercício de atividade de tratamento de dados pessoais, causar a outrem dano patrimonial, moral, individual ou coletivo, em violação à legislação de proteção de dados pessoais, é obrigado a repará-lo.
>
> § 1º A fim de assegurar a efetiva indenização ao titular dos dados:
>
> I - o operador responde solidariamente pelos danos causados pelo tratamento quando descumprir as obrigações da legislação de proteção de dados ou quando não tiver seguido as instruções lícitas do controlador, hipótese em que o operador equipara-se ao controlador, salvo nos casos de exclusão previstos no art. 43 desta Lei;
>
> II - os controladores que estiverem diretamente envolvidos no tratamento do qual decorreram danos ao titular dos dados respondem solidariamente, salvo nos casos de exclusão previstos no art. 43 desta Lei.

Nesse mesmo sentido, o documento "Orientações sobre os encarregados da proteção de dados (EPD)"[27], elaborado pelo *Article 29 Working Party* - WP29[28], estabelece que, uma vez que a competência pelo cumprimento da legislação e pela sua comprovação é dos agentes de tratamento (operador e controlador), os encarregados "*não são pessoalmente responsáveis pelo incumprimento dos requisitos de proteção de dados*".

Destaca-se que a não responsabilização do encarregado não compreende os casos nos quais o ato ilícito seja praticado de forma dolosa. Nessas hipóteses, caso exista relação de trabalho, deve ser aplicado o previsto no art. 462, §1º da CLT, ou então nos arts. 186, 187 e 927 do Código Civil.

IV. Indicação de DPO por Instituição de Ensino Superior

A indicação de DPO pelas Instituições de Ensino Superior é obrigatória nos casos nos quais a IES figurar como controladora ou cocontroladora pelo tratamento de dados[29], nos termos do *caput* do art. 41, LGPD.

---

27 WORKING PARTY 29. *Orientações sobre os encarregados da proteção de dados (EPD)*. Dez/2016, atualização em abr/2017. Disponível em: https://ec.europa.eu/newsroom/article29/items/612048 . p. 28.

28 Trata-se de um órgão consultivo europeu independente em matéria de proteção de dados e privacidade, cujas atribuições estão previstas no artigo 30.° da Diretiva 95/46/CE e no artigo 15.° da Diretiva 2002/58/CE.

29 A definição de co-controladoria, ou controladoria conjunta trazida pela ANPD em seu guia remete à definição do art. 26 do GDPR, qual seja: "*[q]uando dois ou mais responsáveis pelo tratamento determinem conjuntamente as finalidades e os meios desse tratamento, ambos são responsáveis conjuntos pelo tratamento. Estes determinam, por acordo entre si e de modo transparente, as respectivas responsabilidades pelo cumprimento do presente regulamento, no-*

Ou seja, os encarregados são obrigatórios quando as IES forem responsáveis pela tomada das principais decisões referentes ao tratamento de dados pessoais, como é o caso da definição das finalidades do tratamento, da natureza dos dados tratados e duração do tratamento.

De acordo com o Guia de Agentes de Tratamento da ANPD[30], a tomada de decisão relativa ao tratamento de dados não significa que o controlador deve ser aquele que realiza o tratamento, e sim que existe um poder de decisão. Esse poder decisório também não significa que todas as decisões devem ser tomadas por esse agente de tratamento, mas que a temática esteja sob sua tutela e que ele tome as principais decisões. Tanto o é que o próprio papel do operador - agente que realiza o tratamento em nome do controlador - requer que determinadas decisões sejam tomadas por ele, assim como é o caso do encarregado.

Ainda assim, a definição do status de controlador é de suma importância para as instituições, uma vez que em diversas passagens a LGPD atribui obrigações específicas para cada um dos agentes de tratamento, bem como um regime de responsabilidade específica. Por exemplo, são competências exclusivas do controlador a: i) manutenção do ônus da prova de que o consentimento do titular foi obtido em conformidade com a LGPD (art. 8º, § 2º, LGPD); ii) observância dos direitos dos titulares (art. 18); iii) comunicação de incidentes de segurança que possam acarretar risco ou dano relevante à ANPD e aos titulares afetados (art. 48); iv) elaboração de Relatório de Impacto de Proteção de Dados (art. 38, LGPD); v) nomeação de encarregado de dados (art. 41); vi) implementação de programa de governança em privacidade com os requisitos previstos no art. 50, § 2º.

A própria obrigação de indicação do encarregado é um exemplo de obrigação específica do controlador. Conforme apontado anteriormente, apesar da definição constante no art. 5º, VIII, da LGPD mencionar que o encarregado é pessoa indicada pelo controlador e operador, a legislação indica a obrigatoriedade de indicação do encarregado de forma expressa apenas nas atribuições do controlador (art. 41, LGPD), que nos leva a

---

meadamente no que diz respeito ao exercício dos direitos do titular dos dados e aos respetivos deveres de fornecer as informações referidas nos artigos 13º e 14º, a menos e na medida em que as suas responsabilidades respectivas sejam determinadas pelo direito da União ou do Estado-Membro a que se estejam sujeitos. O acordo pode designar um ponto de contacto para os titulares dos dados". ANPD. *Guia orientativo para Definições dos Agentes de Tratamento de Dados Pessoais e do Encarregado*. mai/2021. Disponível em: https://www.gov.br/anpd/pt-br/assuntos/noticias /inclusao-de-arquivos-para-link-nas-noticias/ 2021-05-27-guia-agentes-de-tratamento_final.pdf Acesso em 06/03/2022

30 ANPD. Op. Cit.; p. 10.

crer que a indicação de encarregado não é obrigatória para o operador, e sim uma faculdade.

Ademais, em relação às qualificações do encarregado indicado, o WP29[31] indica que o encarregado tenha competências e conhecimentos que incluam: a) competências no domínio das normas e práticas de proteção de dados; b) conhecimento das operações de tratamento realizadas; c) conhecimento das tecnologias da informação e da segurança dos dados, d) conhecimento do setor empresarial e da organização; e) capacidade para promover uma cultura de proteção de dados no seio da organização.

Assim, o perfil do encarregado indicado depende das funções que ele irá executar. Contudo, é fundamental que, independentemente do modelo de contratação ou do nível de envolvimento do agente, ele tenha capacidade de atender às demandas internas e externas, bem como dar as orientações necessárias a respeito das atividades de tratamento da IES.

IV.1. Designação de um DPO para diversas mantidas

A estrutura societária das IES tem uma peculiaridade, tendo em vista que a legislação setorial exige a criação de duas figuras distintas, as mantenedoras e as mantidas. Enquanto a mantenedora é dotada de personalidade jurídica, representando a mantida legalmente, e fornecendo recursos ao funcionamento da instituição de ensino; a mantida é a instituição que efetivamente oferta cursos de educação superior. Assim, apesar de, na prática, mantenedora e mantida serem entidades que correspondem à mesma IES - podendo até mesmo se confundir -, ambas possuem papéis e obrigações distintos.

Uma mesma mantenedora pode possuir diversas mantidas, o que não retira a autonomia de cada uma das instituições de ensino. Por esse motivo, a estratégia de designação de DPO para as mantidas pode ser objeto de dúvida pelo setor.

A LGPD não veda que um encarregado atenda mais de uma organização concomitantemente, tampouco obriga a instituição a contratar o DPO como funcionário de sua organização. Assim, o encarregado pode ser pessoa física ou jurídica, funcionário ou agente externo, exclusivo da instituição ou não, pode possuir equipe ou atuar sozinho, a depender da

31 WORKING PARTY 29. *Orientações sobre os encarregados da proteção de dados (EPD)*. Dez/2016, atualização em abr/2017. Disponível em: https://ec.europa.eu/newsroom/article29/items/612048 . p. 28.

estratégia adotada pela empresa. Nesse sentido, entende-se que a sua indicação deve considerar se o encarregado será "*capaz de atender às suas demandas e de outras organizações concomitantemente*"[32].

De acordo com o WP29[33], o encarregado deve ser acessível e estar em condições de se comunicar de forma eficiente com os titulares, autoridades e membros internos da instituição, servindo como ponto de contato. Isso porque "*a disponibilidade de um EPD (quer fisicamente nas mesmas instalações que os trabalhadores, quer através de uma linha direta ou de outros meios de comunicação seguros) é essencial para garantir que os titulares dos dados possam contactá-lo*".

Ao fim e ao cabo, a escolha relativa à forma de designação de um encarregado para as mantidas deve ser condizente com o volume de dados tratados, risco do tratamento, modelo de negócio e política de compliance das empresas. Nesse aspecto, também importa destacar que, apesar de a LGPD e a ANPD não exigirem de forma explícita que o encarregado seja independente, pode ser considerada prática recomendável que o DPO não possua conflitos com outras responsabilidades (ou empresas), com a alocação de tempo ou priorização[34].

Ademais, independentemente de o encarregado ser indicado para uma ou mais mantidas, a IES deve considerar que o desempenho de sua função também requer o fornecimento de recursos adequados[35], que podem incluir a contratação de equipe, certificações, tecnologias, assessoria de outras áreas, orçamento, dentre outras.

IV.2. Designação de DPO por IES de pequeno porte

Desde a promulgação da LGPD existe uma expectativa de que a ANPD apresente as normas específicas para empresas de pequeno porte por conta da previsão expressa no art. 55-J da legislação que previa tratamento diferenciado para esses agentes. Tal previsão se justifica por

32 ANPD. *Guia orientativo para Definições dos Agentes de Tratamento de Dados Pessoais e do Encarregado*. mai/2021. Disponível em: https://www.gov.br/anpd/pt-br/assuntos/ noticias/inclusao-de-arquivos-para-link-nas-noticias/ 2021-05-27-guia-agentes-de-tratamento_final.pdf Acesso em 06/03/2022. p. 22.

33 WORKING PARTY 29. *Orientações sobre os encarregados da proteção de dados (EPD)*. Dez/2016, atualização em abr/2017. Disponível em: https://ec.europa.eu/newsroom/article29/items/612048 . p. 25.

34 CIPL; CEDIS-IDP. *O Papel do/a Encarregado/a conforme a Lei Geral de Proteção de Dados Pessoais (LGPD)*. Set/2021. Disponível em: https://www.informationpolicycentre.com/uploads/ 5/7/1/0/57104281/[pt]_cipl-idp_paper_dpo_under_the_lgpd__27_sept_2021_.pdf Acesso em 06/03/2022. p. 8.

35 CIPL; CEDIS-IDP. Op. Cit. p. 7.

conta dos altos custos de adequação que a lei pode impor - como é o caso da contratação de um encarregado - e o impacto que esses custos podem causar em agentes de pequeno porte.

Assim, para compreender se a IES de pequeno porte deve indicar um DPO, é necessário, em primeiro lugar, compreender se a empresa se enquadra nos termos da recém-publicada Resolução CD/ANPD n. 2/2022. Isso porque, atendendo aos anseios da sociedade, a resolução apresenta o regime especial de proteção de dados para agentes de tratamento de pequeno porte, que incluem microempresas, empresas de pequeno porte[36], *startups*[37], pessoas jurídicas de direito privado, inclusive sem fins lucrativos, que assumam obrigações típicas de agentes de tratamento (operador e controlador).

Para auxiliar o processo de adequação à LGPD, a Resolução prevê a flexibilização de obrigações em relação aos seguintes aspectos: a) dispensa de indicação do encarregado (art. 11); b) endereçamento coletivo de reclamações de titulares por entidades que representem os setores (art. 8º); c) registro simplificado de operações de tratamento (art. 9º); d) polí-

---

36 De acordo com o inciso II, do art. 2º da Resolução, são consideradas microempresas e empresas de pequeno porte as *"sociedade empresária, sociedade simples, sociedade limitada unipessoal, nos termos do art. 41 da Lei n. 14.195, de 26 de agosto de 2021, e o empresário a que se refere o art. 966 da Lei n. 10.406, de 10 de janeiro de 2002 (Código Civil), incluído o microempreendedor individual, devidamente registrados no Registro de Empresas Mercantis ou no Registro Civil de Pessoas Jurídicas, que se enquadre nos termos do art. 3º e 18-A, § 1º da Lei Complementar n. 123, de 14 de dezembro de 2006"*. *Já a LC 123/2006 requer que: "I – no caso da microempresa, aufira, em cada ano-calendário, receita bruta igual ou inferior a R$ 360.000,00 (trezentos e sessenta mil reais); e II – no caso de empresa de pequeno porte, aufira, em cada ano-calendário, receita bruta superior a R$ 360.000,00 (trezentos e sessenta mil reais) e igual ou inferior a R$ 4.800.000,00 (quatro milhões e oitocentos mil reais)"*.

37 De acordo com o inciso III, do art. 2º da Resolução, são consideradas *startups* as *"organizações empresariais ou societárias, nascentes ou em operação recente, cuja atuação caracteriza-se pela inovação aplicada a modelo de negócios ou a produtos ou serviços ofertados, que atendam aos critérios previstos no Capítulo II da Lei Complementar n. 182, de 1º de junho de 2021"*. Dentre os requisitos da LC 182/2021 são consideradas startups o empresário individual, a empresa individual de responsabilidade limitada, as sociedades empresárias, as sociedades cooperativas e as sociedades simples: *"I – com receita bruta de até R$ 16.000.000,00 (dezesseis milhões de reais) no ano-calendário anterior ou de R$ 1.333.334,00 (um milhão, trezentos e trinta e três mil trezentos e trinta e quatro reais) multiplicado pelo número de meses de atividade no ano-calendário anterior, quando inferior a 12 (doze) meses, independentemente da forma societária adotada; II – com até 10 (dez) anos de inscrição no Cadastro Nacional da Pessoa Jurídica (CNPJ) da Secretaria Especial da Receita Federal do Brasil do Ministério da Economia; e III – que atendam a um dos seguintes requisitos, no mínimo: a) declaração em seu ato constitutivo ou alterador e utilização de modelos de negócios inovadores para a geração de produtos ou serviços, nos termos do inciso IV do* caput *do art. 2º da Lei n. 10.973, de 2 de dezembro de 2004; ou b) enquadramento no regime especial Inova Simples, nos termos do art. 65-A da Lei Complementar n. 123, de 14 de dezembro de 2006"*.

tica simplificada de segurança da informação (art. 13); e) política simplificada de comunicação de incidente de segurança (art. 10).

Além disso, também foram estabelecidos prazos em dobro para as seguintes hipóteses: i) atendimento das solicitações dos titulares; ii) comunicação à ANPD e ao titular da ocorrência de incidente de segurança que possa acarretar risco ou dano relevante aos titulares, exceto quando houver potencial comprometimento à integridade física ou moral dos titulares ou à segurança nacional; iii) fornecimento de declaração clara e completa que indique a origem dos dados, a inexistência de registro, os critérios utilizados e a finalidade do tratamento, quando requisitados pelo titular; iv) outros prazos para a apresentação de informações, documentos, relatórios e registros solicitados pela ANPD a outros agentes de tratamento.

Veja-se que, apesar de a Resolução CD/ANPD n. 2/2022 flexibilizar e dispensar diversas obrigações dos agentes de tratamento de pequeno porte, é necessário atenção especial dos agentes que tratam os "dados pessoais de alto risco", apontando um critério geral e um específico. O critério geral (art. 4º, I) exige que o tratamento de dados pessoais seja realizado em larga escala ou que possa afetar significativamente interesses e direitos fundamentais dos titulares.

Não obstante a resolução não indicar qual seria o significado de larga escala, o WP29[38] recomenda que sejam considerados os seguintes fatores para determinar se um tratamento é feito em larga escala: i) número de titulares de dados afetados - como número concreto ou em percentagem da população em causa; ii) volume de dados e/ou o alcance dos diferentes elementos de dados objeto de tratamento; iii) duração, ou permanência, da atividade de tratamento de dados; iv) âmbito geográfico da atividade de tratamento.

Já o critério específico previsto no art. 4º, II, aponta algumas situações nas quais o tratamento pode ser de alto risco: i) uso de tecnologias emergentes ou inovadoras; ii) vigilância ou controle de zonas acessíveis ao público[39]; iii) decisões tomadas unicamente com base em tratamento automatizado de dados pessoais, inclusive aquelas destinadas a definir o perfil pessoal, profissional, de saúde, de consumo e de crédito ou os aspectos da personalidade do titular; ou iv) utilização de dados pessoais sensíveis ou de dados pessoais de crianças, de adolescentes e de idosos.

38 WORKING PARTY 29. *Orientações sobre os encarregados da proteção de dados (EPD)*. Dez/2016, atualização em abr/2017. Disponível em: https://ec.europa.eu/newsroom/article29/items/612048 Acesso em 14/03/2022. p. 9.

39 Nos termos do art. 2º, IV, são entendidas como zonas acessíveis ao público os "espaços abertos ao público, como praças, centros comerciais, vias públicas, estações de ônibus, de metrô e de trem, aeroportos, portos, bibliotecas públicas, dentre outros".

Por fim, embora a ANPD já tenha disponibilizado um checklist[40] com boas práticas de medidas de segurança para agentes de pequeno porte, ainda restam diversos pontos pendentes de regulamentação, como: i) procedimento para avaliação de risco e faturamento para enquadramento nos termos da Resolução CD/ANPD n. 2/2022; ii) modelo de registro simplificado de operações de tratamento de dados; iii) definição dos prazos não dispostos no art. 14 da Resolução; iv) regulamentação sobre especificidades da comunicação de incidentes de segurança (procedimento de comunicação, prazo, parâmetros de avaliação etc.).

Por fim, conforme mencionado, ainda que a indicação de encarregado não seja obrigatória para agentes de tratamento de pequeno porte, a indicação de um DPO pode ser um importante passo para o fortalecimento da política de governança em privacidade e dados da empresa. De modo que sugerimos que essa hipótese seja sempre avaliada, especialmente se os dados pessoais forem elementos centrais do modelo de negócio da IES.

V. Considerações finais

A figura do encarregado pelo tratamento de dados pode gerar diversos questionamentos, especialmente no que diz respeito à obrigatoriedade de sua indicação e os benefícios que podem ser obtidos com a sua presença nas IES. Considerando que o setor educacional vem utilizando cada vez mais novas tecnologias em suas metodologias de ensino e estruturas administrativas, é inevitável que a contratação de um DPO seja considerada.

Dessa forma, as IES que estiverem em dúvida se são obrigadas ou não a indicar um encarregado devem avaliar, pelo menos, os seguintes aspectos:

- Se a IES é controladora ou operadora de dados pessoais;
- Se a IES pode ser considerada agente de tratamento de pequeno porte;
- Se a IES realiza tratamento de dados considerados de alto risco;
- Quais custos podem estar envolvidos na contratação de um DPO (interno ou externo);
- Quais custos (financeiros, administrativos e reputacionais) podem estar envolvidos em um eventual incidente de segurança;

40 ANPD. *Checklist de medidas de segurança para agentes de tratamento de pequeno porte*. Disponível em: https://www.gov.br/anpd/pt-br/documentos-e-publicacoes/checklist-vf.pdf Acesso em 14/03/2022.

- Quais benefícios a contratação de um DPO pode trazer (confiança de consumidores e parceiros comerciais, eficácia de programas de compliance, redução de custos, diminuição e risco de incidente de segurança etc.).

Por fim, ressaltamos que deve ser adotada uma abordagem baseada no risco das atividades, de modo que a escolha sobre a forma de designação de um encarregado para as IES deve ser condizente com o volume de dados tratados, risco do tratamento e modelo de negócio.

VI. Referências

ANPD. *Guia orientativo para Definições dos Agentes de Tratamento de Dados Pessoais e do Encarregado*. mai/2021. Disponível em: https://www.gov.br/anpd/pt-br/assuntos/ noticias/inclusao-de-arquivos-para-link-nas-noticias/ 2021-05-27-guia-agentes -de-tratamento_final.pdf Acesso em 06/03/2022.

BACHUR, João Paulo. Proteção de dados pessoais na educação. *In*: Bioni et al (Coords.) *Tratado de Proteção de Dados Pessoais*. Rio de Janeiro: Forense, 2021.

BENNET, Colin. Revisiting "The Governance of Privacy": Contemporary Policy Instruments in Global Perspective. 2017. Disponível em: https://ssrn.com/abstract=2972086 Acesso em 11/03/2022.

BENNETT, Colin. The Accountability Approach to Privacy and Data Protection: Assumptions and Caveats. In: Daniel Guagnin et. al. (org) *Managing privacy through Accountability*. Hampshire: Palgave Macmillan, 2012.

CIPL. *Organisational Accountability - Past, Present and Future*. out/2019. Disponível em: https://www.informationpolicycentre.com/ uploads/5/7/1/0/57104281/cipl_white_paper_on_organisational_ accountability_%E2%80%93_past_ present_and_future.pdf Acesso em 08/03/2022.

CIPL; CEDIS-IDP. *O Papel do/a Encarregado/a conforme a Lei Geral de Proteção de Dados Pessoais (LGPD)*. Set/2021. Disponível em: https://www.informationpolicycentre.com/uploads/ 5/7/1/0/57104281/[pt]_cipl-idp_paper_ dpo_under_the_lgpd__27_sept_2021_.pdf Acesso em 04/03/2022.

FRAZÃO, Ana; DONATO, Milena; ABILIO, Viviane. Compliance de dados pessoais. *In*: *A Lei Geral de Proteção de Dados Pessoais e suas repercussões no direito brasileiro*. São Paulo: Thomson Reuters, 2019.

FUJIMOTO, Mônica. Desafios do compliance de dados nas instituições de ensino básico e superior. *In*: Ana Frazão et al. (coord.). *Compliance e políticas de proteção de dados*. São Paulo: Thomson Reuters, 2021.

KREMER, Bianca; PALMEIRA, Mariana. A compreensão do encarregado: diferentes perfis, requisitos e qualificações. *In*: Ana Frazão et al. (coord.). *Compliance e políticas de proteção de dados*. São Paulo: Thomson Reuters, 2021.

MENDES, Laura Schertel. A Lei Geral de Proteção de Dados Pessoais: um modelo de aplicação em três níveis. *Revista dos Tribunais*, São Paulo. Impresso, v. 1, p. 35, 2019.

MENDES, Laura Schertel. FUJIMOTO, Mônica, MATTIUZZO, Marcela. Discriminação algorítmica à luz da Lei Geral de Proteção de Dados. *In*: Bioni et al (Coords.) *Tratado de Proteção de Dados Pessoais*. Rio de Janeiro: Forense, 2021.

MENDES, Laura Schertel; DONEDA, Danilo. Comentário à nova Lei de Proteção de Dados (Lei 13.709/2018): o novo paradigma da proteção de dados no Brasil. *Revista de Direito do Consumidor*, São Paulo, v. 27, n. 120, p. 555-587, nov./dez. 2018.

OECD. Guidelines Governing the Protection of Privacy and Transborder Flows of Personal Data (the "Privacy Guidelines"). 1980, atualizado em 2013. Disponível em: https://legalinstruments.oecd.org/en/instruments/OECD-LEGAL-0188 Acesso em 11/03/2022.

RECIO, Miguel. Data Protection Officer: The Key Figure to Ensure Data Protection and Accountability. *European Data Protection Law Review*, 114, 2017.

WIMMER, Miriam. Os desafios do *enforcement* na LGPD. In: Bioni et al (Coords.) *Tratado de Proteção de Dados Pessoais*. Rio de Janeiro: Forense, 2021.

WORKING PARTY 29. *Orientações sobre os encarregados da proteção de dados (EPD)*. Dez/2016, atualização em abr/2017. Disponível em: https://ec.europa.eu/newsroom/article29/items/612048. Acesso em 06/03/2022.

BREVES CONSIDERAÇÕES SOBRE O PAPEL DA CVM E A PAUTA ESG PARA AS COMPANHIAS EDUCACIONAIS

Claudio Oksenberg[1]
Luciana Pietro Lorenzo[2]

Sumário: I - Introdução; II - O Papel da CVM e o full disclosure; III - A Pauta Environmental, Social and Governance (ESG); IV - ESG e Companhias Educacionais; V - Considerações Finais

I. Introdução

O mercado de capitais brasileiro tem como um dos seus pilares o princípio do *full disclosure*, pelo qual as companhias abertas devem fornecer informações ao público sobre a própria companhia, seus negócios e valores mobiliários, sejam informações exigidas pela regulamentação ou informações que a companhia reputar relevantes. A CVM desempenha papel fundamental na regulação e estímulo à divulgação de informações. Dentre as informações a serem divulgadas, estão as obrigações relacionadas à pauta socioambiental e, mais recentemente, à pauta *Environmental, Social and Governance - ESG*. Não basta apenas às companhias não fazerem o errado e cumprir as leis, a cobrança é para que as empresas tomem atitudes efetivas em busca da melhoria do sistema em

1 Advogado, formado pela Pontifícia Universidade Católica do Rio de Janeiro - PUC-Rio, com pós-graduação em Direito Empresarial pelo IBMEC-RJ e mestrado (LLM) pela Columbia Law School, em Nova York.

2 Advogada, formada pela Universidade de São Paulo em 2004, com pós-graduação em negócios pela Fundação Getulio Vargas, especializada em direito societário e fusões e aquisições.

que atuam, especialmente sob os aspectos ambientais, sociais e de governança. Para as instituições de ensino privado, o desafio de implementar e divulgar práticas ESG é exponenciado. Há uma exigência social destas empresas educacionais atuarem de forma consciente com o ambiente e com os desafios sociais e econômicos que o país enfrenta e são cobradas pela coerência entre o discurso que é ensinado dentro das salas de aulas com as práticas ESG que os alunos, professores e demais colaboradores veem no mundo corporativo e, no caso das companhias abertas, com as informações que são prestadas ao mercado.

II. O Papel da CVM e o *full disclosure*

Um dos princípios basilares e norteadores de um saudável mercado de capitais em qualquer país é a correta e justa informação ao público investidor pelos emissores de valores mobiliários. É um dos princípios que regem o nosso mercado há algumas décadas. Contudo, a formação da poupança popular no Brasil não se desenvolveu originalmente com base na confiança do mercado em leis que assegurassem a divulgação de informações por companhias abertas aos investidores.

Em que pese o esforço legislativo da década de 1940, com o advento do Decreto-Lei 2.627, de 26 de setembro de 1940, foi nas décadas de 1960 e 1970, em que houve a revolução e modernização legislativa que instituiu o mercado de capitais brasileiro como conhecemos hoje.[3] A Lei 4.595, de 31 de dezembro de 1964 criou o Conselho Monetário Nacional conferindo poderes de normalização do mercado de capitais ao órgão, bem como o Banco Central do Brasil, com poderes de fiscalizar o mercado.[4]

Logo em seguida, a Lei 4.728, de 15 de julho de 1965 foi promulgada com o intuito expresso de "facilitar o acesso do público a informações sabre os títulos ou valores mobiliários distribuídos no mercado e sobre as sociedades que os emitirem". Passou-se a ter o regime informacional como um princípio basilar do mercado de capitais no Brasil, inspirado no regime norte-americano, configurado na década de 1930.

O aperfeiçoamento legislativo continuou na década de 1970, não apenas diante da necessidade de se ter um diploma legal específico para o mercado de valores mobiliários e um órgão regulador e fiscalizador exclusivo, bem como para modernizar o diploma legal que regia as sociedades por ações emissores de valores mobiliários.

---

3 Até 1940, as sociedades anônimas eram regidas pela Lei 3.150/1882 e antes disso pelo Código Comercial de 1850, sem, contudo, haver uma disciplina legal para o mercado de capitais. Pitta, André Gurnspun. O regime de Informação das Companhias Abertas. Em Coleção IDSA de Direito Societário e Mercado de Capitais, Volume 5.

4 Pitta, André Gurnspun. *Op. Cit.*

Sendo assim, com o advento das Leis 6.385, de 7 de dezembro de 1976 e 6.404, de 15 de dezembro de 1976, implementou-se o regime informacional de *full and fair disclosure* no mercado de capitas brasileiro, até então regido por leis que não focavam necessariamente em companhias abertas, com ações negociadas ao público.

Nesse contexto, foi criada a Comissão de Valores Mobiliários - CVM, órgão do governo dedicado à regulação e fiscalização do mercado de capitais, inspirado na estrutura regulatória dos Estados Unidos.

Tal como a Lei 4.728/65, a Lei 6.385/76 atribuiu expressamente à recém-criada CVM, a finalidade de atuar de forma a "assegurar o acesso do público a informação sobre os valores mobiliários negociados e as companhias que os tenham emitido". À CVM foi conferida a competência expressa de "expedir normas às companhias abertas a natureza das informações que devam divulgar e a periodicidade da divulgação". A nova legislação criava o novo órgão governamental com o propósito de dar segurança ao público investidor, com a missão de, além de expedir normas e fiscalizar, estimular o crescimento do mercado de capitais no Brasil.[5]

Já a Lei 6.404/76 determina uma série de obrigações de divulgação de informações por administradores de companhias abertas, dentre elas, a obrigação conceitual, independentemente de qualquer solicitação de acionista, de divulgar atos ou fatos relevantes referentes à companhia, capazes de influir a decisão de os investidores em comprar ou vender valores mobiliários das companhias abertas.[6]

Diante do novo arcabouço legal, o legislador brasileiro escolheu o *full disclosure* como princípio basilar do mercado de capitais brasileiro, seguindo o padrão internacional, notadamente a legislação federal norte-americana, consubstanciada pelo Securities Act de 1933 e pelo Securities Exchange Act de 1934, ao proteger o investidor pela correta e completa divulgação da informação. Este princípio, contudo, não quer dizer que o Estado deva entrar no mérito de qualquer avaliação qualitativa das companhias abertas e seus negócios.[7] A obrigação de *disclosure* tem como função não apenas assegurar acesso à informação pelos investidores, mas também evitar condutas indesejadas pelos administradores de com-

5 Mattos Filho, Ary Oswaldo. Perplexidades do Mercado de Valores Mobiliários. Em Sociedades Anônimas, Mercado de Capitais e Outros Estudos: Homeganem a Luis Leonardo Cantidiano, Vol I. Quartier Latin, 2019.

6 Art. 157, parágrafo 4, da Lei 6404/76.

7 Wellich, Juya Sotto Mayor. Regulação do Mercado de Capitais Brasileiro, em Direito do Mercado de Valores Mobiliários, editado pela Comissão de Valores Mobiliários.

panhias abertas.[8] Com efeito, em certas ocasiões, a regulação de *disclsoure* tem o condão de incentivar determinados comportamentos, como é o caso das obrigações relacionadas à pauta socioambiental, constante das normas para elaboração do formulário de referência, como parte da Instrução CVM 480, de 7 de dezembro de 2009, e da recém-editada Resolução CVM 59, de 22 de dezembro de 2021, que introduziu mais especificamente a obrigatoriedade de divulgar iniciativas relacionadas a *Environmental, Social and Governance- ESG*, como veremos mais adiante.

A necessidade de agilidade e atenção por parte da CVM em relação a tendências e inovações do mercado demanda que o órgão esteja constantemente aprimorando seu arcabouço regulatório no que concerne às obrigações de divulgar, o que vem ocorrendo ao longo das últimas décadas.

Nesse sentido, já nos anos 2000, mais precisamente em 2003, com a edição da Instrução CVM 400, de 29 de dezembro de 2003, e em 2009, com a Instrução CVM 480, ocorreu uma nova revolução no sistema de divulgação de informações ao mercado. A Instrução CVM 400 passou a ser o marco regulatório principal para divulgação de informações em ofertas públicas de ações e a Instrução CVM 480 veio a regular quais informações deveriam constar no então recém-criado Formulário de Referência, que passou a ser o principal documento de divulgação de informações das companhias abertas ao mercado.

Outro relevante instrumento regulatório é o Ofício Circular anualmente editado pela CVM/SEP, que contém orientações gerais sobre procedimentos a serem observados por companhias abertas. Este instrumento vai a fundo e em detalhes nos mais diversos tipos de informações que as companhias abertas devem divulgar ao mercado, servindo como um consolidador de entendimentos da CVM e SEP sobre o tema e um guia para o mercado, atualizado a cada início de ano.

No que se refere à governança das companhias abertas, a B3 vem desempenhando papel fundamental, ao criar, no ano 2000, o inovador segmento de listagem denominado Novo Mercado e exigindo um padrão de governança diferenciado (com as devidas alterações ao longo dos últimos anos). Este segmento de listagem passou a ser uma referência em transparência e governança, impondo obrigações adicionais às constantes na Lei 6.404/76 e nos normativos da CVM. O Novo Mercado contribuiu inegavelmente para que o Brasil passasse a ter uma cultura de governança aprimorada em benefício do mercado, como por exemplo,

---

8 Gonzalez, Gustavo Machado. O *Full and Fair Disclosure* no Direito Aplicado: A Simetria Perseguida e as Assimetrias Toleradas. Em Direito Societário e Outros Temas de Direito Empresarial Aplicado. Quartier Latin, 2021.

exigindo a necessidade do conselho de administração ter membros independentes e de a companhia ter um comitê de auditoria, adotar um processo de avaliação de membros do conselho de administração e elaborar políticas claras de remuneração de administradores, transações com partes relacionadas e negociação de valores mobiliários, dentre outros.

No que se refere às companhias abertas no setor educacional, não há obrigações específicas de divulgação referentes a este setor, estando estas sujeitas ao regime geral de divulgação acima mencionado. Contudo, por serem justamente companhias que atuam com educação, tem-se que, em geral, elas primam pelo correto e adequado *disclosure* e boas práticas de governança, como vemos em seus formulários de referência e relatórios de sustentabilidade.

A história das entidades educacionais com o mercado de capitais guarda profunda relação com a sua profissionalização e desenvolvimento desde o início da década 2000, quando as primeiras ofertas públicas iniciais (IPO) de empresas educacionais brasileiras ocorreram.

Inicialmente ainda como empresas listadas no Nível 2, com controle consolidado na titularidade de seus fundadores e ações preferenciais sem voto em circulação, aos poucos estas empresas foram se consolidando e fundindo em grandes grupos, que passaram a aderir ao Novo Mercado e alguns deles, inclusive, não contam mais na atualidade com um acionista controlador definido, tendo se tornado sociedades verdadeiramente anônimas (*corporations*), com milhares de alunos e diversificados pilares de negócios na educação.

III. A Pauta Environmental, Social and Governance (ESG)

Em 22 de dezembro de 2021, a CVM publicou a Resolução n. 59, que alterou as Instruções CVM 480 e 481 e estabeleceu novas obrigações de divulgação das companhias abertas brasileiras em seus formulários de referência.

Por meio da Resolução n. 59, a CVM institui, dentre outros assuntos, a obrigatoriedade de companhias abertas nacionais passarem a divulgar as medidas de caráter ambiental, social e de governança que adotam (as tão faladas práticas ESG), a fim de atender à crescente demanda de investidores e *"alinhar a regulamentação brasileiras aos avanços que o tema vem apresentando em todos os mercados desenvolvidos*[9]".

9 Comissão de Valores Mobiliários. Edital de Audiência Pública SDM n. 09/20, p. 2. Disponível em: <https://conteudo.cvm.gov.br/audiencias_publicas/ap_sdm/2020/sdm0920.html.. Acesso em 20.2.2022.

A iniciativa da Resolução n. 59 de passar a tratar de ESG fundamenta-se em alguns princípios basilares, expostos pela própria CVM no edital de audiência pública que culminou, após o debate com o mercado, na aprovação da nova normativa.

Primeiramente, a CVM reconhece que, dado o estágio do tema e a diversidade de tópicos que podem ser relevantes para diferentes emissores em cada indústria ou ramo de atuação[10], as exigências da CVM não poderiam abarcar todos os itens da vasta pauta denominada genericamente ESG.

Desta forma, a CVM optou por requerer que se observe a prática intitulada 'pratique ou explique'. Para tanto, estabeleceram-se novos campos no formulário de referência para que as companhias abertas indiquem quais as medidas por elas adotadas ou perseguidas envolvendo os três macrotemas de ESG - ambiental, social e governança -, e sendo-lhes exigido que seja apresentada explicação, se for o caso, caso nenhuma medida venha sendo tomada.

Em nosso entendimento, esta é a forma adequada de se trazer para o campo regulatório e normativo o tema ESG, considerando o estágio atual das discussões envolvendo as práticas ESG, no Brasil e internacionalmente.

Pode-se dizer que as demandas para que as grandes empresas do mundo adotem medidas efetivas e proativas buscando endereçar as deficiências ambientais, sociais e de governança dentro das suas instituições e nas comunidades onde vivem é a etapa subsequente à maturidade atingida pelas normas e práticas de *compliance* em nível mundial.

Com a crescente pressão para adoção de práticas voltadas ao ESG, fica clara a percepção dos participantes e demais interessados em uma determinada empresa (*stakeholders*) de que não basta apenas não fazer o errado, cumprir as leis e implementar mecanismos de asseguração do seu cumprimento.

A cobrança agora é para que as empresas tomem atitudes efetivas, direcionadas e intencionais em busca da melhoria do sistema em que atuam, especialmente sob os aspectos ambientais, sociais e de governança, resultando, portanto, na melhoria para toda a comunidade em que se inserem e que impactam com sua atividade econômica.

É possível prever que eventualmente todas as empresas passarão em algum momento a ser cobradas a observarem princípios de ESG, voltados à sustentabilidade, políticas sociais e governança.

---

10 Comissão de Valores Mobiliários. Edital de Audiência Pública SDM n. 09/20, p. 10.

Tais exigências não decorrem de Lei, mas sim da pressão econômica, seja por parte de investidores institucionais que passaram a ter estes pontos de exigência em suas respectivas políticas de investimento ou de bancos e instituições financeiras que passaram a exigir a observância de determinadas práticas de ESG[11], e da pressão social, vocalizadas por diversas e descentralizadas agências não reguladoras, organizações não governamentais e da própria mídia.

Não se descarta que, à medida que determinadas práticas ESG se tornem difundidas ou óbvias, estas passem a ser mandatórias por força de Lei ou tratadas de forma mais específica na regulamentação da CVM.

Nesse momento, também é de se esperar que mais que um padrão de condutas determinadas, a tendência hoje chamada ESG, por seu dinamismo e caráter principiológico, ao longo do tempo se revestirá de outras exigências, à medida que as deficiências atuais sejam superadas e novas inevitavelmente surjam. O que parece ser permanente e crescente é a exigência que as grandes empresas desviem recursos e esforços para atuar em prol do desenvolvimento sustentável de toda a comunidade local e mundial de que participam e se beneficiam.

Outra indicação importante da Resolução n. 59 da CVM é a exigência de posicionamento, às companhias abertas, sobre quais dos Objetivos de Desenvolvimento Sustentável enunciados pela Organização das Nações Unidas - ONU são relevantes no contexto de seu negócio.

Os Objetivos de Desenvolvimento Sustentável da ONU para o Brasil são *"17 objetivos ambiciosos que abordam os principais desafios de desenvolvimento enfrentados por pessoas no Brasil e no mundo"*[12]. Dentre estes objetivos, encontram-se educação de qualidade, igualdade de gênero, trabalho decente e crescimento econômico, cidade e comunidade sustentáveis.

A B3 também desempenha relevante papel no campo da autorregulação em inciativas socioambientais, ao criar o Índice de Sustentabilidade Empresarial (ISE), inciativa pioneira na América Latina, com o objetivo de ser o indicador do desempenho de empresas selecionadas pelo seu reconhecido comprometimento com a sustentabilidade empresarial e referência em opções de investimento socialmente responsáveis e indutor de boas práticas empresariais.[13]

---

11 Desde 2020, por exemplo, o banco Goldman Sachs somente estrutura ofertas públicas iniciais (IPOs) de empresas que não possuam diversidade na composição de seu conselho de administração. Disponível em: <https://www.goldmansachs.com/our-commitments/diversity-and-inclusion/>. Acesso em: 20.2.2022.

12 Disponível em:https://brasil.un.org/pt-br/sdgs. Acesso em 20.2.2022.

13 Disponível em http://iseb3.com.br. Acesso em 20.2.2022.

Outro fator importante para a disseminação de práticas ESG para companhias abertas é a orientação de voto de empresas que servem como procuradoras de acionistas estrangeiros no Brasil, tais como a ISS e Glass Lewis, que procuram influenciar positivamente a governança das companhias para uma abordagem mais socioambiental. Dentre tais recomendações estão a inserção de mais mulheres e maior diversidade nos conselheiros de administração, a composição dos conselhos de administração apenas por conselheiros independentes, evitar ter candidatos ao conselho de administração que atuem como conselheiros em mais de cinco companhias.

IV. ESG e Companhias Educacionais

Como se percebe, para as instituições de ensino privado, o desafio de implementar e divulgar práticas ESG é exponenciado. Por um lado, todo o aspecto social envolvido na prestação de serviços educacionais, bem como sua relevância estratégica para o desenvolvimento, já há muito tempo, talvez até antes da codificação destas exigências sob a sigla ESG, resultava na exigência social destas empresas educacionais atuarem de forma consciente com o ambiente e com os desafios sociais e econômicos que o país enfrenta.

Além disso, as empresas educacionais são cobradas - e tal cobrança também se intensificou com as redes sociais - pela coerência entre o discurso que é ensinado dentro das salas de aulas com aquilo que todos os alunos, professores e demais colaboradores veem nos corredores e escritórios corporativos e, no caso das companhias abertas, com as informações que são prestadas em seus anúncios públicos.

As empresas educacionais serão cada vez mais demandadas por executarem os próprios ensinamentos no campo das práticas de ESG. Daí a recomendação para que estejam preparadas, invistam recursos e criem equipes internas focadas em: (1) estabelecer matrizes de materialidade para sua atuação em ESG, (2) acompanhar a implementação das medidas indicadas para o atingimento dos objetivos escolhidos; (3) adotar métodos comparativos de desempenho das práticas de ESG escolhidas para acompanhar e calcular, ao longo do tempo, os resultados obtidos; (4) buscar certificações nacionais ou internacionais de órgãos especializados em ESG; e (5) divulgar relatórios ou formulários de prestação de contas informando a comunidade interna e externa sobre tais práticas e medidas.

Para atingir estes resultados, será crucial escolher prioridades. Num país do tamanho do Brasil, com os graves problemas ambientais e sociais que enfrentamos, não é razoável supor que qualquer empresa será capaz de atender completamente todas as exigências e frentes de atuação possíveis envolvidas na ampla demanda por observância às práticas de ESG. Nem pode ser esta a cobrança, não obstante a consequência óbvia de que haverá naturalmente aqueles que ficarão descontentes e alegarão que se fez pouco, ou que não se atendeu a todos.

De qualquer forma, ao tratar de ESG, será relevante às empresas educacionais que elaborem esta matriz de materialidade, estabeleçam suas frentes de atuação prioritária em ESG e prestem contas sobre o que efetivamente fizeram, quanto investiram dessa lista de prioridades e quais resultados atingiram.

Para as educacionais privadas, especialmente companhias abertas, há ainda a possibilidade de buscarem obter um ou mais selos de certificação de sustentabilidade. A obtenção de alguma certificação representaria uma espécie de carimbo de que padrões mínimos são atendidos, o que potencialmente atenderia alguns investidores que já têm como política investir em empresas que atendam padrões mínimos de ESG.

Passando por cada um dos elementos que atualmente compõem as chamadas práticas de ESG, e tendo em mente que, conforme já indicado acima, estas práticas são altamente voláteis e tendem a ser revistas e adaptadas continuamente, conforme as necessidades do momento, alguns dos principais aspectos de ESG voltados a entidades educacionais poderiam ser os seguintes:

No campo ambiental e de sustentabilidade: como se dá o uso e reúso da água? Como é feita a coleta e reciclagem do lixo e o descarte de materiais, especialmente resíduos químicos? Quais medidas vêm sendo tomadas para a redução da pegada de carbono e o aumento de eficiência energética com o uso de energias renováveis, especialmente em face da tendência de crescimento do ensino à distância e plataformas virtuais, que demandam uso intenso de energia e geram substancial armazenamento de dados cibernéticos?[14]

No campo social: como o aluno está sendo preparado para o mercado de trabalho e para enfrentar as questões ESG na sociedade? Qual a qualidade do ensino aplicado na sala de aula e qual o seu objetivo? Como é a relação entre alunos e professores e sua qualidade de vida? Como a escola ou campus se relaciona com o entorno e a comunidade em que se localiza? Há diversidade nos corpos docente e discente? Quantos projetos

14 Com efeito, o mercado espera uma reversão da tendência de queda dos preços das ações das companhias educacionais com ações listadas na B3. A variável "pandemia" parece já estar precificada e o mercado vê com otimismo o investimento em inovação pelas companhias e o uso cada vez maior de tecnologia e a adaptação das instituições de ensino e dos alunos ao ensino à distância.

científicos são voltados para a pesquisa em assuntos no campo de interesse de ESG?

No campo governança, qual a diversidade e participação dos diferentes interessados nas decisões acadêmicas e estratégicas? Qual a transparência e o nível de profundidade exigidos para a tomada de decisões? Existe investimento em aprimoramento de ESG para os diferentes membros que atuam na tomada de decisões na instituição?

As perguntas acima são meramente exemplificativas e buscam apresentar uma sugestão dos diferentes caminhos que uma instituição de ensino pode seguir ao optar por atentar mais detidamente à tomada de medidas voltadas para a melhoria do meio ambiente, aspectos sociais e de governança. Como dito anteriormente, não há como apresentar uma lista exaustiva e não se descarta que as perguntas acima tornem-se ultrapassadas em espaço curto de tempo.

V. Considerações Finais

Uma das grandes contribuições do diálogo iniciado pelas exigências ESG possivelmente será a constatação de que há muito a ser feito para atingirmos o nível de desenvolvimento social que queremos e cada empresa pode contribuir de formas diferentes e relevantes à sua maneira. Neste contexto, as frentes de atuação e investimento em ESG deverão mudar ao longo do tempo, à medida que objetivos sejam atingidos e novos sejam gerados, mas sejam quais forem a matriz e as prioridades eleitas, a atuação efetiva empresarial em prol do desenvolvimento social deve apenas aumentar, assim como as exigências - regulatórias ou sociais - por ampla divulgação e diálogo com a comunidade.

VI. Referências bibliográficas

CHENG, Diana. Como anda a pauta ESG das empresas do setor de educação?. Moneytimes. 21.01.2021. Disponível em: <https://www.moneytimes.com.br/como-anda-a-pauta-esg-das-empresas-do-setor-de-educacao/>. Acesso em 20.02.2022.

COVAC JÚNIOR, José Roberto *et al.* ESG e as instituições de ensino. Revista Ensino Superior. 02.12.2021. Disponível em: <https://revistaensinosuperior.com.br/esg-e-as-ies/>. Acesso em 20.02.2022.

COVAC JÚNIOR, José Roberto *et al.* As práticas ESG e as instituições de ensino no Brasil. Conjur. 27.11.2021. Disponível em: https://www.conjur.com.br/2021-nov-27/covac-junior-rocha-praticas-esg-instituicoes-ensino. Acesso em 20.02.2022.

DELEVINGNE, Lindsey *et al.* McKinsey Sustainability. The ESG premium: New perspectives on value and performance. 12.02.2020. Disponível em: <https://www.mckinsey.com/business-functions/sustainability/our-insights/the-esg-premium-new-perspectives-on-value-and-performance>. Acesso em 20.02.2022.

DIAS, Maria Clara. Melhores do ESG: iniciativas pioneiras em educação geram uma nova cultura. Exame.com. 07.05.2021. Disponível em: <https://exame.com/negocios/melhores-do-esg-iniciativas-pioneiras--em-educacao-geram-uma-nova-cultura/>. Acesso em 20.2.2022.

GONZALEZ, Gustavo Machado. O *Full and Fair Disclosure* no Direito Aplicado: A Simetria Perseguida e as Assimetrias Toleradas. Em Direito Societário e Outros Temas de Direito Empresarial Aplicado. Quartier Latin, 2021.

JEFFORD, Kasmira. Teaching ESG, not as easy as ABC. Geneva Solutions. 08.10.2021, atualizado em 13.10.2021. Disponível em: <https://genevasolutions.news/sustainable-business-finance/teaching-esg-not--as-easy-as-abc>. Acesso em 20.02.2022.

MATTOS FILHO, Ary Oswaldo. Perplexidades do Mercado de Valores Mobiliários. Em Sociedades Anônimas, Mercado de Capitais e Outros Estudos: Homeganem a Luis Leonardo Cantidiano, Vol I. Quartier Latin, 2019.

sem autor. CVM e Anbima lançam normas para colocar ordem em ESG. 28.02.2022. Revista Capital Aberto. Disponível em: <https://legislacaoemercados.capitalaberto.com.br/cvm-e-anbima-lancam-normas--para-colocar-ordem-em-esg/>. Acesso em 20.02.2022.

sem autor. Compromisso Cogna por um mundo melhor. Novembro de 2021. Disponível em: <https://www.esgcogna.com.br/wp-content/uploads/2021/11/compromisso-cogna-por-um-mundo-melhor-.pdf.>. Acesso em 20.02.2022.

sem autor. Environmental, Social and Governance Report Covering Years 2020-2021 Galileo Global Education. s.d. Disponível em: <https://www.ggeedu.com/wp-content/uploads/2021/12/Galileo-Global--Education-ESG-Report-2021.pdf>. Acesso em 20.02.2022.

sem autor. Relatório ESG Arco Educação. 16.08.2021. Disponível em <https://bit.ly/ArcoESG1>. Acesso em 20.02.2022.

sem autor. Relatório de sustentabilidade Anima 2019-2020. s.d. Disponível em <https://www.yduqs.com.br/Download.aspx?Arquivo=hnOwuYOwA1UxhHwU635Z5Q==>. Acesso em 20.02.2022.

sem autor. Relatório de sustentabilidade Yduqs 2020. 20.09.2021. Disponível em <https://ri.animaeducacao.com.br/show.aspx?idCanal=iEqdyTRnhP3MfcPbT+1d8Q==>. Acesso em 20.02.2022.

PITTA, André Gurnspun. O regime de Informação das Companhias Abertas. Em Coleção IDSA de Direito Societário e Mercado de Capitais, Volume 5. Quartier Latin, 2013.

TEIXEIRA, Paulo Cesar. Brasil avança em regulamentações de ESG. Revista MIT Sloan. Disponível em < https://mitsloanreview.com.br/post/brasil-avanca-em-regulamentacoes-de-esg >. Acesso em 20.02.2022.

WELLICH, Juya Sotto Mayor. Regulação do Mercado de Capitais Brasileiro, em Direito do Mercado de Valores Mobiliários, editado pela Comissão de Valores Mobiliários, 2017.

DIVERSIDADE E INCLUSÃO NO ENSINO SUPERIOR PRIVADO: DO INCREMENTO DA QUALIDADE ACADÊMICA À MITIGAÇÃO DE RISCOS DE DISCRIMINAÇÃO

Luana Pereira da Costa[1]
Fabiano Machado da Rosa[2]

Sumário: I - Introdução; II - A Pluralização do Ensino Superior Privado no Brasil; III - Diversidade e inclusão na academia: oportunidades; IV - O outro lado da moeda: discriminação e riscos atrelados; V - Aprendendo com quem já faz: boas práticas e caminhos possíveis

I. Introdução

"(...) dizer que não há preconceito racial – eu repito – «é uma mentira». Agora, o pior disso é o perigo da indiferença. E Martin Luther King afirmava que, na verdade, o que havia de perigo nessa persecução da conjuração do racismo era exatamente o silêncio dos bons, e o silêncio dos bons se equipara ao que Elie Wiesel – um exilado num campo de concentração – chamava de: "o perigo da indiferença". Se a sociedade permanece sem consagrar as ações afirmativas, nós vamos recair nos vícios que acabaram demonstrando indiferença à tragédia do

1 Advogada antidiscriminatória no P&MR Advocacia. Graduada em Ciências Jurídicas e Sociais e Mestre em Sociologia, ambos pela UFRGS. Membro da CIR - OAB/RS, Moderadora do Grupo de Estudos Direito e Relações Raciais da ESA - OAB/RS e Fellow no Instituto Identidades do Brasil.

2 Advogado, Sócio-Fundador do PMR Advocacia, atua nas áreas de compliance antidiscriminatório, gestão de crises, proteção de imagem e reputação de empresas. Especialista em Direito Constitucional e Compliance com foco na área de saúde. Fundador da Iniciativa INVICTUS, professor e palestrante.

holocausto, e o silêncio dos bons representará uma suposta liberdade que hoje ainda escraviza[3]".

Ministro Luiz Fux

No século passado, sob os escombros da tragédia humana, "ergue-se aos céus" como pranto a Shoah de um povo e, ao mesmo, tempo, como símbolo de superação e esplendor da humanidade, o auspício da reconstrução, da cura, da liberdade, de proteção férrea da justiça encarnada no respeito à vida humana.

Com excerto do magistral voto proferido pelo Ministro Luiz Fux, no julgamento da Ação Direta de Constitucionalidade 41 que analisava a constitucionalidade do disposto na Lei n° 12.990/2014, quanto a reserva de vagas para negros em concursos públicos, introduzimos o presente artigo.

O vetor de força da provação reflexiva da presente obra, justamente, aponta para o futuro que já está presente e gerando impacto entre nós. Mas, além disso, não qualquer futuro, senão o futuro no âmbito do ensino superior privado. O futuro intrínseco *à* essência da jornada de um povo: a educação como ponte para o progresso, humanização e elevação do patamar civilizatório de um povo.

Todavia, futuro não é sinônimo, tampouco corolário, de evolução ou afirmação de direitos e garantias. Futuro é possibilidade, mas não garantia. Futuro é promessa, mas não certeza. Futuro guarda em sua dinâmica a sinuosidade viperina dos retrocessos autoritários emanados do medo social que legitima os déspotas de plantão.

Refletir sobre diversidade no ensino superior, aliás como diversidade em todas as inst*â*ncias da vida social, cultural e institucional da nação é, no núcleo mais essencial, refletir sobre o futuro que desejamos legar. O Brasil é um país historicamente construído sob os alicerces do privilégio, com melífluos contornos de garantias individuais, com a maioria de sua população segregada de alguma forma, com dívidas históricas impagas, não há mais como negar. Não há mais espaço para formulações "românticas" de uma democracia racial ou social nos trópicos povoados por "homens cordiais".

E, justamente nesse ponto, há uma inflexão histórica a ser enfrentada: seguir com subterfúgios negacionistas ignóbeis que margeiam o "perigo da indiferença" ou aceitar o diagnóstico duro de uma país injusto? Escondermo-nos ou abrirmo-nos ao desafio? Passado ou futuro?

---

3 Ministro LUIZ FUX, voto na ADC 41 / DF, Inteiro Teor, página 122. Disponível em http://portal.stf.jus.br/processos/downloadPeca.asp?id=312447860&ext=.pdf

Promover a diversidade no ensino superior é, de forma direta e sem rodeios, promover, no médio prazo, a inclusão de parcelas da sociedade que têm o direito constitucional da elevação da dignidade, da fruição das benesses do nosso solo, da efetivação quotidiana da liberdade e igualdade prometidas em um:

> "(...) Estado Democrático, destinado a assegurar o exercício dos direitos sociais e individuais, a liberdade, a segurança, o bem-estar, o desenvolvimento, a igualdade e a justiça como valores supremos de uma sociedade fraterna, pluralista e sem preconceitos, fundada na harmonia social e comprometida, na ordem interna e internacional, com a solução pacífica das controvérsias"(...)[4]

2. A Pluralização do Ensino Superior Privado no Brasil

A democratização do acesso ao ensino superior, público e privado, felizmente, é um caminho sem volta. A partir da década de 1970[5], um movimento mais amplo de escolarização da população brasileira é observado e, no ensino superior, isso representou o aumento da proporção de pessoas brasileiras com nível educacional universitário, de 2,18% em 1970 para 4,68% em 2000.

Nesse movimento de ampliação da escolarização, a presença feminina no ensino superior também cresceu de maneira significativa. Conforme Moema de Castro Guedes[6], ao analisar os Censos Demográficos, a proporção de mulheres na população total com nível universitário no Brasil passou de 25,6% em 1970 a 52,8% em 2000.

Quanto à classe social, na década de 1990, estudantes oriundos de família com renda mensal menor que 6 salários mínimos representavam somente 12% do corpo discente de instituições privadas e 11% daquelas públicas. Por outro lado, estudantes de famílias com rendas mensais maiores que dez salários-mínimos representavam mais de 60% das instituições públicas e privadas. Ainda em 1990, a proporção de jovens entre 19 e 24 anos que ingressavam no ensino superior equivalia a somente 11,4%[7] da população nessa faixa etária. Ou seja, as universidades ainda

---

4 Preâmbulo da Constituição da República Federativa do Brasil.

5 GUEDES, Moema de Castro. A presença feminina nos cursos universitários e nas pós-graduações: desconstruindo a ideia da universidade como espaço masculino. História, Ciências, Saúde - Manguinhos, Rio de Janeiro, v.15, supl., p.117-132, jun. 2008.

6 GUEDES, Moema de Castro. A presença feminina nos cursos universitários e nas pós-graduações: desconstruindo a ideia da universidade como espaço masculino. História, Ciências, Saúde - Manguinhos, Rio de Janeiro, v.15, supl., p.117-132, jun. 2008. p.124.

7 MARTINS, Antonio Carlos Pereira. Ensino Superior no Brasil: da descoberta aos dias

representavam uma vantagem social reservada, em geral, a classes mais abastadas.

Ainda que a proporção de pessoas oriundas de família com rendas inferiores ainda seja pequena em comparação à sua representação na população geral, fato é que pode se observar, em termos gerais, uma ampliação de sua participação no corpo discente do ensino superior. Segundo Tereza Campello[8], no período entre 2002 e 2015, aumentou em 23 vezes a chance dos 20% mais pobres ingressarem em universidades.

Já quanto ao quesito raça/cor, em 1960, apenas 5% das pessoas que concluíam o ensino superior no Brasil eram negras[9]. Em 1995, apenas 2% dos jovens negros de 18 a 24 anos frequentavam o ensino superior, em comparação a 9% dos jovens brancos.[10] De outro lado, segundo dados do Instituto Brasileiro de Geografia e Estatística (IBGE), foi em 2019 que pessoas pretas e pardas, pela primeira vez, representaram mais da metade da população em nível universitário na rede pública[11].

Diversos foram os mecanismos de políticas públicas que, mais recentemente, possibilitaram um vertiginoso aumento de pessoas negras e de classes menos favorecidas nas universidades, além da consolidação da presença feminina. Dentre eles, aqui destacamos "o Programa de Apoio a Planos de Reestruturação e Expansão das Universidades Federais (Reuni), as políticas de ações afirmativas, a reestruturação do programa de financiamento estudantil (Fundo de Financiamento Estudantil –

---

atuais. Acta Cirúrgica Brasileira, [s. l], v. 17, n. 3, 2002. Disponível em: https://www.scielo.br/j/acb/a/8jQH56v8cDtWGZ8yZdYjHHQ/?lang=pt. Acesso em: 15 mar. 2022.

8 CAMPELLO, Tereza. Faces da desigualdade no Brasil: um olhar sobre os que ficam para trás. Brasília: Clacso, Flacso e Agenda Igualdade, 2017. Disponível em: Disponível em: https://flacso.org.br/files/2017/11/faces_da_desigualdade_no_brasil_online_2018.pdf. Acesso em 16 de março de 2022.

9 RIBEIRO, C. A. C.; SCHLEGEL, R. Estratificação horizontal da educação superior no Brasil (1960 a 2010). In: ENCONTRO ANUAL DA ASSOCIAÇÃO NACIONAL DE PÓS-GRADUAÇÃO E PESQUISA EM CIÊNCIAS SOCIAIS, 39., 2015, Caxambu, Minas Gerais. Anais... Caxambu: Anpocs, 2015. *apud* SILVA, Tatiana Dias. Ação afirmativa e população negra no ensino superior: acesso e perfil discente. Brasília: Ipea, 2020. (Texto para discussão).

10 SILVA, Tatiana Dias. Ação afirmativa e população negra no ensino superior: acesso e perfil discente. Brasília: Ipea, 2020. (Texto para discussão). Disponível em: https://www.ipea.gov.br/portal/images/stories/PDFs/TDs/td_2569.pdf. Acesso em: 18 mar. 2022.

11 Pela 1ª vez, pretos e pardos são mais da metade dos universitários da rede pública, diz IBGE: A pesquisa mostra melhoras na educação, mas ainda existe desigualdade grande, segundo o Instituto. A pesquisa mostra melhoras na educação, mas ainda existe desigualdade grande, segundo o Instituto. *G1.* [S.I]. 13 nov. 2019. Disponível em: https://g1.globo.com/educacao/noticia/2019/11/13/pela-1a-vez-pretos-e-pardos-sao-mais-da-metade-dos-universitarios-da-rede-publica-diz-ibge.ghtml. Acesso em: 16 mar. 2022.

Fies) e a criação do Programa Universidade para Todos (ProUni)"[12]. Salientamos, em especial quanto às ações afirmativas, a Lei de Cotas (Lei n. 12.711/2012), que prevê a reserva de vagas em instituições federais de ensino superior para alunos oriundos da rede pública de ensino, integrantes de famílias com renda *per capta* igual ou inferior a 1,5 mínimo, negros, indígenas e pessoas com deficiência. Ainda, há de se levar em consideração a escolarização mais ampla da população brasileira, que permitiu que mais jovens estivessem aptos a frequentar o ensino superior, em razão do atendimento do requisito mínimo exigido, qual seja o ensino médio completo.

De outro lado, apesar da ampliação do acesso de alunos ao ensino superior, quando nos referimos ao corpo docente, seu perfil majoritário ainda é masculino e branco. Mulheres ainda são sub representadas, totalizando 46,8% dos professores de ensino superior do país[13] em 2019. Pessoas negras, por sua vez, também em 2019, respondiam por somente 23,6% dos docentes em exercício[14].

Esse cenário de avanços significativos, porém ainda insuficientes, apresenta uma série de novas oportunidades e riscos para o ensino superior do Brasil. Nesse texto, iremos focar nossa análise nas instituições de ensino privadas, apresentando, na primeira parte, os benefícios e as oportunidades do incremento da diversidade e da pluralidade no corpo discente e docente de nível universitário e, em última análise, também nas funções administrativas. Na segunda parte, demonstraremos os riscos atrelados à discriminação que também acabam por permear as relações entre instituições de ensino, profissionais administrativos, docentes, discentes e público em geral, bem como possíveis caminhos para mitigá-los. Por fim, traremos algumas boas práticas no campo do ensino

---

12 SILVA, Tatiana Dias. Ação afirmativa e população negra no ensino superior: acesso e perfil discente. Brasília: Ipea, 2020. (Texto para discussão). Disponível em: https://www.ipea.gov.br/portal/images/stories/PDFs/TDs/td_2569.pdf. Acesso em: 18 mar. 2022, p. 10.

13 CARNEIRO, Lucianne; SARAIVA, Alessandra. IBGE: Mulheres têm mais acesso ao ensino superior, mas ainda são minoria em áreas como engenharia e TI. Valor Econômico. Rio de Janeiro. 4 mar. 2021. Disponível em: https://valor.globo.com/brasil/noticia/2021/03/04/ibge-mulheres-tem-mais-acesso-ao-ensino-superior-mas-ainda-sao-minoria-em-areas-como-engenharia-e-ti.ghtml. Acesso em: 18 mar. 2022.

14 RIGHETTI, Sabine; GAMBA, Estêvão. Inclusão de professores negros no ensino superior pouco avança em dez anos: proporção foi de 19,3% em 2010 para 23,6% em 2019; leis sobre o tema estão perto de expirar. Folha de São Paulo. São Paulo. 21 nov. 2021. Disponível em: https://www1.folha.uol.com.br/educacao/2021/11/inclusao-de-professores-negros-no-ensino-superior-pouco-avanca-em-nove-anos.shtml#:~:text=Considerando%20todas%20as%20institui%C3%A7%C3%B5es%20de,resultados%20t%C3%ADmidos%20nas%20universidades%20brasileiras. Acesso em: 18 mar. 2022.

superior privado em intersecção com o tema da diversidade e inclusão, de forma a inspirar e subsidiar novas iniciativas nesse sentido.

3. Diversidade e inclusão na academia: oportunidades

No âmbito corporativo, as oportunidades e benefícios da diversidade e inclusão (D&I) já são amplamente discutidos. Com efeito, segundo a consultoria McKinsey and Company, quanto à D&I no corpo de pessoas colaboradoras, empresas engajadas com temas de antidiscriminação apresentam performances econômicas superiores, maior capacidade de inovação e colaboração, bem como melhores níveis de retenção de talentos e saúde organizacional[15].

Quanto ao ensino superior privado, podemos afirmar que a D&I em seu corpo docente e administrativo (embora este não seja aqui o foco) representa, da mesma forma, oportunidades de crescimento, inovação, solidez e, ao final, incremento na lucratividade. De outro lado, a ampliação do acesso às universidades e a mudança no perfil do corpo discente - que passou a ser mais plural - também impactam positivamente na qualidade acadêmica, ao trazer diversas e novas perspectivas para o ensino, a pesquisa e a extensão universitárias, bem como novas epistemologias e pontos de vistas que podem resultar em inovação tecnológica e científica.

Patrícia Hill Collins[16], ao analisar as condições de mulheres negras que historicamente não compunham o interior de espaços acadêmicos das ciências sociais, sustenta os benefícios do ingresso dessas mulheres em espaços tais. Para a autora, ser uma *outsider within*, ou seja, uma "estrangeira" na academia, pode ser uma fonte de capacidade criativa essencial para o enriquecimento da disciplina sociológica, a partir de sua postura crítica aos empreendimentos acadêmicos e suas especiais perspectivas e "insights" sobre os fenômenos sociais[17].

Ainda partindo do exemplo das pesquisadoras negras no campo das ciências sociais, estas podem perceber anomalias em paradigmas sociológicos que não seriam percebidos pelos pesquisadores tradicionais e que

---

15 MCKINSEY & COMPANY. Diversity Matters America Latina: por que empresas que adotam a diversidade são mais saudáveis, felizes e rentáveis. [S.I]: McKinsey & Company, 2020. Disponível em: https://www.mckinsey.com/br/our-insights/diversity-matters-america-latina. Acesso em: 26 jan. 2022.

16 COLLINS, Patricia Hill. Aprendendo com a outsider within: a significação sociológica do pensamento feminista negro. Revista Sociedade e Estado. Brasília, v. 31, n. 1, 2016.

17 COLLINS, Patricia Hill. Aprendendo com a outsider within: a significação sociológica do pensamento feminista negro. Revista Sociedade e Estado. Brasília, v. 31, n. 1, 2016.

não poderiam ser apontados de maneira legítima (ou legitimada) por aqueles que estão fora da academia. Dessa maneira, adotando uma postura crítica enraizada em suas próprias experiências e conhecendo os paradigmas sociológicos tradicionais, pesquisadoras negras estão mais bem posicionadas para trazer perspectivas especiais para o estudo de mulheres negras e, de maneira mais ampla, para questões sociológicas fundamentais.

De outro lado, o crescimento e a consolidação da diversidade tanto no corpo docente quanto discente das universidades também responde às demandas de sustentabilidade e responsabilidade social, ultimamente tão defendidas por meio dos princípios de *ESG – Environmental, Social and Corporate Governance.*

Um dos marcos do debate sobre sustentabilidade é a "Agenda 2030 para o Desenvolvimento Sustentável", firmada em 2015 pelos Estados-membros da Organização das Nações Unidas (ONU). Nesse documento, restaram elencados 17 Objetivos de Desenvolvimento Sustentável (ODS), bem como metas a eles atreladas. Salienta-se que o trabalho para o cumprimento dos objetivos e metas não se resume à atuação de organismos públicos, senão também das organizações privadas. Para o que interessa ao tema do presente artigo, ressaltamos alguns dos seguintes objetivos e metas:

> **Objetivo 4. Assegurar a educação inclusiva e equitativa e de qualidade, e promover oportunidades de aprendizagem ao longo da vida para todas e todos**
>
> 4.3 Até 2030, assegurar a igualdade de acesso para todos os homens e mulheres à educação técnica, profissional e superior de qualidade, a preços acessíveis, incluindo universidade
>
> 4.5 Até 2030, eliminar as disparidades de gênero na educação e garantir a igualdade de acesso a todos os níveis de educação e formação profissional para os mais vulneráveis, incluindo as pessoas com deficiência, povos indígenas e as crianças em situação de vulnerabilidade
>
> **Objetivo 5. Alcançar a igualdade de gênero e empoderar todas as mulheres e meninas**
>
> 5.1 Acabar com todas as formas de discriminação contra todas as mulheres e meninas em toda parte
>
> 5.5 Garantir a participação plena e efetiva das mulheres e a igualdade de oportunidades para a liderança em todos os níveis de tomada de decisão na vida política, econômica e pública
>
> 5.c Adotar e fortalecer políticas sólidas e legislação aplicável para a promoção da igualdade de gênero e o empoderamento de todas as mulheres e meninas em todos os níveis

Objetivo 8. Promover o crescimento econômico sustentado, inclusivo e sustentável, emprego pleno e produtivo e trabalho decente para todas e todos

8.5 Até 2030, alcançar o emprego pleno e produtivo e trabalho decente para todas as mulheres e homens, inclusive para os jovens e as pessoas com deficiência, e remuneração igual para trabalho de igual valor

8.8 Proteger os direitos trabalhistas e promover ambientes de trabalho seguros e protegidos para todos os trabalhadores, incluindo os trabalhadores migrantes e, em particular, as mulheres migrantes, além de pessoas em empregos precários

Objetivo 10. Reduzir a desigualdade dentro dos países e entre eles

10.2 Até 2030, empoderar e promover a inclusão social, econômica e política de todos, independentemente da idade, gênero, deficiência, raça, etnia, origem, religião, condição econômica ou outra

10.3 Garantir a igualdade de oportunidades e reduzir as desigualdades de resultados, inclusive por meio da eliminação de leis, políticas e práticas discriminatórias e da promoção de legislação, políticas e ações adequadas a este respeito

Em resumo, a ampliação do acesso e a pluralização do perfil dos alunos e professores de ensino superior representam uma série de oportunidades e benefícios para a inovação científica e tecnológica e a qualidade acadêmica, bem como contribui para performances financeiras melhores e mais sólidas de instituições de ensino superior privado, além de atender às exigências do novo mercado quanto à responsabilidade social e à governança. Os pontos acima aventados propõem uma primeira reflexão e exemplificação, ainda incipiente, sobre tais vantagens, sem pretender exaurir o tema.

4. O outro lado da moeda: discriminação e riscos atrelados

Em 2015, causou repercussão entre estudantes e público em geral a suposta afirmação de um professor, durante uma aula em uma universidade particular, de que "as leis são como as mulheres, foram feitas para serem violadas"[18].

18 Suposta piada machista de professor repercute em universidade do RS: Docente teria dito que 'leis são como mulheres, feitas para serem violadas'. Universidade diz que ele reconhece que errou perante os alunos e a direção. Docente teria dito que 'leis são como mulheres, feitas para serem violadas'. Universidade diz que ele reconhece que errou perante os alunos e a direção. G1. [S.I]. 24 abr. 2015. Disponível em: https://g1.globo.com/rs/rio-grande-do-sul/noticia/2015/04/suposta-piada-machista-de-professor-repercute-em-universidade-do-rs.html. Acesso em: 18 mar. 2022.

Em outubro de 2018, os vídeos gravados por um estudante de uma renomada instituição privada de ensino superior "viralizaram" na internet e motivaram a instauração de procedimento criminal para apuração do delito de racismo, previsto na Lei 7.716/89[19]. Nos vídeos, o aluno afirma que "negraiada vai morrer", ao referir-se ao resultado das eleições presidenciais daquele ano.

Em 2020, em uma faculdade particular de Sorocoba, uma aula *online* do curso de graduação em Direito foi invadida por um grupo de pessoas que fez apologia ao nazismo e proferiu ofensas a mulheres e negros[20]. Salienta-se que esse não foi um caso isolado e invasões a aulas virtuais, em todos os níveis de ensino, de instituições públicas e privadas, infelizmente, têm sido cada vez mais comuns. Muitas vezes, como no caso aqui exemplificado, são proferidos ataques a grupos ditos minoritários.

Em 2021, em uma aula *online*, uma aluna de outra importante instituição privada escreveu no bate-papo da turma que "africano fede até com banho, é triste gente", o que motivou intensa mobilização nas redes sociais e do diretório central de estudantes da universidade, em repúdio à afirmação infeliz e racista[21].

Esses são apenas alguns dos inúmeros exemplos de situações permeadas por preconceito e discriminação em instituições de ensino superior particulares que ganharam repercussão midiática nos últimos anos. Assim como qualquer empresa, também as universidades privadas precisam estar atentas aos riscos reputacionais, jurídicos e financeiros atrelados a situações de discriminação. E, aqui, salientamos a complexidade da tarefa de identificá-los e mitigá-los no âmbito da educação, uma vez que as condutas não conformes podem ser praticadas não somente por pessoas com vínculo de emprego, mas também pelos destinatários dos serviços educacionais prestados, ou seja, os alunos, nas dependências – físicas ou virtuais – das organizações.

---

19 PINHONI, Marina; ARAÚJO, Glauco. Estudante de direito que gravou vídeo racista durante eleições é expulso novamente do Mackenzie. G1. São Paulo. 25 maio 2019. Disponível em: https://g1.globo.com/sp/sao-paulo/noticia/2019/05/25/estudante-de-direito-que-gravou-video-racista-durante-eleicoes-e-expulso-novamente-do-mackenzie.ghtml. Acesso em: 18 mar. 2022.

20 ANNUNCIATO, Nicole. Grupo invade aula online de direito, faz apologia ao nazismo e xinga mulheres e estudante negro; vídeo. G1. [S.I]. 21 ago. 2020. Disponível em: https://g1.globo.com/sp/sorocaba-jundiai/noticia/2020/08/21/grupo-invade-aula-online-de-direito-faz-apologia-ao-nazismo-e-xinga-mulheres-e-estudante-negro-video.ghtml. Acesso em: 18 mar. 2022.

21 DIAS, Pedro Neves. Fala racista durante aula online é repudiada por estudantes de universidade no RS. Brasil de Fato. Porto Alegre. 28 jun. 2021. Disponível em: https://www.brasildefato.com.br/2021/06/28/fala-racista-durante-aula-online-no-rs-e-repudiada-por-estudantes-da-uniritter. Acesso em: 18 mar. 2022.

Os riscos não se resumem a crises reputacionais e de imagem - e aqueles financeiros a elas atrelados, senão também abarcam a possibilidade de ações judiciais individuais e coletivas - por exemplo, promovidas pelo Ministério Público, por entidades estudantis e por sindicatos - que demandarão, no mínimo, o provisionamento de valores para pagamento de eventuais indenizações civis e/ou multas administrativas. Os riscos financeiros também podem decorrer das efetivas condenações e da mobilização de recursos humanos para a atuação judicial e extrajudicial contenciosa.

A governança moderna e sustentável das empresas impõe a adoção de um Programa de Compliance sólido e, por consequência lógica, isso também se aplica às instituições de ensino superior privadas. Em um mercado como o da educação, em que a responsabilidade social e a conformidade normativa representam um peso ainda maior na governança das instituições, a mudança de paradigma de uma visão corporativa centrada no lucro para uma perspectiva que considere a responsabilidade das organizações e seus impactos perante a sociedade traz novas camadas à discussão sobre conformidade e ética.

O conceito de desenvolvimento sustentável, qual seja aquele ecológico e culturalmente correto, socialmente justo e economicamente viável, passou a integrar as preocupações das empresas e as suas reflexões sobre sua função social. Nesse sentido, a visão corporativa passou a levar em consideração não somente as necessidades da geração presente, mas também a garantia de uma sobrevivência digna para as gerações futuras.

Nessa linha, se consolidou em definitivo o conceito ESG (acrônimo em inglês para *Environmental, Social and Governance*), já mencionado acima. Atualmente, os impactos sociais e ambientais, externos e internos; a responsabilidade e a função social das empresas e a adoção de uma cadeia produtiva sustentável, entre outros fatores, devem permear todos os níveis de governança corporativa, antecipando riscos e informando a tomada de decisões.

Em paralelo, a Diversidade e a Inclusão ganharam espaço, sendo imperativas para as organizações, não só em termos éticos e de responsabilidade social, mas também como forma de estimular a inovação e a geração de valor, como já argumentamos.

É nesse contexto que o Compliance Antidiscriminatório se apresenta como forma de garantir uma governança corporativa sustentável, atenta a aspectos culturais, sociais e ambientais. Ainda, é imprescindível para a consolidação de programas de D&I que desejam ir além de uma resposta rasa a uma demanda do mercado.

Assim, podemos conceituar o Compliance Antidiscriminatório como um conjunto de processos técnicos e de gestão de riscos para identificação, prevenção, mitigação, detecção, gestão e correção de incidentes relacionados à diversidade racial, de gênero, de classe social, de orientação sexual, dentre outros. Ainda, um programa de Compliance Antidiscriminatório não deve somente focar em aspectos de risco mais tradicionais, como condutas inapropriadas, de assédio ou violações das leis trabalhistas. De forma especializada e aprofundada, deverá ir além e perseguir os seguintes objetivos, dentre outros:

- Garantir o respeito à diversidade;
- Promover o convívio marcado pelo respeito e pela segurança;
- Consolidar uma cultura interna fundada na ética e nos direitos humanos;
- Fomentar um espaço não violento de acolhimento da multipotencialidade das diferenças e estímulo do livre desenvolvimento da personalidade;
- Sistematizar políticas corporativas que promovam a equidade.

Compreendidos o contexto em que o Compliance Antidiscriminatório se forja, bem como seus conceitos e objetivos, resta a dúvida: como implementá-lo na prática em instituições de ensino superior?

Como é sabido, a construção de um programa efetivo de conformidade, seja especializado ou não, necessita de um profundo conhecimento prévio acerca da cultura organizacional, das atividades desempenhadas pela empresa, bem como dos riscos e impactos a elas atreladas. Dessa forma, somente uma consultoria especializada, interna ou externa, será capaz de identificar riscos e desenhar um plano de ação adequado e confiável. No entanto, para aquelas instituições que queiram dar passos iniciais no caminho de uma cultura organizacional mais diversa e inclusiva, seguem algumas possibilidades atentas à antidiscriminação:

- Expressar um posicionamento firme da alta gestão de não tolerância a situações de discriminação, praticadas por/contra as pessoas trabalhadoras da empresa (funções administrativas e corpo docente) bem como por/contra alunos e alunas nas dependências da instituição - sejam elas físicas ou virtuais;
- Incluir os princípios de não discriminação em seu Código de Ética e Conduta, nos Regimentos Internos e Manuais do Aluno;
- Propiciar espaços de debate e aprendizado sobre antidiscriminação, conduzidos por pessoas especializadas e com autoridade no tema, tanto no âmbito do treinamento corporativo quanto por meio de estímulo à abordagem de temas tais como no ensino, pesquisa e extensão universitárias;

- Manter uma comunicação interna e externa alinhada à não discriminação;
- Disponibilizar uma Ouvidoria e um Canal de Denúncias para colaboradores e discentes para que sejam reportadas eventuais situações de discriminação, cuja investigação deverá ser conduzida de maneira imparcial e por times especializados em antidiscriminação para que, ao final, respeitados o contraditório e a ampla defesa, sejam aplicadas penalidades efetivas, quando assim restar decidido.

O percurso até a equidade é tortuoso e difícil, marcado por avanços e retrocessos. É necessário resiliência e comprometimento com as pautas de não discriminação e direitos humanos, além de uma cultura e comunicação corporativas firmes e coerentes. No entanto, além de um imperativo ético, a construção de espaços públicos e privados mais equânimes será, cada vez mais, uma exigência da sociedade e do mercado, em especial no âmbito da educação.

1. Aprendendo com quem já faz: boas práticas e caminhos possíveis

Nosso intuito aqui não é, de forma alguma, esgotar as possibilidades de ações no campo da diversidade, inclusão e antidiscriminação nas universidades e faculdades particulares, senão sugerir algumas boas práticas que podem inspirar novas ações e políticas internas na sua organização.

O grupo educacional Ânima, um dos maiores do país, possui uma série de ações direcionadas à diversidade e à inclusão voltados para seu corpo administrativo, docente, discente e comunidade em geral. Por meio da "Ânima Plurais"[22], as instituições promovem uma série de ações, dentre as quais destacamos as seguintes.

Desde 2020, o grupo educacional oferece um curso de formação para docentes exclusivo para pessoas negras que tenham interesse em seguir carreira no ensino superior em uma das suas instituições, recebendo informações sobre o modelo de ensino do grupo bem como aprofundando questões sobre didática[23]. As aulas, ministradas por docentes da instituição autodeclarados pretos e pardos, abarcam temas como 'Docência, Identidade Profissional e Diversidade na Sala de Aula', 'Currículo Integrado e Organização pelo EPC (Ensino para Compreensão)' e 'Planejamento de Experiências de Aprendizagem em Dupla de Professores'.

22 Veja mais em: https://animaeducacao.com.br/plurais/.

23 Veja mais em: https://animaeducacao.com.br/programa-de-formacao-docente/.

Nas palavras de Jancleide Goes, Coordenadora dos Projetos e Pesquisas em Diversidade,

> "É importante que institucionalmente, nós estejamos preocupados com essa pauta. Eu, como uma pessoa preta, vejo essa iniciativa como uma possibilidade de avançar em questões estruturais que muitas vezes ceifam nossas oportunidades. Ter um espaço ativo, com pessoas engajadas que pensam em ações como essas faz com que a gente cresça e avance de uma forma disruptiva em direção a uma equidade efetiva dentro das instituições privadas, sobretudo nos cargos de poder e nos espaços discursivos que estão em maior evidência."[24]

Ainda, em 2021, o grupo educacional Ânima lançou processo seletivo de docentes exclusivo para pessoas negras para suas instituições de todo o Brasil[25].

Também no escopo da Ânima Plurais, uma de suas vertentes diz respeito ao estímulo de projetos e cursos de extensão universitária que promovam a diversidade e inclusão, apostando na aproximação entre estudantes, docentes e comunidade[26].

Embora diga respeito ao corpo administrativo das instituições de ensino privada, não há como deixar de mencionar que, em 2021, a Yduqs, também um dos maiores grupos educacionais do Brasil, lançou o Programa de Trainee Yduqs 2022, exclusivo para pessoas negras, em parceria com a Comunidade Empodera, consultoria especializada em desenvolver carreiras com diversidade e inclusão, criando um ambiente com mais equidade, alta performance e olhares complementares nas empresas. A iniciativa de ação afirmativa para impulsionar a diversidade em cargos de liderança do corpo administrativo do grupo educacional foi saudada como pioneira no campo educacional privado de nível universitário.

Em entrevista ao jornal Diário do Amapá[27], Felipe Araújo, diretor-executivo de Gente, Gestão e Integração da Yduqs, destacou a importância das iniciativas de diversidade e inclusão para a Companhia:

---

24 ÂNIMA Educação promove 2ª edição de formação gratuita para docentes negros. 2021. Disponível em: https://centrouniversitariounifg.edu.br/anima-educacao-promove-2a-edicao-de-formacao-gratuita-para-docentes-negros/. Acesso em: 18 mar. 2022.

25 Veja mais em: https://www.vagas.com.br/vagas/v2301194/professor-a-universitario-a-vaga-exclusiva-para-pessoas-negras

26 Veja mais em: https://animaeducacao.com.br/projetos-de-extensao/.

27 YDUQS abre processo seletivo de trainees exclusivo para negros: Organização quer trazer cada vez mais a diversidade de suas instituições de ensino para o ambiente corporativo. Diário do Amapá. [S.I]. 22 set. 2021. Disponível em: https://www.diariodoamapa.com.br/cadernos/cidades/yduqs-abre-processo-seletivo-de-trainees-exclusivo-para-negros/. Acesso em: 18 mar. 2022.

> Sempre acreditamos que a educação transforma a sociedade e estamos desenvolvendo vários programas de inclusão e oportunidades para todos nas nossas instituições de ensino. Em nossas salas de aula pelo país e no ensino digital, já temos um ambiente bem diverso há anos. Então, por que não trazermos essa realidade para o ambiente corporativo? Notamos que podemos fazer um processo seletivo mais equânime, trabalhando por meio de ações afirmativas, para trazer um ambiente com mais diversidade também para nossa organização.

São diversas as iniciativas e as possibilidades para o incremento da diversidade e inclusão no âmbito educacional privado de nível superior. Mais que uma oportunidade e uma exigência de mercado, iniciativas tais são um dever, mormente considerando ser a educação um setor chave para, em última análise, promover a efetiva transformação da sociedade em um ambiente mais plural e equânime para todas as pessoas.

2. Referências Bibliográficas

CAMPELLO, Tereza. Faces da desigualdade no Brasil: um olhar sobre os que ficam para trás. Brasília: Clacso, Flacso e Agenda Igualdade, 2017. Disponível em: https://flacso.org.br/files/2017/11/faces_da_desigualdade_no_brasil_online_2018.pdf. Acesso em 16 de março de 2022.

ÂNIMA Educação promove 2ª edição de formação gratuita para docentes negros. 2021. Disponível em: https://centrouniversitariounifg.edu.br/anima-educacao-promove-2a-edicao-de-formacao-gratuita-para-docentes-negros/. Acesso em: 18 mar. 2022.

ANNUNCIATO, Nicole. Grupo invade aula online de direito, faz apologia ao nazismo e xinga mulheres e estudante negro; vídeo. G1. [S.I]. 21 ago. 2020. Disponível em: https://g1.globo.com/sp/sorocaba-jundiai/noticia/2020/08/21/grupo-invade-aula-online-de-direito-faz-apologia-ao-nazismo-e-xinga-mulheres-e-estudante-negro-video.ghtml. Acesso em: 18 mar. 2022.

CARNEIRO, Lucianne; SARAIVA, Alessandra. IBGE: Mulheres têm mais acesso ao ensino superior, mas ainda são minoria em áreas como engenharia e TI. Valor Econômico. Rio de Janeiro. 4 mar. 2021. Disponível em: https://valor.globo.com/brasil/noticia/2021/03/04/ibge-mulheres-tem-mais-acesso-ao-ensino-superior-mas-ainda-sao-minoria-em-areas-como-engenharia-e-ti.ghtml. Acesso em: 18 mar. 2022.

COLLINS, Patricia Hill. Aprendendo com a outsider within: a significação sociológica do pensamento feminista negro. Revista Sociedade e Estado. Brasília, v. 31, n. 1, 2016.

DIAS, Pedro Neves. Fala racista durante aula online é repudiada por estudantes de universidade no RS. Brasil de Fato. Porto Alegre. 28 jun.

2021. Disponível em: https://www.brasildefato.com.br/2021/06/28/fala-racista-durante-aula-online-no-rs-e-repudiada-por-estudantes-da-uniritter. Acesso em: 18 mar. 2022.

GUEDES, Moema de Castro. A presença feminina nos cursos universitários e nas pós-graduações: desconstruindo a ideia da universidade como espaço masculino. História, Ciências, Saúde - Manguinhos, Rio de Janeiro, v.15, supl., p.117-132, jun. 2008.

MARTINS, Antonio Carlos Pereira. Ensino Superior no Brasil: da descoberta aos dias atuais. Acta Cirúrgica Brasileira, [s. l], v. 17, n. 3, 2002. Disponível em: https://www.scielo.br/j/acb/a/8jQH56v8cDtWGZ8yZdYjHHQ/?lang=pt. Acesso em: 15 mar. 2022.

MCKINSEY & COMPANY. Diversity Matters America Latina: por que empresas que adotam a diversidade são mais saudáveis, felizes e rentáveis. [S.I]: McKinsey & Company, 2020. Disponível em: https://www.mckinsey.com/br/our-insights/diversity-matters-america-latina. Acesso em: 26 jan. 2022.

PELA 1ª vez, pretos e pardos são mais da metade dos universitários da rede pública, diz IBGE: A pesquisa mostra melhoras na educação, mas ainda existe desigualdade grande, segundo o Instituto.. A pesquisa mostra melhoras na educação, mas ainda existe desigualdade grande, segundo o Instituto. *G1*. [S.I]. 13 nov. 2019. Disponível em: https://g1.globo.com/educacao/noticia/2019/11/13/pela-1a-vez-pretos-e-pardos-sao-mais-da-metade-dos-universitarios-da-rede-publica-diz-ibge.ghtml. Acesso em: 16 mar. 2022.

PINHONI, Marina; ARAÚJO, Glauco. Estudante de direito que gravou vídeo racista durante eleições é expulso novamente do Mackenzie. G1. São Paulo. 25 maio 2019. Disponível em: https://g1.globo.com/sp/sao-paulo/noticia/2019/05/25/estudante-de-direito-que-gravou-video-racista-durante-eleicoes-e-expulso-novamente-do-mackenzie.ghtml. Acesso em: 18 mar. 2022.

RIGHETTI, Sabine; GAMBA, Estêvão. Inclusão de professores negros no ensino superior pouco avança em dez anos: proporção foi de 19,3% em 2010 para 23,6% em 2019; leis sobre o tema estão perto de expirar. Folha de São Paulo. São Paulo. 21 nov. 2021. Disponível em: https://www1.folha.uol.com.br/educacao/2021/11/inclusao-de-professores-negros-no-ensino-superior-pouco-avanca-em-nove-anos.shtml#:~:text=Considerando%20todas%20as%20institui%C3%A7%C3%B5es%20de,resultados%20t%C3%ADmidos%20nas%20universidades%20brasileiras.. Acesso em: 18 mar. 2022.

SILVA, Tatiana Dias. Ação afirmativa e população negra no ensino superior: acesso e perfil discente. Brasília: Ipea, 2020. (Texto para discussão). Disponível em: https://www.ipea.gov.br/portal/images/stories/PDFs/TDs/td_2569.pdf. Acesso em: 18 mar. 2022.

SUPOSTA piada machista de professor repercute em universidade do RS: Docente teria dito que 'leis são como mulheres, feitas para serem violadas'. Universidade diz que ele reconhece que errou perante os alunos e a direção. Docente teria dito que 'leis são como mulheres, feitas para serem violadas'. Universidade diz que ele reconhece que errou perante os alunos e a direção. G1. [S.I]. 24 abr. 2015. Disponível em: https://g1.globo.com/rs/rio-grande-do-sul/noticia/2015/04/suposta-piada-machista-de-professor-repercute-em-universidade-do-rs.html. Acesso em: 18 mar. 2022.

YDUQS abre processo seletivo de trainees exclusivo para negros: Organização quer trazer cada vez mais a diversidade de suas instituições de ensino para o ambiente corporativo. Diário do Amapá. [S.I]. 22 set. 2021. Disponível em: https://www.diariodoamapa.com.br/cadernos/cidades/yduqs-abre-processo-seletivo-de-trainees-exclusivo-para-negros/. Acesso em: 18 mar. 2022.

AS INSTITUIÇÕES DE ENSINO PRIVADO COMO INDUTORAS DE INOVAÇÃO

Daniel Becker[1]
Gabriela Lotufo Cintra Ferreira[2]

Sumário: Após estabelecer algumas premissas, como a relevância da pandemia da Covid-19 como um impulso para inovação, e definir conceitos, como inovação e inovação aberta, o presente artigo tem como objetivo trabalhar de forma expositiva com casos concretos nos quais buscou-se inovar por meio de implementação de tecnologia, aprimoramento de técnicas e metodologias de ensino e diálogo entre instituições e indústria.

1. Introdução

Não é mais novidade para ninguém que o advento da pandemia em 2020 obrigou e impulsionou todo o mercado de educação a se renovar, uma vez que a estrutura clássica e tradicional de ensino presencial já não era mais possível. Notadamente, houve uma maior dificuldade de adaptação por parte das instituições de ensino público, sobretudo por conta

1 Advogado e Diretor de Novas Tecnologias no Centro Brasileiro de Mediação e Arbitragem (CBMA). Organizador dos livros "O Advogado do Amanhã: Estudos em Homenagem ao professor Richard Susskind", "O fim dos advogados? Estudos em Homenagem ao professor Richard Susskind, vol. II", "Regulação 4.0, vol. I e II", "Litigation 4.0", e "Comentários à Lei Geral de Proteção de Dados", todos publicados pela Revista dos Tribunais.

2 Advogada e Mestranda em Direito dos Negócios e especialista em Direito Empresarial pela FGV. Graduada em Direito pela USP - Ribeirão Preto, com intercâmbio na Università Degli Studi di Pavia, Itália.

da escassez de recursos públicos, ocasionada pela crise sanitária. Mas não só. É inquestionável que o regime ao qual a administração pública, seja ela direta ou indireta, está submetida impõe uma profunda rigidez para contratações urgentes e mudanças curriculares. A título de exemplo, as instituições de ensino público dependem da aprovação de orçamento, processos licitatórios para aquisição de materiais e rede programática pré-definida pela administração direta.

Por outro lado, as instituições de ensino privado têm autonomia para aportar seus recursos como e onde bem entendem. Isso, em conjunto com a maior liberdade e flexibilidade que detêm para firmar parcerias com empresas privadas que têm interesse em colaborar com a formação dos profissionais que ingressarão no mercado de trabalho, viabiliza, em rápido intervalo, a criação de métodos educativos inovadores, bem como a adaptação a eventos imprevisíveis.

Muito antes da pandemia, precisamente em 2013, a Harvard University teve, pela primeira vez em quase 400 anos de existência, mais alunos no formato de ensino à distância do que discentes em seu campus.[3] Fora do circuito tradicional, vale chamar a atenção para os *massive open online courses* (MOOCs), cuja relevância ganhou destaque em 2020. É ver e conferir os gráficos abaixo:

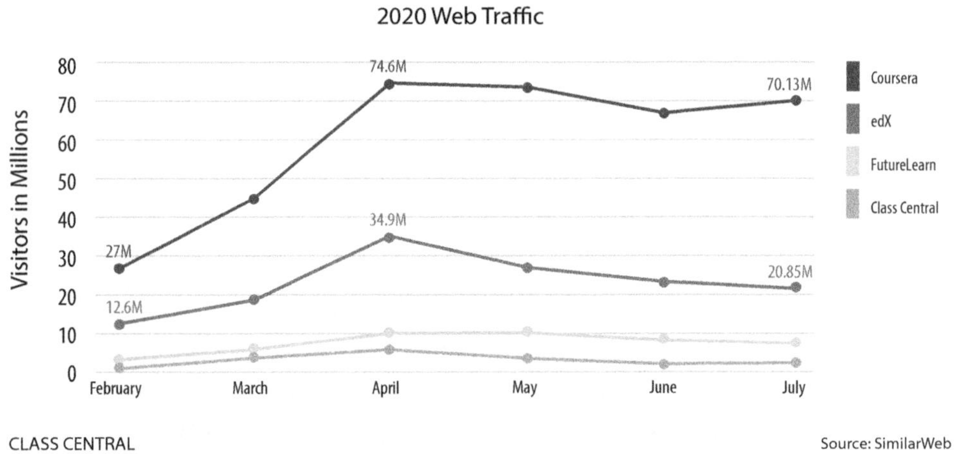

3 SUSSKIND, Richard; SUSSKIND, Daniel. The Future of Professions: how technology will transform the work of human experts. Oxford: Oxford University, 2015, p. 58.

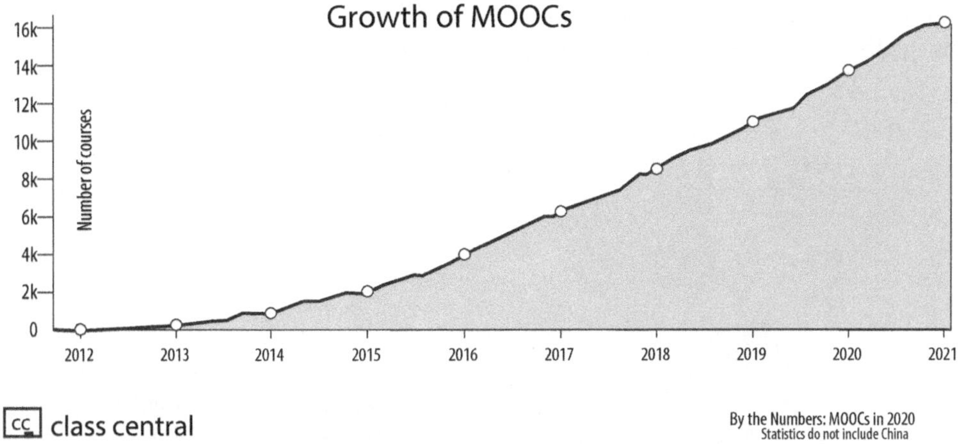

Outro tema interessante são as parcerias. Um levantamento realizado pela OCDE (Organização para Cooperação e Desenvolvimento Econômico), sobre as características fundamentais das cooperações ciência-indústria, revelou que o principal tipo de acordo feito entre instituições de ensino e iniciativa privada é para formação de recursos humanos.[4] Em segundo lugar, muitas dessas relações cooperativistas são de natureza informal, sem a realização de contratos. Dentre as conclusões desse estudo, vale mencionar a ausência de uma receita única utilizada no mundo de como indústrias e centros de ensino devem formalizar suas parcerias.

Assim, para melhor adentrar o debate quanto à capacidade de inovação entre o ensino público e privado, vale, em primeiro ponto, debater o conceito de inovação, o qual não pode ser confundido com mera aplicação de tecnologia.

2. O que é inovação?

Em uma breve pesquisa acerca do conceito de "inovação", é possível verificar que não se trata de um conceito padrão, tampouco um conceito que permite uma resposta específica, sendo tratado, muita vezes, de forma genérica. Há quem entenda que inovação é sempre tida como sinônimo de melhoria de produtividade. Mas também há aqueles que defendem que uma inovação precisa causar um impacto significativo (revolucionário ou radical), não se enquadrando no referido conceito, as melhorias contínuas (adaptativas ou evolucionárias). É interessante abrir parênteses para dizer que, se adotado o conceito de inovação como única

4 ANPEI. Indústria é principal indutora de inovações, 2 de fev. 2021. Disponível em: <https://anpei.org.br/industria-e-principal-indutora-de-inovacoes/>. Acesso em: 12 de fev. de 2022

e exclusivamente revolucionária ou radical, reduz-se muito o espectro daquilo que se pode considerar propriamente inovador. Veja-se:

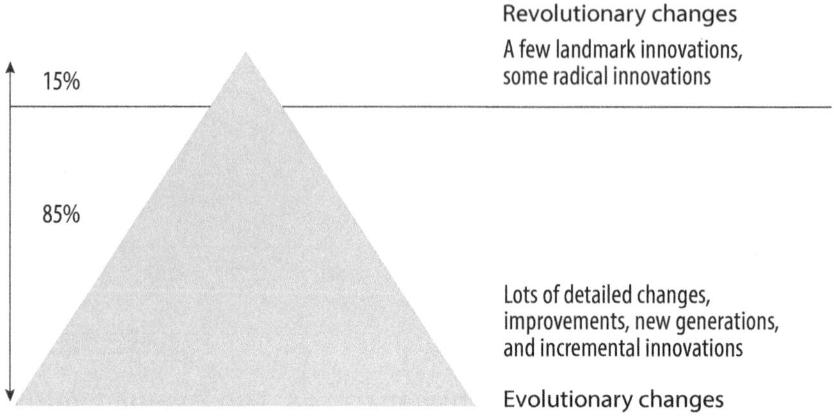

Figura 2 The iceberg of change

Fonte: THE OPEN UNIVERISITY. Creativity and innovation. The Open University. Edição do Kindle.

A ideia de inovação, todavia, não precisa estar relacionada tão somente à modificação ou invenção de produtos, tecnologias ou serviços, como também ao valor ou conceito de algo determinado, trazendo mudanças no processo de produção do produto ou serviço. Dito de outra forma, não necessariamente se faz necessária a criação de algo novo, do zero e impactante, mas, sim, a alteração, a renovação do jeito de se fazer algo.

Contudo, uma coisa é certa: inovação não necessariamente está atrelada à tecnologia, isto é, à implementação e inclusão de dispositivos tecnológicos. Muito embora inovar possa estar, sim, atrelado a uma modernização tecnológica, é certo que inovação pode ser compreendida como a melhoria de uma metodologia. Esta, não necessariamente está atrelada à utilização de uma tecnologia. Inclusive, por vezes, a inovação implica o gradual abandono de determinadas tecnologias. Bons exemplos são o plástico e a energia nuclear, os quais a humanidade agora busca *desinventar* para inovar, pois eles prejudicam o planeta.[5]

Para fins de elucidação, é importante também trazer o conceito que, hoje, é uma *buzzword*: *open innovation*. Na inovação aberta, o processo não é apenas conduzido por pessoas diferentes, mas por organizações diferentes, numa espécie de cadeia logística do conhecimento. Em suma,

5 ECO, Umberto. Pape Satàn aleppe: Crônicas de uma sociedade líquida. São Paulo: Record, 2017, p. 15. Edição do Kindle.

o instituto funda-se na premissa de que *"nem todas as pessoas espertas trabalham para nós"*.[6]

Dito isso, e tratando especificamente acerca da inovação na educação (tópico que será melhor abordado a seguir), esta última pode ser compreendida como uma melhoria na forma como o conteúdo é transmitido ao aluno e na forma como ele é avaliado, revendo-se, para tanto, conceitos e reavaliando o papel do professor, do aluno e da sala de aula. Para a OCDE, quando o assunto é inovação na educação, ela *"está relacionada à adoção de novos serviços, tecnologias, processos, competências por instituições de ensino que levem à melhora de aprendizagem, equidade e eficiência"*.[7]

3. Diferenças entre as instituições de ensino público e privado

Nos termos da Constituição da República, a educação é um direito de todos e dever do estado, de modo que sempre foi e, em um mundo cada vez mais tecnológico e globalizado se torna, ainda mais, o principal insumo para desenvolvimento de um país. No Brasil, a permissão para educação formal se inicia por meio de decreto do monarca D. João VI, concedendo o direito à educação e, paralelamente, permitindo a convivência entre ensino público e particular.

A Constituição de 88 se preocupou com a universalização do ensino, estabelecendo o estado como um garantidor do acesso à educação, todavia, sem restringi-la enquanto atividade privativamente estatal, de modo que, uma vez estabelecidos os critérios legais e regulatórios, entes privados com fins lucrativos ou não, podem adentrar o setor.

Entre os principais desafios das instituições públicas de ensino, há que se destacar a questão dos recursos públicos, os quais são escassos e comumente mal geridos, gerando uma perda de produtividade e eficiência que impacta profundamente o destinatário final.

Sem impedimento, e exatamente para que se garanta a lisura na aplicação do dinheiro público, são aplicáveis às instituições de ensino público as regras de direito administrativo, como a necessidade de prestação de concurso público para contratação de professores, processo lici-

6 CHESBROUGH, Henry. The era of open innovation, Sloan Management Review, vol. 44, no. 3, pp. 35-41.

7 LANCRIN, Vincent S., et al. (2019), "Executive summary", in Measuring Innovation in Education 2019: What Has Changed in the Classroom? OECD Publishing, Paris. Disponível em: https://www.oecd-ilibrary.org/education/measuring-innovation-in-education-2019_e0215a8c-en. acessado em 13 fev.2022.

tatório para compra de materiais, prestação de contas ao respectivo tribunal de contas e respeito ao engessado conteúdo programático do ente federativo responsável. Ainda que, apenas para fins programáticos, instituições autárquicas de ensino tenham maior liberdade, ainda se aplicam as mesmas normas para contratação de pessoal e aquisição de bens.

As dificuldades acima apontadas se refletem em dados, quando se verifica que segundo o próprio MEC (Ministério da Educação),[8] 64% (sessenta e quatro por cento) dos alunos cursando o 9º ano do ensino fundamental não aprenderam o português adequado, chegando, no caso da matemática, a assustadores 82% (oitenta e dois por cento) dos alunos que não adquiriram o conhecimento mínimo esperado. Por outro lado, o ensino privado, ainda que responda ao MEC para fins programáticos mínimos, possui maior liberdade para abertura, fechamento e alteração de suas grades curriculares, plena liberdade de contratação, associação, realização de convênios, etc., havendo apenas a necessidade de seguir um conteúdo programático mínimo. Não por outro motivo, segundo a ZBS Consultoria, em 2019,[9] entre as 10 (dez) escolas com melhor desempenho no ENEM (Exame Nacional do Ensino Médio), apenas 2 (duas) eram públicas. E mais. A diferença de nota no IDEB, Índice de Desenvolvimento da Educação Brasileira, em 2019 teve uma distância de quase 1,5 ponto entre o ensino público e privado, com nota 5,7 e 7,1, respectivamente.

Em razão disso, e com o advento da pandemia da Covid-19, pesquisadores já indicam e discutem o aumento do distanciamento da qualidade entre institutos públicos e privados,[10] tendo como motivos, além da diferença de renda dos alunos de cada tipo de instituição, a dificuldade de adequação para o sistema de ensino a distância, os quais ainda se tornam mais complexos com os entraves burocráticos necessários para garantir a idoneidade no processo de aquisição de materiais. Nessa linha, em 2020, apenas 71% (setenta e um por cento) das instituições de ensino público possuíam acesso à internet, condição insuperável para o ensino à distância, comparados a 97% das instituições de ensino privadas.[11]

---

8 QEdu. QEdu Disponível em: <https://qedu.org.br/brasil/aprendizado>. Acesso em: 13 de fev. de 2022

9 ZBS Educação. ZBS. Disponível em: <https://www.zbs.com.br/enem >. Acesso em: 13 de fev. de 2022

10 PINTO, M. Francisco Ricardo. COVID-19: A new crisis that reinforce inegality in higher education in Brasil. Disponível em: < https://preprints.scielo.org/index.php/scielo/preprint/view/1341/2098>. Acessado em 13 de fev. 2022.

11 QEdu. QEdu Disponível em: <https://qedu.org.br/brasil/censo-escolar?year=2020&dependence=0&localization=0&education_stage=0&item=>. Acesso em: 13 de fev. de 2022.

4. Inovação e educação: alguns casos concretos

Uma instituição de ensino inovadora é aquela que questiona o tempo e espaço tradicionais, mescla técnicas e tecnologia e investe em inovação aberta, permitindo a troca entre alunos e indústria. A mera aplicação de tecnologia no ensino não é necessariamente inovadora por si só, sendo necessária, para tanto, a inovação por meio de um projeto pedagógico, o qual pode até mesmo dispensar a tecnologia - embora essa não seja a regra e, sim, a exceção.

Um bom exemplo de inovação simples (não tecnológica) na educação de base, extrai-se da escola pública Valdir Garcia de Manaus/AM. A instituição implementou assembleias semanais e mesas-redondas para alunos no lugar de carteiras, demonstrando como um ensino participativo e a alteração na estrutura de poder que uma organização clássica estabelece pode ser considerado uma inovação, trazendo excelentes resultados. Em sentido oposto, a mera utilização de aparelhos tecnológicos, como celulares e tablets, quando não combinados com uma forma diferente de ensino, não se adéqua ao conceito inovação na área de educação, mas apenas de aplicação de novas tecnologias em sistemas de ensino antigos.

Vale citar, ainda no campo da inovação sem tecnologia, o estudo, que contou com quase 250 (duzentos e cinquenta) alunos e não encontrou ligação entre aplicação de tecnologia e desenvolvimento da criatividade, sendo neste caso, mais bem avaliadas as práticas docentes que não utilizaram tecnologias de comunicação e informação.[12]

Contudo, embora a ideia de inovar não esteja obrigatoriamente atrelada ao uso de tecnologias, com a pandemia da Covid-19, a utilização de ferramentas tecnológicas se tornou essencial para a disseminação do conteúdo aos alunos durante o período letivo. Todavia, não obstante a utilização de ferramentas tecnológicas de ensino, que permitiram que esse período da pandemia não fosse perdido, em uma pesquisa realizada pelo Instituto de Estudos Avançados (IEA) da Universidade de São Paulo, se concluiu que mais de 85% (oitenta e cinco por cento) dos docentes do estado acreditam que houve uma queda na aprendizagem dos alunos, em específico, em razão da desigualdade no acesso à internet e aos meios tecnológicos.[13]

12 VILARINHO-PEREIRA, Daniela Rezende; FLEITH, Denise de Souza. Creative use of information and communication technologies according to university professors and students. Estudos de Psicologia (Campinas). 2021, v. 38 Acessado em 13 de fev. 2022. Disponível em: <https://doi.org/10.1590/1982-0275202138e190164>.

13 USP. Educação durante a pandemia passa por processo de adaptação e inovação. Jornal USP no Ar*, São Paulo, 20 de ago. de 2020. Disponível em: <https://jornal.usp.br/ciencias/educacao-durante-a-pandemia-destaca-processo-de-adaptacao-e-inovacao/ >. Acesso em: 13 de fev. de 2022.

Em razão da referida desigualdade, foi necessário, então, que os métodos de aprendizagem não se restringissem a uma revolução digital, de modo que ocorreu, ainda, uma transformação comportamental dos docentes. Além de se fazer necessária uma inovação no que tange à forma como o conteúdo é transmitido (ensino à distância), considerando a perda de dinamismo que ficar sentado em frente a uma tela de computador proporciona, as instituições de ensino identificaram a necessidade de inovar também na forma de prestação de serviços educacionais, e na criação e adaptação de novas técnicas pedagógicas.

Nessa linha, um caso que merece destaque é a plataforma digital de ensino Descomplica. A instituição de ensino disponibiliza aulas síncronas e assíncronas, e abrange o ensino médio, pré-vestibular e pós-graduação. Com o intuito de reduzir os ônus da educação à distância, ela se utiliza de técnicas de *design thinking*, uma estratégia baseada em métodos e princípios de design centrados no usuário a fim de proporcionar uma experiência artesanal e personalizada de aprendizado.[14] A técnica foi capaz de aumentar a sensação de pertencimento, a capacidade de ideação e absorção de conteúdo *vis-à-vis* a autonomia dos estudantes e adequação a seu momento de vida e ritmo de estudos.[15] O caso Descomplica demonstra como a conjugação de tecnologia (plataforma de ensino à distância) e técnicas inovadoras (*design thinking*) podem auxiliar na garantia da aprendizagem.

Pensando em educação continuada, o curso online de programação Trybe, ao reconhecer a ausência de profissionais capacitados na área de desenvolvimento, realizou parceria com diversas empresas de base tecnológica para viabilizar o acesso gratuito a cursos, cujo eventual pagamento apenas deve ser realizado se e após a obtenção de emprego na área de programação com salário acima de R$ 3.000,00 (três mil reais).

Quando o assunto é inovação aberta, pensa-se, de plano, na indústria de farmacêuticos e os seus pesados investimentos em pesquisa e desenvolvimento (P&D). Por muitos anos, as grandes empresas farmacêuticas mantiveram uma enorme capacidade de P&D, gastando proporções significativas de seu faturamento na busca pela próxima geração de medicamentos. O processo é longo (a regulação necessariamente exige que assim seja), caro e incerto (a maioria dos medicamentos não vinga).

---

14 PAVIE, Xavier; CARTHY, Daphné, Addressing the Wicked Problem of Responsible Innovation through Design Thinking (April 2014). Disponível em: SSRN: https://ssrn.com/abstract=2441935 - Acesso em: 13 de fev. de 2022.

15 LOBO, Raphael; PITASSI, Claudio. Design Thinking as Meaning Creation: The Case of Descomplica. Revista de Administração Contemporânea [online]. 2022, v. 26, n. 01. Disponível em: <https://doi.org/10.1590/1982-7849rac2022190166.en. Acesso em: 13 de fev. de 2022.

Por outro lado, o surgimento do setor de biotecnologia sinalizou novos produtos, novos processos e quase um novo paradigma em relação aos tratamentos medicamentosos. Embora as culturas dos dois setores (farmacêutico tradicional e biotecnologia) permaneçam distantes, há espaço para interdependência mútua. Exemplo? Enquanto avanços profundos são feitos por startups voltadas para biotecnologia que crescem de forma escalável e possuem custos transacionais muito menores, as grandes empresas farmacêuticas têm outras habilidades, incluindo a negociação do processo regulatório, capacidade de escala e penetração profunda de marketing na classe médica.[16]

Feita essa breve digressão, podemos voltar nossos olhos para o setor de educação e o que há de ponta de lança quando o tema é inovação aberta nesse setor no Brasil. A YDUQS, maior conglomerado educacional do Brasil, proprietária de prestigiadas instituições como Estácio e IBMEC, conta com um hub interno de empresas de tecnologia voltadas para educação (edtechs), entre elas a EnsineMe e a QConcursos. Embora detenha um *market share* significativo, marcas sólidas e qualidade inquestionável, a YDUQS conta, por meio de inovação aberta, com startups voltadas para o aprimoramento da experiência dos alunos, que se utilizam, a título de exemplo, de aplicações de inteligência artificial para *"personalizar a entrega de conteúdos, questões e avaliações e oferecer aos professores e gestores educacionais feedback relevante sobre a evolução acadêmica e de aprendizado de suas turmas."*[17]

Dos exemplos - felizmente não exaustivos - acima, extraímos uma lição em comum a todos eles: o afastamento do modelo de ensino *"sage in a stage"* (o sábio no tablado), com o distanciamento por parte do docente e o baixo grau de individualização do ensino, para um formato de *"guide on the side"* (o guia ao lado), com o docente e/ou a instituição de ensino em uma postura de navegador ao lado do aluno por meio das diferentes formas de aprendizado artesanal.[18]

5. Considerações finais

A inovação na educação pode ser compreendida como a modificação na forma com que o conteúdo é transmitido aos discentes, não estan-

---

16 THE OPEN UNIVERISITY. Creativity and innovation. The Open University. Edição do Kindle.

17 FIGUEIREDO, Natalia. Transformação digital na educação: como a Yduqs está inovando em produtos digitais e serviços. DISTRITO. Disponível em: https://distrito.me/transformacao-digital-educacao/ - Acesso em: 13 de fev. de 2022.

18 SUSSKIND, Richard; SUSSKIND, Daniel. The Future of Professions: how technology will transform the work of human experts. Oxford: Oxford University, 2015, p. 55-60.

do atrelada somente à utilização de novas tecnologias, mas também à adoção de métodos inovadores aliados à aplicação dessas tecnologias. O dinamismo e o aprimoramento do ensino de forma dialética com o mercado de trabalho permitem que haja uma retroalimentação positiva na medida em que se aumenta a empregabilidade dos egressos dessas instituições.

Nesse sentido, as escolas privadas inovadoras, ao buscarem uma adaptação em seus métodos e processos de aprendizagem, propõem um novo contexto com base em dinamismo, interdisciplinaridade e desenvolvimento de competências para o futuro dos alunos, preparando-os para a *"década do reemprego e não do desemprego"*, como bem definiram os professores Richard e Daniel Susskind ao tratar da nova década de 20.[19]

6. Referências bibliográficas

ANPEI. Indústria é principal indutora de inovações, 2 de fev. 2021. Disponível em: <https://anpei.org.br/industria-e-principal-indutora-de-inovacoes/>. Acesso em: 12 de fev. de 2022

CHESBROUGH, Henry. The era of open innovation, Sloan Management Review, vol. 44, no. 3, pp. 35-41.

ECO, Umberto. Pape Satân aleppe: Crônicas de uma sociedade líquida. São Paulo: Record, 2017, p. 15. Edição do Kindle.

FIGUEIREDO, Natalia. Transformação digital na educação: como a Yduqs está inovando em produtos digitais e serviços. DISTRITO. Disponível em: https://distrito.me/transformacao-digital-educacao/ - Acesso em: 13 de fev. de 2022.

LANCRIN, Vincent et al. (2019), "Executive summary", in Measuring Innovation in Education 2019: What Has Changed in the Classroom? OECD Publishing, Paris. Disponível em: https://www.oecd-ilibrary.org/education/measuring-innovation-in-education-2019_e0215a8c-en. acessado em 13 fev.2022.

LOBO, Raphael; PITASSI, Claudio. Design Thinking as Meaning Creation: The Case of Descomplica. Revista de Administração Contemporânea [online]. 2022, v. 26, n. 01. Disponível em: <https://doi.org/10.1590/1982-7849rac2022190166.en. Acesso em: 13 de fev. de 2022.

PAVIE, Xavier; CARTHY, Daphné, Addressing the Wicked Problem of Responsible Innovation through Design Thinking (April 2014). Dispo-

19 SUSSKIND, Richard; SUSSKIND, Daniel. The Future of Professions: how technology will transform the work of human experts. Oxford: Oxford University, 2015.

nível em: SSRN: https://ssrn.com/abstract=2441935 - Acesso em: 13 de fev. de 2022.

PINTO, M. Francisco Ricardo. Covid-19: A new crisis that reinforce inegality in higher education in Brasil. Disponível em: < https://preprints.scielo.org/index.php/scielo/preprint/view/1341/2098>. Acessado em 13 de fev. 2022.

QEdu. QEdu Disponível em: <https://qedu.org.br/brasil/aprendizado>. Acesso em: 13 de fev. de 2022

SUSSKIND, Richard; SUSSKIND, Daniel. The Future of Professions: how technology will transform the work of human experts. Oxford: Oxford University, 2015.

THE OPEN UNIVERISITY. Creativity and innovation. The Open University. Edição do Kindle.

USP. Educação durante a pandemia passa por processo de adaptação e inovação. Jornal USP no Ar*, São Paulo, 20 de ago. de 2020. Disponível em: <https://jornal.usp.br/ciencias/educacao-durante-a-pandemia-destaca-processo-de-adaptacao-e-inovacao/ >. Acesso em: 13 de fev. de 2022.

VILARINHO-PEREIRA, Daniela Rezende; FLEITH, Denise de Souza. Creative use of information and communication technologies according to university professors and students. Estudos de Psicologia (Campinas). 2021, v. 38 Acessado em 13 de fev. 2022. Disponível em: <https://doi.org/10.1590/1982-0275202138e190164>.

ZBS Educação. ZBS. Disponível em: <https://www.zbs.com.br/enem >. Acesso em: 13 de fev. de 2022.

EDUCAÇÃO MÉDICA COMO PROTAGONISTA NO SETOR PRIVADO

Silvio Pessanha Neto[1]
Carolina Bomfim[2]
Natalie G. Moreno[3]
Jose Rand de S. Costa[4]

1 Doutor em Neurologia pela UNIRIO/RJ, Membro Titular da Academia Brasileira de Neurologia (ABN), Diretor dos Cursos de Medicina do IDOMED (Estácio/UNIFACID/FAMEAC/FAMEJIPA), Coordenador da Comissão de Educação Médica do CREMERJ/CRM-RJ, Coordenador da Rede de Educação de Médica da Associação Nacional das Universidades Particulares (ANUP), Avaliador BASis - Instituto Nacional de Estudos e Pesquisas Educacionais Anísio Teixeira (Inep) - MEC, Avaliador do Sistema de Acreditação de Escolas Médicas (SAEME) - Conselho Federal de Medicina (CFM).

2 Advogada graduada pela UFRJ/FND, com Pós-Graduação LLM Direito Corporativo pelo IBMEC/RJ, Gerente Regulatória do IDOMED, Gerente de Projetos IDOMED com foco na implantação das unidades do Mais Médicos do IDOMED/YDUQS e apaixonada por viagens e novos destinos.

3 Tem mais de 15 anos de experiência no setor de educação, é head Nacional de Produtos e Novos Negócios da Medicina IDOMED/Yduqs, especialista em Gestão Estratégica de Marketing pelo Ibmec, tem formação em Gestão Sistêmica de Instituições de Ensino Superior da Hoper Educação e em Estratégia Empresarial pelo Ibmec e é amante de esportes radicais.

4 Especialista em Gestão de Negócios pelo IBMEC, head de cursos preparatórios em medicina da YDUQS (SJTMED), entusiasta e praticante do Lifelong Learning e do Self--learning, mentor voluntário de jovens universitários no Instituto Semear e pai do Théo e do Miguel.

I.1. Oportunidades e expansão das vagas de graduação em medicina

Silvio Pessanha Neto e Carolina Braga Bomfim

O curso de Medicina da Universidade Federal da Bahia (UFBA) foi o primeiro curso de Medicina do Brasil e suas atividades iniciaram em 18 de fevereiro de 1808. Passados 214 anos, em 2022, existem 385 cursos de Medicina em funcionamento no país, sendo 143 (37,2%) em Instituições de ensino públicas e 242 (62,8%) em instituições de ensino do setor privado[5]. Ou seja, mais de 60% do ensino médico no nosso país é oferecido por instituições privadas.

Nos últimos anos, a oferta de cursos de Medicina particulares tem se mostrado um negócio bastante atraente devido, principalmente, *à* manutenção da alta demanda e procura pelo curso, maior resiliência do mercado frente aos reajustes de ticket e perfil do público, resultando em valoração das Instituições de Ensino Superior (IES), pela precificação das vagas anuais autorizadas de Medicina que possuem. No entanto, autorizar, implantar e operar curso de Medicina envolve grande complexidade, considerando suas peculiaridades, como os investimentos em infraestrutura e equipamentos específicos, seleção de docentes de alto custo, pactuação e remuneração de unidades de saúde, tanto da rede pública quanto da privada, para oportunizar aos alunos vivências práticas de qualidade e exigidas pela legislação vigente, entre outros custos relevantes.

Diante das características, sensibilidade e impacto da formação médica para sociedade, além do grande interesse pela abertura de novos cursos e vagas de Medicina, o Ministério da Educação, para garantir a qualidade acadêmica dos cursos em implantação e a qualificação dos egressos dos cursos em funcionamento, precisou criar e implementar novos processos regulatórios, que estão, no momento, em profunda discussão e atualização. Sendo assim, iremos detalhar algumas dessas frentes visando dar maior clareza sobre o segmento, sua evolução, desafios e perspectivas.

Passaremos a apresentar os principais marcos que esses processos de regulação e avaliação dos cursos superiores de graduação de medicina passaram ao longo dos últimos anos. Inclusive será possível perceber que, além das regras e exigências gerais criadas para os demais cursos, foram instaurados fluxos e padrões decisórios específicos para os cursos de Medicina.

5 Consulta realizada em 21 mar 2022 no sítio eletrônico https://emec.mec.gov.br/

I.2. Regulação para os cursos de medicina – antes da Lei n. 12.871/2013[6]

Observadas as regras gerais de regulação, devidamente exploradas nos capítulos anteriores, por meio das quais busca-se promover a igualdade de condições de acesso, garantir o padrão de qualidade das instituições e dos cursos e de estimular o pluralismo das ideias e de concepções pedagógicas, verificamos a existência de requisitos específicos para obtenção dos atos autorizativos dos cursos de graduação de Medicina, assunto que iremos abordar neste capítulo.

No intuito de garantir o preceito contido no artigo 209 da CRFB/88[7], a Lei de Diretrizes e Bases da Educação Nacional - LDB[8] prevê que a Educação Superior é livre à iniciativa privada desde que atendidas as seguintes condições: cumprimento das normas gerais da educação nacional e do respectivo sistema de ensino, autorização de funcionamento e avaliação de qualidade pelo Poder Público e capacidade de autofinanciamento.

Neste sentido, a Lei de Diretrizes e Bases da Educação Nacional - LDB e o Decreto n. 9.235, de 15 de dezembro de 2017[9], nos trazem que o Ministério da Educação é o órgão público responsável pela avaliação e, consequente emissão dos atos autorizativos para regular funcionamento dos cursos superiores e das instituições de educação superior.

Criado em 2004, o Sistema Nacional de Avaliação da Educação Superior (SINAES) tem por finalidade *"a melhoria da qualidade da educação superior, a orientação da expansão da sua oferta, o aumento permanente da sua eficácia institucional e efetividade acadêmica e social e, especialmente, a promoção do aprofundamento dos compromissos e responsabilidades sociais das instituições de educação superior, por meio da valorização de sua missão pública, da promoção dos valores democráticos, do respeito à diferença e à diversidade, da afirmação da autonomia e da identidade institucional"*.

---

6 Lei n. 12.871, de 22 de outubro de 2013. Institui o Programa Mais Médicos. Disponível em http://www.planalto.gov.br/ccivil_03/_ato2011-2014/2013/lei/l12871.htm. Acesso em: 21 mar. 2022

7 Constituição da República Federativa do Brasil de 1988. Disponível em http://www.planalto.gov.br/ccivil_03/constituicao/constituicao.htm. Acesso em: 21 mar. 2022

8 Lei n. 9.394, de 20 de dezembro de 1996. Estabelece as diretrizes e bases da educação nacional. Disponível em http://www.planalto.gov.br/ccivil_03/leis/l9394.htm. Acesso em: 21 mar. 2022

9 Decreto n. 9.235, de 15 de dezembro de 2017. Dispõe sobre o exercício das funções de regulação, supervisão e avaliação das instituições de educação superior e dos cursos superiores de graduação e pós-graduação no sistema federal de ensino. Disponível em http://www.planalto.gov.br/ccivil_03/_ato2015-2018/2017/decreto/D9235.htm. Acesso em: 21 mar. 2022

Esse sistema possui três pilares: a avaliação das instituições, dos cursos e do desempenho dos estudantes, que dependem de autoavaliação; avaliação externa, Enade, avaliação dos cursos de graduação e instrumentos de informação como o Censo.

No tocante ao processo de avaliação externa, existem um fluxo processual e um padrão decisório implementados pelo MEC que asseguram o atendimento dos requisitos mínimos de qualidade necessários para a liberação dos atos autorizativos, com isso, o MEC atua como um verdadeiro guardião da qualidade de ensino no país.

Em relação ao fluxo processual dos atos autorizados de cursos, temos que os processos de autorização, reconhecimento e renovação de reconhecimento consistem nas etapas de análise documental, avaliação externa *in loco* realizada pelo Inep e decisão da Secretaria de Regulação e Supervisão da Educação Superior do Ministério da Educação, conforme previsão dos caputs dos Artigos 42 e 49 do Decreto n. 9.235/ 2017. Quando nos deparamos com o fluxo processual para autorização dos cursos de graduação de Medicina verificamos diversas peculiaridades que não se aplicam aos demais cursos.

Neste sentido, é inegável que a alteração mais significativa foi a publicação da Lei n. 12.871, de 22 de outubro de 2013, que instituiu o Programa Mais Médicos e segundo a qual determinou que a autorização para o funcionamento de cursos de Medicina será precedida de chamamento público. Segundo a mencionada lei, as novas diretrizes não devem ser aplicadas aos pedidos de autorização para funcionamento de cursos de Medicina protocolados no MEC até a data de sua publicação. Sendo assim, temos que para os cursos nesta condição ou cursos que já estavam em funcionamento, não se aplicam as normativas específicas do Programa Mais Médicos.

Desta forma, iremos tratar neste item, das peculiaridades e diferenças no fluxo processual para os cursos de medicina que estão fora do âmbito da Lei do Mais Médicos, conforme verificamos a seguir.

1) Impossibilidade de dispensa de visita *in loco*: dentre os procedimentos e o padrão decisório estabelecidos, verificamos que o poder público tem o poder-dever de avaliar os cursos de graduação, como requisito indispensável para emissão dos atos autorizativos. No entanto, é admissível que, em situações específicas, esse ente público possa dispensar a necessidade de avaliação externa para fins de autorização de curso. Ou seja, considerando a análise da situação geral da instituição e de seus referenciais de qualidade já conhecidos, o MEC criou critérios que quando observados possibilitaram o curso ser dispensado de avaliação externa *in loco*.

Neste contexto, temos que, se a IES juntamente com o curso que está sendo avaliado, reúnam indicadores satisfatórios, como por exemplo, Conceito Institucional maior ou igual a três e resultado satisfatório na fase de despacho Saneador, poderão ter a visita *in loco* dispensada. No entanto, o que observamos no Art. 11, parágrafo 3º da Portaria Normativa n. 20, de 21 de dezembro de 2017[10], é a impossibilidade de dispensa de visita *in loco* para os cursos de Medicina.

Isto porque considerando a complexidade envolvida na implementação e manutenção de um curso de Medicina, bem como o impacto direto dos seus egressos na vida da comunidade e rede de saúde da região, o MEC sentiu necessidade de estabelecer a obrigatoriedade de realização da visita *in loco* para o processo avaliativo dos cursos de Medicina, independentemente do atendimento aos requisitos anteriormente mencionados.

2) Manifestação do Conselho Profissional: outra diferença que se pode verificar no fluxo processual dos atos autorizativos dos cursos de Medicina consiste na necessidade de Manifestação do Conselho Nacional de Saúde no processo. Ainda que a manifestação tenha caráter opinativo, é uma fase adicional quando comparado aos processos dos demais cursos.

3) Padrão decisório mais rigoroso: a forte regulação nos processos de obtenção dos atos autorizativos fica evidente mais uma vez quando identificamos as diferenças existentes no padrão decisório. A análise dos pedidos de autorização possui como referencial o Conceito de Curso (CC) e os conceitos obtidos em cada uma das dimensões, e desta forma exige-se que o conceito de curso seja igual ou maior que três, conforme verifica-se nos artigos13, inciso I e artigo 16 da Portaria Normativa n. 20, de 21 de dezembro de 2017.

Novamente para os cursos de Medicina, nos deparamos com a existência de um padrão decisório mais rigoroso para deferimento dos atos autorizativos, ao ser exigido, como requisito mínimo, a obtenção de Conceito de Curso igual ou maior que 4 (quatro).

4) Aditamento do ato autorizativo para aumento de vagas: por fim, como último exemplo dos diferenciais de processos e padrões deci-

---

10 Portaria Normativa n. 20, de 21 de dezembro de 2017. Dispõe sobre os procedimentos e o padrão decisório dos processos de credenciamento, recredenciamento, autorização, reconhecimento e renovação de reconhecimento de cursos superiores, bem como seus aditamentos, nas modalidades presencial e a distância, das instituições de educação superior do sistema federal de ensino. Disponível em https://pesquisa.in.gov.br/imprensa/jsp/visualiza/index.jsp?data=03/09/2018&jornal=515&pagina=40 . Acesso em: 21 mar. 2022

sórios para os atos autorizativos dos cursos de medicina, fora do âmbito do Edital do Mais Médicos, temos o procedimento de aditamento do ato autorizativo de aumento de vagas.

O aumento do número de vagas de cursos superiores de graduação ofertados por IES com autonomia, respeitados os limites de sua autonomia, devem tramitar como alteração de menor relevância, dispensando o aditamento do ato autorizativo e podendo ser protocolada a qualquer tempo, o que torna o processo bem mais simples e célere.

Os pedidos de aumento de vagas para as IES sem autonomia, IES com autonomia, em *campi* fora de sede nos quais não detêm autonomia e em cursos de Medicina e Direito ofertados por todas as IES, devem tramitar como aditamento aos atos autorizados, segundo a Portaria Normativa n. 20/ 2017, que estabeleceu o padrão decisório para estes pedidos.

Desta forma, temos que o aditamento para aumento de vagas em cursos de graduação de Medicina, mesmo ofertados por Centro Universitários e Universidades, dependem de ato prévio editado pela Secretaria de Regulação e Supervisão da Educação Superior do Ministério da Educação, conforme artigo 12, parágrafo 1º, inciso II do Decreto n. 9.235/2017 e artigo 21 da Portaria Normativa n. 20/2017.

No padrão decisório dos pedidos de aumento de vagas, observamos ainda critérios mais rígidos para os cursos de medicina, como por exemplo, a necessidade de atender todos os itens exigidos para os demais cursos e, adicionalmente, possuir conceito de curso igual ou superior a 4 (quatro). Nos outros cursos o CC exigido é superior ou igual a 3 (três).

Além da exigência de possuir CC igual ou superior a 4 (quatro), observa-se, no artigo 24 da mesma portaria, que a análise do pedido de aumento de vagas para cursos de Medicina observará, necessariamente, a estrutura de equipamentos públicos e programas de saúde existentes e disponíveis no município de oferta do curso, observando critérios específicos, tais como, número de leitos do Sistema Único de Saúde (SUS) disponíveis por aluno em quantidade maior ou igual a cinco, número de alunos por Equipe de Atenção Básica (EAB) menor ou igual a três, existência de leitos de urgência e emergência ou pronto-socorro e grau de comprometimento dos leitos do SUS para utilização acadêmica e existência de, pelo menos, três programas de residência médica nas especialidades prioritárias.

Essa exigência em relação à rede de saúde do município traz uma complexidade grande para o processo de aumento de vagas dos cursos de Medicina, uma vez que exigirá uma forte articulação da IES junto ao município para buscar alternativas e possibilidades de melhoria para a rede de saúde pública, buscando com isso, possibilitar o aumento da oferta de vagas de medicina para a população.

Além disso, esse tipo de exigência para o aumento de vagas, impõe a necessidade, na maioria das vezes, de investimentos financeiros nos cenários de práticas, hospitais e UBS, por exemplo, o que torna o processo ainda mais custoso e moroso.

E ainda neste contexto, na hipótese de mais de uma IES apresentar pedido de aumento de vagas para o curso de Medicina em um mesmo município, e caso a estrutura de equipamentos públicos e programas de saúde existentes e disponíveis no município, em sua região de saúde ou em regiões de saúde de proximidade geográfica não comporte o número de vagas pleiteadas para os cursos das IES interessadas, a SERES deverá proceder à divisão de vagas de forma proporcional, considerando o percentual de aumento possível alcançado por cada curso, o número de vagas autorizadas e o número de vagas disponíveis na localidade considerada.

Inquestionável o alto nível de requisitos e processos que precisam ser observados para que o curso de medicina tenha o seu pedido de aditamento de ato autorizativo de aumento de vagas deferidos.

Desta forma, o que conseguimos verificar, ao longo desta análise é que o MEC considerando a relevância social da formação médica e seu impacto direto no atendimento à população adotou fluxos processuais e padrões decisórios específicos e mais rigorosos para a obtenção dos atos autorizativos destes cursos.

I.3. O que mudou com o advento da lei do Mais Médicos?

O Programa Mais Médicos, instituído pela Lei n. 12.871, de 22 de outubro de 2013, além de levar mais profissionais médicos para regiões onde há escassez ou ausência destes e aumentar os investimentos para construção, reforma e ampliação de Unidades Básicas de Saúde, instituiu uma nova sistemática para a oferta de cursos de medicina por instituições privadas de educação superior, trazendo grandes mudanças para o cenário já altamente regulado destes cursos de graduação.

Instituído por meio da Medida Provisória n. 621, de 8 de julho de 2013, posteriormente convertida na Lei n. 12.871, de 22 de outubro de 2013, o Programa tem como diretrizes: a) diminuir a carência de médicos nas regiões prioritárias para o SUS, a fim de reduzir as desigualdades regionais na área da saúde; b) fortalecer a prestação de serviços de atenção básica em saúde no país; c) aprimorar a formação médica e alargar a experiência no campo de prática médica durante o processo de formação; d) ampliar a inserção do médico em formação nas unidades de atendimento do SUS, desenvolvendo seu conhecimento sobre a realidade da saúde da população brasileira; e) fortalecer a política de educação permanente com a integração ensino-serviço; f) promover a troca de conhecimentos e experiências entre profissionais de saúde brasileiros e médicos formados em instituições estrangeiras; e g) aperfeiçoar os conhecimentos dos médicos para atuarem nas políticas públicas de saúde, assim como na organização e no funcionamento do SUS.

Verifica-se, desta forma, que a Lei do Mais Médicos possui três eixos, que estão sendo desenvolvidos simultaneamente. O primeiro eixo com ações de provimento emergencial para atendimento imediato dos problemas de carência de médicos no interior do país e desigualdades regionais em saúde, o segundo e terceiro eixo, com ações de efeito estruturante no modelo de assistência à saúde pública, sendo uma delas a melhoria da infraestrutura de Atenção Básica no país, por meio da construção de novas unidades básicas de saúde e reforma das existentes, e a outra que busca uma profunda reestruturação na formação médica do país, por meio da reordenação da oferta de cursos de Medicina e de vagas para Residência Médica.

Neste sentido, verifica-se que, apesar de o cenário anteriormente existente ser rigorosamente regulado e possuir um padrão decisório criterioso para autorização de cursos de medicina, o Poder público, considerando a relevância social da formação médica, seu impacto no atendimento à população e a necessidade de reduzir as desigualdades regionais na área da saúde, estipulou nova sistemática de seleção por edital tanto para a seleção dos municípios habilitados a receber novos cursos de graduação em medicina quanto para a seleção das instituições privadas interessadas em ofertar curso de medicina.

Ou seja, com o advento da Lei do Mais Médicos, as Instituições de Ensino Superior, através de suas Mantenedoras, não detêm mais o direito de iniciar a solicitação de autorização de curso de Medicina, exclusivamente de acordo com seu interesse e condições de oferta do curso em determinados municípios. A partir da publicação da mencionada Lei, a criação dos cursos passou a ser condicionada aos Editais de Chamamento Público, que determinaram quais seriam os municípios habilitados a receber novos cursos de graduação em medicina e definiram quais as instituições privadas receberiam o direito de ofertar os cursos de medicina.

Desta forma, temos que, no âmbito da Lei do Mais Médicos, o processo para concessão do direito de ofertar novos cursos de graduação de medicina possui duas etapas, sendo a primeira a seleção dos municípios onde poderão ser ofertados novos cursos e a segunda a seleção das IES habilitadas para oferta do curso nos municípios previamente selecionados, sendo cada uma das etapas realizadas por Editais de chamamento público próprios.

A seleção de municípios, por meio de Edital de chamamento público, busca interiorizar a oferta, desconcentrando o mercado de graduação em medicina, sem renunciar à infraestrutura mínima de equipamentos de saúde pública para a formação em serviço. Verifica-se, claramente, a observância desses objetivos, por exemplo, no primeiro Edital de pré-seleção de municípios para implantação de curso de graduação em Medicina por instituição de educação superior privada, Edital n. 3, de 22 de outubro de 2013, publicado no DOU no dia 23 de outubro de 2013.[11] O mencionado Edital prevê três etapas para a seleção dos municípios, quais sejam, análise da relevância e necessidade social da oferta de curso de medicina, análise da estrutura de equipamentos públicos e programas de saúde existentes no município, e, por fim, análise de projeto de melhoria da estrutura de equipamentos públicos e programas de saúde no município segundo dados do Ministério da Saúde.

Até o momento já foram publicados dois Editais de chamamento público para seleção dos municípios para implantação de curso de graduação, quais sejam, o Edital n. 3, de 22/10/2013 e o Edital n. 2, de 07/12/2017[12], e em ambos percebe-se a existência de critérios comuns, como a obrigatoriedade do município não ser capital do estado, não possuir curso de Medicina em seu território, e possuir uma quantidade mínima de habitantes, bem como, aspectos da rede de saúde, como por exemplo, possuir leitos de urgência e emergência, número de leitos disponíveis no SUS por aluno maior ou igual a 5 (cinco) e existência de, pelo menos, 3 Programas de Residência Médica nas especialidades prioritárias.

Desta forma, restando claro que o direcionamento dos Editais para seleção dos municípios está em consonância com os objetivos da Lei do Mais Médicos buscando a diminuição da carência de médicos nas regiões prioritárias para o SUS, a fim de reduzir as desigualdades regionais na área da saúde.

Importante destacar que, ao final deste processo, ocorre a celebração do termo de adesão ao chamamento público pelos gestores locais do

---

11 Edital n. 3, de 22 de outubro de 2013. Primeiro Edital de Pré-Seleção de Municípios para Implantação de Curso de Graduação em Medicina por Instituição de Educação Superior Privada. Disponível em https://pesquisa.in.gov.br/imprensa/jsp/visualiza/index.jsp?data=23/10/2013&jornal=3&pagina=30&totalArquivos=232. Acesso em: 21 mar. 2022

12 Edital n. 2, de 7 de dezembro de 2017. Edital de Chamamento Público de municípios para implantação de Curso de Graduação em Medicina por Instituição de Educação Superior Privada. Disponível em https://pesquisa.in.gov.br/imprensa/jsp/visualiza/index.jsp?data=08/12/2017&jornal=530&pagina=43&totalArquivos=244. Acesso em: 21 mar. 2022

SUS, momento que os municípios selecionados se comprometem, dentre outras obrigações, a oferecer à instituição de ensino superior vencedora a estrutura da rede pública de saúde para a implantação e o funcionamento de novo curso de graduação em medicina.

Superada a etapa de seleção dos municípios de acordo com os critérios já mencionados, a etapa seguinte refere-se aos Editais de chamamento público de mantenedoras de instituições de educação superior do sistema federal de ensino para seleção de propostas para autorização de funcionamento de cursos de medicina nos municípios selecionados.

Com as regras e exigências estabelecidas nos Editais de Pré-seleção dos municípios buscou-se atuar no enfrentamento das assimetrias regionais concernentes à proporção de médicos por habitantes. Da mesma forma, buscou-se enfrentar, com os Editais de chamamento público das IES, os problemas de fixação de médicos na região, falta de acesso aos cursos de medicina pela população local, ausência de temáticas e estágios que valorizem as necessidades locais e a atenção primária à saúde nas matrizes curriculares e baixa oferta de Programas de Residência Médica, como passaremos a detalhar a seguir.

Os Editais de chamamento público das IES publicados até o presente momento são Edital n. 06/2014/SERES/MEC[13], Edital n. 01/2017/SERES/MEC[14] e Edital n. 01/2018/SERES/MEC[15] que, com pequenas variações, instituíram nas suas análises as seguintes etapas: i) Análise de Admissibilidade, ii) Análise da capacidade econômico-financeira da mantenedora, iii) Análise de mérito das propostas e, iv) Análise da experiência regulatória da mantenedora.

---

13 Edital n. 6/2014/SERES/MEC. Primeiro Edital de Chamada Pública de Mantenedoras de Instituições de Educação Superior do Sistema Federal de Ensino para Seleção de Propostas para Autorização de Funcionamento de Cursos de Medicina em Municípios Selecionados no Âmbito do Edital n. 03, de 22 de outubro de 2013. Disponível em https://pesquisa.in.gov.br/imprensa/jsp/visualiza/index.jsp?data=23/12/2014&jornal=3&pagina=52&totalArquivos=192 . Acesso em: 21 mar. 2022

14 Edital n. 1/2017/SERES/MEC. Segundo Edital de Chamada Pública de Mantenedoras de Instituições de Educação Superior do Sistema Federal de Ensino para Seleção de Propostas para Autorização de Funcionamento de Cursos de Medicina em Municípios Selecionados no Âmbito do Edital n. 03, de 22 de outubro de 2013. Disponível em https://pesquisa.in.gov.br/imprensa/jsp/visualiza/index.jsp?data=05/07/2017&jornal=3&pagina=27&totalArquivos=224. Acesso em: 21 mar. 2022.

15 Edital n. 01/2018/SERES/MEC. Edital de Chamada Pública de Mantenedoras de Instituições de Educação Superior do Sistema Federal de Ensino para Seleção de Propostas para Autorização de Funcionamento de Cursos de Medicina em Municípios Selecionados no Âmbito do Edital n. 02, de 7 de dezembro de 2017. Disponível em https://pesquisa.in.gov.br/imprensa/jsp/visualiza/index.jsp?data=29/03/2018&jornal=530&pagina=61&totalArquivos=242 . Acesso em: 21 mar. 2022.

As duas primeiras etapas, de cunho eliminatório, consistiam em realizar análise referente à regularidade jurídica, regulatória e fiscal, bem como verificar a comprovação da saúde financeira atual da mantenedora e sua capacidade econômico-financeira para a oferta de um curso de Medicina.

A terceira e mais importante etapa referia-se à análise de mérito das propostas, sendo esta etapa eliminatória e classificatória. Nesta etapa, as mantenedoras apresentavam suas propostas em relação aos 6 (seis) pilares para implementação dos cursos de Medicina no âmbito deste Programa: i) Projeto Pedagógico de Curso de Graduação em Medicina, ii) Plano de Formação e Desenvolvimento da Docência em Saúde, iii) Plano de Infraestrutura da Instituição de Educação Superior, iv) Plano de Contrapartida à estrutura de serviços, ações e programas de saúde do Sistema Único, v) Plano de Implantação de Residência Médica e vi) Plano de Oferta de Bolsas para Alunos.

Cada um dos 6 (seis) planos foi avaliado, de acordo com os parâmetros de verificação previamente estipulados, e atribuídos conceitos à cada pilar, e com a soma destes, obteve- se um conceito final para as propostas apresentadas pelas Mantenedora.

Por exemplo, em relação ao Plano de Contrapartida à Estrutura de Serviços, Ações e Programas de Saúde do Sus, o Edital nº1/2018/SERES/MEC institui o critério de pontuação com *"atribuição de 0,3 para cada ponto percentual do faturamento mensal do curso de Medicina oferecido como contrapartida ao Sistema de Saúde Local, até o limite máximo de 10% (dez por cento) e mínimo de 5% (cinco por cento)"*.

Ou seja, a mantenedora que assumisse o compromisso, na proposta apresentada, de realizar o repasse de 10% do seu faturamento mensal do curso de medicina como contrapartida ao Sistema de Saúde Local obteria uma pontuação de 3,0 pontos neste item.

Outro exemplo, em relação ao Plano de Oferta de Bolsas para alunos, o referido Edital institui o critério de pontuação com *"atribuição de 0,3 para cada ponto percentual do número de vagas anuais do curso de Medicina oferecidas com bolsas integrais com critérios socioeconômicos até o limite de 10% (dez por cento)"*.

Ou seja, a mantenedora que assumisse o compromisso na sua proposta de ofertar 10% das suas vagas autorizadas para bolsistas integrais com atendimento de critério socioeconômico obteria uma pontuação de 3,0 pontos neste item.

Após a apuração da pontuação de cada um dos 6 (seis) pilares apresentados no mérito das propostas, passamos para a última etapa do Edital, de caráter classificatório, em que contabilizamos a pontuação referente à análise da experiência regulatória da mantenedora.

Nesta quarta e última etapa será acrescida da pontuação obtida com as propostas dos 6 (seis) pilares outros pontos de acordo com a experiência regulatória da mantenedora, que será verificada em relação aos itens: existência de bons Conceitos Institucionais (CI) nas Instituições indicadas pela mantenedora, localização da IES, existência de cursos de medicina e saúde nas IES indicadas pela mantenedora, oferta de cursos de Mestrado ou Doutorado e por fim oferta de Programas de Residência Médica.

As Propostas vencedoras foram aquelas que obtiveram maior pontuação no somatório destes itens e compareceram ao MEC para assinar o Termo de Compromisso com a Secretaria de Regulação e Supervisão da Educação Superior do Ministério da Educação.

Após esta etapa, importante destacar que as propostas efetuadas pelas mantenedoras vencedoras em relação aos 6 (seis) pilares de implementação do curso tornam-se compromissos que a IES deverá cumprir para autorização do curso e durante a implementação dele.

Ou seja, verifica-se, por exemplo, que ao ter sido incluído o Plano de Oferta de Bolsas para alunos como um dos pilares do Edital, o Poder Público conseguirá atuar para a melhoria das condições de acesso aos cursos de Medicina da população proveniente do município em questão.

Isto porque temos que a maioria das propostas vencedoras contará com o compromisso por parte da IES/Mantenedora em ofertar um alto percentual de bolsas integrais. Junto a isso temos a necessidade de que o critério de seleção para os bolsistas leve em consideração os critérios sociais e de identificação com a comunidade, o que, geralmente, irá ser refletido com a seleção da população do município em que o curso está sendo implementado como bolsistas integrais.

Neste mesmo sentido, temos que, uma vez proporcionando o acesso de estudantes de medicina oriundos do próprio município, isso aumenta as chances de fixação do futuro médico na própria região, conseguindo atuar na correção das desigualdades regionais de existência de médicos.

Outro pilar muito importante para promover a fixação dos egressos dos cursos de Medicina na região é o Plano de Implantação de Programas de Residência Médica. Conforme compromissos firmados pelas mantenedoras, as IES com as propostas vencedoras deverão atuar para promover a implantação dos PRM no munícipio. Diversos estudos apontam que o vínculo que o Médico cria com uma determinada região durante o período da Residência é fator determinante para sua fixação.

Assim como os exemplos acima, teríamos diversos itens como inserção do curso na rede de saúde, adequado perfil do formando, titulação e experiência profissional docente que estão presentes nos demais pilares das propostas vencedoras e que são importantes compromissos para o enfrentamento de questões como aperfeiçoamento da formação dos profissionais médicos e atração de profissionais qualificados para a região.

Temos que a partir deste novo marco regulatório novas diretrizes foram estabelecidas para a autorização de novos cursos de Medicina, buscando, através dos Editais de Chamamento Público, solucionar questões como a carência e as desigualdades na distribuição geográfica de médicos.

No entanto, questões que para cursos de Medicina em funcionamento nas grandes cidades não seriam dificuldades para os munícipios habilitados nos Editais do Mais Médicos, a depender da região onde o curso é instalado, tornam-se grandes desafios.

Um dos compromissos firmados refere-se à titulação do corpo docente e a obrigatoriedade da presença de médicos titulados no Núcleo Docente Estruturante (NDE), e em cidades do interior do Brasil poucos são os profissionais que atendem esses requisitos.

Outro ponto que - durante as visitas de Monitoramento realizadas para acompanhamento da implementação dos mencionados cursos - tem aparecido como um desafio para atendimento dos parâmetros previstos no Edital é a implementação dos Programas de Residência Médica (PRM), principalmente em relação *à* previsão do Edital de que *"o Plano deverá alcançar o número de vagas de Residência Médica equivalente ao número de egressos do curso de graduação em Medicina até o sexto ano de curso da primeira turma, respeitando a proporção mínima de 70% das vagas abertas para Residência em Medicina da Família e Comunidade"*. Em muitos casos, Brasil afora, a criação e manutenção dos PRM estão atreladas a questões que não estão na governança da IES e dependem dos gestores da rede de Saúde local e dirigentes dos hospitais. Adicionalmente, a exigência de novas vagas de R1 (Residente no primeiro ano de formação) muitas vezes não estão em sintonia com as condições que a Comissão Nacional de Residência Médica (CNRM) encontra na região restringindo a ampliação das vagas, fazendo com que a IES não consiga atender as exigências do Edital de chamamento público. Nestes casos, é de fundamental importância que a IES consiga articular, por meio do comitê gestor local do COAPES (Contrato Organizativo de Ação Pública de Ensino-Saúde), que os repasses sejam investidos na rede de forma estratégica e garantindo as condições necessárias para o adequado funcionamento dos PRM.

Sendo assim, conclui-se que uma mantenedora e/ou IES que pretendam operar cursos de graduação em Medicina precisam reunir grande experiência e considerar sua complexidade com objetivo de, além de desenvolver uma boa estrutura curricular e projeto pedagógico, oferecer um serviço educacional de qualidade e cumprir as determinações do órgão regulador evitando gerar frustações em seu corpo discente, docente e na população pelo curso assistida.

II.1. Novos negócios e crescimento dos produtos voltados ao lifelong learning do médico

Silvio Pessanha Neto, Natalie Goltsman Moreno e Jose Rand de Sousa Costa

Considerando os desafios apresentados, no que tange aos processos de crescimento e evolução das vagas de graduação em Medicina, e o aumento do número de profissionais médicos no mercado, os novos produtos direcionados ao Lifelong Learning do Médico vem se consolidando como a via de crescimento mais promissora do mercado de educação médica, não só pensando na já tão requisitada atualização contínua de conteúdos e procedimentos médicos, mas também na diferenciação deste profissional no mercado de trabalho[16].

II.2. O que é o lifelong learning afinal?

Em um mundo cada vez mais dinâmico, onde novas tecnologias surgem a cada momento e as informações circulam na velocidade de um clique, estar sempre atualizado nas práticas mais modernas e atento às transformações do mercado de trabalho é fundamental. Com isso, cada vez mais vem ganhando força o conceito de Lifelong Learning.

Lifelong Learning pode ser entendido nada mais nada menos do que o que conhecemos como educação continuada, onde as pessoas estão buscando constantemente por conhecimento, seja ou não em instituições formais de ensino. Essa é uma mentalidade totalmente oposta à praticada no século passado, quando profissionais terminavam suas formações e eram considerados plenamente aptos para trabalhar em suas áreas durante toda a vida.

Diante deste momento de conhecimento líquido que vivemos, a educação vai muito além de uma graduação, a aprendizagem se torna um processo sem fim e nenhum diploma será capaz de abranger toda a necessidade de conhecimento que um profissional irá precisar em sua vida.

Nesse contexto, a crença que a maioria das pessoas tem de que a aprendizagem só é efetiva quando associada a uma educação formal está caindo por terra. O médico brasileiro, por exemplo, passa cerca de 22 anos na educação formal (se considerarmos escola, universidade e especialização) sendo 9 dedicados à sua formação profissional (6 anos de gra-

---

16 LIRA, Paulo. Você já ouviu falar em lifelong learning? Entenda esse conceito! Revista HSM. Disponível em: https://www.revistahsm.com.br/post/voce-ja-ouviu-falar-em-lifelong-learning-entenda-esse-conceito em 10/03/2022

duação + ao menos 3 anos de especialização/residência médica). Dividindo seu tempo entre a sala de aula e o treinamento prático. Mas acreditar que o tempo dedicado aos estudos se encerrou é uma ideia equivocada.

Muitos dos conceitos que foram vistos no início de sua graduação mudam ao longo de sua formação, criando uma sensação de defasagem e despreparo deste aluno ao fim do ciclo, fazendo com que ele tenha a necessidade de continuar estudando, seja para uma maior especialização ou apenas para atualização[17].

A ideia do Lifelong Learning na área médica é estimular esse aprendizado constante ao longo de toda a vida, em uma busca contínua, voluntária e automotivada pela atualização do conhecimento, seja em âmbito profissional, acadêmico ou pessoal, proporcionando aos pacientes assistidos pelo profissional um atendimento mais aderente ao que há de mais recente e eficiente na medicina.

Foi em 2010, com a publicação de um relatório da Comissão Internacional sobre Educação para o Século XXI, da Unesco, que esse conceito começou a ser mais difundido e que a organização chamada Lifelong Learning Council Queensland (LLCQ) passou a representar o Lifelong Learning no mundo todo.

Segundo esta instituição, Lifelong Learning é definida como "um aprendizado que é perseguido durante a vida: um aprendizado que é flexível, diverso e disponível em diferentes tempos e lugares. O Lifelong Learning cruza setores, promovendo aprendizado além da escola tradicional e ao longo da vida adulta".

Esse aprendizado contínuo pode ser relacionado a qualquer coisa, uma especialização, atualização ou novos conhecimentos. O importante é sempre estar aprendendo, mesmo sem um conhecimento direcionado para a atuação profissional, pode ser algo relacionado ao seu life style ou mesmo soft skills que podem ser úteis no dia a dia.

Para colocar esse conceito em prática, é importante se desligar da educação formal e regulada, e entender que o aprendizado vai além da vida jovem, estará presente durante toda a vida adulta, podendo acontecer de diferentes formas e em diferentes momentos da vida.

Recorrendo a conhecida pirâmide de William Glasser, que mostra as formas como melhor aprendemos, o aprendizado ativo, ensinando ou praticando o que foi aprendido são as melhores formas de absorver um

17 LOURENÇO, Felipe - Educação médica continuada: por que ela deve ser constante em sua carreira?... 31 Mar. 2021...Disponível em https://pebmed.com.br/educacao-medica-continuada-por-que-ela-deve-ser-constante-em-sua-carreira/ em 15/03/22.

novo conhecimento, logo, para que o Lifelong Learning funcione é importante saber o que vai ser feito com esse conhecimento e sempre tentar aplicá-lo no dia a dia.

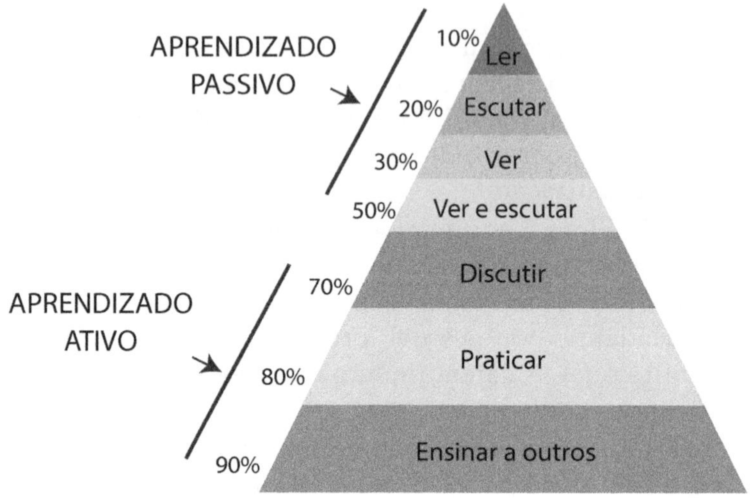

Pirâmide de William Glasser adaptada.

Ainda segundo a LLCQ, o conceito de Lifelong Learning é baseado em quatro pilares:

- Aprender a conhecer: Para reter o conhecimento adquirido se faz necessário ter prazer pelo assunto pois assim também se tem atenção e memória ampliados. É essencial combinar o conhecimento de cultura geral com estudos mais específicos.
- Aprender a fazer: colocar em prática o que foi aprendido é fundamental para o processo de aprendizado.
- Aprender a conviver: o trabalho em equipe é uma parte fundamental deste processo pois os seres humanos aprendem muito uns com os outros. Lidar com adversidades, resolver conflitos e entender outros pontos de vista fazem com que a troca de aprendizado aconteça.
- Aprender a ser: a autonomia na busca por novos conhecimentos proporciona disrupção e inovação e com isso agrega valor à sociedade, assim, é importante estimular esse potencial independentemente das pessoas, propiciando o desenvolvimento humano[18].

Para o Médico nem tudo é novidade neste conceito. Esse profissional sempre teve por hábito essa busca pelo conhecimento que é comu-

18 KEITH, W. D., LONGWORTH, N. Lifelong Learning. New York: Routledge, 2013.

mente buscando congressos médicos ou encontros científicos Muitas vezes a própria indústria farmacêutica, como grande desenvolvedora de novos conceitos, promove este aprendizado de forma contínua entre os profissionais de saúde com o intuito de difundir novos conhecimentos e técnicas de tratamento. A questão central é que, até o momento, a oferta de cursos, treinamentos e especializações, direcionados aos médicos já formados, não haviam evoluído na mesma velocidade que os produtos voltados ao graduando de medicina. Observa-se, no entanto, nos últimos anos, uma acelerada corrida para atender essa demanda reprimida.

II.3. Lifelong learning e as instituições

Apesar de o conceito levantar uma dúvida inicial quanto ao papel das instituições de ensino neste modelo, a verdade é que existe uma interdependência entre ambos. Felizmente a internet é um terreno livre e fértil, onde todos têm oportunidade de fala, mas, infelizmente, nem todos são sinceros e honestos nos seus pontos de vista. A facilidade de acesso a novas informações e conhecimentos relevantes é a mesma que existe para se desinformar. Ao realizar uma pesquisa por conta própria corre-se o risco de acessar uma informação sem nenhum embasamento científico ou mesmo descaradamente falsas e que no contexto em que foi divulgada pareça totalmente factível e é neste momento que as instituições são importantes.

Cabe então às instituições de ensino e pesquisa fazerem a curadoria destas informações. É na Academia que estarão os conteúdos mais relevantes, seguros e atuais, a Academia deve liderar a produção de conhecimento se tornando um espaço de reflexão profunda, entendendo que seu papel vai além da própria academia. Ela se torna um hub de informação e conhecimento que possibilita novas experiências com a segurança de um conteúdo relevante, verdadeiro e atual, seja na sala de aula, um ambiente indispensável ao aprendizado, ou no aprendizado extraclasse, agregando valor às informações e ampliando os horizontes da cultura geral de quem as consome[19].

Na tão regulada educação médica as instituições têm um papel ainda mais importante, pois, mesmo que o médico possa buscar conhecimento de forma autônoma, tanto as sociedades médicas, que são as instituições que acreditam a capacidade deste profissional para realização

19 CLEMANS, A. Lifelong Learning in Practice. In: YANG, Jin, SCHNELLER, Schneller, ROCHE, Stephen. Promoting Lifelong Learning. Lifelong Learning Policies and Strategies: The Role of Higher Education in No. 3. Hamburg: UNESCO Institute for Lifelong Learning, 2015. p. 147-163.

dos procedimentos do dia a dia, quanto a sociedade civil, que é usuária dos serviços prestados por eles, exigem que esse profissional passe por uma educação formal.

Mesmo que, em tese, ele saia da sua graduação habilitado para realizar qualquer procedimento médico, dificilmente esse profissional generalista conseguiria um voluntário para seu primeiro transplante de coração, ou ainda, para a aplicação de uma nova técnica experimental de rinoplastia aprendida em um curso de 12 horas no YouTube. Sempre caberá às instituições formais de educação a validação deste conhecimento adquirido

Entendendo ainda que a área da saúde está em constante atualização, com novas técnicas e novos desafios surgindo a cada dia, esse, mais do que qualquer outro, é um profissional que precisará de atualização constante, dentro ou fora da academia tradicional, mas sempre com uma acreditação científica[20].

Se um cirurgião experiente for consultado ele poderá falar sobre a evolução da cirurgia ao longo das décadas de sua carreira e o quanto ele teve que estudar para sempre se manter atualizado. Vai falar que eram considerados grandes cirurgiões aqueles que faziam grandes incisões e de como isso mudou e eles passaram a fazer pequenos cortes, depois a realizar cirurgias por vídeo e, mais recentemente, operar um robô para realizar cirurgias remotamente. Ao longo de sua carreira esse profissional tem que se preparar, somente sua graduação em medicina não lhe habilita para isso, ele precisa reaprender e reinventar sua profissão por diversas vezes, construindo suas habilidades ao longo do tempo e se tornando um especialista em cirurgia.

É muito comum que o profissional médico busque se especializar cada vez mais, e para isso ele vai recorrer a cursos de atualização, irá acompanhar pesquisas científicas, que são publicados frequentemente em agências de divulgação científica, newsletters ou revistas científicas e vai participar de inúmeros congressos em sua área de especialização

Participar destes eventos científicos não só vai permitir que ele se atualize sobre novas práticas, mas também lhe dará acesso a pesquisas e resultados de experimentos, além de colocá-lo em contato com pesquisadores e outros profissionais da área, ampliando seu networking e facilitando a troca de conhecimento.

Isso é tão incentivado na formação médica que mesmo os que ainda são estudantes de medicina buscam conhecimento fora da sala de aula ao longo de sua graduação, seja através da participação e desenvolvimento de

20 Salgueira, AP, Frada, T, Aguiar, P, Costa, MJ. Aprendizagem ao longo da vida do médico. Acta Médica Portuguesa, 2009; 22: 247-256

trabalhos junto às ligas acadêmicas de suas instituições de ensino ou mesmo se preparando para os concursos de ingresso na especialização (Residência médica) por meio de lives em perfis do instagram, por exemplo.

Porém, até mesmo esse caminho natural da formação médica, (Graduação + Residência médica) está sendo revisto. O crescimento do número de médicos se formando, que em pouco tempo passará dos 30 mil ao ano, e o não acompanhamento do aumento das vagas nos programas de Residências médicas, leva a crer que novas modalidades de especialização médicas, desde que garantam alta qualidade, seguindo as diretrizes do MEC, possam contribuir para suprir essas carências ao mesmo tempo que o habilite o profissional para realizar a prova de título de especialista junto à sociedade de classe competente. Para ser completo, o médico precisa ter empatia com seus pacientes, ser capaz de ordenar o cuidado e liderar uma equipe multidisciplinar, desenvolver sua habilidade de comunicação, antes de fazer um post em sua rede social, falando sobre seu trabalho, deverá estar atento se sua publicação não irá ferir nenhuma questão legal, e para fazer a gestão de seu consultório precisará de ao menos uma noção de finanças e contabilidade. Neste novo contexto, portanto, o médico precisa desenvolver soft skills, além das já consagradas hard skills. Enfim, o Médico em sua formação habitual é treinado para realizar procedimentos médicos com eficiência e segurança, mas questões da vida moderna e até mesmo outras possibilidades de carreira que estão se abrindo a este profissional vão exigir que ele amplie o seu conhecimento para outras áreas e é nesta esteira que vemos o desenvolvimento de novos negócios para o Longlife Learning[21]

Entendendo que este profissional se diferencia dos demais, por tradicionalmente seguir um caminho de formação que o levará a especialização e a um processo de atualização constante, estão surgindo cursos formais voltados especificamente para profissionais médicos que visam o desenvolvimento de hard skills úteis a esta classe, como MBAs em gestão, especializações em direito médico ou cursos rápidos de finanças para clínicas e consultórios etc. Porém, estes novos negócios impreterivelmente precisarão passar também pelo desenvolvimento das soft skills deste profissional.

Já podemos ver alguns cursos de medicina incluindo a questão da empatia e da habilidade de comunicação em suas grades curriculares, mas ainda de forma muito tímida e sem um impacto real no dia a dia da profissão.

---

21 Feuerwerker, Laura. Mudanças na educação médica e residência médica no Brasil - Ensaios • Interface (Botucatu) 2 (3) • Ago 1998 Disponível em: https://www.scielo.br/j/icse/a/ZfGcPt8PsdmfnrGpkzszk3C/?lang=pt em 15/03/2022 https://doi.org/10.1590/S1414-32831998000200005

Esse movimento ainda é pequeno e restrito aos grandes centros, mas, para o desenvolvimento da medicina no Brasil e a consequente melhoria da qualidade de vida da população, será necessário dar escala a estes programas de educação fazendo com que os médicos que estão se formando e atuando em localidades mais distantes das capitais e até mesmo locais remotos do país, também tenham acesso a esse conteúdo e possam assim exercer sua atividade dentro de um alto padrão de qualidade. Em um país do tamanho do Brasil, com as dificuldades de locomoção que temos e com tamanha desigualdade social, colocar isso em prática, com excelência e de forma igualitária, só será possível através da internet, por meio de novas tecnologias da comunicação e informação (TICs) aceleradas pela pandemia da Covid-19.

Tanto grandes grupos de educação como pequenas startups vêm desenvolvendo ótimos projetos de educação on-line na área de saúde focados neste novo público. Streamings de vídeo a preços acessíveis com curadoria de profissionais experientes nas áreas, programas modernos de apoio a residentes que visam suprir lacunas na sua formação teórica, que trabalham com o que há de mais moderno em recursos de educação a distância e com seu conteúdo totalmente desenvolvido de acordo com as melhores práticas da andragogia, além ainda de Laboratórios virtuais de simulação, um princípio de Metaverso, onde médicos podem treinar suas habilidades supervisionados por profissionais mais experientes, desde o acolhimento de um paciente na UTI até uma gastrectomia complicada, explorando um leque abrangente de cenários de prática que não seria possível em determinada região sem esta tecnologia. Tudo isso já é realidade e vem ganhando escala de forma exponencial no mercado privado de educação através de seus canais digitais.

Mas nem só de internet vive esse momento, a transformação digital está cada vez mais presente, e não se trata apenas de novas tecnologias, mas também de uma nova forma de pensar e praticar ações cotidianas. A pandemia da Covid-19 acelerou em muito a adoção de tecnologias que propiciaram novas formas de interação, fazendo com que os médicos passassem, por exemplo, a realizar consultas de forma remota, modificando completamente o modelo clássico de relação médico x paciente e desmistificando os efeitos da telemedicina.

Essa tendência é irreversível e tende a se expandir de forma exponencial a cada dia, inclusive na área de educação. A utilização de dados compartilhados e inteligência artificial aliada às novas tecnologias irá mudar a forma como a educação médica é feita, muitas vezes encurtando o tempo de aprendizado, outras trabalhando conhecimentos implícitos e os transformando em conhecimento. Os detalhes do que nos espera são imprevisíveis e não temos como saber exatamente como será o ensino da medicina ao longo da vida do médico nas próximas décadas, mas uma coisa é certa, a educação médica está se transformando em algo totalmente inovador e disruptivo, aproximando qualidade e impacto social com oportunidades de negócio.

III. Referências bibliográficas

1. https://emec.mec.gov.br. Acesso em: 21 mar 2022
2. Lei n. 12.871, de 22 de outubro de 2013. Institui o Programa Mais Médicos. Disponível em http://www.planalto.gov.br/ccivil_03/_ato2011-2014/2013/lei/l12871.htm. Acesso em: 21 mar. 2022
3. Constituição da República Federativa do Brasil de 1988. Disponível em http://www.planalto.gov.br/ccivil_03/constituicao/constituicao.htm. Acesso em: 21 mar. 2022
4. Lei n. 9.394, de 20 de dezembro de 1996. Estabelece as diretrizes e bases da educação nacional. Disponível em http://www.planalto.gov.br/ccivil_03/leis/l9394.htm. Acesso em: 21 mar. 2022
5. Decreto n. 9.235, de 15 de dezembro de 2017. Dispõe sobre o exercício das funções de regulação, supervisão e avaliação das instituições de educação superior e dos cursos superiores de graduação e pós-graduação no sistema federal de ensino. Disponível em http://www.planalto.gov.br/ccivil_03/_ato2015-2018/2017/decreto/D9235.htm. Acesso em: 21 mar. 2022.
6. Portaria Normativa n. 20, de 21 de dezembro de 2017. Dispõe sobre os procedimentos e o padrão decisório dos processos de credenciamento, recredenciamento, autorização, reconhecimento e renovação de reconhecimento de cursos superiores, bem como seus aditamentos, nas modalidades presencial e a distância, das instituições de educação superior do sistema federal de ensino. Disponível em https://pesquisa.in.gov.br/imprensa/jsp/visualiza/index.jsp?data=03/09/2018&jornal=515&pagina=40 . Acesso em: 21 mar. 2022.
7. Edital n. 3, de 22 de outubro de 2013. Primeiro Edital de Pré-Seleção de Municípios para Implantação de Curso de Graduação em Medicina por Instituição de Educação Superior Privada. Disponível em https://pesquisa.in.gov.br/imprensa/jsp/visualiza/index.jsp?data=23/10/2013&jornal=3&pagina=30&totalArquivos=232. Acesso em: 21 mar. 2022
8. Edital n. 2, de 7 de dezembro de 2017. Edital de Chamamento Público de municípios para implantação de Curso de Graduação em Medicina por Instituição de Educação Superior Privada. Disponível em https://pesquisa.in.gov.br/imprensa/jsp/visualiza/index.jsp?data=08/12/2017&jornal=530&pagina=43&totalArquivos=244. Acesso em: 21 mar. 2022.

9. Edital n. 6/2014/SERES/MEC. Primeiro Edital de Chamada Pública de Mantenedoras de Instituições de Educação Superior do Sistema Federal de Ensino para Seleção de Propostas para Autorização de Funcionamento de Cursos de Medicina em Municípios Selecionados no Âmbito do Edital n. 03, de 22 de outubro de 2013. Disponível em https://pesquisa.in.gov.br/imprensa/jsp/visualiza/index.jsp?data=23/12/2014&jornal=3&pagina=52&totalArquivos=192. Acesso em: 21 mar. 2022
10. Edital n. 1/2017/SERES/MEC. Segundo Edital de Chamada Pública de Mantenedoras de Instituições de Educação Superior do Sistema Federal de Ensino para Seleção de Propostas para Autorização de Funcionamento de Cursos de Medicina em Municípios Selecionados no Âmbito do Edital n. 03, de 22 de outubro de 2013. Disponível em https://pesquisa.in.gov.br/imprensa/jsp/visualiza/index.jsp?data=05/07/2017&jornal=3&pagina=27&totalArquivos=224. Acesso em: 21 mar. 2022.
11. Edital n. 01/2018/SERES/MEC. Edital de Chamada Pública de Mantenedoras de Instituições de Educação Superior do Sistema Federal de Ensino para Seleção de Propostas para Autorização de Funcionamento de Cursos de Medicina em Municípios Selecionados no Âmbito do Edital n. 02, de 7 de dezembro de 2017. Disponível em https://pesquisa.in.gov.br/imprensa/jsp/visualiza/index.jsp?data=29/03/2018&jornal=530&pagina=61&totalArquivos=242 . Acesso em: 21 mar. 2022.
12. LIRA, Paulo. Você já ouviu falar em lifelong learning? Entenda esse conceito! Revista HSM. Disponível em: https://www.revistahsm.com.br/post/voce-ja-ouviu-falar-em-lifelong-learning-entenda-esse-conceito em 10/03/2022
13. LOURENÇO, Felipe - Educação médica continuada: por que ela deve ser constante em sua carreira?... 31 Mar. 2021...Disponível em https://pebmed.com.br/educacao-medica-continuada-por-que-ela-deve-ser-constante-em-sua-carreira/ em 15/03/22.
14. KEITH, W. D., LONGWORTH, N.. Lifelong Learning. New York: Routledge, 2013.
15. CLEMANS, A. Lifelong Learning in Practice. In: YANG, Jin, SCHNELLER, Schneller, ROCHE, Stephen. Promoting Lifelong Learning. Lifelong Learning Policies and Strategies: The Role of Higher Education in No. 3. Hamburg: UNESCO Institute for Lifelong Learning, 2015. p. 147-163.
16. Salgueira, AP, Frada, T, Aguiar, P, Costa, MJ. Aprendizagem ao longo da vida do médico. Acta Médica Portuguesa, 2009; 22: 247-256
17. Feuerwerker, Laura. Mudanças na educação médica e residência médica no Brasil - Ensaios • Interface (Botucatu) 2 (3) • Ago 1998 Disponível em: https://www.scielo.br/j/icse/a/ZfGcPt8PsdmfnrGpkzszk3C/?lang=pt em 15/03/2022 https://doi.org/10.1590/S1414-32831998000200005

NANODEGREES: CAMINHOS POSSÍVEIS PARA A EDUCAÇÃO JURÍDICA EM TEMPOS DE LIQUIDEZ E ACELERAÇÃO

Bruno Feigelson[1]
Tayná Carneiro[2]

1. Introdução

Sigmund Freud observou três profissões como impossíveis: educar, curar e governar.[3] Tal constatação parece ecoar de maneira bastante vívida na pós-modernidade. E antes que muitas digressões possam ser feitas a respeito desta única reflexão, estabelecemos que o objetivo do presente artigo é realizar uma análise a respeito do desafio, e da quase impossibilidade de educar juristas em uma realidade exponencial, apresentando um estudo de caso das soluções desenvolvidas pela Future Law para acompanhar e contribuir com as novas demandas da Direito e da Sociedade 4.0, tendo como base os conceitos de liquidez, cunhado por Bauman e aceleração, conceituado por Rosa.

1 Doutor e Mestre em Direito pela Universidade do Estado do Rio de Janeiro (UERJ), Bacharel em Direito pela Universidade do Federal do Rio de Janeiro (UFRJ). Professor convidado da Fundação Getulio Vargas abordando os temas Direito e Inovação. Cofundador e Membro do Conselho da Presidente da AB2L - Associação Brasileira de Lawtechs e Legaltechs. Coordenador da Revista de Direito e as Novas Tecnologias (RDTec - RT). E-mail: bruno@futurelaw.com.br

2 Doutoranda em Direito pela Universidade de São Paulo (USP), Mestre e Bacharel em Direito pela Universidade do Estado do Rio de Janeiro (UERJ). CEO da Future Law. Coordenadora da Revista de Direito e as Novas Tecnologias (RDTec-RT). Bolsista do programa internacional da Universidade de Kobe no Japão entre 2011 e 2012. Advogada, pesquisadora e professora atuante nas áreas de Inovação e Sociologia do Direito. E-mail: tayna@futurelaw.com.br

3 FREUD, Sigmund. Prefácio à "Juventude Desorientada", de Aichhorn. In: FREUD, Sigmund. Obras Completas (1925). Rio de Janeiro: Imago, 1976. p. 341. v. 19.

Freud, em 1925, analisou o papel da incerteza e da insuficiência constituintes do ato de educar. A percepção freudiana retoma as observações de Kant[4] sobre o desenvolvimento da pedagogia, a qual assinalou que, ao lado da arte de governar, é uma arte *dificílima*. O ato de educar guarda consigo o risco da aleatoriedade, pois o sucesso do aprendizado, fim último da educação, subjaz às relações de poder entre indivíduos, aos imperativos socioambientais e a fatores múltiplos que reafirmam os apontamentos dos autores: a educação não pode ser reduzida a estruturas pré-modeladas e racionalizadas.

E, no caso do ensino jurídico brasileiro, engessadas a normas, valores e costumes de períodos históricos, redundando em um aprendizado fragmentário, incapaz de acompanhar a liquidez[5] e a aceleração[6] do mundo contemporâneo.

Em que pese a expressão "*lifelong learning*"[7] ter emergido de maneira intensa nos últimos anos no ambiente corporativo, no contexto jurídico, a necessidade pelo aprendizado contínuo de alguma maneira sempre acompanhou as profissões do Direito. E se assim o foram, quais seriam as razões para se macular as próximas páginas em branco com palavras que visam construir reflexões despretensiosas?

Três palavras parecem justificar a continuidade do presente trabalho: velocidade, intensidade e liquidez. Do ponto de vista da liquidez, utilizamos o conceito de "modernidade líquida" desenvolvido por Zygmunt Bauman, para o sociólogo:

> "Tudo é temporário. É por isso que sugeri a metáfora da 'liquidez' para caracterizar o estado da sociedade moderna, que, como os líquidos, se caracteriza por uma incapacidade de manter a forma. Nossas instituições, quadros de referência, estilos de vida, crenças e convicções mudam antes que tenham tempo de se solidificar em costumes, hábitos e verdades 'autoevidentes'. É verdade que a vida moderna foi desde o início 'desenraizadora' e 'derretia os sólidos e profanava os sagrados', (...). Mas, enquanto no passado isso se fazia para ser novamente 'reenraizado', agora as coisas todas - empregos, relacionamentos, know-hows etc. - tendem a permanecer em fluxo, voláteis, desreguladas, flexíveis."[8]

---

4 KANT, Immanuel. Sobre a Pedagogia. Piracicaba: UNIMEP, 1996.

5 BAUMAN, Zygmunt. Sobre educação e juventude. 1ª edição. Rio de Janeiro: Zahar, 2013.

6 ROSA, Hartmut; SILVEIRA, Rafael H. Aceleração: A transformação das estruturas temporais na modernidade. 1ª edição. São Paulo: Editora Unesp, 2019. Livro eletrônico. Edição Kindle.

7 SCHLOCHAUER, Conrado. Lifelong learners - o poder do aprendizado contínuo. [s.l.]: Editora Gente, 2021.

8 Pallares-Burke, Maria Lúcia Garcia. Entrevista com Zigmunt Bauman. Tempo Social [online]. 2004, v. 16, n. 1 [Acessado 27 Março 2022], pp. 301-325. Disponível em: <ht-

Bauman identifica na sociedade pós-moderna o caráter da volatilidade, presente nas relações, nas ideias e na produção. Exemplo disso é a própria compreensão atual dos desdobramentos da chamada Revolução Industrial 4.0. Por definição, a Quarta Revolução representa a introdução de tecnologias como Inteligência Artificial, Robótica, Realidade Virtual e Aumentada, Biotecnologia, Blockchain, Internet das Coisas, entre outras inovações. Ocorre que as tecnologias características da atual revolução, diferentemente das marcas tecnológicas deixadas pelas revoluções anteriores (manufatura moderna, eletricidade, combustão, automação, eletrônica, etc.), não apresentam estabilidade em seus arranjos, elas tendem ao infinito, à volatilidade, à liquidez.

Neste mesmo sentido, a realidade da profissão jurídica é impactada, o que enseja repensar os modelos de ensino, de aprendizagem e de curadoria dos temas relevantes para a realidade e demandas do mercado.

Do ponto de vista da velocidade e da intensidade, utilizamos o conceito de aceleração desenvolvido por Hartmut Rosa, para o sociólogo:

> "Tanto o aumento de velocidade quanto o de intensidade representam, no entanto, nada mais do que *processos da aceleração social*: aquele compreende a aceleração do transporte e da comunicação, enquanto este, o aumento do número de transações por unidade de tempo. A transformação espaço temporal qualitativa deixa-se ver, portanto, seja nas análises da globalização como processo, seja em sua definição como novo estado social e, curiosamente, até mesmo em sua concepção como projeto político (grifo nosso)."[9]

Rosa define aceleração como uma intensificação da velocidade e do volume com que as transações são realizadas em um mundo globalizado. Doenças, pessoas, ideias, criações, produtos e informações são transacionados com pouca ou nenhuma barreira de tempo e custo. Há uma nova compreensão de tempo e espaço, que passa a coexistir sob a ótica de uma ininterrupta dinamicidade quantitativa e qualitativa[10]. Para Rosa, o sistema educacional é um dos subsistemas capturados pelo ritmo das mudanças provocadas pela economia e pela tecnologia. Indivíduos e organizações, por sua vez, são obrigados a não só reagir, mas a, principalmente, antecipar as mudanças.

Desta forma, a questão que dá ensejo ao presente artigo é: em uma realidade de liquidez e aceleração, como adequar o ensino jurídico?

---

tps://doi.org/10.1590/S0103-20702004000100015>. Epub 05 Jun 2007. ISSN 1809-4554. https://doi.org/10.1590/S0103-20702004000100015.

9 ROSA, Hartmut; SILVEIRA, Rafael H., op.cit, posição 7692.

10 Idem, posição 1940.

2. I know Kung Fu

O filme Matrix talvez seja umas das principais distopias características da pós-modernidade. Após duas décadas do lançamento do primeiro episódio da franquia, algumas das passagens do longa-metragem certamente povoam o imaginário de muitos de nós. E não há imagem melhor para descrever o fetiche do aprendizado na realidade exponencial do que a forma como Neo aprende a lutar Kung Fu.

Em uma sociedade de consumo em que todos nós somos "produtos" em busca de rápido aperfeiçoamento, a possibilidade de imaginar o aprendizado ocorrendo de maneira quase que automática parece seduzir a todos. O ponto é que a regra das dez mil horas estabelecida por Malcolm Gladwell[11] em sua obra fora de série parece não dialogar com o desejo pelo rápido gozo do aprimoramento de skills. A perspectiva do *lifelong learning* é a expressão máxima da necessidade do contínuo reboot para se manter em conformidade com as expectativas do mercado.

Em outras áreas do conhecimento humano, tais reflexões deram ensejo à criação e ao estabelecimento das mais diferentes Edtechs, empresas de base tecnológica que atuam no setor educacional. Muitas delas, por opção, não buscaram regulação perante autoridades educacionais, entendendo que tal solidificação iria de encontro às suas premissas básicas de propósito. Um dos exemplos mais emblemáticos de tal revolução diz respeito à Singularity University, que apesar de ostentar o nome de Universidade, insere-se na dinâmica de educação executiva de maneira alternativa aos programas regulados. Um segundo exemplo a ser observado diz respeito à Udacity, que nasce a partir de um experimento da Universidade de Stanford, com foco em preparar estudantes para as profissões do futuro, por meio de cursos online e dos chamados nanodegrees.

No Brasil, alguns cases como Alura e Conquer podem ser listados como exemplos dessas mudanças de parâmetro educacional. Assim, a tão sonhada diplomação de outrora dá ensejo a cursos rápidos, objetivos, e que capacitam profissionais para adentrarem e se desenvolverem no mercado de trabalho.

Em ponto mais avançado desta revolução, cabe mencionar os modelos que mesclam essa nova dinâmica educacional com os antigos créditos educacionais, culminando no surgimento dos ISA - Income Share Agreements (Contratos de Compartilhamento de Renda), modelos de financiamento estudantil "Aprenda agora e pague depois", em que o aluno se obriga a pagar a curso adquirido apenas após recolocar-se no mercado.

11 GLADWELL, Malcolm. Fora de série - Outliers. 1ª edição. [s.l.]: Editora Sextante, 2011.

De maneira mais atualizada, o que se observa, especialmente no âmbito da educação voltada para as áreas tecnológicas, onde se constata maior escassez de mão de obra e setor em que as remunerações sobem de maneira bastante expressiva, é o movimento de transformação de Edtechs em verdadeiras Fintechs.

Ou seja, empresas que se dedicam a educar os profissionais, conectá-los com o mercado e, para tanto, assumem os riscos decorrentes de tal período de qualificação. Citamos, em nível nacional, os seguintes cases: Gama Academy, Trybe, Alura e Resilia. Assim, o que se concebe é que uma verdadeira revolução educacional está em curso. Sendo sentida de maneira muito tímida pelo universo jurídico.

3. Nanodegrees e a quebra do paradigma da educação tradicional

Um dos principais fatores de sucesso e de sustentabilidade dos negócios mencionados foi a adoção de modelos ágeis de desenvolvimento e entrega de conteúdos, aliados à aplicação de novas tendências pedagógicas com utilização de inteligência artificial, métodos de gamificação e realidade virtual e aumentada.

Desenvolvimento e entrega de conteúdos ágeis referem-se aos *nanodegrees*, micrograduações que ensinam habilidades e competências específicas e sempre atreladas à inovação. Para além da carga-horária reduzida e das temáticas inovadoras, o conteúdo do nanodegree, por natureza compatível com a liquidez e aceleração do mercado, é definido por este mesmo mercado, em sentido oposto às ementas educacionais tradicionais. São as multinacionais, os departamentos de Recursos Humanos e especialistas de mercado, que vivenciam as diretamente as transformações, quem definirão os conteúdos dos *nanodegrees* a serem desenvolvidos.

Nanodegrees possuem o potencial de aprimorar a educação formal e não formal, acrescentando uma nova motivação para a educação continuada, uma vez que oferecem aprendizado ágil, atual e alinhado às demandas mais recentes do mercado[12]. Observa-se, portanto, uma quebra do paradigma do ensino tradicional, que é atravessado pela quarta revolução industrial, e que já não mais admite os mesmos métodos de aprendizagem cristalizados na primeira revolução.

---

12 Lemoine, Pamela A., and Michael D. Richardson. "Micro-Credentials, Nano Degrees, and Digital Badges: New Credentials for Global Higher Education," International Journal of Technology and Educational Marketing (IJTEM) 5, no.1: 36-49. http://doi.org/10.4018/ijtem.2015010104

No que tange às novas tendências pedagógicas, segundo relatório do Banco Interamericano de Desenvolvimento[13], a utilização de inteligência artificial, de realidade virtual e aumentada e de métodos de gamificação estão entre as três principais tendências que guiarão o desenvolvimento de modelos educacionais no século XXI.

Inteligência Artificial (IA) é a categoria de tecnologia que mais cresce na educação e que pode ser implantada em todas as etapas do processo educacional. Os aplicativos de IA podem ser categorizados em cinco áreas que ajudam a mapear as tecnologias para casos de uso específicos, incluindo: Visão, Voz, Linguagem Natural, Processamento, Algoritmos e Hardware. Embora tenha havido um rápido aumento no uso de ferramentas educacionais baseadas em IA, questões como privacidade, equidade, transparência, prestação de contas, informação a participação e o design ético precisam ser abordados ao considerar seu uso como ferramentas educacionais[14].

Os jogos têm sido uma estratégia instrucional central no aprendizado inicial e elementos de gamificação já estão entrando em níveis educacionais mais altos e de treinamento corporativo. Elementos de design de jogos já são usados em treinamentos com o objetivo de aumentar o engajamento do aluno. A ideia da gamificação é fornecer um incentivo para participação, apostando na tendência natural dos indivíduos para competir e buscar reconhecimento por suas conquistas. A gamificação na aprendizagem pode também incentivar indivíduos a adotarem determinados comportamento, além de incentivar a colaboração, o trabalho em equipe e a aprendizagem baseada em desafios.[15]

Realidade Estendida, ou XR, refere-se à realidade virtual (RV), realidade aumentada (RA) ou à realidade mista (RM). A XR tem o potencial de resolver os principais desafios de aprendizagem, como engajamento, mas também oferece a oportunidade de treinamento de baixo custo em situações de alto risco, como segurança, saúde, defesa e aeroespacial. As Edtechs de XR com foco em educação já desenvolvem soluções, inclusive no campo jurídico, para recriar mundos virtuais com cenários de casos concretos, por exemplo. Cada vez mais treinamentos com realidade virtual e simulação são usados na área educacional, e com a intensificação do uso de redes Blockchain e do desenvolvimento de aplicações focados na Web 3.0, a democratização do conhecimento e da construção de soluções tende a recrudescer.

---

13 *Education Technology in Latin America and the Caribbean | Publications*. Disponível em: < https://publications.iadb.org/publications/english/document/Education-Technology-in-Latin-America-and-the-Caribbean.pdf >. Acesso em: 27 mar. 2022.

14 Idem.

15 Ibidem.

Ao observar tal mudança de paradigma e o surgimento de novas tendências para a educação, somado à realidade do ensino jurídico, ainda fiado aos eixos tradicionais, surge a primeira Edtech do mundo exclusivamente focada em preparar os profissionais do Direito para a realidade exponencial.

4. Origem da Future Law: Narração em primeira pessoa por Bruno Feigelson

A Future Law não nasceu de um projeto bem estruturado, mas foi fruto meramente das necessidades impostas pelo mercado. Em 2016, após fundar a AB2L, uma grande hype se formou em relação ao tema Direito e Novas Tecnologias. Um dos aspectos que ajuda a ilustrar tal período diz respeito a um artigo que publiquei no Linkedin apresentando as 10 personalidades que estavam mudando o mercado jurídico.[16] A publicação ganhou grande repercussão e apontava, dentre outros, Christiano Xavier e Rodrigo Campos Vieira como duas das figuras que estavam disruptando o setor.

Em 2017, o jurídico da Localiza havia se tornado uma verdadeira vitrine de todas as inovações que eram possíveis de serem implementadas no mundo jurídicos. Os pedidos de benchmarking se proliferavam e o Christiano Xavier era reconhecido nas ruas de BH como o sujeito mais inovador da cena jurídica mineira. Dentre tantos projetos, um era realmente interessante, a possibilidade de coordenar uma pós-graduação sobre Direito e inovação. A reunião no final da manhã no escritório em que o Rodrigo Campos Vieira trabalhava era para formular as diretrizes básicas.

Em meio aos debates de quais linhas temáticas deveríamos implementar, o Rodrigo em um rompante bem característico da sua personalidade nos direciona: "Pessoal, vamos almoçar! Essa conversa está tomando rumos muito relevantes". Lá estava eu. Mais uma vez vivendo o momento mágico de começar algo novo.

O Rodrigo é um cara muito visionário e toda sua análise fazia muito sentido. Nos últimos meses estávamos ajudando a promover eventos, palestras e cursos. Era chegado o momento de criarmos o nosso próprio veículo. A inspiração era uma empresa que admirávamos muito, a Startse. O conceito seria criar uma "Startse do mundo do Direito". Eu adorei a ideia de cara. Sempre tive uma vocação muito grande para a vida acadêmica. Escrevi meu primeiro livro de Direito em 2011, o Curso de Di-

16 https://www.linkedin.com/pulse/10-pessoas-que-est%C3%A3o-mudando-o-mercado-jur%C3%ADdico-bruno-feigelson/

reito Minerário. De lá em diante não parei mais. Por muito anos lecionei matérias de Direito Minerário, Ambiental, Urbanístico. Eu sempre adorei dar aulas (a verdade é que nunca gostei muito as aulas em cursinho preparatório para concurso público).

"Vamos criar nossa empresa!", concluiu o Rodrigo, já fazendo mil planos de como seria largar a advocacia e viver a vida de startupeiro. Eu observava um pouco incrédulo o risco que o Rodrigo e o Chris estavam dispostos a assumir. Naquele dia eu voltaria para o Rio. Voo comprado, check-in feito. Fui intimado a ficar. "Bruno, pizza na minha casa hoje. Você tem que ir".

Segui do almoço para uma sequência interminável de reuniões com o João. No final do dia seguia para a casa do Rodrigo. As caixas de pizza já estavam abertas e o Rodrigo foi bem direto ao informar que não poderia seguir com o projeto nesse momento. Por conta de obrigações profissionais, após refletir, ele entendeu que não haveria espaço para tocar a nova startup.

No elevador do prédio do Rodrigo, o Chris abria o coração: "Bruno, eu não quero mais ser diretor jurídico. Estava muito empolgado com esse projeto. Meu sonho sempre foi criar uma consultoria de eficiência e inovação para o mercado jurídico". Eu não pensei duas vezes: "Chris, vamos fazer!".

Um terceiro sócio se juntava à jornada, e assim criávamos a Future Law. Começamos com três cursos utilizando uma sala de uma faculdade de Direito tradicional na região da Avenida Paulista (Ciência de Dados, Future Thinking e ODR). Em pouco tempo, juntaram-se ao time Mariana Lamounier, Tayná Carneiro e Dayane Andrade. Era um desafio enorme começar uma edtech do zero, especialmente tocando o Lima Feigelson Advogados e o Sem Processo ao mesmo tempo.

Mas a Future Law realmente cobria uma lacuna, uma dor real do mercado estava sendo atendida. Os meus anos de peregrinação pela AB2L falando sobre Direito e inovação haviam funcionado, o desejo pelas lawtechs e pelo "novo" estavam crescentes. No entanto, o conhecimento a respeito do tema era praticamente nulo.

Um episódio interessante, que ajuda a ilustrar o momento do mercado, foi quando fomos convidados pelo CNJ para falar sobre o tema de Direito e inovação e assim ajudar na reflexão do que futuramente passaria a ser denominado de Open Justice. Estávamos entusiasmados em Brasília com os Ministros. Fiz uma das minhas típicas apresentações com muitos slides, supercolorida, em alta velocidade e um grande grau de irreverência. Eu acredito muito que quando um coração fala os outros escutam. Eu sempre busco falar com muito sentimento e entusiasmo. Os Ministros adoraram, mas a conclusão do Presidente demonstrava muito o que estávamos vivendo: "Bruno, adoramos as explicações. Muita coisa para refletir. Mas só uma pergunta. Você teria um glossário? Não entendemos metade das expressões que você utilizou".

A verdade é que não basta querer inovar, é preciso mudar a percepção da realidade e se banhar no rio da realidade 4.0, com seus termos, mitos e símbolos. Trata-se de uma nova dimensão. Estávamos criando aos poucos o metaverso do Direito, e precisávamos ensinar essas milhões de pessoas que estavam ávidas para isso.

Após poucos meses de funcionamento conseguimos o inimaginável, uma parceria com a Thomson Reuters (TR), a maior provedora de tecnologia jurídica do mundo. Eles sentiam a energia do que estávamos construindo e queriam apoiar. O Ralf, CMO da TR, é um cara visionário e que faz as coisas acontecerem.

Chris e a turma partiram para uma corrida acelerada na busca de um endereço para hospedar o FLIC, Future Law Innovation Center. O espaço viria a se transformar no principal centro de Direito e Inovação da América Latina, criando conexões com o CODEX de Stanford, e passando a ser o cenário perfeito para os mais diferentes eventos, palestras e cursos. A Fabiana Fagundes sugeriu o prédio que ficava entre a Faria Lima e a JK, na esquina do Eataly. Estávamos "Na esquina" no país. Agora era hora de fazer acontecer.

Ao longo dos anos que se seguiram até a pandemia, onde não se tornou mais possível continuar com as atividades, o FLIC se tornou o palco para muitas conexões valorosos. São incontáveis os eventos realizados, o número de pessoas que passaram por lá e todo conhecimento e conexão gerados. A Future Law se tornou um ícone da nova advocacia e ajudou milhares de alunos a entenderem o que estava acontecendo. Muitos alunos inclusive, superentusiasmados com o conteúdo, criaram seus próprios cursos.

Os desafios eram imensos. A operação complexa. E vivíamos no espaço dia e noite fazendo acontecer. Gerando a melhor experiência para alunos que viam de todas as partes do país. Sem dúvida alguma o episódio mais marcante desse espaço físico foi o FLX, Future Law Experience, evento que curiosamente ocorreu em dezembro de 2019, marcando o fim de uma era pré-pandemia. A ideia surgiu em uma das reuniões semanais, quase no final do ano, sem tempo para muito planejamento, mas completamente encharcada de entusiasmo. O time caiu dentro do projeto. O conceito era criar uma experiência única no mercado jurídico. Na reunião de briefing, buscando ilustrar meu ponto, eu sugeri que tínhamos que levar animais de zoológico para o evento, e o sonho do Chris sempre foi fazer um evento em um cinema abandonado. Assim, nascia o FLX que tinha como símbolo o girafocórnio.

A Aline, nossa COO, segurou todos os preparativos do evento, a Tayná, nossa CPO, correu o mundo para encontrar as maiores autoridades nacionais e internacionais, a Dayane, nossa CMO, elaborou uma identidade visual única com a icônica girafacórnio. Queríamos ir além. Contratamos tatuadores, astrólogos e barmans. O evento teve uma energia única, o que pode ser comprovado conversando com qualquer pessoa que teve a oportunidade de vivenciar o último evento offline do mercado jurídico pré-pandemia.

As pessoas estavam tão conectadas na vibe que durante o evento uma designer que eu nunca tinha visto na vida me desafiou. "Bruno, se eu tatuar a girafocórnio você garante um ano de curso grátis?". Lógico que sim. A ideia se espalhou. E muitas foram as pessoas que lançaram a tatuagem do evento. Algo na minha opinião inacreditável. Estávamos na cabeça, no coração e até na pele das pessoas.

Apesar de lidar com tecnologia e acompanhar as curvas de mudanças exponenciais, ainda me espanto com a velocidade dos acontecimentos. Durante muitos anos eu repeti uma pergunta irônica provocado em diversos cantos do país: "Você sabe o que é a Lei de Moore?". Em reuniões da OAB em cidades do interior e megaeventos de São Paulo com milhares de pessoas, sempre observava as caras intrigadas dos meus colegas de profissão por nunca terem ouvido a mencionada norma. Eu sempre seguia questionando: "Você não lembra de ter estudado na faculdade? Como você se formou sem conhecer a mencionada regra?". E concluía: "É problema da formação básica".

O ponto é que Gordon Moore foi um executivo da Intel que fez uma projeção que surpreendentemente vem se cumprindo ao longo das décadas. A lei de Moore é uma observação e projeção de uma tendência histórica relacionada à indústria de microchips e processamento de computadores. Foi observada por Gordon E. Moore, e consiste no estudo de que o número de transistores dos chips teria um aumento de 100%, pelo mesmo custo, a cada período de 18 meses.

Nos anos noventa existia a figura do técnico de informática e as pessoas faziam curso para utilizar o office. As pessoas não eram nativas digitais. Para um integrante da geração Z, talvez seja um espanto saber que as pessoas tinham que ter aula para ligar o computador e acessar funcionalidades básicas. Imagino que em muito pouco tempo vamos lembrar com carinho e surpresa para o fato que tivemos que ensinar para muitos profissionais do Direito o significado de "iterar", "pivotar", "sandbox", "vesting", "visual law", "legal operations", "algoritmo" e muitos outros termos tão naturais da nova realidade.

Na medida em que o tempo foi passando, fomos compreendendo nosso papel de contribuir com o lifelong learning do mundo jurídico. Criamos nanodegrees com uma velocidade única e estamos sempre em busca da última tendência, de induzir o mercado para o que acreditamos e visando aliar um rigor acadêmico com o que há de mais prático. Pesquisamos profundamente as pessoas que efetivamente estão fazendo acontecer, e desenvolvemos forma de disponibilizar esse conhecimento da maneira mais acessível. Trata-se de uma jornada sem fim.

Além disso, tenho muito orgulho da nossa revista RDTec (Revista de Direito e Novas Tecnologias) e do selo da coleção de livros Future Law em parceria com a Revista dos Tribunais. Falo sem medo de errar que ajudamos a construir o maior acervo sobre Direito e Novas Tecnologias do mundo. Conquistamos parcerias com instituições de renome no Brasil e fora. E estamos só começando.

É interessante notar que estamos sempre desafiando o status quo. Quando fomos lançar o curso de Cannabis Law, por exemplo, muita gente torceu o nariz. Trata-se de um mercado bilionário que está dando só seus primeiros passos no Brasil. Nos orgulhamos muito de criar as primeiras aulas de tema inovadores. Em muitos casos, alguns dos novos professores ficam até surpreendidos, pois nem imaginavam que suas áreas de prática poderiam se tornar um curso.

A gente entende as tendências antes do mercado e muitas vezes cria as tendências.

5. Nanodegrees Future Law: um estudo de caso

Ao longo dos últimos 4 anos, a Future Law reuniu as principais demandas e tendências do mercado e da economia global, e junto aos profissionais mais admirados das áreas jurídicas e de inovação, desenvolveu projetos educacionais que já impactaram milhares de profissionais. A fim de compreender o modelo de desenvolvimento de soluções estruturado pela Future Law, analisamos 3 projetos de cursos nanodegrees selecionados sob a seguinte perspectiva: propósito, realização, avaliação.

A perspectiva de (i) propósito aborda a intenção originária para a elaboração do nanodegree, e que surge através do mapeamento de dores identificadas no mercado; em (ii) realização analisamos o escopo entregue ao mercado, incluindo conteúdo, persona dos alunos e dos professores; por fim, em (iii) avaliação apresentamos o resultado do nanodegree sob a ótica dos alunos, através da pergunta: "Os conteúdos do curso são aplicáveis à sua rotina?".

5.1. Nanodegree Advocacia 4.0

(i) Propósito

Desenvolver uma solução inovadora em formato de Série Documental que explora o universo da Advocacia 4.0 organizada em doze episódios com aproximadamente vinte minutos cada. Objetiva-se uma proposta que valorize a capacidade de autoaprendizagem lançando mão das metodologias ativas como facilitadoras desse processo. Haverá a reunião dos principais conteúdos de cada área de conhecimento: Dados - Aplicação e Regulação, Gestão e Design, Direito Material 4.0 e Financeiro 4.0.

Nossas escolhas devem visar minimizar a distância entre a dúvida e a aplicabilidade. Apresentar conceitos, fatos, dados e imagens que representam o futuro da advocacia e o papel destes profissionais na advocacia 4.0, ajudando-os nas tomadas de decisões frente aos dilemas e desafios contemporâneos. O grande objetivo, portanto, é preparar o profissional do direito para essa transição, a partir da aplicabilidade destes temas e sua relevância perante à realidade 4.0.

(ii) Realização

A aprendizagem baseada em problemas (PBL) foi uma das bases para a construção deste nanodegree. É uma metodologia ativa que começou a ser desenvolvida no final da década de 1960, na McMaster University (Canadá) e posteriormente na Universidade de Maastrich na Holanda. Assim como as teorias apresentadas anteriormente, a (PBL) é centrada no aluno e o vê como um ser ativo capaz de realizar o autoaprendizado por meio do estímulo correto. A PBL exige organização, planejamento e a formulação de questões que permitam como resultado uma solução realizável e aplicável à realidade.

O nanodegree oferece um panorama das principais áreas do Direito 4.0. A especialização conta com temas como: Legal Operations, Lawgile, Legal Design Thinking, Visual Law, Legal Data Science, Data Privacy, Litigation 4.0, Banking 4.0 e outras. Advocacia 4.0 oferece um background macro para compreender o Direito contemporâneo e desenvolver as habilidades e competências essenciais exigidas pelo mercado jurídico 4.0. Nanodegree com 20 horas de carga-horária.

(iii) Avaliações

"Os aspectos práticos, incluindo as missões, são excelentes. A indicação de referências para leitura auxiliam muito no aprendizado e formação do advogado 4.0"

"O curso tem uma abordagem bem genérica e dinâmica, permite que você consiga adaptar seu horário, sendo bem flexível, e da uma boa dimensão da Advocacia do século XXI"

5.2. Nanodegree Design de Contratos

(i) Propósito

Propomos que esta solução se configure em um novo nanodegree da Future Law centrado nas principais transformações do universo dos contratos e documentos jurídicos, divididos em dois módulos: Contratos 4.0 e Legal Design.

Diante dos desafios das próximas décadas, voltamos nossos olhares para os profissionais do Direito que necessitam de um conteúdo aprofundado e rico, que os auxiliem na sua jornada e que sejam engajadores. Portanto, os conteúdos serão apresentados de maneira clara e técnica, a fim de provocar reflexões sobre as suas próprias habilidades e quais serão necessárias forjar para seu desenvolvimento. No entanto, sem perder de vista as soft skills exigidas para uma atuação ainda mais assertiva, respeitando o contexto humano e social, e evidenciando assim, como a profissão jurídica será determinante para o futuro.

(ii) Realização

Construímos nossa proposta de aprendizagem respeitando os usuários da plataforma virtual, primordialmente, como pessoas. Isto é, acreditamos em sua capacidade de autoaprendizagem e investimos nas metodologias ativas como facilitadoras desse processo. Focamos no desenvolvimento de formatos interativos, livres e desafiadores, que coloquem o participante no centro do processo de aprendizagem, atuando de modo autônomo e sendo responsável pela construção do próprio conhecimento.

O objetivo deste nanodegree é preparar os profissionais jurídicos para um mundo mais otimizado e tecnológico na área da arquitetura de documentos jurídicos, através de ferramentas e metodologias eficientes e focadas nas necessidades do ser humano. O nanodegree é dividido em dois módulos: Contratos 4.0 e Legal Design. O primeiro módulo, Contratos 4.0 é focado nos temas: automação de documentos, e-contracts e smart contracts. O segundo módulo, tem o Legal Designe seu desdobramento Visual Law como eixo central. Nanodegree com 28 horas de carga-horária.

(iii) Avaliação

Os conteúdos do curso são aplicáveis a sua rotina?

Responderam: 147 Ignoraram: 0

Pesquisa de Satisfação: Design de Contratos (0)

"Excelente curso, dinâmico, traz ótimo conteúdo. É visionário e ao mesmo tempo aplicável na prática desde já. o formato online foi utilizado com sabedoria"

"Curso bem interessante, sempre bom rever a maneira que apresentamos nosso trabalho e aprender novas formas de torná-lo mais claro, objetivo e assertivo para todos."

5.3. Nanodegree NFTs e Metalaw

(i) Propósito

Apresentar os principais aspectos econômicos, culturais e regulatórios dos NFTs em um contexto de Metaversos, redes Blockchain e Finanças Descentralizadas. Compreender as origens e o histórico dos impactos gerados pelo direcionamento das redes blockchain para a disseminação de criptoativos não fungíveis e os reflexos da descentralização das finanças em um contexto de indústria 4.0. Por fim, analisar o futuro do direito a partir dos conceitos de smart contracts blockchain, criptomoedas e derivados. Obter noções sobre a relevância de dar maior segurança, controle e produtividade sobre a gestão de smart contracts.

(ii) Realização

Foram explorados os conceitos e aplicações dos Tokens Não Fungíveis (NFTs) e Metaversos, e suas relações com as Finanças Descentralizadas (DeFi), as redes Blockchain e os Smart Contracts. Além disso, as críticas mais atuais sobre o potencial destas tecnologias para a criação e geração de valor no presente e no futuro protagonizaram uma série de debates ao longo do curso.

A tokenização de ativos digitais inaugura um novo modelo de regulação para as criptomoedas e impacta áreas do Direito como Propriedade

Intelectual, Penal, Tributário, Consumidor, Ambiental e Contratos. O nanodegree em NFTs e Metalaw possibilitou a compreensão das possibilidades que esta nova economia gera sobre os serviços jurídicos e como os profissionais do Direito poderão contribuir e oferecer soluções eficazes às demandas e negócios desta nova área do Direito. Nanodegree com 12 horas de carga horária.

(iii) Resultado

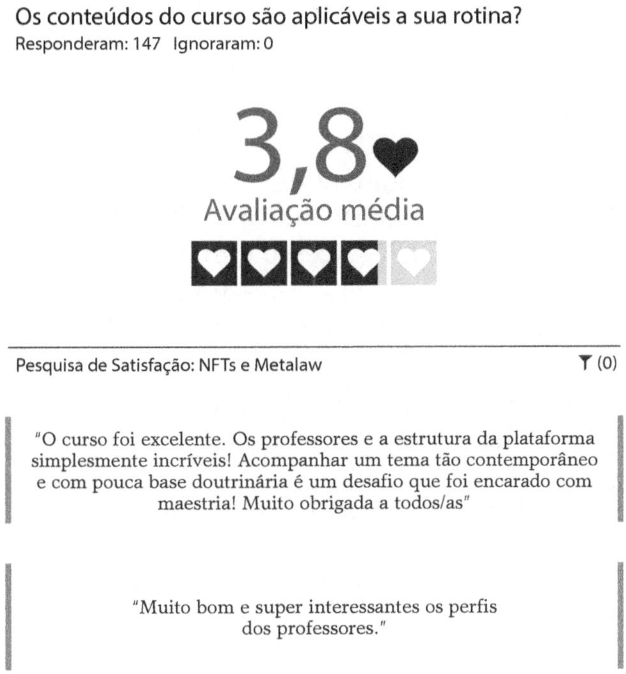

6. Notas Conclusivas

O presente artigo objetivou realizar uma análise a respeito do desafio, e da quase impossibilidade de educar juristas em uma realidade exponencial, apresentando um estudo de caso das soluções desenvolvidas pela Future Law para acompanhar e contribuir com as novas demandas do Direito e da Sociedade 4.0, tendo como base os conceitos de liquidez, cunhado por Bauman e aceleração, conceituado por Rosa.

Existe uma miríade de soluções para os desafios impostos pela liquidez e aceleração da realidade 4.0. O mercado jurídico é diretamente impactado por tais transformações e a educação assertiva, ágil e alinhada à realidade exponencial através de nanodegrees e metodologias ativas com aplicação de novas ferramentas e tecnologias é um dos caminhos para alavancar o protagonismo dos profissionais do Direito diante destes novos cenários.

Ainda há muito a percorrer e desenvolver neste sentido. Não obstante, as avaliações e realizações apontadas nos estudos de caso apresentados, denotam a relevância do que já foi operacionalizado pela Future Law até a presente data. Nosso objetivo é permanecer na liderança destas transformações, criando formações inéditas e úteis às principais necessidades atuais do mercado.

7. Referências bibliográficas

BAUMAN, Zygmunt. Sobre educação e juventude. 1ª edição. Rio de Janeiro: Zahar, 2013.

EDUCATION TECHNOLOGY IN LATIN AMERICA AND THE CARIBBEAN | Publications. Disponível em: <https://publications.iadb.org/publications/english/document/Education-Technology-in-Latin-America-and-the-Caribbean.pdf>. Acesso em: 27 mar. 2022.

FEIGELSON, Bruno. https://www.linkedin.com/pulse/10-pessoas-que-est%C3%A3o-mudando-o-mercado-jur%C3%ADdico-bruno-feigelson/

FREUD, Sigmund. Prefácio à "Juventude Desorientada", de Aichhorn. In: FREUD, Sigmund. Obras Completas (1925). Rio de Janeiro: Imago, 1976. p. 341. v. 19.

GLADWELL, Malcolm. Fora de série - Outliers. 1ª edição. [s.l.]: Editora Sextante, 2011.

KANT, Immanuel. Sobre a Pedagogia. Piracicaba: UNIMEP, 1996.

LEMOINE, Pamela A., and Michael D. Richardson. "Micro-Credentials, Nano Degrees, and Digital Badges: New Credentials for Global Higher Education," International Journal of Technology and Educational Marketing (IJTEM) 5, no.1: 36-49. http://doi.org/10.4018/ijtem.2015010104

PALLARES-Burke, Maria Lúcia Garcia. Entrevista com Zigmunt Bauman. Tempo Social [online]. 2004, v. 16, n. 1 [Acessado 27 Março 2022], pp. 301-325. Disponível em: <https://doi.org/10.1590/S0103-20702004000100015>. Epub 05 Jun 2007. ISSN 1809-4554. https://doi.org/10.1590/S0103-20702004000100015.

ROSA, Hartmut; SILVEIRA, Rafael H. Aceleração: A transformação das estruturas temporais na modernidade. 1ª edição. São Paulo: Editora Unesp, 2019. Livro eletrônico. Edição Kindle.

SCHLOCHAUER, Conrado. Lifelong learners - o poder do aprendizado contínuo. [s.l.]: Editora Gente, 2021.

"NOTAS SOBRE A EXPANSÃO DO ENSINO JURÍDICO NO BRASIL NOS ÚLTIMOS VINTE ANOS"

Flavio Galdino[1]

1. Introdução

Desde muitos anos - pelo menos desde a década de 1980 -, assiste-se ao aumento expressivo número de estudantes de Direito no Brasil e, por conseguinte, ao correspectivo aumento do número de escolas e cursos voltados à formação jurídica. Nos últimos vinte anos, a expansão do ensino jurídico gerou números considerados *exponenciais* pela comunidade jurídica, podendo-se recorrer em tom de ênfase à figura da *progressão geométrica* para descrição dessa *evolução*.

De um modo geral, os estudiosos desse fenômeno são críticos em relação ao aumento aparentemente desmesurado de cursos jurídicos, afirmando que a expansão se deu de forma desordenada e sem primar

1 Desde o ano 2000, é Professor da Faculdade de Direito da UERJ - Universidade do Estado do Rio de Janeiro. Bacharel, Mestre e Doutor em Direito Público pela Faculdade de Direito da UERJ. Advogado e membro eleito do Conselho da Ordem dos Advogados desde 2007, tendo sido Presidente da Comissão de Ensino Jurídico da Ordem (2007-2010).

pela qualidade da formação dos bacharéis em Direito. Ao lado de sofismas, fantasiosas *teorias conspiratórias* e dados insuficientes, argumenta-se que muitos bacharéis sequer conseguem ingressar nas carreiras jurídicas formais, as quais possuem barreiras formais de ingresso com os mais variados níveis de dificuldade. De outro lado, sugere-se que o mercado privado de trabalho também não parece capaz de absorver o contingente de bacharéis formados e que conseguem superar a primeira barreira de ingresso (a inscrição nos quadros da Ordem dos Advogados do Brasil). Em suma, sugere-se que o ensino jurídico brasileiro oferece formação insatisfatória aos estudantes e, mesmo quando forma de modo supostamente satisfatório, muitos bacharéis não conseguem ser absorvidos pelas carreiras jurídicas formais. Do ponto de vista das políticas públicas, sugere-se que a criação de cursos jurídicos deveria ser (ainda mais) restringida em prol da melhor qualificação dos cursos já existentes - embora seja importante grifar que desde algum tempo existam parâmetros de qualidade necessários à autorização para o funcionamento de novos cursos jurídicos, que foram estabelecidos e são revistos de tempos em tempos com participação ativa da OAB. Critica-se sobremodo - e combate-se, judicialmente inclusive - a possibilidade de criação de cursos jurídicos na modalidade de ensino à distância ("EAD").

Em escritos anteriores sobre o tema, trafeguei por algumas dessas críticas mais comuns à massificação do ensino jurídico e seus problemas qualitativos, inclusive metodológicos, muitas vezes sugestionado pelo senso comum de que a multiplicação de cursos e estudantes seria deletéria e influenciada principalmente pelos dados disponíveis naqueles momentos que indicavam baixíssimo aproveitamento dos bacharéis formados durante o início dessa expansão mais intensa do ensino jurídico brasileiro. Diante da informação de que os estudantes exibiam desempenhos sofríveis após concluírem os cursos jurídicos, seria imperativo censurar o modelo de formação jurídica no Brasil.

Sem embargo desse viés majoritariamente crítico, os fatos falam por si mesmos: as escolas e os estudantes se mostram infensos às críticas e os números de estudantes e escolas continuam aumentando de forma consistente ao longo de mais de trinta anos no Brasil, em uma progressão superior ao próprio crescimento populacional. De plano, parece implausível a sugestão vez por outra ventilada de que todas essas pessoas - milhões de pessoas com acesso ao nível superior da educação formal e usualmente providas de recursos financeiros para custeá-lo ou pelo menos financiá-lo -estão sendo "induzidas em erro pelo mercado de ensino superior" e permaneceriam em erro por várias décadas e sucessivas gerações.

É provável que os próximos censos educacionais no Brasil revelem uma queda mais ou menos sensível nas matrículas dos cursos jurídicos

– assim como nos demais cursos chamados "superiores" –, do número de concluintes (Bacharéis) e, ainda, no número de novos advogados inscritos na OAB, como efeito adverso da pandemia da Covid-19 e dos diversos *lockdowns* implementados durante o auge do ciclo pandêmico, que produziram impactos negativos em praticamente todos os lugares e setores da economia, inclusive na esfera educacional. Já se sabe, por exemplo, que durante a pandemia a abstenção ao Exame da OAB (pessoas inscritas e que não compareceram à prova) foi altíssima – a maior já registrada na série histórica desde que há exame unificado, o que parece indicar seguramente a redução no número de novas inscrições nos quadros da Ordem.

Todavia, eventual redução temporária das matrículas em razão de eventos inevitáveis e imprevisíveis, que afetaram a sociedade em geral e a economia em particular de formas muito sensíveis, não afasta a relevância de se analisar o fenômeno da expansão dos cursos jurídicos no Brasil ao longo das últimas décadas, especialmente diante da disponibilização de números confiáveis acerca do desempenho dos bacharéis, que não se coadunam com os números anteriormente veiculados por vários meios e que haviam sido objeto de análises críticas no sentido da desaprovação do modelo de ensino jurídico.

Na verdade, à luz de números absolutos e estatísticas confiáveis, já parece ser o momento de refazer a pergunta: a multiplicação de cursos jurídicos e bacharéis em Direito no Brasil produziu bons efeitos ou efeitos ruins? Para quem? Em que medida? A resposta firme e conclusiva a essas perguntas depende de algumas análises que transcendem o objeto e o escopo do presente estudo, mas é possível principiar por aqui. Mais do que isso, é preciso atentar para a própria indagação, pois raramente perguntas erradas têm respostas certas. A pergunta adequada parece ser: o aumento de bacharéis e advogados produziu efeitos predominantemente positivos para os serviços jurídicos, para as pessoas envolvidas e para a sociedade? Com efeito, a avaliação das políticas públicas, inclusive educacionais, além de outras questões, deve atentar para os efeitos positivos ou negativos produzidos, de modo a que se possa aprimorar a respectiva regulação e direcionar os escassos recursos públicos a serem alocados. É evidente que o estudo do movimento de expansão do ensino jurídico e a compreensão das suas causas e dos seus efeitos são elementos indispensáveis para o aprimoramento do sistema, mas é disso mesmo que se está falando: como aprimorar o sistema de ensino jurídico ao invés de apenas criticá-lo de forma abstrata e sem atenção à realidade.

Com efeito, o presente ensaio se propõe a ser breve e apenas a fornecer elementos para análises mais detidas e mais aprofundadas – linhas que se pretendem seguir ulteriormente. O ensaio contém três partes, quais sejam: na primeira parte, apresentam-se alguns números, a título meramente exemplificativo, que expressam a expansão notável do número de estudantes e cursos de Direito (e, por conseguinte, de advogados); na segunda parte, propõe-se algumas linhas de avaliação que não se alinham ao senso comum acerca do tema; na terceira parte, sem a pretensão de apresentar conclusões definitivas acerca dos temas abordados, uma vez que se trata de análise em andamento, são apresentadas algumas conclusões iniciais e adicionalmente algumas tendências adicionais quanto à avaliação da expansão do ensino jurídico brasileiro.

Os limites propostos para a publicação do presente ensaio impõem restrição sensível à indicação detalhada de muitas das fontes referidas - especialmente quanto aos dados citados ao longo da exposição. Considerando que a maior parte deles é acessável de modo simples e direto através de pesquisas via google em sites públicos e privados (nacionais e estrangeiros), optou-se por não fazer nenhuma referência específica em notas de rodapé ou ao final do texto, sob pena de inflar demasiadamente o texto com referências, inviabilizando a sua publicação nos moldes propostos. Da mesma forma e pelas mesmas razões, diversamente de outros estudos em que se visitou e revisitou a proficiente - embora muitas vezes repetitiva - bibliografia brasileira sobre ensino jurídico, desta feita optou-se por não se inserir referências bibliográficas, até porque o foco é a análise e correlação de dados sobre o ensino jurídico efetivamente praticado no Brasil. Em uma próxima etapa de pesquisas e análises, será necessário revisitar (criticamente) a mais recente bibliografia brasileira sobre o ensino jurídico.

2. A Expansão do Ensino Jurídico no Brasil em Números

2.1. Os Números da Advocacia Privada

Antes de mais nada, para se entender o aumento exponencial de cursos jurídicos no Brasil é preciso entender quem são os *consumidores* desses cursos. Parece simples - e é: se há aumento exponencial na oferta de determinados cursos, usualmente é porque se verificou aumento semelhante na demanda por esses cursos. Em se tratando de cursos superiores, trata-se de pessoas pelo menos medianamente instruídas e que investirão tempo e dinheiro em formação superior: uma espécie de *consumidores qualificados*, portanto, especialmente se tomarmos em consideração o ambiente brasileiro. De acordo com dados de 2021 (constantes do Mapa do Ensino Superior do SEMESP), a média nacional para o valor da mensalidade de um curso de Direito é da ordem de mil e duzentos reais - e além do investimento financeiro, são pelo menos cinco anos de estudos. É pouco plausível sustentar que o estudante de Direito no Brasil é um desavisado iludido - pelo contrário, é um consumidor qualificado.

Dentre tantas outras, sabe-se que a utilização das expressões *consumo* e *consumidor* no ambiente da educação tem sido criticada, por ser alegadamente reducionista e colocar em destaque o aspecto meramente mercantil do ensino jurídico, em detrimento de outros aspectos que eventualmente seriam mais relevantes. A própria caracterização da educação como uma *mercadoria* é objeto de críticas agudas provenientes de determinados setores no Brasil, por supostamente suprimir a dimensão de interesse público da educação. Neste viés, criticava-se há alguns anos o que seria a *privatização* da educação através da multiplicação de escolas privadas pagas (filantrópicas ou com fins lucrativos) e hoje critica-se o que seria a sua *mercantilização* - críticas genéricas às quais o autor não adere. Para os fins do presente ensaio, contudo, a utilização da expressão *consumidor* - sem qualquer ênfase na sua conotação técnico-jurídica do Direito do Consumidor - não parece trazer qualquer prejuízo (e a questão merece uma observação adicional abaixo). Ademais, essa expressão permite destacar um caráter hoje marcante do nosso modelo de prestação de *serviços educacionais*, que se repete em diversos países, nos quais o interesse público na educação é resguardado predominantemente através de atividades regulatórias intensivas, como acontece em diversos outros setores estratégicos, como a energia, as comunicações e o transporte coletivo, dentre tantos outros.

No Brasil, há inúmeras carreiras que exigem formação jurídica formal como elemento indispensável ao exercício da respectiva profissão. Na verdade, muitas dessas carreiras exigem não apenas a formação jurídica, como também a assim chamada "prática profissional". Para muitas outras carreiras, embora a formação jurídica não seja um requisito formal é um elemento relevante (ou mesmo muito relevante para o acesso ou exercício da atividade profissional). O conceito de "prática profissional" eventualmente transcende a advocacia privada; por exemplo: a habilitação para a advocacia privada usualmente é um pressuposto para a advocacia pública, mas esta última também configura exercício de prática profissional quando se considera o acesso à investidura na magistratura. Todavia, essa discussão não interessa aos fins do presente estudo, pois normalmente a prática profissional é exercida e comprovada através do exercício da advocacia privada - cujos dados constituem um dos principais parâmetros de avaliação da qualidade do ensino jurídico no Brasil. Para todas essas carreiras para as quais a formação jurídica superior é um requisito indispensável ou um atributo relevante, impõe-se o *consumo* de cursos jurídicos.

Em dados de 2021, o Brasil possuía 1.221.034 advogados com inscrições ativas junto à Ordem dos Advogados do Brasil ("OAB"). Todos eles necessariamente concluíram formação universitária em Direito (isto é, em instituições educacionais reconhecidas e autorizadas pelo Ministério da Educação). Considerando que no Brasil a licença para advogar depende também necessariamente de inscrição junto à OAB, que mantém permanentemente atualizado um Cadastro Nacional de Advogados ("CNA"), esse número parece seguro e confiável.

Para ingressar nos Quadros da OAB é indispensável a aprovação em um certame público realizado periodicamente e designado "Exame da Ordem". Historicamente, esse Exame assumiu diversas feições, tornando-se obrigatório na década de 1990. Mais importante: a partir de 2010, as diversas Seccionais da OAB (há uma Seccional da OAB por Estado federado e no Distrito Federal) unificaram os seus exames em um único certame coordenado pelo Conselho Federal da OAB com a participação ativa das Seccionais - por isso chamado Exame Nacional da Ordem dos Advogados do Brasil (também referido como "Exame da OAB"). Considerando-se as dimensões territoriais e populacionais do País, trata-se de um exame grandioso inclusive para os padrões internacionais, realizado concomitantemente em 168 cidades brasileiras três vezes ao ano, ao qual se submetem regularmente mais de cem mil pessoas - ou melhor, cem mil bacharéis em Direito. Isso significa que mais de cem mil pessoas que *consumiram* cursos jurídicos submetem-se ao Exame da OAB anualmente (mais precisamente 126.999, em média anual). A unificação do Exame da Ordem finalmente vem permitindo a extração de dados seguros e confiáveis para avaliação do ensino jurídico e das instituições de ensino, ao contrário do que acontecia no início da expansão exponencial do ensino jurídico brasileiro em que dados dispersos e pouco confiáveis parecem ter induzido em erro diversas análises.

De acordo com os dados disponibilizados pela OAB, entre 2010 e 2019, mais de um milhão de pessoas (precisamente 1.077.837) se submeteram ao Exame da Ordem. Boa parte dos candidatos inscreveu-se mais de uma vez no Exame, em razão de ter sido reprovada em uma ou mais oportunidades, uma vez que a regulação brasileira não impõe limitações formais ou temporais para a renovação da realização dessa prova por candidatos reprovados, como ocorre em outros países - na verdade, contabilizam-se mais de três milhões e quinhentas mil inscrições (precisamente 3.555.972) ao longo de dez anos.

A informação mais relevante a ser considerada aqui é a seguinte: do total de Bacharéis em Direito que se submeteram ao Exame da Ordem nos dez anos mencionados acima (os referidos 1.077.837), 61,26% foram aprovados, totalizando 660.298 bacharéis aprovados e habilitados à advocacia em dez anos - e efetivamente se inscreveram como advogados nos quadros da OAB.

Uma análise breve dos números será levada e efeito na segunda parte deste ensaio, mas desde logo é possível anotar que esse índice de aprovação não parece servir de lastro para imputações de baixa qualidade do ensino jurídico praticado no Brasil. À guisa de meros exemplos, no importante Estado de Nova York, nos Estados Unidos da América, o índice de aprovação de candidatos no exame assemelhado (o chamado "*NY Bar Exam*") nos últimos quinze anos é inferior a 70% (em 2021 foi de aproximadamente 60%). Já em exames semelhantes realizados no Reino Unido em período aproximado (entre 2010 e 2017), o índice de aprovação chegou a 57%.

Importante grifar que, no Brasil, a participação no Exame da Ordem (a prova de ingresso), a inscrição e a manutenção nos quadros da Ordem dos Advogados não são gratuitas (os custos anuais variam de acordo com a Seccional respectiva), de modo que a manutenção do pagamento das anuidades indica que há alguma espécie de exercício profissional remunerado pela pessoa que se mantém inscrita na OAB ao longo dos anos. Presume-se, pois, que o investimento de tempo e provavelmente dinheiro nos estudos (pelo menos para a expressiva maioria de estudantes que se graduam na rede privada de ensino superior) gera retorno positivo para os estudantes.

Da mesma forma, os dados disponibilizados indicam que o Brasil possui 105.617 sociedades de advogados em funcionamento (sociedades ditas "ativas"), congregando 220.186 advogados (cerca de 18,03% do total de advogados inscritos nos quadros da OAB). O dado também é relevante, pois manter uma sociedade de advogados implica a incorrência em novos custos permanentes, o que novamente parece indicar com clareza a existência de uma operação econômica produtiva e tendencialmente lucrativa, que justifica a manutenção da inscrição individual e adicionalmente da sociedade de advogados.

Aqui vale registrar um *ponto de atenção*: é apenas uma hipótese ou conjectura, mas, considerando que a estruturação da forma de prestação de serviços advocatícios através de sociedades de advogados oferece sensíveis vantagens tributárias aos respectivos sócios, o fato de haver muitos advogados prestando serviços isoladamente e sem a estruturação de sociedades talvez indique que a rentabilidade de uma parcela substancial desses profissionais é baixa - mas, de novo, essa observação extrapola o objeto do presente ensaio que se dedica ao ensino jurídico e não à advocacia. Seja como for, parece legítimo supor que a manutenção da inscrição como advogado provém da renda auferida com a atividade advocatícia - e, em qualquer hipótese, o que pode ser considerado uma *baixa rentabilidade* no exercício da advocacia talvez seja superior à rentabilidade de outras atividades profissionais e/ou econômicas.

De outro lado, considerando-se que, segundo o Instituto Brasileiro de Geografia e Estatística (IBGE), estimava-se uma população de 213 milhões de pessoas no Brasil em 2021, tem-se uma razão de um advogado para cada 175 habitantes.

Os números absolutos já impressionam de per si e talvez indiquem a maior proporção verificada entre *países comparáveis*. Considerados sob o prisma evolutivo, eles impressionam ainda mais: em 2008, havia 571.360 advogados inscritos na OAB e a proporção era de um advogado para cada 321 habitantes. Ou seja, em pouco mais de dez anos, mais do que duplicou o número de advogados no Brasil, o que significa que nos últimos dez anos ingressaram mais advogados na OAB do que havia antes em números absolutos, o que indica uma renovação e eventualmente um fenômeno que se poderia designar como *juvenilização* da classe advocatícia.

Obviamente, em razão da regulamentação aplicável, essa expansão da advocacia privada somente se faz possível a partir da expansão do ensino jurídico, que fornece os bacharéis que se submetem ao Exame da OAB e posteriormente inscrevem-se nos quadros da Ordem - e que é retratada adiante.

Como o crescimento populacional não seguiu a mesma velocidade, reduziu-se quase à metade a razão de habitantes por advogado. Uma pequena nota comparativa auxilia a evidenciar a relevância desses números, tanto sob o prisma absoluto como sob o prisma relativo. Utilizam-se como parâmetros os dados de países que possuem dados acessíveis e aparentemente confiáveis, quais sejam, a Austrália, a Rússia e os Estados Unidos da América. Embora a Índia seja usualmente referida como um País com muitas escolas de Direito e de advogados (alegadamente mais do que no Brasil em números absolutos, o que parece plausível, dada a população cinco vezes maior), os números disponíveis hoje lamentavelmente não são capazes de transmitir segurança para fins de comparação e por isso não são trazidos aqui.

Na Austrália há 39 Escolas de Direito. Com uma população estimada de 26 milhões de habitantes, há aproximadamente 83.000 advogados registrados, o que corresponde a um advogado para cada 313 habitantes. Na Rússia há 350 Escolas de Direito reconhecidas pelo Ministério da Educação. Com uma população estimada de 145 milhões de habitantes, há aproximadamente 300.000 advogados registrados, o que corresponde a um advogado para cada 483 habitantes. Nos Estados Unidos da América há 203 Escolas de Direito (referidas como *ABA-accredited law schools*). Com uma população estimada de 330 milhões de habitantes, há aproximadamente 1.330.000 advogados registrados, o que corresponde a um advogado para cada 240 habitantes. Como se vê, em números absolutos, o Brasil tem mais Escolas de Direito e proporcionalmente mais advogados que os demais países considerados comparáveis.

Em complemento, aos advogados brasileiros poderiam ser somados muitos outros *consumidores* de formação jurídica formal, como sejam (i) os juízes, que somam cerca de 18.000, segundo dados do Conselho Nacional de Justiça de 2018 e (ii) 13.000 membros do Ministério Público, segundo dados do Anuário do Ministério Público de 2020. A estes números poderiam ser somados, ainda, diversos outros profissionais jurídicos, como sejam os (iii) integrantes dos Tribunais de Contas (Ministros e Conselheiros, cargos ocupados quase exclusivamente por profissionais jurídicos), os (iv) tabeliães ou titulares de cartórios (que somam quase 12.000 titularidades, segundo dados de 2020) e (v) Delegados de Polícia (outros 12.000 membros efetivos, segundo dados disponibilizados em 2017). Caso eventualmente sejam somados os cargos auxiliares, como sejam os cargos de assessoria jurídica dos magistrados e dos membros do ministério público, de oficial de justiça, de escrivão e escrevente *et coetera*, tem-se um outro exército de pessoas com formação jurídica - basta dizer que apenas o Poder Judiciário possui cerca de 450.000 funcionários e uma parcela expressiva possui formação jurídica formal.

Nestes números não estão computadas diversas outras carreiras que se servem comumente de pessoas com formação jurídica, como a diplomacia (segundo dados coletados, um terço dos diplomatas de carreira no Brasil possui formação original em Direito), os órgãos reguladores em geral, dentre tantos outros órgãos públicos e entidades privadas.

Por fim, além de todas as chamadas *carreiras jurídicas*, também a carreira acadêmica *consome* muitos profissionais jurídicos em cargos de magistério superior. A chamada indústria educacional talvez seja uma das maiores empregadoras do Brasil, mas interessa-nos neste momento apenas o quantitativo de professores de Direito. Em números de 2019, havia 386.073 professores nos cursos superiores brasileiros (apenas no ensino superior!); quase 50% deles dispunham de formação em nível de Doutorado - o que é digno de nota, se considerarmos que em 2010 eram apenas 26%, a indicar que a pós-graduação vem apresentando resultados consideráveis (ainda sem que se tenha avaliação precisa dos seus padrões de eficiência). Considerando-se que 10% dos estudantes de nível superior no Brasil são estudantes de Direito, parece razoável supor a existência de mais de 30.000 vagas de docentes em Direito - não apenas nas Escolas de Direito, mas também em outras escolas nas quais são ministradas matérias jurídicas em caráter obrigatório ou eletivo, como Administração e Economia, por exemplo.

Todos esses números apenas pretendem ressaltar o elevado quantitativo de carreiras profissionais para as quais o conhecimento jurídico é essencial, determinante ou muito relevante, o que já parece justificar à saciedade a oferta e o *consumo* de formação jurídica no Brasil, assim como a expansão do ensino jurídico para atender à demanda por profissionais jurídicos. Cumpre registrar desde logo que, ao contrário de uma das críticas à expansão do ensino jurídico no Brasil, a eventual adesão dos bacharéis em Direito a outras atividades e/ou profissões não representa um problema em si - na verdade, pode e mesmo deve ser considerado algo positivo.

Seja como for, é justamente para abastecer o mercado privado e o verdadeiro exército de cargos públicos que há uma enorme oferta de cursos jurídicos no Brasil que oferecem anualmente centenas de milhares de vagas para formação jurídica (*Bacharelado em Direito*). Esses são os números que nos interessam a partir de agora.

2.2. Os Números das Escolas de Direito

2.2.1. Os Grandes Números

Tornou-se lugar comum afirmar que individualmente considerado, o Brasil possui mais Escolas de Direito do que todo o restante do mundo. Em mais de uma ocasião essa afirmação foi referida ao próprio Conselho Federal da OAB. Essa afirmação, contudo, não corresponde à realidade. Os números de Escolas de alguns países indicados no item anterior somados a alguns poucos países como Reino Unido e Alemanha (ambos com mais de cem escolas de direito em operação) já alcança mais de mil escolas - sendo certo que não estão incluídas as escolas da China e da Índia (onde haveria número de escolas igual ou superior ao brasileiro) e de outros cem países, como Itália, França, Portugal e Espanha, tomados aqui exemplificativamente. Embora a hipérbole argumentativa não corresponda à realidade, ainda assim os números do ensino jurídico brasileiro impressionam, inclusive do ponto de vista comparativo. Na visão que se pretende sugerir aqui, podem impressionar positivamente também.

Os números levantados pela Ordem dos Advogados do Brasil (relativos ao ano de 2017) também trazem imagens realmente impressionantes em termos numéricos: em 1982 havia 130 Escolas de Direito no Brasil. Em 1995 havia 235 Escolas. Em 2000 havia 442 Escolas. Em 2013 havia 1149 Escolas. E em 2017 havia 1203 Escolas. Alegadamente esse número ultrapassa 1.400 Escolas em 2021. De acordo com o censo educacional de 2019 do Ministério da Educação, o curso de Direito foi o curso que contou com maior número de matrículas, totalizando 831.350 estudantes.

Em 2017 essas Escolas de Direito ofereciam quase 270.000 novas vagas por ano. De acordo com os números da OAB, havia um total aproximado de 879.000 estudantes de Direito efetivamente matriculados nos cursos jurídicos brasileiros. E esses cursos formaram cerca de 113.000 bacharéis em Direito em 2017. Considerando que nos últimos dez anos cerca de um milhão de pessoas se submeteu ao Exame da Ordem, parece plausível indicar uma média superior a 100.000 pessoas formadas em Direito no Brasil por ano ao longo da última década. É muito importante notar que, apesar dos números expressivos, muitas pessoas interessadas em estudar Direito aparentemente ficaram de fora: houve 1,8 milhão de pessoas inscritas para os vestibulares das Escolas de Direito em 2017, o que indica uma concorrência média de 4,8 candidatos por vaga em cursos de Direito. Ainda que esses números sejam passíveis de depuração, pois o mesmo estudante pode candidatar-se a mais de um curso, fato é que nem todos os estudantes do ensino médio que aspiravam estudar Direito terão sido admitidos a um curso jurídico naquele ano, o que parece indicar que a demanda ainda é superior à oferta de cursos jurídicos.

Ainda sem embargo dos números expressivos, é muito importante notar que a curva de crescimento dos cursos jurídicos no Brasil não destoa da curva de crescimento dos cursos universitários em geral nos últimos vinte anos. Entre 2000 e 2017, o número de cursos jurídicos quase triplicou (multiplicou-se por 2,7). No entanto, o número de cursos universitários em geral mais do que triplicou (multiplicou-se por 3,3) no mesmo período. Olhando por esse prisma, poder-se-ia dizer que a expansão do ensino jurídico fora até *tímida*, apenas atendendo parcialmente a uma demanda reprimida por ensino superior, antes reservado a poucos.

A mesma observação pode ser formulada para o número de alunos matriculados. Entre 2001 e 2017 o número de estudantes de Direito pouco mais do que dobrou (multiplicou-se por 2,1). Já o número de estudantes matriculados em cursos superiores em geral triplicou no mesmo período. Não parece haver, portanto, alguma distorção específica no que concerne à expansão do ensino jurídico no Brasil nos últimos vinte anos – se distorção houvesse, diria respeito ao ensino superior como um todo.

E essa distorção não parece existir, pois o que se verifica do ponto de vista da demanda é justamente o oposto: a demanda da sociedade por profissionais formados é superior ao número de concluintes do ensino superior. Fora do *mundo jurídico*, veja-se, à guisa de mero exemplo, o quadro na área de tecnologia da informação: em dados de 2020, a Associação Brasileira de Empresas de TI estima que o Brasil demanda 70.000 profissionais de tecnologia por ano, mas as escolas só lançam no mercado 46.000 profissionais. Ou seja, a criticada expansão do ensino talvez ainda seja insuficiente para atender à demanda da sociedade – tanto dos consumidores de cursos, como dos empregadores dos concluintes –, mesmo em áreas sensíveis e estratégicas como a tecnologia da informação. Três dados adicionais merecem destaque aqui acerca da expansão dos cursos superiores em geral e dos cursos jurídicos em especial, a saber: (i) a expansão observou parâmetros de equidade, inclusive racial e de gênero; (ii) a expansão se deu basicamente a partir da iniciativa privada e (iii) a expansão do ensino à distância (ainda não aplicável ao ensino jurídico formal).

2.2.2. *Ensino Jurídico e Equidade*

A questão da equidade na educação tem merecido a atenção de muitos estudiosos - e muitos estudos consistentes têm sido produzidos. Embora o conceito de equidade seja dos mais disputados da ciência jurídica e da filosofia política, a noção de equidade na educação parece assimilada pelo ideário político contemporâneo. Na verdade, há vários conceitos interseccionados, como sejam equidade, igualdade, inclusão e outros assemelhados e aproximados. Para os fins aqui propostos, a noção comum de equidade na educação se correlaciona com a chamada *igualdade de oportunidades*. Ao desenvolver essa temática - em que pese voltar os olhos preponderantemente para a educação básica, que é onde essa questão merece realmente maior atenção (!) - a UNESCO refere-se no seu Manual para garantir a inclusão e a equidade na Educação à remoção de barreiras ilegítimas para acesso e permanência (*sucesso na aprendizagem*) no sistema educacional.

As políticas públicas de equidade e de igualdade de oportunidades procuram mitigar os efeitos das desigualdades provocadas pelas circunstâncias (ou fatores arbitrários, fora do controle do indivíduo, portanto) e não pelos esforços individuais (ou fatores de responsabilidade), como o local de nascimento, a etnia, o gênero, a educação dos pais e a renda familiar, dentre vários outros fatores. Obviamente as políticas equitativas pretendem também compensar especialmente as circunstâncias adversas que podem pesar sobre uma determinada pessoa no seu processo educacional. O cerne desse tema é complexo e novamente transborda os limites do ensaio, apontando para um contraponto a ideias *utilitaristas* e *consequencialistas*, que são caras ao autor.

Entretanto, um objetivo mais limitado pode ser buscado aqui: entender se a expansão do ensino superior em geral e do ensino jurídico em particular, tal como experimentadas no Brasil nos últimos trinta anos, contribui de alguma forma para elevar os padrões de equidade educacional entre nós - mesmo que se adote o entendimento de que o direito à educação não engloba o ensino superior.

À luz de dados e análises estatísticas confiáveis, estudos autorizados indicam que a expansão do ensino superior atendeu às perspectivas mais otimistas e reduziu o peso da circunstância arbitrária da origem social (notadamente escolaridade dos pais e renda familiar) sobre a escolaridade alcançada pelos indivíduos, especialmente no que se refere ao *nível superior* (André Salata). Deveras, a escolaridade dos pais e a renda familiar representam fatores arbitrários (circunstâncias) de atribuição intergeracional de vantagens e continuam sendo relevantes para fins de acesso ao ensino superior. Sem embargo, os dados disponíveis indicam que a expansão do ensino superior nos últimos anos potencializou o acesso e a permanência no ensino superior a pessoas que de outra forma não teriam tal acesso, promovendo a igualdade de oportunidades.

Com efeito, de acordo com os números divulgados em 2021 referentes a 2020, com a expansão do ensino superior na década de 2010, estudantes originários das Classes C, D e E (isto é, que possuem rendas domiciliares per capita entre 0,5 e 3 salários mínimos) ocuparam extraordinários 91% das matrículas (35,2%, 27,3% e 29%, respectivamente). Hoje, a maioria absoluta (>50%) dos estudantes superiores brasileiros vem das classes D e E. Não parece exagero dizer que em vinte anos terá ocorrido uma revolução silenciosa no acesso à educação superior no Brasil. Não dispomos dos números específicos relativos ao ensino jurídico, mas não há indicativos de que haja alguma causa de distorção expressiva que pudesse justificar alteração substancial específica no perfil do alunado de Direito.

Na verdade, seja consentido dizê-lo sem qualquer viés ufanista, a história do Brasil registra lenta - talvez muito lenta -, porém consistente evolução no acesso à educação, inclusive superior, desautorizando *teorias conspiratórias* que, no limite da fantasia que somente se prestam à retórica política (da pior qualidade), pretendem sugerir que existiria algum tipo de *conspiração* para manter a população brasileira analfabeta ou subletrada ("a crise da educação brasileira é um projeto"). Não pode haver mais espaço para esse tipo de retórica vazia nas sérias discussões sobre políticas públicas educacionais. Vale lembrar a voz eloquente lançada há quase setenta anos: o caminho do enriquecimento coletivo não pode ser percorrido sem que a nova mentalidade brasileira, objetiva, pragmática, livre de injunções ideológicas triunfe na administração pública e na administração privada, reformando o obsoleto sistema educacional brasileiro (San Thiago Dantas). Esse caminho vem sendo percorrido.

Obviamente os dados indicam que a qualidade precisa melhorar muito, mas são problemas distintos e os passos dados até aqui indicam uma evolução louvável. Na verdade, as discussões quanto à qualidade só conseguem prosperar quando o as discussões sobre o acesso estão em vias de ser superadas (Marcelo Gasque Furtado, correto quanto ao ponto específico). Na monumental História Geral da Civilização Brasileira (neste passo sob Boris Fausto), avaliando-se o período do Brasil Republicano, fala-se em um período de democratização do ensino e de democratização das oportunidades - essa parece ser realmente a tônica do ensino no Brasil - uma lenta, porém constante evolução e a expansão do ensino superior nos últimos trinta anos é um passo relevante nesse processo *evolutivo*.

Demais disso, seja no que diz respeito a gênero, seja no que concerne à etnia, o ensino jurídico especificamente considerado, que é o objeto central de atenção aqui, parece atender a padrões razoáveis de equidade, o que pode ser analisado a partir de números relativos aos seus resultados.

Na verdade, tanto no que diz respeito aos cursos universitários em geral, como no que diz respeito aos cursos jurídicos em particular, as questões de gênero parecem estar bem equacionadas atualmente. Os dados disponíveis apresentam referências ao sexo feminino e ao masculino. Tanto no que se refere aos estudantes matriculados, como no que se refere aos concluintes do ensino superior, há mais pessoas do sexo feminino do que do masculino (57% e 61,1% respectivamente). O número é semelhante na área jurídica em que 55% das matrículas são referidas ao sexo feminino. E o Exame da OAB reflete os mesmos parâmetros: pessoas do sexo feminino são 58,4% dos inscritos (i.e. dos bacharéis em Direito) e 58,9% dos aprovados.

No plano étnico, a situação quanto ao Exame da Ordem também parece indicar tratamento razoavelmente equânime das pessoas que consumiram ensino jurídico nas Escolas de Direito: pessoas autointituladas negras ou pardas correspondem a pouco mais de 40% dos inscritos no Exame da Ordem e pouco menos de 40% dos aprovados. Ainda que superficialmente, tais números indicam que o perfil atual e sobremodo expandido do ensino jurídico brasileiro expressam um bom padrão de igualdade de oportunidades, equidade de gênero e raça. Em prol da brevidade, e em que se possa tecer maiores considerações aqui, registre-se que os índices de acessibilidade ao ensino jurídico (acesso, permanência e conclusão) para pessoas portadoras de deficiências ainda precisam melhorar substancialmente.

2.2.3. Ensino Jurídico e Iniciativa Privada

Segundo os dados coletados pelo Ministério da Educação, em 1995, cerca de 50% dos concluintes de cursos superiores no Brasil formavam-se em escolas privadas. Em 2017, esse número chega a 75%, mantendo-se estável com tendência ascendente em 2019. Entre 2010 e 2019 a curva de matrículas no ensino superior se manteve ascendente em todos os anos e a expansão foi mesmo predominantemente privada. Em 2010 havia 6.379.299 estudantes matriculados no ensino superior brasileiro. Em 2019 esse número salta para 8.603.824. Houve um aumento do número de matrículas que totaliza 2.224.525, das quais 1.787.677 em instituições privadas de ensino. Assim sendo, é possível afirmar que as instituições privadas responderam por mais de 80% da expansão do ensino superior brasileiro na década de 2010.

Especificamente acerca dos cursos jurídicos, a partir dos números de 2017 comprovou-se que 87% dos cursos superiores brasileiros são oferecidos por instituições privadas - e curiosamente, a maior parte das vagas oferecidas encontra-se fora das Capitais, onde tradicionalmente se fixavam as instituições públicas; com efeito, 64% das vagas disponíveis no ensino superior foram oferecidas em cidades que não são capitais dos Estados federados, o que possivelmente resolve um problema antigo de assimetria regional. Embora hoje essa histórica assimetria regional possa ser remediada com o auxílio de instrumentos tecnológicos disponíveis e acessíveis - e eventualmente com ensino à distância propriamente dito -, fato é que nos últimos quinze anos a expansão das instituições privadas de ensino superior cumpriu essa função.

É digno de nota, ainda, que são oferecidos mais cursos noturnos do que diurnos no ambiente expandido - em 2017, 61,2% dos cursos jurídicos brasileiros foram ofertados no período noturno, certamente para atender à demanda predominante de pessoas que trabalham durante o dia - o que é igualmente relevante para fins de aferição da eficiência desse modelo de prestação educacional. Novamente, é possível que hoje a tecnologia e o ensino à distância possam mitigar as dificuldades adicionais do ensino superior no período noturno, mas fato é que nos últimos quinze anos essa lacuna foi colmatada pela expansão do ensino ministrado por instituições privadas de ensino superior.

No que concerne aos cursos jurídicos, os números são muito semelhantes: hoje, 86,7% dos cursos são oferecidos por instituições privadas, o que relega ao ensino público no que concerne aos números absolutos, uma posição claramente subsidiária. Menos de um em cada dez estudantes de Direito frequenta instituições públicas de ensino jurídico. Os estudiosos do fenômeno da expansão do ensino jurídico arrolam diversas causas concorrentes para esse fenômeno, que centram nas ineficiências orçamentárias (que lamentavelmente produziram o sucateamento de diversas instituições públicas), passando por diversos outros fatores, como o *corporativismo* deletério de parcelas do setor público e chegando até mesmo ao clientelismo na distribuição de cargos acadêmicos na esfera pública *et coetera*.

No plano do ensino jurídico, em que pese a dimensão reduzida a que foi relegado em relação aos números absolutos, o ensino público ainda apresenta desempenho sutilmente superior no principal vetor de avaliação, que é o Exame da Ordem: os bacharéis oriundos de escolas públicas que se submetem ao Exame da Ordem são apenas 6% dos inscritos, mas respondem por 13% dos aprovados. Esses números revelam fatos bons e ruins. De um lado, pode-se considerar positivo o fato de que o índice de aprovação de estudantes de escolas públicas de direito é sutilmente superior ao índice de aprovação de estudantes de escolas privadas. De outro lado, apenas um em cada dez advogados brasileiros provém de escolas públicas, que consomem muito mais recursos proporcionalmente do que as escolas privadas.

Digno de nota (negativa) também é o fato de que menos da metade dos estudantes matriculados nos cursos jurídicos das escolas públicas consegue concluir o curso e se submeter ao Exame da Ordem, o que pode ser considerado ruim sob vários prismas, incluindo, mas não se limitando ao prisma da (in)eficiência da gestão de recursos públicos - o que, aliás, também merece análise detida dos estudiosos, a ser efetivada em outro momento, merecendo aqui apenas uma brevíssima digressão.

Em verdade, muitas questões envolvendo o ensino público brasileiro têm sido objeto de enorme controvérsia, com especial atenção ao ensino superior, envolvendo a (já insustentável) gratuidade absoluta, a insistente ineficiência alocativa, as ações afirmativas, a "escola sem partido", a indicação dos gestores, a relação entre as empresas e a academia, com ênfase no financiamento de pesquisas por empresas privadas e na relação com as chamadas universidades corporativas, dentre tantos outros - infelizmente esses temas muitas vezes se mostram poluídos pela defesa de interesses de grupos como se fossem interesses públicos (atendendo pela pejorativa alcunha de *corporativismo*). Consoante já fora identificado, o que testemunhamos hoje é uma extensa politização das humanidades e elevar a política à categoria de questão principal costuma redundar na conversão do interesse de um grupo específico em sistema de referência (Wolfgang Iser). Por mais difíceis que sejam essas questões - especialmente para acadêmicos formados e oriundos das escolas públicas (como é o caso do autor destas linhas) -, elas precisam ser enfrentadas. Este não é o momento apropriado para essa análise, mas é imperativo que seja feita em algum momento próximo.

Sem prejuízo dessas discussões, parece possível afirmar que os volumosos investimentos privados realizados no setor do ensino superior privado nos últimos trinta anos viabilizaram a expansão do ensino superior e muito particularmente a expansão do ensino jurídico no Brasil, de modo a atender a demanda reprimida e crescente por profissionais jurídicos.

Demais disso, os investimentos privados no ensino superior eventualmente poderiam ajudar a reduzir a assimetria indicada pelos especialistas que afeta adversamente a eficiência dos gastos brasileiros em educação. Em 2004, o número de pessoas matriculadas no ensino público universitário correspondia a 2% do total de matrículas no ensino público - e consumia 29% dos recursos investidos em educação no plano federal. Ainda assim, mesmo diante dos pesados investimentos privados realizados, considerando-se os dados de 2014 a 2020, aparentemente os gastos públicos no ensino superior mantiveram-se estáveis. Já se disse que as políticas educacionais são intimamente correlacionadas, mas independentemente dos números absolutos que poderiam suscitar diversas discussões, os números relativos parecem indicar uma sensível distorção alocativa de recursos públicos nesses subsetores da educação pública.

De acordo com autorizados estudos efetuados pelo Banco Mundial acerca da equidade e eficiência dos gastos públicos brasileiros, um estudante em escolas públicas superiores custa pelo menos três vezes mais do que os estudantes matriculados nas escolas privadas, sendo certo que o alto custo por estudante das universidades públicas federais não se reflete em um maior valor agregado para os graduados em comparação com os graduados de outras universidades privadas. A ineficiência alocativa é confirmada pelo fato de que o Brasil investe em educação mais do que países que ostentam padrões muito superiores em termos educacionais: em 2018 o Brasil investiu 5,7% do PIB contra 3,3% do Japão e 4,4% da Alemanha. Esse tema merecerá análise mais detida em outra sede, bastando por ora consignar que os investimentos privados em educação superior - inclusive jurídica - estão apresentando resultados mais eficientes do que os investimentos públicos, o que não chega a surpreender.

Muitos críticos se desdobram para criticar a expansão privada do ensino jurídico, quando na verdade deveriam louvá-la. As críticas à *privatização* e à *mercantilização* têm contornos políticos e/ou ideológicos que não interessam aqui. Talvez seja legítimo debater se a educação deve ser prestada por entidades públicas ou privadas, embora a discussão nos pareça ultrapassada neste momento histórico - realmente obsoleta. O que interessa é que, em qualquer caso, o interesse público na educação pode ser perseguido e preservado através de atividades regulatórias e políticas públicas consistentes. Por outro lado, a mercantilização desse serviço é um fato - a exemplo de tantos outros produtos e serviços, a educação pode ser tratada economicamente uma *mercadoria* e, acrescente-se, talvez já seja mesmo possível caracterizá-la como uma mercadoria *comoditizada*, com todas as consequências negativas e positivas que essa caracterização atrai em termos de estruturas de prestação de serviços, cujas diferenças não são essenciais, mas meramente acidentais.

Os mesmos críticos apresentam dois argumentos adicionais que soam de certa forma contraditórios. De um lado argumenta-se que os investimentos não foram tão privados assim, porque houve intensificação dos programas de financiamento estudantil com recursos públicos. De outro lado, afirma-se que os investimentos se deram em cursos jurídicos porque esses são mais baratos (i.e., possuem menor custo de implantação e operação). Os argumentos não parecem conversar adequadamente, porque se houvesse realmente algum tipo de estratégia de apropriação indevida de recursos públicos (de novo as tais *teorias conspiratórias*), faria muito mais sentido criar cursos mais caros. De qualquer forma, de *per se*, esses argumentos também não se sustentam.

De fato, houve quem afirmasse que os investimentos realizados pelas instituições privadas não eram tão privados assim, pois tiveram lastro parcial em programas públicos de financiamento estudantil. Aliás, esses programas foram objeto de enorme (e injusta) crítica por parte de segmentos do ensino público superior brasileiro, preocupado em resguardar alguma espécie de *reserva de mercado* que fora defendida de modo aguerrido desde os debates constituintes, tendo sido recusada pela Assembleia e pelos sucessivos governos dos mais variados matizes políticos que se seguiram - e pela sociedade em geral. Antes do mais, o modelo de financiamento público de estudantes nas redes privadas de ensino é adotado com sucesso em muitas partes do mundo e no Brasil pelo menos desde 1975, com a criação do CREDUC (Programa de Crédito Educativo), que foi remodelado em 1999 e passou a se chamar FIES (Fundo de Financiamento ao Estudante do Ensino Superior). Houve alocação substancial de recursos no FIES ao longo da última década e em 2014 chegou-se ao pico de 26% dos estudantes matriculados no ensino superior recebendo suporte financeiro desse Fundo. Por evidente, esse percentual de financiamento é relevante, mas está longe de eliminar o risco do investimento privado em educação superior, pois uma operação econômica com mais de 70% de ociosidade estaria fadada à insolvência e os balanços das principais empresas que operam no setor evidenciam que a margem de resultado é bem inferior a 25%. Mais do que isso, nos anos que se seguiram, o número de bolsas concedidas caiu drasticamente, de modo que uma operação estruturada sobre esses recursos públicos estaria fadada à insolvência - e os grupos educacionais cresceram ao invés de encolher.

Com efeito, houve financiamento público relevante, mas ele não afastou os investimentos privados maciços no setor e muito menos os riscos respectivos. Pelo contrário: o financiamento dos estudantes só pode ocorrer porque anos antes haviam sido feitos investimentos maciços na infraestrutura educacional privada. Entre 1994 e 2000 (antes, portanto, da remodelação do CREDUC em FIES), o número de estudantes no ensino superior privado brasileiro já havia crescido 86% e análises que se seguiram apontavam que o FIES estava longe de atender à demanda (Jacques e Simon Schwartzman).

Apenas para exemplificar, quase uma década antes do referido momento de pico do financiamento educacional, ainda em 2007, ofertas de ações de empresas educacionais captaram quase dois bilhões de reais no mercado de capitais - a maior parte aportada por investidores estrangeiros. Para se ter uma ideia da ordem de grandeza desses investimentos, em apenas duas ofertas públicas de ações de empresas de educação, investiu-se no ensino superior privado o equivalente a 1,5% do investimento público realizado no Brasil em 2007 no setor educacional como um todo (incluindo também educação básica e secundária), que correspondeu a 4,6% do PIB (Produto Interno Bruto) daquele ano. Tomando em consideração apenas o investimento público em educação superior, que correspondeu a 0,7% do PIB, as duas ofertas públicas de ações de empresas privadas corresponderam a investimentos (em duas escolas) iguais a 7% de todos os investimentos públicos em todas as escolas superiores federais brasileiras (são dezenas de escolas).

Demais disso, fato é que, na média dos últimos dez anos, os financiamentos não chegaram a beneficiar 10% dos estudantes matriculados no ensino superior privado, de modo que a crítica não parece minimamente sustentável. Se alguma crítica pode ser feita ao sistema diz respeito à ineficiência na cobrança dos valores financiados, resultando em um elevadíssimo padrão de inadimplência - mas isso não interfere na qualidade do ensino superior ou na sua expansão e nem é objeto da nossa atenção aqui.

Outra crítica comum diz respeito ao fato de que haveria um número demasiado de escolas de Direito porque os investimentos nesse tipo de escola são menores do que em outras áreas, como ciências exatas (ex.: engenharia) e da saúde (ex.: medicina). Com efeito, sob a égide do ensino puramente presencial, sugeria-se que os investimentos privados seriam concentrados em áreas como Administração e Direito porque esses cursos necessitam fundamentalmente de pessoal e espaço físico, mas não demandariam laboratórios e outros insumos que usualmente se mostram mais dispendiosos do que os dois primeiros. Aqui novamente verifica-se que a ausência de dados confiáveis provavelmente induzia em erro algumas análises anteriores. Os números brasileiros não se mostram distantes da média dos países que integram a OCDE. Em números de 2018, no Brasil, 30,9% das matrículas em nível superior concentravam-se em Administração e Direito, enquanto a média da OCDE é 26,4%. Demais disso, também os cursos mais caros aumentaram de modo exponencial. Tome-se como exemplo a medicina, que é um dos cursos mais dispendiosos em termos de implantação e operação: entre 1970 e 2018, a população brasileira pouco mais que dobrou e o número de médicos foi multiplicado aproximadamente sete vezes, sendo certo que as matrículas em cursos privados de medicina correspondiam a 14% do total na década de 1970 (apenas 3,2% em 1962) e chegaram a 65,8% em 2018, donde se verifica que a expansão da medicina, que demanda recursos vultosos, também ocorreu no Brasil como decorrência direta de relevantes investimentos privados. Ou seja, o custo de instalação e operação do curso não parece ser um fator determinante para a criação e expansão de cursos jurídicos e assemelhados no Brasil.

Ao lado das complexas teorias conspiratórias que não se sustentam, o que justifica a elevação da oferta é justamente o aumento da demanda, que no caso do ensino superior ainda poderia ser considerada uma *demanda reprimida* e que foi acentuada em razão da expansão do ensino médio. De tudo, pois, resta claro que a demanda por ensino superior gerou investimentos vultosos no setor de educação e esses investimentos propiciaram a multiplicação acelerada de escolas e vagas para atendimento da demanda reprimida e crescente, incluindo, mas não se limitando ao ensino jurídico.

2.2.4. Ensino Superior à Distância

Por fim, é importante ressaltar que o número de matrículas em cursos superiores ministrados à distância ("Ensino à Distância" ou "EAD") vem crescendo consistentemente e hoje é dominante no Brasil. O tema interessa aqui justamente em razão da resistência à sua implementação no meio jurídico.

Vale lembrar novamente a advertência formulada por uma voz autorizada há mais de vinte anos, no sentido de que *quando se desenvolverem alternativas de ensino* à distância que que permitam aos indivíduos, às famílias e à população como um todo *gastar menos, será profundo o impacto na universidade tradicional; esta deverá encurtar a duração dos seus cursos e a aprendizagem será bem menos concentrada no tempo, por haver menos necessidade de aproveitar a presença das pessoas em um espaço físico* (Gerhard Casper).

Em 2007 o EAD representava cerca de 15% das novas matrículas em cursos universitários brasileiros - em 2017 (ainda antes da pandemia da Covid-19), já representava cerca de 33% das novas matrículas: um em cada três estudantes universitários já optava pelo ensino à distância. Reflexo direto dessa preferência encontra- se na oferta de vagas: em 2019, foram oferecidas mais vagas em cursos superiores à distância do que em cursos presenciais: 10.395.600 vagas no ensino à distância contra 6.029.702 no ensino presencial, indicando 65% das vagas no âmbito do ensino à distância.

Através da depuração dos dados do ensino médio, que extrapola o objeto do presente ensaio, talvez seja possível subscrever a observação atenta de alguns analistas: possivelmente hoje o problema no ensino superior brasileiro não é a oferta de vagas e sim a ausência de candidatos formados no ensino médio e/ou com condições de arcar com os respectivos custos, o que inclui, mas não se limita aos custos financeiros diretos, pois em verdade muitos desses estudantes trabalham *durante o dia* e eventualmente não conseguem se dedicar aos estudos em horários alternativos de modo eficiente, pois embora haja cursos noturnos disponíveis, suspeita-se que a logística demandada pela atividade presencial não seja eficiente. Assumida essa premissa, os cursos EAD parecem ser uma excelente e eficiente alternativa para esses estudantes.

Também no âmbito do ensino à distância a diferença entre os setores público e privado é notável. Em 2019, apenas 5,8% dos ingressantes no ensino público ingressaram no ensino à distância (o que equivale a apenas 32.438 estudantes). No setor privado, mais da metade (50,7%) dos ingressantes optaram pelo ensino à distância (o que equivale a 1.558.531 estudantes). Assim, quase 98% dos estudantes que ingressaram no ensino superior brasileiro na modalidade à distância o fizeram em instituições privadas.

Com todas as vênias devidas, parece-nos hoje injustificável a resistência de determinados setores à adoção e disseminação do modelo de ensino à distância no meio jurídico - bem entendido, na graduação em Direito. Na medida em que não há parâmetros para avaliação do ensino à distância na área jurídica, pode-se exemplificar a dimensão da expansão e os primeiros resultados em outra área.

Assim, embora alheio ao objeto do presente ensaio sobre ensino jurídico, merece a nossa atenção o número de matrículas nos cursos de graduação em pedagogia - e particularmente o número de ingressantes nos cursos de ensino à distância na área de pedagogia. Como visto, individualmente considerados, os cursos de Direito são os que possuem mais matrículas anuais no nosso País (831.350 estudantes). Em segundo lugar encontram-se justamente os cursos superiores de pedagogia, com 815.969 estudantes. Esses dois cursos (Direito e Pedagogia) responderam por quase 20% dos estudantes dos cursos superiores brasileiros em 2019.

Interessante observar que há quase vinte anos, em 2002, já havia cerca de 750.000 matrículas em cursos de pedagogia - e a manutenção da quantidade também exponencial de matrículas demonstra de modo irrespondível que as pessoas não resolvem ser professores primários ou secundários no Brasil por engano ou por desinformação (Gustavo Ioschpe), como sugerem alguns. É uma opção clara e deliberada de muitas pessoas à luz das informações relevantes disponíveis e essas pessoas realizam investimento relevante de tempo e dinheiro na sua formação. Também merece atenção o fato de que, em números de 2020, ingressaram aproximadamente 338.000 novos estudantes nos cursos de pedagogia, sendo certo que 82% na modalidade de ensino à distância. À luz desses dados, parece possível afirmar que o ensino presencial de pedagogia está se tornando residual, tendo ocorrido uma migração expressiva dos estudantes presenciais para o modelo EAD.

Alguns dados adicionais complementam a observação acerca da relevância do ensino à distância para o sistema educacional brasileiro como um todo. Em 2009, os dados disponíveis indicavam que aproximadamente 70% dos professores de ciências do ensino fundamental não possuíam formação específica para lecionar a disciplina: por exemplo: professores de matemática e física não possuíam formação superior nas respectivas disciplinas. Menos de dez anos depois, em 2017, havia mais de 350.000 pessoas matriculadas em cursos superiores de formação de professores nas diversas áreas de ciências, de um total de 1.530.909 de pessoas matriculadas em cursos superiores de formação de professores (incluindo pedagogia). De novo, verificava-se uma concentração notável dessas matrículas nas instituições privadas de ensino.

Os dados parecem verdadeiramente relevantes, pois demonstram que os professores e aspirantes a professores do ensino fundamental e médio estão procurando se qualificar para o exercício do magistério. E isso é ótimo. Dados do Ministério da Educação indicam que em 2017, quase 40% dos docentes efetivos da educação básica brasileira estudavam em cursos superiores - isto é, procuravam qualificar-se mais para o exercício do magistério (ou para outras carreiras). A maioria deles cursava pedagogia e, como visto linhas acima, dentro do universo de estudantes de pedagogia a maioria optara por educação à distância em instituições privadas de ensino.

Já se disse com autoridade que um dos princípios básicos das políticas educacionais é o de que os diversos subsetores (exemplificativamente: primária, secundária e superior) estão intimamente interligados e a distorção em um deles tende a afetar adversamente os demais (Stephen Heyneman). Assim, a insuficiência de vagas nos cursos superiores, incluindo, mas não se limitando aos cursos de pedagogia, tende a produzir efeitos deletérios sobre a educação primária. À luz dos dados disponíveis, parece razoável afirmar que a expansão do ensino privado à distância está promovendo a qualificação a ritmo acelerado dos docentes brasileiros e isso gera efeitos positivos sobre a educação primária e secundária. O tema do ensino à distância torna-se particularmente importante sob o prisma prospectivo a partir dos efeitos e influxos da pandemia da Covid-19, durante a qual os cursos antes presenciais foram mantidos em formato à distância, com atividades síncronas e assíncronas. Ainda que não se possa prever ainda com exatidão as consequências desses eventos sociais –

que talvez sejam radicais em relação à educação como um todo –, parece claro que, a exemplo do que acontece com diversas outras atividades laborais, o formato híbrido (presencial/virtual) tende a ser permanentemente incorporado ao modelo educacional superior no Brasil – sendo certo que provavelmente as matrículas nos cursos de ensino à distância *puro* aumentarão sensivelmente. De acordo com dados do Conselho Nacional de Justiça (CNJ), apenas para utilizar um exemplo próximo ao ensino jurídico, em 2021, mais de 30% dos órgãos judiciais brasileiros haviam aderido ao programa "Justiça 100% Digital", por meio do qual todos os atos processuais são praticados exclusivamente por meio digital e remoto – isso vale, também, para as audiências e sessões de julgamento, que devem ocorrer exclusivamente por videoconferência.

De novo um tema extremamente polêmico e que transcende o objeto de análise deste ensaio, mas parece evidente que o ensino à distância produz sensíveis ganhos de eficiência para os estudantes – em que pesem eventuais perdas de qualidade e as demais críticas contundentes de diversos setores da comunidade educacional brasileira, notadamente – ainda e sempre – concentrados na esfera do ensino público. O Brasil possui a sexta maior população do planeta, espalhada pelo quinto maior território (quase do tamanho de toda a Europa) – a erradicação das distâncias em termos educacionais gera um avanço sem precedentes, notadamente no ensino superior.

Análises acerca da utilização de tecnologia no ambiente educacional de quase vinte e cinco anos atrás indicavam que países em desenvolvimento deveriam alocar recursos em tecnologia de modo a gerar acesso à educação a pessoas desprovidas de condições de pagar pelo estudo presencial tradicional – seria a alocação mais eficiente àquela altura e um *sonho tangível* (Claudio de Moura Castro). Esses investimentos foram realizados no Brasil pela esfera privada do ensino superior, que agora se vê mais bem capacitada para atender às demandas por ensino à distância, acelerada e mesmo maximizada pela experiência vivida durante a pandemia.

De nossa parte, desde logo, a utilização intensiva de tecnologias de comunicação no ambiente do ensino superior parece ser um caminho sem volta em direção ao formato híbrido (*pelo menos* em direção ao formato híbrido, seja consentido grifar), especialmente no ambiente do ensino jurídico, onde as atividades presenciais não apresentam o mesmo grau de essencialidade de outras disciplinas (como sejam, por exemplo, as atividades laboratoriais no âmbito dos cursos de medicina ou de engenharia química). Em tom de depoimento pessoal, desejo aqui registrar minha *preferência pessoal* indiscutível por atividades docentes presenciais na graduação em Direito, em que pese a ineficiência pessoal e logística expressiva que as atividades presenciais representam para mim.

Com efeito, com as observações lançadas aqui não se pretende desvalorizar a importância da experiência de contato pessoal no meio acadêmico, nem tampouco enfraquecer o sentido comunitário da experiência acadêmica. O que se busca salientar é a necessidade de racionalização das atividades das escolas de ensino superior à luz dos avanços tecnológicos. É possível difundir conhecimentos de modo mais eficiente com o uso da tecnologia da informação e da comunicação, estabelecendo-se novas formas de experiências comunitárias e contatos interpessoais, cujos padrões já estão incorporados pelas novas gerações que *nasceram* em ambiente digital (hoje até consultas médicas são realizadas através de interação virtual). Com efeito, os ambientes virtuais de aprendizagem (AVAs) propiciam interatividade intensa e a intensidade respectiva varia de acordo com os sistemas e as pessoas.

Mesmo para as atividades de produção do conhecimento (*pesquisa*), como visto, reservada a algumas escolas superiores apenas, a utilização da tecnologia e de técnicas de comunicação como a de educação à distância aumentam sobremodo a eficiência do sistema universitário. Como se disse, essa modalidade de ensino gera polêmicas e causa desconfianças especialmente para quem está comodamente instalado nos padrões do ensino tradicional (Ricardo Castilho). Todavia, como afirmamos acima, esse parece ser um caminho sem volta - e parece ser imperativo precipuamente no meio público em razão dos deveres de eficiência impostos aos gestores públicos, que poderão alcançar melhores resultados com menos dispêndio de recursos públicos e privados através do uso da tecnologia. Infelizmente - ou talvez felizmente - as preferências pessoais de alguns professores devem ser sacrificadas em benefício da eficiência na educação das novas gerações.

É fato que as modernas tecnologias da informação e comunicação permitem replicar com eficiência os melhores métodos, conteúdos e também os melhores professores, que continuam sendo parte determinante da equação da qualidade do ensino. Em um ensaio influente sobre o que seria o futuro da universidade, escrito há vinte anos, já se dizia que os softwares educacionais seriam excelentes e superiores a muitos professores dispersos por inúmeras universidades (Gerhard Casper). Parece ser um fato em diversas áreas do conhecimento e da educação, inclusive superior. A má notícia é que o ensino jurídico está muito atrasado. A boa notícia é que esse atraso parece criar uma excelente oportunidade para otimizar intensivamente o ensino jurídico nos próximos vinte anos.

Em conclusão, contrariando a quase unanimidade de vozes respeitáveis contrárias à implementação de ensino à distância no ambiente do ensino jurídico, somos francamente favoráveis e parece-nos que a pandemia da Covid-19 demonstrou à saciedade a viabilidade desse caminho, em que pesem os diversos percalços experimentados em regime emergencial, especialmente nas escolas públicas. O que antes se indicava criticamente como um *momento de deslumbramento* com a tecnologia mostrou-se uma realidade palpável para milhões de estudantes de cursos superiores, inclusive de cursos jurídicos. Como já foi demonstrado, estudantes motivados e tecnologias modernas são uma combinação formidável (Erik Brynjolfsson e Andrew McAfee). Apesar das restrições regulatórias e da oposição aguerrida da OAB durante muitos anos, com base na experiência haurida durante o ensino puramente virtual e/ou híbrido implementado durante a pandemia, o Ministério da Educação prepara-se para autorizar o funcionamento dos cursos jurídicos no formato do ensino à distância e isso é bom.

3. Primeiras Notas sobre a Expansão do Ensino Jurídico nos últimos vinte anos

Em que pese o tom crítico usualmente empregado pelos analistas para se referir à expansão do ensino jurídico brasileiro nos últimos vinte anos, quer-nos parecer que no seio de tensões relevantes, há diversas notas positivas a serem enfocadas - o que é o objeto precípuo do presente ensaio. Em tom objetivo e peremptório: as notas positivas parecem superar com larga vantagem as notas negativas. Na verdade, seria possível questionar as premissas que presidem diversas dessas críticas, mas isso também transbordaria o objeto do presente ensaio, que se propõe breve. Nosso objetivo, então, nestas primeiras notas, é apenas questionar o senso comum de que a expansão deixou a dever em qualidade e ressaltar os seus pontos positivos, especialmente à luz dos números consistentes e confiáveis que vêm sendo produzidos e divulgados nos últimos anos.

É o que se passa a fazer, destacando-se desde logo que (i) considerando-se a principal função da formação jurídica, que é habilitar ao exercício de uma profissão, os números do ensino jurídico não evidenciam por si sós um baixo padrão de qualidade - pelo contrário, parecem indicar aproveitamento satisfatório; (ii) a formação jurídica representa melhoria sensível na posição profissional de uma pessoa, mesmo quando ela não venha a exercer a advocacia ou carreiras jurídicas (magistratura, ministério público, *et coetera*); (iii) a expansão do ensino superior, incluindo mas não se limitando por evidente ao ensino jurídico, acarreta uma melhoria sensível nos indicadores educacionais e sociais brasileiros.

Em suma, a expansão do ensino jurídico foi testada e apresentou desempenho acima do razoável, gera benefícios individuais para os estudantes e para a sociedade em geral. É o objeto deste item do estudo, que se inicia com uma nova e breve digressão acerca da função da universidade e do ensino jurídico.

É possível tecer diversas críticas aos modelos de formação de bacharéis em Direito no Brasil – ressaltando-se ainda uma vez que essa análise transcenderia o objeto de estudo aqui proposto. De acordo com a nossa visão as discussões mais relevantes a tratar nesse momento ainda dizem respeito à carga horária e ao *curriculum* desejável para a formação jurídica, temas que já consumiram e continuam a consumir rios de tinta, assim como as relevantes discussões sobre a metodologia de ensino jurídico, dentre outras. Já se disse que uma aula é uma *taxação* do nosso recurso mais importante, o tempo (Roberto Mangabeira Unger), de modo que a alocação do tempo dedicado ao ensino superior deve ser meticulosamente avaliada e, com o perdão do truísmo, a eficiência deve presidir as escolhas regulatórias – o que é particularmente sensível em relação à utilização de novas tecnologias, incluindo técnicas de ensino à distância, que permitem uma alocação de tempo muito mais personalizada e eficiente para os estudantes e escolas, consoante referido abaixo.

Por evidente, há diversas outras questões atinentes ao ensino propriamente dito que se mostram interessantíssimas: nos Estados Unidos da América, por exemplo, há hoje proficiente discussão sobre o modelo de *livros para ensino jurídico* (*casebooks*), o que mereceria reflexão no Brasil também. No Brasil, como visto, merecem especial atenção os temas envolvendo o ensino superior público, com especial ênfase na gratuidade irrestrita e demais questões orçamentárias e da gestão eficiente dos recursos alocados (inclusive quanto à escolha dos gestores). Como já acentuei em outra oportunidade: gratuito não existe, toda educação é paga por alguém – a diferença hoje no Brasil é que uns pagam do seu próprio bolso e outros não (eu não paguei), e o critério de alocação desse benefício não parece sustentável, apesar de aparentemente meritocrático. Mesmo sem que se possa, com o devido respeito, apontar uma *violação flagrante do princípio da igualdade* (Jorge Miranda), essa situação realmente suscita escrúpulos quanto ao modelo de alocação de recursos no ensino público superior no Brasil, podendo caracterizar uma arbitrária e talvez mesmo *perversa redistribuição de renda* (Milton Friedman), além de se revelar economicamente ineficiente.

Como também já se disse, é *preciso sacudir a árvore das profissões* (José Ortega y Gasset) para se extrair o excesso de pseudo-cientificismo e cuidar das profissões propriamente ditas, o que se aplica ao Direito, pois é certo que uma dose de racionalização pedagógica tornaria o ensino jurídico muito mais eficiente. Neste sentido, por exemplo, é interessantíssima e tende a ser bastante profícua a discussão acerca da proposta de formação de técnicos em Direito através de currículo e carga horária abreviados (3 anos) em relação ao tradicional bacharelado em Direito (5 anos), pois certamente há profissões estritamente jurídicas cujo exercício possivelmente não demanda cinco anos de formação acadêmica.

Por outro lado, as análises focadas nos aspectos profissionais e nos benefícios palpáveis da formação jurídica colocam em plano secundário alguns aspectos sensíveis da experiência acadêmica, como sejam as atividades de pesquisa, a promoção do conhecimento e - segundo vozes por vezes muito difundidas entre nós, a função *transformadora* das universidades, que acabou por assumir uma feição indevidamente politizada e até mesmo ideológica nos últimos anos. São temáticas tentadoras, pois é sempre interessante questionar e debater a vida acadêmica - especialmente para os acadêmicos: de nossa parte, continuamos acreditando que as escolas podem ser sim um espaço público de diálogo e debate que se presta a auxiliar na formação da *consciência social*; e prosseguimos acreditando que algumas escolas podem ser algo mais valioso do que formadoras de profissionais, embora seja inegável que essa é e deva ser a sua função primordial nas sociedades contemporâneas. A maioria das escolas superiores possui função reprodutora ou difusora do conhecimento para fins de treinamento profissional, mas a algumas delas pode ser reservada também a nobre tarefa de produzir conhecimento científico (pesquisa) - mesmo em países ricos e desenvolvidos esse número não chega a 5% do total de escolas superiores.

Além de preparar profissionais, as escolas superiores *difusoras* podem ajudar a formar *cidadãos éticos*. Parece piegas - e é -, mas assiste razão à afirmação de que há *algo de mágico* na educação, de que educar é um ato de amor e de que o amor pedagógico eleva e enobrece o educador e o educando (Eduard Spranger), carregando também importante conteúdo moral e ético (ainda que se rejeite aqui a aproximação à chamada "pedagogia do afeto"). Na obra clássica sobre a Paidéia - A Formação do Homem Grego -, um verdadeiro *cânone ocidental*, em que se remonta aos primórdios da educação e da formação cultural historiadas no Ocidente, afirma-se logo na introdução que *o desenvolvimento social depende da consciência dos valores que regem a vida humana; a história da educação estará essencialmente condicionada pelos valores válidos para cada sociedade* (Werner Jaeger). A educação técnica e a formação moral e ética acontecem usualmente na mesma fase da vida e há certamente zonas de interseção muito sensíveis nessas atividades concomitantes, de modo que os educadores exercem atividade muito relevante também sob o prisma da formação moral e ética - inclusive no ensino superior, embora nessa fase a influência possa ser um pouco atenuada.

O que se vem ressaltando é que as funções educativas e mesmo as formativas podem perfeitamente se coadunar com parâmetros adequados de eficiência, afastando ineficiências notórias, tal como a suposta indissociabilidade entre o ensino superior e a pesquisa científica, dentre outras referidas genericamente ao longo do texto. Novamente, o aprofundamento desta linha de argumentação não é comportado pelos limites a que se propõe este pequeno ensaio.

Em qualquer hipótese, mesmo para os críticos mais agressivos, apegados a algumas supostas *funções transcendentais da academia*, será imperioso reconhecer que formar profissionais habilitados está longe de ser uma tarefa secundária ou desimportante do ensino superior - embora a Universidade eventualmente possa ser isso e algo além, essa é a sua função precípua.

Nessa mesma toada, não se pode mais assumir uma perspectiva negacionista e é também imperioso reconhecer que nos últimos trinta anos a Universidade terá perdido o protagonismo como local preferencial para realização de debates sociais, hoje realizados em outros ambientes, notadamente virtuais e mais amplos e democráticos do que os limitados e muitas vezes pedantes círculos acadêmicos. A expansão do ensino superior talvez tenha sido de alguma forma *autofágica*, pois a disseminação do conhecimento contribuiu para o declínio radical dos intelectuais (Richard Posner) ou pelo menos dos pseudointelectuais, todos normalmente eram produtos do meio acadêmico - na expressão de outra estudiosa, com a massificação do ensino superior, a superpopulação acarretou perda do lustro tradicional e os *Deuses* (professores) *desceram do Olimpo* (Françoise Waquet). Gosto da caracterização consoante a qual *os intelectuais são pessoas cujo trabalho começa e termina com as ideias* (Thomas Sowell). Como as informações e as ideias se disseminaram enormemente com a universalização do ensino básico e expansão exponencial do ensino superior - e acima disso com as técnicas de comunicação, que fazem informações se disseminarem mais rapidamente que incêndios em matagais -, a função dos intelectuais sofreu impacto adverso sensível. Tudo agravado pelo fato de que a mídia e as redes sociais virtuais (ou, mais amplamente, a *indústria da informação*) hoje conseguem catapultar pseudointelectuais generalistas à condição de especialistas em qualquer assunto e a (baixa) qualidade das suas opiniões depõe contra a própria *intelectualidade* (entre nós, Bolívar Lamounier, correto quanto ao ponto específico acerca da mídia).

Entrementes, parece possível sustentar que, dada a sua posição privilegiada, observadas determinadas premissas e condições, como espaço de produção de conhecimento e sem prejuízo da função precípua de difusão dele, a Universidade ainda ocupa ou pelo menos ainda pode ocupar espaço relevante no debate social, dentre tantos outros espaços. Com efeito, como se disse, o conhecimento nunca foi tão central como condutor do desenvolvimento das sociedades e a universidade continua a ser uma engrenagem importante na *indústria do conhecimento* (Clark Kerr). A indústria do conhecimento e a indústria da informação não são excludentes - ao contrário, são claramente complementares.

Em suma o ensino superior e o seu *locus* precípuo nas sociedades contemporâneas, a universidade, encerram *colisões* e *tensões* permanentemente. Parece haver uma tensão permanente entre as necessidades práticas de formação e as inclinações acadêmicas (inclusive as filosófico-políticas) e já se afirmou que é bom que seja assim (Kenneth Minogue) - cabendo reiterar aqui em prol da ênfase que as necessidades práticas de formação dos estudantes devem ter papel preponderante nas escolhas públicas e na regulação do ensino. Para o ensino jurídico, essa tensão é especialmente interessante.

Ainda na grandiosa História Geral da Civilização Brasileira (neste passo, sob Sérgio Buarque de Hollanda), afirma-se que a criação dos centros de ensino no Brasil resultaram quase sempre de uma necessidade premente de técnicos (engenheiros, médicos), mesmo antes da independência do País. Todavia, em relação ao ensino jurídico, essa urgência não se manifestou imediatamente, pois a Universidade de Coimbra havia fornecido os bacharéis necessários durante décadas anteriores. Mesmo que não tenha havido urgência, foi a necessidade de ocupar cargos nas variadas *magistraturas* que levou à criação dos cursos jurídicos no Brasil. E o projeto acadêmico então se destinava à formação da elite intelectual e dos gestores públicos no Império em formação. Desde a sua origem no Brasil, o ensino jurídico está voltado precipuamente à formação profissional, preferencialmente profissionais jurídicos, mas também forma profissionais não jurídicos (Joaquim de Arruda Falcão). Embora essa *função de formação de elites* certamente não exista mais (felizmente), é interessante notar que mais de 20% da Câmara dos Deputados em 2018 - o Congresso em atuação quando essas linhas são escritas - possui formação superior em Direito (104 parlamentares). No mesmo sentido, hoje, os dois Presidentes das Casas legislativas federais são advogados (em realidade, na última eleição ocorrida no parlamento brasileiro, todos os candidatos à presidência das Casas Legislativas eram bacharéis em Direito).

Com se vem salientando, as limitações do presente ensaio não permitem digressões mais aprofundadas e a intenção deliberada de questionar o senso comum aparentemente dominante conduz a análise para alguns aspectos mais pragmáticos da formação jurídica no Brasil, até porque, sem embargo dessa percepção mais ampla e abrangente, parece correto assumir a premissa de que o principal interesse dos *consumidores* dos cursos jurídicos - e, por conseguinte, dos respectivos *fornecedores* - é a formação habilitante ao exercício profissional e este seria, então, um dos principais vetores de avaliação dos cursos jurídicos (a indispensável avaliação pelos resultados). É o que se passa a fazer.

3.1. A Formação de Profissionais Jurídicos

Sem embargo das ressalvas formuladas acima, em um primeiro plano, quaisquer que sejam as críticas, não se pode perder de vista que a principal função da formação jurídica é habilitar ao exercício de uma profissão, pretensamente da advocacia privada, cuja prática funciona como base e preparação para diversas outras atividades profissionais no assim chamado mundo jurídico. Então, além da própria aptidão para concluir com êxito o curso jurídico, um critério para se aferir a qualidade da formação jurídica recebida nas escolas de Direito é a aptidão para o exercício da advocacia, que no Brasil é medida através de parâmetros seguros através do aludido Exame da OAB.

Como visto acima, mais de 60% dos bacharéis em Direito que se submeteram ao Exame da OAB nos últimos dez anos foram aprovados e habilitados à prática da advocacia privada - em linha com as estatísticas observadas em outros países reputados como desenvolvidos, inclusive no que diz respeito a parâmetros de ensino jurídico. Demais disso, não se tem notícia de que os cargos públicos destinados aos profissionais com formação jurídica (também referidos acima) tenham ficado sem ocupação em razão de falhas graves na formação dos candidatos respectivos. Pelo contrário, nos mais diversos níveis de dificuldade, as vagas têm sido preenchidas constante e consistentemente ao longo dos anos e de incontáveis concursos públicos destinados ao seu provimento.

Na verdade, tomando-se como exemplo breve apenas a magistratura, observando-se o arco de tempo de 1990 a 2020, o número de magistrados cresceu substancialmente: havia aproximadamente 5.000 magistrados em 1990 e o número salta para 18.000 em 2020. A população brasileira cresceu 40% no período e o número de magistrados cresceu 360%. Obviamente o provimento desses cargos depende diretamente da formação jurídica.

A disponibilização dos números reais e a constatação de que mais de 60% dos bacharéis conseguem chegar ao exercício da profissão desmonta ou delimita temporalmente uma crítica desenvolvida durante anos no sentido de que as Faculdades de Direito seriam *fábricas de ilusões* porque não conseguiriam formar advogados (Eliane Junqueira). Antes de o Exame da Ordem ser unificado e dos dados serem disponibilizados, difundiam-se informações que indicavam aprovação inferior a 20% nessas provas, o que efetivamente apontaria um aproveitamento muito baixo. Ocorre que o aproveitamento real e efetivo durante os últimos doze anos em que há dados confiáveis indica um percentual de aprovação bastante razoável. Neste sentido, a avaliação a partir dos resultados indica algo positivo.

Neste viés, assumindo-se a premissa, que nos parece inafastável, de que tais exames e concursos públicos efetivamente aferem a formação e o conhecimento dos candidatos, é forçoso concluir que as pessoas aprovadas apresentaram formação jurídica satisfatória. Na verdade, infirmar tal premissa corresponderia a considerar sistematicamente viciado o Exame da Ordem e os concursos públicos para provimento das mais variadas e relevantes funções (como a magistratura, por exemplo), o que não se pode admitir aqui - ou pelo menos não há quaisquer evidências neste sentido. Como sustentamos há mais de duas décadas, o Exame da Ordem deveria ser - e assim se tornou - um importante *indutor de qualidade* para o ensino jurídico brasileiro, que hoje permite avaliar de modo consistente a formação jurídica oferecida nas escolas de Direito. Ou bem se reconhece que os exames e concursos públicos são sérios e aferem conhecimento necessário aos exercícios profissionais, ou não se tem base para qualquer discussão consistente sobre a qualidade e a eficiência do ensino jurídico no Brasil.

Em suma, sob tal prisma, neste cenário de expansão, a formação jurídica formal vem cumprindo a sua função principal que é a de preparar e formar profissionais aptos e/ou habilitados para as mais variadas carreiras jurídicas, notadamente a advocacia. Aliás, seja consentido grifar que, caso não tivesse havido uma tal expansão expressiva dos cursos jurídicos - reduzindo as assimetrias regionais e sociais que se mantiveram por décadas - e do número de pessoas formadas em Direito, teria sido difícil prover a demanda por serviços jurídicos privados e os cargos públicos que exigem formação jurídica formal.

Adicionalmente, seja consentido grifar que a formação jurídica não pode ter e não tem a intenção de aprisionar o profissional nas carreiras jurídicas. Como se disse com autoridade, cortou-se o cordão umbilical que tradicionalmente amarrava as carreiras aos diplomas correspondentes (Claudio de Moura Castro) ou, em forma diversa, o *diploma profissional desprofissionalizou-se*. Da mesma forma que engenheiros ou arquitetos trabalham no mercado financeiro, bacharéis em direito podem também atuar como analistas de crédito ou administradores de recursos de terceiros, dentre outras múltiplas atividades. Para o estudante individualmente considerado, o que parece fazer mais diferença não é exatamente o curso profissional e sim os anos adicionais de estudo, seja qual for a disciplina estudada. Importa, então, avaliar se a formação jurídica produz benefícios individuais para a pessoa que se dedica à formação superior além do natural ingresso nas carreiras jurídicas formais. É o que se passa a evidenciar.

3.2. Os Benefícios Individuais

Em um segundo plano, parece importante compreender e analisar a demanda por formação jurídica sob o prisma do *consumidor*. As pessoas podem procurar formação jurídica por várias razões subjetivas - por *vocação*, inclusive. Parece ocioso afirmar que, em regra, objetivamente, a busca por formação superior tem a ver com a expectativa de obter rendimentos satisfatórios a partir da atuação profissional. Na época atual são cada vez mais raros os profissionais que regem as suas atividades pelo *voto de pobreza*, inclusive no âmbito dos *serviços religiosos*.

Em uma incursão sobre políticas públicas educacionais há quase setenta anos, um grande economista do século passado (tendo chegado a ver o atual), disse o óbvio: as pessoas se dedicam a estudar mais e por mais tempo porque assumem que os benefícios pessoais a serem obtidos serão maiores do que os custos incorridos (Milton Friedman) - especialmente os retornos financeiros decorrentes do seu próprio trabalho qualificado pelos estudos.

Mais do que em outros países - consoante apontado seguidas vezes pelos estudos da Organização para Cooperação e Desenvolvimento Econômico ("OCDE") -, no Brasil, essa premissa simplória é importantíssima para a compreensão do fenômeno da expansão do ensino superior e talvez precipuamente do ensino jurídico, uma vez que os profissionais jurídicos e especialmente os integrantes do Poder Judiciário estão entre os mais bem remunerados do serviço público nacional - segundo estudos levados a efeito pela Confederação Nacional da Indústria (CNI), os integrantes do Poder Judiciário em geral e os magistrados em particular recebem *prêmios salariais* atípicos para padrões internacionais e que podem chegar a 67% (que corresponde à diferença entre a remuneração do servidor público e do profissional privado que executa atividade semelhante).

A partir de dados levantados pelo Instituto Brasileiro de Geografia e Estatística ("IBGE"), notadamente através da Pesquisa Nacional por Amostra de Domicílio ("PNAD"), é possível concluir que a formação universitária no Brasil corresponde a um incremento muito substancial nos rendimentos profissionais do indivíduo. Com efeito, em dados estáveis desde 2013, tem-se que para cada ano de estudo, o brasileiro tem um aumento de 15% nos seus rendimentos (especialmente quando se trata de *salários*): em verdade, o grau de escolaridade parece ser o principal vetor de aumento de renda individual no Brasil.

Quando se comparam os ensinos fundamental, médio e superior, os números brasileiros impressionam também: uma pessoa com formação superior recebe em média 150% a mais do que uma pessoa sem formação superior (ainda que a comparação se dê em relação a uma pessoa concluinte do chamado ensino médio). A média entre os países que integram a OCDE é da ordem de 40%. No plano seguinte, a distorção aumenta ainda mais: no Brasil, uma pessoa com formação em nível de pós-graduação superior recebe em média 350% a mais do que uma pessoa sem formação superior, o que possivelmente explica o aumento exponencial de estudantes nos programas de pós-graduação em Direito, que merecerão análise mais detida em outra oportunidade também.

Adicionalmente, um estudo elaborado pelo Banco Central do Brasil demonstrou que a experiência profissional produz aumentos mais expressivos de rendimentos para as pessoas que possuem formação superior - a cada ano de experiência em determinada função, o trabalhador com nível superior obtém aumento da ordem de 1,7% nos seus rendimentos (enquanto os trabalhadores sem nível superior possuem aumento da ordem de 1% ao ano). A experiência do profissional com nível superior é precificada de modo mais generoso porque a escolaridade indica a capacidade de aprender a aprender (novamente a expressão é de Claudio de Moura Castro) e isso potencializa a capacidade de resolver problemas, independentemente dos conhecimentos acumulados a partir da formação em um determinado curso superior.

Em suma, os *consumidores* de cursos superiores no Brasil - incluindo, mas não se limitando aos cursos jurídicos - dedicam anos adicionais de vida aos estudos em busca de melhores rendimentos e efetivamente alcançam melhores rendimentos com a conclusão da formação jurídica formal.

As pesquisas realizadas junto aos egressos dos cursos superiores em geral parecem confirmar essa premissa. A informação extraída de pesquisas conduzidas pelo Instituto Semesp em 2021, indica que 82,2% das pessoas graduadas em nível superior no Brasil afirmam ter obtido melhoria na vida profissional com a conclusão do curso de graduação, variando desde a efetivação em empregos ou a aprovação em concursos públicos, passando por promoções ou aumentos de salários e chegando ao desenvolvimento de negócios próprios. Seja qual for a causa, parece claro que os estudos superiores geram benefícios individuais tangíveis, notadamente para os concluintes - incluindo, mas não se limitando aos bacharéis em Direito.

Aqui se faz mister registrar um outro *ponto de atenção*: as evidências disponíveis não permitem concluir que as pessoas que apenas iniciam um curso jurídico alcançam alguma espécie de vantagem salarial. Há uma taxa de evasão considerável nos cursos superiores em geral: a partir de dados de 2019, tomando como base os ingressantes nos cursos superiores entre 2010 e 2015, o índice de evasão chegava a 54% (designado como "taxa de desistência acumulada"); entretanto, os dados disponíveis não oferecem informações acerca de eventuais transferências de cursos. Nos cursos jurídicos a evasão é substancialmente menor: a partir de dados de 2019, o índice de evasão foi de 27,6%. Não há dados disponíveis acerca da eventual obtenção de vantagem salarial a partir de um curso superior jurídico incompleto. Embora a elevação salarial por ano de estudo indique essa vantagem, os dados não subsidiam informações que permitam inferir com segurança que os matriculados não concluintes obtêm alguma espécie de proveito efetivo com os anos dispendidos nos estudos jurídicos incompletos.

Seja como for, parece claro que também sob o prisma dos interesses individuais, que afinal de contas movem as pessoas, a formação jurídica vem satisfazendo as expectativas dos *estudantes consumidores*. Não se trata aqui, por evidente, de considerar apenas a opinião subjetiva de cada estudante acerca da qualidade da formação *recebida* no curso superior, mas sim de se observar que sob o prisma objetivo, a dedicação ao curso superior acarreta sensíveis benefícios financeiros para os concluintes, no caso da formação jurídica, para os bacharéis e muito especialmente para os que ultrapassam a barreira de acesso do Exame da OAB e tornam-se advogados.

Neste viés de orientação, deve realmente ser tida por superada a difundida crítica consoante a qual as pessoas estariam sendo de alguma forma *iludidas* ao se matricularem em cursos jurídicos - essa visão assume um paternalismo verdadeiramente inaceitável nesta quadra histórica e inconsistente com os dados disponíveis, *concessa venia*. Por exemplo, parece temerário sugerir que as pessoas cursam Direito com esperança de serem investidas na magistratura e são iludidas porque não conseguem alcançar tal objetivo. Por evidente, devido à superlativa concorrência (*ad exemplum*, são apenas 18.000 cargos na magistratura para uma população de mais de 200.000.000 de pessoas) muitas pessoas que eventualmente tenham aspiração à magistratura não conseguirão exercer tal função, mas isso não tem a ver com a qualidade dos cursos e muito menos com a expansão do ensino jurídico. Ademais, induvidosamente, essas pessoas obterão benefícios palpáveis e substanciais com a respectiva formação jurídica - em sua maioria expressiva exercerão a advocacia privada e diversos outros cargos ou funções públicas e privadas.

Por evidente, as pessoas podem eventualmente se ver frustradas nas suas pretensões profissionais individuais em razão dessa elevada concorrência e não em razão da supostamente desordenada expansão do ensino jurídico. Pode-se tomar como exemplo um concurso público qualquer para a magistratura. No Tribunal Regional Federal da 2ª Região, que abrange os Estados do Rio de Janeiro e Espírito Santo, foi realizado concurso em 2017 para provimento de cargos de juiz federal substituto. De acordo com o Edital publicado ainda em novembro de 2016, foram oferecidas 50 vagas. Inscreveram-se 7673 candidatos - todos bacharéis em Direito. São 153 postulantes para cada vaga. Por evidente, muitos bacharéis saíram frustrados nas suas pretensões individuais de exercer a prestigiosa magistratura federal. Todavia, não parece plausível imputar a reprovação ou qualquer outra forma de insucesso à alegada baixa qualidade do ensino jurídico. O nome disso é concorrência - e é bom que seja assim, estabelecendo-se um critério meritocrático para provimento desse tipo de cargo público.

No mesmo sentido, o fato de haver excedente de candidatos a juiz ou mesmo excedente de candidatos a advogado não implica baixa qualidade do ensino jurídico, nem tampouco que tenha ocorrido ou esteja em curso uma expansão desmesurada ou desordenada. Na verdade, como se tem salientado, a formação superior fornece anos adicionais de estudo que geram benefícios palpáveis para os estudantes, mesmo que não venham a atuar em carreiras jurídicas formais ou mesmo na área jurídica. Como antecipado, nos dias que correm, a atuação na área de formação não é uma realidade nas mais diversas áreas do conhecimento. A bem da verdade, com exceção de medicina (na qual a empregabilidade na área é pretensamente de 100%) e outras ciências da saúde, talvez na área jurídica o percentual de empregabilidade na área seja dos mais elevados comparativamente.

Ainda mais em um país em que a formação obtida nos bancos escolares do ensino fundamental e do ensino médio ainda pode ser considerada frágil, os anos adicionais de estudo no ensino superior agregam enorme valor à formação profissional - seja para o exercício da profissão inicialmente almejada, seja para o exercício das atividades que se tornarem viáveis para aquela pessoa - e esse valor pode ser identificado através de benefícios financeiros palpáveis.

Até mesmo nos momentos de crise e insucesso profissional, a formação superior faz diferença: o índice de desemprego em sentido estrito para profissionais com nível superior no Brasil é muito baixo. Considerando dados do primeiro trimestre de 2019, após já iniciados os efeitos da pandemia da Covid-19, a taxa de desemprego para pessoas com formação superior era de aproximadamente 6% - menos da metade da taxa para pessoas sem formação superior no mesmo momento.

3.3. Os Benefícios Sociais

Em um terceiro plano, além dos benefícios individuais, a expansão do ensino superior, inclusive do ensino jurídico, tem trazido - ou pelo menos vem acompanhada de - sensível melhoria nos indicadores sociais brasileiros. Antes do mais, como visto acima, os dados indicam que a expansão do ensino superior promoveu melhorias sensíveis nos padrões de equidade educacional e igualdade de oportunidades.

Embora ainda possa melhorar muito - *rectius*: embora ainda precise e deva melhorar muito - é notável a evolução da escolaridade brasileira nas últimas décadas, com redução inclusive das assimetrias regionais e das desigualdades em geral (não apenas de oportunidades). Um estudioso do tema no final do século XIX no Brasil (Antonio Almeida Oliveira), infelizmente sem contar com o aparato estatístico e computacional de que dispomos hoje, apontava que apenas 15% *dos meninos* frequentavam a Escola e o restante ficava relegado à ignorância (o mesmo autor já criticava a falta de acesso à educação para *as meninas*). Hoje, felizmente, segundo os dados disponíveis, o ensino fundamental terá sido universalizado - inclusive com a inescusável observância de parâmetros de equidade de gênero; dados de 2009 já indicavam 97% de alcance e dados de 2019 indicam que 99,7% das crianças entre 6 e 14 anos frequentavam o ensino fundamental. Em que pesem as importantíssimas contestações acerca dos padrões de qualidade, fato é que a universalização do ensino fundamental já produz um estrondoso efeito equalizador na sociedade brasileira.

Infelizmente a qualidade do ensino fundamental brasileiro ainda deixa muito a desejar, especialmente se forem utilizados padrões internacionais de aferição, lastreados na realização de testes de proficiência em leitura, matemática e ciências. Nos testes realizados pelo *Programme for International Student Assessment* ("PISA"), que utilizam uma base de 600.000 estudantes, os estudantes brasileiros vêm obtendo resultados substancialmente inferiores aos resultados dos países integrantes da OCDE. No PISA de 2018, entre 79 países, os resultados brasileiros se situaram entre os 20 piores em todas as áreas, sendo certo que tais resultados se mantêm estagnados desde 2009. Segundo esses mesmos resultados, 43% dos estudantes brasileiros não alcançaram o nível considerado mínimo de proficiência em nenhuma das três áreas avaliadas.

É uma hipótese a ser considerada a de que eventuais críticas à qualidade ensino superior brasileiro - incluindo, mas não se limitando ao ensino jurídico -, na verdade deveriam ser dirigidas aos ensinos fundamental e médio. Sob certo aspecto, algumas deficiências na formação superior eventualmente podem ser consideradas a partir do déficit na formação originária, que o ensino superior diminui, mas não consegue eliminar integralmente.

Com essa ressalva acerca da qualidade do ensino fundamental, fato é que entre 1992 e 2018, a média nacional de escolaridade das pessoas ocupadas (com empregos formais ou não) passou de 5,8 anos para aproximadamente 10 anos. As distorções entre as regiões Nordeste e Sudeste sofreram redução consistente (9 e 10,4 anos, respectivamente), assim como as distorções entre as grandes e pequenas cidades (10,9 e 9,4 anos respectivamente).

Por evidente, além da melhoria da qualidade no ensino fundamental, há muito mais a ser feito, pois menos de 50% das pessoas no Brasil concluem o ensino médio (a média dos países integrantes da OCDE é 78%), mas esse é um tema para outros ensaios o que se busca remarcar aqui é uma evolução sensível no grau de escolaridade da população brasileira para a qual a expansão do ensino superior exerce relevante influência, assim como o ensino jurídico em particular, até porque como já apontado, um em cada dez estudantes de nível superior no Brasil é estudante de Direito e o curso de Direito insere cinco anos de escolaridade nessa equação (0,5% da população brasileira é inscrita na OAB), gerando, como acentuado acima, benefícios individuais palpáveis para os estudantes.

Entre 2008 e 2018 o número de estudantes em cursos superiores no Brasil aumentou 44,6%. Em números referenciais: em 1995, apenas 7,2% dos jovens entre 18 e 24 anos ingressaram no ensino superior brasileiro; em 2018, esse número sobe para 44,2% no período mais amplo, o acesso multiplicou-se por 6 vezes. O número não é destacado pelos estudiosos, mas parece relevante consignar que praticamente todos os concluintes do ensino médio podem ter acesso ao ensino superior no Brasil - por evidente, há cursos mais concorridos e outros menos concorridos, mas isso não interfere no acesso sob o prisma formal ou na avaliação da qualidade dos cursos. Remarque-se uma vez mais: talvez o problema (ou gargalo) da educação brasileira esteja hoje no ensino médio - por razões estruturais que transcendem a própria prestação de serviços educacionais nos âmbitos público e privado - e não no ensino superior.

Independentemente da análise das causas que restringiam o acesso ou as razões que impulsionaram a expansão, parece induvidoso que o aumento do número de cursos e vagas (e, por conseguinte, de matrículas e de concluintes) contribui de forma consistente para a melhoria dos indicadores sociais no Brasil. Ainda em consequência da expansão, o número de brasileiros com mais de 25 anos e com formação superior subiu de 7,3% para 17,2% no mesmo período indicado acima.

O grau de escolaridade integra os cálculos referentes a diversos indicadores sociais relevantes. É exemplo que merece atenção o Índice de Desenvolvimento Humano ("IDH"), calculado pelo Programa das Nações Unidas para o Desenvolvimento ("PNUD") e que é composto de indicadores concernentes à educação, à saúde e à renda - no que diz respeito à educação, a escolaridade da população é uma variável central, quase determinante. Nota-se, então, que a expansão do ensino superior nas últimas décadas (incluindo, mas não se limitando ao ensino jurídico) acarretou melhoria sensível no IDH do País - não parece ser coincidência o fato de que entre 1990 e 2015, o IDH aumentou de 0,61 para 0,75 (aumento potencializado pelo concomitante aumento da expectativa de vida e da renda).

Como se constata com clareza ofuscante, além de atender às necessidades de quadros profissionais e de gerar benefícios individuais tangíveis para os estudantes, a expansão do ensino superior pela iniciativa privada, incluindo, mas não se limitando ao ensino jurídico, gera benefícios igualmente mensuráveis para a coletividade.

4. Notas Conclusivas

Consoante antecipado desde a parte introdutória, o presente ensaio breve não se propõe a apresentar respostas firmes e conclusivas para as muitas questões que se colocam ao ensino jurídico brasileiro e nem a analisar questões sensíveis (algumas negativamente sensíveis). A partir da análise de dados confiáveis, a proposta aqui era e é mais modesta: reavaliar o senso comum dos analistas quanto à expansão experimentada pelo ensino jurídico brasileiro nos últimos vinte anos.

E a conclusão é objetiva: a avaliação é positiva, pois (i) considerando-se que a principal função da formação jurídica é habilitar ao exercício de uma profissão, os números do ensino jurídico indicam aproveitamento satisfatório; (ii) a formação jurídica representa melhoria sensível na posição profissional de uma pessoa, mesmo quando ela não venha a exercer a advocacia ou outras carreiras jurídicas; (iii) a expansão do ensino superior, incluindo, mas não se limitando ao ensino jurídico, acarreta uma melhoria sensível nos indicadores educacionais e sociais brasileiros.

Demais disso, constata-se que (iv) a expansão do ensino jurídico foi operada através da iniciativa privada (investimentos privados) em escolas privadas, que se mostram substancialmente mais eficientes do que as escolas públicas em geral. Ademais, (v) a expansão elevou também sensivelmente os padrões de equidade na educação superior, aqui entendida como igualdade de oportunidades, sendo certo que os dados relativos a gênero e etnia no ensino jurídico particularmente considerado confirmam essa conclusão. Por fim, constata-se que (vi) o ensino jurídico está atrasado na adoção permanente de técnicas de ensino à distância, os quais tendem a potencializar ainda mais os benefícios individuais e coletivos e otimizar os padrões de eficiência da formação em Direito no Brasil.

Vários temas correlatos demandariam análise aqui - a qual será empreendida em momento ulterior - como sejam (vii) a educação continuada, notadamente as educações corporativas, que vão além da relação entre as corporações e as escolas superiores e as suas pesquisas, para tocar na necessidade de atualização permanente do conhecimento após a graduação formal, pois anteriormente uma pessoa viveria e trabalharia confortavelmente a vida toda com o conhecimento adquirido durante a sua formação superior e hoje isso não é mais verdade; (viii) a internacionalização da educação e muito particularmente da educação jurídica, pois a vida pessoal e profissional exige a capacidade de manejar relações interculturais e internacionais, sendo certo que o índice de internacionalização da educação superior brasileira ainda é pífio (menos de 0,2% dos estudantes matriculados no ensino superior brasileiro são estrangeiros); e (ix) a aplicação de novas tecnologias ao ensino jurídico, temática que contém, mas não se esgota na inserção de técnicas de ensino à distância: é imprescindível ter em mente que hoje os professores de Direito ainda são *digital immigrants* e os estudantes são em sua esmagadora maioria *digital natives* (na terminologia criada de Marc Prensky) e esse choque transicional precisa ser rapidamente superado com a recepção ágil e incorporação de novas tecnologias, em prol da racionalização e da eficiência no ensino. É irrespondível a afirmação de que *o computador não divide as gerações, até as une* (Umberto Eco). Aliás, o mesmo autor premiado, ao se referir ao desenvolvimento intelectual através da figura de Bernardo de Chartres, *sobre os ombros de gigantes*, afirmara que *meus gigantes ensinaram-me que existem espaços de transição, nos quais as coordenadas somem, não se enxerga bem o futuro.*

Já se fez referência aqui a um ensaio de futurismo (*o futuro da universidade*) escrito há quase vinte e cinco anos por um outro acadêmico destacado - coincidentemente quando o autor destas linhas concluía sua graduação e iniciava pós- graduação em sentido estrito em uma universidade pública, onde também leciona desde então - e que cobre precisamente o período que se pretendia analisar neste estudo. Ali dizia-se que as universidades historicamente são aliadas das mudanças e previa-se que *se nos* últimos *50 anos o ritmo das mudanças nas universidades foi bastante dinâmico, terá de sê-lo muito mais no futuro; as universidades terão de se mostrar receptivas e ágeis, capazes de reagir de um modo que deverá causar mais tensão* (novamente Gerhard Casper).

Pois bem, o futuro imaginado pelo Professor é o período que analisamos e muitas das coordenadas do presente já parecem estar mais claras. A análise aqui empreendida, modestamente limitada à evolução do ensino jurídico nos últimos vinte anos no Brasil, possui notas positivas e negativas, mas as notas positivas nitidamente sobressaem - e o presente estudo propunha justamente explorar tais notas positivas.

Contudo, o tempo não para, ainda mais em uma sociedade acelerada e de evoluções tecnológicas verdadeiramente disruptivas, e é imperativo que o ensino jurídico mantenha marcha constante de evolução no sentido da racionalização e da eficiência.

AGRADECIMENTOS

Receita para uma vida feliz
Gratidão pelo que passou e coragem para o futuro
Zack Magiezi

INCONFORMADA – ESPERANÇOSA – GRATA

Um certo CEO uma vez me disse que achava que minha maior característica, que mais me move, é o inconformismo. Casada com o inconformismo, está a esperança e a crença nas pessoas e nas instituições. Sacramentando essas duas atitudes, vem a gratidão, que também alimenta a esperança. Agradecer é engrandecer tanto quem agradece quanto quem recebe o agradecimento. Quando agradecemos, necessariamente nos tornamos melhores como seres humanos. Reconhecemos o valor que temos no outro, em atuar junto e aprender com o que o outro pode nos ensinar. A quem me estendeu a mão nessa jornada desafiadora, meu mais sincero agradecimento:

Ministro Luis Felipe Salomão: obrigada por confirmar que não existe outro caminho possível para mudarmos a difícil realidade senão através do conhecimento.

Beth Guedes: obrigada por me mostrar que somos as escolhas que fazemos e por me validar como alguém a ser ouvida no setor educacional.

Ana Scotti: sem sua organização não teria sido possível. Obrigada por topar esse projeto comigo.

Zé Roberto: obrigada pelas reflexões existenciais sobre o papel do professor.

FG: obrigada pela relação de confiança e aprendizado que temos um com o outro e pela extensa pesquisa no assunto abordado.

Professor Alexandre Aragão: obrigada por me permitir expandir meus conhecimentos de regulação e autonomia universitária.

Rodrigo Fux: obrigada pela cordial e sincera troca.

Bichara e Pedro de Siqueira: obrigada por compartilharem a sempre precisa visão de cenários tributários.

Henrique Lago: obrigada por me atualizar sobre as mais recentes discussões regulatórias.

Fê Pantoja e Victor: obrigada pelas incansáveis explorações processuais e materiais.

Gus Schmidt: mestre do relacionamento e a quem admiro desde a faculdade como um grande advogado, obrigada por me receber tão bem no setor educacional.

Fabiano Machado e Luana: ao contrário do que você diz, Fabiano, vocês não são cota, são pura inspiração e aprendizado na área de Compliance antidiscriminatória e questões aplicáveis ao setor educacional.

Ragazzo e João Marcelo: obrigada por compartilharem seus conhecimentos de concorrencial e experiência.

Amor: mais um projeto concluído com sucesso. Viva nós! Te amo!

Igor Násser: obrigada por embarcar conosco nessa jornada incessante de conhecimento e engrandecimento pessoal e profissional.

Claudio Miranda: muito bom aprender com você sobre direito empresarial aplicado ao setor.

Brandão e Fê David, casal que adoro: obrigada por me considerarem sempre sua única cliente! Sou privilegiada de aprender com vocês!

Irmãos Ideses: obrigada pela dedicação e parceria de sucesso.

Simone e Bachur: obrigada por me acolherem tão cuidadosa e afetivamente no direito educacional.

Desembargador Luciano: obrigada por trazer a visão do judiciário de forma pragmática e lúcida.

Desembargador Aluisio: obrigada pelo constante interesse em ensinar e aprender sobre o setor.

Desembargador Dalla: obrigada pelos ensinamentos sobre a cultura do consenso.

Noca e Gondinho: experts do contencioso, minha admiração de tantos anos de trabalhos juntos, um prazer estar com vocês agora no setor educacional.

Kaufmann: o ás do trabalhista, obrigada por me ensinar sobre essa matéria tão desafiadora no Brasil e no setor.

Wallace, Jorge e Gabrielle: obrigada por serem tão didáticos e os *rising stars* do Direito Brasileiro!

Quiroga e Paulo: uma honra ter vocês como oráculos tributários.

Filipe Cabral: obrigada por ser meu guia na jornada de conhecimento sobre proteção de dados.

Laura Mendes e Monica: obrigada por compartilharem a ampla pesquisa que vêm conduzindo nos temas de LGPD.

Claudio e Lu Lorenzo: muito bom poder contar com os amigos especialistas nas questões societárias do setor.

Daniel Becker e Gabriela: obrigada por me conduzirem nos caminhos da inovação.

Silvio, Carol, Natalie e Rand: obrigada a esse time de craques da inteligência médica do Brasil.

Bruno e Tayná: obrigada a essa dupla que impulsiona novos caminhos no meio jurídico e provoca importantes discussões no setor de educação.

Ao meu time da YDUQS: Paula, Vivi, Débora, Bruna, Mariangela, todas as respectivas equipes, diretores e todos os colaboradores da YDUQS com quem aprendo todos os dias e, em especial, Eduardo Parente, Rossano, Felipe, Claudia, toda a diretoria executiva e conselheiros, muito obrigada pela oportunidade de conhecer um setor fascinante e, com isso, me tornar uma pessoa melhor a cada dia.

Dedico este livro a todos os que, com amor, alocaram seu tempo, um bem tão precioso, para embarcar em jornadas de aprendizado e à minha família, base de tudo.

Maria Neuenschwander E. C. Goldberg